崇德時代

颜华 著

东晋太后褚蒜子

图书在版编目（CIP）数据

崇德时代：东晋太后褚蒜子/颜华著. —北京：知识产权出版社，2022.1
ISBN 978-7-5130-7885-6

Ⅰ.①崇… Ⅱ.①颜… Ⅲ.①中国历史—魏晋南北朝时代—通俗读物 Ⅳ.① K235.09

中国版本图书馆 CIP 数据核字（2021）第 238045 号

内容提要

本书以褚蒜子十九岁开始垂帘听政，历经六位皇帝、三次垂帘、辅助四帝的历史为切入点，真实地还原了魏晋文明之璀璨、魏晋文化之大美。用大家耳熟能详的故事，如王羲之曲水流觞、车胤囊萤夜读、谢安东山再起、谢道韫咏絮之才、袁宏倚马千言等典故，重现人们追崇的率真任诞、清俊通脱、名士风范、崇尚自然、超然物外等时尚，再现君臣如何抵御杀戮、齐心卫国以及物质富足下人们如何诗意生活的历史画卷。

责任编辑：郑涵语　　　　　　责任印制：孙婷婷

崇德时代——东晋太后褚蒜子
CHONGDE SHIDAI——DONGJIN TAIHOU CHU SUANZI
颜　华　著

出版发行：知识产权出版社 有限责任公司		网　址：http://www.ipph.cn	
电　话：010-82004826		http://www.laichushu.com	
社　址：北京市海淀区气象路 50 号院		邮　编：100081	
责编电话：010-82000860 转 8569		责编邮箱：laichushu@cnipr.com	
发行电话：010-82000860 转 8101		发行传真：010-82000893	
印　刷：三河市国英印务有限公司		经　销：各大网上书店、新华书店及相关专业书店	
开　本：787mm×1092mm　1/16		印　张：27.25	
版　次：2022 年 1 月第 1 版		印　次：2022 年 1 月第 1 次印刷	
字　数：480 千字		定　价：99.80 元	
ISBN 978-7-5130-7885-6			

出版权专有　侵权必究
如有印装质量问题，本社负责调换。

目 录

第一回　兄终弟及司马岳称帝　夫贵妻荣褚蒜子封后 ……1
第二回　稳社稷褚蒜子临朝称制　争权势各门阀此起彼伏 ……23
第三回　太操劳中书监何充病故　因时局领司徒蔡谟辅政 ……35
第四回　掌管诏令殷浩朝堂议政　欲灭成汉桓温上书伐蜀 ……51
第五回　桓温伐蜀与众周密部署　李势国破率亲顺势投降 ……89
第六回　朝堂蔡谟梗议封赏桓温　京口褚衷借机北伐后赵 ……103
第七回　晋室稍安太后复兴文艺　朝局微调殷浩平缓崛起 ……125
第八回　冉闵杀胡蒲氏因势兴起　殷浩举贤桓温首次北伐 ……147
第九回　苏州视察蒜子饱览美景　兰亭雅聚逸飞即兴写序 ……165
第十回　拒忠谏殷浩北伐大失败　攻劲敌桓温旗开获全胜 ……187
第十一回　太后密会桓温彭子参政　朝廷起复王述逸飞辞请 ……207
第十二回　太后回归幕后穆帝亲政　谢万败光家产谢安入仕 ……223
第十三回　聃终丕及丕食丹药误国　安仕温让温倡土断兴邦 ……241
第十四回　燕扰秦犯晋之洛阳失守　丕薨奕继国之太后有恙 ……269
第十五回　慕容恪亡晋廷借机北伐　慕容垂彪桓温兵败枋头 ……283
第十六回　李夫人暗杀褚蒜子未果　王景略计杀慕容垂险成 ……307
第十七回　桓温收复寿春难雪前耻　郗超揣掇桓温弄权废帝 ……323
第十八回　简文帝病殁司马曜继位　桓元子谒崇陵白日见鬼 ……341
第十九回　乞九锡未果桓温病归西　守襄阳有功朱母筑斜城 ……365
第二十回　小试牛刀谢玄轻却秦军　好大喜功苻坚偷窥晋室 ……393
第二十一回　淝水之战后晋兴秦分裂　江山社稷稳太后大梦归 ……409
第二十二回　太后领航四十年民颂赞　英魂泽国三十载人瞻怀 ……429
后　记 ……431

第一回

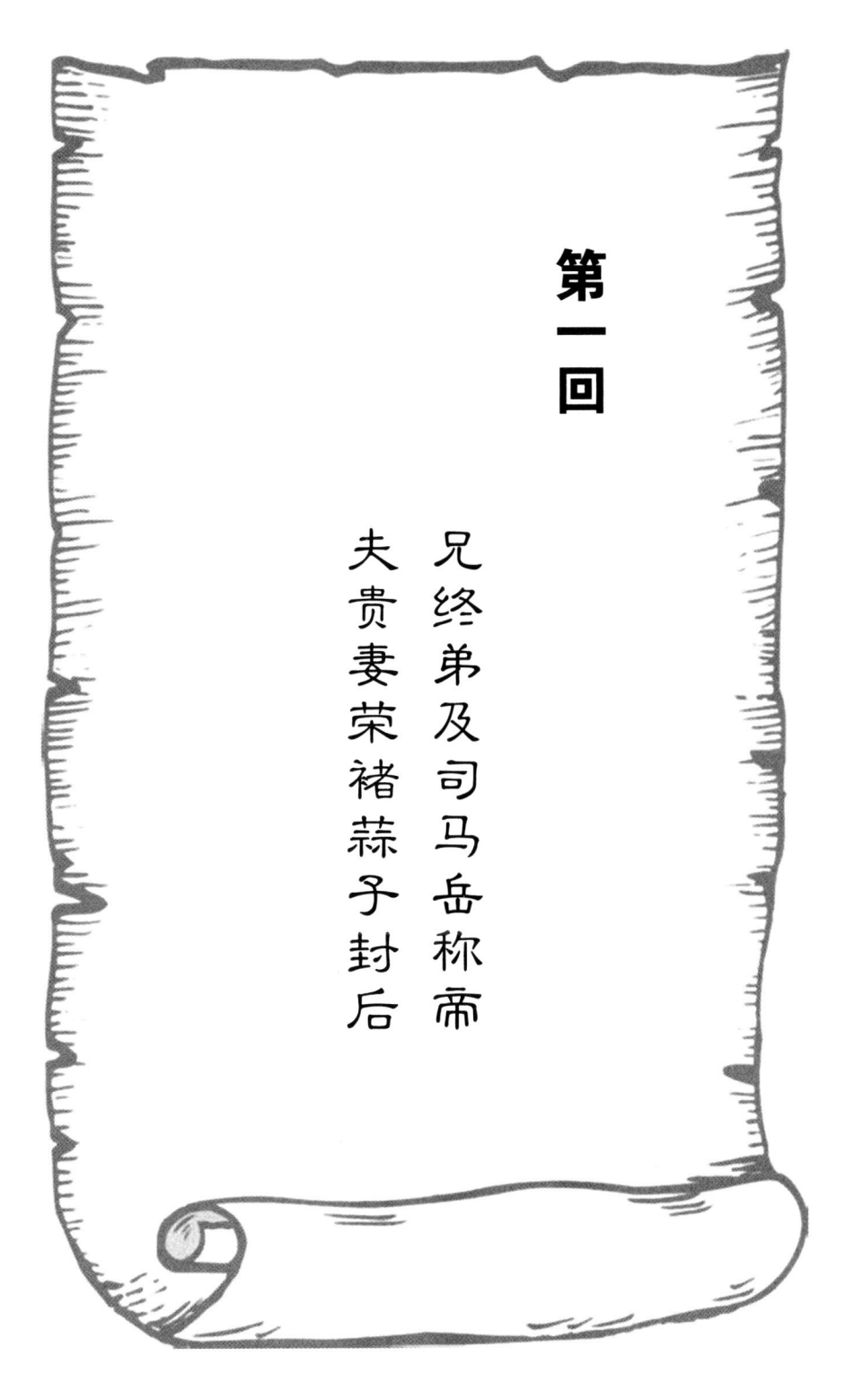

兄终弟及司马岳称帝

夫贵妻荣褚蒜子封后

公元342年正月初一，天狗食日（日食），食完又吐，经见的人们内心惶惶，生怕有什么不祥之兆应验在自己身上。日头也许是被天狗吞噬的时间长了，被天狗吐出来后很长时间仍旧没精打采，散发着惨白零乱的光。这光照着树杈上的冰凌，更让人觉得冷不堪言，风一吹，冰凌如玉碎般"哗哗"作响。空旷的大道上几乎没有人，偶尔一两个行人，也都缩着脖子收着肩，以不可模拟、不可复制的姿态急匆匆地往前走。忽然，一大块冰凌从街铺店面的房檐下掉了下来，"咚哗"！巨大的声响让零星的路人不自觉地加快了行走的脚步。

通往皇宫的路显得有些热闹，按常规，大年初一是朝贺的日子，众朝臣按照惯例要向皇帝拜贺新年，只是御医甲、乙、丙急匆匆的身影引起了一阵阵骚动。"谁病了？""大年初一天狗食日，映照皇室？""老太妃吧，听说她年前就病了。"

太极殿东侧的集英殿里坐满了前来朝贺的文武大臣，喁喁私语，纷纷杂杂。红色的太极殿正门开了，众朝臣鱼贯而入，只见龙椅空着，皇帝还没有来，朝臣们个个整衣束冠等候皇帝临朝，不想却听司礼太监道："传皇上口谕，因皇上龙体小恙，今年朝贺免了，大家都回吧！"

众朝臣满腹狐疑地从威严肃穆的皇宫出来，各自回家。

司马衍病了半年了，虽经御医多方调治，仍不见好转。六月初六，病情加重。他自感大限将至，急忙召中书监庾冰、中书令何充、尚书令诸葛恢、武陵王司马晞、会稽王司马昱、司徒蔡谟入宫接受顾命。

金陵大街上，轿夫们都跑得衣衫汗透，何充还嫌慢，他伸头出轿帘道："快！快点！"蔡谟、诸葛恢也是不停地催促轿夫们："快点！快点！"二十二岁的司马昱骑着马，飞驰在金陵大街上，恰好遇到策马奔来的庾冰、司马晞二人，三个人会目一视，齐策马奔向皇宫。

病榻上的司马衍看到这些人到齐了，侧身蔫蔫道："今日朕把各位爱卿召来，是为立储之事，请众爱卿议论。"司马昱听罢心头一酸，道："皇上千秋正盛，不要多想。"司马衍悲伤地说："谢谢皇叔！请众爱卿议论。"中书令何充道："先王旧典，父子相传，应该立长子司马丕为太子，以固国本。"中书监庾冰道："国家现在仍然面临外族入侵，为国家计，应该立长者为君！琅琊王厚德穆穆，为而不宰，雅音四塞，娴雅以诚，镇物以默，威静区宇，道宣邦国。而今国家艰难，应立琅琊王司马岳为帝！"蔡谟附议。何充又道:"父传子位,是先王既定的法典,忽然妄加改变,恐怕不是利国的良策。所以武王不传位给有圣德的弟弟,是遵循大义。从前汉景帝也打算传给其弟梁王,百官都以为毁乱典章制度,不能接受。如今琅琊王继位,年幼的太子怎么办?国家社稷,灾祸将至矣!"司马晞道:"臣也以为应该立琅琊王为帝,毕竟现在外患甚强,若立幼儿,臣也担心外戚干政。"说完看了庾冰、司马昱一眼。庾冰没有接话,司马昱看着他道:"武陵王所担心的,也是臣所担心的,臣附议!"诸葛恢见状,赶紧道:"臣以为还是父子相传是正统!臣附何大人之议!"司马衍道自己考虑考虑再定,司马昱、庾冰等人退下。

司马衍想到自己的两幼子司马丕、司马奕的母亲张贵人之家并非当朝特别有名望的家族,她的父兄中也没有才智学识、明慧断决出众的人能够辅助幼子,又想打自己继位以来,舅舅庾亮、庾冰等对自己的扶持以及他们的作为和对国家的贡献及影响,生怕自己死后国家会出现为争帝位而杀戮的惨剧,又想到前朝"八王之乱",心胆惧寒,几经思量,决意传位于弟弟司马岳。

六月初七,司马衍传召中书监庾冰、中书令何充、武陵王司马晞、会稽王司马昱、尚书令诸葛恢等至病榻前受旨,让庾冰拟诏曰:"朕以眇年,获嗣洪绪,托于王公之上,于兹十有八年。未能阐融政道,剪除逋昆,夙夜战兢,不遑宁处。今忽遘疾,竟致不起,是用震悼于厥心。千龄年幼,未堪艰难,难负重任。司徒琅琊王司马岳,亲则母弟,体则仁长,君人之风,允塞时望,肆尔王公卿士,其辅之,以只奉祖宗明祀,协和内外,允执其中。故朕欲传位于琅琊王司马岳。呜呼!敬之诚哉!无坠祖宗之显命!"

六月初八,司马衍驾崩。国不可一日无君,六月初九,司马岳身着衮服,在礼乐声中来到太极殿。在蔡谟的主持下,内侍将玉玺和绶带献至司马岳,司马岳坐上龙椅,接受文武百官的朝贺。礼毕,司马岳当即下诏大赦天下,并进封何充为骠骑将军、庾冰为车骑将军,诏令他们同心辅政,匡复皇室。此外,文武百官,各增二等。又诏命在各地屯兵驻守的文武将领和地方郡守官长,皆不可擅离职守前来奔丧。

一应事项,有条不紊地进行着,只有何充让司马岳感觉如芒在背。是晚,司马岳来到显阳殿,对褚蒜子说:"朕能继承大统,舅舅庾冰功不可没。只何充烦人!"褚蒜子笑道:"虽然兄终弟及古已有之,但是毕竟父传子承是正统。而今两种声音交织,皇上可是坐在风口之上了。"司马岳"唉"了一声没有说话,褚蒜子莞尔一笑道:"皇上何不以居丧为由坐观其变?"司马岳:"居丧而不作为?"褚蒜子调皮地摇着头,用右食指点了下司马岳的鼻子道："先帝的孩子应该厚待哦！"司马岳会意，一把揽她入怀道："我的蒜子总在我之上！"说着，拥着她来到床帷间。

第二天上朝，司马岳诏谕："朕受国以来，每思国事家事，心头百感交集，好在百姓更生、天下太平。前人不忘后人之师，朕决定加封晋成帝之子司马丕为琅琊王、司马奕为东海王，众爱卿可有异议？"群臣皆曰："皇上英明！"司马岳又道："朕而今正居丧中，诸事不宜多言，故而国事政务暂且由庾冰、何充全权处理。"

时间过得真快，转眼到了七月初一，成帝司马衍入葬兴平陵，司马岳徒步送行至阊阖门，才登上素白的车舆到达陵墓所在地。葬礼结束后，司马岳驾临政务堂，庾冰、何充等正在那里处理政务，二人见皇帝驾临，赶紧起身恭迎。司马岳感慨道："朕继大统，是二位爱卿之力。"何充站起来作揖道："陛下即位，是庾冰一人之力。若依愚臣的主张，陛下就不能君临天下了！"何充的话让司马岳不知道如何回答，不觉面有愧色，庾冰见状赶紧以说政事岔开，司马岳无心应答，顺便问了几句便离开了。

褚蒜子见司马岳不开心，笑问谁惹他生气了？司马岳便把何充的话向褚蒜子一点儿不剩地说了，褚蒜子听完俯身施礼道："恭贺皇上得一良臣。"又道，"何充直言不讳，是其刚正不阿的秉性使然，其忠国之心可嘉，皇上应该高兴才是。"然后又一字一句地说，"何充是定鼎栋梁，要重用！"见司马岳不解，又道："慢慢打磨，好好重用。"司马岳恍然大悟，一扫心中不快，拉起褚蒜子的手道："走！陪朕写字去。"司马岳的书法很好，其代表作品《陆女帖》名噪一时，很多人争相效仿。这不因为他是皇帝，而是他的字真的好，所以，他只要一开心，就写字。这一次也不例外，只是，他写字时跑神了，写着写着宣纸上呈现出了褚蒜子的小像。

司马岳喜欢跟褚蒜子共进晚膳，这天，他边吃边道："何充和庾冰这两个人，皆是朕的肱股之臣，可是这两个人老是相斗，怎么办呢？"褚蒜子给他夹一筷菜道："把何充外调怎样？"司马岳眼睛一亮道："何充总是下意识地针对庾冰，外调是个好办法。"褚蒜子怕他误解自己的意思，赶紧道："何充忠心朝廷，又是国之栋梁，要放在一个重要的地方才好！"司马岳笑道："朕明白你的意思，朕任他为骠骑将军，都督徐州、扬州的晋陵诸军事，兼领徐州刺史，镇守京口，怎样？"褚蒜子举杯道："皇上英明过人！"司马岳道："何充一走，他的空缺须有人来补，把原来的徐州刺史蔡谟升为左光禄大夫、开府仪同三司、司徒，调过来？"褚蒜子边吃边思索道："蔡谟是皇上的老师，他和庾冰一同辅政，真是最好不过了。"司马岳夹了块鱼肉放到褚蒜子的碗里，看着她道："这天下呀，也只有朕的蒜子最贴心了。"说罢又夹了一筷菜放到褚蒜子碗里，褚蒜子道："谢皇上，皇上要把臣妾喂成大肥猫啦！"又道："臣妾有句想说给皇上听！"司马岳："说！"褚蒜子道："皇上金口玉言，臣妾以为皇上初执政，宜少说多听，这样才能更好地把控全局。"司马岳："嗯！所言极是！"说着把碗递给褚蒜子道："再给朕来碗粥。"褚蒜子接过碗边盛边道："这连藕红枣百合绿豆粥解暑最好，多喝点。"

  早朝时间到了，文武百官从仪门鱼贯而入，按次序站好，肃静中只听太监姬秋一声："皇上驾到！"只见司马岳从侧门来到大殿中央，他坐到龙椅上，俯瞰着文武百官，正欲开口问话，忽然想到昨天晚上褚蒜子对他说过"要少说多听"，便用眼神示意执事太监姬秋，姬秋会意，大声喊道："有事启奏！无事退朝！"安西将军庾翼出列道："臣有本要奏！禀报皇上！北方后赵石虎生性残暴，杀人如麻，无恶不作。今又大兴土木，赋役劳役倍增，百姓苦不堪言，以至于死者相望。民众心中怨恨，遂聚众起义，谁想有奸人泄密，反被镇压。石虎因此更是变本加厉，欺虐百姓。民众不堪其苦，逃亡背离者甚多。臣以为我朝应该借此机会出兵，替天行道，匡复中原，救百姓于水火之中！"庾翼的奏报正中了司马岳的心思，匡复中原是几代人的心愿，上从元帝到明帝、成帝，中从祖逖、郗鉴到庾冰、庾翼，下从高门大户到黎民百姓，莫不殷切希望有朝一日能够收复中原。可是，理想很丰满，现实很骨感，那里的胡人皆亡命之徒，他们强悍疯狂、穷凶极恶、逞性妄为、杀人如麻，多少仁人志士的一腔碧血都白白抛洒。不想今日后赵头领石虎因残暴非常、残虐无道，弄得黎民百姓生不如死，皆有欲杀之而后快的心。水能载舟亦能覆舟，民愤如此，打败他应该不算太难吧。想到这里，司马岳的血沸腾了，他很想一战而胜。于是，他赶紧问道："众爱卿对此有何看法？请议论！"蔡谟道："皇上！后赵石虎虽然残暴无道、治国无方，但是其经营多年，且其武力并不减当年，后赵原本奉行'强力者为王'，他们的军事实力仍然强盛，以目前我朝的军事实力来看，恐怕不能够一举得胜。即使勉强得胜，也会是伤敌一千自损八百，我朝也会因此大伤元气。臣以为不如凭借长江天险，积蓄力量，等待时机。"司马晞、诸葛恢等附议，司马昱也道："臣以为蔡大人所言极是，虽然后赵石虎暴虐无道，但是其兵力尚强，现在出兵，臣也觉得不是时候。"曹秀、刘强、司马晃等人也都附议。司马岳虽然满腔抱负，但是听了众朝臣的议论，也只能作罢，遂道："众爱卿言之有理，此事事关重大，稍后再议。"然后又与朝臣们议论些别的国事，时至午时才散朝。

中秋佳节快到了，瓜果丰盈，秋高气爽，万家团圆，举国欢庆。百姓阖家把酒赏月，皇家也不例外。只是皇家赏月，自有规范，吃穿用度、宴游玩乐、诗赋歌舞，样样出彩。因为成帝刚驾崩，司马岳对褚蒜子说要一切从简，除了必要的赏赐，其他的皆不筹办，以示对先帝的哀悼纪念。

来显阳殿拜谢的王公大臣之女眷络绎不绝，褚蒜子按制赐饭，并与她们同席就餐。席间，褚蒜子行事超凡，礼仪周全，女眷皆曰：褚蒜子雍容华贵、国色天香、德才兼备、举止超凡。宴毕，女眷们散去。褚蒜子生母谢真石及其舅母袁女正随褚蒜子一起来到内室。谢真石问褚蒜子立后的日子定了没有，褚蒜子道："定了，年底！"袁女正说："娘娘！需要你舅舅做什么吗？"褚蒜子道："谢谢舅母！暂且不需要，如果需要，到时我会说。"三个人又说了一会儿私房话，褚蒜子才令人送她们离去。

谢真石回到家里，向其夫褚裒说了褚蒜子封后的事，褚裒道："蒜子封后，朝廷极有可能征我到朝中供职，但是我绝不能去！我要外任！"谢真石不解道："在京都多好啊！多少人求之不得！为什么要去地方？"一边煮茶的褚歆道："父亲说得对，儿子也觉得父亲应该到地方去。"褚裒说："到地方藩镇，手中有兵，心里踏实！蒜子在宫里不容易，我们要为她着想！"又对褚歆道："你就留在京都吧！好有个照应！"褚歆说："儿子谨遵父亲的安排！"褚裒又对谢真石道："你再去宫时，把我的意思给蒜子说说！她知道怎么做！"

省亲的日子又到了，谢真石早早来到宫中，看到褚蒜子刚新妆罢，恍若见了神仙妃子，不觉拜了下去。褚蒜子一把挽起道："母亲别这样，这里没有外人。"谢真石笑了笑道："臣妾问娘娘安好！"褚蒜子眼圈一热："母亲这是干吗？女儿本应去看望母亲和父亲的。"谢真石："娘娘母仪天下就是对我和你父亲最好的孝敬。"边说边给褚蒜子使眼色，褚蒜子会意，屏退左右，对谢真石道："坐高身寒，女儿也喜欢寻常的天伦之乐呢！"谢真石抚着她的手道："你呀！事若求全何所乐。"又道："你父亲说他想到地方藩镇去。"褚蒜子顿了一下道："真是难为父亲了。"谢真石道："你父亲还说，让褚歆继续留在朝堂。"褚蒜子："父亲的意思我明白，只是父亲年纪大了，我心中有些不忍。"谢真石："他身体好着呢！这个你不用担心。"褚蒜子："好！"

褚蒜子早已摆好饭，看到司马岳，她半认真半玩笑道："皇上吃完饭就走吗？"司马岳:"嗯?"褚蒜子:"皇上要雨露……"司马岳打断道:"分明是掏朕的身子,朕不去!朕就在这儿。"褚蒜子娇嗔道:"你是皇上!"司马岳双手抱拳向东方一拱,一本正经道:"我也是人,我也喜欢身心愉悦,单纯的身体放纵,我不喜欢。"褚蒜子笑道:"皇上又你你我我起来。"司马岳笑道:"是你先你你我我的。"说着夹了一筷子菜送到她嘴边,褚蒜子张口吃下,一旁的宫女抿着嘴忍笑侍候。

两人挑灯夜话,褚蒜子依在司马岳的怀里,司马岳摸着她的脸道:"要是朕的江山也让朕这样身心欢悦该多好啊!"褚蒜子:"嗯?遇上什么难事了?"司马岳:"舅舅庾氏家族权力太大,王氏家族、顾氏家族等这些门阀大族牵制着皇权,时不时会出个乱子,让朕很烦。"褚蒜子想了想道:"那就慢慢收紧皇权。"司马岳:"哎……门阀士族从汉朝开始,已经树大根深得很了!"褚蒜子娓娓道:"是啊!但是门阀士族终究离不了皇权,皇权是平衡门阀士族利益的最好法宝,那些门阀士族都知道,只是为各自家族利益钩心斗角、尔虞我诈罢了。"司马岳:"嗯!朕的江山将如何?"顿了一下又道:"让你父亲入朝吧?"褚蒜子:"这个……臣妾听皇上的。"司马岳紧抱了她一下道:"你是我的可人呢。"说着便不老实起来。

这天,司马岳在书房和辅政大臣们说事,蔡谟忽然惊喜道:"哟!下雪了!好大!"司马岳扭头一看,可不是,雪花如飞絮般飘飘洒洒,不知道什么时候地上已经白了。他一时兴致大发,道:"各位爱卿,今日风雪助兴,咱们只临风对歌、把酒桑麻,不议国事!只管尽情说笑,怎样?"众人听了都笑说可以,蔡谟率先道:"老臣自曝个糗事吧!记得老臣刚来金陵时,分不清蟛蜞和螃蟹,只知道螃蟹是八只脚外加上两个夹钳,却不知道蟛蜞也是八只脚两个夹钳。那时老臣一见蟛蜞以为是螃蟹,让人抓了好多叫人煮来吃,结果吃完后,上吐下泻,差点儿要了老命。"诸葛恢笑道:"是!那天我在,凭感觉不是螃蟹,可是经不起他劝,也大开吃戒,结果也是一样的差点儿见了阎王。"司马岳:"看来不识蟛蜞和螃蟹的不止朕一个啊!"司马昱:"嗯!臣现在还恍惚呢!那天我也吃了好多!"司马晞:"我不吃那东西,费劲!我喜欢打猎,喜欢吃大块肉。那个鹿肉我最喜欢,烤得最好。"司马昱:"你看你一高兴就胡言乱语!皇上在这儿呢!"司马岳笑道:"不计较这些,皇叔高兴就好。"司马晞一本正经道:"就是嘛!都是自家爷们!也没有外人,计较那么多干吗!"正自说笑,只听庾冰道:"'建元'新年,瑞雪助兴!嗯!老臣也说个趣事!"大家便侧目等他说趣事,谁知他却饶有趣味道:"建元!建元!再兴中朝也!

哎！我说，我拟的这个年号好得很呀！"蔡谟呛他道："什么你拟的，咱几个共同拟定的！"庾冰梗着脖子双手摊着卖萌道："我提出的！你们通过的！"诸葛恢逗哏道："咋？你还想皇上二次赏你。"众人哈哈大笑，室外飞雪似懂人意，舞得更起劲，其中一朵，还飞到屋里来凑趣。

几位大臣走后，司马岳信步来到显阳殿，给褚蒜子讲下午的趣事，逗得她笑声不住。后来说到庾冰，司马岳道："我那个舅舅啊，又自吹自擂了。"褚蒜子："嗯？"司马岳摇了摇了头笑，道："年号，他提出议定的，今儿他又见缝插针地显摆了一把。"褚蒜子若有所思地说："皇上，年号未公示前，改下吧。"司马岳："为什么？"褚蒜子："这个年号自定下，臣妾就觉得不妥，只是一时不知道哪里不妥，近时翻阅书典，看到从前郭璞遗下谶文，云'立始之即丘山颓'。建为立，元为始，'丘山'是皇上的本名。如此，岂不是自应谶语吗？"司马岳听罢，怅然若失。过了一会儿自信道："如果吉凶早定，但改年号，恐未必就能禳灾。且说自古谶言准的又有几个？朕集日月光华于一身，又岂能因为一句谶言而更改年号。"褚蒜子忽然觉得自己说话欠思量，忙道："皇上说得对，是臣妾识见不足，把谶言当回事了。自古谶言就没有准的，不过是牵强附会罢了。再者，话一说就破，而今这谶言借臣妾之口一说，就破了。"司马岳道："蒜子吉言，蒜子说破就破了。走，陪我到御花园转转，朕有好事要告诉你。"

司马岳牵着褚蒜子的手，漫步在御花园的甬道上，凑热闹的飘雪让人欢喜，只那时不时的凛风吹得人脸生疼，又一阵风来，司马岳护拥褚蒜子入怀道："回去吧，下棋，太冷了！"褚蒜子探出头伸出手接了一片雪花道："这天用小炉煮茶好。"司马岳道："就煮茶，你没有喝过的茶。"褚蒜子一扭头故意嗔道："皇上对臣妾藏私？"司马岳一脸懵懂，道："藏什么私？"褚蒜子忍着笑道："皇上刚说的就忘了？臣妾没有喝过的好茶。"司马岳反应过来，刮了一下她的鼻子道："你呀！刚刚进献的，朕也还没有喝呢。"司马岳话音未落，只听褚蒜子道："皇上看那！"司马岳顺着她的眼光一看，道："好美的红梅啊！走！走！走！过去看看。"他牵着她走向那云蒸霞蔚、白雪飘飘的梦幻之所。红梅花海里，两个人都放飞起来。司马岳折了一枝红梅，插在褚蒜子的头上，傻傻地看着，褚蒜子娇羞道："好看吗？"司马岳："好看！"褚蒜子："花好看还是人好看？"司马岳："人好看！"褚蒜子眨了下眼道："喜事加身更好看，皇上还没有告诉臣妾什么事呢？"司马岳："咳！蒜子听封！已拟定十二月二十九日举行封后大典。"褚蒜子一下搂住司马岳的脖子道："这么大喜事！今晚皇上不许走！"司马岳亲着她："朕就没打算走。"

十二月二十九日，司马岳为褚蒜子行册封大典。褚蒜子和司马岳一起拜过宫里的太妃，然后坐銮仪驾来到太极殿，红色地毯一直铺到仪门外，司马岳携着身穿袆衣的褚蒜子，由仪门一步一步向前走。褚蒜子梳着三博鬓，头戴凤珠金钗十二支，朱色锦面上的金丝绣凤熠熠生辉，黼领、罗縠褾、襈、褾皆玄色，蔽膝、大带、革带等随衣裳色，蔽膝上凤雏，展翅欲飞，洁白的玉佩飞舞在玄色的双大绶间，金边玄色袜鞋踏在红色的地毯上，步步莲花，如天女行在云端。其柔嘉表度、端庄静雅、持躬雍肃、度娴礼法、慈著钟祥、敬章翚翟……让人敬畏，不敢直视。庄严又温婉的音乐声中，司马岳携着她来到太极殿最高处，与她一起转身并立在大殿正上方，接受文武百官的朝拜。

册封结束后，司马岳诏封褚蒜子生母谢真石为寻阳乡君，又征召褚蒜子的父亲豫章太守褚裒为侍中、尚书。褚裒谢恩请辞侍中、尚书之职，请求到地方挂职锻炼！司马岳不准！褚裒道："臣十分感谢皇上的厚爱，只是微臣自觉才力不逮，恐辜负了皇上厚望。朝堂重任，微臣力请皇上选择比微臣更有能力的人担任。"司马岳道："褚大人是朝廷肱股之臣，去地方，朕不舍。"褚裒："微臣谢皇上抬爱！微臣有自知之明，微臣的才智学识，镇守地方应该合格，但是若在朝堂，臣真的是负压前行，这是于国家不利。恳请皇上准允微臣到地方效忠朝廷。"司马岳有些为难，褚蒜子悄声道："皇上就依了父亲吧。"司马岳遂改任褚裒为建威将军、江州刺史，镇守江州。

大年初一，司马岳先到太极殿上接受百官贺拜，然后，又率领皇族中人到奉先殿（祭祖）祭拜。所有的人都恪守着礼仪，力争不让自己有一点差错。繁文缛节"滋啦"一下就划走了个把时辰，所有的人累并快乐着，皆力把祥和的氛围放大渲染，把年过得红红火火。

新年新气象，后宫亦是如此，褚蒜子作为后宫之主，更是忙得不亦乐乎。她身为一国之母，要率一国之先，她早早就起来给太妃们拜年贺寿，忙了半日，才回到显阳殿，来给她拜年的妃嫔按照品级、算着时间次第来了，一番寒暄，各自回还。

过年让每个人的脸上都写着喜庆，花钿金钗随步摇、彩裙绣带带风熏，把寒冷萧瑟的冬天染得两腮绯红，让人恍惚中似乎来到了百花盛开的春天。

下午四时，皇室成员如往年一样在承光苑家宴，大家次第到来，开心地说着笑着，忽听司马晞问："今年家宴和去年的咋不一样啊？"司马岳："先帝刚走，朕不忍狂欢，为纪念先帝功德，朕下令让御膳房把杀生太重的龙肝、凤髓、豹胎、鲤尾、炙肉、猩唇、熊掌、酥酪蝉这自古而有的八珍废了。"司马昱:"应该!应该!皇上德高!臣等汗颜!"褚蒜子补充道:"虽然取消了八珍,但是御膳司定制的新菜不比八珍差。六谷、六清、六牲,珍味一百二十款,酱品一百二十款。另,又增了西域大烤肉、涮肉、奶酪以及闽粤一带的鱼生、烤鹅等新鲜时令菜肴。"司马晞:"听着比老八珍美得多,今儿我要不醉不休!"……新年家宴虽然没有往年之奢侈,但是,热闹一点不减往年,峨冠博带的男人们在把酒桑麻、吆五喝六、大快朵颐,女眷们则在细话家常、喋喋嘎嘎、饮酒泼茶,孩子们拿着褚蒜子赏发的建元小金裸子叽叽喳喳、附风学雅。

这一日相对轻闲,司马岳又来到显阳殿,黎辉说褚蒜子正在书房写字,司马岳示意她不要禀报。他悄悄来到书房,没想刚到门口就被褚蒜子看到了,褚蒜子赶紧走过来道:"臣妾恭迎皇上。"司马岳眉头一皱嗔道:"又来了不是!"说着向她作揖调皮道:"小生拜见皇后娘娘。"说着拉着她来到几案前,顺手拿起字帖道:"小生也喜欢王羲之的字。"褚蒜子笑嗔罢道:"王羲之的字婉若游龙、翩若惊凤,臣妾非常喜欢。"司马岳:"王羲之这个人啊!他的字当年和舅舅庾翼齐名,而今却远在他之上。"说完又兀自笑道:"为这事,舅舅曾大为不服呢!"褚蒜子:"怎么不服?"司马岳:"他说他的书法当年不次于王羲之,而今怎么忽然王羲之的字就成了朝野争相临摹的榜样了?扬言要与他一较高下。他很自信地说他的字遒劲有力、神采飞动,说他还没有遇到让他心悦诚服的字。后来,他来朕这,朕让他看王羲之的字,他一看,不比了,说王羲之的字'焕若神明',他甘拜下风。"褚蒜子笑道:"舅舅倒是有趣的人。"司马岳:"他人不错,很有自知之明,美中不足就是喜欢功名。"褚蒜子:"这也是人之常情嘛。"司马岳:"嗯!他和姐夫桓温感情不错。"又道:"桓温自从娶了南康姐姐,也是雄心大发,不止一次地说要和朕一起平定中原、拯救天下。"褚蒜子听罢心头一震,下意识道:"拯救天下?"司马岳点头道:"桓温为人豪爽、务实,是个难得的人才。舅舅庾翼曾对朕说他具备英雄之才能,希望朕能重用他。"褚蒜子轻声道:"臣妾恍惚听谁说桓温野心不小!"司马岳不屑道:"是个男人谁没有野心?桓温有野心是好事,用他的同时让另一个人制衡一下就好了。"又道:"殷浩就是,你父亲向我推荐过。"褚蒜子:"殷浩是个怎样的人?"司马岳:"才气、声名冠绝当代,朝野都很看好他。"褚蒜子:"传说是传说,真到事儿上,还得看真本事。"司马岳:"嗯,朕也在想这个。舅舅庾翼最看不上他,说他这种人应当束之高阁,等天下太平后,再慢慢商议他们的职务。他这种人适合当太平时期的花瓶。"褚蒜子笑道:"朝堂摆个花瓶也不错，只别放错了就好。"司马岳："知道，只是这个人太作！朕不想理他。先帝曾多次征辟他，可他却是一味地不应召，说要摒绝世事做个隐士，隐就隐，他却是隐居在墓地。这种为出名不惜借死人墓地的行为朕真心不喜欢。可气的是你舅舅谢尚和姐夫刘惔还为其推波助澜，说什么'殷浩不出来为官，百姓们该怎么办'！说得好像没有他国将不国了一样！"褚蒜子笑道："风气如此，你气啥？现在有点名望的人，谁不这样？"司马岳："歪风邪气啊！不说了，写字。来，你挥毫，我研墨。"褚蒜子接过砚边磨墨边说："还是臣妾红袖添香吧。"

　　晚饭后，庾翼与属僚们闲话，他说想弄个人到军中拉大旗，僚属甲云："可是殷浩？"庾翼笑道："你真是我肚子里的蛔虫。"僚属乙笑道："殷浩现在炙手可热，在下也知明公想的是他。"庾翼正经道："他在军中，我军的影响力会倍增。"僚属甲、乙异口同声称是，庾翼说："请他到军中做司马如何？"僚属丙："在下觉得殷浩有点像前朝的王衍，明公如果让他做司马，真的到了战场，在下担心他会误事。"庾翼："只要其名，不要其真的做事。清谈误国，实干兴邦，我知道！"僚属甲、乙："如此！最好！只是，他来吗？"庾翼："我给他写封信试试。"于是，庾翼给殷浩写了一封情真意切的信："当今社稷安危，内政委托何充、蔡谟等诸位重臣，外事依仗庾氏、桓氏等几户大族，只怕难保百年无忧，国家破灭，危在旦夕。足下少负美名，却隐退世外，不问国事，这于理不合。再说，当代的大业，还须靠当代的人杰去完成，为什么一定要盲目追寻古人的风范，王夷甫（王衍字）是前朝的风流人物，但我始终鄙薄他追求虚名的行为。若以为当今世道非虞夏盛世，那么一开始就该超然物外不问乱世之事，然而王夷甫却极力谋取高位，树立名望，既是名位显赫，就该努力光大名教，全心治理天下，使乱世得以安定，可王夷甫却高谈老庄，终日说玄，不切实际，虽说谈道，实助长浮华空谈之风。等到晚年，声望犹存，却贪图安逸，害怕动乱，专谋自保，最终被石勒所掳，身首异地。凡是明德君子，难道赞成这样做吗？空谈误国，实干兴邦。天下兴亡，匹夫有责。诚望您三思。"

　　殷浩收到信，只看了看就扔到一边去了，他的外甥韩康伯问："舅舅，怎样？去吗？"殷浩："不去。"韩康伯吃惊道："不去？"殷浩："不到时候。"韩康伯："他可是当朝最有权势的人啊！"殷浩不屑道："权势最大莫过皇上。"韩康伯："舅舅莫非在等皇上下诏？"殷浩放下手中的书，喝了口茶道："是！也不是！"韩康伯问："怎么个是也不是？"殷浩心说你怎么这么嫩呢？正欲批评，又把话咽了回去，笑着对他道："到时候你就知道了，忙去吧。"

庾翼知道殷浩在摆谱，虽然生气，但是也没有办法。只是，他也较起了劲儿，执着于要他来军中效力。于是，便来书房找司马岳，司马岳见他脸上写着不快，便问是不是殷浩不应诏的事，庾翼说是，司马岳道："他是个作男，也是风气使然，舅舅生什么气呢？"庾翼："说实话，这厮是一面不错的旗，如果他在军中，我军的影响力会倍增。"司马岳："既如此，你再礼贤下士一次又有何妨？"庾翼："我看不惯他！"司马岳："说实话朕也看不惯，但是，他有他的价值，在适当的时候把他放到适当的地方，发挥其最大功用就是了。"庾翼："那！那臣就再礼贤下士一次？"司马岳："朕也下诏召见他。"司马岳见庾翼满不解，笑道："朕抬抬他，给他想要的虚荣，帮舅舅一把。"

晚膳时，褚蒜子对司马岳道："今儿的莴笋秀色诱人，皇上尝尝。"说着夹了一筷子给他，司马岳未嚼两下又自己夹了个饺子塞进嘴里，边吃边道："嗯！这个荠菜饺子也不错。"看着他狼吞虎咽的样子，褚蒜子心疼道："饿成这样了？"司马岳："批了一下午的奏章！"说罢狂吃，心疼的褚蒜子赶紧给他递汤，他接过一口气喝了半碗。吃得差不多了，才道："今儿庾翼来了，为殷浩的事儿烦了朕好长时间。朕帮他一把，把殷浩这个小老儿拽出来。"褚蒜子笑着没有说话，司马岳又道："朕便以皇帝的名义下诏了，诏请他为安西司马。"褚蒜子担心道："万一他应诏了呢？"司马岳笑道："你呀！安西司马和庾翼的司马差远了，他不是傻瓜。那小老儿只是想哄抬身价，朕不过是顺手助他一把罢了！"褚蒜子："也是，威名在外的庾将军请他他不出，皇帝诏他他一准儿也不会应。"司马岳笑道："蒜子，朕咋感觉朕今天比你聪明了呢！"褚蒜子："皇上原本就比臣妾聪明，平时臣妾的聪明都是皇上教出来的。"司马岳诙谐道："朕教你那么多你还总是撑朕，今晚再撑朕就不教你了！"褚蒜子娇嗔道："你……人家……"褚蒜子不由一个干呕，司马岳赶紧站起来抚她道："朕更不能走了，朕要陪朕的皇儿！"

殷浩果然还是不应帝诏，可是，地球离了谁都转，庾翼也不再理他，他志在收复中原，只一心养精蓄锐等待时机。一天有谍人来报，说后赵内乱非常，蜀地也孱弱不堪。他一听，对属僚道："我真想借此一举收复两地，也不负今生。"僚属甲："虽然现在后赵内乱、蜀地孱弱，但是若想一举拿下，也非易事，他们毕竟时间不短了。如果要攻后赵，在下建议联合其北边的慕容氏；攻蜀地，联合其西边的张骏。"僚属乙认可，僚属丙："自古兵马未动，粮草先行。我军粮草有保障吗？"僚属乙："在下专门负责此事，足得很。"庾翼："养兵千日，用兵一时。我军整日演习历练，可不就是为了沙场报国吗？"僚属丁："征战沙场也是在下的愿望！更何况那些日日操练的儿男们？"僚属甲："是啊！好男儿宁可战死沙场也不愿老于床牖。"庾翼一挥衣袖站起来道："我志在灭胡虏、收蜀地！写奏章，请战！"

司马岳当然想有一番作为，他收到庾翼奏章的第二天，便让群臣议论，司马无忌道："现在后赵大乱、蜀地孱弱，臣觉得攻打他们正是时候。"庾冰："收复中原是几代人的心愿，皆因没有时机而错失，而今天赐良机，不趁机攻打，更待何时？臣鼎力支持灭后赵、伐成汉！"蔡谟："后赵、蜀地立国日久，虽然现在内乱，但是，百足之虫死而不僵，其实力仍不可小觑，攻打他们需要费很大的国力。我国现在上升阶段，发展、稳定大于一切，故而臣不建议主动出击，我们要趁着他们无暇骚扰我们之际，好好地发展经济，增强国力。"司马昱同意蔡谟之议。

面对众多朝臣的反对，司马岳有点心烦，他下意识又来到了显阳殿，远远看到褚蒜子正在黎辉等人的陪护下散步。褚蒜子看到他，赶紧迎了上来，司马岳小跑着上前搀住褚蒜子走到花亭里坐好，褚蒜子微喘道："皇上！咱们的皇儿好调皮呢，看到他父皇，动了呢。"司马岳俯身道："朕看看！"说着伸手去摸褚蒜子的肚子。微弱的胎动牵动了司马岳的心，他回过身把褚蒜子揽在了怀里凝望远处，褚蒜子见他半天不语，问："皇上可有什么事给臣妾说？"司马岳忙道："没事，你现在只管保养身子，什么事也不要操心。"褚蒜子："皇上明明有话想对臣妾说。"司马岳："真的没事，无非前朝那些事。"褚蒜子："臣妾愿意为皇上分忧。"司马岳犹豫了片刻，道："后赵正乱、成汉孱弱，朕想趁机攻打，可是蔡谟、司马昱等许多朝臣都反对。"褚蒜子："赞同者几人？"司马岳："只庾冰、司马无忌、桓温几个人。"褚蒜子："这也不是一天两天的事，派人打探清楚，做到知己知彼，再做决定不迟。"司马岳点了点头，顿了一下道："听说有身孕者的嘴刁，想吃什么只管吃，可不许难为朕的皇儿！"褚蒜子摸着肚子笑道："皇儿可听到父皇的话了？"司马岳俯身对着褚蒜子的肚子道："皇儿就是要天上月亮，朕也派人给他摘下来！"

七月的一天，有使者来报，后赵汝南太守戴开率领数千人向庾翼投降，并对庾翼说现在后赵内部大乱，如果此时攻打，将会事半功倍。庾翼心动了，赶忙上报朝廷，司马岳也心动了，也认为机不可失，时不再来。于是，他不顾群臣反对，下诏让庾翼统领士众北伐，并接纳庾翼的推荐，诏命桓宣为都督，司青州、雍州、梁州、荆州四个郡诸军事及梁州刺史,立赴丹水;任桓温为前锋小督、假节,率士众进入临淮,同时自己统领六州将士做后缓。庾翼出征前,他在众多将士面前,弯弓射箭,说:"本将军这次北伐,如同射出的箭一样,绝不回头!"他三发三中,士气大振,全体官兵呐喊声震天。

庾翼北伐,屯兵襄阳,数月下来,只有小胜,没有大的作为,一时间流言四起,说庾翼屯兵襄阳只为占有襄阳和襄阳的军队罢了,根本无意北伐。蔡谟说:"庾翼北伐已经数月,浪费人力、物力、财力无数,却只有小胜几回,大的胜利一次也没有,长此以往,国力将会有很大的亏空。"司马昱辩道:"襄阳在后赵家门口,庾将军屯兵襄阳就是对后赵最大的震慑。打仗非一天两天之事,等后赵再乱些,我军一举拿下,岂不好?"司马无忌:"说得是,再等等,如果能够兵不血刃,最好!"诸葛恢:"说是这样说,几个月没有政绩,襄阳军队又在他手里,难免不让人多想。"司马晞:"多想不是主要问题,主要问题是粮草和震慑。现在震慑已是事实,粮草供应要有保障。"刘惔认同司马晞所言,庾冰:"司马晞大人说得非常中肯,现在主要问题是粮草和震慑。震慑已是事实,后赵不敢轻举妄动便是证明,粮草日益消耗,这是主要问题,万一粮草匮缺,将会功亏一篑。所以,臣请外任,负责庾翼大军粮草!"司马岳不准。

庾冰回到府里,对僚属道:"沙场征战,将士拼杀,粮草必须有保障。粮草要是有问题,事儿就大了!"僚属乙:"庾将军的粮草没有问题吧?"庾冰:"现在没有问题,假以时日,大军一动,如果粮草供应不及时,就不好办了!"僚属丙:"今儿有庾将军的信,明公看过了吗?"庾冰:"看过了,当下没有事,就怕将来、万一。"僚属甲:"明公将如何?"庾冰:"我将亲自督运粮草。"又道:"这场仗的完全胜败关乎整个家族的命运,暂时的离开是为了更好地回来。"僚属甲:"可是,明公一旦离开朝堂……"庾冰自信满满地说:"不怕!皇帝是我亲外甥。"

时有谍者报说后赵已是岌岌可危,恰有庾翼请战的奏章到,司马岳就此事请大臣们议论。蔡谟说:"老臣还是那句话,稳定压倒一切。"司马无忌说:"现在说这个等于白说,大军已在前线,当务之急是讨论如何攻打!"诸葛恢说:"司马大人说得是,大战当前,军械、粮草是重中之重。"司马晞:"军械问题,臣保障不出问题!现在,臣负责的军械厂正在加班加点地运作,以保障前线军需。"司马昱:"自古两军交战,兵马未动,粮草先行。粮草也是个大问题,更何况,粮草一直是我国的短板。"刘惔:"司马昱大人担心的是,粮草是个大问题,我们不能让前线的将士流血再流泪,我们必须保障粮草供应。"庾冰："皇上，老臣最担心的也是粮草问题，为保障大战的完全胜利，老臣自荐为大军督运粮草。"司马岳尚未说话，庾冰又道："朝堂有蔡谟大人、诸葛恢大人、司马昱、司马晞、司马无忌大人及诸位朝臣在，臣相信政务在皇上的带领下，正常运转没有问题。唯大军的粮草是重中之重，为国家计，老臣情愿把这把老骨头撒在沙场。"司马岳举棋不定，过了片刻道："让朕考虑考虑，过两天给你答复。退朝！"

司马岳来到显阳殿，看到褚蒜子正坐在花亭中消夏，他屏退左右，悄悄来到褚蒜子身边。刚到她跟前，没想一个趔趄，跪倒在褚蒜子面前，他借势调笑道："小生拜见皇后娘娘。"褚蒜子见状嗔道："看你！快要当爹的人啦！"司马岳起来坐到褚蒜子身边："让朕摸摸朕的皇儿。"说着双手抚在褚蒜子的肚子上，胎儿也许感受到，动了一下，喜得他高声道："动了！动了！皇儿动了！"褚蒜子："嗯！皇儿像你！将来定是个文武全才的人。"司马岳头一仰道："那是。"褚蒜子："皇上好些日子没来臣妾这儿了，今日……"司马岳："看你！朕这不是来了嘛！"褚蒜子尚未说话，他眉一皱又道："这段时间真忙，那庾冰执意要离开朝堂去督运粮草。"褚蒜子："皇上准了？"司马岳："还没有准，他执意去！朕想准又不想准。"褚蒜子问为什么，司马岳说："他走了，他的缺谁补？"褚蒜子笑问："因为这个不想准？"司马岳愁着"嗯"了声音，褚蒜子又问："那想准吗？"司马岳："庾冰在朝堂，庾翼在军中，庾氏家族权势过大，不利皇权集中。"看着远处又道："国事不是游戏啊！怎么办？"褚蒜子："皇上想到何充了吗？"司马岳恍然道："朕怎么就把这么好的棋子给忘了呢！"褚蒜子道："打虎亲兄弟，上阵父子兵，庾冰、庾翼，一个指挥、一个粮草，多好的组合。"司马岳一边点头一边道："朕就让庾冰任江州刺史，都督荆州、江州等七州军事，负责督运大军粮草。然后把京口的何充调回来，都督扬州等诸军事，兼扬州刺史、录尚书事，补庾冰的缺。"褚蒜子笑了笑，正想说些别的，看司马岳意欲回去，便没再说什么。

一切都在平稳地向前走着，政通人和、祥和太平。岁月如果如此静好，该是多么的美好。然而世事就是那么不尽如人意。褚蒜子怀孕后，不便侍奉司马岳，其舅舅谢尚便把家里的一个歌姬进献给了司马岳。这个歌伎名叫宋绿，谢尚之妻袁女正对褚蒜子说过，她原是技艺坊姬女，为保持身材和美貌，长期服用"香肌丸"，已经没有生育能力。她自己也知道，所以只在琴棋书画上下功夫。褚蒜子想着宋绿是舅舅把关的人，应该没有问题，没有多想便让她入了宫。自从宋绿侍奉司马岳后，司马岳变了，不再下朝便来显阳殿，而是一下朝便去宋绿那儿。开始褚蒜子只当是司马岳图新鲜，过段时间就好了，可是意想不到的是，司马岳从此所有妃嫔一概不沾，连朝政也不那么上心了，恨不得分分秒秒都和宋绿黏在一起。褚蒜子觉得事情蹊跷，便派黎辉留心她所用一切之物，不久，便在她那里发现了未燃尽的依兰香和晚香玉。黎辉不敢怠慢，赶紧呈报给褚蒜子。届时庾贵人、周美人来显阳殿问安尚没有回，庾贵人问："宫里怎么会有这些东西，哪来的？"周美人："承恩院吗？"黎辉点头称是。褚蒜子对她们道："走吧！一起到承恩院！"路上，周美人说："用这种东西媚惑圣宠是死罪！宋绿不知道吗？"褚蒜子没有接话，其他人也都没有吱声，只紧步跟着去往承恩院。宋绿贴身侍女远远看到褚蒜子她们，赶紧去通报宋绿，宋绿内心慌张，赶紧出来迎接道："臣妾不知道皇后娘娘驾到，有失远迎，请娘娘恕罪！"褚蒜子说了声："免礼！"便绕过她来到屋里。黎辉一声令下："搜！"内侍宫女立即翻箱倒柜搜起来。很快，宫女搜出了数量可观的龙涎香、依兰香、晚香玉，内侍则找出了一瓶深红色的药丸。宋绿一看赶紧跪下，褚蒜子问："你可知罪？"宋绿："臣妾知罪！但是请皇后娘娘明鉴！"说着指了指宫女手里的东西说："这香料是用来配制'香肌丸'的。"又指了指内侍手里的药丸说："那个便是'香肌丸'。"庾美人问："香肌丸？"宋绿悲戚道："'香肌丸'是让人变美但却蚀命的药，臣妾自幼食之。"宋绿见褚蒜子面无表情，生怕她按照宫规处置自己，更加悲戚道："长期服用'香肌丸'，可保持身材窈窕、面容姣好，其香浸入肌里，也可使身体生香……"周美人听宋绿说到这儿，不觉神往想得而尝之。当听到宋绿说"但是，服用者一般活不过二十五岁"时，心内暗道："这个美法要不得！"看着泪如雨下的宋绿，不觉对她有点心生可怜。褚蒜子也是心头一痛，道："你从此不吃便罢！"宋绿可怜道："如果不服食，臣妾则会速老！速死！"褚蒜子说："宫里不许有这些东西！"宋绿此时已摸准褚蒜子不会治她的罪，便舍死求生道："皇后娘娘！不管怎么说，臣妾犯了宫规，自知要有一死，死不足惜，只求皇后娘娘赐臣妾三尺白绫，给臣妾留个全尸。"褚蒜子原本没有杀她之心，又听她这么说，更加于心不忍。再者，她是舅舅进献的人，不看僧面看佛面，也须饶她一回。还有就是自己正怀着孩子，为了腹中的胎儿，也要少杀生，于是道："生命很宝贵，你切不可自弃！本宫令御医为你调治身体，好好活着！切记！这些邪门药丸不可再用。"宋绿赶紧说定会谨遵皇后教诲。

是晚，褚蒜子请司马岳来显阳殿用晚饭，其中有一道香菇烧鹌鹑蛋是司马岳最喜欢的美食，他夹了一个鹌鹑蛋给褚蒜子道："多吃点，你一个要吃两个人的饭！"褚蒜子答："谢皇上！"又道："那个鱼肉饺子怪好的，臣妾再来一个。"司马岳把盘子挪到了褚蒜子跟前，顺手夹了一个放到她的碗里。两个人心照不宣地吃完饭，司马岳扶褚蒜子到外面散步消食。二人相携着默走了半天，褚蒜子率先道："今日请皇帝过来，是想跟皇帝说说宋绿的事。"司马岳生怕褚蒜子因此动了胎气，忙道："朕听姬秋说了，立即处死！"褚蒜子轻叹了一声道："按照宫规，宋绿是要杖毙的。但是臣妾想她也是一条生命，就想着暂且饶她一次。下不为例！"司马岳叹道："皇后慈悲。"又道："就饶她一次，为了我们的皇儿。"司马岳说着就把褚蒜子揽到了怀里。褚蒜子软语温存地要司马岳保重龙体，以政务为重。司马岳并非昏君，自然知道如何行事，他从此有意远离宋绿，尤其是皇子司马聃出生前后，他经常来显阳殿跟褚蒜子团聚。

褚蒜子的慈悲宽厚没有让宋绿感恩戴德，相反，她焦心怀恨。这一日，她在窗前坐着，看着台上半蔫的百合花，心里更加烦躁，起身走向室外。没想脚下一滑，差点儿摔倒，一看，原来是一颗葡萄皮，她想骂人，张了张嘴又咽了下去。自从那件事后，司马岳便再不来了，承恩院成了冷宫，冷得连内侍宫女都想一走了之。她看到院子里快要干枯的花花草草，心里更烦，便转身回到屋里，挥挥手让侍女退下，独坐闷想："我不能这样下去！我的使命是两年内结果他！如果届时不能完成，我的父母兄弟都要被杀。我知道他不是坏人，可是，他是不是坏人与我有什么相干？这个世上，父母兄弟才是我的亲人，他们才是我生命中最重要的人，我必须让他们过上锦衣玉食的生活。"

一个漆黑的深夜，承恩院院墙有鸟"咕咕"地叫了三声，宋绿的贴身侍女阿娟在墙内"喵喵"叫了三声，墙外又是"咕咕"地叫了三声，她方抽开墙底隐秘的石块。接着，一包东西递了进来，她接过收到怀里，又放好石块，然后悄悄回屋把东西交给宋绿。宋绿打开一看，是几瓶药丸，分明标着"香肌丸""鹤仙丹"。另还有许多碎金银、珠宝首饰和一封信。宋绿看罢信，吩咐阿娟收好东西，然后诡笑着睡下。

值勤宫女帮宋绿梳头，宋绿指着桌子上的首饰问："这些首饰好看吗？"宫女回答好看。宋绿拿起一支翡翠步摇道："喜欢吗？"宫女说喜欢。宋绿便递给她道："那就送你吧。"那宫女以为自己惹宋绿不开心了，慌忙跪下，宋绿拉起她笑道："你差当得好，赏你的，快起来吧。"宫女看宋绿情真意切，遂谢恩收下，起来继续为宋绿梳头打扮。

打扮一新的宋绿来到室外，走向一正在浇花的小太监跟前。小太监猛抬头看见宋绿，赶紧跪下请安。宋绿道:"这么热的天公公就开始劳作了!太辛苦了!快起来吧。"说着给侍女阿娟使了个眼色,阿娟便拿出一包碎银子递给那个小太监,说:"辛苦了,美人赏你的。"小太监不明就里不敢收,宋绿道:"收下吧,以后少栽些草多种些花,本宫喜欢花。"小太监意会,赶紧跪下谢恩。

承恩院的内侍宫女都因为得了宋绿的好处,都视自己为她的人,宋绿说什么,他们便信什么。那宋绿见时机成熟,开始偷偷服用"香肌丸",她还有意让内侍宫女向外传话:"宋美人就像个花仙子,把承恩院弄成琼廊仙苑了!"这话传到褚蒜子那里,她特意派人查看承恩院,除了花多,没看出异样,那些得了宋绿钱财的内侍宫女,也都说宋绿除了养花种草安分着呢。宋绿自己更是表现得万分得体,每朝拜皇后,她便让侍女阿娟摘些鲜花孝敬褚蒜子。慢慢地,褚蒜子也不再对她那么警惕。

这一天,褚蒜子正与嫔妃们说话,宋绿来了,她的贴身侍女阿娟捧着一枝半开带蕾的海棠。宋绿请过安,接过阿娟手里的海棠对褚蒜子道:"皇后娘娘!这是臣妾院子里的海棠,臣妾摘一枝进献给您。"看着这娇媚欲仙的红白海棠,褚蒜子非常喜欢,她吩咐黎辉道:"找个美人瓮插上。"宋绿又道:"皇后娘娘,它可以开六七天呢!"褚蒜子边看边道:"嗯,半花半叶一重重,小蕾深藏数点红,美人有心了。"一阵风吹来,庾贵人嗅了一下鼻子道:"好香啊,难道……"周美人:"对啊?海棠本无香啊!"褚蒜子没有说话,但是宋绿知道她心里也起疑了,赶紧道:"臣妾岂敢,臣妾吃了皇后娘娘派太医给臣妾配的药后,已不依赖那'香肌丸'了。"又道:"臣妾也想多活些年呢!"又赶紧道:"臣妾喜欢花花草草,又常侍弄,可能是花草香染衣裙上了吧。"褚蒜子道:"好了就千万不要吃了,生命很宝贵,要珍惜。"宋绿答:"皇后娘娘放心,臣妾谨遵娘娘旨意,早不吃了!"几个人又说了一会儿话,庾贵人站起来道:"皇后娘娘事儿多,又有皇儿,咱们别太叨扰了,走吧!"几个人刚站起来,见太监姬秋来了。他道:"皇后娘娘!这是皇上让人为皇子专门定做的长命锁。"褚蒜子赶紧谢恩并让黎辉收好,姬秋又道:"皇上说今晚还在这里用膳,下午没事了就过来看娘娘和皇子。"褚蒜子道:"知道了,辛苦公公了。"姬秋告退,嫔妃们也在羡慕嫉妒中告辞。

宋绿回到承恩院,即刻吃了一粒"香肌丸",午休时,又吃了一颗,药力让她面如胭脂、眼如水波、香如鲜花、美如天仙,莫说男人见了走不动,大凡是雄性,都有与她亲昵的冲动。下午四时许,她身着紫衣白纱、脚蹬高跟木屐、头戴柳编花帽,在阿娟的搀扶下，摇摇地在御花园漫游，刻意制造与司马岳邂逅的机会。功夫不负有心人，宋绿正心急如焚时，瞥见司马岳从远处走来，她赶紧把手里的香粉撒到周边，一时间，香风四射，引来许多蝴蝶围着她翩翩起舞。司马岳果然被吸引过来，他身上的荷尔蒙瞬间飙升到了极限，什么也不说，直接拉着宋绿来到了承恩院。花好月圆、春意缠绵，司马岳根本把持不住自己，也停不下来。伺候的宫女半调笑半抱怨半高兴道："天还没有黑，就洗两回澡了！"另一个接道："估计今夜得洗个五六七八次！"

春的美、人的媚、药的劲，让司马岳再次沦陷，他一下朝，便脚步不听使唤地来到承恩院。宋绿则早已收拾打扮停当，见到司马岳过来便像蝴蝶一样飞奔向他的怀抱，弄得司马岳恨不能一口吃了她。一阵狂欢后，宋绿起来把一碗炖好的桃胶冰燕皂米粥端上来，对司马岳说："皇上！这粥是排毒养颜、和血益气、通淋生津的，皇上多吃点。"司马岳也是干活累了，一口气吃了三碗，晚饭时饭量一点儿不减。两人饭后散步时宋绿笑说他是牛胃，司马岳道："牛吃得多是因为犁地跑得快！"一句话说得宋绿脸通红，她娇羞着捶了一下司马岳的胸膛。司马岳看着眼光如澈、吐气若兰、脸如红霞、风情无限的宋绿，把持不住了，一把捉住她的手道："回！"

完事的司马岳有点心慌，宋绿拿出一盒墨绿的药丸给他吃。司马岳一看，血压瞬间飙升，斥道："你又吃！"宋绿娇嗔道："皇上，你吓到臣妾了。"又道："上回臣妾因为'香肌丸'的事犯了宫规，差点丢了性命，好在皇后娘娘慈悲，饶了臣妾，又让太医为臣妾调养，而今臣妾早已不吃'香肌丸'了。皇上不信可以问皇后娘娘，她都知道。"司马岳问："那这个是什么？"宋绿道："臣妾因为服用'香肌丸'久了，身子出现了亏损，还好太医高明，为臣妾调治出了'鹤仙丹'，服之可以强身健体、延年益寿。这个'鹤仙丹'是保健药，没有任何副作用，谁都能吃。"说着自己先吃了一丸，又倒出一丸托在司马岳的嘴边，司马岳就着她的手一口吞下。半个时辰后，司马岳浑身燥热，有一泻能量而后快的冲动，他管不住自己，如脱缰的野马一样，与宋绿在云雨中快速奔腾，以至香榻欲折、锦围欲翻。

褚蒜子情知司马岳又着了宋绿的道，生怕坏了身子，三番五次请他来显阳殿说话。可是，每次司马岳都推说政务繁忙没有去，次数多了，他自己心里愧疚，克制着欲望来到显阳殿，此时褚蒜子与黎辉、宫女们正逗司马聃玩儿，褚蒜子早看见司马岳过来，却装着没有看见，任由他"悄悄"到了跟前才道："臣妾不知道皇上驾到！有失远迎！请皇上见谅！"司马岳也客气道："哪里！哪里！"黎辉、宫女们赶紧跪下："奴婢恭迎皇上。"司马岳："都起来吧！朕来看看皇后和皇儿。"众人起来，褚蒜子抱起司马聃给司马岳看，司马岳接过抱在怀里细看，道："越长越像朕了。"褚蒜子没有接话，司马岳又道："皇儿由皇后亲自教养，朕非常欣慰。嗯，那个朕前朝政务太过繁忙，不能时时过来陪皇后和皇儿，还请皇后见谅。"褚蒜子："什么见谅不见谅的！皇上知道臣妾会对您说什么吗？"司马岳脸上有点挂不住，不高兴地说："知道，皇后不必太过操心！"褚蒜子说："皇上！春宵梦短气消磨，远离色相幸福多……"司马岳不耐烦地道："皇后不是时常劝朕要雨露均沾的吗？今儿是怎么了？"褚蒜子："皇上均沾了吗？"司马岳："皇后向来宽厚大度，怎么了这是？朕并没有因此耽误政务啊！"褚蒜子看着他的眼睛道："皇上在转移话题，皇上不想和臣妾说话，就走吧！"司马岳顶不住，起身道："真是！不识好歹！朕还有奏章要批，走了！"说完拂袖而去。看着渐行渐远的司马岳，褚蒜子眼圈红红的，强忍着把泪水咽到肚子里，黎辉心疼地叫了一声音"娘娘！"抱着司马聃扶她回内室。褚蒜子接过司马聃抱在怀里，沉默了半天，自语道："给一些时间吧。"

　　司马岳从显阳殿出来，顺脚来到了承恩院，脸上挂着不开心。宋绿见状忙问："皇上去皇后娘娘那儿了？"司马岳："嗯！去看看皇儿。"宋绿暗自高兴，她知道向司马岳讨要保护的时刻来了，她一边服侍司马岳坐下，一边泪盈眼眶、弱弱怯怯地道："皇上生气了？皇后娘娘说臣妾了吗？"司马岳看了宋绿一眼，道："你怕什么？"宋绿赶紧佯装小心道："上回……那么多人，臣妾真的好怕！"说着说着便梨花带雨起来，司马岳赶紧把她搂在怀里，说："别怕！有朕在！别怕！"宋绿边说谢恩边腻在司马岳怀里撒娇，司马岳被她弄得难受，跨步把她抱到床帷间，放纵起来。

　　司马岳感觉目眩脚软有一段时间了，他以为是夜里没有休息好所致，休息休息就好了，所以也没有让太医看。一天，他正听大臣奏事，支撑不住了，"哎呀"一声侧歪在了龙椅上。一旁的姬秋赶紧过去，司马岳示意退朝，姬秋慌道："皇上让退朝！退朝！"殿下文武百官乱成一片，姬秋道："宣太医！快宣太医！"司马岳气喘吁吁道："扶朕去式乾殿！快去禀报皇后！"

　　褚蒜子赶到式乾殿，看到一群太医，她心里一惊，以为司马岳病危，她来不及与臣工们见礼，快步来到司马岳病榻前，见司马岳眼睛闭着，呼吸急促，她的心一下子悬到了嗓子眼儿上，忙问"皇上什么情况？"太医报说是慢性中毒，褚蒜子回头示意黎辉赶紧速查承恩院，并用眼神告诉他："查到东西，即刻处死！"看着黎辉领命而去，褚蒜子又问："怎么个慢性中毒？"太医说："皇后明鉴！与那药有关！"褚蒜子轻叹一声道："尔等一定要用尽全力医治皇上！"太医齐跪曰："臣定当竭尽全力医治皇上！请皇后娘娘放心！"

黎辉带人来到承恩院时，宋绿正在吃茶，她还没来得及站起来，就听黎辉道："奉皇后娘娘之命！彻查承恩院！"宋绿一听赶紧站起来拦道："不行！为什么？皇上呢？"李宁一把推开宋绿，带领内侍宫女开始搜查，宋绿没来得及藏的"香肌丸""鹤仙丹"很快就被搜了出来。黎辉道："赏她三尺白绫！"宋绿："这是皇后娘娘叫太医院给臣妾配的调养身子的药，我要面见皇后娘娘！"黎辉："送宋美人上路！"宋绿："我要见皇上！"黎辉："送宋美人上路！！"李宁拿起白绫，手一挥，套在了房梁上，宋绿意识到她的罪行完全暴露了，遂不再挣扎。她知道，挣扎是徒劳的，只能让自己死得更加难堪。她理了云鬓道："我补个妆！"她坐在镜前，边画眉边想："我就是一枚过河的卒子！注定要死！只有死了，大家才都安全！我的父母兄弟才能保全！"她站起来，缓步走到白绫下，踩上美人凳，把白绫套在脖子上，然后脚一蹬，一缕游魂归了故乡。

司马岳醒了，看着在一旁侍奉的褚蒜子，羞愧难当，后悔没有听她的话。褚蒜子赶紧软语安慰他安心养病，不要多想，怎奈司马岳已病入膏肓，虽有太医极力医治，终不见有什么起色。御医也没有好的法子，只能开一些清热解毒、延年益寿的药帮司马岳苟延时日。司马岳意识到自己大限快到了，就准备立储传位事宜。在外的庾冰上书说："外敌正劲，宜立长者入驻东宫，会稽王司马昱才德兼备、仁和有加……"床榻前何充说："自古子承父业！只有父传子位，才能固国之根本！"蔡谟也说："父传子位，是先王既定的法度，妄加改变，不是利国的良策。请皇上三思！"蔡谟、诸葛恢、司马晞皆附议。司马岳转头看司马昱，司马昱也说："父传子可固国本。"司马岳见群臣没有异议，又想到褚蒜子，便下诏立司马聃为太子。

三天了，司马岳一直处在半昏迷状态。九月二十六日，他忽然醒了，拉住守在他身边的褚蒜子的手道："皇后！朕、朕说过要与你地老天荒，可是，朕、朕恐怕不行了，皇后要、要教育好皇儿！"褚蒜子心头一酸，满含热泪道："皇上千秋正盛，哪里就……放心，很快就好起来了。"司马岳："扶、扶朕起来，让朕躺、躺在你的怀里。"褚蒜子斜坐在床上，抱着司马岳，司马岳在她的怀里慢慢没有了气息。

第二回

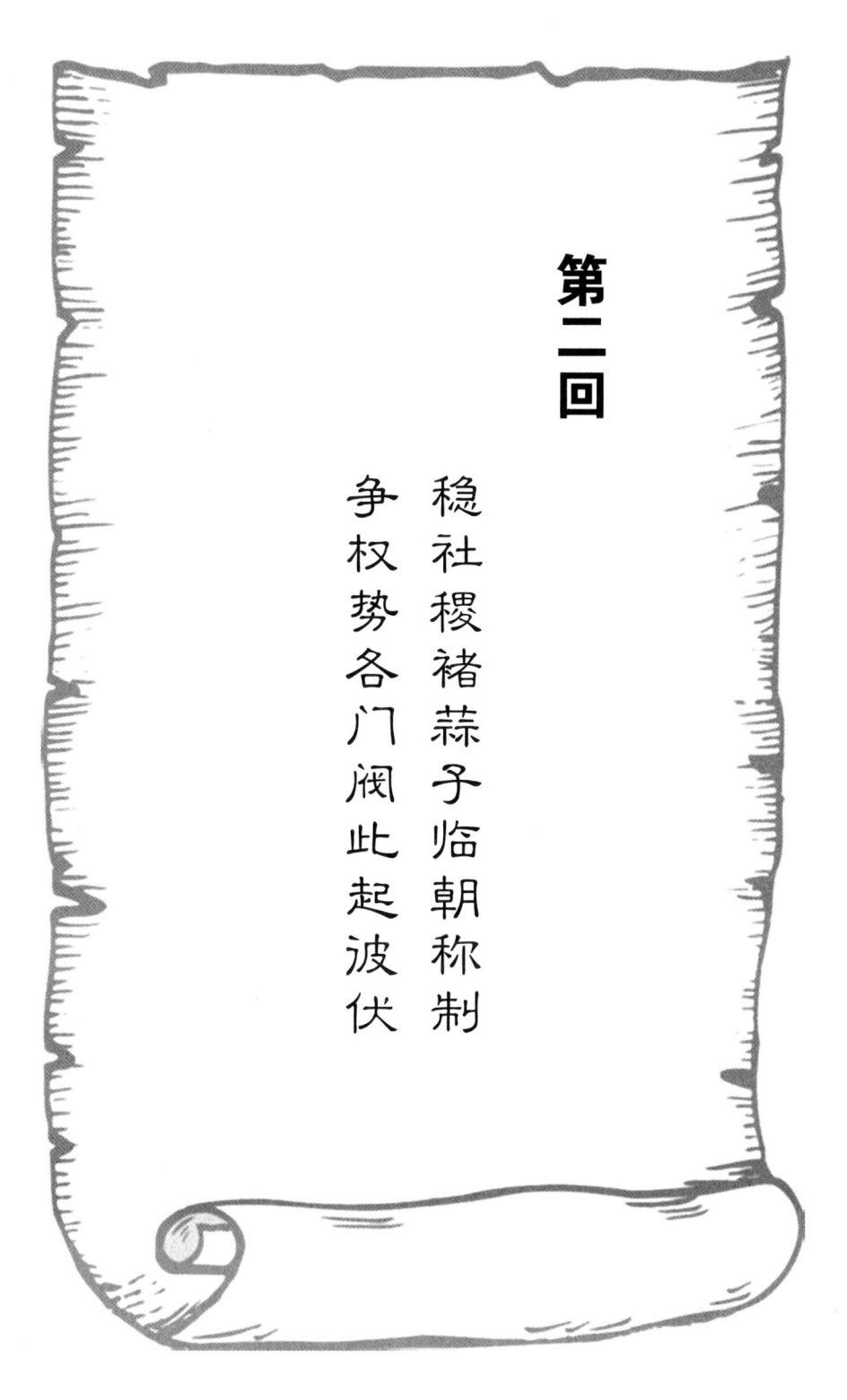

稳社稷褚蒜子临朝称制

争权势各门阀此起波伏

这一切来得太快，快得让人措手不及。褚蒜子如坠深渊，她不知道该如何面对，可是，不知道如何面对也要面对，苍天根本不给她缓冲的时间。国家社稷、朝中臣子、襁褓中的儿子、后宫中的嫔妃……都在看着她，她除了选择坚强面对，别无他法。她咬着牙对自己说："坚强！一定要坚强！再难也要坚强！哪怕是假装！"

褚蒜子收起悲恸，于时年九月二十七日，在何充等朝臣的恭迎下，奉康帝司马岳遗诏拥立襁褓中的司马聃登基即皇帝位，褚蒜子被尊为皇太后。由于司马聃太小，无法执掌朝政，为国家安稳计，朝臣们商议拟请褚蒜子垂帘听政，并推举四朝元老蔡谟上奏表："嗣位的皇上自幼聪明过人，继承皇位，天下归心，万民仰赖。太后陛下为妇道规范，女中楷模，超过文王之妃太姒。昔日涂山氏使夏禹业绩光耀，简狄使殷祖兴隆，由于这些贤明的后妃，才使大业长久兴盛。想太后陛下德操可比舜之二妃，仁善胜过文王之后，临朝摄政，可使天下安宁。当今社稷危急，万民系命，臣等惶恐，一日万机之事，国家命运所期，天意所归，都在太后身上，不是冲淡谦让的时候，汉代和熹、顺烈二后，也曾临朝摄政，近世明穆皇后摄政的事，都是前规先例。臣等不胜惶恐，谨伏地上请求。望陛下上承祖宗之意，下念臣吏之愿，推公心，弘治道，以协和天人，则万国庆幸，百姓更生。"褚蒜子深知，政权交替时节，最易出乱子，前朝的"八王之乱"仿佛就是昨天。看着怀里的司马聃，她想："如果由某个大臣摄政，保不准又会出现权臣当道、杀戮不止的惨剧，这个时节，只有哀家垂帘听政，才是稳定局势的最好法子。"几经思量，她下诏道："皇帝幼小，当赖群公卿士扶持匡救，以报答先帝旧德泽于后世，先帝之命未曾掩息，祖宗事业可以继承，皇帝只是正位于中宫而已。然臣下所奏恳切周到，体现于奏书的字里行间，捧读未完，又悲又惧。想到先后如此谦恭自仰，只想顺从妇道，却也不拒绝群臣请求而临朝摄政，本是为国家考虑。我岂敢只固守住年幼无知的幼主，而违背先贤的意愿，即敬从群臣所奏。"于是褚蒜子临朝摄政。

太极殿上，褚蒜子坐在白色帷幕后，怀里抱着司马聃，一边听大臣奏报，一边心里盘算着怎么走棋："何充为人中正，自当倚重，但是也不能因此就排斥庾冰、庾翼等人。庾冰、庾翼等是前朝元老又是权臣，虽然他们建议立长不立嫡，但是外有强敌，立长也有客观理由。而今他们手握兵权，却没因此而对朝廷怎样，说明他们还是以朝廷、大局为重的，应该拉拢。如果让庾冰来朝堂任职，一可解除其兵权，二可与何充相互牵制。"褚蒜子正自思想，有官员上奏说："太后生母谢夫人既封寻阳乡君，太后前母荀、卞二夫人也应当追赠封谥。"褚蒜子一听这讨好献媚的话，立即否决："此事先帝已安排！不准！"又一官员道："太后垂帘听政，尊荣无限，太后之父为一家之主，也礼应接受百官礼敬！"听罢这带着暗箭的奏表，褚蒜子不动声色说道："自古典章礼教没有这样的，如果这样，哀家内心会十分不安。"太常殷融赶紧上前道："依照汉代大儒郑玄释义，太后的父亲是卫将军，在宫廷则行君臣之礼，太后回家时则行家人之礼。"褚蒜子听罢，看着庾翼道："征西将军以为如何？"庾翼道："父在家最尊，君在天下最重。殷融的释义合乎情理。臣附议。"谢尚、王彪之、诸葛恢、司马昱、司马晞、司马晃、刘惔等人也道："太常大人言之有理，臣等附议。"褚蒜子听罢这些奏表，暗吐了一口气，道："诸爱卿所言极是！遵太常所言！"此时又有人请奏通知京都以外的官员前来为康帝吊唁，面对饱含着恭敬的锥心暗箭，褚蒜子暗自摇了下头道："有关吊唁，遵守祖制，除京官外，其他藩镇皆不许前来吊唁，违者立斩！"

朝臣们对这个年仅二十岁的太后有点轻视，尤其是那些几经数朝的元老及那些准备趁机崛起的人，都是各怀心思地准备有一番作为。然而，让他们没有想到的是，这个年轻的太后是那么睿智明达、杀伐决断。他们不敢再轻易为难她，但是暗中的手段却层出不穷。朝臣所思所想所为，褚蒜子心知肚明。她深知为国家计，她必须成为群臣马首是瞻的头脑，为此，她的弦时刻都紧绷着。

褚蒜子加授何充为中书监、录尚书事，允他可带甲仗百人入殿。何充谢恩道："臣即任录尚书事，就不再领中书监了，请太后恩准。"褚蒜子原也不想让他再任中书监，听他如此说，也不挽留，直接应允，但是又加授他为侍中，赐其羽林骑十人。何充赶紧谢恩就座。看何充就座后，褚蒜子对文武百官道："何大人不领中书监，中书监一职空置，哀家欲召车骑将军庾冰入朝辅政，众爱卿意下如何？"褚蒜子此话一出，底下的文武百官一片哗然，何充也怔住了。群臣弄不清状况，皆缄默不语。褚蒜子见状，道："如果众爱卿不反对，就拟旨下诏吧！"何充到底是为国家着想的忠良之臣，他在心里迅速过了下满朝文武，也只有庾冰可堪任中书监一职，又听褚蒜子这样说，忙道："太后英明。"其他朝臣也都附何充之言，一致同意召庾冰为中书监。褚蒜子在帘后微微一笑，又听何充奏道："褚裒褚大人气度恢宏，才干突出。其温润风流，神鉴内融，是承辉紫宸之才。臣以为褚大人应承担尚书之责，决揽朝政，以安国体民。"褚蒜子正想让父亲来朝堂任职，自己也好有个臂膀，于是道："准！任命褚裒为侍中、录尚书事，持节和原先的都督、刺史职位不变。敕命吏部尚书刘遐、卫将军王胡之前去传诏。"

王胡之、刘遐受命后，策马前去传诏。路上，刘遐不满道："太后垂帘听政已是不得已，而今太后的父亲又来，这不是外戚专权吗？"王胡之道："举贤不避亲，褚裒的才干也是众所周知的。只要为国家着想，有啥不好。"刘遐急道："刚刚开始妥当，慢慢就不妥当了，刚刚过去的'八王之乱'，以前'王莽篡权'不都是这样开始的吗？"王胡之不紧不慢地说："刚开始你还不认可太后垂帘听政呢！现在你不也认可了吗？太后的政令措施都是于江山社稷有利的。再说诏褚裒来朝堂，是何充提议的，我们跟着走就行了呗。"刘遐道："你呀！目光短浅，我！考虑长远。"王胡之笑道："你急你当庭反对呀！这会儿说这话有什么用？"刘遐道："跟你说不清。"他一夹马肚子，喊了声"驾！"策马飞驰，王胡之也"驾"一声，策马跟上。

两人来到褚裒帐中，刘遐宣道："褚裒听旨！褚裒气度恢宏，才干突出。其温润风流，神鉴内融，是承辉紫宸之才。朝廷为安国体民，特诏命褚裒为侍中、录尚书事，持节和原先的都督、刺史职位不变，钦此！"褚裒领旨谢恩。礼毕，褚裒请他二人到帐中就座，刚坐定。刘遐就对褚裒道："季野兄真的准备入朝辅政吗？难道朝中没有比季野兄更适合主持中枢的人了吗？"褚裒一愣，赶紧作揖笑道："不知泉陵（刘遐字）公此话何意？"说着他看了一眼王胡之，又作揖笑道："在下愚昧，还请泉陵公直言！"刘遐直言道："会稽王司马昱德行昭著、素负雅望，是国之周公！足下宜以大政付之！"褚裒尚未出师便遇拦路虎，不由心头直打战。此时，他暗对自己说："绝不能丢了兵权，只要兵在将在，京师就多一分保障。"但是，他不能表露出来，笑着对王胡之、刘遐装迷糊道："泉陵公言之有理，请容我三思！"刘遐又道："季野兄此时入主中枢，有外戚专权之嫌啊！"王胡之接口道："入主中枢，何如镇守地方？"褚裒见他二人如此说，立马站起来作揖道谢："多谢二位大人点拨，褚季野马上就此事向太后请辞！并举荐会稽王司马昱入朝辅政。"刘遐看着王胡之露出胜利的微笑，褚裒也是鬼魅一笑，左顾而言他。

褚裒上报辞请入朝为官的同时，也给褚蒜子写了一封私信，由其子褚歆代转。褚歆收到信后立刻来宫中见褚蒜子，褚蒜子看罢信，一边思忖着父亲为什么不愿来朝中辅政，一边听褚歆讲："父亲说他是军人，理应镇守藩镇，如此，才能更好地效忠朝廷。"又道："父亲还说谢尚、何充、蔡谟、司马昱皆可当大任。"褚蒜子："明白了！你转告父亲，叫他放心。"褚歆走后，褚蒜子看着信中加粗加重的"军政"二字，开始思考明天上朝的事。

褚蒜子在幕帷后坐定，群臣开始议事。蔡谟道："褚裒将军上表请辞侍中、录尚书事等职，褚将军说他是军人，理应在藩镇效命朝廷。褚将军说司马昱大人堪比周公，可入驻中枢辅助朝政。"褚蒜子知道，司马家的江山有司马家的人出来辅政最好，而司马昱是最合适的人选。他历经元、明、成、康四朝，重要的是他对皇室忠心耿耿，没有一点篡位的野心，如果因为当初康帝司马岳驾崩时庾冰、庾翼曾提议传位于他而因此不重用他，那就是自己格局太小了。他擅长清谈，又清心寡欲，让他在朝堂内廷指点江山，既可让政治清明，又不致拉帮结派祸害四方，是个很好的选择。但是她知道，这个提议是自己的父亲提出的，自己不能立马准奏，即使中肯公允，自己也不能立马准奏，故而她道："此事请众爱卿议论。"谢尚："臣以为褚将军说得中肯公允，臣附议。"殷融、诸葛恢、司马晞、刘遐、王胡之等朝臣也都附议，于是褚蒜子道："依众爱卿所言，改授褚裒为都督徐州、兖州、青州及扬州诸郡军事，卫将军，徐州和兖州刺史，镇京口。拜司马昱为抚军大将军、录尚书六条事。"司马昱领旨谢恩。褚蒜子说："朝廷典籍这块尚无专人掌管，哀家欲请散骑常侍褚歆领秘书监，众爱卿可有异议？"朝臣一听皆不语，秘书监是个无关紧要的位置，有什么可异议的？有的甚至还心里笑话褚蒜子不会布局。褚蒜子见众不语，便道："既然大家无异议，就诏命散骑常侍褚歆领秘书监。"褚歆领旨谢恩，褚蒜子问群臣可还有事要奏，殿下一片静然，褚蒜子于是曰："退朝！"

褚蒜子来到奉先殿，面对列祖列宗牌位，焚香，跪拜。袅袅尘烟中，她似乎看到了司马岳，她问："世同（司马岳字）！朝堂有何充、蔡谟、司马昱、庾冰、诸葛恢几位大臣辅政，边防有庾翼镇守荆州，父亲褚裒镇守京口，谢尚镇守豫州，桓宣镇守襄阳。这样可以吗？"一个人的声音中，褚蒜子似乎听到了司马岳在自己面前说："朕后悔不听你的话，徒留你一人在世上孤单。这一世辛苦你了，江山、彭子（司马聃字）都交给你了！"说完，转身就走，褚蒜子下意识地伸手拉他，却拉了个空。她一个趔趄，醒眼一望，除了列祖列宗的牌位和那个如梦如幻的尘烟，依旧是她一个人。

褚蒜子刚回到显阳殿，黎辉就迎了上来，说司马聃又患了温病（如今的发烧），还是不肯吃药。褚蒜子忙问："太医看过了吗？"黎辉说："看过了，药也马上就煎好了。"褚蒜子加快脚步走了过去。太医、奶娘等人赶紧跪礼，褚蒜子说："都起来吧。"然后转头问太医："皇上什么情况？"太医回说是伤寒没好又积食了，有点上火。再有就是司马聃不肯吃药。褚蒜子说:"他不肯吃药是因为药苦,如果在药里加点糖,有影响吗?"太医:"不影响!"褚蒜子:"那就在药里加点糖。"太医往药里加了糖,对司马聃说是糖水,可是苦中带有甜、甜中带苦的味道实在太不好了,司马聃吃了两口,说什么也不吃了。褚蒜子:"把药弄成固体,外面加上一层糖皮,能吗?"太医:"能!也容易!就是需要时间!"褚蒜子说:"最短多长时间?"太医:"三天。"褚蒜子:"去做吧!尽快!"太医退下,褚蒜子把司马聃抱在怀里道:"彭子乖,来把药吃了。"司马聃闹腾着不肯吃,褚蒜子说:"吃了药,母后带你去看孔雀开屏。"司马聃眼睛一亮:"真的?"褚蒜子:"母后什么时候骗过你?"司马聃一口气吃完药,仰着小脸看着褚蒜子说:"走吧。"

异禽苑,各种鸟禽让司马聃目不暇接。司马聃对一个会说话的八哥来了兴趣,一直逗弄,把看孔雀开屏的事忘到了脑后。也是小孩子家,又在病中,玩着玩着就睡着了。褚蒜子示意回宫,可是路上,他又醒来,记起看孔雀开屏的事来,非要看,不肯回,褚蒜子说:"好,今天母后定让彭子看到孔雀开屏。"说着转身向异禽苑走去,并对黎辉道:"你去叫几个宫女,让她们穿上红红绿绿的鲜艳衣服和轻软的鞋子过来。"黎辉领旨,很快就把宫女们带来了孔雀苑。褚蒜子说:"你们几个轻轻走过去,不要太靠近它们,然后慢慢地、轻轻地摆弄衣裳做展屏状。"那孔雀一见这么多美女在自己面前炫美,好胜心顿起,慢慢地张开了它那华丽无比的尾巴!众人情不自禁欢呼,司马聃更是高兴地拍着小手叫好。

褚蒜子临朝半年,庾冰病故。两三个月后,庾翼也忽然病入膏肓。他临终上表,请求让他的儿子庾爰之镇守荆州,褚蒜子就此事让众朝臣议论。司马昱道:"荆州等西藩之地,庾家世代镇守,嘉谋善政、考绩幽明,黎民百姓安居乐业,所镇藩地美丽富饶。而今庾翼病故,按常规,应由其子接任,这是人情所归,故臣以为应该答应庾翼之请求,以安人心。"蔡谟说:"庾爰之年少,不堪重任!臣举荐建武将军毛穆之辅之。"群臣有附议司马昱的,也有附议蔡谟的,褚蒜子问何充的意见,何充道:"荆、楚是国家的西大门,拥有人口百万,北有强胡环绕,西与劲蜀为邻,地势险阻盘曲,绵延千里。所任得才则可平定中原,所任非人则国家社稷多忧。如此重要的地方,怎能让一个白面少年来担此重任呢?臣举荐桓温。桓温才略过人,文武兼备,经略荆楚之重任,当没有问题。"曹秀:"敢问何大人,您保证庾爰之肯让给桓温吗?如果他拥兵阻挡桓温,可是祸害不浅啊!"何充:"您多虑了!桓温足以制服他。"刘惔:"桓温就是孙权一类的人,不能让他占据地形便利之地，对他的封号也应该经常贬抑。"刘强："刘惔大人所言极是，臣附议！"褚蒜子一时也拿不定主意，遂道："此事干系重大，稍后再议。"

褚蒜子的"稍后再议"给了刘惔无限想象的空间，他也是当朝驸马，和桓温是连襟，他对桓温太了解了，他知道桓温一旦得势，会对国家不利。于是乎，他亲自到司马昱府邸，司马昱以为他来找他清谈的，开心地带他到茶堂，刘惔说："咱两个谈啥？连个听众都没有，我是来找你说事的。"司马昱问什么事，他说："桓温这个人我太了解了，他是个和孙权、曹操一样的人，一旦得势，会成为权臣！荆州这么重要的地方不能给他。"司马昱说："这一点我知道，可是目前朝廷还有更合适的人选吗？"刘惔说："你可以呀！"司马昱道："我走了朝堂咋办？再说我治军也不行啊！"刘惔："谁是天生的？历练一下就没有问题了。"司马昱："不行！我不能去地方！"刘惔："那叫我去！"司马昱看了看他道："你？不行！你治军也不行！你就留在朝中吧，我好歹也有个伴。再说，如果你去了荆州，你的缺谁补？侍中、丹杨尹这两个位置我可不想给别人，除了你，我不放心。"刘惔："如果让桓温镇守荆州，定会给国家埋下祸根。"司马昱："朝廷用人不是我一个人说了算，这样，我和太后他们再商量商量，看谁去？"两人正说话，一只老鼠大摇大摆地漫步到司马昱的坐床上，两只眼睛贼溜溜地四处观望，一属官拿起手板猛打，一下子就把老鼠打死了。司马昱："哎呀！你打死它干吗？好歹一条命啊！"刘惔怼他道："怎么？你要治他的罪吗？"司马昱："老鼠被打死尚且难过，现在为一只老鼠又去伤害一个人？"刘惔："那你还说？"司马昱："我只是想防止再发生同样的事！"刘惔："你真是宅心仁厚！有道是慈不掌兵，你不去荆州也是自知之明。我见了老鼠是要打死的，这家伙整天偷粮食、咬坏东西，打死它我心里一点儿感觉也没有。"司马昱："哪跟哪呀，你这是。你的才华在朝堂，我的才华也在朝堂，带兵打仗不是咱们的长项。你报效国家的心，我理解，你着急上火的心，我也理解。刚才不是说了，谁去荆州，我和太后他们商量商量再定，你看你。"刘惔："我怎么了，总之你记着。桓温出镇荆州是会给国家埋下祸患的。"司马昱语重心长地说："我什么样你是知道的，那可是忠心国家。国家姓司马，我愿国泰民安的心一点不比你差。"刘惔："好！好！我闲吃萝卜淡操心！"司马昱："你看你，又来了，喝茶。"

褚蒜子记得庾翼曾举荐过桓温，今天又有何充举荐，何充和庾翼原是政治对手，他们都举荐他，他该是不错吧。虽然他有野心，但她相信应该可以制衡得了他。荆州是国家的西大门，让一个十几岁的毛孩子庾爱之镇守，她实在不放心。只是，朝堂上未定的事，她也不能一个人做主，于是，她诏请辅政大臣们来书房议论荆州由谁出任。何充："桓温英略过人，有文武识广，西夏之任，非他莫属！"褚蒜子："这个哀家相信，刘惔的话，大家怎么想？"何充："刘惔的话臣以为不足全信，刘惔和桓温是连襟，臣私以为他是与桓温相争，想自己镇守荆州。"司马昱："何大人说的是，之前刘惔找臣自荐任荆州刺史，臣没敢应诺！"何充："他们两个人争也能理解，都是当朝驸马，重要的是桓温更胜刘惔一筹。镇守门户，需要的是真才实干！"诸葛恢："是的，臣也以为桓温胜刘惔一筹，至于刘惔说的，也不能小觑，朝廷要扶持新的力量保持整体的平衡。"何充："现在庾氏、王氏、顾氏、周氏等树大根深，桓温就是制衡他们的新生力量。"褚蒜子："哀家以为起用桓温的同时，朝廷再栽培一股新力量与桓温一同成长。"众人认同。褚蒜子又道："现在荆州也只有桓温最为合适！这样，先定了这事，其他的以后慢慢来。"其他人皆没有异议，于是褚蒜子道："那就这样决定吧！诏命桓温为安西将军，担负镇守西藩之重任！"褚蒜子放下手中奏章，喝了口茶又道："诏令这块还没有合适的人选，现在秘书监褚歆代为掌管，请众爱卿推荐出个合适的人选吧。"司马昱："臣举荐殷浩！"何充："司马大人和臣想到一块了。"褚蒜子："这个人究竟怎样？"司马昱："名士风流！谢尚、刘惔等人去看过他，说他不入仕是国家一大损失。"褚蒜子："他人现在何处？还在墓地？"诸葛恢道："是！还在他家乡的墓地。高人啊！"褚蒜子正想着殷浩，只听司马昱说："此人清明高远、不愿入仕，请他估计得一而再，再而三才行。"褚蒜子想了一会儿，看着司马昱道："礼节如此！请他入朝的事，你来吧！"司马昱问授他何职？褚蒜子说："先封他为建武将军、扬州刺史如何？"众人皆称妙，眼里都冒出了"来了个好玩伴"的光。

邮驿来到殷浩所在墓地的庐舍时，见殷浩正坐在藤椅上看书。邮驿道："殷浩先生，您的信！朝中的！"殷浩不紧不慢地踱着方步来到大门口，接过信道："邮驿大人来屋里喝杯茶吧。"邮驿："不了，大人把信签收了吧，在下要回去复命。"殷浩拿笔签字，道声"辛苦了。"又递上他一锭银子。殷浩看着邮驿策马离去，转身奔向屋内。他打开信，只见司马昱写道："国家正当危难，衰败已到极点，幸而时有英才，不必寻访隐居奇贤。足下见识广博，才思练达，为国所用，足以经邦济世。如若再存谦让之心，一意孤行，我担心天下大事从此将要完结。如今国家衰微，朝纲不振，一旦亡国，恐怕死无葬身之所。由此说来，足下的去留就关系到时代的兴废，时代的兴废事关社稷存亡。足下长思静算，就可以鉴别其中的得失。希望足下废弃隐居之心，遵循众人之愿。"殷浩看罢，内心雀跃道："我深源的春天就要来了。"他不由站起来想转个圈，不想用力过猛，一个趔趄胯骨撞到桌子角上，疼得他龇牙咧嘴，还好没有人看见，他赶紧调整状态对自己道："不能急！绝不能急！还要再推，要三顾再出！"

时间就这么不紧不慢地走着，终于到了朝廷宣告谁接任庾翼出任镇守荆州刺史的日子。这天，朝臣们都早早来上朝，一起往太极殿走去。司马昱和桓温恰好走到了一起，桓温向后退一步，道："王爷您先请！"司马昱赶紧退让一步道："将军先请！"两个人如此礼让了六七回，最终桓温走在了前面，他哂笑着说："在下手里拿着受，为王爷您做先驱。"司马昱笑着接道："臣工不分大小，都是为朝廷效力。"两人来到殿里，群臣已基本到位，二人赶紧就位。随着褚蒜子临朝，殿内喧哗声戛然而止，褚蒜子俯瞰着群臣，道："经研究决定，诏命桓温为安西将军、荆州刺史、持节都督荆、雍、益、梁四州诸军事，并领护南蛮校尉❶，掌握长江上游兵权，镇守国家西门户。钦此！"

褚蒜子来到式乾殿，司马聃正在背诵《中庸》："天命之谓性，率性之谓道，修道之谓教。道也者，不可须臾离也，可离非道也。是故君子戒慎乎其所不睹，恐惧乎其所不闻。莫见乎隐，莫显乎微。故君子慎其独也。喜、怒、哀、乐之未发，谓之中。发而皆中节，谓之和。中也者，天下之大本也。和也者，天下之达道也……"褚蒜子示意不要惊动他，直到他背完，才开口道："彭子真棒！"司马聃终究是孩子，听到褚蒜子的话，也不顾老师在场，跑到她的怀里撒起娇来。褚蒜子说："彭子背得好极了！一字不差！玩一会儿吧！"司马聃"耶"了一声就向外面跑去，太监小戴忙不迭地跟了上去。褚蒜子则在那与司马聃的老师说话，她说："周崧不错，也是当时名望大族……"忽见黎辉来了，禀报说司马昱求见！褚蒜子说叫他在书房等会。

书房里，司马昱向褚蒜子说："殷浩实在难请，请两次了，都推辞！且都是公开推辞！"褚蒜子："那再请一次。"司马昱："再推辞怎么办？"褚蒜子："不会了，事不过三嘛。"司马昱："估计不会，他说他只想做个隐士，不愿出仕。"褚蒜子："他会出仕的。"司马昱："那他万一再推辞怎么办？"褚蒜子："他绝不会了，这次给足他面

---

❶ 晋书·桓温传：翼卒，以温为都督荆梁四州诸军事、安西将军、荆州刺史、领护南蛮校尉……。

子，就说朝廷让他掌管诏令，直接入主中枢。"司马昱："如果他再推辞呢？"褚蒜子："哀家相信他绝不会了！事有再一再二，没有再三再四。"又道："你想想，他把请辞公开的目的是什么？不就是想制造声响博得名望吗？他心中所想的声响和名望都得到了，自然就出仕了。"司马昱恍然大悟道："对呀！他隐在墓地并非真隐，小隐隐于野，中隐隐于市，大隐隐于朝。"褚蒜子："嗯，你先给他个公开答复，然后再亲自去，把面子给足他。"司马昱："这样一来，他再也不好说不出仕了。"褚蒜子笑了笑没有说话，司马昱告辞。

请殷浩出仕的信一公开，犹如水进油锅，油星四射，多少热血人士的书信像雪片一样飞到了殷浩的案头，殷浩见预期目的已达到，也迅速写了一封公开信，说自己才力学识不足、明慧断决有限，怕有负重托，祝愿朝廷尽早寻得天下贤明之士为国效劳。司马昱看到这封信，明白殷浩这是在向世人发出准备出仕的信号。

司马昱亲自带了六七个人来到殷浩的住所，殷洁听报赶紧迎了出来，说："不知王爷亲自驾临，有失远迎，请！请！快请！"司马昱打量着殷浩的住所，看着那些破门板做的茶桌、遗弃马槽做的花盆……古朴透着典雅、陈旧里透着书香，不由地说："深源兄这里真好！我也有了归隐之意了！"殷浩："王爷可不敢有这种想法，王爷若归隐，天下万民怎么办？"司马昱："这个问题也是我要问深源兄的，深源兄一直不出仕，天下万民怎么办？"殷浩："王爷言重了！在下行适山水，怕担当不了大任啊！"司马昱："深源兄再推辞就是置国家安危于不顾了，深源兄不当大任，还有谁？"殷浩："谢王爷抬爱，我朝藏龙卧虎者多着呢！"司马昱："天下兴亡，匹夫有责。深源兄英才盖世，见识多广，不去经邦济世，这一世可不是锦衣夜行了吗？重要的是现在国家正是用人之际，深源兄不出仕，能心安吗？"殷浩："在下真心希望我朝国泰民安，只是……"司马昱："深源兄不要'只是'了，国家需要你，百姓需要你！你可不能为了自己的山水'小我'而失了为国为民之'大我'啊！"殷浩两手一摊道："我竟无言以对了！"司马昱："我回去就禀明太后，不日即下诏，希望深源兄见诏就去赴任，我届时为深源兄接风洗尘。"殷浩："好吧！恭敬不如从命。"

司马昱一行人走后，喜得皮痒痒的殷浩再也忍不住，他这屋窜那屋、那屋窜这屋，他的外甥韩康伯见状，问："舅舅！去吗？"殷浩赶紧安静下来道："小孩子家家的没定性，去什么去？诏书呢？"韩康伯："看样子很快就会来的。"殷浩："来了再说，你去忙你的吧！"说完继续一个人这屋那屋地乱窜。

司马昱向褚蒜子回报殷浩的情况时，褚蒜子正教司马聃认国家版图。司马聃问殷浩是谁，司马昱说是个很有名望的大名士。司马聃仰着小脸向褚蒜子求证，褚蒜子道："是的，他是我朝的名士，也是皇上的臣子。"司马聃："哦！朕见过他吗？"司马昱："他很快就会来觐见皇上了。"司马聃不知所以然地"哦"了一声，继续看版图。褚蒜子则回头对司马昱说："皇叔给他的公开信后立马就去了，是不是有点早？"司马昱："臣是想趁热打铁。"褚蒜子："他该来自然就来了，急啥？朝廷是需要有名望的人，可是，没有某一个人，朝廷也照常运转。"司马昱："微臣明白了，只是，我回来的时候给他说诏书马上就下，怎么办？"褚蒜子："朝廷之事日理万机，再快能有多快？别急，有些事慢即是快。"司马昱："可是……"褚蒜子："没啥可是！反正现在也没有什么要紧的事，等两天再说吧！"司马昱："臣怎么有种演戏感觉？"褚蒜子笑道："人生如戏，谁人不是？"司马昱："要是能够预演一下就好了。"褚蒜子："哪里有'要是'？人生都是即时出演。"司马聃仰着小脸问："母后！我们现在也是吗？"褚蒜子俯身对他笑道："彭子说呢？"司马聃："是！也不是！"褚蒜子："怎么个是也不是？"司马聃："母后看版图是演出，母后教给儿臣，儿臣看版图是重演。"司马聃的话把褚蒜子逗乐了。她笑着说："少年还要多努力啊！"

褚蒜子又一次带着司马聃来到奉先殿，这里是她的精神依靠和寄托，日日戴着面具生活，只到了这里，她才能彻底地放松自我，尤其是不逢年过节，在这里，她可以放下一切做最真实的自己。她拉着司马聃到列祖列宗牌位前三拜九叩后，道："蒜子请列祖列宗保佑我大晋江山社稷稳固久安，护佑黎民百姓丰衣足食。恳请列祖列宗给蒜子以智慧和力量，让蒜子帮着彭子把江山社稷打理好！"司马聃也有样学样道："彭子请列祖列宗保佑大晋江山社稷稳固久安，护佑黎民百姓丰衣足食。也恳请列祖列宗给彭子以智慧和力量，让彭子快点长大，让彭子跟着母后一起打理江山社稷！"又道："母后太辛苦了，彭子心疼母后。"司马聃的话让褚蒜子倍感欣慰，多少辛劳也因为他的话而化作云烟散了。她拉司马聃起来，走到康帝司马岳的牌位跟前，道："世同！现在何充、司马昱、蔡谟入主中枢，父亲褚裒、姐夫桓温、舅舅谢尚、护军将军桓伊分镇四方，回头再令名士殷浩掌管诏令，蒜子是不是可以稍稍歇一下了？"司马聃也道："父皇！母后是不是可以歇一下了？"一片寂静后，司马聃道："母后！等彭子长大了就让母后好好歇息。"褚蒜子："彭子真会说话，真是母后的好孩子。"司马聃："母后，会说话好吗？"

褚蒜子："当然好了！你嘴上常说的话就是你的未来！"司马聃："母后，彭子一定好好说话，做一个会说话的好皇帝！"褚蒜子俯身看着他道："嗯，母后相信彭子一定会成为天底下最好的皇帝！"

褚蒜子牵着司马聃走出奉先殿，外面明艳的阳光照得她有点睁不开眼，恍惚间她似乎看到康帝司马岳活着的画面，他与她在显阳殿把酒煮茶、在式乾殿听琴对弈，在御花园踏雪赏梅……

第三回

太操劳中书监何充病故
因时局领司徒蔡谟辅政

王濛约刘惔和竺法深到府上清谈，在王府大门口，刘惔、竺法深二人相遇。刘惔调侃道："你是个和尚，怎么与富贵人家交往？"竺法深翻了他一眼道："您眼里这是富贵人家，而在我看来，却与贫寒之家没有什么区别。"说罢与刘惔一起哈哈大笑，笑未了，王濛迎出门外，请二人去茶室说话。来到茶室，王濛一边吩咐仆童泡茶，一边请二人就座，然后他自己跑到镜子前左看右看，看了半天，道："文开（王濛之父）怎么生出这么好看的儿子呢？"刘惔大笑道："阿奴（王濛字）率性得可以与向子期比了。"竺法深："阿奴真美也！上回他去街市买帽子，卖帽子的女子看他长得好看，竟然不要钱送了他一顶帽子。"刘惔头一甩道："我觉得我也可以。"边说边用手在头上空向后拂了一下。王濛看着他笑道："我的美是喝茶喝出来的！你好酒！不中！"刘惔："去！我咋不中！我是酒仙儿！"王濛刚要说话，见小厮提着热水进来了。王濛介绍道："这水，我特制的，滤了九次，滤的时候在滤网上铺一层对身体有益的矿石，这样，微矿物就留存水中了，我给这水取名叫'矿泉水'。"刘惔："阿奴你可真会享受啊。"王濛"嗯哼"了一下继续道："这是清明前的茶，全是小嫩芽！水不能太热，水烧开了放一会再泡，那个香啊……美。"竺法深："贫僧光听就醉了，快些吧！"王濛伸手摸了一下热水壶道："稍等一会儿，还有点热。"又道："前儿我在瓦官寺看到了一个小孩子，叫戴逵，画画非常好，将来一定能成为画界翘楚，可惜我年纪大了，看不到他的巅峰时期了。"刘惔："呀！你可以称伯乐了！可以称大师了！"竺法深："阿奴的画现在已是巅峰了，平和舒畅，简洁大方，称其为大师一点不为过。"王濛："哪里！哪里！我的画还没有达到巅峰，可以拿得出手而已。"说着用手摸了一下水壶，道："水差不多了。"说着开始斟茶，茶香顷刻四溢，竺法深深吸了口气，端起茶呷了一口，道："香！香！淡雅中有艳丽之香！"王濛："香吧！端起如蝶在天上飞舞，入口如魂在空中漫游。"竺法深："嗯嗯！美得很！"刘惔："我不得其妙，但是感觉挺好喝的。"说着一口干了一杯，王濛笑他牛饮，呷了一口对他道："等会咱们喝饱了，去何充家喝酒。"刘惔："这个提议好，知我者阿奴也！"

刘惔、王濛、竺法深三人来到何充府邸，小厮通报，何充迎至大门口道："早上吃饭时我一下抽到五根筷子，我就预感到今天会有贵客到。请！快请！"王濛："刚才我们三个在我那儿喝茶，喝着喝着想到你了。特意过来看看你。"何充："感谢挂念。请！"一行人来到书房。何充道："我这里简陋，茶室、书房、酒坊三位一体。"刘惔："多功能，别致！"竺法深："你这是为了国政，随时随地办公啊！"王濛："我们今日特地与竺法深来看你，就是希望你摆脱俗务，活得轻松些。"又道："大家一起把酒桑麻、吟风弄月、论琴说画不好吗？你怎么还只管看这些俗东西？"何充喝了一杯酒道："我不看这些东西，只一味清谈，你们又怎么能够生活得逍遥自在？"说着又是一杯酒下肚，刘惔竖起了大拇指道："你真海量！看你喝酒，我真想把我家里的存酒全部都拿来给你喝。"何充看了他一眼道："你有好酒只管拿来！别光嘴上说说！"一句话说得几个人哈哈大笑，几个人乐呵呵地喝着酒谈庄子、话老子，何充则继续看文书、处理政务，时不时插两句嘴逗趣。

何充好佛，自己供养和尚数百人，他名声在外，佛门中人也多喜欢与他结交。这一日，有一位名叫明感的女尼带着弟子慧湛前来拜见，她原是高平人，"八王之乱"时被抓走，因不愿为胡人妻，被流放至荒漠十八年，历经艰险，才逃了出来并在青州定居。何充与明感聊了一个时辰仍不尽兴，遂腾出一处住宅专供明感诵经礼佛。

何充安排明感在京郊的一座寺院为僧人布法，明感走上法坛，缓缓开讲："各位师兄、居士，大家吉祥，贫尼明感，今日跟大家分享《维摩诘经》中的十大智慧。第一，菩萨欲得净土，当净其心；随其心净，则佛土净。心净，一切皆净；心不净，一切皆不净。你的心是什么样子，看到的世界就是什么样子。第二，虽处居家，不著三界；示有妻子，常修梵行，现有眷属，常乐远离。真正的出家是'心出家'而不是'身出家'，真正的出世，是'心出世'而不是'身出世'。人间种种，正好修行，借境练心，出淤泥而不染，是最高境界。第三，文字性离，无有文字，是则解脱；解脱相者，则诸法也。读书，不在看，不在记，而在熏。熏精神、养内涵、增智慧、得自在，才是'本'。舍本逐末，只以博闻强记为荣，徒增负担和虚妄，最是悲哀。第四，真心是道场，无虚假故。道法自然，自然即真。真心的反面是谄曲之心，自以为聪明，其实愈加悖道。世间事尽可权宜，但必须以不失本心为基础与根本。世人醉心处世之法，往往失了本而不自知，只能越陷越深。第五，诸烦恼是道场，知如实故；众生是道场，知无我故。一切成长，必须从挫折中来；一切领悟，必须从执迷中来；太多自知，往往从观察别人而来；这就是阴阳。所谓'借假修真'，借假才能修真，别无他途。第六，何谓病本？谓有攀缘。从有攀缘，则为病本。攀缘是受欲望驱使，向外逐求。攀缘必有攀比，前者是病，后者是病重。人间多少追逐，皆起于攀比之心，于是大病不愈，终至膏肓。第七，烦恼泥中，乃有众生起佛法耳！是故当知，一切烦恼，为如来种。高原陆地，不生莲花；卑湿淤泥，乃生此花。一切烦恼，都是成佛的种子，烦恼在泥淖中觉悟，才能成佛。是谓人生之莲开在烦恼中。第八，生灭为二。法本不生，今则无灭，得此无生法忍，是为入不二法门。意思是生起和灭亡是二，但是万法本就不生不灭，能在不生不灭里安度空寂，就是不二法门。人来时无迹无踪，去时也一样，去与来是一回事。浮生如梦，梦如浮生。缘起性空，生灭无常，人生如梦如幻，如梦如幻便是人生。第九，我观如来前际不来，后际不去，今则不往。这是自在的真谛！过去的已经过去，未来的还没有到来，现在的不断流逝，没有一点是人能把握的。世人的痛苦都来自放不下过去、执着于未来、迷乱于现在。看破这一层，就是活在当下、万事随缘，便是自在。第十，依于义，不依语；依于智，不依识；依了义经，不依不了义经；依于法，不依人。语言的作用是诠释真理而非真理，见识是迷惑妄心、攀缘尘境，所生之虚幻认知和感受而非真实圆满之般若智慧，我们不要以人间情识为指归，要以般若为依凭，如此才能得证究竟涅槃。三藏中有了义经与不了义经，前者之中道实相之谛理，后者乃为弘范而权巧之方便宣说。两者权衡，自当依了义经方能究竟解脱。依法者依何法？依佛陀所说的般若智慧之法、了义究竟的佛法去修行……"明感讲完，底下掌声雷动，听得如痴如醉的何充站起来道："大师！留个偈语吧！"明感沉吟了一下道："见了就作，作了便放下，了了有何不了。慧生于觉，觉生于自在，生生本是无生。"底下又是雷鸣般的掌声。

何充就此事专门向褚蒜子汇报，此时褚蒜子正在书房处理政务，司马聃在一旁写字。褚蒜子问他何事，他对褚蒜子报说明感大师说法的事，褚蒜子说她知道此事。何充又道："她是臣留在府里的一个高僧。"褚蒜子示意他继续说，他又道："大师初来臣府，臣还有些不以为然，前儿一听大师讲经，才知道她是真的高僧。"褚蒜子来了兴致，何充继续道："她本在青州，'八王之乱'被胡人掳走，强迫她为妻，她誓死不从……"司马聃："等等！她是女的？"听何充说是，司马聃又问："和尚怎么会是女的？"何充："高僧是不分男女的！"说完接着讲明感的故事，最后他说："臣想为她在建康城建一座国家级的寺院。"褚蒜子道："明儿带她到这儿来看看再说吧。"

何充按照约定好的时间带明感和慧湛来到书房拜见褚蒜子。礼毕，褚蒜子道："大师！哀家对佛教不甚了解，大师可否就佛法基本宗旨给哀家讲一下？"……褚蒜子和明感大师颇有人逢知己千杯少，不知不觉一个时辰就过去了。到有臣子请奏事情，褚蒜子才派人送明感出宫。

第三回　太操劳中书监何充病故　因时局领司徒蔡谟辅政

褚蒜子深知民有信则好治，她也有心建立一座国家寺院，可是也知道当下是多元信仰的时代，朝廷不便推崇某个信仰。她一思量，决定让信佛好佛的朝臣们捐资助建，于是，她招来辅政大臣商议。褚蒜子："前日京都明感大师讲法的事，爱卿都知道了吧？怎样？"何充："那个道场是臣布置承办的，臣不好自评，请司马大人、蔡大人、诸葛大人说吧！"司马昱："非常好！当时臣也去了，明感大师讲得精深奥妙，让人回味不尽！"蔡谟："那天老臣也去了！明感大师佛法深幽，确实能教化世人，世人也确实需要有个信仰才能够好好地生活。世间的很多纷扰，都是因为各种观念的不同而产生的。如果人们有了相同的信仰，就不会有那么多的乱事了。"诸葛恢："老臣十分认同蔡大人的话！人是需要有信仰的，人们要想生活和谐美满，必须有个信仰，不管信什么，有就好！"褚蒜子："明感大师哀家也见过了，哀家也十分欣赏她。哀家想在京城建一座寺庙，请明感大师主持如何？"何充自然没有异议，举双手赞同，蔡谟等觉得可以，那在哪里？寺庙何名？众说纷纭，一番讨论，褚蒜子道："自古紫气东来！就建在京畿二十里的地方吧！名曰建福寺！"

何充雷厉风行，说干就干，他备好车让明感、慧湛坐上，自己和何准骑着马，一路向建康城东南二十里处的地方奔去。到地方一看，真是太美了。明感道："太后慧识！这个地方真好！山清水秀、鸟语花香，是个有凤来仪之地。"何准："大师！咱们择日开建还是撞日开建？"明感："阿弥陀佛！佛祖眼里每天都吉日！"何充："好！我回去就通知工部，明日开建。"明感："阿弥陀佛！善哉！善哉！"

寺院建好后，褚蒜子诏令可让黎民百姓随意进入寺院礼佛。此令一出，大获民心，建福寺也因此香火兴旺。褚蒜子建议寺院专门开设一个地方供善男信女抄写经文，又建议时不时举行佛教节日的庆典纪念活动。届时由寺院向民众施粥舍米。这些举措亦是非常得民心，一时，信佛者甚众。有了信仰的民众，内心充盈而安静，日出而作，日落而息，顺其自然，怡然快乐。一时间，建康城内外分外祥和安宁，路遇亲朋好友，念一句"阿弥陀佛"，便是最好的问候。

看到信佛的人越来越多，何充感到很有成就感，于是乎，他没事便到建福寺看看，兜里有钱便往功德箱里放一些。何充、谢尚两人走出大门没多远，遇到了郗愔。谢尚："方回（郗愔字）兄怎么在这儿？"郗愔："万石（谢万字）兄拉我出来在这儿等你们一起喝酒！"何充不见谢万，问："万石呢？"郗愔手一指道："那边去了，一会儿就回来了。"正说道,谢万一袭白羽大氅,如仙人般到了跟前,何充拍了拍谢万道:"哪喝酒?"谢万:"飞鸿居!"

四个人至"云兮间"坐定,何充看着四周道:"不错!真是个好地方!新开的?"郗愔:"几个月了吧!万石兄说这里的菜肴京都一绝!"谢尚:"酒怎样?"谢万:"何以解忧,唯有杜康!"何充:"中!中!我就好这个!"几人坐定后,郗愔问:"次道兄(何充字)来寺里寻常,仁祖(谢尚字)来不寻常啊。"谢尚:"一个梦!近日我老做一个梦,梦见我父亲对我说西南方向有戾气,抵挡的人一定会死!父亲叫我建塔造寺庙以求祈佑。"郗愔:"梦哪能当真啊?"谢尚说:"可得当真!这不是一般的梦!梦里我父亲说如果来不及,就在杖头刻上塔的形状,见有气来就可以指着它。我也是防备未然,就在我的杖头刻了小塔,不久果然有一股气从天而降,直冲家门时,我赶紧用杖头指着它,那气就掉头消散了,我全家也都没啥。不然,可不吓人!"喝了口水又道:"我反复考虑,决定建一座'庄严寺'以求福佑!今日特意来拜请菩萨指点的。"何充:"应该!应该!到时请明理大师前去说法。"谢万:"到时我也去。"何充眉毛一挑笑道:"肯定叫你,哪里能少了我的万石大仙人啊!"又道:"俩仙人啊!还有仁祖,会跳舞!你俩共舞一曲吧!"谢尚:"没有问题!卍儿、福儿(谢尚随从)过来!弹琴!"曲起舞起,舞者开心,观者惬意。曲罢舞终,何充道:"真好!饭好!酒好!曲好!舞好!美!"说罢"咕咚"自己干了一杯,郗愔笑道:"你这可是真醉了哈!不敬人自己先喝!"何充:"酒不醉人人自醉!美的了!"边说边拿着酒壶给他们倒酒,酒至半醺,谢万捺不住了,对谢尚道:"你俩再自弹自唱一曲《大道曲》吧!"何充、郗愔:"好!好!好!"谢尚、谢万从卍儿、福儿两人手中接过乐器,自弹自唱起来:"青阳二三月,柳青桃复红,车马不相识,音落黄埃中。"(此为《大道曲》,作者谢尚)何充:"桃花嫣红、柳枝碧绿,草木繁盛,绚烂春景。美得很!"郗愔:"仁祖、万石跷起脚在窗下弹琴的时候,真是仙人般的感觉!"谢尚笑道:"献丑了!"谢万接道:"不丑!凤凰于飞的感觉!"何充:"万石兄好率性哈!"谢万:"做人嘛!当如此!不然,假到一定的高度,自己都不认识自己了。"谢尚:"好歹你收敛点!你写的《八贤论》孙绰又批了,你想好如何辩驳他吗?"谢万:"哪里需要想啊!我从来都是直抒胸臆!我与他,不是一个路子!"郗愔:"你和他是'和而不同'!对!'和而不同',我家郗超经常说!"何充:"对,和而不同!"说完他站起来道:"我给大家满上,敬大家三杯!然后我先走一步,我案头还有一大堆事务没有处理,我必须赶到年底前处理完！"谢尚："哪在乎这一会儿啊！好好放松放松。"谢万："是啊，我看你都累出病了，才想着拉你出来放松一下，这酒没喝完你就走啊？不中！"何充："万石兄的情谊次道真心感动！可是……"谢万："可是啥呀？天塌了有高个顶着呢！不准走！"谢尚、郗愔也皆说不放他走，何充见状索性道："恭敬不如从命！今儿不醉不归！"

时间过得很快，转眼又是新年。大年初一，群臣集聚在太极殿前，等着向皇上、太后贺岁拜年。朱红色的大殿殿门缓缓开了，姬秋领着执事太监垂首立在两侧，褚蒜子已身穿祎衣、抱着身穿正红色九龙袍的司马聃驾临。姬秋一声"皇上驾到！太后驾到！"文武百官齐跪下向褚蒜子和司马聃恭贺，褚蒜子："众爱卿平身，皇上和哀家与众爱卿同贺同喜。"说完给太监姬秋使了个眼色，姬秋便领着执礼太监，把褚蒜子亲手写的"福"字以及由朝廷发放、装有百金的"福禄寿喜袋"等发给大家。褚蒜子："这是哀家除夕之夜写的，发给众卿家，与众卿家一起福禄寿喜过新年！"文武百官受领谢恩。褚蒜子没有看到何充，便问："何爱卿呢？"何准："回禀太后！家兄病了，行动不便，恳请太后恩准休养几日。"褚蒜子："何大人为国操劳，鞠躬尽瘁，精神可嘉。传太医，即刻前去探病。"又道："年关时豫章地震，黎民遭殃，哀家决定减免豫章郡百姓一年的赋税，当是给他们的新年贺礼，众爱卿意下如何？"文武百官没一个反对，齐曰："太后仁慈！百姓之福！"

朝会一散，大家鱼贯而出。多事之秋想国家，无事之际念小家。大年初一，若不是皇家规范、传统使然，朝臣们恨不能把大年初一的朝会都省了，此时此刻，谁都想一家子其乐融融地在一起过大年，尤其是那些得了"福禄寿喜袋"的朝臣，都巴不得即刻把那承载着荣耀的袋子供奉在祖先的牌位前。故而，短暂的寒暄后，朝臣们很快散了！

褚蒜子柔肩担家国，凡事一点不敢懈怠。下朝后，她即刻带着司马聃来到奉先殿，跪在垫子上向列祖列宗叩拜！三拜后，褚蒜子按制向牌位前呈放传上来的各种供馔。然后，又跪下道："列祖列宗在上，儿臣恳请列祖列宗保佑我朝江山稳固！保佑彭子平安健康！保佑黎民百姓安康乐业！保佑天下生灵不再受涂炭！"一旁司马聃虽然学得不甚完美，但是他有模有样的仪姿话语，让褚蒜子颇感欣慰，她知道，"留得青山在，不怕没柴烧"，等她的彭子长大了、亲政了，她就可以退居后宫过岁月静好的日子了。

褚蒜子站起来到康帝司马岳的灵位前，看着他的画像，心中无限伤感，多少花好月圆、伉俪情深的画面出现在眼前，说好了要一齐应对大小局势、说好了她辅助他带领国家人民走向国强民富。可是，而今，只有她一个人应对这一切。她是个女人，在男人话语权的社会里，摆平男人太不容易了。她本不愿意在男人话语权的社会里出风头，她情愿站在康帝司马岳的背后出谋划策。"男人靠摆平世界来摆平女人，女人靠摆平男人来摆平世界"也是她的潜意识，她只想做男人背后的女人，不想做男人堆里的女强人。可是，命运的大浪却硬生生地把她推到台前，她不得不用尽心力去摆平与江山社稷有着千丝万缕联系的男人们，虽然她一万个不愿意，可是她没有别的选择。上天把她放在万人之上、把治天下的大任给了她，她就必须选择担当，绝不能撂挑子！

褚蒜子，希望世间太平，不愿意看到生灵涂炭。然而，天下苍生，各有其性，从来就没有真正太平过，不管当政者怎么努力，总也有那么些地方处在动乱中，比如现在，自"八王之乱"后，黄河以北战火不断，为了平息烽火，几代人都付出了相当多的精力和心血，康帝司马岳也是废寝忘食以期有成，然而，天不假命……褚蒜子想到这些心里一酸，暗自道："世同，我知道收复中原、重振大晋雄风是列祖列宗的心愿，也是你的心愿，我会领着彭子，争取早日实现这个夙愿的。"又道："现在朝局稳定，边疆安好，百姓生活稳中有升。我现在把精力放在与民生息、养精蓄锐、广纳贤才上，进一步提升综合国力，等彭子长大了，我要把一个国富民强的国家交给他，在此期间，我也会因势利导，如果时机成熟，就北伐平定中原，如果时机不成熟，就继续维稳，积蓄力量，保一方安稳，让黎民百姓尽可能少地饱受战乱之苦。"一旁的司马聃虽然只有三四岁，但是他比同龄的孩子成熟了许多，他听褚蒜子说到自己，他便用稚嫩的声音道："母后放心！彭子一定努力！不辜负父皇和母后的心愿！"司马聃奶萌奶萌的话给了褚蒜子无穷的力量，她仿佛看到司马聃亲政的画面。

从奉先殿出来，褚蒜子又带着司马聃向老太妃们拜年贺岁。一圈下来，已近午时，褚蒜子来不及休息，又接待前来拜贺的嫔妃们。她是国母，强撑着受礼款待，司马聃体力不支，不知道何时，在奶娘的怀里睡着了。安顿好司马聃，褚蒜子下令摆饭，她匆匆吃了几口，便令撤了。一上午马不停蹄，她太累了，要休息一下。下午申时要御赐司马家宴，一直要到晚上戌时才结束。

何充一直没有上朝，褚蒜子放心不下，决定去探望他。她让黎辉去请司马聃，一起去何府！又让李宁准备轿辇车马。很快，一切就绪，褚蒜子抱着司马聃，坐上轿辇驾往何府。何府离皇宫不远，不多会儿工夫就到了。得到消息的何府人早已在门口站着，他们远远看到轿辇，齐齐刷地跪下来恭迎。褚蒜子下了轿辇，把司马聃交给黎辉，她上前一步搀起何准，又对何府众人道："都起来吧。"何准、何府众人齐声谢恩、起立，然后，自动位列两边，男人在东、女人在西垂首恭迎，何准则引领着往里走。

何充非奢侈之人，故而府地不大，过了中堂便到了何充的卧室。进入卧室，褚蒜子一眼便看到了躺在床上奄奄一息的何充，她心中一痛，没想到何充会病得这么厉害。何充挣扎着要起来，怎奈力不从心，他手抓着床帮拼着劲、弓起腰、喘着气道："微臣、微臣参见太后！"褚蒜子忙上前道："免礼！快躺下吧！"又回头对随自己前来的御医道："要不惜一切代价救治何大人！"何充心里十分感激，但是却说不成话，只用眼看着褚蒜子，褚蒜子让他不要拘礼，吩咐御医过来给他诊疗。褚蒜子出来至中堂等候，大约半炷香的工夫，御医来到中堂，跪到褚蒜子面前，支支吾吾，言不尽言。褚蒜子命他直言，他说何充也就这几天时间了。褚蒜子不相信，命御医竭尽全力医治何充，御医道："回禀太后！微臣定会尽力，但……"褚蒜子没听他说完，起身来到何充的病榻前，她真的不愿意失去这位肱股大臣。病中的何充耳朵分外灵敏，他早已听到太医的话，已过了不惑之年的他，面对生死，没有过多的慌张，他说："太后！生老病死，人之常情。太后来看望微臣，微臣不胜荣幸。"褚蒜子一阵心酸，看着他问："爱卿可还有什么事嘱托哀家的吗？"何充双目微开，看了看自己的一双儿女，又看向何准，仿佛想说什么，终也没有说出来，末了道："老臣此生无憾！一无所求！"

褚蒜子听罢，一时也无言，她知道何充一生光明磊落，是断不会为家人谋求什么官职的。何充无子，唯一的女儿已嫁入琅琊王氏，过继来的儿子何放也没有什么突出的地方。想一代明臣后继无人，也没有什么人能担当起家族兴旺的重任。褚蒜子有些替他遗憾，正自想怎么帮何充保住家门富贵，忽然发现了可喜的一幕。窗外，司马聃正和一个年纪相仿的女孩说着什么，两个人看起来非常谈得来，她问："那个小姑娘是谁？叫什么？"何准回答是自己的女儿叫法倪。褚蒜子："法倪？好名！几岁了？"何准听问，他赶紧回说六岁了。褚蒜子问："可有读书？"何准："回禀太后！小女目前跟着她的母亲识书断字。"褚蒜子："以后常带法倪到宫里走动，让她陪皇上读书识字。哀家看这俩孩子怪投缘的。"何充、何准对视了一下，齐声谢恩！褚蒜子："把法倪叫过来哀家看看。"司马聃跟着一并来到褚蒜子的面前，脸上洋溢着欢喜。褚蒜子一手拉住司马聃一手拉住法倪,轻声道:"以后你们一起读书识字好不好?"司马聃朗声道:"好!"褚蒜子看着有点小忸怩的法倪问:"你呢?"法倪遂小声说:"好!"

回宫的路上,司马聃非常开心,他在褚蒜子的怀里撒娇道:"母后让法倪到宫陪儿臣读书是真的吗?"褚蒜子笑道:"当然是真的啦!"司马聃:"那法倪几时到宫里陪儿臣?"褚蒜子:"随时!"司马聃:"现在叫她跟咱们一起坐轿回宫就好了。"褚蒜子:"彭子很喜欢法倪吗?"司马聃:"嗯!喜欢!非常喜欢!"褚蒜子:"有多喜欢?"司马聃:"长大了要娶她当儿臣皇后那样的喜欢!"褚蒜子捏了一下他的小脸道:"彭子长大了!"司马聃:"母后喜欢法倪吗?"褚蒜子:"喜欢!非常喜欢!"司马聃:"有多喜欢?"褚蒜子:"你长大了娶她当母后儿媳妇那样的喜欢!"司马聃看着褚蒜子认真道:"母后!咱俩既然都这么喜欢她,那明儿就叫她来吧!"褚蒜子:"好!没有问题!"

褚蒜子正和司马昱等议事,忽然何准来报何充病殁了。褚蒜子心头一痛,好一阵没有言语,过了一会她问何充可有什么遗言,何准回说何充殁前推荐蔡谟大人接替他的位置!褚蒜子听罢内心很是感动却没有言语,她在脑子里迅速过阅蔡谟:"蔡谟乃五朝元老,晋元帝为丞相时辟蔡谟为掾属,又转任参军。历任中书侍郎、义兴太守、司徒左长史、侍中等职。苏峻之乱时,蔡谟因为参与平叛有功。迁待中、五兵尚书,后领琅琊王师,赐爵济阳男,又迁太常,领秘书监。郗鉴去世后,任征北将军,都督徐、兖、青三州军事。康帝即位后,入朝任左光禄大夫、开府仪同三司。康帝期间,他鼎立辅政,一心为国为民着想,且其性格厚重谨慎,虽然稍有迂腐,但是行为处事公平公正,且凡事都会三思而行。蔡谟为康帝之师,由他来制衡司马昱专权,再合适不过。"于是她道:"何大人鞠躬尽瘁、死而后已,其忠心,天地可鉴。他的推举,哀家会认真考虑的。"又道:"丧葬费双倍发放!一定要厚葬!"何准谢恩告退后,褚蒜子道:"何充之职以后就交给蔡大人吧。"蔡谟心想:"我接替他?不干。"于是他道:"太后!老臣惶恐!老臣怕才力不逮而耽误国事。"褚蒜子:"国家用人之际,蔡大人不要推辞了。"司马昱:"是啊!国家危难,人才空缺,蔡大人理应为国效忠!"蔡谟:"为国效忠那是一定的,就是效命也没有问题!老臣意思是何大人的工作老臣暂且接管没有问题,至于职位,老臣想请辞不受。"褚蒜子:"那怎么行?"蔡谟:"老臣年纪大了,身体也不好,司徒之职,臣心有余而力不足,如果强任,会被人们嘲笑的。"见褚蒜子没有说话,他又道:"人言可畏!请太后理解!"

第三回　太操劳中书监何充病故　因时局领司徒蔡谟辅政

褚蒜子："那就领司徒吧。"没等蔡谟张口，她又道："暂领！暂领司徒！"

褚蒜子一身素服来到太极殿，看到也是素服在身的群臣，她道："何充韵深高雅，以文章德行著称。历任东阳太守、会稽太守、护军将军、中书令、中书监、录尚书事。何充器局方概，有万夫之望，辅助幼主，屡划嘉谋，严谨而公正，夷旷而有余。其才识度量过人，为国忠贞不贰，实乃国家之定鼎之才。今忽失之，哀家悲恸不已。逝者如斯，而未尝往也，盈虚者如彼，而卒莫消长也。故特命孙绰为其撰写诔文，以宏其德、扬其风，以益后人。诏命司马昱代表朝廷前去吊唁，并赏建碑建坟银万两、陀罗经被全套。"何准赶紧跪谢皇恩，又叩请褚蒜子为何充赐谥号。褚蒜子："赐谥号文穆！追赠司空！"又道："何充故去，举国悲恸。罢朝一天，以示哀悼！"

褚蒜子回到显阳殿，对李宁道："把皇帝请来，休课一天！"又对黎辉道："你领不当值的人为何充抄经。"大家正忙着，李宁带着司马聃来了，褚蒜子看到司马聃穿着红色官服，便拉过他道："彭子！何充何大人殁了，朝廷罢朝一天以示哀悼，你也休课一天。"司马聃认真地"嗯"了一声，褚蒜子又道："为表示对何大人的尊重，我们要穿素服。"司马聃看了一下自己的衣服道："母后，儿臣这就去更换！"褚蒜子："去吧，换好了快来。"

一个国家，事情太多了，褚蒜子借着何充病殁缓冲了一下。第二天，她又能量满满地来到太极殿，宣命蔡谟领司徒之职，与司马昱、诸葛恢一起辅助幼主，共事国政。蔡谟忙道："太后，臣与司马昱、诸葛恢一起辅助幼主，没有一点问题，但是，司徒之职，臣辞请不受。"褚蒜子有点烦了，高声道："不准！"然后透过帘幕看他，蔡谟感受了来自褚蒜子那不可拒绝的力量，一时不敢说话。褚蒜子又道："赐座！"面对殊荣，蔡谟谢恩领旨就座。褚蒜子："众爱卿可还有事奏？"左卫将军陈光上前一步道："禀太后！臣有本奏！"褚蒜子："爱卿请讲。"陈光："后赵石虎荒淫奢靡，民不聊生，微臣奏请我朝借机出兵，收复寿阳！"蔡谟腾一下从椅子上站起来道："不可！寿阳城虽小，但坚固，从寿阳至琅琊，城墙可以互相望见，一城受攻，各城必然来救援。再者，我们的军队在路上行进需要五十多日，先锋还没有到达，消息已经传播开了，敌贼的邮驿，以一日千里的速度传递消息，那么黄河以北的骑兵，就完全可以赶来救援。以白起、韩信那样的勇将，还要挖断桥梁、焚毁舟船、背水而战。现在想把舟船停泊在水渚中备用，领兵前往敌城，前方面对强敌，回头顾望无归路，这是兵家大忌。如果进攻不能取胜，胡虏的骑兵突然到达，恐怕士兵争船过河以至被砍断的手脚坠于河中双手可捧的惨局会重演。现在陈光将军统领的是禁军,禁军一般是只出征不交战,现在却要屯兵坚城之下,用国家的禁军攻击敌人的小城,取胜则利微不足以给敌人造成多大损害,失败则损失惨重而有利于敌寇,这恐怕不是周全的计策。"司马无忌:"蔡大人小心过度了!现在敌贼正乱,民心不附,我军是正义之师、正统之军,驱除胡虏,民心所向!我们破釜沉舟,背水一战,收复寿阳应该不是问题。再则,禁军本就是军队中的王牌之军,一个顶十个。如果陈光将军领兵前去,收复寿阳小菜一碟!"司马昱:"不可!陈光将军即使取胜,臣也觉得不可,用禁军收复一座小城,即使取胜也是微利。长途行军,劳民伤财暂且不说,会让敌贼觉得我国无人,弄不好会引火烧身。收复中原虽然是我朝几代人的心愿,但也不能莽撞行事,臣建议等等再做定夺。"……主战派与保守派展开了唇枪舌战,公说公有理,婆说婆有理,争执半天也无定论。褚蒜子一边听一边想:如此重大的事情李宁为什么没有向她禀报?她决定先把这事放下,看看再做定论,于是道:"此事事关重大,稍后再议!"又问谁还有本要奏。只见蔡谟站出来道:"近时百姓对豪门大户将山川大泽据为私有之事,非常愤懑。奏请朝廷能够拿出个合适的方案,以平民愤。"蔡谟之奏正中褚蒜子下怀,她深知士族门阀从魏时起就是一个令人头痛的问题,士族门阀拉帮结派与皇权抗衡,使皇权不能很好地集中,于国于家都十分不利,前几任皇帝也都想整治这个问题,可是皆因为时机不成熟不了了之。而今庾氏、王氏势力渐弱,周氏、顾氏尚不足论,新的大门阀尚未形成,正是整治吏治的好时机。于是她道:"这是一个有关国计民生的大问题,非常重要!请众爱卿畅所欲言!"司马昱:"自古以来'普天之下,莫非王土',可是,现在一些豪门大户私自圈山占水,私有部曲、奴隶、荫户,这些人不向朝廷纳税、服兵役、服徭役,只向他们的主子交租子、服劳役,自成为'国中之国',其危害可谓大矣。朝廷应该出台政策法规加以治理,以便国家机器更好地运转。"司马昱的话让褚蒜子甚感欣慰,正要说话,只见司马无忌出列道:"圈山占水是祖宗规矩,跑马圈地历来如此,圈中的山川湖泽,理当归自己所有,怎么能说是私自圈山占水?再说,没有这些部曲、奴隶、荫户,那么我们的庄园,要我们自己去耕种吗?"褚蒜子正想这个二货怎么就如此大言不惭地揭开了士族门阀的遮羞布,又见王彪之道:"自古先国后家,先忠后孝。如果针对豪门大户无限圈山占水的局势,朝廷不加惩治,一任发展,那么慢慢地他们就会成为'国中之国',这些小的'国中之国'多了,势必会造成混乱不堪的局面,到那时,才真的是国将不国、家将不家了。"谢奕:"这个弊病,实在该猛治一下。好好的山川湖泽，百姓原本可以打猎捕鱼，可是一被豪门大户圈占，百姓都不能去了，偷偷去一次被抓，挨打受罚什么的全是私刑！老百姓不懂这些，把这些账全记在了皇家头上，那些个豪门大户只躺在一边偷着乐，是可忍孰不可忍！臣建议必须重治重罚！"庾柔："谢大人所言极是，臣附议！"曹秀："豪门大户圈山占水当治，臣认为土断之措当续。我朝自定鼎以来，北方王公士庶纷纷来至江左，其侨置郡县境界无定，享有免除税徭役等特权，士族广占田园，严重影响朝廷财政收入，成帝时曾特下诏旨，命令废除侨置郡县，上自王公大臣下至平民百姓均以居住地为断，将其户口编入所在郡县。这一举措非常好，但是因为令不严、禁不止，执行得不够好。臣以为这个政令可以重申，以便国家运转更加有秩序，百姓们能更好地安居乐业。"刘强："臣以为庾大人所言极是，臣附议！"司马昱："臣亦以为庾大人所言极是，臣附议！臣还想再补充一点，在此之前，乔迁到这边的王公士庶，时间已久，有的已历经三四代人，甚至四五代的也有，他们与本地土族没有两样，臣以为应当从此不分侨民和土族居民，应该一样对待。"顾氏、周氏等附议司马昱……褚蒜子一边听着朝臣们议论一边想："自从定鼎建康，'王与马共天下'到现在已近四十年时间，历经五朝，基本每朝都是大的士族门阀与皇家共天下的局面，这是历史潮流和大环境使然，不是个人所能为的，当下虽然门阀势力相对弱，但是皇权也不是非常强，如果强把士族门阀之势力压制在皇权之下，势必会两败俱伤，平衡、牵制才是保障江山社稷稳定的法宝。"于是，她折中道："圈地占水是祖制，但是时移世易，现在圈地占水之措弊大于利，要改！但是要想出个于国于家于民都有利的法子来。土断之事，哀家非常认同蔡谟大人、何准大人和司马昱大人的建议。这件事，就由蔡大人和司马大人共同尽快拟定个方案出来！"蔡谟、司马昱领旨！褚蒜子看了一眼快要睡着的司马聃，又道："今日就到这！退朝！"

回到显阳殿，褚蒜子问李宁："后赵现在怎样？"李宁："现在石虎正大兴土木，修建宫殿，虽然劳民伤财，怨声载道，但是还看不出有什么大乱，尚不足动兵。"褚蒜子见李宁越位至此，不动声色道："你以为不足动兵？"李宁继续道："是！不足动兵！"继续道："石虎有野心，几次想攻打我朝，但是都因佛图澄的劝说而放下了。"褚蒜子"哦"了声，李宁依旧不惊醒，道："石虎现在因为段氏心里正恼恨慕容氏，时常向北动武，但是基本上都没有胜过……"褚蒜子听完汇报道："你说的这些本应该比朝堂的早些！"李宁这才意识到褚蒜子生气了，赶紧跪下道："太后！奴婢没有向您及时汇报，只因为觉得其乱还不足乱！"褚蒜子道："你分内的事是什么？"李宁赶紧叩首道："奴婢知错了！请太后治罪！"褚蒜子自思量后赵之事，没再理李宁，半天才对她道："起来吧！"李宁不敢起来，褚蒜子："起来吧！下不为例！"又道："后赵你要时刻关注！还有慕容氏以及周边的小势力！"

褚蒜子刚想去休息，一声"母后"把她又拉了回来，她回身柔声道："彭子怎么来了？"司马聃："儿臣想母后了！就自己过来了！"褚蒜子向他身后看了一下问："你自己？"司马聃："他们在外面呢！"褚蒜子一把抱起他，司马聃挣扎着下来坐到她身边，从怀里掏出个小纸鹤给褚蒜子看，褚蒜子："呀！好漂亮的仙鹤啊！"司马聃小脸一仰道："法倪教儿臣的，儿臣学会了，儿臣特意给母后的。"黎辉等人赞美道："皇上真厉害！"司马聃："朕教你们吧！"褚蒜子见司马聃兴致高，道："来吧！母后也跟着彭子学学如何叠仙鹤！"司马聃教大家叠纸鹤，一直到很晚还不肯睡，褚蒜子不忍拂他的意，也一直陪着，直到很晚才睡。

第二天早朝，褚蒜子一如既往地带着司马聃来到太极殿听政。陈光等朝臣问奏后赵之事，褚蒜子道："后赵石虎虽然现在荒淫无道，但是其内部尚上下和睦，颓废之势只是刚露端倪，军事实力尚强。寿阳城虽然小，但是坚固，从寿阳至琅琊，城墙可以互相望见，若攻寿阳，其他城市驰援很快就到，如此我方会很被动。就是拿下，也不值得。故而，攻打寿阳一事，暂先放下。"群臣齐曰："太后英明。"接着又开始说别的事，大人们说事，司马聃能够安静地坐着已是奇迹，让他耐心地听他们长篇大论，确实难为他，可是，朝臣们怎管这些？他们皆为国之栋梁，如此是他们的事业。群臣的喋喋不休让司马聃昏昏欲睡，忽然他梦呓般道："好累啊！要是有乐曲听该多好！"司马聃话刚落地，只听蔡谟道："太后！皇上所言极是！悦耳的音乐陶冶性情，曼妙的舞蹈放松心情，皇上、太后为国为民日理万机，这样的要求可以有、必须有！这样不但可以让人心旷神怡，还可以提高办事效率。如此利国利民利人之事，何乐而不为？我大晋承属正统，会万方豪杰，邀四海英雄，更应有专门庙堂音乐，以显大国风范！"此时，褚蒜子也疲累了，心有同感道："准！当奏何乐？"蔡谟："皇上殿前，宜奏太和；王公出入，宜奏舒和……"众朝臣皆附议！褚蒜子："从今天起，朝堂音乐由蔡大人负责、乐府承办！拟旨！"肃穆的大殿里顿时嗯嗯声起，褚蒜子一笑，看了一眼姬秋，姬秋赶紧道："有事启奏！无事退朝！"朝臣如梦初醒、恢复安静，只见彭城王司马纮站出来道："乐贤堂有明帝亲手画的佛像，虽然国家多难，屡经战乱，但此堂还在，应该由朝廷下诏为其作颂。恳请太后明示！"司马昱："明帝遗墨，自然宝贵，但是那属于先帝个人爱好，如果以朝廷的名誉公开为明帝来作颂，那么康帝的书画、成帝的书法将如何？"对私人化比较重的事情，褚蒜子本不支持朝廷出面，但是事涉先帝，她不好拒绝，便问道："蔡大人以为如何？"蔡谟道："臣认同司马昱大人的意见。作赋颂可以，但是最好不要以朝廷的名义！"顾和等亦认同司马昱所说,褚蒜子遂道："爱卿言之有理！就这样！"……不知道何时，小皇帝司马聃睡着了，因为睡姿不舒服，打起了稚嫩的鼾声，褚蒜子看了一下日晷，已到了午时，道："晌午了！退朝吧！"

第四回

掌管诏令殷浩朝堂议政

欲灭成汉桓温上书伐蜀

人这个东西，简单也复杂。简单者直抒胸臆说"千里去做官，只为吃和穿"，复杂者曰"学成文武艺，货与帝王家"。总之，殊途同归，只是复杂者喜欢曲径通幽，为此，他们往往会选择先蛰伏起来，在蛰伏中积攒力量收获名望，待时机一到，一飞冲天，一鸣惊人。殷浩便是此类人中的佼佼者。这天，殷浩又在家中聚众清谈。一士子问："先生，人活着是为了什么？"殷浩："人生一世，不过活一回心境。人生百年，一切悲欣皆由心定。看得透，放得下，一切皆如镜中花，水中月。得之，感恩，不得之，赏悦。万事，宁静淡泊，不让自己在悲伤中度过，不让自己在徘徊中漫步，随缘起止，一切以开心快乐为准则。"又一士子问："先生，人生的意义是什么呢？"殷浩："人生本来没有意义，但是你可以给他一个意义，以爱的名义。人生不是一场物质的盛宴，而是一场灵魂的修炼！"面对掌声，殷浩轻轻挥了一下手。又一人道："这些太过高深了，我问先生个现实问题吧。就是为什么人将要做官就会梦见棺材、将要发财就会梦见大粪？"殷浩："官本是臭腐之物，所以将要做官而梦见死尸；钱如粪土，所以将要发财而梦见粪便。"殷浩话音一落，掌声四起，清谈正酣时，殷浩的一个仆人忽然跪下来给他磕头不止，磕得额头沁血，他边磕边道："小人求大人一件事，求大人万万答应！"殷浩："你先起来，说说什么事？"仆人："大人答应了，小人才敢起来！"殷浩："先说什么事？"仆人："大人答应了小人，小人才敢说。"殷浩怕出什么乱子，不耐烦道："好！好！我答应你！你起来说话！"仆人："人命大事，小人知道不该麻烦先生，可是小人实在没有办法，只好求大人！"所有人皆目视那仆人，殷浩忙道："什么人命大事？这事我可管不了！"仆人："大人您管得了！您管得了！"殷浩也是急了，不由高声道："到底什么事？说！"仆人："小人的母亲年纪将近百岁，从生病到现在已经很长时间，如能承蒙大人诊一次脉，就有办法活下去了。小人知道这事违背了大人的意愿，小人该死，等大人医治好了家母，大人就算杀了小人，小人也心甘情愿。"殷浩擦了下头上的汗，笑道："如此孝心，我怎么会杀你？去把你母亲抬来吧！我这就给她诊治！"仆人叩头道谢，涕泪而去。不一会儿便把他母亲抬了过来，殷浩当众为她把脉开药，不但分文不取，还把家里的好东西送了些给他们，众人皆赞其医者仁心、德厚流光。

　　这天一大早，殷浩正在后院观察蚂蚁上树，仆人报说有贵客来访。他忙至门前一看，原来是孙安国。孙安国也是清谈高手，很有时望，殷浩赶紧把他往院子里让，边走边说："闻听深源（孙安国字）兄即将出仕，特来拜贺！"说着从斜挎包里拿出一个红色雕花漆木盒递给殷浩，道："这是贺礼！上好的仙丹！"殷浩接过故作快意道："好！好！拿酒来！先吃为快！"韩康伯一声清脆的"好嘞"，转身走向堂屋。在门口，和谢尚撞了个满怀，正和殷浩寒暄的孙安国一眼看见，笑道："仁祖咋冒出来了？"谢尚笑道："来几天了，跟阿奴一起来的！"孙安国四望一下道："阿奴他人呢？"谢尚道："去五谷轮回之地了！"正说话，一声"啊嚏"，王濛出来了，他顺声看到孙安国，笑道："今天有得热闹了哈！"说话间韩康伯把酒拿来了，几个人在院内的葡萄架下的石桌旁坐好，殷浩："来吧！一人一粒！"说着伸手去开盒子，只听孙安国对谢尚道："你的衣服又紧又新，也吃？"谢尚："我带有旧的。"边说边起身回屋，出来时已是身着紫红色的宽大的旧袍子。几人正论说丹药之妙，忽有细细的乐声传来。孙安国："音乐这个东西，有时听了高兴，有时听了悲伤，大家说这高兴或悲伤是源于音乐还是源于人心呢？"韩康伯："源于人心吧！"王濛："你咋没有得到你舅舅一点真传呢！"谢尚："开心入耳，伤心入心，与心无关！"殷浩："你这不是自相矛盾吗？"孙安国："康伯说得对，一个人开心的时候，不管什么音乐，就算是悲伤、哀怨的音乐，也不会让人不快乐。当一个人悲伤的时候，再好听的音乐听起来也难听。就像阳光下的花儿，开心的时候，看起来灿烂多彩，悲伤的时候，看起来一片灰色。"殷浩："你现在开心吗？"孙安国："开心啊！非常开心！"殷浩对韩康伯道："你去叫他们弄个悲伤的音乐来！"韩康伯答应着去了。一会儿，揪心伤感的乐曲传来，孙安国："哎哟！这天空咋不再蔚蓝了呢？我心好像哭了一样！"殷浩："你承认这是悲伤的音乐让你快乐得心难过了？"孙安国："不！如果心悲伤，我会更难过！"回眼瞥见谢尚头上有汗，便对仆从说："去给仁祖拿个毛巾擦擦汗！"谢尚边解袍襟边道："你两个辩的！矛也不是矛！盾也不是盾！叫人哪里接？"王濛也打趣道："给我也拿个毛巾擦擦汗！我也不知道从哪里接！"殷浩："音乐与心，相互影响，也不相互影响。"孙安国："有心的时候，是相互影响。没心的时候不相互影响。"殷浩："什么时候有心，什么时候无心？"孙安国："风不动的时候无心，风动的时候有心。"殷浩："风动不动就在那，关心什么事？"……两人你来我往，难分胜负，饭菜端上也只顾争论忘记了吃，上落满了麈尾的毛。日过中天时，谢尚说吃了饭再辩论，两个人像没有听见一样继续对决，只听殷浩继续道："你不要做硬嘴马，我就要穿破你的鼻子了！"孙安国："你没见争破鼻子的牛吗？我就要穿你的面颊了！"王濛起身捡了两根麈尾毛道："咱鼻子也不穿、面颊也不穿，先吃饭！中不？"二人这才罢休，与他们一起大快朵颐。

谢尚他们走后，韩康伯与殷浩夜话，他问："舅舅！该出山了吧？"殷浩："快了！别急！"韩康伯："还等？"殷浩："嗯！等太后的诏令！"韩康伯："那诏令要是迟迟不来呢？"殷浩："你个傻孩子！谢尚、王濛、孙安国都来了，诏令会不来吗？早晚的事！"韩康伯一脸问号道："谢尚、王濛没有司马昱厉害，王安国更是！司马昱来不来。"殷浩："你呀！嫩！"……甥舅两人正说话，忽听到上回求殷浩给他母亲治病的仆人在窗外道："先生！小人的母亲吃了您开的药，好了，这两只三黄鸡，母亲叫我送给大人……"殷浩没听他说完便对韩康伯小声道："打发他走，就说我不在家！"韩康伯遂高声道："舅舅不在家！你先回去好好照顾你母亲吧！"仆人："哦！小人把这鸡放哪？"殷浩示意不要，韩康伯："拿回去给你母亲补补身子！拿回去吧！走吧！"仆人："哦！那小人一定要去佛前为大人烧高香！"又道："我给大人叩个头！"只听"咚！咚！咚！"三声，然后又是大门"吱呀"声。片刻，安静，静得能听到树叶说话，殷浩这才睁开闭着的眼道："把我那些有关医学的书籍找出来全部烧掉！"韩康伯："为什么？"殷浩："不懂！"韩康伯："也懂！就是觉得可惜！"殷浩起身看着窗外的黑夜，道："不为良医！""嘎""扑棱"，一只梦呓的鸟从一棵树上飞到另一棵树上。

时间过得很快，眨眼到了夏天，这天，殷浩正想诏书何时到，仆人从外面飞奔回来喊道："先生！先生！朝廷来人了！"殷浩故意不做反应，佯装继续看书，韩康伯沉不住气了，忙起来问："在哪？"仆人："马上就到了。"韩康伯："快！快！备茶！"殷浩强压着狂喜头也不抬："慌啥？"说着，站起来理了理衣裳走出屋外，此时曹秀、刘强已到，刘强："圣旨到！"殷浩不慌不忙跪下，道："草民接旨！"刘强："奉天承运，皇帝诏曰。陈郡殷浩，清明高远，思纬淹通，体德深粹，识理淹长，是谓国之栋梁，着即封为诏书令。钦此！"殷浩："臣领旨谢恩！"曹秀、刘强把诏书捧给殷浩，作揖道："恭喜殷大人！"殷浩："曹大人、刘大人一路辛苦了！快到屋里歇歇！"曹秀边走边说："您一出山，百姓就有救了！"刘强："是啊！多少人盼着呐！"曹秀："殷浩不问世事，如何面对江东百姓！"殷浩道："过誉了！过誉了！"……韩康伯喜滋滋来到堂屋道："两位大人！舅舅！饭好了！摆饭吧？"殷浩："摆饭！"刘强："饭不用了！我和曹大人赶着回去复命呢！"殷浩："哪在乎这一会儿半天的？吃了饭再走！"

送走曹秀、刘强两人，天已擦黑，甥舅两个人来到书房说话。殷浩语重心长地说："康伯呀，舅舅不日就启程去京都了，你呢，在家找个可靠的人，看护这院子，等舅舅

第四回　掌管诏令殷浩朝堂议政　欲灭成汉桓温上书伐蜀

在京都稳住脚了，就安排你。"韩康伯喜道："好！好！可是舅舅！这个院子还留它干吗？"殷浩一笑道："傻孩子！留着自有用处！"韩康伯："将来养老？"殷浩呷了口茶嘴角一扬道："养什么老！名人故里！"韩康伯："嗯嗯！舅舅定会成为一代名相！这儿，是名相故里！"殷浩笑呵呵喜滋滋地看着他没有说话，他又道："叫前儿那个仆人看管吧！就是舅舅给他母亲看病的那个！"殷浩手一挥道："这个你全权负责就是！"然后他自顾在屋里转圈，忽道："书！书要带些！多带些！"见韩康伯有点懵，又道："书是我的名帖！名帖！懂吗？"韩康伯"嘿嘿"一笑，就要动手收拾，殷浩见状道："恁啥急？今儿不弄！明儿个再说！"

　　拿到诏书的殷浩有点飘飘然，他真就以国家栋梁、鼎鼎大才自居了，以至于信心爆棚，一时，他竟然分不清是梦是幻了。进京路上，他在一家饭店吃饭时，恍惚看到了司马昱和谢尚。司马昱一见他便道："深源兄你可来啦！你这一来，百姓就有救啦！"谢尚也说："太好了！深源兄一来！国家就有救啦！"司马昱："是啊！宰相的位置一直等着深源兄呢！"殷浩不觉失笑，口中的饭掉了出来也没有发觉。店小二以为他中风了，赶紧上前道："客官醒醒！客官醒醒！"殷浩从梦中醒来，擦了擦嘴道："呀！不好意思！不好意思！想事想迷糊了。"店小二擦了擦额头上的汗笑道："您没事就好！您没事就好！"殷浩用过饭去马厩取马，看到马厩，他好像看到了桓温、曹秀、刘强三人。他看到桓温向他一抱手道："深源兄真让元子刮目相看！"曹秀一脸讨好道："深源兄是人中翘楚！我等定会紧随其后的！"刘强也紧跟着讨好道："曹兄说得极是，深源兄有经邦纬国之才！我等跟随殷大人走才有前途！"殷浩微笑道："我们一起努力……"梦中的他不小心撞到了正常走路的人，那人气道："没长眼吗？"殷浩赶紧道："对不住！对不住！"殷浩就是赶路脑子里也不忘跑马，他似乎又看到了蔡谟对他夸赞道："深源一来，我等就可以无忧地告老还乡了。"诸葛恢也是笑着对他说："深源见识广博、才识练达，有他在，我也可以放心地告老还乡了。"殷浩赶紧谦虚道："深源年轻，诸事还请两位大人多指点！"蔡谟、诸葛恢："深源乃国之周公，清徽雅量，众议攸归，高秩厚礼，不行而至。大不必客气，天下交给你，我等放心，太后也放心！"殷浩恍惚看到褚蒜子就在前面，他叫了声"太后！"起身参拜，结果一头撞在了树上，那马一声长嘶，他方梦醒。马上就要到建康了，殷浩仿佛听到褚蒜子说："殷大人出山！国家有福了！哀家可以无忧了！"殷浩抬头直视她道："太后！万事还需要您来定鼎！"褚蒜子："殷大人有经天纬地之才！胸中丘壑远在哀家之上！以后，万事仰仗殷大人！"说着，向殷浩投去了敬慕、依赖的目光。殷浩很享受这目光，对褚蒜子道："太后！您……"话未出口，只听"咣当""哗啦"，殷浩醒目一看，我的妈呀！原来他把马又骑到人家的茄子地里了，正干活的老农以为他是个傻子，拿起锄头作欲扔他状，殷浩赶紧奔逃。

　　终于来到皇宫了，巍峨、宏大的殿堂让殷浩不觉肃然起敬，蓦然觉得自己的遐想有点过头，不觉脸发烫。正彷徨犹豫，听有人问："干什么的？"殷浩一看是站在殿门口的侍卫，他清了清嗓子道："我乃殷浩！奉旨谢恩！"侍卫伸手道："拿来！"殷浩："什么？哦哦！稍等！"说着掏出自己的名帖递上，侍卫接过，依旧面无表情道："稍等！"等待中的殷浩心脏跳得有点快，观望着这里的一切，他内心道："路上我想得有些天真了！这与我想象中的不一样啊！……"忽脑子一转自语道："往日的定力哪去了？镇静！静心！静心！镇定！……"正自调整，那侍卫回来了，殷勤道："殷大人！请！"侍卫的殷勤又给了殷浩无限信心，他对自己道："慢慢来，不出三五年，我殷浩一定会成为一言九鼎的实权人物！"

　　殷浩出仕的消息传到荆州，桓温正在官署议事，对这个爆炸性新闻，他甚不以为然，只是他的属僚却热衷议论，一个说："朝廷让殷浩掌管诏令！这也太草率了吧！他是一个只会清谈什么经验也没有的人，朝廷怎么能把这么重要的事交给他？难道国家没有人了吗？"一个说："前朝也有召名士做高官的先例，殷浩名望如此高，应该不会十分糟糕吧！"……听着属僚们口径不一的话，桓温笑道："殷浩如果高居庙堂，应该不会太差！毕竟，他腹中的诗书是很多人无法比的！"桓温话音刚落，一个属僚道："可他毕竟是个白板呀！"桓温："怕什么？有太后呢！"又道："他只有执行权，没有决策权。"喝了口茶又道："这是朝廷正常选拔官员，什么大事。"袁宏认真道："治理国家，原本要文武两条腿走路。殷浩是大名士，名望很高，腹内诗书可用汗牛充栋来比喻。如果太后令他治国理政，我想应该也不会太差吧！"听袁宏如此说，有人道："前朝的王衍是怎么死的？死前石勒怎么说他的？"袁宏被问得哑口无言，他也深知殷浩清谈绝对没有问题，但是如果他身居高位却一味清谈，也许会重蹈王衍覆辙的悲剧，又想历史哪会那么相似。正斟酌该怎么说，只听桓温意味深长地说："王夷甫是西晋重臣，位至司徒、司空、太傅，但是他却整日不操心国事，只一味挥麈清淡闲扯淡，误国误事却不自知。他被石勒俘虏后，石勒问他朝廷败亡的原因，他没有一点担当，并推卸责任说不在自己身上。

第四回　掌管诏令殷浩朝堂议政　欲灭成汉桓温上书伐蜀

说自己年轻时就不喜欢参与政事，只想做个高人隐士。屁话！他年轻时就在朝廷，身居要职，一直到头发白，怎么能说一直不参与政事？实则是没有治国之能，拿清谈遮羞罢了。像他这种清谈误国的人，有什么用？"袁宏脖颈一伸道："天命运数自有兴废，也不一定是那些人的过错！"桓温："屁话！食国俸禄而不为国分忧，却整日沽名钓誉闲扯淡！这非国之幸事！是国之祸事！天下兴亡！匹夫有责！是人杰就要勇于担当，而不是打着清谈的幌子利己误国。破坏天下者，正是他们这些人的罪过！"属官们见桓温说话声音大，都噤了声。

　　桓温被炽热的"殷浩话题"搞得心烦，便离了帐营到家中躲避。司马兴男一见他道："太阳打西边出来了，今儿怎么回来这么早？"桓温一脸嫌弃道："朝廷征用殷浩掌管诏令，都喋喋不休的！烦！"司马兴男笑问："烦什么？"桓温眉一皱道："殷浩！我小时的玩伴，小时我们玩竹马，他老捡拾我扔掉不要的，说真的我打心里看不起他，但是没想到这厮竟然这么大名气了！"司马兴男："你这人也是！太阳光照你不照他呀？"桓温："我不是这个意思！这家伙清谈可以！办实事不中！"司马兴男："朝廷叫他干啥？"桓温："说是掌管诏令！"司马兴男："这不就是了，朝廷用人十分得当嘛，殷浩只是传声筒罢了，你有啥烦的？"桓温释然道："就是！我烦啥？庸人自扰！"司马兴男："那可不是！你把他当回事了！"一阵香味飘来，桓温嗅了一下道："好香！啥？"司马兴男笑道："饭！傻样儿！"桓温："上回吃的那个荷叶鸡今儿做了吗？"司马兴男："感情你踩着点回来的呀？那荷叶鸡估计一会儿就好了。"桓温笑道："我这叫有福不再忙。"司马兴男："把你兴得！"桓温："还是上回那个老婢弄的？"司马兴男："嗯！她弄得地道。"桓温饶有兴趣道："我恍惚听说那个老婢说我长得像刘琨？"司马兴男笑道："刘琨像你。"正说着那老婢来了，看到桓温，她赶紧施礼，桓温说着"不必拘礼"，眼睛却看向她的手里的荷叶鸡。司马兴男看他那馋样，笑了笑，回头对老婢道："放这吧。"桓温看老婢布好饭，端正了一下身子，轻"咳"了一下，那老婢也是话稠，偷眼打量着桓温，喃喃自语道："真像！"司马兴男也是想逗桓温开心，问："谁像谁？"老婢："老爷像刘琨！"桓温连忙整理了一下衣冠站起来道："哪里像？"老婢端详了一下桓温，认真道："脸庞很像，就是薄了点；眼睛很像，就是小了点；胡须很像，就是红了点；身材很像，就是矮了点；声音也很像，就是雌了点。"婢女们在一旁强憋着笑，司马兴男抬眼见桓温脸上泛萎，赶紧打发那老婢走。桓温闷闷地吃了饭，褫冠解带，昏然而睡。

57

好几天了，桓温一直闷闷不乐，司马兴男以为是那老婢的话让他不开心，便说他道："这都几天了，还没过来啊？"桓温："早过来了，我在想国家外患内弊之事。"司马兴男一听，道："好事啊！你别光想，整理出来，奏报给朝廷。"桓温叹了口气道："我也想啊！可有顾虑！"司马兴男看着他道："什么顾虑？"桓温："门阀大户！"司马兴男听罢没有说话，门阀大户，从魏开始，由来已久，积弊成疾，早该惩治。可是，这个社会性问题，治理起来太不容易了。正自思考，只听桓温道："这会儿我如果提出改革，他们会怎么对付我？"司马兴男道："可是总得改革吧！这种状况坏透了，我都窒息。"桓温："如果有人支持，就不那么难了。"司马兴男："我支持！"桓温笑道："你？你又不在朝廷，力量微乎其微，可以忽略不计。"司马兴男急道："你个老奴！这样说本公主！"桓温："你生啥气？就是这样啊！"司马兴男："太后呢？她一定支持！她可以吧！"桓温："太后当然可以，只是，我还是怕寡不敌众啊！"司马兴男一笑，憨猛转娇媚道："你不要前怕狼后怕虎的，好男儿不是这样的。"桓温一激灵，张口："这样吓人你！"司马兴男脸一甩道："你个老奴！你且想，想好了就上奏表，试一下，万一成功了呢？就是不成功，也不碍着你啥，对吧？"说着就往外走，桓温："你要去哪？"司马兴男："你管我！本公主想去哪还要向你个老奴报告啊？"然后一字一句地逗他道："本公主约了好姐妹一起去消暑避夏！去吗？"说着用手指做了勾手指的手势，桓温看着她没有说话，迷瞪着大眼看着她讪讪地离去。

桓温来到书房，边饮茶边想着当朝大事，纵观横看，也真的只有褚蒜子是明灯，想着她对自己的知遇之恩，自语道："太后高标不凡，自执政以来，国泰民安，祥和太平。真乃是救我朝于存亡的天人也！"又想："带领国家要走向繁荣富强，实非易事，为国家效力，也非易事，自曹魏以来，门阀垄断、人浮于事，多少人、多少事皆身不由己地在糨糊中前行，这情况还要持续多久？我桓元子是随波逐流还是不磷不缁？"他没有头绪，挠头，不想碰倒了书案上的玉笔筒，"咣当"一声笔筒碎了，碎玉屑在阳光下炫出了梦幻的光彩，这美让桓温想到了自己，不由道："宁为玉碎，不为瓦全！我桓元子定要锐意进取，给后代儿孙留下点好的东西……"仆从过来换茶，桓温说不用，挥手让仆从出去。看着墙上的《骏马图》，他又放飞了思绪，想："现在国家的用人机制、奖励机制存在许多弊端，且积习已久，不改，国家会如老牛破车一样，越走越吱吱呀呀。不！不能这样！我要把我的想法整理出来禀报太后、上奏朝廷，让朝廷重整机制，让国家更加富强！"想到这里，他起身展纸，挥毫泼墨，奋笔疾书。

桓温给朝廷上奏章的时候，会先给褚蒜子上书。这天，褚蒜子刚用过午膳，桓温的信函便到了，褚蒜子边接信边问："他那里可正常？"李宁报说一切正常。褚蒜子示意李宁退下，然后打开信，她越看越高兴，桓温信里把朝堂内外的几大矛盾和急需要解决的问题一一罗列并加以分析，针砭时弊，鞭辟入里，尤其提到要大胆提拔使用寒族人士为国家效力。"上品无寒门，下品无士族"的风气里，桓温这一提法可谓是超大胆，非有远见者不能也。想当下只要是士族，不管是阿猫还是阿狗，都可以出来做官。而且官特好当，只要会清谈，一般都会官越做越大。这种终日空谈不务实际的行为，只会助长浮夸之风，但是当下世人认为这样做是对的，故而虚浮人士比比皆是、疏狂才子遍地开花。针对此弊病，桓温建议提拔务实、想干一番事业的寒门子弟。桓温还坦言了当时的官场七大弊病，如"荆扬之争"。当下是晋迁都建康后的最大问题，从早期的王导和司马睿，再到后来的庾亮和陶侃。由于朋党相争，整个朝廷内部被分割成几股势力，这几股势力时刻在较着劲，以致中央不能够很好地集权，这又导致藩镇之间相争，给国家埋下了不稳定的因子。再有，冗官现象突出，办事效率低下。冗官现象，在很大程度上是"衣冠南渡"的直接后遗症，更直接地说是东晋初期"王与马共天下"的恶果。人浮于事的直接后果是朝廷处理政务效率低下、官员办事拖沓，对此桓温还提出要重视机要政务，对案卷的处理要限制时日。此外，还指出要明确长幼之礼，按照功绩给予奖励。为国家长久计，桓温还针对教育提出了切实可行的策略方案，那就是让寒门素族接受教育，给他们晋升的机会。还说士族高门把持教育会弊端丛生，要想富国强兵、驱除鞑虏、平定中原，必须兴办教育，实现阶层流动，才能让国家更加富强。桓温这种不拘门第、选贤任能的言辞，对当下以家世背景为选才标准的"九品中正制"，无疑是非常大的冲击。"九品中正制"是门阀贵族入仕、升迁的平台，"举贤不出世族，用法不及权贵"的政治标准直接导致"贵仕素资，皆由门庆；平流进取，坐至公卿"的现象。高门士族世代担任高官美差，寒门青年则无晋升之阶。桓温特意强调只有靠自身才学的寒门素族才是朝廷最忠诚的支持者，希望朝廷能够改变用人制度，给腐败的朝堂注入新鲜的血液，这样，国家才能够快速强盛起来。褚蒜子不由暗赞："这真是一番为国家为朝廷考虑的肺腑之言！如果朝廷多些这样的臣子就太好了！"又想："更改旧制，谈何容易。"随即又自笑曰："如果容易又有何意！"

褚蒜子正批阅奏章，司马聃到了。此时，大臣们还没有到，每当此时，司马聃最是喜欢，他从怀里拿出一块糕递给褚蒜子道："母后，这个儿臣吃着特别好吃！母后尝尝！"褚蒜子接过来吃了一口道："嗯！真好吃！"司马聃仰着小脸问："母后，今天叫儿臣过来还是听政吗？"褚蒜子点了点头，司马聃："母后，儿臣想带法倪一起来听可以吗？"褚蒜子："不可以。"看司马聃不解，褚蒜子对他严肃道："制度、法则不允许！"司马聃："什么制度法则？因为她是小孩吧？可我也是啊！"褚蒜子："不是因为她是不是小孩，是因为你是皇帝！故而你必须来，她不可以！"司马聃道："那儿臣封她为皇后是不是就可以了？"褚蒜子笑道："这个要等你亲政了再说。"母子二人正说话，司马昱、蔡谟、王彪之到了。礼毕，褚蒜子道："今日请各位爱卿过来，是想和大家聊一下我朝的用人机制问题。我朝自秉承魏开始的九品中正制以来，'举贤不出世族，用法不及权贵'的政治准则，导致了'贵族素资，皆由门庆，平流进取，坐至公卿'局面，高门士族世代担任高官美差，寒门之士则无晋升之阶，从长远来看，这对国家的发展十分不利，我们是不是来个锐意改革？"司马昱："太后！臣以为当下的用人机制确实需要改革……"蔡谟："虽然当下的用人机制不甚完美，但是……"王彪之："臣保持中立！但是倾向于司马大人意见，为体制注入新鲜的血液，机体定会焕发活力。"司马聃："那就改！万事不破不立！今太师刚讲过！"蔡谟："皇上还小，这不是不破不立的事，这是秉承祖制的好。"褚蒜子："这样，各位爱卿回去再认真思考一下，明日上朝再议！"

桓温的奏章到了朝廷，司马昱一看，自语道："这可是和太后不谋而合了。"又道："这积年的弊乱也真该改改了。"故而一上朝，他便奏报："太后，桓温奏章《七项事宜疏》。"褚蒜子："哪七项？念来听听。"司马昱："一、抑制朋党，杜绝因政见不同而相互倾轧。二、合并、裁撤冗余的官职。三、重视机要政务，对公文案卷的处理要限制时日。四、明确长幼之礼，奖励忠实、公正的官吏。五、褒奖惩罚，应与事实相符。六、继承、遵守古制，弘扬学业。七、选派史官，编修《晋书》。"褚蒜子："这七项建策如何？请众爱卿议论。"蔡谟："元子（桓温字）这七项建策，听起来都很好，但是，老臣觉得其虚大于其实，有点拉大旗谋虎皮的感觉。第一条，抑制朋党。哪里有朋党？第二条，合并裁撤冗余官职。哪个官职是吃闲饭的？大家都在各司其职、各顾其事。第三条，重视机要政务，对公文案卷的处理要限制时日。既然重要，自然要慎重，要根据需要，或快或慢才正常。第四条、第五条，是元子乱说，老臣从来没有看到朝廷有什么不公。第六条、第七条，这个老臣大力支持。"司马昱："桓温将军所言，大胆、超前，非有远见者不能也！臣以为皆可考虑。桓将军这七项可谓是官场七大病。自魏以来，门阀盛行，这实在不是个好事，当年的'王与马共天下'就是朋党的典型事例，现在也有，只是没有被拿到桌面上罢了。'举贤不出世族，用法不及权贵'的政治标准直接导致'贵仕素资，皆由门庆，平流进取，坐至公卿'的现象，使得寒门有识之士报国无门。臣觉得，桓将军的每一条建策，朝廷都应该深入思考。"王羲之："司马大人所言极是！桓将军的七项建策，臣也以为每一条都应该深入研究，认真贯彻执行，才能真正做到强国富民！"曹秀："祖宗之法不可改！这不仅是对祖宗的敬畏，更是秉承祖宗的治国之道！"刘强附议。高崧："我朝从开始最有争议的地方就是'荆扬之争'，现在也是，现在桓将军镇守荆州，他所言七项事，前五项自然是有利荆州之事，放之全国，臣觉得不妥！第六条、第七条，臣觉得非常好！祖制终究还是继承的好，尤其是最后一条派史臣写《晋书》，臣以为最当时。我朝自定鼎建康，《晋书》一直空缺，派史官编写是当务之急。"王彪之："太后！臣觉得桓将军的每一条都可以选择性地采纳，祖宗之法要遵守，锐意改革也要进行。这犹如四季轮回，只有注入新鲜的血液，才能焕发出新的生机。"王羲之："政之所兴在顺民心，政之所废在逆民心。桓温将军所提七项建策，每一项都是顺应民心的事，臣以为应当全部采纳。"蔡谟："这七项建策，实乃是顺了寒门之愿、逆了士族之心！试问，现在江山社稷是谁在挑大梁？士族！是士族！寒门自然也有才学者，但是，其才学力识一般都不高，明慧决断上也不敢恭维。很多事，他们都没有经历过，叫他们拿出个方案来，岂不是强人所难，岂不是误国误民。"……褚蒜子："治国经邦，人才为急，得人才者得天下，失人才者失天下。无论士族还是寒门，只要有才，朝廷皆可用。桓将军的七项建策，哀家希望众爱卿都好好想一下。"

司马聃显然是认真听了，下台阶时，他问："母后，桓温姑父说的儿臣觉得很有道理，为什么还会有人反对呢？"褚蒜子："他说的有道理，反对者说的也有道理。"司马聃："那到底哪个道理好呢？"褚蒜子："哪个都好，也都不好，都是好中有不好，不好中有好！"司马聃挠了一下头道："好复杂。"褚蒜子："事情本不复杂，复杂的是人心，人心复杂了，事情就复杂了。"司马聃："可怎么把人心变简单呢？"褚蒜子："心思简单了，心也就简单了。反之亦然。"看司马聃依旧懵懂，褚蒜子说："这个问题先放放，改天咱们再说。"司马聃跟着褚蒜子走了一会儿，问道："母后，荷花为什么夏天开？"褚蒜子：

"彭子去看荷花了？"司马聃："没！我想吃荷花粥了。"褚蒜子俯身把他抱起来道："走，咱去荷花亭。"又道："让黎辉做点荷花粥。"姬秋领命而去，她抱着司马聃向御花园走去。

褚蒜子难得一日闲，正在窗下纳凉，司马聃来了，她问："今天太师给你讲了什么？"司马聃："还是破和立的问题。"褚蒜子："嗯？"司马聃："不破不立，破而后立！"褚蒜子："怎么个不破不立，破而后立？"司马聃："想要立，必先破之。只是怎么破怎么立儿臣还想不太明白。"褚蒜子转头对黎辉说："你去拿四个鸡蛋来，两个生的，两个熟的。"又道："走，咱到茶几旁。"司马聃好奇道："要鸡蛋做什么？"褚蒜子："和彭子探讨一下破和立的问题呀！"司马聃一下来劲了，他问："用鸡蛋？"看褚蒜子点头，司马聃有点兴奋，母子二人刚到茶几旁，黎辉拿着鸡蛋到了，褚蒜子接过鸡蛋对司马聃道："这是四个鸡蛋，两个熟的，两个生的。生、熟咱们各一个。来！把它们立起来！彭子先！"司马聃怎么都不能把鸡蛋立起来，急得头上直冒汗，又摆弄了一阵，认输。褚蒜子一笑，拿起熟鸡蛋往桌上轻轻一磕，鸡蛋稳稳地立起来。司马聃恍然大悟道："不破不立！破了就立！"说着也拿起一枚鸡蛋往桌上磕，"砰"一下，蛋清蛋黄流了一摊。褚蒜子笑问："为什么会这样？"司马聃："儿臣立的是生的！母后立的是熟的！"又道："儿臣明白了！熟了，一破便立！不熟！破了便无法收拾！"褚蒜子点头，司马聃接着道："就像桓温的七项事宜疏，现在是生鸡蛋，对吗？"褚蒜子没有想到司马聃还想着这事，心想该教他一些复杂的东西了，遂道："对！事物向前发展的过程，就是破碎和重建的过程。破碎和重建都不是难事，难的是时机和煮熟鸡蛋的时间。懂了吗？"司马聃使劲点了点头，褚蒜子："懂了也要慢慢来。"司马聃："为什么？"褚蒜子："事缓则圆。"

司马昱、蔡谟来到书房的时候，看见司马聃正有模有样地看版图，二人赶紧施礼。礼毕，司马昱问："皇上！太后呢？"司马聃："母后去显阳殿了。一会儿就回，有事吗？"司马昱："没事。"司马聃："没事来这儿干吗？"司马昱："皇上，臣想和太后说一下桓温。"司马聃问："是他的七项事宜疏吗？"蔡谟想逗逗他，说："是！"司马聃转头对一旁候着的戴规道："快去拿生鸡蛋和熟鸡蛋各六个来！"见他二人不明就里，司马聃说："一会儿朕用鸡蛋给二位大人说说桓温！"很快，戴规回来了，司马聃把鸡蛋分给二人，道："皇爷爷、蔡大人，现在咱们三个面前各有两枚鸡蛋，咱们比看谁能先把鸡蛋立起来！"蔡谟以为司马聃玩游戏，懒得参与，他道："皇上，这鸡蛋平时是立不起来的，只有春分的时候才有可能！"司马聃："不试怎么知道？"圣命不可违，二人开始立鸡蛋，看他们忙活了半天也没有立起来，司马聃说："看我的！"说着他拿起鸡蛋轻轻往桌上一磕，鸡蛋稳稳地立起来。司马聃说："不破不立！破而立之！"司马昱、蔡谟十分地错愕震撼，他们没有想到司马聃这么厉害，也下意识地拿起鸡蛋往桌上一磕，结果是司马昱稳稳立住了，蔡谟的蛋清蛋黄流了一摊。司马聃问："为什么会出现这种情况呢？"蔡谟："臣的是生的。"司马聃："为什么生的不能立？"蔡谟："因为蛋清蛋黄没有凝固！"司马聃："为什么没有凝固？"蔡谟："因为没有煮！"司马聃："为什么煮了就可以了？"蔡谟："因为蛋清蛋黄凝固了。"司马聃有点小不耐烦道："你都没说到重点上！不是凝固不凝固的问题，是熟的可立，生的不可立！桓温的事，如正在锅里煮的蛋，等熟了，就好了！"蔡谟一改前非，恭恭敬敬地道："臣明白了！谢皇上！"

褚蒜子回到书房，司马聃把刚才的事向她汇报个清楚明白，褚蒜子非常高兴，她没有想到蔡谟竟然让司马聃给教育了，笑着说："十二岁的宰相七岁的师！一点不错！五岁的彭子今天当了帝师之师！"司马聃一吐舌头道："儿臣学母后呢！儿臣要把母后会的统统学走！"褚蒜子："好！母后对彭子知无不言！"说着她摊开笔墨纸砚，司马聃小嘴一噘道："母后一来就忙公务。"褚蒜子："母后给桓温写封回信，不影响和你说话。"还一边疾书，一边有一答没一答地跟司马聃说话。

桓温收到褚蒜子的信，十分高兴，他策马扬鞭，来到郊外，打开信又看："……桓将军的七项事宜疏，哀家认真看过了，每一条都是利为利民的好建策，如果这七项事能够贯彻实行，一定会真正地实现国富民强。事不破不立，破而后立。然，破立需要时机，时机对了，晓喻新生，时机错了，一败涂地。举观我们现在所处的时代，有些建策为时有点早，所幸来日方长，也许三五年后，时机就成熟了，让我们拭目以待，希望那天早点到来……"桓温越看越欢喜，不由骂了句："门阀！九品中正！可恶！"忽见一只小鹿闪现，他举箭就射，一举中的。他正欲招呼人过来，随从拍马上前对桓温耳语，桓温点头，返身打马回营。

桓温回到营帐，见谢尚、殷浩等正在喝茶，忙道："不知几位大驾光临，有失远迎。"谢尚放下杯子道："你又去打猎啦？"桓温："是啊。"回头对随从道："去把刚打的鹿洗干净烤了。"谢尚："呀！我等好有口福啊！"桓温："百十斤呢！叫你们过过瘾！"殷浩："说起过瘾，我想起上回与孙安国清谈，饭都忘记吃了。"谢尚接道："我和阿奴的肚子都咕咕叫个不停了，他们还不罢休！"桓温敷衍道："嗯！能感受那会儿的美好！"又问："真长（刘惔字）呢？"谢尚手一指道："等你不着！在你床上睡了。"桓温心里有点不高兴，道："这家伙！"他举起食指在嘴巴比画着"嘘"了一声，然后悄悄从身上取下弹弓，拿出一粒弹丸，"嗖"一下射在床头上，弹丸迸碎，刘惔惊醒，他恼道："使君！这样你就能在战斗中获胜吗？"桓温一笑道："恼什么！起来！烤鹿肉去！"刘惔此时已缓过神，道："这还差不多！"殷浩道："还没有谈就吃啊？"桓温道："吃饱了才有力气谈！"谢尚、刘惔："就是！我的肚子可是被你饿怕了！"

刘惔、谢尚、殷浩他们到桓温处的事情，李宁第一时间向褚蒜子汇报。李宁说："他们几个纯粹是去游玩的。"褚蒜子"嗯！"了一下，李宁心中有些忐忑，她怕褚蒜子疑她，忙说："太后！这回奴婢一点也没敢想当然。"褚蒜子："接着说。"李宁赶紧道："这几个人跟桓温都是面上的朋友，他们不在一个线上。刘惔刘大人跟桓温桓将军是连襟，但是他俩不对付大家都知道，谢尚是太后的舅舅，又是豫章帅将，自然不会跟桓温有什么。殷浩殷大人跟桓温自来是水火不相容，他更不会跟桓温有什么。"褚蒜子："说重点！"李宁也感到自己的汇报没有多大意义，赶紧又道："他们几个清谈都很好，民间传他们是'永和四名士'。但是、但是在事上，他们好像不是一路的。"看着急欲弥补的李宁，褚蒜子打断道："好了！退下吧！"

殷浩约刘惔一起到司马昱府上，司马昱留饭，他们在书房闲话。司马昱问："前些日子你们去荆州，桓温怎样？"刘惔呷了一口茶道："闭口不谈政务，能怎样？他野心大着呢！他坐大了肯定不好办！"殷浩不屑道："他不是一等一的人。小时我们游戏，他丢掉的东西，我捡起来一看，感觉好多都是比他手里拿的还要好，感觉他有点猴子摘桃儿的味道，不怕！"司马昱："你们在他那里几天都做什么？"刘惔："吃喝玩乐！他请了许多名士，轮流讲《周易》。"司马昱："这倒是个雅事，我如果能在就好了。"刘惔对正给大家倒茶的司马昱双手一摊道："限定每日一卦。"司马昱："这样就没趣了，卦有难有易，怎么能限定呢？"殷浩："谁说不是呢！但是又能怎样？他们都听他的！"刘惔白了一眼殷浩道："这有啥？他是地主！怕的是元子这个人太务实！务实得让人害怕！"殷浩："是！务实的让人恶心！俗不可耐！老远就闻到他身上那刺鼻的烟火味儿！"司马昱："这不是元子的错，如果不食人间烟火，哪得人间清欢？我曾见稻谷而不认识，羞愧了好几天呢。"刘惔："我说的是……算了，喝茶。"殷浩："懂！防患于未然吧！"司马昱给刘惔边续茶边道："我和你在一个道儿上，你不在我的道儿上，你说的我都懂。"

殷浩："给太后禀报吗？"司马昱："禀报什么？什么也没有呀！"刘惔有点烦殷浩，道："就是！饭菜好了没有？饿了！"刘惔话音刚落，有仆人报说饭好了。殷浩笑道："你鼻子真灵哈。"司马昱站起来道："走！走！吃饭去！"

　　桓温打探到蜀汉现状，动了攻打的心。这一日，他与属官袁乔边喝酒边议论，他说："李势荒淫无道，成汉政权日渐衰微，我想西伐，拿下巴蜀。袁公以为如何？"袁乔："明公所言极是！在下也以为此刻正是拿下巴蜀的大好时机。"桓温灌了一杯酒道："我只担心，如果我们西去伐蜀，北方的后赵石虎会不会趁机进犯？如果石虎趁机进犯，我们就危险了。"袁乔道："不会！那石虎早已不是当年，现在不过是徒有其名罢了。而我们现在朝野稳定，国泰民安，国力倍增，也早已不是当年，他不敢。再说，就是他来抄后路，也不怕，豫州的谢尚足可以抵挡。再就是我军在明公您的英明领导下，士饱马腾，车多戈利，我们伐蜀只需部分兵士，大部分还在荆州，根本不用担心。"桓温点了点头道："虽如此，这事还是要再细细谋划谋划，一定要做到万无一失！"袁乔："谋划大事，不是一般人所思想的。谋划大事者睿智明达，先要做到心中有数，然后才能所算无遗。当今天下劲敌无非两个，一个是成汉，另一个是后赵。要想除掉他们，要先从容易的下手。现在我们沿着长江溯流而上，要经过蜀道天险，他们也许会有防备，我们不一定能速战速决。但是蜀地之人狂妄又见识短浅，他们自认为地势险要，便依靠着自然地势的险要坚固，不修战备。而今我们如果以一万精兵，悄然速行，至其腹地，到时候就算他们知道了，也晚了，至多是李势君臣为了颜面尽力一搏而已，在下相信我们定会大获全胜。"他喝了一口酒又道："如果明公害怕我们大军西去后赵会趁机弄事，那我们就来个将计就计如何？"桓温："如何将计就计？"袁乔："我们故意让后赵的谍者探知我军万里伐蜀，不但让他探知我军要万里伐蜀，还要让他探知我军只剩下老弱残兵，还要让其探知我军有秘密部队藏匿在山野间，那后赵石虎知道后，必然会以为我们准备好了引他们入瓮，定会不敢来犯。"桓温道："蜀地自古物产丰富，号称天府，以前诸葛亮曾凭借蜀地抗衡中原，而今蜀地虽然不能对我们造成很大的危害，但是他们在我们的上头，如果遇到一个有治世之能的人，极容易成为我们的劲敌。如果我们偷袭成功取而代之，这对我们国家来说实在太有利了！"袁乔："对呀！"桓温："机不可失，失不再来！我这就写奏章上报朝廷！八百里急奏送往建康。"

　　褚蒜子正在看奏章，李宁匆匆赶到，对她说："太后！桓温欲伐成汉……"听李宁汇报了半天，也累了，令她退下。是晚，褚歆来到显阳殿，把桓温密函交给褚蒜子，褚蒜子边看边露出笑意。

褚蒜子一如既往地坐在帘幕后面，看着司马聃在龙椅上坐好，看着文武百官各就各位，问："众爱卿可有本奏？"她话音刚落，司马昱就报说桓温有急奏，褚蒜子不动声色道："呈上来！"执事太监将奏章从司马昱手里接过，躬腰碎步呈给递她。褚蒜子看了看对群臣道："桓温请伐蜀地！请众爱卿议论！"群臣一听顿时炸了锅，叽叽喳喳一片，褚蒜子又道："请众爱卿议论！"众朝臣才停止议论，蔡谟站起来道："此事万万不可！蜀地自来险固，易守难攻，蜀地物产丰富，其军民不受饥荒，当年诸葛亮曾以蜀地抗衡中原，成就一方霸业。而今我国政局刚稳，国力尚需要加强，不适合万里行军。如果我们万里行军，对方怎会不知道？对方知道了定会防备，而届时我军远途跋涉，疲惫不堪，两军交战，强者胜、有防备者胜。我军定会因此而败北，还会给北方的后赵以可乘之机，如果届时后赵再来侵犯，就更艰难收拾了。伐蜀！太过冒进！臣不支持！"王彪之："臣也以为此事不妥！第一，桓温兵力不多，蜀地险峻，再说那李氏占据蜀地四十多年，国力兵力皆已成熟，并非一击即碎之流。而我军远行万里，军旅疲惫，好似强弩之末，怎可速战速决？如果打持久战，定会损耗很大的人力、物力、财力，这对国家来说，是谓大不利！"顾和道："荆州是我朝之西门户，如果桓将军率军西伐，后赵石虎会乘虚而入，如果我们驰援不及，可能会失了荆州，如果失了荆州，损失就大了！"荀蕤："桓温伐蜀，镇地荆州空虚，北方后赵定会乘虚而入。我朝自定鼎建康以来，历经几代君臣，江山才稳定下来，而今无故挑起战事，会虚耗国力，乱民生息，如果不制止，国危矣！"……听着这一致不同意伐蜀的议论，褚蒜子心中感慨万千："人啊，安逸惯了，就不思进取了！早有谍者报说成汉已是散沙，信手可取。为什么这么多人反对呢？真是一帮庙堂清谈客！只知道谈天说地混日子！"褚蒜子暗叹了一口气，点将道："司马昱大人对此事怎么看？"司马昱道："此事事关重大，需要谨思慎行。伐蜀也非不可，但要做好安排。第一，要做好防备，以防后赵石虎乘虚而入，各藩镇将领要做好驰援的准备。这个驰援包括防备后赵和支援桓将军伐蜀。第二，要做好粮草供应，伐蜀必定不是一时半会儿的事，无论如何，绝不能让前方将士饿着肚子为国奋战。第三，做好后勤医疗保障。但凡战争，必有伤亡。将士在前线为国流血牺牲，国家绝不能让将士们流血再流泪！"褚蒜子听了很是欣慰，满朝文武，可有一个热血心肠的人了？正想着，看见刘惔从列队中站了出来，他道：" 太后！臣以为此事可行！桓温是个办事心中有数的人，如果他心里没谱，绝不会上书请求伐蜀。蜀地虽然险要，但是总会有机可乘的。从古至今，蜀地之主不知道更换了多少，昔日占据蜀地以抗衡中原的诸葛亮不也被替换了吗？此时蜀地，国内已乱成粥，唾手可得，而今我朝攻之，是天意，经桓温取之，是机缘。"王羲之附议。褚蒜子问还有其他意见，殿下一片寂然，不由暗道："真是曲高和寡。"她真想按着自己内心的想法直接宣诏让桓温伐蜀，但是她知道不能这样做，群臣的意见和感受，她必须顾及。国家大事，不单是伐蜀这一件事，千头万绪，必须得调控好。再者，她也想考察一下桓温其人，于是她说："此事重大！改日再议！"

　　褚蒜子传几位大臣到书房议事，事关重大，谁也不敢怠慢，他们很快就到了。礼毕，褚蒜子道："今日传各位爱卿来，是想说说桓温西伐成汉的事。"蔡谟也是卖老资格，直言道："太后的意思是想伐蜀？"褚蒜子："伐与不伐，咱们研讨一下。"蔡谟："研讨什么？臣的意见是不伐！"王羲之见蔡谟说话冲，提醒道："蔡大人言语要谦恭，您以下犯上了。"蔡谟一听道："我有吗？如果我有，就请皇上、太后责罚老臣！"此时此刻，褚蒜子懒得在这上面计较，道："蔡大人说话一直这样。没事儿！现在大家一起议论一下桓温伐成汉的事吧。"蔡谟想也不想说："老臣的意见是不伐，固守好我们现在的局面，把精力放在民生、民治、民享上。"司马昱清了一下嗓子道："臣以为可伐！谍者报，成汉已是糟透了，取之如探囊取物！"刘惔："臣也建议伐！元子如果没有十足的把握是不会请求西伐的！"王羲之："臣也同意伐！如刘惔大人所说，桓将军是一个非常靠谱的人，他不会干没有把握的事。他为他父亲报仇的事就是很好的例子。"蔡谟轻屑道："他假扮吊客混入其内，是君子该干的事吗？"王羲之道："父仇不报非君子！他当然是君子了！"司马昱："这是桓温有用兵之本事的说明，据说江播去世时，其子江彪兄弟三人为其父守丧，因为惧怕桓温前来寻仇，特意在丧棚内备好了伏兵以防不测，但是，最终他们还是为桓温所破。"刘惔："是的！桓元子这点好，没有把握的事他绝对不干。他既然敢请兵西伐，臣可担保他有绝对胜利的把握！"司马昱："桓将军在荆州励精图治，而今民安兵壮，马多士强，拿下成汉应该不成问题。现在成汉散沙腐透，唾手可得，此时不取更待何时？成汉在我之上游，我当趁此灭了它。不然，一旦其强大了，会是我们的劲敌！"蔡谟："现在能够拿下成汉的英雄人物还没有出现。贸然出兵，会得不偿失。当然如果你们大家要坚持打，老臣不参与。"司马聘听得不耐烦道："哎呀！打与不打，快快决定！"

蔡谟大声道："皇上！打仗不是儿戏！"蔡谟的声音大得让人有点惊愕，都不由得看向他，蔡谟也意识到自己失礼了，忙缓声道："老臣的意见是不打，固守现在的稳定局面。"褚蒜子示意大家停止议论，呷了口茶道："打与不打，各位爱卿回去再想想。"

从书房出来，天已快黑了，褚蒜子对司马聃道："今天本来想着忙完带彭子去华林园的，看来去不成了。"司马聃道："没事！明儿个再去。"褚蒜子："好孩子。"司马聃实在不舍褚蒜子，他对她撒娇道："彭子今晚跟母后一起吃饭吧？"褚蒜子深知其意，忙说"好"。司马聃又道："黎姑姑煲的汤好渴！"褚蒜子心头一酸，想寻常人家的孩子可以天天跟自己的父母一块吃饭，而他小小年纪却什么都要自己，想到他想跟自己吃个饭还要花心思"讨好"自己，一滴眼泪掉了下来，她赶紧拭掉，道："彭子喜欢黎姑姑做的饭，以后就多跟母后一起吃饭！"司马聃听闻拉着褚蒜子转了个圈，又撒手跑到一处花坛旁掐了朵小花送给褚蒜子，褚蒜子牵着他的小手，说着笑着，尽量放慢速度往前走。

褚蒜子躺在床上辗转反侧，一旁伺候的黎辉焦心疾首却不知道该怎么办。褚蒜子看她欲言又止的样子，笑道："哀家没事！不过是朝政，多想一会儿。"又道："这帮朝臣啊！尤其是蔡谟，那个故步自封劲儿！没法说！"黎辉不知道如何接话，只心疼地看着她，褚蒜子又道："司马昱、刘惔、王羲之还好，有活力，有思想，有闯劲！"黎辉："那还不是太后您领导得好。"褚蒜子笑道："阿谀奉承。"黎辉赶紧摆手道："没有！没有！奴婢说的是实话！"褚蒜子自语道："伐蜀！就是桓温不请求，哀家也会想法让他去伐，现在成汉弱不禁风，此时不取，更待何时？时间一长，定会有能人出现，届时他把蜀地治理好了，就成我朝劲敌了。"黎辉懵懂道："那就伐？"褚蒜子："伐是要伐！但是朝臣的意见也得考虑，不能伐了成汉失了臣心。"黎辉急道："那怎么办？"褚蒜子："难办啊！所以，哀家睡不着，要想个两全的法子，既不错失良机也不失臣工之心。"她看着黎辉道："一方进取一方扯皮，将如何？"黎辉懵道："将如何？"褚蒜子笑道："我问我自己呢！你先睡吧！"黎辉："奴婢不困！奴婢陪着太后！"褚蒜子："你去给哀家弄碗安神汤吧！"

褚蒜子为伐蜀汉头疼，桓温也为伐蜀汉头疼，他深知朝廷收到他的奏章后反响定会很大，这会让褚蒜子难以抉择，以致难以及时下诏。等待中的一天，他对属僚吐槽道："估计老家伙们反对太厉害了。"袁乔："他们安逸惯了。"桓温："只要太后和司马昱大人支持就足够了。"参军甲："是！我们现在只管养精蓄锐、厉兵秣马，静等圣旨就好了。"

参军乙:"在下现在每条血管里都回荡着伐成汉的呼声!"桓温笑道:"哈哈!太形象了!昨天我去营地,有个战士正在那唱什么'伐成汉,伐成汉,伐了成汉吃米饭'。"袁乔:"拿下后可不仅是吃米饭,除了吃米饭,还可以娶老婆,那里美女多!"桓温大笑道:"成汉美女啥滋味?"看着他神往的样子,袁乔笑道:"回头明公弄个尝尝不就知道了!"桓温一边"嗯、嗯",一边笑道:"胡闹!"袁乔学着桓温闹道:"我也!"参军甲、乙:"我也!"几个人笑得杯里的酒都洒了。

日子一天天地过去,对伐不伐成汉,还没有定论,大家依旧各说各的理,谁也不服谁,褚蒜子也不明确表态。每次朝会,都是纷争一番没有结果。这天罢朝,她牵着司马聃去书房,司马聃说:"母后!到底伐不伐?这么长时间了。"褚蒜子:"急啥?国事就这样。"司马聃:"太师说国事很多,日理万机,可是,儿臣怎么觉得是理一事要万日的感觉呢?"褚蒜子:"太师说得没错,国事确实很多。彭子的感觉也对,但是有些事,确实需要很多时日才能定。"司马聃:"是大中有小,小中有大,重中有轻,轻中有重,对吗?"褚蒜子:"嗯!还有缓中有急,急中有缓。"司马聃:"感觉像打太极!"褚蒜子笑曰:"彭子找到治国的诀窍之一了。"司马聃:"之一?有多少母后告诉儿臣呗!"褚蒜子:"多了!都在你手里!"司马聃摊开双手调皮道:"在哪里?没有啊!"褚蒜子:"你呀!你用的时候,自然就有了。"司马聃:"儿臣有那么神吗?"褚蒜子:"当然!皇帝是集日月精华于一身之人,日月星辰都时时给你智慧和力量呢!"司马聃听罢,双手伸出向天道:"老天爷!请给彭子智慧和力量吧!"说话间到了书房,司马聃跑到版图前掀开帘布,忽然想起了什么似的道:"小戴!快去拿来!"司马聃看着不明就里的褚蒜子,调皮道:"一会儿给母后个惊喜!"母子两人正闲话着,小戴回来了,他把一个精美的盒子交给司马聃,司马聃递给褚蒜子,褚蒜子打开一看,说:"戒尺?"司马聃:"新!新戒尺!"说着拿出来边演示边说:"老戒尺上面的儿臣够不着,儿臣就让人新做了个会长的。"说着便给褚蒜子演示戒尺的伸缩功能。褚蒜子惊喜道:"彭子太厉害了!"

母子二人站在版图前,褚蒜子问:"咱们的国家在哪?"司马聃用新戒尺指着道:"儿臣早记住了!这!这是我们的国都!"褚蒜子:"难为彭子了!"司马聃:"不难!一点都不难!"褚蒜子用老戒尺指着版图道:"这儿,是中原,原本也是我朝国土。这儿是洛阳,我们的故都,一个四季分明的地方,现在被胡虏抢占着。胡虏性好杀戮,那里常年战乱,民不聊生。"司马聃头一仰头道:"我们把他们打走不就得了?"褚蒜子:"哪有那么容易啊？"司马聃："他抢了咱的东西，难道还有理了不成？叫桓温去！"褚蒜子见他嘴一动就说话，不由得教育道："彭子呀，要时刻谨记你是皇帝，皇帝金口玉言，每一句话都带有大能量。这能量如果运用得好，就是国家的福气，如果运用不好，就是国家的灾难。有关国事，作为皇帝，切不可急于出口，一定要记住三思再三思。"司马聃调皮道："母后是说儿臣的话有大能量？那儿臣让花开花会开吗？"褚蒜子笑道："你呀！"司马聃对着案上的兰花道："开花！马上给朕开花！"褚蒜子道："再有大能力也不能背道而驰啊！"司马聃调皮道："儿臣知道！儿臣逗母后玩呢！"又道："母后，昨天太师给儿臣讲'老于床牖'的故事，太师说'老于床牖'者是善终、是好事，可是儿臣又觉得是好事，也不全是好事。以前咱们看过的何充何大人是'老于床牖'吧？母后说是坏事还是好事？"褚蒜子："你说呢？"司马聃："儿臣觉得是好事也是坏事。他是男人，如果他战死沙场，也不是坏事啊！太师说热血男儿应该战死沙场而不应该老于床牖，这是在赞赏好男儿应战死沙场，对吗？"说罢，他狡慧地看了一下褚蒜子，又道："太师自相矛盾而不自知！"褚蒜子："太师说的没有错！彭子说的也没有错！很多事，看着是自相矛盾，但是在特定的环境下，就不是矛盾了。对与错都善变，不同的环境下，对会是错，错会是对，也可能都对，也可能都错。懂吗？"司马聃懵道："懂了！"褚蒜子笑道："慢慢你就懂了。"

　　黎辉急急忙忙地来了，褚蒜子："什么事？说吧！"黎辉："周太妃（司马丕、司马奕之母）来了！"又道："可能是东西被克扣了！她穿的是去年的礼服，我问她：新的呢？她反问奴婢：已赏下了？"褚蒜子道："严查尚衣局！你时刻关注！"又道："周太妃要好好接待！留宴席！国宴！"黎辉知道这是褚蒜子要给周太妃长脸，由衷赞道："太后真的是宅心仁厚！"褚蒜子："这人呐！都浮上水去了！周太妃性子软，哀家得给她撑撑腰！"司马聃说："母后，一会儿儿臣也去吧。"褚蒜子："好！你也去，她是你的伯母呢。哦！派人把千龄（司马丕字）和延龄（司马奕字）请来，我们妯娌俩，他们哥俩，好好聚聚。去吧！"

　　褚蒜子正和周太妃等人在显阳殿吃饭，李宁来了，她说："太后！急报！"褚蒜子对周太妃道："不好意思，哀家去去就来。"周太妃："好！太后去忙吧！国事重要！"褚蒜子来到一边，听李宁汇报："后赵、吐谷浑、高车、凉、代、乌孙……"褚蒜子："知道了，辛苦你了！去休息吧！"说完她就要回去陪周太妃说话，一扭头看见黎辉迎上来，

第四回 掌管诏令殷浩朝堂议政 欲灭成汉桓温上书伐蜀

对她说司马昱大人求见。褚蒜子说先让他到书房,然后回来继续和周太妃说话,她说:"看这几个孩子玩得多开心。"周太妃:"是啊!哥仨快一样高了!"褚蒜子:"延龄长得快,他最小,个头却不低。"周太妃:"这孩子能吃,不挑食。"……司马昱估计等急了,又来催,黎辉虽然不好打断她们说话,但是又怕误了大事,就来回踱步。褚蒜子问什么事,黎辉当着周太妃的面报说司马昱大人求见。褚蒜子遂站起来道:"只顾着和太妃说话,忘了他还在等着。"周太妃:"太后忙国事吧,臣妾也该回去了。"褚蒜子:"也好,稍等,哀家送你。"

送走周太妃,褚蒜子赶紧来到书房,司马昱一见她便道:"太后!臣心里有些焦急,不知道如何是好?成汉、桓温到底要怎么办呢?"褚蒜子:"皇叔的意思呢?"司马昱:"感觉应该打,可是蔡谟他们说得也有道理。"褚蒜子:"打还是不打,都有万一,万一成功了呢?"司马聃:"打吧!将军战死沙场总比老于床牖强!"褚蒜子:"对!但是,打与不打,不能跟着感觉走,打与不打,都要做到胸有成竹,提前预料好打与不打的结果以及其对局势、国家、个人、民众的影响。"司马昱:"臣愿闻其详!"褚蒜子:"据谍者报,成汉李势荒淫无德,不问国事,任夷獠四起,劫财掠色,有忠臣谏诤,他便夷其三族。以致其国横起夷戮、怨气盈衢。其为君不引领群臣经国伟业,却只一味贪图荒淫、无道享乐,生生把好好的天府之地弄成了人间地狱。灭他,是天意!"司马昱:"微臣这就让殷浩拟书给桓温吧!"褚蒜子:"不急,这事暂且缓一缓。"司马昱、司马聃一脸不解地看着褚蒜子,褚蒜子道:"刘惔之前的话皇叔可有考虑过?伐蜀灭成汉是天赐良机,机不可失,时不再来。这个情况,桓温定也是了然于胸。问题是假使朝廷不同意,桓温会轻易放弃吗?虽说'背旨者斩',但是也有'将在外君命有所不受'。蜀,要伐,朝局,也要平衡。皇叔以为当如何最好?"司马昱半解道:"微臣明白!可是,如果桓温急于立功,不等诏令就出兵怎么办?"褚蒜子没有说话,低着头喝茶,司马聃忍不住问:"母后,对伐与不伐的不表态就是表态对吗?"褚蒜子:"凡事想想,才会有更好的结果。"司马昱恍然大悟道:"感谢上天给了我们司马家族这么一个颖悟敏锐的好皇帝。晋祚可保久长了!"褚蒜子一笑道:"将来皇帝亲政,还要赖皇叔鼎力辅佐。"司马昱:"这个自然!太后放心!那这事就暂且放一放、等一等吧。"褚蒜子:"嗯,等等看。"

桓温上书请求伐蜀,朝堂议论纷纷,各藩镇也都坐观其变。京口褚裒,更是格外关注,这天,他又去检阅阵法、格斗、投掷、弓箭等日常训练,他边走边想:"桓温上书请求北伐，蒜子当如何裁决？伐，万一失败，当年'八王之乱'会不会重演？不伐，那些所谓的元老旧臣会不会轻看她？蒜子、彭子在宫中的日子怎样？歆儿虽然在宫中，但是他才学力识不及蒜子一半，他能帮蒜子的也就是传达家书密函。我当如何帮她？"看着高牙大纛、士饱马腾，褚裒不由暗道："如此精良的军队，杀敌当没有问题吧。"又不觉出声道："兵在平日之养，用在一时之需。"参军不知就里也没有听清他说的话，问他，他打了个哼哈继续检阅。

　　检阅完毕，几个人回到帐中刚坐定，负责文艺的管理部将来了，褚裒问："秋季军运会准备得怎么样了？"文艺管理："差不多齐备了！武的有马术、射箭、角抵、蹴鞠四个，文的有清谈、朗诵、书画、歌咏四个。"参军甲："可以加上拔河、跳绳，兵士有爱玩的。"褚裒："加上吧！最后再来个合唱，歌咏一下我们大晋的繁荣昌盛！"文艺管理承诺，褚裒问还有别的事吗，参军、文艺管理都说没有了！褚裒道："没事了大家一起到后山上遛遛！"记室吩咐人去备马，褚裒交代道："别忘了带绳子，顺手打些柴回来。"记室："放心吧将军。"说着也出了营帐。营帐只剩下褚裒一个人，他不由自语道："要是谢尚在多好。"

　　谢尚对西伐的关心不比褚裒少，他也是整日厉兵秣马养精蓄锐。这天，他检阅完毕，正与夏侯弘、属僚等在院子散步，马夫忽然跑来报说他的坐骑"绝影"死了，谢尚大惊，生气道："什么！昨天还好好的，今天怎么就死了。是不是你没有尽心？来人！打四十大板！"夏侯弘忙道："将军且慢！将军的马一向健壮，将军治军也很严格，想那马夫怎么敢不尽心呢？如今这马忽然死去，我想可能另有原因，不如将军先审查一番，如有过失，再对他责罚也不迟，如果不问青红皂白就责打马夫，只怕旁人不服。"谢尚气不打一处来，道："若论断案清明，没有人比鬼神的话更令人信服，你不是说你能与鬼神对话吗？不如你现在去问问鬼神，弄清楚马的死因。要是再能让这马复活，我就真信你能通鬼神了，那马夫也因此不用受责罚了。"夏侯弘诺道："既然将军吩咐，那我就走一遭，去问问怎么回事，至于马能不能复活，那就看神的意思了，万一它的寿命如此，我也没有办法。将军就在府里等我吧，我去去就来。"说完就出了谢尚官署，很久没有回来。属僚甲："估计他大话说过头了，没脸回来了。"属僚乙："自古哪有什么通神之人啊！不过是故弄玄虚罢了！"……谢尚："今天也没什么事，多等他一会儿，真的不来了，下次见面好好捋他。"就在众人等得不耐烦的时候，夏侯弘回来了，他开心地对谢尚道："恭喜将军！您的马没有问题！一会儿就好了！"见谢尚一脸疑惑，又道："一次将军从庙边路过，庙里的神仙对将军的马十分喜欢，对将军选马的眼光也十分钦佩，今天就到府上把它牵走了。还好我与这个神仙比较熟悉，跑到庙里和他争论，如今他愿意把马还给将军，不过他现在要先把马骑出去遛一圈过过瘾再还回来，请将军移步到马厩那里等等。"谢尚和众人来到马厩，只见那马依旧躺在地上一动不动，也没有呼吸。大家狐疑不止，正在窃窃私语，却听他道："快看！回来了！"大家顺着他手指的方向一看，仿佛看到一道马影从门外跑了进来，跑到马的尸体边就不见了，然后那马立即从地上跳了起来，众人上前一看，果真是活了，不但活了，身上还有汗流下。

　　谢尚领略了夏侯弘的神通，十分信服，私下请他到无人处，把不能与人言的心事说给他以求破解，他道："夏先生，我虽然身为将军，但是诗词歌舞也都会一点，常人都赞我是文武双全，我也因此感到高兴，可是遗憾的是，我至今还没有儿子，不知道是不是我多年征战，伤害性命太多，还是别的什么原因，烦请先生帮我问问神仙是怎么回事？让我此生不再有遗憾！"夏侯弘："将军！这个在下不能轻率地答应您！"谢尚："为什么？"夏侯弘："我虽然能通鬼神，但是我的位分太低，能说上话的都是小鬼，问他们，估计他们也说不出原因。"谢尚："没有别的办法了吗？"夏侯弘："这个要看机缘，请将军放心，如果我遇到了有能耐的鬼神，我一定帮将军问问。"谢尚赶紧作揖道："多谢先生！敢问这阴阳两界可有啥说法？"夏侯弘："终不过是因果论。"谢尚流汗道："每个人都生活在自己的果报中，对吗？"夏侯弘："对，非常对！"谢尚悲伤道："我谢仁祖究竟犯了什么错让我至今没有儿子？"夏侯弘："将军不要这么说，晚来贵子多！将军命中有贵子也说不准呢！"谢尚："谢先生吉言！"然后凝望着星空，久久不语。

　　乌衣巷里没新闻，谢尚回来的消息不出半天，整个巷子都知道了。恰好也从外地回来的桓伊对前来拜访的王濛、刘惔说，想一起和谢尚聚聚。他二人也是好久没有见谢尚了，岂有不愿之理，桓伊即派家仆前去请谢尚。乌衣巷口，桓伊仆从遇见一身孝衣的谢尚，他上前请道："谢将军！我家将军请将军到府上做客！"谢尚："不妥吧！我刚从叔父坟上回来，转告你家将军，改日吧！"谢尚刚到家，车尚未停稳，桓伊仆又来了，道："谢将军！我家将军再让小人来请将军到府上一聚。"谢尚本也想见见他们，不再推辞，衣服也没换就跟桓伊仆从奔向桓伊府。桓伊、王濛、刘惔一起出来迎接，刘惔道："你可来啦！想死哥几个了！"谢尚："我也想死你们啦！"夏侯弘："将军一向可好？"谢尚惊喜道："夏先生也在这儿？"夏侯弘："承蒙桓将军厚爱！在下在这儿好几日了。"谢尚："好！好！我正愁从哪里寻先生呢！没想到得来全不费工夫！"夏侯弘意味深长地说："缘分啊！"谢尚明白他话里的意思，赶紧道："缘分！缘分！"桓伊："走！走！走！咱们边吃边说。"众人喝五吆六了一阵，刘惔："单吃没有意思，子野（桓伊小字）来支《梅花三弄》吧！"桓伊："没问题！去把我的笛子取来！"一曲笛韵一场酒，大家喝了一会儿，王濛说："仁祖也该表演一下鸲鹆舞了！"谢尚："没有问题！"低头一看道："哎呀！看我这还没有脱孝服呢！"王濛："没事！没事！别样的美！"谢尚起身开舞，桓伊吹笛给他伴奏。

是晚，夏侯弘求见，谢尚赶紧到大门口迎接，他道："夏先生光临寒舍，真乃蓬荜生辉呀！"夏侯弘："哪里！哪里！将军这样说在下汗颜呐！"谢尚急切道："有结果了？"夏侯弘："在下近日遇到一个能力大的鬼神，他乘坐着崭新车子，用料非常考究，就连跟随的十几个小鬼神，都穿着上好青色丝绸做的衣袍，我猜想这个鬼神必定有些来历，就走上前拉住牛鼻子，把牛车拦住了。车里的人十分生气，问我为什么要拦他的车？我说尊敬的大人，小人惊扰您是受人所托，有件事想请教您。就是镇西将军谢尚风流倜傥，名动天下，为国家立下累累战功，这样的人，为什么至今还没有儿子呢？车里鬼神听了在下的话有些激动，他说将军您正是他的儿子，他是您的父亲谢鲲，说您年轻的时候，爱上家里的丫鬟，还对天发誓说要和丫鬟一生相守，不会再爱上别人，可是后来您却违背誓约另娶了别的女人做夫人，后来这个丫鬟难过死了，就向上天哭诉状告您，上天为了惩罚您，就让您没有儿子。"谢尚沉默了半天，悲怆道："这的确是我年轻的事，既然上天惩罚我不让我有儿子，那我也就不强求了！"夏侯弘："您的父亲还说您在音乐方面会有建树！"谢尚一听高兴道："是吗？难道这都是命中注定！先生请看！"夏侯弘顺着他指的方向一看，不解道："石头？"谢尚拿起案上的木栓轻敲了一下那石头道："先生听！这石头敲之有美妙的乐音，我正打算上报朝廷以此石做成石磬，为朝廷准备太乐用呢！"夏侯弘："太好了！我们这一代的钟石音乐岂不是从将军您开始了？"

第二天一早，谢尚便把制磬的事向朝廷奏报："牛渚这种石头，敲之声音十分曼妙，厚重中带有轻快，优雅中带着清新，十分适合做太乐用的石磬。臣想为朝廷做一石磬，以备太乐。"褚蒜子不知可否地"嗯"了一下，示意群臣就此说说自己的看法。只听司马昱道："臣以为此事非常好！臣建议此事由太常协助谢将军负责完成，匠人、乐工最好都是中原人，因为中原文化最为厚重。"褚蒜子："准！此事就由谢尚大人主要负责。"谢尚领旨。褚蒜子问众臣可还有事奏，司马昱说："桓温又上书追问西伐成汉之事。"褚蒜子："知道了！此事稍后再议！"司马昱又奏道："会稽内史王述母亲病故，会稽内史之缺当派谁去？"褚蒜子思索了一会道："王羲之吧！"

王述门口，吊唁的宾客络绎不绝，王述在门口看了看，还是没有王羲之的身影，他以为王羲之已经吊唁完走了，于是问儿子王坦之："逸少（王羲之字）今天来了吗？"王坦之："父亲都问过不下三次了，儿子操着心呢！他来了我给你说！"王述闷闷不乐地"嗯"了一声，王坦之道："逸少这人古怪！他来不来父亲不要当回事！"王述："他会来的！他接我的任啊！他没有那么不通人情吧！"王坦之："他接父亲的任是朝廷的安排，父亲怎么会这么想？"王述："人情世事本来如此啊！他是当下名流，他来了我脸上也有光不是？"父子俩正说话，仆人报："老爷！逸少来了！马上就到门口了！"王述赶紧到门口迎接，把他往家里让，不承想王羲之只说句"节哀顺变"就要走，任王述怎么请也不去家里，说了句"我还有事"自顾策马离去。这般无礼的态度，把王述气得脸色铁青，他也不好发作，只好强忍着。中午陪亲朋吊客吃饭的时候，有盘剥了壳的鸡蛋，王述用筷子刺，几次皆没刺中。他大怒，伸手把鸡蛋摔在地上，又用履齿踩那鸡蛋，未踩住，他更恼怒，一弯腰抓起来塞进嘴里，咬碎又吐出来，又用脚踩，边踩边咬牙切齿嗫嚅不止。

桓温边备战边等诏书，可是诏书却迟迟不到，他有些心烦，便到街上转悠，在一座辩论台前，他看到一个身着白色粗布衣的年轻人正侃侃而谈，诸学子满脸敬服甘拜下风，听众欢喝声更是不断。桓温见状问这个年轻人是谁，随从说是车胤，小时候囊萤夜读的那个年轻人。桓温："囊萤夜读？"随从："是！那车胤原也是世宦之后，只是家道已经没落，现在极为清贫，他家油灯的油限量使用，为了晚间多学习会，他就在白天捉萤火虫装在白色的袋子里，夜间借着荧光读书学习，一时成为贫寒学子求学上进的佳话。"桓温："白天学不好吗？"随从："白天要干活呀！他是趁着歇息逮萤火虫。"桓温："有意思！回来找他来署里说话。"

谢奕又喝多了，他拿着酒囊找桓温喝酒！桓温："咋又喝上了！"谢奕："酒是粮食精，越喝越年轻！喝！"桓温一手掩鼻一手推他道："什么越喝越年轻？刺鼻！辣口！伤肝肾！"谢奕醉了，根本不知道他在说什么，只知道腻歪着要桓温陪他喝酒，弄得桓温没有一点脾气。正闹腾着，卫兵报说车胤到了，随着桓温一声："快请！"随从赶紧从他那接扶了谢奕，他自出帐外迎接。车胤看到，赶紧作揖道："车胤参见将军！"桓温一把扶起，边打量边道："车先生一看就是满腹才华的青年才俊，久仰！久仰！"车胤赶紧道："将军过奖了。"两人刚到帐内，已醉透了的谢奕便迎面过来，拿着酒囊举到车胤面前要他陪他喝酒，把车胤弄得不知如何是好，桓温赶紧叫人把谢奕拉到一边，道："车先生不要介意，他是我的方外司马，叫谢奕，我发小。"一听到桓温说话，谢奕又耍酒疯道："元子（桓温字）！给你说个好事，殷浩那娘们儿……"桓温见他醉得不轻，大声道："来人！把他扶下去！"然后，他又对车胤道："如果先生不嫌弃，我想请先生来这里做事怎样？"车胤听了赶紧道："承蒙将军厚爱，在下感激不尽！"又忍不住好奇道："将军！殷浩是个女的？"桓温笑道："先生休听他胡说！他喝多了！估计是想说殷浩他夫人怎么怎么的！"车胤恍然大悟，桓温笑着请他喝茶，两人从朝廷说到时局，从时局说到将来，从将来说到现在，说了很长时间。

送走车胤，桓温来看谢奕，谢奕依然在酣醉中。桓温轻拍他起来，递一杯解酒茶给他，他喝罢，懵着眼问："我喝醉了？"桓温道："岂止是醉！还发酒疯了！"谢奕："你咋不管管我！"桓温："不管你早掉沟里了！酒，少喝健身，大喝伤身，你看你天天醉，身体还要不要了？"谢奕："不喝酒干啥？"又道："我好像看见个美男子，他谁啊？"桓温："车胤！当地青年才俊，我打算让他来这里做事。"谢奕："你啥人都要！打听清楚了吗？"桓温："打听清楚了。"谢奕："不是寒门吧？给你说，寒门可不能用啊！"桓温："谁又是天生的高门大户？"不等谢奕说话，他赶紧转移话题："你有什么事要给我说？还殷浩那娘们儿！"谢奕："啥殷浩那娘们？我哥！我哥仁祖，想过继我一个儿子到他膝下！"桓温："他几房呢？过继你的儿子？"谢奕："夏侯弘说他命里无子，所以想从我的儿子中过继一个！"桓温"嗯"了一声没有表达，谢奕继续说："小末老八那孩子跟他有缘分，嫂子一去，他就黏她，她也非常喜欢他。"桓温："这就好！小孩子家怯生！"谢奕："谁说不是呢！可能老八跟他们有缘，仁祖也是张口就要他。"桓温："说好什么时候过了？届时我封个大礼！"谢奕："还没，定了你能跑！"桓温："我跑啥跑？我是孩子的干爹。"

殷浩夫人袁女皇正在和殷涓说话，仆人来报说谢夫人来了，她赶紧迎出道："我刚还跟涓儿说要去你那叫你呢！这可来了！"袁女正："说曹操曹操到嘛！"殷涓手里拿着书，温文尔雅地对袁女正作揖道："见过姨母。"袁女正笑道："你看你整天手不离书，别把眼儿累着了，歇歇吧。"殷涓："谢谢姨母！涓儿不累，姨母和母亲说话，我去叫人煮茶。"袁女正看着殷涓的背影，眼羡道："姐啊，我要有这么好个儿子多好！"袁女皇："妹妹年轻，来日方长，会有的！"袁女正沮丧道："年轻也不行！来日方长也不行！"袁女皇嗔道："咋说话？疯了还是傻了？"袁女正凄惶道："真的！那个夏侯弘，说仁祖命里无子！"袁女皇："听他胡说！"袁女正："不是胡说！他说得都很照谱，连仁祖小时候最私密的事他都知道。他还说在阴间见过仁祖的父亲，啥事都说得很照谱。"袁女皇心疼道："果真如此！你想怎样？"袁女正停了一会儿说："仁祖想从谢奕的孩子里面选一个，我为这事来找姐！"袁女皇："看好了？"袁女正："嗯！我觉得幼度（谢玄字）那孩子挺好，可是仁祖说幼度太大了，他想过继最小的超度（谢康字）。"袁女皇："幼度多大？超度多大？"袁女正："幼度七岁，超度四岁。"袁女皇："我也觉得要超度好！他小，幼度都七岁了，太大了。"袁女正："我也是这么想的，可是'超度'两个字，我感觉不吉利。"袁女皇："你可真是想多了！与佛结缘有什么不好？再说仁祖不也信佛吗？他还建有寺院。"见她不语，又道："说不定仁祖就是因为这俩字才想要他的。"袁女正："他可不就是因为这俩字才要他的。"袁女皇："那你还计较个啥？"袁女正："感觉！计较感觉！"袁女皇："你呀！"袁女正话中带悲道："我是怕、我是怕超度命不长。"袁女皇惊异道："你怎么有这种想法？超度身体不好吗？"袁女正："小孩子家，没有什么不好的，看着很健康，我就是感觉。"袁女皇："感觉啥呀你！别没事瞎想！我觉得仁祖对，自古过继孩子都是越小越好。"

　　佛祖面前，谢尚带着谢康三叩九拜。谢尚："菩萨在上，谢仁祖携儿子谢超度叩拜，请菩萨庇佑平安吉祥！"谢康也有样学样道："菩萨在上，谢超度随父亲向您叩拜，请菩萨庇佑平安吉祥！"然后他们又来到谢家祠堂，又是三叩九拜。谢尚："父亲！仁祖领超度前来认祖！"谢康奶声道："爷爷！孙儿超度前来认祖！"一应礼结束后，谢尚带谢康回府吃团圆饭，届时，好多客人都来了，谢康在谢尚的指引下，重新一一相认！

　　这是大事，谢氏族人差不多都到了，老人孩子、男人女人，大家其乐融融，聊得很是开心。说到教育，都力赞谢安，说他春风化雨的教育方式，孩子都十分喜欢。

　　这天，谢安起来一看天好，对谢夫人道："今儿天好，我想带幼度、瑗度去钓鱼，夫人叫人弄点吃的！"谢夫人："又身教去？"谢安"嗯"道："知我者，夫人也！"

谢夫人笑道："我也是服了你了！这么大人了，天天跟个孩子一样。"谢安："教育孩子是大事，夫人怎么说我跟孩子一样呢？"谢夫人忽然想到昨天那些身着官服的妯娌们，故意刺激谢安道："我说你，大丈夫不想富贵吗？"谢安一听便知道她想的啥，冲她一笑，用手捂着鼻子道："恐怕不可避免！"谢夫人看他搞怪的样子，笑道："那你倒是大丈夫啊！天天窝在家里富贵啊！"谢安一本正经道："夫人！时机不到！"谢夫人："你呀！真是拿你没辙！说吧，今天想去哪玩？"谢安："刚说过夫人就忘记了？秋高鱼儿壮的天，夫人说我去哪儿？"谢夫人："你呀！去吧！去吧！好好钓！多钓些！让我们也吃点！"

  谢安带着谢玄、谢琰来到建康京畿一小河边，谢安："幼度！瑷度！今个儿钓鱼，咱们比赛，好不好？"两个孩子听罢欢呼雀跃，谢琰道："太好了！太好了！烧烤架子拉了吗？"谢安："拉了！"谢玄、谢琰两个人双手一击掌开心道："耶！"谢安："比赛得有规矩，谁赢了谁老大，凡事听他的，中不？"谢琰："中！没问题！那要是父亲输了呢？"谢安："臭小子！还没有比就盼望我输呢？"谢琰一吐舌头道："肯定幼度赢！他从来就是钓王！"谢安："切！还没有比就定输赢啊？我还'钓神'呢！"谢玄："那叔叔要是输了也听我们的？我们叫叔叔干吗叔叔就干吗？"谢安："当然！"谢玄笑道："叔叔输定了。"说着拉起谢琰转了个圈，谢安看着笑道："要是你们输了，我问你们各要一件我想要的东西，中不？"谢玄："中！不过您咋可能赢我'钓王'！"谢安："小瞧人不是！我'钓神'！"谢安边说边分发鱼饵，趁他们不备，悄悄在自己的鱼饵里加了料。比赛开始，爷仨憋着气拼钓，临近中午，一致同意结束比赛，一查看，谢安钓了七条，谢玄四条，谢琰二条。谢琰看着谢玄道："怎么可能输了呢？"谢玄道："愿赌服输！"谢安笑着铺排道："你们俩架架子择鱼点火。幼度、瑷度负责烧烤，我负责吃。"谢安的话把随从也逗乐了，大家烧火的烧火、择鱼的择鱼，各司其职。谢安又道："咱的承诺，还记得吗？"两人齐曰"记得"。谢安："幼度，把身上的紫罗香囊给我！瑷度，你去那边摘些好看的花给我！"谢玄、谢琰："遵命！"等谢琰把花儿交给谢安后，谢安拿着香囊和花束端详把玩了一会儿，"啪"一声把紫罗香囊和鲜花齐扔到火里，故作不好意思道："这些都是女孩子家的东西，我要来做什么。不要了！不要了！"谢玄脸一下子红了，谢琰一回头看得清，道："你脸咋这么红！"谢玄："没事！热的！"谢琰本来小谢玄两岁，也道："就是！热！"说着把自己的坎甲脱了。谢安一笑，引导道："问你们个问题，'白

第四回　掌管诏令殷浩朝堂议政　欲灭成汉桓温上书伐蜀

马饰金羁，连翩西北驰。借问谁家子，幽并游侠儿'。这是谁的诗？"谢琰："我知道，曹植的！"谢安："好不好？"谢琰："好！"谢安："咋好？"谢玄："爷们！"又道："'大风起兮云飞扬，威加海内兮守四方。'这也可好！"谢安："嗯嗯！非常好！"谢琰："力拔山兮气盖世！"……

时间过得很快，一下就到冬天了。因为怕冷，人们大都躲在屋里，就连好动的孩子也猫在屋里很少出去，无论干什么都是急匆匆的。这天，天阴得很，好像要下雪的样子，谢奕道："快点下吧！这老天爷！"谢安："你着急下雪干吗？"谢奕："下了咱俩好喝酒啊。"谢安赶紧道："我不喝。"谢奕大笑道："已经大人了。喝！"谢安："那不许灌我。"谢奕道："不灌。"两人的对话引起谢泉的好奇，他问："伯！叔！你俩感觉有啥事？"谢奕笑道："老皇历！还没有你们的时候，我在剡县当县令时，有个老头犯法，没法打他，我就罚他喝酒，那小老儿没有酒量，没喝多少就面红脖子粗了。当时你叔八岁，跟我到衙里玩，那时他正坐在我身边，对我说看那老头喝酒喝得怪可怜的，别让他喝了。看着安石（谢安字）的面，我才饶了他。"谢安："我那会儿真怕他喝死，他的脸红得不成样子。"谢奕："你那会儿还是小孩，不懂事，那是米酒，喝不死人！要是这九丹金液，我也不敢那样！"孩子们正听两人说话，谢琰跑进来道："下雪了！下雪了！"谢奕眼一睁道："好！好！走！走！喝两杯去！"说着拉起谢安就走。两个人不知不觉把一瓶酒喝光了，谢安起身到窗前，看到雪仍在下，地上已覆盖了一寸❶厚的样子，看着这银装素裹的世界，他想到了孩子们。丢下醉意朦胧的谢奕来到书房，却见书房里一个人也没有，窗外一瞧，看到孩子都在院子里玩雪呢！他来到廊下大声道："孩子们，过来！都过来！"孩子们很快围拢在他身边，谢安问雪好玩不好玩，孩子们齐说好玩，谢安跟孩子又说笑了一会儿，忽然一句："白雪纷纷何所似？"谢朗："撒盐空中差可拟！"谢道韫："未若柳絮因风起！"孩子们齐声叫好，谢安哈哈哈大笑道："好！好！继续！继续！为了难得的千古好句，我得去再喝碗酒！"说罢便走，留下孩子们自己蹙眉思索、引经据典。

袁女正带着谢康、谢道韫来宫里拜见褚蒜子，礼毕，褚蒜子忙示意黎辉准备礼物，宾主坐好，袁女正指着谢康和谢道韫对褚蒜子说："这是超度，这是令姜。"谢康、谢道

---

❶　一寸＝3.33厘米。

韫有点拘谨地给褚蒜子、司马聃行了礼，褚蒜子："一家子骨肉，不必拘礼。"又道："彭子！来见过舅姥姥、舅舅、小姨。"袁女正看着司马聃道："长这么高了！和先帝一个模子！"见褚蒜子没有搭话，她一下意识到自己失言了，不知所措，褚蒜子见状遂赶紧道："舅舅一向可好？"袁女正："好！很好！这有超度了，精神更好了！"正说话，黎辉拿着封好的礼物出来，褚蒜子把东西分给谢康和谢道韫，看着谢康笑道："好！好！哀家替舅舅舅母高兴！"袁女正赶紧道谢，然后指着谢道韫说："令姜是个小才女，前儿大雪，安石在家里教导子侄们读书，问子侄们雪用什么比拟好，子侄争先抢答，咱令姜状元呢！"褚蒜子："嗯？说来听听！"谢道韫将当时情景讲述给褚蒜子，褚蒜子听罢道："好个'未若柳絮因风起'！"司马聃也道："真好！朕送一套笔墨纸砚给小姨！"又问："小姨喜欢写字吗？"谢道韫："喜欢！皇上呢？"司马聃："喜欢！朕特别喜欢王羲之的字！法慧说他的字就像一只美丽的大白鹅！"……袁女正："法慧？"褚蒜子："何准的女儿，与彭子青梅竹马，经常来宫里陪他读书。"袁女正看了一眼谢道韫，怅然若失。

一场大雪，引得多少人都动了踏雪寻梅的心，文人骚客更是如此。这日无事，殷浩约王羲之去郊外走走，二人信马由缰，不觉来到郊外一座道观附近，两人正天上地下地闲侃，忽然一群鹅跑了出来，王羲之看得眼睛发直，道："好美的鹅！"殷浩看了看，道："哪里美？"王羲之："曼妙的体态曲线、优雅的行走和游泳的姿态，都很美啊！你不觉得吗？"殷浩又认真看了看，笑道："的确很美！像你的字一样美。"王羲之如遇到了知音一样，开心地笑着在空中用手指写"永"字，殷浩："你写的'永'字，很像一只展翅的大鹅。"王羲之："嗯嗯！我就是从其中找到灵感的。"殷浩佩服道："厉害！"王羲之："这群鹅真好，谁的？我想买。"转头四望，看到了一个年轻人，他道："那有个小哥，我们去问问。"两人来到小哥跟前，殷浩："小哥好！这群鹅谁的你知道吗？"小哥："哦！道观的。"王羲之："谢谢小哥。"说罢二人跟着小哥来到道观，二人叩门，道士开门，王羲之："您好，在下王羲之有事相求！"道士惊喜道："王逸少？王羲之？"王羲之："是！正是在下。"道士："久仰！久仰！但是不知道贫道有什么可以帮上您的。"王羲之："您养的鹅，我想买。"道士："您喜欢！送您！"王羲之："那怎么行？"道士："如果逸少兄心里觉得过不去，您就抄写一份《道德经》给我们道观吧。"王羲之朗声道："没有问题。"道长怕他反悔，赶紧把笔墨纸砚取来备好，恭请王羲之。王羲之也是兴起，很快把《道德经》抄完，道士如获至宝，非要把那些鹅全部送给王羲之，王羲之开心笑纳，与殷浩一起牵着马赶着鹅回家！

　　王羲之摆"鹅宴"，谢尚、司马昱、殷浩都来了，他说："前儿我得了一群好鹅，不敢私藏，特请大家一道前来观赏！各位，请！"说着带领众人往"鹅池"方向走，谢尚道："我乍一听以为是炖了大鹅叫我们大家来吃呢！原来是叫我们来看的呀！"司马昱笑道："天下最不可能的事情就是逸少请吃鹅肉，上回有人请他吃鹅他都忧伤了好多天呢。"谢尚："怎么回事？"司马昱："有个老婆婆养了一只好鹅，想卖卖不掉。逸少听说了，就领着人带着钱准备去把那鹅买下，那老婆婆呢，为了招待逸少，就把那只鹅杀了烹了招待他们。这把逸少弄得心里那难受啊，好几天没过来。"谢尚笑道："啊哈！在逸少眼里鹅比人贵。"殷浩："可不是！这群鹅是逸少抄了一本《道德经》换来的，老主贵呢。"王羲之："好鹅是浑然天成的书法，我写字的很多灵感都来自鹅。"殷浩："看他写的'永'字，多像一只展翅高飞的大鹅。"谢尚："好！要是看看鹅能看饱更好！"王羲之："看，饱眼不饱肚子。"谢尚："那怎么办？"王羲之："当然是吃鹅肉啦！那不好看的鹅就是盘中餐吗。就像写字，败笔就扔了当柴烧。"殷浩："这么说真有鹅宴？"王羲之："有！土锅炖大鹅！"谢尚："逸少你这一说有鹅肉吃，我怎么就想向你预定春联呢？"王濛："你习惯性得寸进尺呗！"众人哈哈大笑道："我们也想得寸进尺。"王羲之："有这个节目，放心！只是我得听了琴看了舞才有劲写。"谢尚笑道："家伙带着呢！知道少不了！"又笑道："我的立名扬万枪，到那不得来一仗？"王羲之接道："说到打仗！我想到了桓温。成汉，咱到底打不打？"谢尚："说真的我不想打！军备一动，不得安宁。但是呢，如果真打，我定会奋不顾身，竭尽全力保家卫国。"殷浩："说好了今儿咱们只谈吃喝玩乐，不谈国事的，怎么开始讨论打仗的事了？"王羲之看司马昱也不发表意见，便道："就是！不说打仗！咱们只说鹅！"又道："今儿在兰亭吃鹅宴，那里的风景和这儿又有不同。"说着领大家向兰亭方向走去。

　　王羲之决定到荆州见见桓温，说走就走，不日便到了荆州，一见桓温他急忙说："前些日子我借赏鹅的名义请司马昱、谢尚、殷浩到府上一坐，本想聊聊打不打成汉的事，结果都闭口不谈政治，我心里很急，特意来拜会将军，现在攻打成汉是天赐良机，不可坐失啊！"桓温："这些天我也正跟彦威（习凿齿字）兄和袁乔他们说这事呢，奏章都递上这么长时间了，朝廷还没有消息，我心里也是很急。"王羲之："上回朝会我参加了！蔡谟、王彪之这帮老臣抱残守缺得厉害，反对西伐！但是司马昱、谢尚等都有热望，就是不知道太后是如何想的，她只说事情重大，稍后再议。可这'稍后'时间也太长了点吧。"桓温："要说也不是很长，再等等吧。"习凿齿："是！打仗不在这一时，朝廷要协调好各个方面才会做出决策。"桓温："是！我相信太后和司马昱大人。"王羲之："我也相信！可我心里急，总怕错失良机。"桓温："好饭不怕晚，不急！"王羲之说声"好吧"，又道："看我是不是真的皇上不急太监急。"一句话说得几个人都笑了，桓温闷了一口酒道："逸少难得来一次，提前把春联给我写写吧！"王羲之："看我又自投罗网了！鹅宴时他们让我写春联，连他们亲戚的都写了。"桓温笑道："你这叫人怕出名那啥怕壮！他们是近水楼台先得月！"又道："当然我们也是，亲戚们的对联我也替他们求下了。"习凿齿："我也跟着沾沾光呗！"桓温笑着对他道："你这可是正儿八经是近水楼台先得月！"王羲之："好！好！难得大家厚爱！我写！都写！"说着头一甩道："笔墨伺候！"

　　桓温请王羲之去校场，看着兵强马壮的士兵、听着呐喊震天的喊声，王羲之不由得连叫了几个"好！"桓温："训练我一刻也不敢怠慢，生怕用时饥荒。"王羲之："这才是军人原来的样子，举目大晋，我最推崇的就是明公您了。"又道："可惜我人微言轻，心有余而力不足。"桓温："逸少我知己也。"又道："试看朝堂上，真的为国家着想、公而忘私的人有几个？除了逸少兄，在下真的找不出第二个。"王羲之："那帮老臣，故步自封得不可救药，安逸惯了他们！"桓温："是啊！如王衍者太多了！不说了，再等等。"王羲之指着兵士道："你这真是太好了！个个精神抖擞！人人气贯长虹！"桓温："我的这些将士们，也是个顶个的厉害。"王羲之向他竖起大拇指道："兵贵在将带！主要是你人行！"桓温："不干就不干，干就干好。"王羲之："像明公这样的人，太少太难得了！现在人都私心重得很，经常干损公利己的事。"桓温："他们不懂！一心为公，公不亏私！"王羲之："对！对！这才是大道。"

　　两个人刚回去，就有随从来报说孙绰来了，桓温："在哪？快请！"随从："孙先生看将军不在，说在附近转转，一会儿就回。"随从话音还没有落，就听到："我在这儿呢，我是步着逸少的脚步来的！"二人扭头看见孙绰拿着一把冬日的干蒲棒向他俩走来，桓温笑道："听你刁钻！"孙绰痞道："切！人家一口水还没喝呢！你说这话，逸少兄评评谁刁钻？"王羲之笑着没说话，只听桓温道："你的《初都赋》，我军中大小将士都会两句，读之如金玉之声在耳，美得很！"王羲之："先生今可是又有新作了？"孙绰头一甩，帽子掉了，他边弯腰捡边道："当然！不然我跑这儿干吗？"王羲之："快拿出来！咱们先睹为快。"孙绰边戴帽边道："别急！好诗要配好酒！"桓温："走！好酒多着呢。"

习凿齿正在整理东西，看到三个人来到帐前，赶忙起身迎接，桓温对他道："这是孙绰，当代大文豪，写《初都赋》的那位！"又对孙绰道："这是我的主簿，习凿齿，也是当代大文豪。"习凿齿、孙绰两个相对作揖道："久闻大名！今日得见！幸会！幸会！"王羲之："先生赶快把大作拿出来吧。"孙绰故作扭捏道："这儿有新人我不好意思，我那大作有点颜色！"桓温："都是爷们！啥颜色不颜色！"孙绰一个骚笑道："就是因为都是爷们！才想有点颜色呢！"又故作扭捏道："那个元子（桓温字），你去叫个俊俏小哥来吧！"孙绰见三个人迷怔，又女声笑道："人家这是专门给女孩子写的诗，军中无女子，只好叫个俊俏小哥代替。"桓温："你这家伙！读诗还分性别啊！"孙绰："那当然！不同的人读有不同的感觉，对的人读，感觉美妙，不对的人读，感觉吃草！"桓温听罢笑道："去！到三营把'娇娇'叫来！"一会儿，一个皮肤白嫩、声音娇美的年轻俊俏士兵来了，他一句"见过将军"，把孙绰的骨头都听酥了，他盯着"娇娇"看了半天道："我的天呐！太合适了！太合适了！"他一把拽下台布，又转身从摆设瓶中拿出一枝芦花冲"娇娇"道："来！来！把这红披风披上！芦苇花插上！""娇娇"边躲闪边看向桓温，桓温："他就是孙绰！《初都赋》的作者。""娇娇"一听即刻迎上道："啊？真的？我的偶像。"桓温又道："你配合你的偶像给大家读一首诗吧，你偶像写的。"没等"娇娇"说话，孙绰从怀里拿出诗作道："娇娇！诗给你！品品再读！""娇娇"看罢问："真要读吗？"众人皆曰"读！""娇娇"道："得有酒！"桓温亲自倒了一碗给他道："给！喝了好好读！"那娇娇一饮而尽，清了清嗓子，娇声道："碧玉小家女，不敢攀贵德。感郎千金意，惭无倾城色。碧玉破瓜时，相为情颠倒。感郎不羞羞，回身就郎抱。"读完以手遮面向大家抛媚眼，引得众人哈哈大笑，皆曰"好诗！好诗！果然好诗！"

孙绰这个人好喝酒，但是没有酒量，很快就酩酊大醉。第二天醒来一看，完全陌生的环境，头一下子懵了，不由道："我这是在哪儿？"习凿齿见他醒来，忙接道："桓将军家里！"孙绰："我记得在元子的大营里啊！"习凿齿："你喝醉了放飞自己了，非要来将军家里和将军打通铺，怎么都拦不住你，只好把你弄到家里。"孙绰："我没闹什么笑话吧？"习凿齿大笑道："看你怀里！"孙绰一看，一条狗在自己怀里睡得正香，他大声道："天呐！怎么回事？"习凿齿："是你抱着人家（桓温家的宠物狗）不放的！"孙绰不解道："它竟然这么老实！"习凿齿道："你给它灌了半瓶竹叶青，它咋不老实？"

孙绰："我一定是疯了！将军呢？"习凿齿："将军有事忙去了，吩咐我照顾你。"孙绰一听，顽童秉性犯了，他想调侃习凿齿一下，就对习凿齿鬼魅一笑，猛然道："蠢尔蛮荆，大邦为仇？"习凿齿张口道："薄伐猃狁，至于大原。"孙绰道："彦威兄反应好快！"习凿齿也惺惺相惜道："兴公兄才华横溢。"

习凿齿陪孙绰来到帐营，桓温刚好忙完，他一见他们便道："今天我和习主簿专门陪我的大诗人，如何？"孙绰："当然好啦！我就喜欢与文化人玩！"桓温："我可是个大老粗哈！"孙绰："元子你可别谦虚！你出有文集还大老粗？"习凿齿笑道："不要夸我，我禁不住夸。"孙绰："瞧把你高兴得，你是仅次于我的大文豪。"桓温大笑道："你呀！"孙绰："嗯哼！沙之汰之，瓦石在后。"习凿齿道："簸之扬之，糠秕在前。"桓温笑道："看你俩这速度，终究谁厉害。"孙绰道："箕子与比干，行事虽有不同，用心却都一样。不知您肯定谁？否定谁？"桓温："同样被称为仁人，那我宁愿做管仲。"孙绰："切！我在你们的地盘上！在我地盘上你就不这么说了！"桓温笑道："在哪都是兴公厉害！兴公厉害！行了吧！"孙绰："对嘛！这才是待客的意思。"

孙绰来几天了，还不说走，桓温也不好撵他。这天吃过早饭，桓温对他说："兴公，今儿带你视察，行不？"孙绰："当然行了！来到军中不当回将军不完美。"桓温笑道："兴公又调皮了，习主簿今儿跟着呢！"孙绰："我怕他呀！他仅次于我。"说得众人又是一场笑。视察完，几人回到营帐，桓温："西伐成汉的奏章上报朝廷多日了，还没有回复。"孙绰："朝堂上反对者多着呢！尤其是那帮老家伙！"桓温："只要太后、司马昱支持就行了。"孙绰："太后高深莫测，司马昱模棱两可。"桓温："习主簿去趟京都吧！代我拜访一下司马昱。"习凿齿还没有说话，只听孙绰道："我和他一起进京吧，我该走了。"习凿齿："好啊！我正愁路上缺个伴呢。"桓温："那就这样说，明日起程。"

褚蒜子来信了，桓温赶紧打看，只见褚蒜子信中写道："成汉腐蠹不堪，天不佑之，我大晋借此灭之，此乃天意。征战是国家大事，不可轻举妄动，目前朝廷内意见不统一，哀家正在协调，请将军耐心等待，不到万不得已，切不可擅自行事。"桓温不得其解，暗想："太后这是什么意思？是让我'将在外君命有所不受'？暗示我万不得已可以无诏而动？还……"正自思考，习凿齿回来了，桓温急切道："怎样？"说着递给他一杯水，习凿齿一口气喝完道："司马昱大人态度不明，不说打也不说不打，只说叫将军再等等。"桓温："有什么话吗？"习凿齿："他说如果开战，祝愿将军一举拿下成汉。"桓温"哦"

第四回　掌管诏令殷浩朝堂议政　欲灭成汉桓温上书伐蜀

了声，没有说话，接着刚才的问题继续思考，他不知道该怎么办，正自思考又听习凿齿道："这是他给将军的信。"说着递呈给桓温，桓温边接边问："司马昱这个人你觉得怎么样？"习凿齿赞道："雄韬伟略、谈吐不凡，龙举虎步、气质高贵，是个英俊豪杰！"桓温一听心里不美了，心说："在你心里我不如司马昱吗？吃里爬外的东西！"但是他也不好发作，便道："英雄所见略同。"又道："辛苦了，下去休息吧。"

司马昱来到书房向褚蒜子汇报说桓温派习凿齿来向他打探消息了！褚蒜子放下手中的笔，看着司马昱道："你怎么说？"司马昱："模棱两可！没有给他明确答复。"褚蒜子："据说习凿齿猜人心思了得。"司马昱喝了一口茶，道："臣给桓温写了封信，都是台面上的话，没有态度上的。"褚蒜子沉默了一会儿，道："习凿齿没有请你给桓温捎什么话吗？"司马昱："也是场面话，臣让他转告桓温'如果开战，祝愿将军一举拿下成汉。'"褚蒜子站起来道："皇叔这是给桓温说要打了？"司马昱也赶紧站起来道："场面话，没有朝廷的诏书，他敢冒天下之大不韪吗？"褚蒜子皱了一下眉，道："做好两手准备，桓温应该很快就行动了。"

褚蒜子躺在床上，想到白天司马昱汇报的情况，心想："时间真是个好东西，诏书不用下，桓温也会不日起程西伐了！希望列祖列宗保佑，让桓温旗开得胜，一举拿下成汉。"想到这儿，她忽然有点小兴奋，想睡却睡不着，"不行！得快点入睡。一天熬夜三天补，不能虚耗身体，健康第一。"于是她对一旁伺候的黎辉道："你去给哀家弄碗安神汤来。"黎辉应诺，褚蒜子又道："等一下！先拿本书过来。"黎辉："太后想看什么书？"褚蒜子："什么都行！哄哄眼！"黎辉去拿了一本书递给褚蒜子，然后去做汤。等她把安神汤做好端过来，褚蒜子已经睡着了。她没有叫醒她，轻轻把书从她手里拿走，帮她盖好被子，然后轻轻地、悄悄地退了出去。

后半夜起风了，一直刮到将近天明。早上起来，虽然天空晴朗无比，却是出奇的冷，滴水成冰。褚蒜子操心司马聃，便吩咐黎辉煮了姜枣桂圆枸杞汤给他们送去，然后自己去书房处理政务。黎辉煲好送到式乾殿，听到他们正在上课，便在外面等。随着一声"下课"，门开了，帝师也看到了黎辉，司马聃和别的孩子也看到了她。她走上前，向他们说明来意，然后开始给他们一一盛汤。孩子们喝罢汤，身上热乎了，话也跟着多起来，司马聃问："姑姑！母后可有话带给朕吗？"黎辉："有！太后口谕，立身先立学，立学先读书。读书要勤于思考，'知之者不如好之者，好之者不如乐之者'（孔子语）。"司马聘:"姑姑代儿臣回母后,儿臣谨遵母后教诲,请母后放心。"何法倪、谢玄、谢康等:"臣等谨遵太后教诲,请太后放心。"

睁眼开门三件事,政治、经济和文化。一上朝,司马昱便报说枭阳县、海昏县发生地震。震级不大,尚未发现伤亡。褚蒜子心说这点小事也当个事说?但是既然说了,也不能听而不闻,便诏说此事交由户部负责,户部尚书领命遵旨。褚蒜子问可还有本要奏,王彪之:"近日建康街头,常有百姓走着走着忽然倒地身亡,臣怀疑是某种瘟疫,如果此病具有传染性的话,问题就大了。前年的鼠疫,两三天就灭了一个村庄!"褚蒜子一激灵,忙道:"太医令!"太医令赶紧上前一步道:"禀太后!王大人所奏也是今天微臣要奏的。"褚蒜子:"可是瘟疫?"太医令曰"是",褚蒜子:"如何防治?可有良策?"太医令道:"瘟疫一般是始于大雪,发于冬至,生于小寒,长于大寒,盛于立春,弱于雨水,衰于惊蛰。这是一个必然的过程,防止瘟疫传播的最好方法就是早发现早隔离。此次瘟疫我们发现得早,做好隔离问题不大。"褚蒜子:"这是关系到黎民百姓的大事,不可小觑。"又道:"王大人有这方面的经验,此事就交王大人负责和太医令具体负责,需要人手和物质第一时间申报,朝廷全力支持。切记一定要早发现早隔离!把瘟疫消灭在摇篮里!"……又说到桓温西伐成汉,又是没有结果的争论。

满天星斗的夜,桓温走出营帐,来到一块山石上坐下。他仰望星空,看着天上闪烁的星星,想着迟迟未下的圣旨,疑虑丛生。在他的潜意识中,褚蒜子不应该不支持自己伐蜀,她格局之宏大、境界之高远非常人能比。她有定国安邦的能力,难道没有一统天下的心愿?蜀地原也是晋朝国土,现在唾手可得,难道她不想?她到底在想什么?嗯!应该是朝中辅政大臣们不同意吧。想到那些吃饱了饭就以清谈为荣耀的政客,桓温就有点气不打一处来,他恨恨地骂了句"蠹虫!硕鼠!"又想到褚蒜子给他的信,他又自寻思:"太后让我不到万不得已不要自作主张,其言外之意不就是如果万不得已可以自作主张嘛!司马昱说'如果西伐,希望我旗开得胜,一举拿下成汉',这意思分明就是同意西伐。但是为什么他不明说呢?嗯!一定是受制于朝廷门阀而不好决断,那些老权贵安逸惯了,他们宁可抱残守缺也不想革故鼎新。我,岂能如此因循守旧,现在如果不攻打成汉,假以时日一旦有能人治理,那我大晋就难保安宁了。罢了!罢了!大丈夫办事,不能前怕狼后怕虎,太后既然已暗示我,我就来个'将在外君命有所不受',先打下成汉再说。"主意已定,起身回帐睡觉。

第二天，他早早吃了饭升帐议事，把袁乔、周楚、孙胜、龚护等都叫来，他说："诸位！朝廷的旨意还没有下来。但是，我不想等了，现在伐蜀，是上天赐予我们的绝好机会，我们必须把握好，绝不能错失良机，时机一旦错失，便难再来。"他"咳"了一下又道："我桓温受国之俸禄，定要精忠报国，此心，天地可鉴！现本人决定，在朝廷旨意下来之前，先行带领诸位西伐蜀地。未得旨意而西伐蜀地之责，由本人全部承担，诸位可有异议？"此话一出，如冷水入热油锅，桓温又道："如有异议！可即刻退出！"袁乔、周楚、孙胜、龚护等这些人都是桓温一手带出来的干将，也都是有着一腔热血欲报效朝廷的好男儿，岂有退却的？齐声道："我等唯将军马首是瞻！两肋插刀！在所不辞！"桓温："好！那下面我们讨论一下西伐的具体事宜。"

第五回

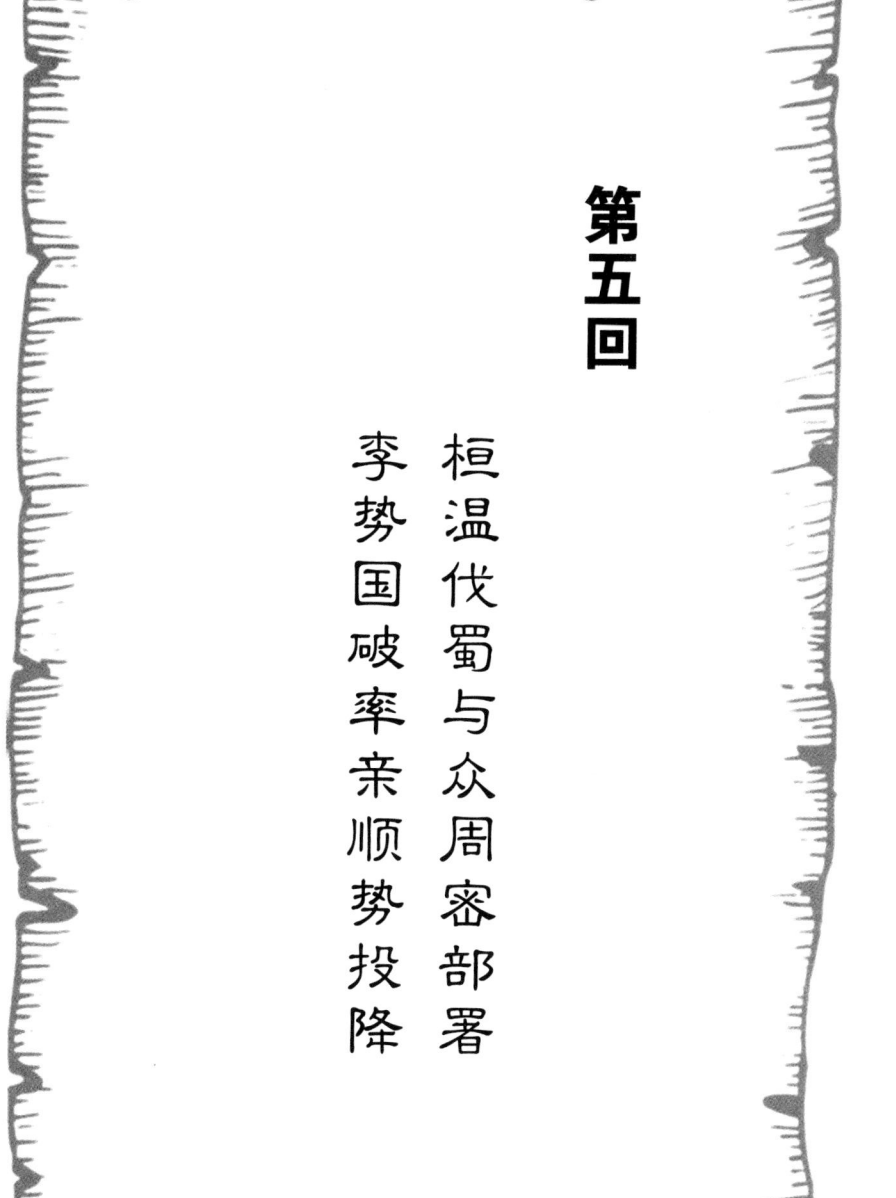

桓温伐蜀与众周密部署

李势国破率亲顺势投降

荆州军事大营内，桓温领着众人围在沙盘旁，分析推演着伐蜀的攻略。桓温道："蜀地离我们这儿有千里远，我们西伐成汉，要想不被发现显然是不可能的。我们要拿下蜀地，最好是能够速战速决。我们以一万精兵，轻装简从，以最快的速度行军，方可确保全胜。"众将领皆认同，桓温用剑鞘指着沙盘上的几个位置道："这是嘉陵江，这是岷江，我军从巴枣顺江而下，再顺着岷江溯流而上，然后到达青衣，到了青衣，离成都就不远了。"参军周楚道："越过巴枣便是蜀地了。蜀地地势险峻，若李势设有埋伏，我们怎么办？"桓温道："不怕！据谍者报，李势刚刚杀了自己的亲兄弟和朝中几个定鼎重臣。朝臣们政见不同，各路朋党间的暗杀已经到了无以复加的地步，现在，他们内部已经完全溃烂。能够带兵打仗的名将几乎被杀尽了，剩下的几个二等货，也是各怀心事、各自顾命，他们不会因为我们而自损兵力。"益州刺史周抚道："李势荒淫无道、杀人夫夺人妻，对忠臣良将肆意残杀。这家伙不理朝政，整日沉浸在后宫酒池肉林。莫说朝臣对他不满，就连蜀地的百姓也都对他背心弃离。'水能载舟亦能覆舟'，李势如此，灭亡是天意。"司马无忌道："如此荒淫无道的暴君，老天岂会容他？！"桓温道："嗯！我们定要趁此良机一举拿下蜀地。"众将领皆称是。桓温："众将军听令！特命袁乔将军率精兵两千为前锋，本将军与周抚将军和司马无忌将军率八千精兵继后前进。大军于青衣会合！"众将齐声道"得令！"桓温回首对袁宏道："即刻作书上表朝廷，不日启行！"又道："此次西伐成汉，是上天要我等热血儿男替天行道。故我们要破釜沉舟、背水一战。"又道："此次西伐蜀地，必胜无败！"众将也都热血沸腾，高呼："西伐成汉！必胜无败！"

震天的呼声让桓温甚是欣慰，说实在话，对这次西伐，他自己也没有必胜的把握，毕竟，胜败乃兵家常事，有些看上必胜的事，诡谲古怪中就败了。战事，不到最后，谁都不敢说有百分之分的把握。但是，不拼一次怎么会知道？万一成功了呢？往往两军交战，正义者胜！勇敢者胜！所以，他必须告诉将士，他们是替天行道的正义之师，他们出兵灭成汉是上天的意思，上天会保佑他们凯旋的。

桓温经常与将士同饭。有一天，他忽然看到有群围在一起吃饭的士兵在闹闹哄哄，便过去看缘由，原来是一位参军吃蒸薤的时候出了点小尴尬：蒸薤粘在一起，不能分开。同座的人没有一个人上前帮一筷子，只管各吃各的。这个参军也是"一根筋"，终不肯放手那蒸薤，努着劲儿想捣鼓开，脸憋涨得青筋都出来了。同座人见他如此，

第五回　桓温伐蜀与众周密部署　李势国破率亲顺势投降

都哈哈大笑起来。桓温看了发火道："这种情况都不肯出手相助，到了危急时刻，你们会相帮相助吗？没有团队精神，各自为营是兵家大忌，亏你们还是兵士首脑！"于是立即下令全军集合，训诫道："刚才吃饭，吃蒸薤，蒸薤这东西，黏性强，筷子一夹一串，吃起来费劲。但是，如果有人帮上一筷子，就好了。然而，就这么简单的事，我却看到了非常不愿看到的一幕！几个人一块吃饭，一个人夹不开蒸薤，一块吃饭的几个人没有一个人帮上一下，只在一旁幸灾乐祸地笑，有意思吗？"全军寂然，桓温接着道："有很多事，一个人是干不来的，很多事，团队才可解决。一个人力量再大，也赢不了对方一群人。大家伙只有齐心协力，才能胜过对方、才能赢！我们身为军人，更要知道团结的力量，只有团结一致，才能险中获胜、危中得生！战场，只管各顾各，没有团队精神，会一败涂地，败得很难看，懂吗？对于没有团队意识和团结精神的人，我们不要！今天，参军甲以及与他一起吃饭的兵士们一律免职，留军察看，以观后效！"全体官员默然，桓温："都好好想想本将军刚才的话，解散！"

桓温此举很得人心，兵士甲："今儿将军处理那几个兵头儿，好！兄弟们战场上如果不团结，各顾各，真不行。"兵士乙："是啊！战场上刀剑无眼，生死攸关还得有兄弟们帮衬。"兵士丙："都说细节决定成败，今天的事虽然小，但是里面蕴含着大道理！那什么'一公则万事通'，我们跟着桓将军干，也定会前途无量。"兵士丁："是！我之前还想，我们那么远去打成汉，能不能打赢呢？如今这样看来，一定能赢！"

一场不期而至的大雪，激起了桓温打猎的情怀，他收拾好，一身戎装，刚出帐，看到王濛、刘惔等人来了。刘惔问："老贼如此装扮是想打仗吗？"桓温边卸下装备边道："打猎。"刘惔："何必做这些俗事？"桓温道："如果我不做这些俗事，你们这些人能天天平平安安地饮酒喝茶谈天论地？"说着掀帘子道："先进帐休息休息吧，休息好了再带你们去玩。"王濛："不打猎了？陪我们？"桓温："你们来了，我能一走了之？"转头对随从道："去，酒拿来！大家喝两杯驱驱寒！"刘惔笑道："知我者，老贼也！"桓温："啥时嘴巴给你缝上！"

桓温、刘惔、王濛等人一起在覆舟山游玩，临近中午，王濛说："累了，也饿了，找地方吃饭吧。"桓温笑道："我这还没有走出感觉呢！你就累了？"王濛："我胳膊腿儿没练过呀！"刘惔也气喘道："你老兵也！当然没感觉！"桓温白了他一眼道："一会灌蒙你！"刘惔手一摆道："可别！灌蒙我谁在朝堂上为你西伐说话？"王濛接过话题对桓温道："我说呀，操这个心干啥？不如咱们今朝有酒今朝醉得好！啥建功立业，建功立业的背后是艰辛付出，付出了还无人说好，落一肚子难受，不值得。"桓温："都这样想，国还是国、家还是家吗？"王濛："说真的，我心里很敬重元子这样的人，可是也……不说了，我能力有限，我只想着怎样让此生快活。"刘惔道："也什么？事物都有两面性，你认为得快乐别人心里很痛苦呢！萤火虫发光它才快乐，你叫它采蜜打死它也不快乐！"刘惔这话把王濛怼得无言以对，桓温笑道："你终于成高手了。"刘惔道："切，我原本就是高手。"几个人正打嘴巴官司，忽然看见前面有个酒肆，他们来到酒肆坐好，你一杯我一杯喝起来。刘惔也是好喝酒但是没有酒量，不多一会儿，就喝多了，一喝多他就乱来，不知道那根神经发蒙，他脚一伸放到桓温的脖子上，桓温正喝得兴头，一手抓下他的脚道："怎么这么烦人！一边去！"说着用手一拨拉，不想用力过猛，刘惔也不防，"咕咚"一下滚地上了，刘惔也是累醉交加，借势不起，竟然秒睡。桓温厌恶地看了一眼道："把他弄屋里睡去！"也是半醉的王濛见了道："你怎么能把不开心写在脸上呢？我们是当今名士的代表，心不应为风所动。"桓温看着他道："我脸上除了五官什么也没有写，是你的心动了。"说完他自顾饮酒，留下王濛在那里凌乱。

对桓温来说，清谈、游玩等只是他生活中的点缀，他人生的重点是丰功伟绩、名载史册、平定中原、伐灭成汉。送走刘惔、王濛，他便即刻投入到了紧张的战备中。

这次西伐蜀地，桓温筹谋已久，他力争每一细节都要做到完美。出征前，他在校场召开全体将士会议，他道："成汉原是我国故土，而今悬国四十六年，那成汉贼主李势不体恤黎民，淫逸无德，暴虐无常，使我手足生活在水深火热之中。其寡德无望，天不助之必灭之。而今天降大任于你我，吾等必定要竭尽全力，替天行道。本将军决定三日后出征。今参加征战的军士，休假三天，三天后准时出征。其余将士，原地坚守。"三天的假期让兵士们非常感动，兵士们说："桓大将军真是体恤人啊！人家出征都是休假一天，我们却是三天。"

桓温领着袁乔等策马来到出征将士队前。看着严整的队列，他道："蜀地乃我大晋故土，今天被成汉李势侵占四十六年。贼主李势荒淫无道、淫逸失德，侵占我故土，荼毒我手足。而今天欲借我等灭之，我们必当竭尽全力，替天行道……希望各部将士皆是拥有马革裹尸之气的光荣勇士，而不是有贪生怕死之念的耻辱逃兵。等到得胜归来，对奋战沙场勇敢者，必定大加奖励，畏缩不前者，军法处置！"说完看一眼袁乔，袁乔道:"替天行道!伐蜀必胜!"袁乔一呼全体兵士皆应:"替天行道!伐蜀必胜!替天行道!伐蜀必胜!"桓温伸出手,做了个"停"的手势,道:"我再严明一下行军纪律。第一,禁止喧哗。第二,各人管好自己的衣甲器械。第三,一切行动听指挥。第四,精诚合作,同心对敌。"又道:"现在我举弓射箭,以示其护佑。"桓温张弓射箭,三发三中,众将士都以为是好兆头,欢呼声不止。桓温跨步上马,号令大军:"出发!"

桓温出征的消息很快就传到建康,司马昱手握着桓温呈上来的奏章,不知所措。他没有想到桓温竟然真敢不得朝廷旨意就私自出征,他一时不知道该怎么办,下意识中他来到了书房,见褚蒜子不在,又脚不沾地地来到显阳殿。见到褚蒜子,他大声道:"太后!桓温未得朝廷诏书擅自出征了!"他见褚蒜子没有反应,又道:"太后!要不要立即召集群臣议论此事?"褚蒜子乃放下手中的书道:"要!皇叔先去!告诉大家即刻议事!"司马昱走后,褚蒜子自语道:"又是一场大戏。"黎辉不知所以然地问:"太后!需要我做什么吗?"褚蒜子笑道:"做点哀家喜欢吃的!"司马聃:"母后!什么大戏?"褚蒜子:"山雨欲来风满楼。"

褚蒜子牵着司马聃来到太极殿,殿下即刻寂然,二人就座,礼毕,褚蒜子让大家议事,刘强:"桓温自作主张,背旨率军西伐,会给国家带来不可估量的隐患,微臣觉得要严惩!"曹秀:"刘大人言重了!桓温不是背旨不遵,朝廷就没有给他下旨意,何谈背旨?他这是公然违背朝廷,是谋反,其罪当诛!"蔡谟:"蜀地地势何等险要,千里行军李势怎么能不知道。李势必定会在一夫当关万夫莫开的关卡处设防,届时,我一万精兵会剩多少?全军覆没也说不准!"王彪之:"千里行军,不想让人知道是不可能的,后赵如果探知,他们如果乘虚而入,荆州岂不是有危险了?"蔡谟:"桓温一介庶子!受朝廷器重而镇守荆州,他本应该精忠报国,可他却擅离职守,自作主张西伐蜀地,不计将士安危,不顾全国家大局。罔顾朝廷,应当受到严惩,恳请太后将桓温族人收押入狱,以示惩戒!"……听着朝臣们的言论,褚蒜子有点无语,心说桓温西伐已是事实,首先要考虑的是如何助其得胜、尽量减少己方损失,这会儿全都说惩罚,她扫了一眼群臣道:"诸位爱卿!我们现在不讨论桓温的过错以及对他的惩戒。现在的首要问题是:怎么助其打胜这场仗?"蔡谟:"胜?桓温以一万兵力灭成汉,现实吗?蜀地自古地势险要,生人走个路都可能会掉下悬崖,更不用说行军了。再者,一万人入蜀,粮草辎重跟得上吗?万一粮草辎重供应不上,将士岂不要饿肚子?千里行军,李势会不知道？他在关口布置设防，以逸待劳，而我军远途跋涉，人马疲惫，两军对阵，我军胜算能有几分？"褚蒜子："自古兵家事不过胜败两个结果，至于胜还是败，不到最后谁也不敢妄言。有些事看着赢定了，结果却是输了，有些事看着要败了，结果却是反败为胜。对于此次桓温西伐，我们先把抱怨、惩罚放一边，先商议一下如何赢了这场战争。"又道："所有的战争都是奔着赢去的！我们岂能先自灭志气？"王羲之上前一步道："太后！桓将军此次西伐，臣相信他在荆州定然安排好了守备以防不测。假如后赵来犯，荆州守备军也不是吃素的，再则，我们也可以从豫州、江夏调兵驰援。"司马晞："对！谢尚谢将军镇守豫州，豫州与荆州相邻，如果荆州有事，朝廷可派谢将军出兵驰援。"褚蒜子："诸位爱卿所言极是，只是哀家以为后赵来犯的可能性不大。但是，也要预防万一，故我们要做两手准备。鉴于此，请众爱卿议论出个方案，方案由司马昱负责汇总成章交于哀家，退朝。"

褚蒜子回到显阳殿，看到李宁正候着，褚蒜子问："何事？"李宁："桓将军密函！"褚蒜子接过，边开信边问："怎么晚了这些日子？"李宁："这原本该一如往常，但是送信的人路上出事耽误了。他原是鞭打快马日夜兼程，不料路上把马跑死了，因为离驿站尚远，他只好在农家买了匹马继续赶路，但是农家的马没有经过专门训练，跑不快，好不容易到了驿站，因为该马没有编号，又费了半天口舌才换得新马，这才耽误时间没有及时送到。"褚蒜子"哦"了声，对李宁道："你辛苦了，下去吧！"

桓温带领八千人浩浩荡荡沿着长江溯流而上。当大军经过三峡时，桓温望着两岸的高山和脚下的滔滔江水，刚三十五岁的他不由感慨道："自古忠孝两难全！不知道此次伐蜀胜败如何？万一败北，我定会战死沙场！"罗含："将军！在下以为我们定会大获全胜！"桓温："何以为然？"罗含："在下梦到押送李势等人回到建康的场景了。"桓温："怎么说？"罗含："未发生的事提前梦知，在下不是一回两回了，回回都很准。"桓温笑道："不日收复成汉！押送李势一行人，必得派将军。"罗含也笑道："将军放心，在下定会圆满完成任务。"

桓温一笑，脸上的七星痣闪着柔软的光，仿佛在说他也是一个性情的文艺青年。伐蜀途中，船队经过三峡。长江沿岸是密密的丛林，里面有很多猿猴来回穿梭。船队靠岸休整时，有个士兵无聊，便到树林里抓了一只小猴子，带到船上当宠物。军队再次启程，士兵们逗小猴子玩，不停地开怀大笑，给枯燥乏味的漫长行军旅途带来些许欢乐。然，让大家惊奇的是，一只老猴子一直沿着悬崖跟着船队奔跑，一路哀号，船上的小猴子一看到老猴子便不停地啼叫。士兵们渐渐明白，它们可能是一对母子。母亲对儿子放心不下，才一直跟着。但是大家并没有把小猴子放走，船队一直走了上百里，悬崖上的母猴悲鸣声一直不断，当战船离悬崖稍近时，它突然跳到船上，气绝身亡。船上的小猴子扑到母猴的尸体上，伤心恸哭。有好事的士兵剖开母猴的肚子，发现它的肠子已经断成一截一截的了，士兵们猜测它是伤心欲绝，以致"肝肠寸断"！桓温听说这件事后，非常气愤，把抓猴子的士兵叫到跟前道："你们几个太令人失望了！生生要了它们的命！"几人见桓温发怒，赶紧认错，桓温道："我本想杀了你们替母猴子报仇，可是我不忍为了猴子再伤你们的性命，但是你们的过错必须得到惩罚！每人二十军棍！"这个事情在军中传得很快，将士们都说桓温是个好将军，跟着他干一定会有好结果的。

桓温处理完那几个抓猴子的兵士后，回到帐中，坐下喝茶看书，没一会儿，袁宏喜滋滋地过来了，对他道："明公！看着这山水画卷，在下诗兴大发。"桓温："巍巍峨峨，凌虚玄谷。天岭窈窕，澄流如画。"袁宏清了一下嗓子道："明公好诗！在下也唱和两句。'高馆百余仞，迢递虚中亭。文幌曜琼扇，碧疏映绮棂。'"桓温听罢笑道："你想象一下不日打仗的情景，来一首！"袁宏："这转太快了吧，容我想想！"桓温："战舰上想太平与战舰上想沙场，哪个容易做？"袁宏："后者容易些，只是在下……"两人正说话，有谍者报成汉事宜，桓温："说吧！袁大才子也听听。"桓温听罢汇报，道："如此！灭之易如反掌！"又道："马上就到青衣江了，通知各军，准备好开战！"

桓温率领大军已入巴蜀境地，李势却还一无所知，在温暖如春的皇宫，他正与各嫔妃在酒池肉林中淫逸享乐，忽有内侍慌忙地跑来报说晋大军已到青衣江了。李势大为惊慌，说道："快宣那谁进殿！"内侍："回皇上！他们、他们好久不来上朝了，这会儿哪里找？"李势骂道："食国之俸禄而不事国事，朕早晚杀了他们！你！跟朕上朝！"内侍："皇上！老奴建议赶紧组织人马防御，然后再调兵遣将吧。"李势此时已是无头的苍蝇，一听赶紧道："好！你说得对！回来我好好奖赏你！禁卫军多少人，全部上！"太监："不过数千人吧！"李势："传令下去！朕御驾亲征！"一番忙碌后，李势带领着这千余散兵游勇从山阳趋往合水堵截晋军。

此时晋军已经在桓温的率领下进入巴蜀腹地，到了彭模，彭模离成都仅百十余地，桓温下令在此安营扎寨。由于讨伐出奇顺利，一路没有一个兵勇拦截，桓温不由想到百里外的成都，觉得拿下易如反掌。他巡察了一圈，回帐时看到罗含，便叫他来帐中对弈。罗含连输两局，桓温还要再下，罗含道："在下棋艺不如将军，再下还是输。"桓温笑道："棋局如战场，要至少看到对方三至五步。"罗含正要说话，前去打探敌情的侦察兵回来了，桓温遂罢棋听他汇报，然后叫来部将一起商讨进兵方略。桓温："……咱们兵分两路，同时北上，一举拿下！"袁乔说："我们孤悬在外，一分二，兵力分散；如果万一失败，人心溃散，大势去矣。不如全军前进，每人只带三天干粮，破釜沉舟，以示与敌决一死战，一定能够取得胜利！"罗含说："在下觉得袁将军说得对，在下附议！"又是一番商议，最终桓温听从了袁乔的建议，留下参军孙盛、周楚及少数兵士驻守彭模，亲自率领大军，直扑成都。

那蜀军全无斗志，晋军势如破竹。有一路蜀军进攻彭模，被孙盛一举击退。桓温、袁乔、罗含进军成都时遇到三次阻击，但是蜀军根本不堪一击，节节败退，晋军如有神助，三战三胜。晋军行到离成都十里处，遇到一路设防的蜀军，可是那蜀军显然被桓温的名号吓破了胆，一见晋军旌旗甲杖，不由得魂飞魄散，竟然不战自败，丢盔弃甲，妄想逃窜，桓温怎容他们逃跑？遣将布兵，三下五除二，擒住其主将，吓得这一路蜀军全部归降。

蜀军虽然人数远多于晋军，但是人心不齐、指挥也不统一，与晋军几仗下来，便全线溃败。晋军一直把蜀军逼退到离成都东南四里的笮桥，一蜀军将领说："退无可退了！退是死！不退也是死！拼了！"另一个蜀军将领说："对！拼死还有生机！"此时李势也清醒了，他道："将士们，晋军欺人太甚！打到咱们家门口了还不罢休，他们要我们死，我们偏不！我要活得好好的！我们要与他们决一死战，保卫家园，保卫父母，保卫妻儿！……"蜀军个个摩拳擦掌，欲与晋军决一死战。久经沙场的桓温深知穷寇难攻，他道："笮桥离成都不过四里，他们定会严防死守，我们必须严阵以待，稳中求胜。"袁乔此时心胜正切，对桓温及众将道："蜀军已是强弩之末，再怎样也不过是回光返照，末将自请杀他个灰飞烟灭！"桓温也想一举拿下，听得袁乔请命，道："好！袁乔、龚护听令，本将命你二人分别从两头夹攻。"袁乔、龚护得令！打马前去，怎奈蜀军拼死抵抗，晋军左冲右突，死伤无数，却毫无进展，参军龚护不幸阵亡。桓温不肯收兵，亲自来到阵前，不妨蜀军一阵乱箭射来，差点射中他的脑门，幸亏桓温眼明手快，纵马一跃，

第五回　桓温伐蜀与众周密部署　李势国破率亲顺势投降

那箭在马头前落下。桓温遭此一吓，也觉胆寒，便勒马不前。晋军见状惊慌胆怯、人心动摇，不敢向前，情况万分危急。桓温也害怕大溃败，下令鸣金收兵。不想那传令官恰看到箭飞过桓温脑门那一幕，吓蒙了，他收到命令后赶紧击鼓，不想在极度恐惧慌张之下，传错了令，不是鸣金收兵而是击鼓进军。战鼓声"隆隆"响彻山林，被打得晕头转向的晋军不清楚战况，听到进军号令，以为敌人已败，大总攻开始了，个个振奋，人人拼死，疯狂地发起攻击，蜀军被晋军的生猛吓傻了，一时军心大乱，转身逃命者十之八九。很快，他们的主力损失殆尽。李势赶忙下令收兵，败回成都。桓温遂率军进攻成都，他令军士在四个城门纵火，焚烧城门，吓得城内守兵一日数次向李势报告险情。李势害怕，趁夜开了城门，带着几个亲信冲出成都，狼狈向北逃窜，奔向葭萌城。桓温率军进入成都，占领了李势的宫邸。然后即刻点将派兵追杀李势等人。那李势逃了一阵，看到身后的滚滚尘烟，知道逃不掉了。再者，他饥饿交迫，也跑不动了，于是，他决定投降，派散骑常侍王幼举着白旗来送降书。只见降书上写着："伪嘉宁二年三月十七日，略阳李势叩头死罪。伏惟大将军节下，先人播流，持险因衅，窃有汶蜀。势以暗弱，复统未储，偷安荏苒，未能改图。猥烦朱轩，践冒险阻。将士狂愚，干犯天威，仰惭伏愧，精魂飞散，甘受斧锧，以衅军鼓。伏惟大晋，天网恢宏，泽及四海，恩过阳日，逼迫仓卒，自投草野。即日到白水城，谨遣私署散骑常侍王幼奉笺以闻，并敕州郡，投戈释杖。穷池之鱼，待命漏刻，诸乞矜鉴！"桓温看了降书道："难得李势顾全大局，热烈欢迎。"王幼小心翼翼道："敢问大将军，加罪否？"桓温笑道："自愿归降，如此深明大义，加什么罪。"王幼遂放心策马返回请李势归降。

李势面缚舆榇，拜见桓温，同行还有李福、李权及其妹妹等十余人。桓温出营接见他们，当即释其缚，焚其榇，以礼相待。李势的妹子太美了，娇花软玉一样，明月般典雅，桓温一见她，眼睛发直。这个驰骋沙场的枭雄，被李势妹妹之柔和之温婉迷住了。袁乔拽了一下他的衣裳，他才反应过来，遂下令罗含负责把李势等人押送到建康，但是把李势的妹子留了下来，他道："公主身子弱经受不住折腾，就让她随大军回建康。"当晚把她叫入营帐内，红烛摇曳下、床帷漫漫中，他柔声道："公主受委屈了！"李势妹子："亡国之人，说什么委屈不委屈？"桓温："我与公主有缘，感觉一眼万年。"李势妹子："我哥哥他们能安全到达建康吗？"桓温说道"公主放心"，顺势一拉，把她按在了那红色的被衾上。

桓温开始着手整治复地，他深知如果派自己人来管理，非常不容易，各种矛盾会杂乱丛生，但是如果用本地人，这些矛盾就会化解很多。故而，桓温在委派管理成都的官员之任命上，基本任用的都是李势在位时的旧官员。他还不拘一格，举贤征善。他对他们说："蜀地天府，物产富饶，锦绣文章，冠绝天下。这片美丽的热土需要在座的各位共同治理，这片热土上的黎民百姓，需要在座各位共同管理。我已禀报朝廷，各级官员职位不变，朝廷已准允，希望在朝廷的领导下，诸位恪尽职守，脚踏实地，为国效力，为民谋利。"这些人原怕被处置，不想今不但没有被处置还被重用，岂有不听之理？他们一个个向桓温表忠心道感恩。一番安排后，桓温端起酒道："各位辛苦了！桓某先敬各位一杯！"说罢，一饮而尽。他放下酒杯，又道："再说几个具体的事。一、李势荒淫无德，重用的蠹虫，我们必须铲除，所留下的空缺，本将军建议以举孝廉等方式征召贤人为朝廷所用。二、原成汉主李势治国无道，地方战乱纷起，又加苛捐杂税繁重，早已把民众压得喘不过气来，故而，今日起，蜀地全面息兵课农。三、举办学校，原有私塾扩大，建不起私塾的地方，由官方出钱兴办私塾，以便寒门子弟求学。"然后他又亲力亲为，考察官员、处理政务，一应事宜，皆有条不紊地进行着。一时，民心得稳、蜀地得安。他又几经考量，决计将来返回荆州后，留周抚父子镇守蜀地。

罗含受命负责押送李势等人，很是尽心尽力，为了保证押送速度和质量，他把押送的兵士分成两班轮流当差。这日经过一个村镇，甲班头领策马跑到罗含跟前道："罗大人，歇会吧，累坏了快。"罗含擦了把汗道："好！歇会儿。"乙班头领道："一会儿起程我们负责看守，这会儿你们负责吧，我们先歇会儿。"甲班头领同意，停顿好，囚车里的李势喊："大人！给点水喝吧，渴得很。"罗含对甲班头领道："去给他们弄点水。"甲班头领朝地下吐了一口口水道："我这刚坐下一口水也还没有喝就伺候你？你当你还是皇帝大老爷啊？"王幼怕渴着李势，忙道："大人哪里话？我们是阶下囚，充其量也就是桓大将军的亲戚。"乙班头领："哎！我说，伺候好他们，他妹子现在是桓温将军心尖上的人，桓将军专门交代要照顾好，可别忘了。"甲班头领骂道："忘了才好。"说着用脚踢了一下坐在边上的两个兵士道："你俩！去给他弄点水和吃的。"两个士兵取水回来，一个兵士耍坏道："呛他一下！"另一个道："你来！"他们的对话罗含刚好听到，斥道："少生点事！他好歹当过皇上，今儿又有桓将军罩着！他命好，你们呢！"两个人吓得一吐舌头，赶紧老老实实地去给李势他们喂水。半个时辰后，罗含下令起程。

第五回 桓温伐蜀与众周密部署 李势国破率亲顺势投降

终于到了金墉城，司马昱已接到城外，二人交接好，罗含回去。司马昱吩咐狱头做好备案、收押，末了又特意转回来交代："四菜一汤，不许慢待。"狱头："大人放心，在下明白。"司马昱走后，一个新来的狱卒上去问："头儿！这么高规格啊？"狱头："这是关押皇帝皇后的地儿，那李势是皇帝，其余也都是皇亲贵胄，再有那李势妹子现是桓将军屋里人。你说这高不高？"狱卒："真是人比人气死人！他这一辈子是来享福的，当了俘虏还有人罩着，还可以吃得那么好。"狱头："哪儿恁多废话，干活去。"那狱卒赶紧闭了嘴，生怕说不好丢了差使。

褚蒜子忽然想到几天没见蔡谟了，遂问司马昱，他回说蔡谟又告假了！褚蒜子一听生气道："不准！"司马昱："臣自是不准，可是他只管不来。"褚蒜子道："心胸狭窄！看到桓温大获全胜，他心里不舒服了。"司马昱："不至于吧。"褚蒜子："他这是第几回告假了？"司马昱："第二次了，如果不准，估计他还会第三次，臣看他铁了心似的。"褚蒜子呷了口茶汤道："由着他，只不准就是。"又道："皇叔有时间代表哀家去看看他。"

司马昱来到蔡谟府，在仆人的引领下，穿过四进院，来到中堂，见蔡谟已把茶沏好，他忙道："蔡大人这几天身子可好些了？"蔡谟："劳王爷记着！好多了，王爷请上座。"说着递上茶汤，司马昱喝了一口道："太后听说您病了，特意叫在下代表朝廷前来探望。"说着示意随从把礼单呈上，司马昱指着礼品道："这些是太后赏您的，有燕窝、人参、鹿茸、海参。"蔡谟一边说着谢太后恩赏一边想："太后行啊！虽然没有亲自来看我，却送给我这么多好东西，又派司马昱亲自来，够面子了。"司马昱又道："太后本来要亲自来看您，怎奈这几日事多，腾不出来手，特意嘱咐在下，叫问大人还需要什么。"蔡谟："什么都不需要，请王爷转告太后，老臣这几天好了就回去。"司马昱又道："太后说您是帝师，大晋的方向需要您来把舵，她希望您快点好起来。"蔡谟听司马昱如是说，借机下台道："叫太后放心，老臣没问题。"司马昱接着道："在下年轻，很多国事政务也离不开您的指导，在下也非常希望您快点好起来。您在，在下处理国事政务才得心应手。"蔡谟见太后和司马昱如此抬举自己，心里舒服了很多，话也多起来，他问："听说李势押送回京了？"司马昱："是！今在金墉城。"蔡谟："太后的意思呢？"司马昱："以礼相待，以彰显我大国风范。"蔡谟："听说桓温那竖子纳了李势的妹妹？"司马昱："是的！"蔡谟："亡国之人要杀绝，这是古已有之的惯例。太后不知道，还是因为李势妹子？"司马昱："太

99

后想实行怀柔政策。"蔡谟:"如果李势一行人将来纠合一帮人搞复国怎么办？这不是养虎为患吗？"司马昱笑道:"不会的！建康离成汉那么远，也就十几个人，翻不起大浪。"蔡谟:"不怕一万，就怕万一！"司马昱不想跟他扯，道:"您老说得非常对，在下回去就向太后汇报。"蔡谟:"那就有劳司马大人了。"司马昱盖上茶杯盖，道:"您快点好起来，我们一起向太后建议如何？"蔡谟:"行！那王爷等我两天。"司马昱:"好！那就这样说吧，不多打扰了，您多休息，在下告辞。"

第二天，司马昱一早来到书房，他对褚蒜子道:"臣昨天专门拜访了蔡谟，没什么大问题。就是因为桓温胜了，他面子上过不去。"褚蒜子:"嗯！他是朝廷的门面，凡事给足他面子。"司马昱:"他说这两天就上朝。"褚蒜子:"知道了！哀家说的是以后无论他怎样都给足他面子。"司马昱没有反应过来，问:"他会在对桓温的奖罚问题上提出不同的意见？"褚蒜子只得又道:"提不提都要给足他面子，他是几朝元老，他的话，对了，听，不对，弃之就是。"司马昱说了声"明白"，又道:"说真的，臣真怕他在对桓温的奖赏上提出什么过格的意见。桓温出征前，反对声音太多了，尤其是他。"褚蒜子轻叹:"打破旧格局，建立新格局是很难的事啊。"褚蒜子的话让司马昱想到上回司马聃用生、熟鸡蛋演示破与立的事，心里更加佩服褚蒜子。

司马昱从书房出来到政务堂，一眼看到了桓温的奏章，打开一看，又是胜利的消息。他对王彪之道:"这个你看看！"王彪之看罢向他竖了大拇指道:"喜报连连！"又道:"这是自定鼎建康以来第一大功，如何奖赏？"司马昱:"如何奖赏是个大问题，到时朝臣们一起议论。"又道:"我眼光没错吧！"王彪之:"嗯！伯乐与千里马，如果是庾爰之，西大门估计早成了最弱的了，更别说这大功了。"司马昱:"他务实，是个干将。"王彪之:"就怕他坐大了不好弄。"司马昱:"没事！有太后。"王彪之不知可否地说了一句"也是"，说着递给司马昱一个奏章道:"你看看这个。"司马昱一看道:"凌汛！这个马虎不得！有关国计民生，得赶紧批复，责令相关人士抓紧治理。"王彪之一指案上的奏章道:"诺！那还有一堆好多马虎不得的事呢。"司马昱:"忙吧！筛选出紧要的呈报太后！"

司马昱抱着奏章来到书房时，看到姬秋在外面候着，姬秋说太后正跟司马聃下棋。司马昱示意他先别传，自己在外面喝茶等候。里面，褚蒜子与司马聃对弈正酣，司马聃执黑子，褚蒜子执白子。虽然褚蒜子暗中让着司马聃，可是他眼看着还是要输了，不免有些气馁。褚蒜子:"要平心静气，别急。"司马聃说:"儿臣明明快要围住了，怎

第五回　桓温伐蜀与众周密部署　李势国破率亲顺势投降

么又跑了？"褚蒜子笑道："那是你只看了眼前一步棋，而母后则看了至少三步棋。"司马聃："怎么看？"褚蒜子："把整个棋盘看成一个整体，黑子白子都是你的子。如此，你就会得心应手了。"司马聃："这怎么看？"褚蒜子："站高看。"司马聃"忽"地站起俯瞰棋盘，褚蒜子笑道："又调皮了。"司马聃："母后，这棋盘就像两个国家，儿臣在想怎么把对方收归己有呢。"褚蒜子笑了笑没有说话，司马聃继续道："治国和下棋差不多，不过是防守和攻击，要是防守和攻击都是儿臣说了算就好了。"褚蒜子："记住！治国可不能想当然哦。来，把这盘下完。"司马聃坐下，道："儿臣有时见母后和几个人同时下棋。"褚蒜子笑道："母后这样，也是训练自己怎么应付多变的时局。"又道："棋盘好比江山，两国之江山，白的一国，黑的一国，白子是白国的臣子，黑子是黑国的臣子，下棋的人好比是皇帝。懂吗？"司马聃："懂是懂，但运用起来难！这棋中天地，犹如满目山川无边风雨。"褚蒜子："嗯！棋事如国事。"司马聃："一局也就一会儿。"褚蒜子："国亦如此，胜败兴衰一瞬间。"司马聃："满目山川势，无边风雨诗。兴衰半壶酒，人事一局棋。"褚蒜子听他吟诵自己的诗，笑道："今儿是不是有更深的领悟？"司马聃使劲点了点头，他凝视棋盘片刻，走了一枚棋后道："等会儿下完这盘棋，儿臣把母后的诗写下来。"

　　母子二人来到案前，司马聃挥毫泼墨，很快完成，一脸自豪地对褚蒜子道："母后看儿臣的字可有父皇的风范？"褚蒜子仔细看了看道："嗯！确有你父皇的风范。遒劲有力、若龙飞起。"看司马聃得意，又道："但是呢，你只是初有你父皇的风范，不可骄傲哦！你要再接再厉，争取各个方面超过你的父皇。"褚蒜子说到"各个方面"时，内心酸了一下，如果康帝司马岳在，经邦纬业之大事是他而不是她，她帮他、成就他，他宠她、珍爱她，这才是她想要的，可是……褚蒜子赶紧收回思绪，国家大事一堆，哪儿有时间想这些？再者彭子在眼前，自己就是他的磐石，怎么可让他看到自己的脆弱？司马聃一点没有发现褚蒜子的异常，仰着小脸，天真铿锵有力道："母后放心！我以后一定会在各个方面超过我的父皇。"时有宫女送点心过来，有芙蓉鲜花饼、宫廷酥、无花果、蜜饯枣、桃花羹，司马聃也是饿了，宫女盘子还有没有放稳，就伸手拿了一块芙蓉饼。褚蒜子嗔道："手都没洗。"一眨眼看到司马聃已半块吃嘴了，又道："慢点吃！"说着递了碗桃花羹给他。司马聃接过大口喝起，然后又拿了块宫廷酥。褚蒜子看他吃得香，也感觉有点饿了，便净了手，拈了只蜜饯枣在手里，一扭头发现姬秋在门口站着，知道

101

有事，示意她快说说。姬秋上来报司马昱正在外面等她，褚蒜子遂宣司马昱。司马昱来到书房，问："李势一行人关押在金墉城好些天了，怎么安排他们？"褚蒜子："皇叔觉得怎么安排他们？"司马昱："李势等人是真心投诚，微臣觉得应当善待他们。北方还有许多割据势力，我们拿李势做个榜样，让他们知道，凡前来真心投降的，我们大晋定会善待他们。"褚蒜子："嗯！如何善待？"司马昱："这正是微臣要向太后请教的。"褚蒜子考虑几分钟道："封李势为侯吧！其他人按品级封为伯、子、男，但是一律不许有部曲（指"军队"），国家好生养着他们。"

朝会时，又有臣工问对取得西伐胜利的桓温如何奖惩。褚蒜子说："桓温西伐成汉，取得全面胜利，这是天大的喜事。悬举四十六年的蜀地，今日重还晋室，应当好好庆贺庆贺。奖赏，自然要按功行事，至于如何奖赏，众爱卿可先在心里琢磨琢磨，也可以现在议论。"蔡谟"腾"一下站起来道："这次胜利，是侥幸！传说是传令官敲错了鼓，我方将士拼死厮杀，才得胜利。这且不说，当务之急老臣以为是如何治理蜀地，至于奖赏，晚些时日也不急。"……群臣正议论，忽有斥候急报桓温急奏。褚蒜子看罢递给姬秋道："念！"姬秋念道："臣凯旋，途经一县，但见这里歌舞升平，一派和平安宁，面对此情此景，臣心里感慨万千，如此岁月静好该多好！臣留恋这人间美好，更想这美好定格。故臣建议在这里建郡，郡名为'遂宁'，表示'平息战乱，达到安宁'之意。妥否？请朝廷明示。"设郡立县非小事，殿下一片哗然，褚蒜子道："多好的事！众爱卿以为如何？"台下寂然，褚蒜子问："有不同意的吗？"又是寂然，褚蒜子道："既然众爱卿都同意，那就准奏。"

太阳按部就班地东升西落，日子如水一样缓缓流淌，一切都是那么的美好。然而，美好中总会有不和谐的音符出现。这天，褚蒜子刚到书房，司马昱来了，他报说蔡谟又递辞呈了。褚蒜子摇了头道："遂宁，多好！他却闹。"司马昱："现在怎么办？"褚蒜子："依旧不准，依旧由着他，敬着他，捧着他。"司马昱："真是人越老越小心眼儿！"褚蒜子："他是几朝元老，随便他吧。"司马昱："明天朝会上议论如何对桓温等诸将士奖赏？"褚蒜子："明天再说。"司马昱再欲言表，褚蒜子道："天不早了，皇叔也回去休息吧。"司马昱告退，褚蒜子起身回显阳殿。

第六回

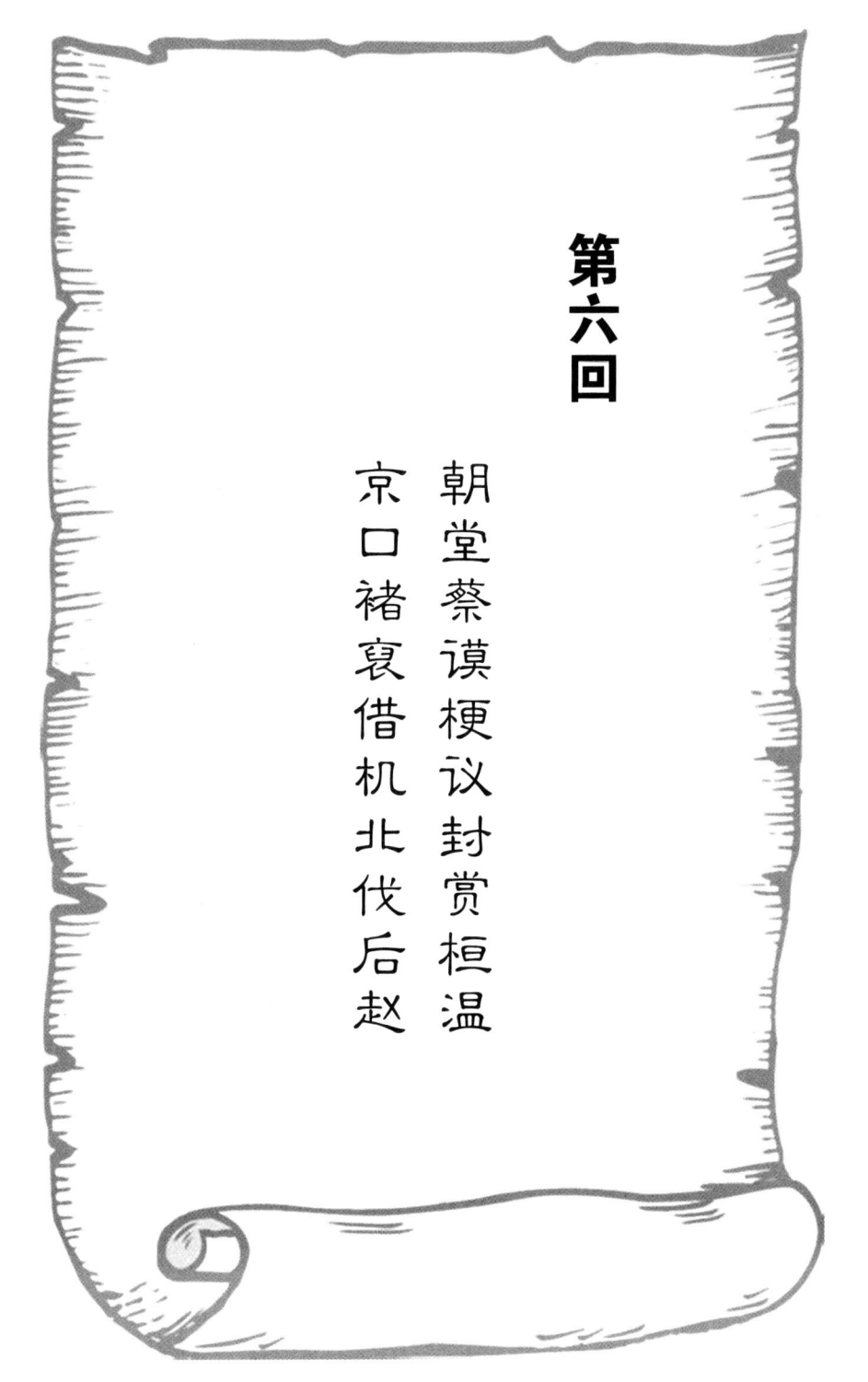

朝堂蔡谟梗议封赏桓温

京口褚裒借机北伐后赵

太极殿上，李势带领着自己的十余名亲信，亲自向东晋皇帝进献成汉地图。褚蒜子命秘书监褚歆收下，然后说："识时务者为俊杰，通机变者为英雄。李势顺天承命，顾全大局，真心投诚，是谓深明大义，封为归义侯。"李福、李佑、王幼等人也有不同的封赐。李势等人赶紧跪谢皇恩。褚蒜子又对众朝臣道："桓温伐蜀取得全面胜利，如何奖赏？请众爱卿议论。"对此次西伐，相当多的人没有想到桓温会大获全胜，想起他出征时自己的言论，不由汗颜。对于如何奖励，每个人都有不同的心思。桓温这是响当当的军功，如何奖赏，真的不好说，众朝臣都害怕当出头的椽子，皆噤口不言。褚蒜子深知大家的心思，于是道："蜀地悬国四十六年，而今桓将军收复，是一件大喜事，如何论功行赏，请众爱卿议论出个方案来。"司马昱："蜀地悬国四十六年，而今桓将军收复，是一件大喜事，当庆贺。"褚蒜子："这个自然。"王羲之："微臣还没有清晰的思路，但是臣知道，这是我朝自定鼎建康以来的大好事、大喜事！当好好庆贺！臣愿意贡献微薄之力，臣的字虽然不好，但是到底也拿得出手，臣愿写一百幅字进献给朝廷，以奖赏给有功的将士。"褚蒜子："好！太好了！哀家代表朝廷、代表西伐的将士，向王大人致以深切的感谢。"司马昱："遂宁奏报，自改名后，那里的百姓一片欢呼，并刻字立碑'遂宁永安'四字在南大门口。"褚蒜子："遂宁永安！遂宁永安！这也是哀家的心声，哀家相信这也是大家的心声，可喜可贺。即刻下诏，遂宁百姓赋税免征半年。"忽然"哎哟"一声，见蔡谟从座椅慢慢侧歪，褚蒜子忙问："怎么回事？"一旁的王彪之道："蔡谟大人好像晕倒了。"褚蒜子："快扶蔡大人去偏殿，宣太医！"两个内侍把蔡谟搀向偏殿，褚蒜子目送离去后，道："众爱卿可还有事要奏？"殿下寂然。褚蒜子心想："如果桓温西伐失败，这会儿定会热闹非凡。"她不由得摇了头暗叹："这个世上，有几人真心愿他人比自己好？尤其是与自己有关联的人。真是世道不堪，人性流俗，远处的美欣赏，身边的美撕碎。"又自劝道："算了，人性如此，给他们个发酵的时间吧。"

褚蒜子牵着司马聃走出太极殿回书房，路上，司马聃问："母后！桓将军胜利了，理当奖赏，为什么大臣好像不大愿意呢？"褚蒜子："奖赏是必需的，但是怎么奖赏？"司马聃："按功行赏呗！"褚蒜子："自然是要按功行赏，但是呢，度难把握！"又道："你知道蔡谟为什么忽然晕倒吗？"司马聃："是他年纪大了，身体出状况了吧。"褚蒜子："他不是身体出问题了，是他的心出问题了。"司马聃："儿臣不太明白。"褚蒜子没有接司马聃的话，举目环望了一下，指着一处花丛对司马聃道："看那花开得不错，咱们过去看看。"司马聃边随褚蒜子走边执着道："母后！蔡谟大人到底为什么晕倒呀？"褚蒜子："桓温西伐，他极力反对，又到处宣扬桓温必败，不想桓温却取得了全面胜利。他是几朝元老，又是你父皇之师，觉得颜面上过不去。"司马聃："他想太多了吧！他之前那话谁又当真呢？再说，不支持西伐的也不是他一个，为什么他这么偏激呢？"褚蒜子蹲下拉着司马聃的手道："彭子！这就是人心，人心最叵测，万人万心，统一起来是非常不容易的。"又眼看远方似自语道："能得到万民一心者，定是千古帝君。"司马聃："这人心好难揣测！不过也还好，这么多人就他另类，大多数人还是好的。"母子二人说着话到了花丛跟前，褚蒜子指着那花丛道："你看，这连翘和迎春开得多好。"司马聃看了半天，蒙道："母后！都是黄黄的小花，儿臣看着都一样啊！"褚蒜子笑道："再仔细看看，差别大着呢！"司马聃蹲下研究了好一会儿道："一个花六个瓣，另一个花四个瓣。一个花片是圆的，另一个花片是尖的。"褚蒜子："彭子真厉害！一下子就发现了两花的不同。"司马聃："一个是迎春花，另一个是什么呀？"褚蒜子："连翘！迎春的花片是圆的，连翘的花片是尖的。"司马聃："乍一看都是黄黄的小花，仔细一看，差别大着呢！"褚蒜子："嗯！这只是表象，其功用也有很大差别呢！"司马聃："母后先不要说，儿臣自己找。"褚蒜子欣慰一笑，司马聃蹲那儿找不同。过了好一会儿，他站起来道："母后先回吧，儿臣再看看这些花。"褚蒜子捏了一下他的小脸，转身离开。

  初春，地温尚没有上来，在外面待久了，也是感觉挺冷的，褚蒜子紧了一下披风，快步走向显阳殿。尚未进殿，便隐隐听到有笑声传来，抬眼一看，见黎辉小跑着迎了上来，对她说南康公主来了！褚蒜子"哦"了一声，黎辉又道："有一个像婢女又不像婢女的跟着，不知道是谁？"褚蒜子脑子迅速过了下，想那女子可能是被桓温收为妾室的李势妹子，只是她有点想不通南康公主是如何容下她的。正自思考，南康公主也迎了过来，向褚蒜子施礼问安，褚蒜子一把挽起道："姐姐快请起，走！咱们殿内说话。"

  座椅上的棉覆套还没有拆换，乍寒的春里透着暖，南康公主："这天，还是棉垫子好！"褚蒜子笑道："嗯！过几天再拆换。"呷了一口茶，问："姐姐一向可好？"南康公主："都很好！就是想家，想娘家！皇上呢？"褚蒜子："去式乾殿温习功课了。"南康公主："皇上也是好久没见了！长高不少了吧！"褚蒜子："快到哀家脖子这儿了。"南康公主："功课慢慢温习，别让皇上累着。"褚蒜子一边示意黎辉去叫司马聃过来，一边和南康公主说话。褚蒜子："昨儿彭子还跟哀家念叨姐姐呢。"南康公主朗声笑道："是吧！亲不亲，娘家人。"说着转头对随从侍女道："把那个玉制的弹弓拿来给太后瞧瞧。"那侍女拿出递给南康公主，南康公主捧给褚蒜子，褚蒜子接过看了看道："好精美！"南康公主道："这是桓温特意做给皇上的，用的是上好的蜀地碧玉。"褚蒜子："好！东西好！意寓更好！"南康公主："老奴西伐回来，像变了个人儿似的。"褚蒜子："怎么说？"南康公主："他得着宝贝了。"褚蒜子听她把"宝贝"两个字说得重，便猜想"这'宝贝'定是那个在她身边看着像婢女又不像婢女的女子了"。她不动声色地问："什么宝贝？"南康公主回头对那女子道："来！见过太后。"那女子赶忙起身拜道："臣妾见过太后。"褚蒜子故作不解，南康公主："这是李势的妹子，桓温那老奴把她收屋里了。"褚蒜子看了她一眼道："很漂亮！坐吧。"李夫人谢座，褚蒜子故意疑惑地看着南康公主，南康公主道："先开始那老奴没敢告诉臣妾，把她藏在别处，但纸哪能包住火？臣妾很快就知道了。臣妾生气得很，就带着几个侍女、掂着刀找了去。臣妾到了那老奴的'金屋藏娇'处，'砰砰砰'几下砸开门，进得屋内，看到她正在梳头，她没有因为我的到来而惊慌失措，都赶忙站起拜见，说'臣妾国破家亡，并不情愿到这里来。今天如果能被杀而死，倒是遂了臣妾的心愿'。我听罢心里一痛，心有戚戚然，她也是一国公主啊！又生得这么美，现在已是国破家亡，我怎么忍心杀了她，就上前抱住她说：'这么漂亮可爱的女子，我见犹怜，何况是桓温，就这样，她一口一个'姐姐'，我一口一个'妹妹'的成闺密了！"褚蒜子笑道："'我见犹怜。'难得！好！"南康公主叹了口气道："有种物伤其类的感觉，跟她共伺老奴，臣妾心甘情愿。"褚蒜子听出南康公主话里的酸痛和无奈，共情心顿起，但是瞬间赶紧回到现实，道："姐姐如果今天不带她来，万一将来查到，可是窝藏钦犯大罪。"南康公主何等聪明，即刻道："这妹子倾国倾城的，哪里像是个罪犯？恳请太后网开一面吧。臣妾本来带她来是想着回明太后的，让太后知道她从此也是咱家人了，没有想到……哎，臣妾糊涂了，恳请太后开恩，饶过她吧！"褚蒜子一笑，道："长姐都这么说了，还说什么罪过不罪过？"南康公主听罢起身拜谢，那李夫人也是自小在宫里长大，自然懂得其中奥妙，也赶紧起身，向褚蒜子、南康公主叩首谢恩。

　　褚蒜子自然知道南康公主来的目的，表面上是领李夫人拜见自己，内心深处则是希望自己帮她一把，毕竟，面对年轻美貌的李夫人，她压力是不小的。那李夫人呢，也想见见褚蒜子，从此大家一家亲，自己也不用再栖栖惶惶地过日子。褚蒜子也乐得成全，化干戈为玉帛。

第六回　朝堂蔡谟梗议封赏桓温　京口褚裒借机北伐后赵

宴席上，南康公主喝了一口酒，问："这是什么酒？这么好喝。"褚蒜子道："五加皮酒。"南康公主："这酒好，臣妾听说过！但却是第一次喝。"又道："都说这酒有病饮之活血化湿，无病饮之强身健体。今儿臣妾要喝个痛快。"褚蒜子笑了笑还没有说话，却见李夫人不亢不卑道："这个酒名声在外，臣妾也听说过，也是今天才得以品尝，真是万分荣幸。"又道："臣妾还听说这酒有一个美丽的传说呢！"司马聃一听来了劲了，忙问什么传说？李夫人娓娓道："传说凡人致中和勤劳善良，会酿酒，东海龙王的五公主听说了，下凡到人间，与致中和相识相爱，后来，他们结婚了。婚后，五公主提出要酿造一种既健身又治病的酒，致中和感到为难。五公主让致中和按她的方法酿造，并按一定的比例投放中药。在投放中药时，五公主唱歌道：'一味当归补心血，去瘀化湿用姜黄。甘松醒脾能除恶，散滞和胃广木香。薄荷性凉清头目，木瓜舒络精神爽。独活山楂镇湿邪，风寒顽痹屈能张。五加树皮有奇香，滋补肝肾筋骨壮。调和诸药添甘草，桂枝玉竹不能忘。凑足地支十二数，增增减减皆妙方。'这首歌中含有十二种中药，便是五加皮酒的配方，为其取名'致中和五加皮酒'。酒问世后，黎民百姓、达官贵人纷至沓来，捧碗品尝，酒香飘逸扑鼻，生意越做越好。"见李夫人话这么多，南康公主岔话道："说到酒，臣妾想到谢奕，他可真好玩。"司马聃："姑母说说。"南康公主："他和桓温那老奴自小就好，两人没大没小不讲究。谢奕喝酒，每次喝还要拉上桓温一起喝，那老奴不善喝酒，便东躲西藏，他呢，便穷追不舍。常常追得老奴跑到臣妾那儿，那谢奕见到臣妾，方嘟囔着'老兵哪去了'，返回。"褚蒜子体悟到南康公主心里的苦，道："可是姐姐面子大呢！要是换别人，他可该骂了。姐姐可知道王述？"南康公主："知道啊，那可是个有名的暴躁人儿。"褚蒜子："他在谢奕那里是小儿科，有一回两个人因为什么事意见不合，谢奕性子上来了，站起来指着王述的鼻子骂了半天，那王述只面壁不吭，等谢奕火发完了，他才转过身来和他好好说话。"南康公主："这也是一物降一物！你看这妹妹不仅降了那老奴，也把我降了。"李夫人赶紧道："姐姐说笑了。"褚蒜子："也非说笑，用'物以类聚人以群分'也合适，两位公主说是吧。"李夫人吓得赶紧站起来道："太后！'公主'二字臣妾不敢当。"褚蒜子："别想太多，一家人，坐下吧！"李夫人才坐下说话。

宴席结束后，褚蒜子请南康公主喝茶，其间，褚蒜子说："先帝在时常跟哀家念叨姐姐，说姐姐就是一只金鹊，小时最喜欢捉蜻蜓了……"南康公主："小时淘气，有一次为了捉蜻蜓还毁了一身新衣裳，被母后一顿好训呢。"褚蒜子笑了笑，转头对黎辉道："把那步摇拿来，送给两位公主。"黎辉忙去取了两支过来，褚蒜子拿出一支"金鹊衔蜻蜓"递给南康公主，一支"蜻蜓欲飞"送给李夫人。南康公主端详着"金鹊衔蜻蜓"步摇，打心里感激这个弟媳太后。心说："本公主一定要督促我家老奴好好效忠朝廷。"李夫人自然明白其中寓意，心里苦道："没有国家当如此吗？"想归想，做是做，二人听闻褚蒜子问话，赶紧跪下叩首谢恩，褚蒜子："都不是外人，没那么多礼节，快起来吧。"两人起来后，南康公主道："太后！臣妾这次来，主要也就是带她来见见太后，也顺便去南弟家看看。今儿时间也不早了，臣妾回吧。"褚蒜子："好！姐姐代哀家问南弟姐姐好，请她有时间到宫里来玩。"南康公主起身道："好！等三月三，我约上南弟一起来宫里看太后。"褚蒜子也站起来道："哀家送姐姐。"

　　送走南康公主她们，褚蒜子顺脚来到御花园，看着花花草草，褚蒜子不由想："人若如草木皆向世间绽放美丽该有多好！"不经意一个趔趄，一只脚从石子漫的甬道上踩到了花草间，飘飞的裙带落到了刺梅花上。褚蒜子下意识中一提，只听"刺啦"一声，她以为衣服烂了，没想却是黎辉看她趔趄，急着上来扶她，走得急，是她的衣服带子挂着刺梅枝被撕破了，褚蒜子笑道："这衣服唱双簧呀！"黎辉："衣服也有灵性，那叫什么'万物、万物皆有灵'。"褚蒜子笑了笑，没有接话，她又在想如何大赏桓温的事，"大了，门阀士族不会同意；小了，对不起征战沙场的将士。如何避免顾此不失彼呢……"她就这样慢慢地在御花园走着、权衡着，不知不觉天将黑了，黎辉一边把披风给她往身上披，一边说："太后！回吧，不早了。"褚蒜子说声"好"，扶着黎辉往回走。

　　早朝，看着殿下冠袍带履的群臣，褚蒜子道："西伐大获全胜有些日子了，如何奖赏还没有定论，今天，务必拿出个方案来。"朝臣们认真思虑了好些天了，也都有话要说，司马昱道："桓将军此次西伐，成功地收复了悬离四十六年的故土！这是几代人的心愿，桓将军而今收复，功莫大焉，臣以为应大加赏封。臣以为应该把豫章郡封予桓公，豫章郡是国之重郡，担负着北门户的重任，由桓公在，可以无忧了。"褚蒜子没有想到司马昱会提出给桓温一个如此大的郡，估计群臣也以为这个奖赏有点大，没有附议者。褚蒜子正欲让大家畅所欲言，只听荀蕤道："微臣不同意司马昱大人的提议！试问桓温将来收复河洛，朝廷将赏他何地？"蔡谟："如果这次把豫章大郡封给了桓温，将来桓温收复河洛，朝廷拿什么封赏他？"褚蒜子："爱卿认为如何封赏？"蔡谟："老臣以为把临

第六回 朝堂蔡谟梗议封赏桓温 京口褚衰借机北伐后赵

贺郡赏给桓温，封他为临贺郡公足矣！"太极殿又是一片静寂。褚蒜子："司马昱大人以为如何？"司马昱："如果只把临贺郡封赏给桓将军，臣觉得有些不够公允，臣提议再加封桓温为征西大将军。"荀蕤、王彪之、曹秀、顾和、刘强等都附议。王羲之觉得这样的奖赏有点小，他上前一步道："太后！微臣以为还应加赐桓将军开府仪同三司的荣耀。他建了这么大军功，不如此恐怕会了寒后来者的心。将士们为国家浴血沙场，心里渴望的不就这些吗？"面对众口不一的意见，褚蒜子想了一会儿道："封桓温为临贺郡公、兼征西大将军、开府仪同三司。加谯王司马无忌为前将军，袁乔为龙骧将军、封湘西伯。众爱卿可还有异议？"众朝臣皆无异议，褚蒜子又问："众爱卿可还有建议？"司马昱："臣建议是年大赦！"褚蒜子："准！"

褚蒜子刚到书房，蔡谟就跟来了，他道："太后！老臣不明白！太后为什么如此扶持桓温？"褚蒜子不置可否地"嗯"了一下，蔡谟接着道："刘惔的话太后忘了，桓温这个庶子不能显耀，假以时日，朝廷镇不住他。"褚蒜子："蔡大人之意呢？"蔡谟："他娶李势的妹子，往大里说可以治他个窝藏之罪！功过相抵，不奖不罚正好。"褚蒜子知道他抑制奖赏桓温，但没有想到他如此过激，便笑道："可是奖赏已在朝堂上公布过了啊，"蔡谟："再公布一次就是了。"褚蒜子心里暗骂了一句，道："这样会让有功之士寒心，再说，南康公主已向哀家禀报过了，再去追究，出尔反尔，怎么面对众人？"蔡谟想了半天道："老臣只怕……"褚蒜子打断他道："不怕！只要有蔡大人在朝堂站着，哀家什么都不怕。"又道："蔡大人是几朝元老，桓温再怎么样，也要看您的面子！此次奖赏，蔡大人提议给他临贺郡，非常妥当，蔡大人一提议，朝臣们皆当堂同意，这是蔡大人公允，才能得到众朝臣的共识。如果像司马昱大人说的那样把豫章郡给了他，那才是一碗水没有端平，您说呢？"这高帽让蔡谟心里产生了莫大的满足感，他道："太后说得对！是老臣糊涂了。"褚蒜子："蔡大人！皇上年幼，很多事还有赖蔡大人多加指导。"蔡谟："太后放心！老臣万死不辞。"褚蒜子："蔡大人身子怎样？哀家叫人再送些药过去，您要快快地把身子调养好。"蔡谟："有劳太后操心挂念！上回给的药还有呢，加上这些日子的调理，好多了。"褚蒜子："蔡大人还有别的事吗？"蔡谟："没有了！老臣告退！"看着蔡谟离去的背影，褚蒜子苦笑着摇了摇头。

蔡谟从书房出来，刚好碰见司马昱过来，他忙问："王爷这是？"司马昱："在下去找太后禀报些政务。"蔡谟："我正准备找您呢，可巧在这儿遇见您了。"司马昱："什么事？"

蔡谟："您先去，我在政务堂等您。"

　　司马昱找褚蒜子是要说桓温的事，此时，褚蒜子也正思考桓温的事，她想："桓温私纳李势之妹的事，说大也大，说小也小。说大，是因为她乃朝廷要犯，须要申报朝廷再做安排，桓温想要她，可以通过朝廷赏赐得之。说小，她乃属于战利品，桓温将其纳为妾，也说得过去。只是李势之妹是成汉公主，情况特殊，朝廷因此说他私自窝藏罪犯也不为过。"又想："此事南唐公主已经汇报过了，自己也默认了，能怎样？如果再交给朝臣，可不是没事找事？桓温西伐，上表即行，虽然她知道他是怕错失机会，但确实在行为上给人留下小觑朝廷的把柄。"想到"桓温小觑朝廷"，褚蒜子摇了摇头，无奈地笑了一下，"小觑朝廷是杀头之罪，我还能借此把他杀了？肯定不能！这个过节提都不提才是最好的选择。可是，不提则是在纵容他，他有第一次，就会有第二次、第三次，尽管他上奏说是为时机所迫，怕一旦错失，时不再来，可是，再急，也要等到朝廷的旨意才好"。想到这儿，褚蒜子自嘲地笑了起来，自己原本就有意逼迫他擅自西伐的嘛。

　　司马昱来到书房，褚蒜子仍在遐思中，司马昱叫了两声"太后"，她才醒过来。问何事？司马昱有点吞吐道："太后！桓温，臣觉得……"褚蒜子："皇叔请直言！"司马昱遂道："太后！桓将军功高，谁与之抗衡？"褚蒜子："哀家也正思考这个问题，皇叔的意思呢？"司马昱："臣推荐殷浩！他的名望足以与桓温抗衡。"褚蒜子没有接话，殷浩这个人她的父亲也推荐过，说他名望高、有才华、思维缜密。只是他是个清谈家，褚蒜子对他怀疑，毕竟前朝王衍的事儿还是昨天，她怕重蹈覆辙，她在心里搜检了一下道："荀蕤荀大人、蔡谟蔡大人怎样？"司马昱："臣以为，他二人不足以抗衡桓温。但是他二人可以辅助殷浩共同抗衡桓温。"褚蒜子："详细说来。"司马昱："荀蕤荀大人性格直爽，敢说敢为，但是他志大才疏，只怕能力不及。蔡大人是一个顽固的反战派，用他来抗衡桓温，臣觉得有些过激，在桓温西伐之前，他就与桓温死磕，以为桓温根本没有得胜的可能，而今桓温西伐全面胜利，他依旧很不认可，私底下说桓温取胜完全是侥幸。再者，他年岁大了，只想晚年安逸，兴邦建国的事，臣担心他激情不够。"褚蒜子："王彪之王大人、刘惔刘大人呢？"司马昱道："王彪之有点老滑头，不好！刘惔虽然清明远达、清谈名家，但是在个人名望上，他与殷浩比差远了。"褚蒜子："王羲之呢？"司马昱："王羲之是主战派，他心里非常认可桓温，起不到制衡作用啊。"褚蒜子"嗯"了一声，脑海开始检索朝臣，只听司马昱又道："臣也把朝中大臣掂量个遍，也只殷浩最适合与桓温抗衡。当然，臣也担心殷浩，所以，臣有个不情之请，希望谢尚谢大人与褚裒褚大人和殷浩一起抗衡桓温，殷浩在明，谢大人和褚大人在暗。这样才能更好地保持时局平衡。"褚蒜子："这个，让哀家考虑一下！"司马昱："臣还有一事禀太后，就是人才的任用选拔上，臣以为对元老级别的大臣比如蔡谟等，应丰禄优待，对年轻贤臣应提拔重用，尤其是功臣的儿子。臣在招掾属时，特意把蔡谟蔡大人的儿子蔡系招在我那儿担任长史，王述王大人的儿子王坦之在我那儿担任司马。另，庾氏旧部也是一股可以抗衡桓温及平衡时局的力量，比如毛穆之、毛安之兄弟，范汪等，再有周抚、邓逸、谢万、荀蕤、郗愔等。当然如果谢安能够出仕的话，一切就太好了……"褚蒜子："那就以殷浩为首，谢尚、褚裒从之辅之？"司马昱："臣以为目前这样最好！"褚蒜子没有说话，过了一会儿，她道："哀家考虑一下再说，你先回吧。"

司马昱匆匆回到政务堂，看到蔡谟正翘首等他，他说："蔡大人！不好意思，让您久等了。"蔡谟："没事！我这儿也是边办公边等您。"司马昱："说吧！什么事？"蔡谟："与您的建议有关，还关联着两名大员呢？"司马昱："到底什么事？"蔡谟："永嘉太守谢毅于大赦后处死当地人周矫，被周矫堂兄向扬州州府告发。殷浩因此收捕谢毅，将其送交廷尉，但王彪之则以谢毅无爵位，不是廷尉职责为由，不肯接受。"司马昱："为什么不接受？"蔡谟："王彪之说谢毅不够资格！"司马昱："殷浩怎么说的？"蔡谟："喏！这是奏章！"司马昱接过奏章欲看，蔡谟伸手给合上道："先不说这个，说说庶子。"司马昱："如何奖赏朝堂议论决定的，当时蔡大人也在场，封其临贺郡也是蔡大人提议的。"蔡谟："我是说以后！以后，谁与之抗衡？"司马昱："有太后在！我等不用为之操心。"蔡谟见他跟自己藏掖，不由生气道："你这话说的！"司马昱正要解释，忽然见一人影过来，一抬头，见是王彪之，忙招呼道："王大人到了？"王彪之："二位大人好。"蔡谟："真是说曹操曹操到！"王彪之："不办正事，背后嚼我干啥？"司马昱笑道："嚼你为什么不接受谢毅。"王彪之头也不抬道："他级别不够。"蔡谟揶揄道："是级别不够还是想徇私情？"王彪之正气凛然道："那周矫原本就是十恶不赦之徒！因为他惩罚一个好官，我不干。"蔡谟："可是他违背了圣旨啊！"王彪之："我也没有违背王法啊！"司马昱："殷浩级别够吧！"王彪之道："我又不收殷浩！"司马昱："王大人，殷浩为此上奏章了，大事化小，小事化了吧。"王彪之怼道："叫他上，我等着！我行得正走得端，走了！"说罢转身离去，留下蔡谟、司马昱在那面面相觑，过了好一会儿，司马昱道：

"禀太后吧！这事你我处理不了。"

司马昱、蔡谟、殷浩一起来到书房，褚蒜子放下手里的卷宗问："三位大人一同到，可有什么大事？"殷浩："太后！朝廷大赦期间，永嘉太守谢毅处死了周矫，周矫的哥哥上告，臣按律收押了周毅交由廷尉，廷尉王彪之拒收！"褚蒜子："王大人为什么不收？"司马昱："周矫实乃十恶不赦之徒，周毅处死他是为民除害，但是因为大赦，却违背了朝廷圣旨，周矫的哥哥取巧，借机闹事！"褚蒜子："殷大人的意见呢？"殷浩矫情道："太后！违背圣旨是大罪！"蔡谟："就是！王彪之不收，这不是给人以口实，让人觉得朝廷圣旨如同儿戏！"司马昱："难道真的叫王大人给周毅定个死罪？为恶人周矫抵命？"殷浩："王子犯法与庶民同罪！"褚蒜子："好人为坏人抵命？哀家亦不忍呐！"司马昱："太后！臣有个主意。"几个人侧耳，他继续道："走走过场，不了了之。"褚蒜子看着蔡谟、殷浩问："行吗？"二人对望了一眼，点头称是，褚蒜子："那就这样吧！明天朝会后宣王彪之来见。"

朝堂上说起南郊祭天的事，褚蒜子让群臣各抒己见，司马昱道："南郊祭天是帝王大礼，臣以为要大赦天下。"王羲之一听又要大赦，不禁担心他赶紧道："刚大赦过，又大赦？不合适吧。"蔡谟："按照祖制，要大赦。"王彪之："臣建议不要大赦了，这更会助长别有用心的人趁郊祀大赦的机会犯罪。如果事事按照祖制，每年郊祀都要大赦，这岂不是故意给那些人创造犯罪的机会？"王羲之："对！王大人说得对极了！"褚蒜子："王大人说得极是！今年南郊祭天不再大赦。"

王彪之来到书房，礼毕，问："不知太后诏见臣何事？"褚蒜子："永嘉太守周毅的事。"王彪之一听高声道："太后！那周矫原本是一个十恶不赦之徒，借着大赦胡作非为，周毅杀了他是为民除害，这样的好官，我们为什么要加害呢？"褚蒜子："可是！如果不意思一下，大赦岂不成了儿戏？"王彪之倔强地说："臣不愿惩处好人！"褚蒜子："哀家知道他是个好人，你也是个好人，难道就没有两全其美的法子吗？"王彪之敷衍道："有！干打雷不下雨即可。"褚蒜子道："那就干打雷不下雨。"王彪之："太后？"褚蒜子看着他道："哀家觉得你这个法子不错。"王彪之怔了一下道："臣明白了。"褚蒜子对他笑了笑，示意他可以走了。王彪之边走边想：为什么我知道的法子非要太后肯定后我才放心地去做呢？为什么？……

国家之事，一日万千。这天，褚蒜子正思考殷浩之事，犹豫着要不要下诏给他，忽

第六回　朝堂蔡谟梗议封赏桓温　京口褚衰借机北伐后赵

报说殷浩的父亲殷羡死了，殷浩上书告假回去守孝。"百事孝为先"，这没得说，褚蒜子立准，并按制发放丧葬费用。然后与司马昱等商议让褚歆暂代殷浩之职。

消息传到荆州。桓温问派谁去吊丧，习凿齿推荐车胤，桓温道："车胤太年轻，他去恐怕殷浩会不高兴，他这个人表面上大度，实际上骨子里计较得很。"习凿齿："车胤虽然年轻，但他是大家公认的大学问家呀！"桓温想了一下道："谢奕吧！谢奕去，他会觉得倍儿有面子。"谢奕哈哈一笑道："好，我去！去会会这个冉冉升起的新星。"桓温笑道："老老实实地吊唁！别闹出什么花样。"谢奕白了他一眼道："切！用你说啊！"

殷浩以为桓温会亲自前来吊唁，没想到却是派了谢奕为代表，心里很不是滋味，暗下决心道："等我三年守孝期满重返朝堂，一定好好收拾你这个眼里没有老子的庶子。"这个殷浩，真是自大，他只知道自己有名望，却全然不知道桓温的名望远在他之上。他只知道自己是清谈名流，全然不记得桓温是收复成汉的国民大英雄。

成汉收复后，晋廷国威大增，其他国家也都不敢轻易冒犯，一时间岁月静好。由于没有什么大事，褚蒜子便决定把一年一度的拜谒皇陵做得声响大些，太平之地吸引人、安好时光人往之，黄河以北的民众更是把这里当成了天堂，为了逃避战乱之苦，那里的百姓不断涌向建康这边。他们衣、食、住、行之安排，朝廷皆有成功的经验，按说也不是什么大事，可是今年涌来的人实在太多，超过往年几倍，朝廷在这块的财政支出有些吃紧，司马昱建议能否让众朝臣蠲献一个月的俸禄，以安灾民。褚蒜子道："民离故土，多是因为故土难安，朝廷没能给他们一个安乐家园，是朝廷的错。他们是我们的基石，必须想办法妥善安排。司马大人的提议很好，哀家自愿蠲献两个月俸禄。"褚蒜子话音刚落，司马聃道："朕也蠲献两个月的俸禄。"群臣见状，即使有不情愿者也都赶着蠲献。褚蒜子："众爱卿善德大爱，国之幸也！民之幸也！"又道："这些善款，交由户部管理，希望户部在安顿灾民这块继续做出自己的努力。"时有蔡谟站出来建策道："前年征战，今年灾民，国库空虚，老臣建议应该减少不必要的开支。比如前天拜谒皇陵，花费了多少钱？这样的事大不可一年一次，旧制皇后只要在太庙拜谒就行了，不用拜陵。拜谒皇陵花费许多人力物力，不如把力量用到急需要的地方。"这种事原本也不是年年大办，褚蒜子见他如此说，哏也没打直接道："蔡大人言之有理，准！"只听司马昱又奏报说："林邑国的军队进攻九真郡，当地的士兵百姓被杀了十之八九。"司马聃忍不住道："林邑小国，竟然如此猖狂！派兵灭了它。"王羲之："林邑蛮夷之地，人性顽冥不化，自古便是你强他弱,从来都是偷取强掠。这次来犯,定是蓄谋已久,才打了我们一个措手不及,导致损失惨重。皇上说得很对,臣也建议灭了这个弹丸小国。"蔡谟:"老臣不同意王大人所言,林邑太远,鞭长莫及,不如让其当我大晋的藩国。臣建议给林邑来个大兵压境即可,让他们不战自败,我们可以达到兵不血刃的结果。"王彪之:"林邑这次实在可气,但是,臣建议做好两手准备!称藩自然好,不称藩便灭之!"褚蒜子:"谁去合适?"刘惔:"臣以为桓将军去最合适。"王羲之:"臣以为桓温将军去有种杀鸡用牛刀的感觉。"刘惔:"桓将军刚刚拿下成汉,威名正盛,他去,可以事半功倍。"褚蒜子想了一会道:"林邑之事就交给桓伊负责,桓温及其他人做驰援准备。众爱卿可有异议?"群臣无他议,皆曰:"太后英明。"

　　朝会结束后,朝臣们鱼贯而出,司马昱紧走几步追上刘惔道:"真长兄!借一步说话。"两个人来到偏殿旁的小花坛附近,刘惔问:"什么事?神神秘秘的。"司马昱:"蔡老头这段时间情绪不佳,你去拜访他一下吧。"刘惔眼一睁眉一皱道:"我最不喜欢他那种因循守旧、顽固不化的做派,我去拜访他?"司马昱:"他是几朝元老,他的位置别人代替不了。"刘惔:"所以你想让我屈就去抬抬他,让他老老实实地坐那儿?"司马昱:"真长兄够哥们!"刘惔:"我答应了吗?"司马昱:"两桶羊羔美酒、两桶九酝春酒。"刘惔:"我自己单薄,到时候带王濛一起去。"司马昱:"每样各两桶!"刘惔:"成交!"司马昱呲牙道:"我这可是假私济公啊!"刘惔:"得了便宜还卖乖,不去了!"司马昱笑道:"你呀!真是!真长兄更是假私济公,咱们都是假私济公。"刘惔:"这才是个话,放心吧。"刚走了一步又回头道:"今儿你想请我吃饭吗?"司马昱:"今儿不可,改天。"刘惔坏笑道:"你不怕我不去?"司马昱笑道:"不怕!我已把酒虫放你肚子里了。"

　　蔡谟知道王濛、刘惔历来很轻视自己,所以跟他们也是面子的交谊,蓦然见他们来拜访,有点吃惊,但还是以礼相待,可是,他们谈了很久,终是疙疙瘩瘩意难平,末了刘惔道:"您自己说说您比王衍怎么样?"蔡谟:"我不如王衍。"王濛和刘惔相视一笑,刘惔:"您什么地方不如他?"蔡谟:"王衍没有你们这样的客人。"这可尴尬了,两个人一时不知如何接话,蔡谟也不理会,只顾喝茶,刘惔、王濛二人也只好端起杯子喝茶。三个人就这么默默地喝了一会儿茶,王濛道:"蔡大人说话太幽默,在下一下子不知道如何接话了。"刘惔也道:"是啊!不带这么玩的。"蔡谟一脸苦楚道:"二位大人把话已带到,就请回吧。"蔡谟的行为让刘惔想骂人,想想算了,跟他个计较什么?他

第六回　朝堂蔡谟梗议封赏桓温　京口褚衷借机北伐后赵

站起来就要走，王濛也站起来道："我们就这样不欢而散？"蔡谟坐着没有动，道："还想我留您吃饭？"二人知道不能再说什么，赶紧告辞。

褚蒜子正在闭目养神，李宁来了，她不敢妄自叫醒她，便站着等她，岂不知褚蒜子早知她来了，闭着眼道："说吧。"李宁遂道："太后！那后赵石虎昏庸淫逸，无德无道，其子比他更甚，民心尽失，民怨甚重，又萧墙祸起，离大乱不远了。"褚蒜子见李宁说得急，道："说慢点！"李宁顿了一下继续道："石虎不顾与燕正在交战，大规模扩建行宫，从邺城到襄国二百里地，他要求每隔四十里建一个行宫，且行宫要装满美女，美女不够就到民间搜抢，他弄了数十万美女，有的是母女，有的是人家的媳妇，总之，只要有姿色，他必抢来，稍有一点儿反抗，立马刀起头落，弄得家家户户大白天也不敢开门。为了避免被抢被糟蹋，很多女人把锅底灰抹在脸上以防不测，还有自毁脸庞、上吊自尽的，惨状不忍细述。有一回，他在路上看到一少男少女，以为他们是夫妻，淫心顿起的他让他们当面交媾。少男少女说他们是兄妹不是夫妻，石虎狂笑说：'我说你们是夫妻就是夫妻，快，行动起来！'这对兄妹以为他是个疯子，不理他，竟自要去，他却上去一刀，砍杀了他们，然后淫笑着让手下把他们的尸体摆成交媾状态。"褚蒜子："真是离亡国不远了！"李宁："比这更甚的还有！"褚蒜子示意她接着讲，她继续道："石虎建造行宫的同时又在襄国建造太武殿，又营建洛阳、长安行宫。动用民工四十多万人。太武殿建成后，屋瓦都用金子，楹柱都用银子，珠帘玉璧，巧夺天工。床是白玉的，酒杯是水晶的，筷子是象牙的……其奢华令人咋舌。他派人教抢来的女子占星、骑马、歌舞、天象等各种技艺，让她们佩戴珠玉、身穿绫罗绸缎陪他打猎、喝酒、游山、玩水。邺城发生了严重的旱灾，民无积粮，到了一斤金子只能买二斗米的地步，饿死的饥民到处都是，可是，石虎对此视而不见，仍要耗费几千万两银子在邺城南面的漳河上凌空建一座飞桥，又想在黄河的灵昌津上建造大桥，可是黄河流水湍急，投入河中的石头全被冲跑了。两座桥皆没有建好，石虎怨怒工匠，把负责这两座桥的工匠全部杀了。他要把洛阳城的钟、铜驼等搬到邺城，运输过程中有一口钟沉入黄河，他不惜重金招募三百多名水性好的人推车潜入河底，用粗大结实的绳子把钟捆扎在车子上，然后用一百头牛牵引车子，把大钟拉出水面。然后又令人建造可以载重万斛的大船，把钟、铜驼等运到邺城。其大臣见他如此奢靡荒诞，便苦劝，可他根本不听，并说：'即使早上建成，晚上崩塌，我也没有遗憾'，他说他这是'兴尽而返'。为了个人享受，他搜刮国内的金银玉帛，从别国购买的各种宝物亦是不可胜数，可他还嫌不够用，又派人把前代的陵墓一个个挖开，殉葬品全部搬出来为自己所用。"褚蒜子："他这是想'雪夜访戴'，结果成了'东施效颦'。"李宁："是！他们是一代比一代坏。石虎残暴荒淫已是极致，他的儿子们比他更甚。他的第一个太子石邃，经常挑选几个漂亮的小妾，亲自为她们化妆，打扮得像仙女下凡一样，然后挥刀砍下她们的脑袋，洗去上面的血污，放在盘子里，前后左右仔细观看，感觉不错，传给下属轮流欣赏，然后评选那个头最好看。他常派人到外面寺庙找一些清纯秀美的尼姑，召进宫中，和几个心腹当场奸淫她们，然后全部杀死，把她们的尸体放到锅里和牛肉、羊肉、猪肉一起煮，熟了分给手下人吃。他还有一个癖好，就是常在半夜带着一批侍卫突然闯进大臣的家里，然后当着大臣的面强暴他们的妻妾子女。石邃想篡位，预谋暗杀石虎，被石虎发现，石虎遂杀了石邃及妃子、小妾共二十六人，把他们合葬在一口棺材内。又杀掉同党二百余人。石虎的第二个儿子石宣暴虐荒淫不亚于他，嫉妒之心有甚于他，因为石虎说过喜欢石韬，石宣便设计杀了他。石虎知道后，逮捕石宣，把他用在石韬身上的伤痕在他身上依次砍了一遍。然后又把他活活烧死，就此，他还不解恨，又派人把他的骨灰分别放到各个城门的十字路口，任来往的人践踏。又下令将石宣的妻子儿女九人全部杀掉，石宣最小的儿子刚刚几岁，石虎平常很喜欢他，他抱着这个小孙子泪如雨下。临杀前，那小孩也知道自己将被处死，抱着石虎的腿不走，号啕大哭：'这不是小儿的罪过！'石虎心如刀绞，泪满衣襟，准备赦免他。手下大臣担心遗留后患，抢过孩子抱走。小孩拽着石虎的腰带大哭，哭声传遍广场，石虎身上的腰带都被他拽断了，可最终还是被拉出去杀了。在场的人无不掉泪。然后，石虎又把东宫的五十多名亲信、三百多名侍卫全部车裂，尸体投入漳河，又把东宫改成畜牧场，十多万东宫兵士全部流放。立十岁的石世为太子。石虎经此打击，一病不起。后来他的精神支柱佛图澄羽化，又给了他沉重、致命的打击，有准确消息说他的生命已临近终点。"褚蒜子听罢不由道："收复中原的时机来了！"

由谁去收复中原？她第一个想到是桓温。一是他是当时军界最有才能的人，二是他有收复成汉的经验。在真刀实枪面前，名士再风流，嘴巴再会说，一点用没有，打仗不是纸上谈兵。

桓温当然也知道这是一个平定中原的绝佳机会，石虎一死，他便上书要求北伐，可是，却受到了司马昱、蔡谟等人的抑制。司马昱在纠结、在犹豫让不让桓温北伐，他拿

第六回 朝堂蔡谟梗议封赏桓温 京口褚衰借机北伐后赵

不定主意。他和桓温的私交不错，但是私交归私交，还是要以国事为重。他与蔡谟商量，刚到一起的两个人尚未开口说话，便有内侍说褚蒜子传他们到书房议事。二人来到书房，看到褚蒜子正和司马聃看版图，见二人过来，她问道："桓温已数次上书请求北伐后赵，是时候吗？"蔡谟："老臣感觉不是时候！后赵生猛顽劣，骁勇善战，虽然传说他内部乱了，可是自古哪国的内部又真是一团和气呢？后赵之乱，也许是他们想让我们看到他的乱，借以引敌国轻举妄动，他们来个门前捞食儿也说不准！就是真乱，百足之虫，死而不僵，拿下也不是容易的事！不如我们闭关锁国、养精蓄锐，以待时机。"司马聃："这难道不是时机吗？如果一直等，何日能够平定中原？"蔡谟："皇上！您还小，您一时可能还弄不明白个中的厉害！"褚蒜子："哀家觉得皇上说得有理，机不可失，时不再来！"蔡谟："这要冒多大的风险？输了可就不好玩了。"司马聃："赢了呢？"褚蒜子："只要我们不做输的准备，就不存在输。"司马昱："对！只要我们做好充足准备，即便输，也是赢！"司马聃："就是嘛！不试怎么就知道一定不行呢？"蔡谟："老臣是担心……"褚蒜子知道他又想针对桓温，便打断他道："今天就先说到这里吧。"司马昱、蔡谟告退。

司马昱年轻，走路快，蔡谟有点跟不上。司马昱见状，放缓了脚步，正要说话，蔡谟却道："我感觉太后要让桓温去的意思？"司马昱："我也觉得桓温最佳！可是，心里又有点担心。"蔡谟："假如桓温赢了，朝廷会怎样？如果朝廷乱了，和输了又有什么两样？"司马昱："这也是我担心的。"蔡谟摇着头道："难啊！难！"司马昱："晚上来我府里喝茶吧。"蔡谟："什么好茶？"司马昱："刚从宁州弄的，茶汤红艳香浓。"蔡谟："诱惑得我现在就想去。"司马昱："好啊！一起吃饭。"蔡谟："那能说风就是雨啊，吃了饭就去。"司马昱："好！我煮好茶等您。"说完二人各自回家。

蔡谟来到司马昱府上，司马昱刚把茶煮好，他给蔡谟倒了一杯，蔡谟喝了一口，品了半响道："甘甜香醇，好茶！好茶！"司马昱笑道："一会儿送您一些。"蔡谟忙道："夺人所爱，不好意思啊！"司马昱："共享所爱，放大所爱。高兴！心里美！"蔡谟："那我就不客气了！"两人又闲话了一会儿，司马昱道："后赵石虎亡后，其国四分五裂，正是北伐平定中原的大好时候，蔡大人以为谁可当此任？"蔡谟呷了一口茶道："依我说不伐！伐啥伐？才过几天太平日子？"司马昱："看这形势能不伐吗？"蔡谟叹了口气道："伐不伐是个问题，谁去更是个问题。"司马昱："按说桓温最合适，他若出马，平定中原应该是没有问题的，可是，可是……"蔡谟打断道："可是你又怕他会成为第二个王敦！"司马昱没有说话，蔡谟继续道："道万兄忘了刘惔的话了？他和桓温可是连襟。桓温不能放在重要位置！在他羽翼未丰满的时候，一定要压制，不然，到了尾大不掉的时候就难办了。"司马昱："怎么跟太后讲呢？"蔡谟："如实讲！在下愿意同道万兄一起跟太后讲。"司马昱喝了一杯茶道："好！那咱就约个时间一起见太后。"

送走蔡谟，司马昱一个人坐着沉思："桓温是我鼎力扶持上去的，而今他发达了，我却又要找人制衡他。"他叹了口气："为国家计，不制衡他也不行啊！国家姓司马。"两人一起茶话、一起狩猎、一起上朝等美好画面不时映在脑海，"那会儿，两个人多好，这会儿……"司马昱不觉心烦，遂对自己道："头疼，不想了。"

褚蒜子收到父亲褚裒给她的密函，说他想带兵北伐，这让她有点为难。她心想："父亲北伐后赵，我心里可是一点底也没有。父亲几乎没有带兵打过仗，他清谈可以，如果真的上了战场，我真心后怕。"时有黎辉送养生汤过来，褚蒜子摆摆手，示意她退下。她想到褚裒信里说："前时已派前锋督都王颐之等人直接前往彭城，后又派督护糜嶷进据下邳，如今应该迅速发兵，以造成强大的声势。"她心说："父亲这次也是用心了！明天让朝臣议论再说吧。"

这天早朝，大臣们来得都很早，后赵石虎的死讯刺激着他们的神经，多少年的仇终于有机会报了。朝臣们皆如孩子一样议论着由谁领兵北伐，随着姬秋一声"皇上驾到！太后驾到！"，朝臣们迅速列班就位，寂然无声。礼毕，褚蒜子道："后赵石虎亡故，其内大乱，想必众爱卿都已知道了。这是平定中原的大好时机，我们当如何？请众爱卿议论出个方案。"王羲之道："平定中原是我大晋几代人的心愿，今日后赵石虎亡故，其内大乱，这是上天助我大晋光复中原的绝佳机会。臣鼎力支持北伐！"蔡谟："后赵石虎亡故的确是值得庆贺的事，但是如果因此贸然北伐，恐怕会给朝廷带来忧患。自古能够顺应天意、掌握时机把百姓从艰难困苦中拯救出来的事业，如果不是最杰出的圣人和英雄是不能承担的。我们不如老老实实地衡量一下自己的德行与力量，看能否与之战？那羯胡凶狠蛮横杀戮成性，恐怕不是我朝当今的贤达之辈就能办成的。如果非要开战，也会是步履维艰，这种以劳民伤财为代价来炫耀个人的志向，不足取，到最后还会因为才能平庸、见识粗陋，难以遂心，结果是财力耗尽、智慧窘困、勇气全无，只给朝廷留下不可收拾的凌乱和忧患。"蔡谟的话让司马聃感觉非常不好，他不由道："如果大家都这样想，那我们几时可以平定中原呢？"曹秀："臣以为平定中原就在此时！后赵石虎

第六回　朝堂蔡谟梗议封赏桓温　京口褚裒借机北伐后赵

亡故，其内混乱如麻，极易攻打。况光复中原是民心所向，如果按兵不动的话，会失去民心。自古得民心者得天下，我朝切不可犯如此大错！只要同心同德、众志成城，平定中原指日可待！"荀蕤、王彪之、刘强等也都主战，褚蒜子道："好！打！现在众爱卿议论一下派谁领兵？"司马昱："桓温桓将军、褚裒褚将军、谢尚谢将军，这几个人皆是人中翘楚，臣以为他们中任何一个人领兵北伐，都能够平定中原。"荀蕤："臣以为应当派褚裒褚将军，桓温桓将军刚刚拿下成汉，将士们需要修整。谢尚谢将军应原地镇守，以备作外援。"曹秀、刘强、王彪之等人附议荀蕤所言。王羲之出列道："打仗拼的是真刀实枪，褚裒褚大人自然是器量非常、才干突出。但是术业有专攻，褚大人没有带兵打过仗，臣担心万一。臣举荐桓温桓将军，他是现在军政上最有才干的将帅，又有成功收复蜀地之经验，臣认为让桓将军领兵可万无一失。"王彪之："不可让桓温桓将军领兵北伐。他镇守的荆州是国之重地，不可轻易离守。臣举荐褚裒褚将军，他虽然没有打过仗，但谁又是天生的将军？褚大人担任徐、兖二州刺史、征北大将军已好多年了，军事攻略自然懂得不少，再，他治军有方，将士们士气很足，对收复中原志在必得。还有，褚裒褚将军地位尊贵、声望极高，由他领兵，羯敌望风而逃也说不准。光复中原如果能够兵不血刃，则更是天佑我大晋了。"司马昱也举荐褚裒领兵北代。……褚蒜子几经思量，一锤定音道："光复中原是我们几代人的心愿，而今机会就在眼前，我们务必要一举拿下！拟旨，诏命褚裒褚将军为北伐统帅，封为征北大将军！"

桓温自上书朝廷北伐后，时刻准备着，比平常更加督促将士训练。这天，他让谢奕跟他一起去校场，谢奕嘟囔道："天天没事老跑校场，这不是耽误喝酒嘛！你先陪我喝一壶再去。"桓温："别闹，正事呢！那马怎样？"谢奕："什么马怎样？"桓温见他还是吊儿郎当，不由急道："你？"谢奕的随从赶紧道："将军！马都好着呢！谢司马天天都操着心儿呢，个顶个的都油毛发亮。"桓温听了脸色才阴转晴，谢奕喝了一口酒道："放心吧！我心中有数。"桓温对车胤道："别看他平时酒眯瞪，正事儿一点不耽误。"车胤："谢司马这叫不拘小节，性格风流。"桓温调侃道："性格酒流！天天追着人喝酒，有时有想打他的感觉。"谢奕："少来！马也跟我喝了，酒壮马胆，战场厮杀，一个顶仨。"桓温知他胡说，劝道："少喝点吧！伤身子。"说罢大声道："检阅开始！"一行人次第检阅了步兵、骑兵、战车兵、水兵。

从校场回来，谢奕道："累坏了，咱要好好喝杯才好。"桓温："好！今儿我陪你喝个'醉扶归'。"这话把大家都逗乐了,袁乔道:"末将恍惚看到了众人扶着谢司马'醉扶归'了。"众人听罢更是乐不可支,谢奕笑道:"还不快去准备酒菜?"正说话,羊鬈齿来了,桓温道:"朝廷可有消息?"羊鬈齿:"有!"桓温:"诏令我们北伐?"羊鬈齿:"不是!是诏令褚裒为征讨大都督领兵北伐。"桓温不由得起立道:"什么?"谢奕酒壶桌上一丢道:"什么!"羊鬈齿把诏告递上去道:"这是朝廷的诏告。"桓温内心翻腾,却也只好故作平静道:"放那儿吧!大家累了一晌了,吃饭去。"谢奕直接开怒道:"什么叫放那儿吧!"桓温:"不放那儿你想怎样?"谢奕道:"咱们这么长时间的努力白费了?"桓温:"身为军人,平时不都这样吗?哪有为专门打一仗才这样?"谢奕:"褚裒没打过仗,这不是羊入虎口吗?"桓温:"谁又天生会打仗?听朝廷安排吧。"谢奕:"这是谁做的无脑决定!司马昱?蔡谟?王彪之?"桓温:"别这样!朝廷这样安排自有朝廷的道理,我们准备好驰援。"谢奕:"也只有你这么好脾气,我要赶到建康揪着他们的脖子骂一顿才畅快!"桓温:"你看你那脾气,走!吃饭去!"

  晚上,李宁来到显阳殿,礼毕,褚蒜子问桓温那里怎样。李宁回说一切正常,褚蒜子内疚道:"他一片明月心向朝廷,哀家却让他照了沟渠。"黎辉:"太后您是不得已,奴婢相信桓将军会理解的。"褚蒜子:"但愿吧!理解也罢,不理解也罢,现在哀家需要的是他听命。"李宁:"除了谢奕发了一通牢骚外,桓温没有说任何不利朝廷的言辞,只说朝廷自有朝廷的安排。"褚蒜子轻叹了一口气道:"他这正是有气的表现,他在冷眼旁观,你多加关注,有什么情况及时上报。"李宁称诺,褚蒜子令其退下。李宁走后,褚蒜子发了一会呆,说:"弄点吃的吧,有点饿了。"黎辉:"刚煲好的红枣桃胶冰燕粥正温着,奴婢这就给您盛,养颜美容去火。"褚蒜子吃了一口道:"哀家上火了?"黎辉:"嗯!奴婢觉得您上火呢,这些天您都没有睡好,吃饭也是急急的。"褚蒜子笑了笑继续吃粥,只听黎辉又道:"太后!奴婢记得您说过,很多时候,人需要的只是一个肯定的眼神和一颗理解的心。可是,谁有能力和资格给您呢?所有的国家大事,都得靠您自己,奴婢心疼。"褚蒜子笑道:"实现梦想的过程肯定累,舒服是实现梦想以后的事。现在,哀家是累,但是,累并快乐着,哀家喜欢。"黎辉:"也是!千金难买我喜欢,太后喜欢奴婢就开心。"褚蒜子递空碗给黎辉道:"再盛点儿。"黎辉赶紧接了盛粥,心里美美的。

  运气好时,门板都挡不住。褚裒接到诏令,走马上任,还没有动身,一个"大奖"从天而降。卫兵报说后赵扬州刺史王浃派使者求降。褚裒带他入帐,他见过褚裒,道:"褚将军!我主王浃原是汉人,二十多年前,因为祖约投降后赵,不得已在贼营苟活。我主王浃虽在贼营,心却在晋室,思晋归晋之心从不曾忘,而今听说将军北伐,特派小人前来请降。"褚衰:"本将军如何信你所言不假?"王浃使者:"这是降书和寿春版图!"褚衰看了一下版图,信手递给自己的主簿,主簿把版图仔细看了看,朝着褚衰暗中点了下头。褚衰:"王刺史人在哪里?"王浃使者:"现在寿春城。"褚衰:"王刺史深明大义,太好了!你回去告诉王刺史,本将军请他前来商议伐羯策略。"王浃刺史起身道:"在下这就回去告诉他。"褚衰:"不急,你先去吃点饭,稍做休息再回。"又对主簿说:"你赶紧写了奏表上报朝廷,并告诉朝廷我军不日即出发。"……一切安排妥当,褚衰才去休息。

司马昱收到捷报,第一时间来到书房向司马聃和褚蒜子汇报,司马聃:"还没打就赢了?"司马昱:"是!王浃闻褚将军北伐,主动送降书到京口。"司马聃兴奋道:"也就是说大军未动他就降了?"司马昱:"是!后赵无德,天不佑之,其将降晋者大有人在,不止王浃一人。"司马聃:"太好了!太好了!"司马昱:"我大晋是天下正统,众心归依,此次北伐,是替天行道,天必佑之助之。"司马聃:"太好了!平定了中原,朕就可以去洛阳看了看。"司马昱:"届时臣愿意陪皇上一起去,那是我们的故都。"褚蒜子道:"战场上瞬息万变,哀家希望褚将军出征前,皇叔能够前去慰问一下,并告诫将军做好十二分的准备,切记万不可大意轻敌。"司马昱:"臣也正有此意,来就是向皇上、太后请旨的。"寿春的事百姓听说了,也是不太合适,一个说:"寿春不战而降,太好了!这有生之年回归故乡有希望了。"一个说:"是啊!是啊!我此刻激动得有些想哭了。"又一个说:"哭吧!家父已哭过了。"又一个说:"为我们的国家我们的军队祈福吧,希望他们早日平定中原。"一时间建康城内欢声笑语,所有人都觉得平定中原是板上钉钉的事。

褚衰率3万人从京口向淮安、彭城出发,大军北上途中,归降的百姓络绎不绝,他们有的送酒送肉,有的直接随军出征。褚衰热血沸腾,感觉胜利就是眼前,他对将士道:"后赵侵占我中原、糟蹋我中原数十年,失德无道之极,使我兄弟手足生活在水深火热之中,是可忍孰不可忍!今天佑我大晋,让他们祸起萧墙内乱不止,给了我们绝好的机会,我等定当全力以赴,驱除胡虏,匡复中原。"将士自然也是热血澎湃,奋勇向前。且说那石遵得知晋军已至彭城,怒道:"不让老子省心!刚把内部弄好,晋人蟊贼又来捣乱。"李农道:"大王!臣请命前去讨伐晋军。"石遵:"好!给你2万人,把他们全打死。"

李农率军南下，在代陂正好遇到晋前锋3000人，双方大战，晋军因为心理上轻敌，故而他们此时还处在游山玩水状态，面对突然而至、凶神恶煞般的赵军，他们还没有来得及反应，就全军覆没了。消息报给褚裒，他吓得魂不附体，赶紧下令主力从彭城匆匆向广陵撤退。刚刚接受寿春的晋军将领，也心惊胆战，赶紧烧毁城内的粮草辎重，南逃而去。当时黄河以北的百姓听说晋军北上，都渡河南下迎接晋军，结果全部被后赵杀光。

消息传到荆州，羊凿齿大愤道："褚裒全面败北！归降的百姓也全部被后赵杀光！"司马奕："打仗拼的是实力而不是嘴皮子，我朝多少事都坏在这上。"袁乔："哎……不知道说什么！两个多月，啥也不是，败得如此不堪。"桓温："不全怨国丈！这个时段，石遵杀了石世，内部相对稳定，君臣同心，一致对外，不是那么好拿下的。再者，他们本就是生猛威武的贼虏，拼起命来一个顶十个！换上我们，也未必能大获全胜。"袁乔："桓将军胸怀一直就是这么的宽广。"谢奕："喝酒去吧，边喝边聊。"袁乔看着桓温，桓温道："走吧！喝两盅去。"

褚蒜子、司马聃、蔡谟正在书房说事，司马昱呈来了褚裒的自贬书！褚蒜子看罢没有说话，她真的不知道说什么，出征前的忧虑变成了事实，她自知有责任。司马昱劝解道："这也不全怨褚将军……枉费了褚将军一片报国之心。"褚蒜子沉吟了半晌道："将褚裒征讨大都督的职务解除，诏令他继续镇守京口。"

蔡谟、司马昱走后，司马聃道："母后！之前赢的呼声那么大，怎么就输了呢？"褚蒜子："战事，不是靠嘴说的。不到最后，谁也不知道谁输谁赢。"司马聃："母后！儿臣心里很难过。"褚蒜子："难过什么？胜败乃兵家常事。"司马聃："儿臣心里可期望赢，赢能给儿臣太阳的感觉。"褚蒜子："太阳的光芒固然好，还有一种光芒与太阳一样好。"看着司马聃又道："那就是人努力的模样。"又道："世上的事，最怕想当然，最怕光说努力向上。"司马聃半懵懂半委屈道："儿臣心里苦，说好打赢了要去洛阳玩呢！"褚蒜子："你呀！你这不叫苦。"司马聃："那什么叫苦？"褚蒜子："苦有多种，通常说的苦是体力之苦、点头哈腰之苦，高层次的苦是独立、思考、自律、学习，这样的苦都吃了，就是真正的王者了。"又道："这会儿你外公正苦着呢！"司马聃："儿臣去安慰安慰他吧？"褚蒜子："好！派司马昱去了。"

司马昱来到京口，看到褚裒门前鞍马甚稀，不由得叹了一口气。他递给卫兵名帖，卫兵赶紧去通知褚裒。褚裒迎至大门口，二人一见，司马昱赶紧道："褚将军，在下奉太后之命，特来慰问将军，希望将军不要有压力。"褚裒叹道："在下无地自容啊。"司马昱："将军太过自责了，是我们的情报不准，才导致将军败北。"褚裒："话是这么说的，可是我心里愧疚啊，尤其是那些归顺的百姓，被羯贼杀了个精光，我对不起他们。"司马昱："将军暂且养精蓄锐，坐等时机，机会一到，我们定要他们血债血还。再说，将军这次北伐也不是没有功劳，虽然败了，但是威慑的作用却达到了。至少，现在羯贼不敢来冒犯了。"褚裒："大人光安慰我，那是因为他们内部又乱了。"司马昱："你不要再多愁善感了，你要相信明天的天空会更加蔚蓝。"又道："太后操心你呢。"这话如锥子一样刺疼了褚裒的心，他原想帮她，不想却是如此给她捅了大窟窿。他有点失语，猛灌自己一杯酒道："王爷，来！喝酒。"

第七回

晋室稍安太后复兴文艺
朝局微调殷浩平缓崛起

褚裒大败的消息成了街头巷尾的谈资笑料，街坊百姓没事喝闲酒，说的正是这个。只听百姓甲说："仗打了两个月，败得一塌糊涂，国丈太轻虑浅谋啊！"百姓乙："换你也不行！没听说吗？那后赵现在仍然猛着呢！"百姓丙："是啊！啥事都有个天格、命理、定数。国丈败北，按理说后赵会继续进犯，为什么没有呢？"百姓丁："为什么？"百姓甲："腾不出手来呗！他们自己内部整天都在争谁当大王。"百姓乙："这理由不充分，内乱的时候容易打下，为什么国家动静如此大竟然没有打下？"百姓甲："那还用说！国丈能力不行。"百姓乙："我说你想得能不能长点，这事如丙哥所言，天格、命理、定数！明白吗？"百姓丙："甲哥是有点那啥哈！世上的事，都有定数，这是天格命理，不以人的意志为转移。比如咱们今个儿能在这坐享吃喝，也是。仗败得那么惨，我们几乎不受什么影响。"百姓丁："丙哥说得太好了！我信，敬丙哥一杯，甲哥乙哥，一起来。"百姓甲："你咋跟我那婆娘一样，迷信！"百姓乙："不迷信！自从我妻子信了佛，家里明显太平多了。"百姓丙："我家世代信佛，受我佛保佑，我家一直很太平。"百姓丁："我前儿跟我妻子一起去建福寺了，那很热闹！据说太后也经常去呢！"百姓丙："我也经常去，我见过太后，她是一个威严恩慈的人。"百姓乙："我妻子说咱们太后就是菩萨化身，专门来福佑咱的。我开始说她是胡说，现在不知道为什么，觉得还真就是那么回事。"百姓丙："说到正点上了，咱们太后就是菩萨化身来超度咱们的！以这次打仗为例，他为什么不派大将桓温，桓温一去准能打后赵个大败！"百姓丁："为什么？"百姓丙："因为太后不是凡人，她早知道后赵短时间内不会灭亡，也早知道国丈会败。她之所以这样做，原因有三：第一，压制一下桓温；第二，提防外戚篡权；第三，给后赵浇一盆冷水。"百姓丁："给后赵浇冷水？可明明是咱们败了呀？"百姓丙："没听过伤敌一千自损八百的话，我们败了，他们也付出了巨大的牺牲，这无疑是加速他们灭亡嘛。"百姓乙、丁："有道理，喝一杯丙哥！"百姓甲："我被你忽悠住了。"百姓乙："甲哥这不是忽悠，这是理儿。"……

眼前的安逸让人们暂时忘了远方的苦难，褚蒜子来到建福寺，与明感大师闲话时说到佛图澄，说她曾派人去请他来，可是佛图澄拒绝了。明感道："佛图澄大师在后赵是天命。羯人蛮夷，杀戮成性，不以佛法感化他们，会有更多的生灵遭到涂炭。"褚蒜子："上天既有好生之德，为什么后赵会肆虐中原呢？"明感大师："萧墙之乱使然也！"褚蒜子听罢不语，心想"如果不是当年的'八王之乱'，哪来今日中原之动荡不安？"

正自思考，听明感又道："兴衰轮回，皆是定数。以后赵石虎为例，他前生做过大商人，曾在罽宾寺资助过佛法大会，其中六十名罗汉，佛图澄是其中之一。这个商人死后先做一世鸡，后做晋地之王，即现在的后赵天王。其他世事亦是如此，天道轮回、运数命格非人力所为。"褚蒜子："佛法说不杀生，可是身为帝王，不刑杀不足以肃清海内，这与佛法相矛盾，虽然虔诚笃信奉佛法，又怎么能得福佑？"明感："帝王奉法，主要看内心。做到外恭内敬，不为暴虐，不害无辜，且帮助弘扬，便是倾心尽力了。至于凶顽无赖者，非教化可以改变，对这些人就不能不加罪用刑了。但千万不能任性乱来，若残暴无度，滥施刑罚，即使再倾心尽力事佛，也免不了现世的灾祸与来生的恶报。为帝王者要节制欲望，慈悲为本，惠及一切众生，国运才能昌盛，福德才能久远。"褚蒜子："现在后赵如此也是天意吗？"明感："是！如果后赵君圣臣贤。其国祚还有六十余年。六十余年是个什么概念？三代人，届时，汉人还是汉人吗？"褚蒜子："天不灭汉人，故而如此？"明感念了声佛号，没有说话。褚蒜子又道："现在后赵正乱，我可灭他吗？"明感貌似没有听见，她自顾念了半天经文，然后拿麻油掺和胭脂，涂于右手掌心，然后把手掌伸到褚蒜子面前。褚蒜子看到："后赵境内，狼烟弥漫，杀声不断。父子相杀、兄弟相残、矢鹿共逐、沧海横流、饿殍满地、白骨遍野。一团来自上天的巨大阴影正在慢慢将这个国家淹没。忽见自己的影像占据了整个画面，淡隐淡显间鬓角似有花白，正要细看，见打着红色'晋'字旌旗和黑色'桓'字军旗的队伍过了黄河。又见打着'慕容'大旗的大队人马从北而来，厮杀混战，硝烟满眼。忽又'秦'字旗的一队人马占据了山头，渐渐'秦'旗遍布了北面大部分山头，'晋'地看起来弱小了许多。又见'秦'字大旗领着大路人马，如泰山压顶般扑向晋地，红色的'晋'字大旗与'秦'字大旗相交错，忽而'晋'字大旗满眼，忽而'秦'字大旗满眼，眨眼又是'晋'起'秦'灭。"这一切太快了，分秒间演绎了几十年的沧海桑田，褚蒜子正想发问，只听明感道："以麻油糅合胭脂涂于掌心是佛图澄大师所传，贫僧一生只有一次机会可用。"说完便不再言语，只闭目诵经。

回宫的路上，褚蒜子思索着明感大师掌中的映像，虽不得其解，但是她知道，她还有领着大晋前行几十年的使命，至于个中是非曲直，只能到时候再说。前行中定会充满艰难坎坷，她不怕。她告诉自己，在以后的岁月里，一定要尽己所能减少生灵涂炭。

且说后赵内乱正盛，无暇顾及其他，周边其他小政权也都是自顾不暇，纷纷向晋示好寻求庇护，褚蒜子诏命一律接受。她愿意尽己所能为天下苍生提供一个岁月静好的所在。

没有战事的日子，黎民百姓可以尽情放纵享受，为政者却不敢袖手肆意，如何提升国民素养成了褚蒜子挥之不去的念想。思来想去，褚蒜子决定趁着无战事，中兴文艺，以此教化、引领、提升国民的综合素养。

这天，她诏请司马昱、王羲之等人到书房。礼毕，她道："黄河文明、中原文化源远流长、博大精深，大晋虽然现在建康，但是秉承的依然是黄河文明、中原文化，为了文明的传承、文化的中兴，哀家欲建一座祭礼寺，以感念人文之祖伏羲。哀家想听听众爱卿的高见。"司马昱："这是流芳千古的美事，臣非常赞同！相传上古时期，我们的人文之祖伏羲氏带领部落在黄河两岸繁衍生息，过着茹毛饮血、时序不辨、阴阳不分、结绳记事的生活。其时，有一龙头马身的巨大怪兽，从黄河踏波而来，兴风作浪、祸害百姓。伏羲见状，义无反顾地纵身下河与之搏斗，经七天七夜的较量，始在图河降服龙马，后以龙马背负图点，仰观天象，俯察法地，以其纹创造了先天八卦，一画开天地，辟浑噩之玄沌，剖清新之文明，阐天地之奥，立文字之祖。伏羲造书契、定人伦、正婚姻，其功之高、其德之大，实为炎黄二帝所不能、尧舜禹汤非可比。太后此举，功莫大焉！"王羲之："此事乃是国家之幸事、千古之美事，臣也非常赞同！"又道："文字的产生是人类从古代社会进入文明的重要标志，河图洛书是华夏文明之始。《易经》上有'河出图，洛出书，圣人则之'。河洛文化是华夏文明的摇篮，是数千年来中国传统文化的主体，是华夏民族的核心文化，是华夏文明之源。祭礼拜之，非帝后不能也！"司马聃："这么重要，一定要隆重。"褚蒜子："嗯，届时哀家与皇帝一起领祭。"又道："大家想想起个什么名？"司马聃张口道："河图洛书寺！怎样？"司马昱摇头道："臣感觉有点拘囿。"司马聃自语："河图寺？不好！龙马寺？也不好！负图寺？……"褚蒜子："龙马负图寺。"众人皆曰："好！太好了！既形象，又大气，又贴切。"司马聃："现在名字有了，建在哪儿？"褚蒜子："洛阳吧！一来洛阳是我朝故都。二来河洛文化与黄河文化一脉相承。建在那里有意义。"

工部接到诏命后，立即实地考察、勘测、选址。很快有了结果。工部尚书对褚蒜子汇报："图河发源于邙山，向东北延伸，在雷河村一带汇入黄河，孟津当时世代相传，龙马就出自图河与黄河的交汇处。经实地勘测，对洛阳孟津县会盟镇雷河村的土壤地质结构分析，非常适合建寺。"褚蒜子："'自古有龙马负图出于孟河'一说，就在那儿建吧。"很快，工部将效果图拿了出来，褚蒜子一看，非常满意，她也有意以此增加司马聃的空间布局感，遂对工部尚书说："你细说一下听听。"工部尚书："'龙马负图寺'前有一座桥梁，桥下之河便是图河。'龙马负图寺'有三进院落，一进为山门、钟楼，二进为伏羲、女娲、文王，三进为三皇殿。中轴线布局，一目了然又蔚为壮观。该寺以朱红色为基调，大门为朱红城楼式外观，左红墙上分别刻有'河图之源''人文始祖'字样。进了山门，两侧分立'图河故道''龙马负图处'两大巨碑。伏羲大殿前，有一尊九尺多高的龙马塑像，马踏波浪、仰首嘶鸣。伏羲大殿是单檐歇山式砖木结构，伏羲殿是寺中主殿，红漆门柱、白玉护栏、雕梁画栋。内塑有高大的伏羲圣像，殿右侧塑有龙马像。左侧是刻在大青石上的河图和洛书，伏羲圣像的背后是女娲神像，伏羲殿后门也就是女娲宫。"司马聃："两圣同在一殿，这是为何？"工部尚书道："《史记·三皇本纪》记载，伏羲和女娲的母亲是同一个人，即华胥氏。伏羲和女娲兄妹俩居住在昆仑山上，为了繁衍后代，两人结为夫妻，缔造人类，春秋时期的有任、宿、须、句、颛臾都是伏羲的后裔，这便是人文始祖的传说。"他指着效果图接着道："这是伏羲殿，伏羲殿左右各有十八间厢房，分别标着三十六宫卦的一个卦象，形成一个三十六宫外廊，而厢房内为三十六易学博物馆。在该博物馆内，陈列有《周易》全文碑刻，分前言、周易、六十四卦文三个部分。另一侧厢房陈列了河图、洛书等资料。伏羲殿之后是三皇殿。三皇殿是重檐庑殿顶结构，高台建筑，明七暗五，殿高六丈七尺九寸，宽十丈。伏羲居中，炎黄二帝分列左右。大殿顶部底色是蓝色，中有伏羲六十四卦方位圆图，卦像黑白相间，中为金色北斗七星图，半柄回转，指寓四方。顶部两侧各绘有龙三（金四乌二）。三皇殿周围是'九宫八卦阵'，这是个迷宫，一般人走进去出不来。这是'龙马负图寺'的广场。广场左右两块空地，远看像是围棋盘，有格子和黑白子。近看是'河图洛书'的模拟图。河图洛书以黑点和白点为基础，以一定方式构成若干不同的组合，并整体排列成矩阵的两幅图式。"褚蒜子："非常好！接着讲。"工部尚书继续道："河图与洛书，河图为体，洛书为用；河图主常，洛书主变；河图重合，洛书重分；方圆相藏，阴阳相抱，相互为用，不可分割。河图上排列成数阵的黑点和白点，洛书上纵、横、斜三条线上的三个数字，其和皆等于15。广场左右的花圃，是用灌木丛修成的'太极八卦图'，围墙是《易经》浮雕。"司马聃："听着就很好！庄严、神奇、梦幻、伟岸。朕好想马上看到实物。"

兴建"龙马负图寺"的消息一出,不但黎民百姓交口称颂,周边各政权也都因此欲与晋廷交好,后赵也派人送了锦缎一千匹、白银两百万两。面对这个情况,众说不一,蔡谟说:"后赵既主动示好,我朝不妨也退一步,与他们和平共处。"顾悦道:"如果接受他之财物,岂不是变相承认他是合法存在?我们以何面目面对两个月前战死沙场的兵士以及枉死的百姓?"司马昱道:"臣和顾大人所见略同,是可忍孰不可忍!"诸朝臣也都以为顾悦和司马昱说得有道理,褚蒜子道:"哀家与各位爱卿同感,拒收其财物,遣返其使者。"时有报吐谷浑、乌孙、龟兹、鲜卑、柔然、高车等国也都因此有礼献晋,其中吐谷浑的使者已经在殿外等候觐见,褚蒜子宣他进殿。吐谷浑使者进殿双手一抱道:"吐谷浑使者觐见大晋皇上、太后!我主闻听大晋兴建'龙马负图寺',很是赞美这一文化盛事,故特进献银子十万两、玛瑙千斛!"褚蒜子道:"承蒙惠赠!非常感谢!请转告你主,我大晋愿与你们一起开创文化盛世,成就文化经典。"那使者一脸钦佩,膝盖一曲跪下道:"皇上万岁万万岁!太后千岁千千岁!"褚蒜子道:"平身!赐座!"吐谷浑使者谢恩就座。常璩上前一步奏道:"太后!臣准备写一本国志,名为《华阳国志》,以记录梁、益、宁三州的历史。把我朝从定都建康开始,不同时期的历史、传说、风俗、汉族皇朝关系、少数民族起源、迁徙等编纂成册。"褚蒜子道:"这是好事啊!准!"王彪之道:"豫州桐丘县韭菜园乡李福胜承建了李氏祠堂、村道路、村门楼,很得民心。这是一个崇德向善、扬忠弘孝的典范,臣以为朝廷当加以表彰。"褚蒜子道:"是六千多年前炎帝黄帝大战的坂泉吗?"王彪之道"是!"褚蒜子道:"那里有个雾烟山,是道教始祖老子西行的第一站。老子为什么把那作为第一站?哀家觉得除了自然环境适宜外,更多的当是人文环境使然吧。老子不仅是思想家、哲学家、文学家,还是史学家,是世人眼中的圣人,他选择在我们的共同始祖炎黄二帝交战、融合的地方讲经布道,其中意蕴,不说自明。今天有乡绅李福胜如此,谁说不是教化的结果。文化之弘扬、文明之传承离不开这些人。"又道:"国之精粹,文化、文明也!为方便常璩编撰,朝廷要为其拨出专项资金!再有,诸如桐丘县韭菜园乡这样的文化盛事,朝廷不但要鼓励,还要给予政策支持。"王彪之道:"韭菜园乡门楼建成典礼即日举行,他们邀请臣前去,臣是以朝廷的名义还是以个人的名义?"褚蒜子:"王大人这一问岂不就是请示以朝廷名义吗?去吧!以朝廷名义向其发匾额,以示嘉奖。"又道:"你回来把他们的仪式流程记下来交由常璩，以便他编写巨著之需。"常璩赶紧道："臣定当用尽余生心力把此书编撰好，不负太后重望。"

消息传到荆州，桓温也很上心，他以个人名义给常璩许多钱财。届时江陵新城刚刚修筑完毕，他专门请常璩、李福胜到荆州游玩，还请了许多名流，一为他二人作陪，二为请大家赏游新城。赏游时，桓温说："新城完工，特请亲朋好友们品评品评！谁言简意赅、辞藻好，有奖！"车胤："老城加厚加大，新城不让其下！"羊凿齿："雄关漫漫，四面藏兵！"桓温听他们句句不离国家政治，遂道："今日主要是游玩，不提国事！"王珣："远望之层峦叠嶂，近看之水碧柳长。"顾恺之："遥望层城，丹楼如霞！"顾恺之话音一落，大家齐声叫好，桓温："长庚（顾恺之字）厉害。"遂指着旁边的两个婢女说："你们两个！从现在起，就归他了。"又是一番划拳。闲话时，谢奕道："这么威武雄壮的城池，如果殷浩那厮看到了，不知道会有何感想。"羊凿齿："他守孝快满了吧？"谢奕不忿道："可不是，又该出来硌硬人了！"羊凿齿："再硌硬能硌硬到哪儿去？他器量小。"谢奕："就恶心这个！传说司马昱有意让他做定鼎栋梁。"常璩接口道："这有啥？国家多一个栋梁不是百姓之福吗？"谢奕："哼！"桓温看谢奕又要发酒疯，赶紧道："我是请大家来消暑游玩的，咋又议论起朝政来了？罚酒。"常璩接道："这才是当下最风流，谈笑中朝政、说话间桑梓。"桓温："常大人这话有意思，朝政、桑梓都收录存档的感觉。"常璩："在下想要留给后人的就是这些啊！在下写的《华阳国志》有两个特点，一为桑梓情深，二是政治说教。在编撰上自成体系，我把梁、益、宁三州的历史，从我朝定鼎建康开始，把不同时期的人物传说、由远而近、由广而微地编纂，是一部集历史、传说、风俗、汉族皇朝关系、少数民族的地方分布以及民族起源、迁徙历史等于一体的书。"桓温："这真乃一部大书，太伟大了！我敬你三杯。"常璩："今日之聚好啊！各个行业的人都有。在下都会如实记载的。乡绅李福胜为乡里修路、修祠堂、修门楼的事，虽是民风民俗，更是文明的传承！这也要记录在档的。"李福胜："为家乡人民做点事，心里高兴。"谢奕："多朴实！李老兄，我敬你一杯，我得向你学习，赶明儿我得在我家乡太康弄个'谢奕路'，方不负我儒雅一生。"桓温："方不负你酒鬼一生。"谢奕："你看你，哪壶不开提哪壶？我正想跟着李福胜先生被常璩先生载入史册，全被你一句话祸祸了。"说完，"咚咚咚"猛灌自己几口酒，那豪放的劲头惹得大家哈哈大笑。

殷浩三年孝期一满，一天也不多地重返建康。司马昱："深源兄归来，朝堂荣光了。"

殷浩：“道万兄过誉了！”蔡谟：“深渊归来，我担心的事可以放心了。”殷浩：“蔡大人说的可是他？”说着比了个"鼋鱼"手势，这一下把大家逗笑了，司马昱道："不要这样！他也是个难得的人才。"殷浩："他当然是人才，不然能借着敲错鼓得胜啊！"听着夹针带刺的话，王濛不由道："别！别！我……"殷浩见他半天没有完整的话说出来，笑道："你、你咋了？长得这么好看！"王濛也话锋一转道："那你就多看看。"蔡谟："深渊一来便非君子啊。"殷浩道："爱美是人的本性嘛！我这几年穷乡僻壤的，快熬死了！再说，谁叫仲祖（王濛字）生得这么美？不怨我。"司马昱："我本来要给深源兄接风的，今儿看样子有人了。"王濛一听道："我都差点卫阶了，我不管！"刘惔笑道："是啊！人家都快卫阶了，还要人家请？"蔡谟："就是！老夫也不忍心。"司马昱："好吧！我请！不过，我有个要求，吃的时候要'美人'跳舞助兴！中不？"刘惔笑道："他就是谢仁祖第二，只要喝好，你不让他跳他也跳。"司马昱："仁祖呐，请他最合适。"刘惔："仁祖都没有回来！你叫他请？"司马昱叹了口气道："我想逃一次东道咋就这么难哪？"刘惔："谁叫你姓司马呢？"

晚上，殷浩如约来到司马昱府上，司马昱道："深源兄归来，我一下子觉得有臂膀了！"殷浩："哪里！哪里！"司马昱："你守孝这几年，我在朝堂老辛苦了，天天盼着你回来。"殷浩："我为父亲守孝这几年，虽然人不在朝堂，心可是一刻也没有离开过朝堂。"司马昱："嗯？"殷浩："其中听到最多、非议最多的便是桓温，都传他是曹操一类的人物。"司马昱："没像传说中的那么严重，他凡事都挺按规矩来的。"殷浩："他平成汉出征时得到朝廷的诏书了？"司马昱："没有！这事复杂，不是一两句能说得清的。过去了，不说了，这与我也有关系，责任不全在他。"殷浩："褚裒、蔡谟、王彪之、荀蕤、曹秀、王濛、刘惔等都不是他那边的人。"司马昱："嗯！他们都是为朝廷着想的人。"殷浩："谁不是为朝廷着想？"司马昱笑道："深源兄敏感了。大家都是为朝廷着想的人，关键是怎样让国家、让朝廷、让百姓受益最大。"殷浩知司马昱本无心，继续道："这就需要平衡了，只有平衡才能永恒。"司马昱："是，只是难啊！"殷浩："也不太难，把王羲之拉过来，他虽然支持桓温，但是他的心只在朝廷不在桓温。"司马昱："还有王濛，深源兄未归来之前，王濛曾写信给我推荐你，说你有见识、有情致，是个难得的人才。"殷浩笑道："我说我一见他怎么那么顺眼呢？原来是冥冥中气场相投啊！"司马昱："嗯！气场相近的人，总会上升着聚合到一起。"殷浩干了一杯茶道："我现在感觉力量无穷了。"

又道："做人，一定要尽自己最大的努力，映照一方，造福一方。"司马昱："说得太好了，来，以茶代酒敬你！干！"

殷浩约王羲之到新亭游玩，二人策马来到新亭，看到那葱茏的林子、茂盛的灌木，间或虫鸣鸟啼，偶有夏花灿烂，静谧不乏天籁之音。清风一吹，泉水叮咚，更有仙境的感觉，王羲之忍不住道："新亭还是这么美！"殷浩："是啊！人会老，事会变，唯一不变的就是这山水画卷。"王羲之指着不远处道："山水画卷也会变！你看那儿，三年前还是小玲珑，现在，已是翁葱一片了。"殷浩："逸飞我说的是大山水，不是眼前。"王羲之："我知道！这可不是虚无了？不说放眼千年，就百年，你我都尘归尘土归土了。如果这样，人生岂不是没有意义了？"殷浩："人生的意义是什么呢？好吃？好穿？好名？好位置？"王羲之："思考人生的意义是吃饱穿暖后的事，如果天天吃了上顿愁下顿，哪还有工夫思考人生的意义。"殷浩："你看你，现在，命运不是给了我们思考人生之意义的时间和使命吗！我们不思考，岂不成了行尸走肉？"王羲之："你说得也对！我觉得，人的生命是各不相同的，如果是蜜蜂，采蜜就是意义。如果是萤火虫，发光就是意义。如果是工匠，做好工就是意义。如果是你我，尽己所能为民办事、无愧于心就是意义。"殷浩："精辟！"王羲之又道："就像现在，咱俩好好欣赏美景，就是意义。对我来说，如果再有几只美鹅在眼前，我的人生就达到巅峰了。"殷浩一听，道："我恰好就有几只好鹅，送你！"王羲之："真的呀！说吧！有什么要我为你做的，肝脑涂地在所不惜。"殷浩："你的字！一鹅一字，中不。"王羲之："好！没问题！不许反悔，什么时候给我鹅？"殷浩："瞧把你急得，回去。"王羲之："回！回！现在就回。"

殷浩体胖，不经热，尤其是夏天，一动一身汗，他在家刚换的衣服，来到了政务堂就又汗湿透背了，司马昱见状问："你忙啥呢？满头大汗！"殷浩："跟逸飞兄游新亭，说到鹅，他喜欢得不得了，我刚好有几只美鹅，遣人送他。"司马昱："成人之美，好！敬你一杯茶。"殷浩接过一口喝下道："那个我刚恍惚看到荀羡荀大人了，他人呢？"蔡谟："荀蕤吧？刚走。"殷浩："哦！远远晃了一下，没看清。"王彪之："荀羡在藩镇，没有回来。"蔡谟道："荀羡可是传奇啊！试想多少男人做梦都想当驸马，都认为是祖上积德的好事，可是，他荀羡却当了逃跑驸马。"王彪之笑道："命里有的跑不掉！最后还不是被'五花大绑'送到了建康，穿上了婚服与公主乖乖成亲了。"殷浩："为什么逃跑？"蔡谟摸了摸胡子道："这应该跟他小时候的经历和家庭背景有关，他7岁时，正遇着'苏峻之乱'。当时苏峻占领了建康,他为了抵抗陶侃,把成帝扣为人质,荀羡的父亲荀崧跟成帝住在一起,荀羡呢,天天跟着荀崧,苏峻看他可爱,就把他抱在怀里玩。荀羡知道苏峻是反贼,私下对他的母亲说:'如果给我一把利刃,我可以杀了苏峻。'吓得她的母亲赶紧捂住他的嘴说:'小孩子不要乱说话!'等他长到十五岁,被小时与自己患难与共的成帝看中了,成帝决定把与他同岁的小姑姑嫁给他。成帝下旨招亲,荀家一听,喜忧参半,荣华富贵、唾手可得,可是,自古皇宫深似海,说不准哪一天就悲剧了。他的爷爷荀彧当年被曹操称为'王佐之才',何等荣光,可是转眼就遭到猜忌,最终被迫服毒自尽,前事之师不能忘。荀羡躺在床上辗转反侧不能入眠,思来想去,最后决定逃跑!可是,他命里有,逃不掉,成帝下令全国'捉拿',很快将他'逮捕归案',和寻阳公主拜堂成亲。"王彪之:"成亲那天我在场,真正的郎才女貌,天作之合!就是他逃跑,也成了段佳话。"司马昱:"他俩好着呢!只要荀羡一回来,准跟我那妹妹形影不离。"殷浩心想:"这事要是让我遇着该多好。"嘴上却道:"在下只知道荀羡大人为人非常好,对朝廷忠心耿耿,没有想到还有这么一段佳话。"蔡谟笑道:"谁说不是呢。哦!谢尚奏章,说制磬的经费不够了。"司马昱:"那就再拨些,制磬确实很费钱。"殷浩:"仁祖办事追求完美,一点瑕疵也不能有,自然更费工费钱。"王彪之:"应该这样,皇家用磬,事关国体,本该如此。"殷浩:"刘惔的奏章,表扬荀羡呢!说他年富国强,朝廷应当给予他重任。"蔡谟手拿起一奏章一扬开玩笑道:"逸飞的奏章,也是表扬推荐荀羡的。哎!我说各位,逸飞的奏章内容我给大家说说,他奏章归我吧。"王彪之:"你说算吗?"蔡谟:"我说不算!"殷浩拿起一奏章扬了扬道:"诺!王濛也推荐表扬荀羡,这个'逃跑新郎'魅力不小啊。"蔡谟:"人的好运到了,门板都挡不住。"殷浩:"叫他来朝堂议事吧。"司马昱笑道:"嗯!尚可。"

没几天,荀羡回京,殷浩第一时间联络好刘惔、司马昱等为他接风洗尘,然后相约到新亭游玩。刘惔和王濛、司马昱到得早,已把马拴好在林中漫步。不多时支道林也来了,骑着马,刘惔看到调侃道:"和尚骑马不好吧。"支道林:"我与马共欣赏,它在我眼里不是马!"刘惔笑道:"那你是马了?"支道林也笑道:"我与君同。"惹得几个人都笑了,王濛:"你是和尚,怎么与富贵之人交往?"支道林:"和尚眼里没穷人富人之分。"嘴上官司尚未开始,殷浩和荀羡到了跟前,殷浩:"粗布衣裳好还是丝绸衣裳好?"支道林:"在和尚眼里都一样。"刘惔:"以后叫你'都一样'好了。"支道林尚未回应,只听荀羡:"快去把马拴了再聊吧!"支道林:"同样是驸马,给人的感觉咋那么不同呢?"刘惔:"同样是男人,和尚为什么要剃光头呢?"司马昱笑道:"他俩不能见面了,一见面就掐。"刘惔:"什么叫一见面就掐?我俩这是臭味相投,一见面就怼。"众人大笑不止。

京城的殷浩忙着拉帮结派,荆州的桓温忙着厉兵秣马。这天桓温从校场回到官署,对属僚道:"我前儿看兵书,看到有一种弓弩,可以五连发,如果我军有这种装备,就厉害了。"袁乔:"我们不妨寻寻能工巧匠试试。"桓温:"你写谕告吧,咱们试着弄弄。"王珣答应着又道:"听说殷浩现在建康活乏得很。"桓温:"由他去,窝了三年,制造点声响正常。"车胤:"明公!殷浩好像在拉帮结派与明公抗衡。"桓温不屑道:"好事嘛!我正好可以借此提升自己。"谢奕揶揄道:"啥提升自己?你就是好说话!"桓温:"看你那急脾气!聪明人在欣赏别人中提高自己,殷浩并非顶差级的人,他好歹是个有名望的人,他与我抗衡,我不丢人呀!"谢奕"喊"了一声没有说话。桓温:"你呀!"又道:"怎么?拉住他打一顿?"袁乔:"就是嘛!狗咬了人,不理就是,难道还要咬回去不成?"桓温:"就是!咱只管做好咱自己的事,厉兵秣马、养精蓄锐,这才是正事!"谢奕:"我喝酒去,我喝酒也是正事。"袁乔笑道:"去吧,喝个'醉扶归'!"众人会意,哈哈笑起来。桓温笑道:"听说殷浩夸谢万了呢,说谢万'文辞和义理刚劲有力,取得这样的成就也很不容易'。"谢奕:"我家谢万文辞和义理原本就刚劲有力。"桓温:"你什么时候能正眼看他?"谢奕:"好吧,我的错,罚酒三天。"众人又是大笑。

谢尚回家探亲,屁股还没有坐稳,殷浩就派人请他们夫妇到他家吃饭。谢尚也有心见见殷浩,即刻催袁女正快走,袁女正打开柜子拿了匹锦缎,坐上车就往殷府出发。二人来到殷府,见殷浩夫妇已候在大门口。寒暄进屋后,袁女正把那段锦递给袁女皇道:"这是前儿太后赏的新锦缎,两匹,给姐姐一匹!"袁女皇接过道:"你有了什么好的都想着我。"袁女正:"你是我亲姐,不想着你想着谁呀!"袁女皇摸着锦缎道:"真是好!质地、颜色都上等,可真是皇家贡品。"袁女正:"你喜欢我那匹也给你。"袁女皇笑道:"都给姐,你穿啥?"说着拿出一套新衣服给袁女正道:"这是我给康儿做的新衣裳,你看看?"袁女正接过边看边赞道:"好!真好!康儿肯定喜欢。"两人只顾说话,差点忘了他们,袁女皇转头道:"他们呢?"一旁的殷浩道:"这儿呢!你们俩聊吧,我俩喝两盅。"袁女皇笑道:"看这两人好得像一个人似的。"袁女正:"这是好事呀!像刘惔和桓温一样见了就大眼瞪小眼好吗？"袁女皇："看你那嘴儿，走！咱俩那边，叫他俩这儿待着吧。"她俩走后，他们又开始说朝政时局，谢尚："你做事别太过明显，有人说你闲话。"殷浩："谁说闲话？"谢尚："没谁！街头巷尾的言论。"殷浩："不怕！朝廷支持。"谢尚："朝廷也考虑民声民意，有些事不可太张扬。"殷浩不耐烦道："知道了！"谢尚："建武将军、扬州刺史担着对！手里有兵权，说话才硬气。其实尚书仆射可以接的。"殷浩："我想着推辞一下，没想到太后就势下了。"谢尚："太后深不可测，非你我所能及。"殷浩："我知道，但有一点我清楚，太后是支持我抗衡桓温的，这也是形势发展的需要。"谢尚："你别轻看太后，她心中经纬，你我十个不及。"殷浩："我赤子之心照明月！我相信太后。"谢尚："你别太自大。"殷浩："我感觉你把事情想得太严重了。"谢尚："小心行得万年船，为了家族命运，必须小心小心再小心。"又道："以后说话一定要三思后再出口。"殷浩："我没有什么话留给人家呀。"谢尚："那为什么街头巷尾都说你？"殷浩无言以对。谢尚："记着！以后一定要慎言慎行。"

  太极殿上，来自拜占庭的使者匍匐在殿前向皇帝司马聃和褚蒜子顶礼问安道："皇帝吉祥！太后吉祥！我代表我们的皇帝和臣民恭问皇上和太后吉祥！"听完他这带着异域口音异域风味的问安，所有人都嘴角微微一扬，没有看不起，也不是媚外，是对新鲜事物的好奇。褚蒜子："平身！赐座！"拜占庭使者谢座后道："我这次来是带着我国皇帝的旨意来的，我国的很多人都非常喜欢贵国的丝绸，我国需要贵国大量丝绸，希望贵国能够多卖些给我们。前些年贵国内乱，'丝途绸道'一度断了，非常可惜。"褚蒜子道："现在可以多多往来了。"拜占庭使者道："是的！我国皇帝也是这么说的，我国皇帝还说要跟贵国互通有无。"褚蒜子："哀家也正有此意。"拜占庭使者："我会向我国的皇帝转达太后的意思，请太后放心。"他顿了一下又道："我要跟皇上和太后表扬一个人，那就是桓温桓大将军！我们使团到达成都时，遇到了强盗，幸亏遇上周抚将军，周抚将军即刻派人把我一路护送到安全地带，我们感谢周抚将军，周抚将军说这都是桓大将军的旨意，所以我求皇上、太后表扬他。"褚蒜子道："在我国您受到惊吓，哀家很抱歉。桓大将军和周抚将军尽职尽责，朝廷会奖赏他们的。"又道："带使者休息，丝绸贸易事宜由蔡谟、司马昱负责，要尽快拿出个贸易方案来。"拜占庭使者退下后，蔡谟道："'丝途绸道'自古有之，可恼胡虏乱我大晋，致使'丝途绸道'断了几十年。而今重启'丝途绸道'，可喜可贺！我们应该抓住这个机会！"褚蒜子"嗯"了一下算是回应。殷浩："臣有两条建策：第一，桓温和周抚护送使者团是分内职责，不但不应该奖赏，臣以为还要惩戒。桓温已将蜀地收复，却没有治理好，这是他的过错。"殷浩此话一出，群臣一片哗然，皆曰："这家伙太吹毛求疵了吧！"褚蒜子听了也觉得殷浩有点过分，哪有这样公开挤兑人的？正自思考，只听殷浩又道："第二，臣建议朝廷鼓励百姓课农经商，嘉奖桑、蚕的养殖，朝廷积极扶持承办丝绸场，快速生产出绸缎以供国内外之需。"褚蒜子听他讲完第二条建策，才觉得他也并非庸才，肚子里还是有点东西的，只是他的格局小点罢了，心想："先看看吧，既然父亲和司马昱都推荐他，他也许真是一枚不错的棋子呢。"正自思考，听司马昱道："大人说得有道理，丝绸是个一条龙产业，朝廷应该鼓励、嘉奖、扶持，桑叶、天蚕、蚕沙皆是可以贸易的产品，丝绸的种类、丝绸的颜色及花色等，可以带动各行各业的匠人，比如颜料匠、花色匠等，这条产业链做好，会给国家和百姓带来丰厚的利润。"褚蒜子："这是利国利民的好事，准。"又道："众爱卿回去后都想想，咱们集思广益，尽快拿出可行性方案来，退朝。"

政务堂里热闹非凡，司马昱道："丝绸之事，具体方案，请蔡大人负责吧！"蔡谟一口应下，司马昱："对于桓温派周抚护送拜占庭使者团一事，虽然没有物质奖励，精神表彰还是要有的。王大人走一趟如何？"王彪之："我感觉你去最合适，你去怎么都好说。"司马昱想了一下道："嗯！我亲自去也好。"看着大家对桓温的漠然，殷浩暗自欣喜，他以为这是自己的功劳，觉得凡事不过如此，觉得自己抗衡桓温绰绰有余。

司马昱不日便来到荆州，桓温甚是高兴，专门腾出时间，想与他好好叙叙旧，这些年，大家各忙各的，在一起的时间太少了。可是，不知道为什么，他一肚子话却不知道从哪里说起，正自斟酌，听司马昱道："将军派人把拜占庭使者团安全护送至建康一事，太后特别给予表彰，特派我前来慰问。只是这事不大不小，朝臣各有议论，所以就没有物质方面的犒赏。"桓温一笑道："我这里应有尽有！没事！"又道："相王来，就是最好的慰问。"司马昱："将军的胸襟无人能比。"桓温笑笑没有说话，司马昱又道："将军治军严明，实乃军中典范。"听着这官味十足的场面话，二人不觉想："怎么找不到当年的感觉了呢？"为防冷场，桓温道："这样吧！先吃饭！然后我带相王阅兵。"司马昱像摆脱针毡一样，赶紧道："好！好！"

司马昱去了荆州后，殷浩貌似成了政务堂的首席，不管有什么事，大家都会先问问他，就是五朝元老蔡谟，凡事也得先问问他，他却一点想不到蔡谟是在火上烤他。他心里高兴，却也不表现出来，可是，他一到家，就完全放开了，哼着小曲喝着小酒，高兴得很，袁女皇问他缘由，他自信道："你就等着跟我过一人之下万人之上的生活吧！"袁女皇："又得瑟，仁祖说你的话忘了？"殷浩："没忘！没忘！就是忘也无妨，不但朝廷支持我，众朝臣也都不跟桓元子一个立场。"袁女皇给他泼冷水道："你别太张扬，小心遭他人算计。"殷浩头一仰道："桓元子派别人护送拜占庭使者一事，本该奖赏，可是我说了不该，没有一人反对，过了这么久了，他那里没有一丝动向，这岂不正说明他非常顾忌我吗？"袁女皇："别忘了，司马昱亲自去了。"殷浩："你懂什么？他是去探他的底的，打着慰问的幌子探他的底子。"袁女皇："小心驶得万年船。咱还是不要太张扬了吧。"殷浩不待见道："知道！我也就在你跟前张扬张扬。"待袁女皇离开，他在她背后向她空踹一脚暗声道："当下头发长见识短！"

殷浩对桓温的挤兑让褚蒜子心头上火，面对当下的蜀地之乱，她更为恼火。自桓温打下成汉后，朝廷尚未派一兵一卒前去，都是桓温自己在用心打理。只是桓温离开成都后，地方势力都松了一口气，也有些势力大得生出了称霸一方的野心。好在这些地方势力实力不强，周抚、周楚父子俩很快就平息了。最有实力的是邓定和隗文，桓温离开不久，他二人便带领兵士占领了成都，并迎立故太师范长生的儿子范贲为帝，他们捏造妖言，煽动蜀境为乱，蜀人多半趋附之。他们在成都猖獗了一两年，周抚多次领兵围剿，才把他们赶出成都，又擒斩了范贲等人，蜀地才又得平复。而今虽然平复，却还是时有暴乱，让当地百姓苦不堪言，谍报者说有百姓言："如此多的暴乱，与成汉时有多大区别。"这让褚蒜子内心十分着急，她时刻想着如何把失而得复的蜀地益州治理好。

司马昱应诏来到书房，褚蒜子道："益州地广，打下来很不容易，治理上更不容易，朝廷要想个好法子。"司马昱："桓温已派一万多人在那里了。"褚蒜子听了有些生气道："谁打下谁治理，要朝廷何用？"司马聃："如果这样，倒像是一盘散沙的国中小国一样。"司马昱赶紧小心翼翼道："皇上！太后！历来如此呀，如果朝廷派了别人过去，桓温的人会排斥，如果桓温全盘接受，本地人会排斥，所以，一般都是谁打下谁负责治理，具体治理者一般还是用本地人，朝廷只负责征收赋税就好了。"司马聃动了下嘴没出声。褚蒜子猛地站起来道："皇叔得有多为难，才说出这番话！皇叔很清楚哀家说的不是这个意思。"司马昱："臣惶恐，臣……"褚蒜子："想挟制他？这是好办法吗？他强，找个相当的人与之抗衡才是上策，而不是通过压制他、排挤他以达到所谓的平衡，这样，国力如何增强？如何面对外敌？"司马昱："臣明白！可是，朝中实在没有与之可以抗衡的军事力量啊。"褚蒜子："哀家不信我朝人才这么不堪！"不等司马昱说话，褚蒜子又道："蜀地悬国四十多年，而今终于收复，我们应该治理好，桓温的一万兵力显然不够，朝廷要能够拨出一些兵力，协助桓温把蜀地治理好。"又道："哀家希望众朝臣要通力合作，不要拉帮结派，平衡是要朝局、时势相对平衡，不是厚此薄彼地搞内斗！有争执是常态，在争执中前进、在争执中平稳发展是哀家想看到的。"司马昱："臣明白！即刻去办！"

司马昱走后，司马聃说："母后！儿臣见您这是第一次发火。"褚蒜子："原本不该发火，偶尔发一下震震他们。"见司马聃不甚明白，接着道："桓温打下蜀地，蜀地治理应由他主要负责是不成文的规律，但是，不能让他完全治理，不然，要朝廷做什么？朝廷有协助其治理的义务。自我朝定鼎建康以来，桓温收复益州，用功盖群臣来形容也不为过，只是，我们所处的这个时代是门阀时代，其他人不愿意看到他兴起，所以，他们就有意无意地为难他。"司马聃："那朝廷帮助他呀。"褚蒜子："朝廷不帮谁，朝廷需要的是大家彼此相安无事，朝廷需要的是国力强大。"司马聃："桓温强了国家军事力量不就强了？"褚蒜子："如果他一支独大，皇帝的位置还能稳吗？"司马聃："那怎么办？"褚蒜子："边走边看，边走边调整，现在既要扶持殷浩又要安抚桓温……"又道："还有众朝臣，让大家彼此争斗又不伤大雅地螺旋上升。"

司马昱等正在政务堂看奏章，忽见殷浩举着一奏兴奋对大家道："看！又是益州暴动的折子。"蔡谟头也没有抬说："地方军阀作乱是难免的，他们在原成汉的统治下舒服了四十多年，猛一下子归晋，水土不服，闹闹正常。"司马昱喝了一口茶道："过几天朝廷派些人协助一下，益州地广，治理起来不容易。"殷浩："不妥！应该督促桓温自治。"司马昱："他已经派出一万多人了，他兵力也有限，朝廷有协助他的义务。"蔡谟："你们俩的意思我都懂，能不能有个第三方案？"司马昱、殷浩："怎么第三方案？"蔡谟："一边督促一边许诺派人。"殷浩："蔡大人高明！我同意第三方案！"司马昱苦笑道："好吧！我少数服从多数。"殷浩："为朝廷办事、为百姓效命，奖罚还是要分明的。功是功，过是过，功过不能相抵，该奖奖，该罚罚，社会才能正常运转！"司马昱："深源兄想说什么？"殷浩："泛泛说说。"

殷浩的挤兑，桓温根本不当回事，可谢奕则不然，他很是不忿，向桓温及同僚道：

"前儿我回建康，听到了殷浩那小子很多事，街头巷尾都在说他。"袁宏心里一直仰慕殷浩，听谢奕如是说，道："他名望高，有人说是自然。"谢奕："都说他做人不地道。"见众人不解，又道："这家伙不止一次地诋毁元子，光奏章就上了好几道，说'桓温收复益州却不好好经营，浪费国力财物，使朝廷不得安生，百姓不能乐业，应当重惩以示为戒！'太气人了。"桓温笑道："你呀！你气个啥？朝廷对此有反应吗？"谢奕："没有啊。"桓温："那不就结了，忍他、让他，且看他。"谢奕："你心大，我发了大火呢！把那个王述狠狠地骂了一顿。"他这话把大家都逗乐了，王珣："你心里恼殷浩，骂王述为何？"谢奕有些不好意思，道："是他撞到点子上了！我正生气着呢，他惹我了。"桓温大笑道："说说！"谢奕："我回京城，谢安为我接风洗尘，谢万、王羲之、王述都去了，刚开始好好的，谢安说'兄长自小对我如父如兄，久不见兄长，甚念！今天要好好叙叙。'我说：'我从荆州带了好酒，今个儿大家不醉不休。'王述说：'好！我今个儿也喝个痛快。'这都好好的，就在谢万说'我刚点了铁锅炖大鹅！'后，不和谐出现了。王羲之爱鹅大家都知道，他一听谢万说点了铁锅炖大鹅，开玩笑说：'哎呀！万石你这是不叫我好好吃饭呀！'谢万也开玩笑说：'呀呀呀！考虑不周，对不住啊。不过刚问厨师了，厨师说这鹅是菜鹅，长得也不美，叫声都"嗯啊嗯啊"的不响亮。'王羲之说：'这还差不多！如果是美鹅，我跟你没完。'这本没啥事，那王述来了一句：'万石好啊，知道我喜欢吃铁锅炖大鹅就点了铁锅炖大鹅！'又小声切齿曰'伪君子'！声音虽小，大家都听到了，但是也都装作没听见，王羲之也没有说什么，谢万怕尴尬，赶紧转移话题说：'我才作了《八贤论》，评论渔父、屈原、司马季主、贾谊、楚老、龚胜、孙登、嵇康八位贤人的优劣，各位看看，点评点评！'谢安说：'你们评，我坐庄，谁评得不好，罚酒！'王羲之说：'《八贤论》我看过了，写得非常中肯。比如说屈原……'他话没说完，王述找事道：'全是屁话，隐者优，仕者劣，那我们岂不都是劣了？真是，一个兵卒子懂啥？'谢万赶紧道：'岳父您喝多了！'王述：'还没有喝咋会多？我倒要尝尝老兵从老兵那儿带回的啥好酒！'好好的饭局，让他给搅成了王羲之的鸿门宴似的，我气不打一处来，上去揪着他就骂，骂得他直面壁不敢回头。"桓温大笑道："这火发得可是有点可爱。"谢奕："怨谁？谁叫他忒不会说话！后来我走了好久，他才回头问我走了没有，万石说早走了，他才转身跟着万石回家。"王珣也笑道："这可真叫一物降一物，王述脾气忒烈，到你这儿灭了。"谢奕："那家伙有点傻，他和王羲之不和，外面怼去！大家为我接风，他一而再再而三地破坏气氛！我不怼他怼谁？更何况我那会儿已被殷浩气得胸口疼了。"桓温笑道："这叫什么？鱼正在水里游被天上的老鹰撞了。"众人哈哈一笑，皆曰："比喻贴切！"车胤道："人事诡谲呀！就像咱们明公，好好的竟然被殷浩盯上了。"桓温："不一样！"袁宏："咋不一样？"桓温："一样他早来这儿闹腾了。"又道："生而为人不容易，谁不想得到大家的认可呢？由他去吧。"谢奕："你这样，我早恼了。"桓温："你就爱感情用事！恼有用吗？朝中有明白人，争什么？"又道："记着！不争便是最好的。"

桓温的退让大度、殷浩的咄咄逼人，褚蒜子一清二楚。可是，她却不表态，对她来说，他们两个人，少谁也不行！又想到人性，觉得人好可怜，为了自己的私心，可以做出很多无底线的事，光鲜的衣裳里装着一颗龌龊的心。又想，世人有几人不是这样呢？殷浩的心理能理解，但是言行的确有点过！好在桓温心大，换个小人，不知道会有怎样麻烦事了。举目上下，国家真的缺人才！桓温，这个功高且胸襟宽广的人，国家需要他！可是他的大功让朝廷也感到了前所未有的压力，只有扶殷浩上去，才能相对平衡些。可是，现在殷商确实有点过了，怎么办？放眼这些朝臣，也只荀羡、王羲之比较忠心、中肯、公允了，那就让他俩背后做做功课吧。

王羲之应诏来到书房，褚蒜子让人拿出司马聃的字给王羲之看，王羲之边看边点头，翻了一遍道："皇帝的字天质自然、丰神盖代，笔墨饱满、笔法秀逸，疏朗意透、形断意连，字里生金、行里玉润，其点如坠石、画如夏云、钩如曲金、戈如发弩，纵横有象、侈昂有志，大有先帝之风范。"一旁的司马聃听了高兴得不得了，说一句"谢王大人"！然后小得意地看着褚蒜子，褚蒜子温和地笑了笑，道："彭子不可骄傲！"又对王羲之说："王大人不要光说好，字的结构如何？"王羲之道："皇帝尚年幼，能分布平正，已经很好了。"褚蒜子道："字的间架结构、笔画、运笔，如何配合才能让字更好？"王羲之道："这个需要勤学多练。用一个棵树做比方，笔画好比树叶，结构好比树干，运笔好比树的气势。"褚蒜子道："很好！很形象，以国比之呢？"王羲之："以国比之？以国比笔画好比臣民百姓，间架结构好比文武大臣，运笔在于写字的人，就好比是太后您。"王羲之文人性情，口无遮拦，说到兴起竟然用褚蒜子做比喻，一旁的姬秋斥他"大胆"！王羲之登时意识到自己只管信马由缰地说，不觉中竟把褚蒜子绕进去了，他吓得赶紧跪下道："臣、臣、臣不敢！请太、太、太后恕罪！臣不是故意的，真、真不是故意的！"王羲之小时结巴，长大好了，但是一紧张结巴的毛病就会捎带出来，褚蒜子见

141

他这样，赶紧道："王大人快起来，哀家恕你无罪。"王羲之："谢、谢太后！"王羲之仍然拘禁，生怕自己不小心再说错话，一时不知道该如何往下说，却听褚蒜子道："王大人比喻得十分好！笔画好比臣民百姓，间架结构好比文武大臣，哀家就是那个运笔的人。哀家现在想知道的是如何把国这个字写好。"又道："臣民百姓、文武大臣都是皇家子民，只是顶梁的大臣们如果不和，终究难为的是所有的人。比如殷浩殷大人和桓温桓将军，都是股肱大臣，本应该相互支持精诚合作，可是殷……"说到这儿她看了看王羲之，没有往下说。王羲之反应很快，也非常直率，立马接上说："微臣明白太后的意思，微臣和太后的意思一样。殷大人的作为有时候确实不应该，他对桓将军确实有点过分，微臣数次想驳他的，但是想到他是朝廷扶持的人，微臣就把话咽回去了。"褚蒜子示意他说下去，他又道："太后是想让我劝说殷大人不要与桓将军为敌吗？劝他与桓将军应该团结一致，才能更好地效忠国家吗？"褚蒜子一笑道："王大人，咱们今天只谈书法，不谈政事。"王羲之有点懵了，一时不知道如何回话，却听司马聃道："有些话母后不能说，需要王大人代言。王大人可以私底下把如何利国利民的话说与殷大人听，母后什么也不知道。"王羲之怔了一会道："太后放心！微臣知道如何去做。"

　　是晚休息时，王羲之抑制不住内心的兴奋，对身旁的妻子郗璿说："今儿太后把我叫去看皇上写字了。"郗璿看着他笑道："说吧，什么事？"王羲之："你会读心术似的，什么都瞒不住你。"郗璿笑道："你也不想想这个世上还有谁能与你共秘密。"王羲之小声道："太后让我暗中做功、不露声色地做功，劝殷浩不要与桓温过不去。"郗璿："太后明示了吗？"王羲之："太后说今日之事无关政治。"郗璿："太后接下来可能还会找荀羡或者寻阳公主。"王羲之："你怎么知道？"郗璿："因为荀羡跟你一样。"王羲之："太后为什么要这样呢？"郗璿："太后坐在权力的中央，谁她都得考虑呀，但是有些话、有些事她自己又不能说不能做。"王羲之："你跟皇上说得一样。"郗璿："皇上果真如我所说？他还那么小。"王羲之："一样！"郗璿："国家之幸啊！有这样的皇上，余生应该不会有啥大的不好了。"王羲之："我没有想那么多那么远……"郗璿调笑道："你有鹅有书法就人生圆满了。"王羲之认真道："我有你就人生圆满了。"

　　王羲之力劝殷浩与桓温和为贵的同时，也操心桓温，他给桓温写了封信，桓温看罢甚是欣慰，他对属僚说："逸飞说他在劝殷浩与我和为贵，说只有两股力量拧成一股力量，国家才会越来越强盛。"谢奕怀疑道："是殷浩的鬼蜮手段起作用了吧！怎么听着像是明公参与了似的？"桓温："是我没有说清楚，殷浩再鬼蜮对逸飞也不起作用。"谢奕道："他是劝你不要生气，他会私底下做功课劝殷浩少生是非吧。"桓温竖起大拇指道："对极了，你什么时候学会读心术？"谢奕："逸飞是个大好人，不会弄权使势，又忠心朝廷，他知道元子是国之栋梁，他这是忠国惜将。"王珣感叹道："国家多些这样的人多好！"桓温道："国家什么样的人都得有。"袁宏道："就是！人世间不能只有一种颜色、一种声音，否则就太过于单一！"桓温："嗯！是这么个理！都说红花好看，如果世上的花全部是红色，那可太吓人了。"

寻阳公主来看褚蒜子，褚蒜子与她话家常，不觉说到"五马渡江"、说到晋元帝司马睿、说到晋明帝、说到王敦之乱、说到苏峻之乱、说到成帝时庾亮专政、说到康帝和眼前的司马聃。寻阳公主感叹道："幸亏太后器识过人，把江山社稷打理得井井有条，这才得以让文武百官各司其职，黎民百姓安居乐业。敬太后一杯！臣妾先干为敬。"褚蒜子："姑姑有所不知，表面上看风平浪静，暗地里波涛汹涌，哀家常常自感力薄。"寻阳公主把手里的茶杯一放，看着褚蒜子道："臣妾虽然不才，但是如果太后有用得着臣妾的地方，臣妾定为太后两肋插刀在所不辞！"褚蒜子："姑姑言重了！很多事啊，无大无小无重无轻，只有时间节点对了，就是大事，有定鼎之举，错了，小事一桩，如蛛丝马迹一样。"寻阳公主一时不得其解，道："寻阳笨拙，请太后明示！"褚蒜子："朝廷皇叔司马昱、殷浩殷大人为首辅政，桓温桓将军坐镇荆州，谢尚谢将军坐镇豫州。乍一看时局稳定、天下无忧，可是，如果身置其中，就体悟到一浪接着一浪！"寻阳想起小时的事，不觉眼圈一红，道："咋不能体悟到，能体悟到！"褚蒜子又道："朝臣们整体是好的，可是总有那么一个，一身刺，整天刺别人，虽然别人不说，但是那是人家大度。"寻阳公主道："太后说的是殷浩和桓温吧？"褚蒜子放下手中的茶杯道："这两个人都是股肱大臣，可是却不合拍，哀家不知道当如何处理。姑姑可有高见？"寻阳公主道："荀羡表面上和殷浩一队，实际上不是。他私底下曾对我说过他对殷浩的作为看不惯，但是因为不伤大雅，他也就当没有看见。殷浩抗拒桓温，他也看不惯，但是因为桓温需要他来抗衡，所以，他说只要殷浩没有对朝廷造成伤害，他选择沉默。毕竟，万一桓温成了王敦就麻烦了。不过太后放心，荀羡对朝廷绝对是忠心耿耿，他绝不会平地起风浪。臣妾身为皇家的女儿，也不会让他起风浪！"又转身对司马聃笑道："有姑奶奶在！荀羡永远是朝廷的人！"褚蒜子笑道："家之万幸！来，哀家敬姑姑一杯。"又道："哀家意思是，如果有机会，姑姑让荀羡劝劝殷浩。哀家的这个意思由姑姑代说给荀羡，但是姑姑要切记，这是他自己的意思。"寻阳公主回味了一下，道："明白了！彻底明白了！我们今天是家宴，无关政治。"司马聃站起来道："姑奶奶好厉害，朕也敬姑奶奶一杯！"寻阳公主一把把他搂在怀里道："皇帝是九五之尊，怎么可以这样？快坐下！"话没有说完，他们都笑了。

殷浩打探得荀羡喜欢钓鱼，一得知他回来，就约他到新亭游玩。荀羡本不想与之同行，但是搁不住他热情，遂与之策马来到新亭。到了新亭，荀羡看到殷浩的仆从已在那里，正疑惑他想干什么，只听殷浩说："亭子右侧不多远那个曲水湖，里面有许多鱼，咱们去那钓鱼。"面对被安排的垂钓，荀羡无奈道："我什么时候喜欢上钓鱼了？"殷浩道："你来了就喜欢上了。"荀羡道声"谢谢"，就只顾走路，不再言语，不想殷浩撒娇式道："那你钓个大鱼来烧烤谢我嘛！"荀羡不自觉抖了下身子干笑道："没问题！"殷浩分了钓鱼工具给荀羡，两人开始比赛，很快，荀羡有了收获，殷浩一看，道："荀大人果真厉害！这一会儿工夫就钓两条了。"荀羡看了他一眼，道："看你抖的，上钩的鱼儿也会被你抖跑。"殷浩："我说的是长远计。"荀羡"嗯"了声没有说话，过了一会，殷浩又道："感觉没抖啊。"荀羡："你心里有事？说吧！"殷浩遂道："前儿和刘惔、王濛说话，说到桓温，都说他是曹操一样的人，我担心他有朝一日会对国家不利。"荀羡："你想得有点多！桓温以后怎样我不知道，但是，现在我可以保证，他对朝廷是非常忠心的！"殷浩："刘惔跟他是连襟，他的话可信。"荀羡："有些事，听听就过了，不要太当真，人不能光看表象。"殷浩："看啥？"荀羡："你看过他写的字没有？他的字气势遒劲，飘逸洒脱，常说字如其人，能写出飘逸洒脱的字的人，怎么会是曹操呢？"殷浩："可是大家都这么说。"荀羡："众口铄金罢了！不可信！街头巷尾不也传说深源兄的闲话吗？可信吗？"殷浩无言以对，荀羡又道："深源兄和桓温都是国之栋梁，你和他应该两股力量拧成一股，这样，国家才能更加强盛。"也不知道殷浩有没有听到荀羡的话，只见他拽着钓鱼竿道："浮子沉了！浮子沉了！"荀羡抬头看看天空，已近午时，道："我这里有六七条了，走吧！够吃了。"

经过几经调停，朝廷内有司马昱、殷浩、蔡谟等一批文臣，外有桓温、褚裒、谢尚等武将，虽然殷浩有意和桓温不卯，但是有王羲之、荀羡等劝着，时局出现了前所未有的稳定。褚蒜子悄悄松了一口气，觉得自己可以稍稍歇歇心了。然而，世事难料，人生无常，褚衮因为打了败仗，内心愧疚，抑郁成疾，虽然百般调养，怎奈心病难医，终不见效果。有一日，他忽然听到凄厉的哭声，问属下是怎么回事，属下说是代陂阵亡的家属在哭祭，褚衮听后羞愧交加，病情加重，不日竟然病入膏肓。褚歆赶紧前去侍疾，不想三五日，他竟然驾鹤去了。

第八回

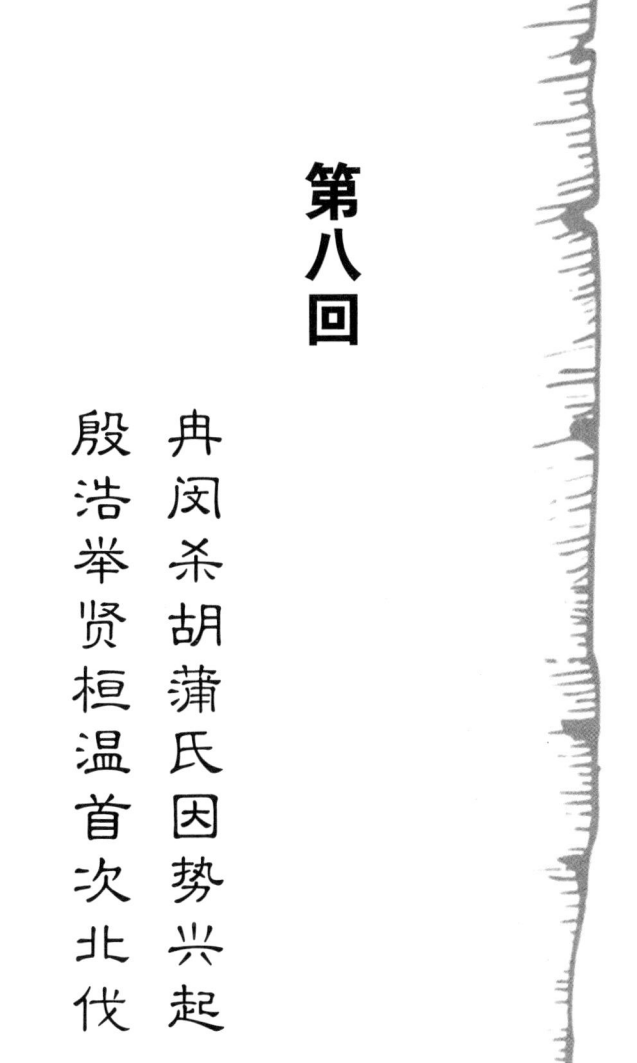

冉闵杀胡蒲氏因势兴起

殷浩举贤桓温首次北伐

国丈薨逝，举国哀悼，褚蒜子下令罢朝一天，带领文武百官在太极殿为褚裒悼念哀思，她悲恸道："哀乐低回，北风哀号，云天低垂，物无光泽，花无悦色，百草凋枯，是为褚将军也。悲哉人道异，一谢永销亡。逝者何所去，托体同山阿。万事无不尽，徒令存者伤。将军已去，我们要化悲痛为力量、化哀思为纪念，继承他的遗志，踏着他的足迹继续前行。"满朝文武皆曰："呜呼！哀哉！"褚蒜子又道："念褚将军生前功绩，特追赠他为侍中、太傅，谥号元穆，厚葬于其故里阳翟。"司马昱："褚将军一心为公、崇德向善，为国家做出了不可磨灭的贡献，而今英年早逝，国民皆悲恸万分，为纪念褚将军，臣建议将经过其故里的那段颍河改为褚河，其所在的镇改为褚河镇，以彰其德于后人！"褚蒜子准允。

第二天早朝，褚蒜子强打精神，问朝臣谁接替褚裒镇守京口。殷浩推荐荀羡，蔡谟以荀羡年轻为由反对，殷浩说："能者不分年龄，甘罗十二岁为相！荀驸马才、学、力、识样样出众，镇守京口绰绰有余。"众朝臣皆认可殷浩的举荐，褚蒜子知道荀羡忠心，由他镇守京口她最为放心，于是她当庭下诏，诏命北中郎将荀羡为徐州刺史、持假节，监徐、兖二州及扬州之晋陵诸军事，镇守京口。

褚蒜子疲惫极了，身子酸痛，她需要理疗一番。正理疗时，李宁来了，黎辉小声说叫她等一会儿。李宁小心问道："我在外面就听说了褚大人的事。"黎辉道："太后为此伤恸了，褚大人才四十七岁！"李宁："该怎么办？"黎辉："我这些天寸步不离太后，她太难了！国事家事都她一个人。"李宁起身道："我倒不如先回去吧，过几天再来。"黎辉："你既然来了，就耐心等会儿吧。"李宁："刚家事又国事。"黎辉："对于太后来说，家事也是国事。"顿了一下道："家事国事哪分得清？"又道："我觉得国事更应该让太后早知道。"李宁又坐下道："心疼太后！"黎辉无言，李宁也无言，两人默默对坐了一会儿，黎辉："你上回进献给太后的美容膏，太后说好用呢。"李宁："这回又带了些，另外还有雏菊枕头，有平肝明目、散风祛热的功效，夏天用正好。"黎辉："真好！带来了吗？"李宁指着旁边的包袱道："喏，这就是。"喝了口茶道："太后告诉我，人生百年，单单生存一世是没有意义，会生活、生活好才是有意义的人生。"黎辉："是啊！太后常说'人活着，要给岁月以文明，而不是给文明以岁月。'"李宁："太后还说'人不一定要有多鲜艳，但是一定要有自己的特色'。比如你我，各行其是，各尽其职，就是人生的意义、就是给了岁月文明。"黎辉："是啊，如果没有太后教导着，我觉得我就个傻子。"

第八回　冉闵杀胡蒲氏因势兴起　殷浩举贤桓温首次北伐

又道："你先坐着,我去看看。"

李宁正独自饮茶,黎辉过来叫她,她赶紧过去。礼毕,褚蒜子让她坐下说话,她谢座后报说:后赵彻底乱了!褚蒜子示意她说下去,李宁接着道:"后赵石虎死后,其诸子为争王位互相残杀,石遵称帝后,后赵相对稳定了一百多天,也就是褚大人北伐的那个时间段……"听到这儿,褚蒜子有些黯然,李宁也感受到了,不敢再往下说。褚蒜子意识到自己的失态,赶紧调整好情绪,道:"接着说!"李宁继续道:"石遵没有儿子,他起兵前为了让干将冉闵效力对他许诺说:'如果大事能成,就立你做太子。'冉闵喜极而泣。为此,他身先士卒,舍生忘死攻下邺城。可是那石遵却出尔反尔,事后,立了他哥哥石斌的儿子为太子。为了安抚冉闵,授予他都督中外诸军事一职。冉闵从缥缈仙境一下掉到人间冰窖,被利用的愤怒让他仰天狂啸:'此仇不报,誓不为人!'他上奏要把随他征战的一万多人全部封为将军,赐爵关外侯。接着又把从石虎宫中抢到的女人全部分给手下将领。石遵的部下孟准等人说:'冉闵心怀不轨,要杀了,不杀定会成为祸患!'身边的大臣也都附和说要杀了冉闵,这时石遵的母亲说:'如果没有棘奴(冉闵小名),你怎么能有今天?他只是放纵了点,你不能说杀就杀!'石遵听了母亲的话,没有杀冉闵。不料这个决策会议刚刚结束,石遵的哥哥石鉴便偷偷跑到冉闵处说:'石遵要对你动手了,千万不能再等了。'冉闵勃然大怒,随即起兵,趁夜攻入邺城,杀了石遵,立石鉴为帝。石鉴继位后,恐惧冉闵权倾朝野,派人暗杀冉闵,不想冉闵早有防备,一举扫清来暗杀他的人。石鉴惧怕冉闵,为自保其身,谎称不知道这事。冉闵心知肚明,下令把石鉴囚禁了起来,不久,冉闵把石鉴也杀了,自己在邺城称帝,改国号为魏。冉闵称帝后,石虎的另一个儿子石祗在襄国称帝,冉闵派兵征讨,杀死了石祗。只是后赵的残余势力还非常强大,冉闵目前有点疲于应付。奴婢回来的时候,从蒋干身边的人得知,他们欲向我朝请援。"褚蒜子:"还有吗?"李宁:"再有就是北边的慕容氏势力开始抬头,他们对后赵一直虎视眈眈。"褚蒜子:"知道了!退下吧。"

没过几天,朝廷收到冉闵的求援书,书上说:"胡人扰乱中原多年,如今已消灭了他们。但是其残余势力仍顽冥不化、穷凶极恶、残害生灵,我不能够有效制止,希望贵朝能够施以援助,共同征伐,以还我汉家河山。"收到求援书,司马昱、王彪之等原不欲答复,他们斟酌后对司马聃、褚蒜子说:"羯胡人不服冉闵称帝,反对者甚多,原后赵官员将领联合起来四处作乱,冉闵有些精力不济顾不过来,因为连年战争,粮食也出现饥荒,但是，他是汉人，又做不到在粮食不够的情况下给人们吃的。他说是为了彻底清除后赵那些穷凶极恶的残余势力，希望我朝能够给予兵力和粮食援助。"司马聃一听便道："那就给他援助。"王彪之"咳"了一声道："我有个想法不知当讲不当讲。"褚蒜子："王大人请直言！"王彪之："后赵现在正处在水深火热之中，饿殍满地、杀戮不止、灾厄四起，如果我们贸然参与，臣担心会有损我们自己。"司马聃："那里有我们的百姓，难道我们见死不救吗？"褚蒜子："冉闵汉人，骨肉相连，邺城中原，唇齿相依。骨折肘断，唇亡齿寒，怎能不救？"司马昱、王彪之此时也意识到不救的危害，赶紧道声"臣明白"。两人对望了一下，司马昱："派袁真去吧！他也是一名干将！"褚蒜子："好！即刻下诏。"

冉闵称帝，羯胡人不服，原后赵官员将士更是集结起来要暗杀冉闵。冉闵对出尔反尔、言不由衷的羯胡人非常厌恶，他和李农奋力攻杀来犯的羯胡兵卒，从凤阳门至琨华殿，横尸遍野、血流成河。然后，冉闵发布命令告知宫廷内外，六夷凡敢动用兵器者一律斩杀。又发布诏令，道："与官同心者留下，不同心者听任各自离开。"并下令城门不再戒严。不想此诏令一出，百里之内的汉人都踊跃进城，城内的羯胡人则结队离去，以致堵满了城门。冉闵顿时明白，羯胡人不愿为己所用，他道："羯胡人真是白眼儿狼！这些年他们欺压惯我们了！"蒋干："在他们的意识里，汉人就是'两脚羊'，软弱可欺，美味可食！"冉闵："当年我们多少姐妹成了他们的口中餐、多少兄弟成了他们的刀下鬼！是可忍孰不可忍！杀了这些羯胡贼给我们死去的兄弟姐妹报仇雪恨。"冉智："这样会不会杀戮太过？"冉闵："对敌人仁慈就是对自己残忍！让他们知道厉害，他们才老实。"冉智："会不会伤及无辜？"冉闵："哪个庙里没有屈死鬼！杀！高鼻多须者见一个杀一个！诏告汉人，斩一胡人首级送到凤阳门的，凡文官进位三等，武职都任作牙门。"这一诏令大快汉人之心，他们仨俩一群、三五一伙地到处截杀羯胡人，一个说："受了羯胡人几十年的气，今天可该出出气了。"另一说："他们根本不把我们当人，只把我们当'两脚羊'、当菜，今天，我们只杀他们不吃他们，够意思了！"冉闵厌恶透了羯胡人，他下令官兵全城地毯式搜查，一旦查到，无论男女老幼，格杀勿论。后他又亲自率领境内的兵士诛杀羯胡人，也不细考证，看似像就杀，以致外表长得高鼻多须者，被枉杀很多。

就在后赵之地混战四起的时候，北方的鲜卑人慕容氏把手伸过来了。慕容氏本是鲜

第八回 冉闵杀胡蒲氏因势兴起 殷浩举贤桓温首次北伐

卑族的一个部落,从东北老林走出来,他们靠着血腥野蛮的屠杀,席卷了大半个北方。慕容家族尚武,出过几个可以称霸一方、俯视天下的高手。第一个是慕容皝,狡猾奸诈,他当政时只拥有辽西走廊一带,慢慢地消灭了一个个邻居,成为东北地区的老大,与后赵遥遥相望。他们中间还有一个部落:段氏鲜卑。段氏和慕容鲜卑祖上同源,两家还通婚。然而令段氏没有想到的是,他这个亲家太黑、太毒,是个六亲不认的恶狼。段氏拿他当亲家,他拿段氏当酒菜。台上,他与段氏握手,背后,他派使者到后赵对石虎说:"我家主上愿意与陛下联合,灭了段氏。"石虎大喜,真心把这个比他小两岁的慕容皝当兄弟了。为了表示诚意,他送走了慕容氏在他那儿的人质,然后就兴冲冲地出兵攻打段氏。段氏弱小,根本不是他的对手,很快就全军覆没了。但是令他诧异的是,整个战场没有一个慕容氏的兵卒。后来一打听才知道,原来慕容皝趁着两军大战,抢劫了大批的牛马回去了。这可把石虎气坏了,他连休息都没有,直接率领二十万大军攻打慕容氏。慕容氏本来理亏,实力也不强,根本不是石虎对手,沿途三十六个城池望风而降,最后整个部落只剩下首都棘城一座孤城。慕容军队士气低落,人心惶惶。慕容皝想弃城而逃,但是在部下的反复劝说下,明白即使逃到天涯海角也会被追杀,怎么都是死,不如死得有骨气些,于是,率领全体官兵,与石虎决战。

石虎军队连续作战,又长途跋涉,到了这里,已是强弩之末。慕容军再无退路,个个抱着必死的心决战,石虎一时也攻不下,双方僵持了十多天,一些将领劝慕容皝投降,慕容皝说:"我刚取得天下,怎么能投降?"石虎之前没有遇到像样的抵抗,以为自己天下无敌,而今对着城里顽强坚韧、宁死不屈的慕容军,相当意外。于是他下令休息整顿,后赵士兵一听休息,个个都有"好好睡一觉"的念想。意想不到的是,第二天天刚蒙蒙亮,棘城城门突然全部打开,二千骑兵冲杀出来。此时大雾弥漫,石虎军尚在睡意朦胧中,雾气中似乎看到千军万马,惊慌中爬起来赶紧逃命,顿时兵败如山倒。慕容恪乘胜追击,斩杀俘获三万多人。此后石虎多次兴兵复仇,但是基本上没有取得过胜利,慢慢由进攻转向防守。

慢慢强大起来的慕容氏眼见后赵兴起、眼见后赵四分五裂、眼见后赵灭亡、眼见一个又一个乱世军阀崛起,野心勃勃的他们怎么会袖手旁观?当后赵内乱时,他们原本想趁机抢占地盘,不想却被冉闵得逞了,心里十分不甘,那慕容儁道:"多好的一块肥肉!可恨让冉奴得了去。"其国战神慕容恪道:"主上!臣愿意领兵南下,拿下冉贼,囊括中原。"慕容评："听说冉闵英武神勇,如有天助!且有大将李农、蒋干等人,拿下谈何容易!我们应该仔细议论一下才行。"慕容恪："这些年后赵之地征战不断,冉闵更是四处征伐,已是强弩之末,不足怕。"慕容儁太想得到邺城等地了,扩张的血液在他的血管里奔流,他也来不及多想,道："慕容恪听令!朕派你为征南大都督,攻克后赵之地,拿下冉闵贼奴。"慕容恪领命,带兵出发,玩一样拿下幽州,然后继续南下。

消息传到邺城,冉闵惊怒不止,大将蒋干道："大王!臣愿领兵阻之。"干将董闰道："大王!臣以为应派人前去游说,最好能够和平解决,不可轻易开战!我们连年征战,兵困马乏,粮草储备也不充足,开战,不是最好的选择。"张温道："大王,臣以为董将军说得有道理,臣附议。"蒋干："你们就是胆小怕事,他们来犯我们不战,他们会以为我们怕他,以后会更加有恃无恐地欺负我们。"董闰："解决问题的办法千千万,开战只是其中之一。"冉闵问李农的意见,李农说都行,蒋干："什么都行!战!他们原是石氏手下败将,石氏都是被我们拿下了,还怕他们？"冉闵一拍桌子道："战!本大王亲自去,打他们个屁滚尿流,哭爹叫娘。"董闰："如果非要开战,臣恳请大王坐镇王宫,派得力干将前去即可,大王不可御驾亲征。"冉闵一挥手道："君子自有天命!本大王不怕!"张温："大王!刀剑无眼!臣也恳请大王坐镇王宫,臣愿意亲率将士前往与慕容贼决一死战。"冉闵："不用!本大王要亲手宰了这帮无事生非的人。"蒋干："臣请命前去击退慕容贼,恳请大王坐镇王宫。"李农："我们几个谁去都能轻易击退慕容小贼!臣只恳请大王坐镇王宫。"冉闵："众爱卿的情义本大王领了,本大王心意已决,众爱卿不须多说。"

冉闵亲率大兵到定州大战慕容恪,十战十捷。慕容军畏惧,不敢再战,慕容恪道："冉闵是一个赳赳武夫,有勇无谋。自立国以来他到处征战,将士已疲惫不堪,今日又与我军大战十余次,早已是强弩之末。我军稍用计谋,定可取胜。"又道："冉闵步兵多,适合丛林作战,我军骑兵多,适合平地作战,我们只要把冉军引入平地,擒拿他们轻而易举,再战时,我军派轻骑上阵,然后佯败诱逃冉军到平地。大军听我号令,我军分成三部分,我率中军,箭兵五千人,以铁索连战马结成方阵,另两队人马分两侧配合主力。如此,将冉闵引进阵中,我们给他来个瓮中捉鳖。"慕容军听命行事,慢慢布网。冉闵恃勇轻敌,果然中计,他直冲慕容中军铁马方阵,他左操双刃矛,右手钩戟,呼啸前冲,斩慕容军三百余人。然而,其步兵入铁马方阵如人在匣中,非常被动,被战马上的慕容军砍杀没有还手之力。慕容恪大旗一挥,两

第八回 冉闵杀胡蒲氏因势兴起 殷浩举贤桓温首次北伐

侧军队夹击而来，冉军大败。冉闵突围逃出二十余里，他的坐骑"朱龙"却因为精疲力竭倒地而亡，冉闵被慕容军生擒。

慕容恪将冉闵送到慕容儁帐中，喝令他跪下，冉闵昂头不理，推拿他的兵士在他的后腿窝处猛踢一脚，冉闵颓然跪下。慕容儁斥道："你不过是奴才，怎么敢妄自称帝？"冉闵眼一瞪道："天下大乱，如你这等夷狄禽兽都可称帝，我乃一世英雄，为何不能称帝？"慕容俊怒道："奴才称帝，违天逆命！打！鞭打三百，然后斩首。"

冉闵被拉至遏陉山处死，他仰天大笑："狗贼！我冉闵死也不会放过尔等！"他话音刚落，刽子手手起刀落，冉闵热血四溅，草木瞬间枯萎，并向外蔓延，很快方圆七里的草木全部枯死。是夜，气温骤降，鹅毛大雪飘飞不止，一宫女道："活这么大，第一次见这个时间下雪，好冷！"又一宫女说："我棉衣都穿上了，还抵不住寒气！"慕容儁更是冷得打战，催道："炭火好了没？快点！"慕容评："大汗！遏陉山方圆七里内的草木瞬间都死光了，这雪也有点邪乎。"慕容儁："三月桃花雪不是常有的吗？碰巧罢了！"慕容评："大汗！可我这心里怎么慌慌的呢？"慕容儁不耐烦道："安神汤一会儿就好了，等下你也喝一碗。"

冉闵死后，他的儿子冉智和大将军蒋干主事，他们知道自己不是慕容氏的对手，遂派人向晋廷求救。消息传到书房时，褚蒜子、司马聃正说这事，司马聃的第一反应是救援，所以，他问："派谁去合适？"蔡谟："老臣以为谁也不派！让冉智他们和慕容氏打去，我等坐收渔利。"褚蒜子："不可！慕容氏也是个嗜血暴戾之徒！哀家不忍心看着无辜百姓被涂炭。即刻下诏，派戴施前去驰援。"

戴施接到命令，很快到了棘津，安营扎寨后，他对属僚说："据说那个传国玉玺在冉智手里，咱想办法弄到手，进献给朝廷，也是美事一桩。"戴施主簿："我们先在这里屯兵两三天，叫个人过去传话'救援没有问题，只要你交出玉玺'。"戴施参军："他要是不交呢？我们可是受命驰援的。"戴施："我感觉他会交的，赌一把，派人去传话，我们先在这儿休息两三天再说。"戴施参军："三天他如果不交，我们还驰援吗？"戴施："当然！交与不交都要驰援，这是皇命！但是交与不交，冉智会权衡的。"又道："还要告诉冉智，三天后本将军亲率三百敢死兵士，强攻入城。"

上交玉玺冉智实在舍不得，这可是他父亲拿命换来的，这可是象征着皇位的正宗。他正自纠结，戴施率领一百多名勇士组成敢死队，突破了慕容军的防线，进入邺城。见到冉智，他道："末将救援迟了，请大王见谅！末将先率三百名敢死队来见大王，与大王商议后，我们里应外合，击退慕容军。大王放心！我定与大王同生死共存亡！"冉智、蒋干瞬间被感动了，主动把玉玺交给了戴施，道："这是玉玺，请将军代交给皇上。"戴施说："玉玺在下先替您保存着，兵荒马乱的，在下也不敢送往江南。但是在下会飞马报告给朝廷，朝廷定会再派人前来援救。我们现在商议一下如何里应外合打败慕容贼吧。"

晋军和冉智部众里应外合，很快击败慕容军。戴施别过冉智，亲自秘密带着玉玺来到谢尚军中，他道："谢将军！朝廷派末将驰援冉魏，冉智把传国玉玺给了末将，末将想尽快上献朝廷，可是现在末将有任务在身，再说当下战乱，末将怕有个闪失，所以专门特意送到将军这儿，希望将军把玉玺护送到建康。"谢尚听罢大为开心道："这是天大的好事，这么些年来，因为没有这个玉玺，我们的腰板一直硬不起来，这下好了。"戴施："是啊！所以，末将特来恳请将军护送，以防闪失。"谢尚："放心！我亲自护送到建康！亲手交到皇上手里。"

褚蒜子看着玉玺，很是欣慰。司马昱："自我朝定鼎建康以来，因为没有传国玉玺，多少事说话都不那么硬气，今儿好了。"蔡谟："别忘了北边那个慕容老贼！做人诡谲，口是心非！"褚蒜子："不怕！真的假不了。"谢尚："什么情况？"司马昱："慕容恪把冉智的妻子抓走了，他对外说冉智的妻子把传国玉玺交给他们了。"谢尚："真是撒谎不眨眼。"司马昱："一帮言而无信的小人！"司马聃："如此怎么能当大任？"蔡谟："他们就是不讲仁义礼智信的强盗。"司马聃："得找机会把他们灭了，不能让他们继续祸害百姓。"褚蒜子："皇上说得是！我们要加强国力建设，找机会把他们灭了。"蔡谟："那慕容强盗很猖狂！有谍者报他欲向我朝兴兵。"谢尚："信他们胡说，我回来时，蒲健和姚弋仲正联手对付他们呢！他们三头六臂啊，还兴兵犯我？"司马聃："蒲洪和姚弋仲是谁？"谢尚："蒲洪和姚弋仲都是原后赵石虎的得力干将！蒲健的父亲蒲洪和姚弋仲一样，都是个直性子，都得石虎信任，不同的是蒲洪比姚弋仲心眼灵活。冉闵和石祇大战时，姚弋仲力挺石氏，当石祇在襄国被打得不能行时，他向驻守在滠头的姚弋仲求救，姚弋仲让他最有能力的儿子姚襄前去，已经七十二岁的姚弋仲对姚襄说：'你的能力是冉闵的十倍，如果你不能杀了他或者活捉了他，不要回来见我。'姚襄带兵击败冉闵，但是让冉闵跑了，气得姚弋仲打了姚襄一百军棍。姚弋仲对石氏的忠心，天地可鉴！蒲洪则不同，他见石虎一死，便动了自立门户的心思，姚弋仲直到看到后赵完全败亡，才有这一想法，他们两个不约而同地看上了关中地区，为争关中，姚襄与蒲洪大战。尚未分出胜负，慕容贼又来争夺，于是，两个决定联合对付慕容贼。"褚蒜子："即刻向他们二人下招安书。"众人："招安？"褚蒜子："是！团结一切可以团结的力量，不是对手就是朋友。"

蒲洪接到招安书，甚是高兴，他道："真是天助我也！接受招安，不但要接受招安，还要大张旗鼓，让关中的老百姓都知道我们是晋的部下。"蒲健："对！对外宣称我们已接受晋廷授予的职务，比如冀州刺史什么的，只要是诏书上有的，我们都接受，且都声响很大地接受。"蒲洪："好！这样可以得到关中老百姓的心。"蒲健："姚弋仲也接到诏书了？"蒲洪："姚弋仲是个死脑筋，他不会接受招安。"蒲健："那我们可以放心地与他联手击退慕容贼！"蒲洪："当然。"

蒲洪联合姚弋仲大败慕容氏后，反手对付姚弋仲并大败之，然后，他对外宣称他是关中王，与晋廷没有一点关系。消息传到建康，蔡谟道："真是一帮子言而无信的人。"褚蒜子："得之失之皆一时，没事。"司马昱："他现在自立为国也不全是坏事！至少，他会安稳十几年。"司马聃："为什么这么说？"褚蒜子："那蒲洪心大，他要腾出手来自我发展，尚没有能力顾及侵犯别国。如果他们任性扩张，下场会像冉闵一样。"司马昱："太后说得极是。臣还有事禀报！就是姚襄派使者送上降书，自愿为晋臣。"蔡谟："胡虏之人，秉性不稳，不要也罢。"褚蒜子："蔡大人错矣！胡虏也有可嘉之士，姚弋仲对后赵之忠心，天地可鉴。姚襄走投无路降晋，也定会是忠臣。"蔡谟："太后！恕老臣直言，老臣总觉得太后对人性了解不足，心地太善了，善良过度就是懦弱无原则。"褚蒜子尚未开口，司马昱道："蔡大人错矣！在下非常认同太后的做法，在下也认为姚襄是个可重用的良臣，我们不能因为蒲洪而否定姚襄。"司马聃："朕也觉得母后正确。"蔡谟："好吧！少数服从多数。"

黎辉捧着刚炖好的人参乌鸡汤给褚蒜子，褚蒜子不想吃，叫她先弄点水果。黎辉把时令的枇杷、樱桃、青梅、杨梅都逐一捧上，褚蒜子吃着吃着有些眼皮打架，黎辉说："太后！奴婢给您水果理疗吧。"褚蒜子："水果理疗？"黎辉："是！奴婢专门为太后学会的。"褚蒜子："你真是哀家的贴心人。"黎辉忙道："太后可是要折煞奴婢了。"说罢，去准备理疗事宜。褚蒜子则一直思考着国事，以致黎辉叫她几声她都没有听到,她在想:"现在中原如此乱,正是收复的好时机。叫谁去?桓温?不可!军政不可一支独大,荀羡?不可!京口离不开他。殷浩?不可!他清谈可以!谁行呢?姚襄?"想到"姚襄"二字,她自嘲地笑了,"难道国家真的没有人了吗?姚襄自然是豪杰,只是他刚刚归降,哪里敢给他那么大的权力。莫说朝臣不同意,自己也过不了自己这一关……怎么办?派谁呢?"褚蒜子反复考虑,不得人选。

　　第二天早朝,褚蒜子说:"诸位爱卿!现在是光复中原的大好时机,哀家决意北伐,派谁去?请众爱卿议论。"司马昱:"臣举荐殷浩殷大人!殷大人名士风流,非常有影响力,他一出马,肯定能够平定中原。"褚蒜子:"战场拼的是实力!"她话音刚落,刘惔上前一步道:"臣举荐桓温,桓将军实战经验丰富,临战不会惧怕。现在北方是个烂摊子,由他领兵平定中原,指日可待!再,微臣举荐姚襄和桓温一起北伐,姚襄对那里熟悉,他若做先锋向导,我军可以做到事半功倍。"刘惔的话正中褚蒜子所思,她正欲决定,只听司马昱道:"桓将军镇守荆州重地,不宜领兵,请太后三思!"又道:"殷将军名望高、影响力大,行事也谨慎,臣以为殷将军定能一举平定中原!请太后明鉴。"王彪之、曹秀、刘强等也都附议。褚蒜子正在心里权衡,只听司马晞道:"北方来的慕容氏非常厉害,我们需要慎重对待。姚襄将军从北边过来,对那里熟悉,我们应该听听他的意见。"姚襄刚刚过来,本不想多说,见刘惔、司马晞都提到自己,他也不好意思再沉默不语,他道:"微臣对北方后赵之地甚是熟悉,微臣愿意为前锋,为国效力,鞠躬尽瘁,死而后已!"司马昱:"司马晞大人所虑暂不用怕,慕容氏一时过不来,关中的蒲氏正牵制着他,他现在顾不上太多。匡复中原,微臣推荐姚襄姚将军参与北伐,他来自北方,有他和殷将军一起北伐,定会如虎添翼,胜券在握。"听着朝臣们的议论,褚蒜子有点举棋不定,如果桓温出手,平定中原的可能性最大,可是,如他收复中原,朝廷里就真的没有人与之抗衡了,如果他坐大,当年"王与马共天下"的局面不可避免地会重现,那么接下来王敦之乱、苏峻之乱的事也可能会重演。她忽然想到明感大师让她看的镜像,镜像中有桓温一个画面,那会儿他看上去已差不多快五十岁了,而现在桓温才四十岁左右,那么此次领兵者当不是桓温。思来想去,决定让殷浩去!又想:"城池、土地自古如手中的棋子,失一时得一时都是常态,即使失败又能败到哪里去?"褚蒜子没有经历过沙场,她不知道沙场的残酷,她只知道派殷浩是当下最好的选择,为了确保万一,她特意把姚襄派给了殷浩,他对北方熟悉,希望他可以助殷浩一臂之力。于是,她下

第八回　冉闵杀胡蒲氏因势兴起　殷浩举贤桓温首次北伐

诏道："诏命殷浩为北伐中军将军、持假节，都督扬、豫、徐、兖、五州诸军事。任命姚襄为平北将军，与殷浩一起北伐。"

消息传到荆州，桓温气得鼻子直冒烟，恨朝廷不会用人。又听王珣说此次让殷浩北伐是褚蒜子在太极殿当庭钦定的，心里更加郁闷，他不相信这是褚蒜子的决定，他想她肯定有难处才这样下诏，对！肯定是那些辅政大臣！这些人，根本不知道什么是打仗！江山社稷是儿戏吗？褚裒玩了两个月的北伐游戏，玩丢了多少家当？最后把自己也玩没了，清谈家不适合领兵打仗！让殷浩当中军将军，这不是在重蹈褚裒之辙吗？我一再上书请求北伐却不准允，难道是我桓温对朝廷不够忠心吗？非要弄个殷浩制衡我？车胤道："将军！我想太后坐镇中央，派殷浩去，定有她自己的道理，她也许是想培养一股新的军事力量以增加国力！将军对朝廷的忠心，天地可鉴！但是太后坐镇中央，我想她需要更多像将军这样的人！"王珣："说没有抗衡不全对，说是完全抗衡也不全对。应该都有。"桓温："如果殷浩败北，收复中原的时机将会错失！机不可失，时不再来，难道太后没有想到这一点吗？"王珣："我想太后应该是想到了，但是，即便是殷浩完全败北，对于整个国家来说，损失也不会太大，更何况现在中原那么烂，那殷浩也不一定完全败北呢？更何况，还有姚襄帮他。"桓温无奈道："听从朝廷安排，我们继续厉兵秣马，时刻准备着驰援。"

桓温心里愤懑，久久不能入睡，他在想："太后啊，您这次的决定，真的有点让臣心寒啊！战争不是游戏，国丈北伐，声响那么大，结果尚未交手，便大败而逃。没有打下后赵一兵一卒，反送了代陂几千前来归附的百姓的性命。我多少次请求北伐的奏章，都如石沉大海，那些人办事拖沓混账糊涂，难道太后您也不清明了吗？您前日的回复中还透露出让臣北伐……算了！算了！"他辗转反侧睡不着，自忖道："我真心害怕褚裒的故事重演，苍天啊！请保佑我大晋吧！不要让殷浩输得太惨。"正自胡思乱想，郗超来了。郗超刚来桓温这里，与他尚未熟悉，但是他真心仰慕追随桓温，这一点桓温还是能够感知的。他见郗超说话吞吞吐吐，不由道："嘉宾不要藏着掖着的！请直言！"郗超："在下为明公鸣不平。"桓温拍了拍床帮道："坐下说。"郗超斜着坐下，道："明公才学力识过人、明慧断决服人，为什么将军要受这等委屈？"桓温故作不解道："你在说什么？"郗超："光复中原本应该是明公的事，可是，朝廷却派了个清谈客！褚裒这个清谈客败了多少财力、物力、人力！今天，又要重蹈覆辙。"桓温："这不是谁的事，朝廷自有安排！殷浩和褚裒不是一个人，怎么会有一样的错误？"郗超："不是朝廷安排，是太后安排！太后一介女流，哪里知道战场风云，她这是拿百万将士的性命当儿戏。"桓温高声道："不可胡说。"郗超："将军恕在下直言，太后糊涂。"桓温没有想到郗超如此说话，不禁呵斥道："大胆！"缓了一下又道："你的心我理解！先下去吧。"

殷浩运气比褚裒还要好，他刚授中军将军，许多地方军阀便派使者送来了降书。这天，他正与姚襄等在帐中商议北伐之事。驿卒报说原后赵大将张遇派使者求降。殷浩："带使者进来！"姚襄："将军且慢！"殷浩对驿卒挥了挥手，示意他稍等，只听姚襄道："在下曾与张遇同为后赵将领，对他略知一二，他一个赳赳武夫，靠蛮力获得军功上位，秉性阴阳不定，说话粗鲁不堪，仁义礼智信在他那里等于零，谁给他实惠他便与谁亲。前些时他曾向谢尚将军请降，谢将军没有理他，他心中生恨，到处说要与晋为敌……"殷浩不等他说完便道："这等小人，要他干啥？再说，谢尚不授我授？打发了事。"姚襄忙道："将军！在下的意思不是直接打发了事！在下的意思是设法稳住他，不要让他成为我们北伐路上的意外枝节！……"殷浩再次打断他道："懒得跟他费事，直接打发了事。"又有驿卒报说冉闵原部将董闰派使者求降。殷浩："快请！董闰我知道他，是冉闵的得力干将，胸中经纬也了得，如果冉闵听了他的劝谏，也不至于送了性命。"说完看着姚襄，姚襄道："他的确是一名干将，忠心、有帅才。"殷浩见姚襄抬他，不由讥笑道："他再好也是手下败将。"姚襄："乱世之中，他亦是择良木而栖的有志之士。"殷浩嘲笑道："事二主，不！事三主，还叫有志之人？"殷浩的话让姚襄如芒在背，他小心带怨道："乱世之年，事不得已！"殷浩还要借机对姚襄指桑骂槐，一旁参军听不下去了，说道："将军，姚平北说得非常好，有仁人志士降我大晋，是我大晋之福。"殷浩乃道："那就受降！先带使者休息，本帅忙完正事见他。"看着驿卒离去，殷浩对主簿道："你赶紧写报表，把这些事上报朝廷。"又道："通知步兵、骑兵、战车兵、水兵和相关负责将领，加紧训练，本帅将不定时检阅。"主簿唯诺称是，殷浩自鸣得意道："现在大好消息不断，本帅意趁着这个好兆头兵发中原，八百里加急。"

收到殷浩的奏章，司马昱等人都很高兴，唯褚蒜子担心，"未出师便有人来降，这与当年父亲北伐的场景太像了。"司马昱看出了她的心思，说道："太后！褚将军北伐时，是后赵相对稳定的时间，他们那会儿战斗力尚强，这会儿，今非昔比了！再说，褚将军

第八回　冉闵杀胡蒲氏因势兴起　殷浩举贤桓温首次北伐

那会儿没有姚襄这样的得力向导，这次，臣相信定会成功。"司马聃听到好消息也没有往深里想，只高兴道："朕现在可兴奋，恨不得也策马上前线，一举收复中原。"司马昱："皇上贵为天子，是不能上前线的，天子要坐镇中央。"司马聃张口道："是吗？"司马昱："是！皇上要坐镇中央协调万方。"褚蒜子见司马聃看着自己，道："皇上的任务就是坐镇中央、稳定人心。前线是帅将兵士之事。"司马聃："这就是各守其位，各司其职？"褚蒜子笑着点了点头，道："现在咱们接着说当下的问题，殷浩如何打赢这场战争？"

朝野都盼星星盼月亮地盼着殷浩平定中原，可是，殷浩的行为却让人大为不解，他没有让北伐大军征战沙场，而是让全体官兵屯田种粮。他此举不但褚蒜子不明白，将士也质疑。面对来自各方面的疑问，殷浩道："打仗，自古是兵马未动，粮草先行！收复中原，不是一天两天的事，故而，我们急不得，要慢慢来。首先，把我们的口粮要准备充足，绝对不能让战士在战场厮杀回来没有饭吃！所以，我们当下的主要任务就是春耕秋收！明白吗？"参军甲："可是，大帅！我们首先是军人，不是农民啊。"殷浩："屯田备粮有错吗？再说，种粮收粮也不是天天有。淡季还是要厉兵秣马、时时操练的，是谓工欲善其事，必先利其器。"姚襄："大帅，在下怕贻误战机啊！机不可失，时不再来。"主簿："是啊，将军！战机不可错过。"殷浩："现在各个地方小军阀正乱，让他们再乱一乱，我们也许可以坐收渔利，岂不更好？"姚襄不由道："战争岂能想当然？"殷浩："姚平北啊，这不是想当然，这是等待更好的时机！等待兵不血刃的好时机。这期间，我们一可储备粮草，二可养精蓄锐，何乐而不为？"众人听罢无语。

殷浩算是松了一口气，但是他也深知，不能一直屯田种粮下去，他不止一次地暗自祈祷："让中原再乱些吧！乱得军阀无法生存、乱得军阀都自愿来投降。您既然给我殷浩好名声好官位，也应该给我相匹配的好运啊，想当年桓温伐成汉，眼看着就要败了，一通打错的鼓声让战局完美扭转，苍天啊！就让这样的奇迹再发生一次吧。"

殷浩的行为引起了桓温的分外关注，他道："这么长时间了，殷浩还没有动静，他到底想干啥？要打持久战？这是持久战吗？"王珣："他又开始屯田种粮了，估计又要几个月不动。"来看桓温的王羲之道："我给他去信了，对他说不要错失了收复中原的良机，他回信说'不急，好饭不怕晚。'，估计他是有自己的打算吧，再说，打仗也不是急的事。"桓温："只怕错失良机。"王羲之："应该不会吧！现在除了蒲健、慕容氏外，没

159

有成气候的军阀。蒲健刚立国，无暇顾及，慕容氏呢，有点鞭长莫及，一年半载应该没事。"桓温："但愿如此，只可别让褚裒的故事重演。"王羲之："树叶都没有相同的两片，哪会那么多地重演啊？你只管厉兵秣马、养精蓄锐。"桓温"嗯"了一声，没再说话。

殷浩的屯兵不前也成了黎民百姓的谈资，建康一酒馆，几个百姓正在吃饭，只听百姓甲说："朝廷派殷浩光复中原这都几个月了，咋还不见动静呢？"百姓乙："听说殷浩命令全体军士屯田种粮，怕战争一开打，粮草不够。"百姓丙："咱们交得不够吗？"百姓丁："咋会不够？年年那么多，是只会清谈的殷浩不敢打吧！"百姓甲边吃边说："应该是！就像前朝的王衍，光嘴上功夫了得。"百姓乙："谁说不是呢！听说王衍是殷浩的偶像，这可不是要出事？"百姓丙："要是桓温，估计这会中原已收复了！"百姓丁："你说得可对！我都想不明白，朝廷为何不派桓温非要派殷浩呢？"百姓甲："朝廷是想用殷浩抗衡桓温，故意给他立功的机会。"百姓乙："只怕这机会给了他他拿不到手呢。"百姓丙："为什么这么说？"百姓丁："感觉！王衍误了国，殷浩能打胜仗？"百姓甲："我只求战火别烧到咱们这儿！我只想过太平日子。"百姓乙："谁不想！只是这世道，不是你想太平就太平的。"百姓丙："现在不是太平嘛！管恁多干吗！好好喝咱的小酒。"百姓丁："就是！就是！今朝有酒今朝醉。来！干了！"

半年多了，殷浩还没动静，褚蒜子数次催问，司马昱说他还在屯田种粮！司马聃说如果不行换人算了，司马昱说："皇上不要急，殷浩在等更好的时机。"司马聃："等等等！等中原稳定了？"司马昱："他的意思是让那儿再乱乱，收拾起来更加容易。"褚蒜子："虽然说'欲速则不达'，但是也不可错失良机，中原现在已乱到了极限，再乱能乱到哪里去？再乱就是治了，一旦得治，收复的良机就错失了。"司马昱也很着急，再次写信催问殷浩。

面对朝廷的疑问，殷浩上书说："……欲速则不达！……打仗的关键是粮草，等我备足了粮草就去北伐。……"时光荏苒，转眼一年多了，殷浩还在储备粮草，眼看着光复中原的机会就要错失，桓温坐不住了，气得直跺脚骂娘，他与王珣、车胤、郗超等密议，准备逼殷浩出兵。桓温写密信给褚蒜子，褚蒜子一看正中下怀，她给桓温复信说要他暂缓几天，如果殷浩再不出兵就按桓温的办法来。如果他还是不出兵，就改由桓温领兵北伐。又安慰桓温说，这次让殷浩领兵北伐，是众朝臣议论出来的结果，她是为大局考虑才这样做的，希望他能够理解她、支持她。

第八回　冉闵杀胡蒲氏因势兴起　殷浩举贤桓温首次北伐

眼看又到了年底，殷浩还处在囤积粮草的状态，桓温再也忍不住了，他很清楚不能再等了，再等，收复中原就无望了！眼看着慕容氏拿下一个又一个城池、眼看着蒲健也分得几杯羹、眼看着大好良机就要错失。一心为国的他急了，他决定按之前的计策行事。车胤担心道："这可是自己给自己戴上了以下犯上的帽子啊！明公三思。"郗超："不怕！这样更好！"桓温："上书朝廷，我自带四五万兵力顺流而下，屯驻武昌，驰援殷浩。"

得知桓温出兵的消息，司马昱等朝臣大为震惊，直接反应"桓温要谋反"。面对朝廷对桓温的质疑，褚蒜子轻描淡写道："桓温性情中人，应该是看到殷浩停滞不动，急了。"司马昱："那也不能擅自行动啊？"褚蒜子："他不是上奏章了吗？"司马昱感到了前所未有的紧迫，赶紧给殷浩写信。殷浩非常清楚地意识到是自己的惰政惹怒了忠心为国的桓温，桓温如果真和他较劲儿，他定会输得很惨。他吓得手足无措，赶紧写奏章辞呈。褚蒜子一看便曰："不准！"事已到此，她必须逼殷浩出征。

政务堂的气氛十分压抑，王彪之、曹秀等极力主张司马昱出面劝殷浩不要自乱阵脚，要沉着冷静，并建议殷浩写信告诉桓温粮草已足，准备马上出兵北伐。王彪之、曹秀他们对司马昱说："如果殷浩撂挑子，总得有人出来承担责任，这个人肯定就是你了。他是你极力推荐的人，如果他撂挑子跑了，实在不好看。为了大家都好看，你也该站出来承担责任。"其智囊团之一高崧道："给桓温写封信吧！劝他退兵，大家都体面。"众人皆同意高崧的建议，当即由司马昱执笔，给桓温写了封信："光复中原，是国家的长远目标，目前能完成这一艰巨任务的除了明公没有第二个人，但这样重大的事，自然不能急，要从长计议。明公这次举动，朝廷上下议论纷纷。当然，这是我等昏庸无能，没有把事情办好。但是我和明公想法是一样的，都为了效忠朝廷，使国家强盛百姓安定。为了这一目标，我们要团结一致，并肩对外，国家才能兴隆昌盛，这是朝廷对明公的期待！"

桓温收到信后，知道自己的试探有了结果，便也修书一封给司马昱道："相王！臣收悉来信，非常恐慌！臣这就撤兵回荆州，臣恳请朝廷原谅我的不恰当之举。光复中原是我等几代人的梦想，今日良机在手，臣实在怕错失。臣对朝廷的一片忠心，天地可鉴！臣请朝廷、相王、殷将军放心，在下随时做好驰援准备，以确保光复中原成功。"随即，他退兵返回荆州并写了一封信给殷浩，告诉他北伐中原是国事，他是怕错失良机，情急之下才出兵，请殷浩谅解。又说他已做好驰援的准备，只要殷浩一声令下，他的大军立马会前去支援。

殷浩清楚地认识到自己不能再等了，他写信给谢尚求援，谢尚很快就来到他的军中。二人一见，殷浩就胆怯又气愤地说："桓温欺人太甚！朝廷也窝囊，他无诏发兵还得我们怕他，他还逼迫说他会随时驰援。"谢尚："箭已在弦上了，你只管动，我会全力帮你的。"殷浩想了一会儿道："目标许昌和洛阳吧！这两个地方好打。"谢尚："可！张遇是个武夫，好对付。"殷浩："即刻发兵？"谢尚把手中的杯子往桌上一放道："你是怕得没主意了？马上就过年了，即刻发兵？"

过罢年，殷浩让荀羡镇守淮阴继续屯田，他则正式上书北伐，目标是收复许昌、洛阳。看到殷浩上书北伐的奏章，褚蒜子当即准允，并手书一信预祝他能够旗开得胜。出征前，殷浩向出征将士训话，他道："张遇本是汉人，却事羯胡，羯胡亡后，不思悔改，割据地方，荼毒生灵，祸害百姓。张遇赳赳武夫，不但胸无点墨，也胸无道义，而今他又投降胡虏蒲健，与我大晋为敌，残害我手足，是可忍孰不可忍！今派谢尚、姚襄为双先锋，本将军亲率大军前往，争取一举拿下，歼灭张遇，是替天行道。"期待大战已久的官兵也是大声呐喊："歼灭张遇！替天行道！"震耳欲聋的呐喊声给了殷浩不少底气，他心底生出一股豪气，威风凛凛、举手一挥道："出发。"他双腿一夹，策马前行，谁料他的战马突然受惊猛尥蹶子，殷浩措手不及，身子一歪掉到了地上，将士们大惊失色，皆以为兆头不好，殷浩爬起来道："大丈夫不要以怪力乱神！"说罢上马继续前行。

张遇探得殷浩出兵，赶紧八百里加急向蒲健求救，蒲健得知张遇被攻，火速派出两万人援救。双方在颍水桥相遇，两军相遇，谁也不言语，直接交战。谢尚虽然久经沙场，但是与桓温不能比拟，再加上有些轻敌，与那些长年征战沙场的秦军一交手，便节节败退。很快，晋军的一万五千人被斩杀，几乎全军覆没。谢尚和姚襄带着少数人仓皇逃回历阳。谢尚和姚襄洒泪而别，谢尚对姚襄说："豫州之事暂托付给你了，我自去建康领罪。"

消息传到殷浩那里，他吓得魂都跑到九霄云外了，过了好一会儿，他才故作镇定道："追兵到哪了？"驿卒："据此不到百里！"参军建议赶紧布防，殷浩："布防？不！不！赶紧撤，蒲健他们凶狠残暴杀戮成性，与他们拼命自然能博得虚名，可是要搭上多少兵士的性命？撤！赶紧撤！留得青山在，不怕没柴烧。"主簿："撤至哪里？"殷浩："撤

第八回　冉闵杀胡蒲氏因势兴起　殷浩举贤桓温首次北伐

至安全地带寿春。"参军："退四百多里？"殷浩："是！我必须保证兵士的安全，我可不想像褚裒一样让代陂的故事重演。"

撤退令让许多士兵非常不理解，士兵甲说："好好的怎么就撤？"士兵乙："搞哪样？准备快两年了，敌人毛都没摸就撤？"士兵丙："说是蒲贼太厉害了！把咱们的先锋部队打了个丢盔弃甲。"士兵丁："先锋败北了咱们是干啥吃的？"士兵甲："就是啊！我还想着在战场中立功呢！这一撤，立啥功？"士兵乙："我也是啊！现在国家准允寒门凭功绩入仕，咱这些军人，没有军功，何时才能出人头地啊？"士兵丙："你们真是！就知道想着立功，想着出人头地，真的上战场，刀剑无眼，万一头没了，怎么出人头地？不上战场，咱的军饷又不少发，争个啥呀，赶紧撤！"士兵丁说："人生不就是拼一场嘛！万一成功了，咱也可以威风凛凛骑大马，你不向往？"士兵甲："怎不向往？死都向往！"士兵乙、丙都说："我也是！"士兵丙："能耐！谢将军血性，你可以跑到他那儿。"士兵甲、乙、丁："咋去？"士兵丙："逃去！"众人笑曰："你可真是坑人！"士兵丙笑道："快收拾东西吧！撤！"

谢尚从建康回到寿春，殷浩也顾不上礼节，趿着鞋子跑过去问："建康怎么说？"谢尚道："什么也没说！但是我心里过不去。"殷浩松了口气，又问："你想怎么样？"谢尚："打回去！"殷浩："打回去？"谢尚："是！我的一世英名不能就这么没了。"殷浩："张遇赳赳武夫，蒲健生猛无敌，你不怕……"谢尚道："不怕！死也不怕！"殷浩："需要我做什么？"谢尚："做好驰援。"殷浩："还与姚襄一起？"谢尚："不！与冠军将军王浃！我们俩默契。"殷浩怕万一谢尚有个闪失自己没了臂膀，劝道："光拼激情不行，命重要。"谢尚："上次败于疏忽大意，这次不同。"殷浩："你已胸有成竹？"谢尚一拍胸膛道："上兵伐谋，中兵伐交，下兵攻城。"殷浩："说说！"谢尚："机不外露！"殷浩无心恋战，只想赶紧逃跑，便随口道："好吧！预祝成功。"

谢尚暗中用大价钱买通张遇身边的人，一边厉兵秣马等待战机，一边派王浃带一路人马与内线配合。战争打响后，他派一路人马堵截前来救援的蒲健军，又派一路人马截断蒲健军的退路。晋军在谢尚的指挥下，很快便把许昌拿下，然后他又与王浃配合，一起攻打蒲健军。蒲健几面受敌，很快全军覆没，战争取得全面胜利。

第九回

苏州视察蒜子饱览美景
兰亭雅聚逸飞即兴写序

谢尚大获全胜的消息传到建康，朝野振奋，朝臣多如司马昱那样，向褚蒜子美言谢尚将军勇猛善战、殷浩将军领导有方，建议朝廷要好好犒赏他们。褚蒜子想到"桓温功大受人压，殷浩功微受人抬"，暗叹人心诡谲。

大晋的盛世太平气象吸引得地方军阀自愿向其称藩，虽然有的地方势力浮上来的手段有点不地道，但是，历来所有的政权交替又有多少是正常的？只要他所领导的地方不乱，就是功德了。所以，凡来求大晋庇护的地方势力，褚蒜子一般都恩准，并授他们职位，以便他们在大晋的羽翼下继续统治地方，给予百姓一个相对安稳的生存环境。这些地方势力因为有大晋做靠山，也都相对老实了不少。内不乱，外不侵，晋廷自上而下，到处呈现一派祥和。

这天，褚蒜子忙完政事回到显阳殿，黎辉指着地上那红漆架子、丝绒凳面的小马扎、小凳子说："这是按拜占庭进献的式样做的，太后试试？"褚蒜子看了一下道："挺好！再做个别致的桌子，合成一套，喝茶用。"黎辉："配小凳子吧。"褚蒜子点了点头，黎辉又道："双簧管、长笛、漆面小鼓做好后，奴婢让乐府的人准备了一则异域小剧，现在排好了，太后欣赏欣赏吧。"褚蒜子笑道："难得你这么有心！"黎辉："奴婢没有能力替太后分忧，只好想着办法让太后开心。"褚蒜子："你呀！去准备吧。"黎辉："已经准备好了，都在正殿候着太后呢。"褚蒜子伸开胳膊，黎辉替她更换好衣服，扶着她前往梨园。

司马昱一如既往地早早来到政务堂，王彪之、周崧等也先后来了。埋头政务的司马昱抬头对他们说："拜占庭使者说，咱们售出丝绸有质量问题，有的褪色厉害，有的非常不耐穿，我当如何答复？"王彪之一边收拾东西一边道："这些穿惯粗布衣的外夷把丝绸和粗布衣比了吧。"司马昱："不会！这是来自他们贵族的反馈。"周崧给他续了续茶水道："以前没有听说过这个问题。"司马昱喝了一口道："两种可能！一是老问题才发现，二是真的出现了质量问题。"周崧："查一下！看看问题究竟出在哪儿？"司马昱："你负责吧！从桑树种植、蚕虫的培育开始，到结茧、收茧、抽丝、染色、上机、成匹等工序，每一个环节都要认真地调查研究。"周崧："好！"司马昱："暂且不要上报太后，等有了结果再报。"又道："私塾当报一下。自从太后准允并鼓励臣民耕读治家，自上而下，一片祥和。尤其是寒门士子，千军万马齐涌'通天路'，都非常地努力。虽说十年树木，百年树人，照这样劲头，我想用不了十年二十年，贤明人士就能遍天下。"周崧："这固然好！但是，九品中正制已树大根深！恐怕不容易啊。"司马昱："是不容易！但这不容易既然开始了，容易就不太远了。"王羲之："我非常认同司马昱大人的话，更钦佩太后的胆识！说真的现在九品中正制，舒服的是少数人，而推动社会发展的是九品中正制外的多数人。"王彪之道："好！好！"司马昱："还有一个好事，谢尚把石磬弄好了，正在运往建康的途中。"王羲之："哎呀！不日即可大饱耳福了。"他咽了下口水又道："到时叫谢尚跳舞、桓伊弄笛、桓温舞剑、谢安吟诗、我来挥毫……这感觉，美呀！"司马昱："单听你说就美醉了。"王彪之："好事中有梗啊！喏！殷浩奏章，要治蔡谟不朝之罪。"王羲之："这是许昌胜利让深源兄昏了头吧，蔡谟不朝是太后准允的啊！"司马昱："压下，不理他！"

　　司马昱来到书房时，褚蒜子正和司马聃说如何保证国家平稳运转的事，见司马昱过来，便停下听司马昱汇报。司马昱道："皇上！太后！自从朝廷大力提倡兴办学校、中兴文化艺术、奖励课农经商、鼓励寒门入仕后，自上而下，一片祥和，大家都忙着干自己的事，各种乱事少了很多。"褚蒜子："哀家听说咱们的丝绸出了点问题？"司马昱："是拜占庭的使者说有些质量不好，臣刚指派周崧负责调查此事，准备有了结果再禀报皇上、太后！"褚蒜子："相关行业如何？"司马昱："非常好！拜占庭等国不仅喜欢我们的丝绸，我们的漆器、瓷器、毛笔他们也非常喜欢，因为需求量大，民间已有小规模的漆器、瓷器、毛笔、宣纸作坊。还有就是他们也非常喜欢我们的文化，尤其是《老子》《庄子》以及儒学方面的书籍，他们当宝贝一样整箱整箱地买。再有就是茶叶、茶道也如涓涓细流般传给了他们。"司马聃："他们的音乐也传到我们这儿了，昨儿朕还跟母后一起听来着，非常好！"褚蒜子："嗯！这就是互通有无，共同发展。"司马聃："这多好！说真的，儿臣不喜欢战争。"褚蒜子："谁喜欢战争？只是和平与战争犹如四季轮回，逃不了。我们能做的就是在自己可以做主的岁月里尽可能地减少战争，尽可能地让世上的美好写在同时代的生命里。"司马聃："嗯！是！朕觉得应该开国家把控的工场，把毛笔、漆器、瓷器、宣纸什么的批量化生产，这样能产生更多的效益。"褚蒜子点头认可。司马昱："皇上话题跳得快，臣有点跟不上节拍了。"褚蒜子笑道："刚跟他说到战争，他还没有完全出来。"司马聃赶紧高声接道："朕把俩事一块说了。"三人都笑了起来。

　　褚蒜子来到太极殿，透过帘幕看到石磬已经在正中央摆好，朝臣也站在两旁就绪，姬秋一声"有事启奏，无事退朝"。谢尚出列道："启禀皇上！启禀太后！这是臣领命用牛渚之石制作的石磬，请皇上、太后过目，臣请皇上、太后恩准乐人用此磬奏乐舞伎伴舞。"褚蒜子："准！"殿外等候的乐人舞伎次第入殿，礼毕，他们开始献礼。曲飞如天籁，悠扬悦耳、余音绕梁，人舞似天仙，红飞翠绕、惊鸿再现。一曲一舞罢，褚蒜子道："好！大气！恢宏。"又道："石磬交由乐府收管，这些乐人舞伎如果愿意，可留在乐府。"石磬被收走了，褚蒜子："众爱卿可还有事奏？"司马昱："丝绸质量问题调查结果出来了。调查人员从桑树种植、蚕虫培育开始，到结茧、收茧、抽丝、染色、上机、织缎、成匹等工序，每一个环节都非常认真地做了调查研究，得出最终结果是因为气候的关系。整体上，杭州出产的丝绸无论从质量还是色泽上看，上等得多，其他地区的则差不多都有这样那样的质量问题。苏州的气候、水土等自然条件，最能长出优质的蚕茧，由于气候适宜，织出的丝绸无论是质地还是色泽，都是最好的。"

褚蒜子决定在苏州建立一个国家管控的丝绸场，一声令下，苏州太湖流域，占地六千亩的丝绸工厂拔地而起。其生产量非常大，用日产万匹来形容一点不为过。该丝绸工厂不但给朝廷带来了日进斗金的效益，还带动了地方其他经济。苏州成了国际大都市，世人最向往的地方，进行丝绸买卖者络绎不绝！为了方便进出口贸易，褚蒜子诏令设立了一个大鸿胪寺，专门负责进出口业务。随着丝绸大步走向国外，大晋朝成了国内外人士向往的天堂。

司马昱、王彪之到书房向褚蒜子汇报有关丝绸厂的情况，司马昱道："自出口的丝绸全部用苏州丝绸厂之后，再没有听他们说有质量问题。现在，国家丝绸的出口量比之前翻了两番，收益更是翻了几倍。"王彪之："连带的漆器、瓷器、毛笔、宣纸等工厂及书籍出版，效益也都非常可观，充盈了国库的五分之一还多。大臣都想着起个啥名字。"褚蒜子："哀家早想好了！就叫'丝途绸道'！"司马昱："好！简单明了。"王彪之道："臣想了好多名字，都没有这个好。"褚蒜子笑道："哀家还有一个想法，从建康到拜占庭修建'驷马专列'！"王彪之："'驷马专列'？可那是战争时才建的呀！"褚蒜子："在自己的领土内建，妨碍谁了？"王彪之："臣怕周边国家多想，以为我们要扩战呢！"褚蒜子："由他们想去。"司马昱："王大人考虑得是。但是，我们在自己的地盘上建我们自己的，妨碍不着谁。建好了，我们战时用于战争，平时用于国家之间的贸易，一举两得，何乐而不为。"司马聃："就是这意思，朕也觉得好。"褚蒜子："朝廷再组建个邀游寺，专门负责国内外人士的游历！"王彪之："太好了！太好了！微臣都不知道说啥好了。"司马昱："这是一项利国利民的大事，尽快开始吧。"褚蒜子点了点头道："一定要安顿好需要拆迁的百姓，配套设施要跟上。记着！发展跟上节拍，提速不可扰民。"

工部得到通知，立马行动，拆迁、安顿、给工、铺设……有条不紊地进行着，达官贵人、黎民百姓皆心里乐开了花，都道是自己适逢太平盛世，大家愉快地生活、愉快地劳作。劳工甲道："我正发愁没钱娶媳妇呢！赶上拆迁了，公家不但给安顿了住处，还安排了活儿。"劳工乙："感谢老天爷，让咱赶上好时候了。"劳工丙："啥呀，感谢皇太后！这是皇太后叫弄的。"劳工丁："是得感谢皇太后！俺家那个桑树林，也是皇太后叫弄的，还给了补助呢。"劳工甲："俺家的养蚕场，也是托皇太后的福。"劳工乙："你家有养蚕场不娶上媳妇了！"劳工甲哼哼哈哈不接话，劳工乙、丙、丁："胡咧咧吧！"劳工丙："就是！光那赚的银子够你娶个媳妇了。"劳工甲不好意思道："干活！干活。"劳工乙："哟！你这监工一样！"几个笑起来，正闲话，监工过来了，他道："恁几个不好好干活叽咕啥嘞！"劳工甲："头儿！中午吃啥饭，肚子叫唤了。"监工："老样！四菜一汤，两荤两素。"劳工丁鬼魅一笑道："头儿！应该多加几样儿。"监工看着他们道："几个意思？"劳工丙笑道："中午想逮个人请客。"其他人听完看着甲笑起来，监工也只当他们是说笑话，笑骂道："好好干活吧。"

建康到苏州的"驷马专列"建好了，司马昱向褚蒜子回报，欲请司马聃和她一起参加庆典，褚蒜子说庆典之事司马昱去就行了。"驷马专列"庆典现场，人员齐聚，看热闹的百姓几次险把防护栏挤倒，幸运试坐的人员更是乐不可支，连树上的鸟儿都唱起来欢快的歌儿。司马聃听罢汇报后，也想去体验一下"驷马专列"的感受，褚蒜子说："也好！哀家和皇上借此微服出访。访一下苏杭地带，政务暂由司马昱全权负责。"司马昱说苏州到杭州的"驷马专列"还没有完工，褚蒜子说不碍事，又点名说要带上蔡谟和罗含，加上她和司马聃、李宁、黎辉、姬秋、戴规，共八人。然后又让司马昱负责选派武功高强的侍卫三百六十人，分四路明暗保护。

褚蒜子、司马聃等坐着"豪华专车"，风驰电掣般地飞驰，满眼的绿扑面而来，家舍、山坡、草木……迎过来闪过去，令人眼花缭乱。回眼向内看，优雅干净、整洁平稳，与在平地上没什么两样。小太监戴规第一次坐这么快的车，兴奋道："皇上你看外面，所有东西都跑着向后去。"司马聃："那是因为我们在飞驰。"戴规似懂非懂地"哦"声，复扭头看窗外。蔡谟喝了一口茶道："这太惬意了，如此太平！如此速度！如此感觉。"罗含："感谢上苍让我们生在了这么好的时代。"黎辉："最应该感谢的是太后，这个'驷马专列'是太后顶着好大压力让修建的呢。"褚蒜子看了她一眼，她一抿嘴，赶紧改口道："是夫人，夫人叫修建的。"褚蒜子笑了笑，道："大家饿不饿？用点点心吧。"司马聃一声"饿"跑到了褚蒜子身边，褚蒜子："辉儿、宁儿，你俩给大家准备些吃的吧。"黎辉、李宁把点心、瓜果分发给大家，大家说说笑笑春游般快乐。

太湖真是个热闹的地方，湖岸边，各种摊位林立，服饰、用具、食品等琳琅满目，其中的"太湖三白"招牌最多也最醒目。司马聃："'太湖三白'是这儿经典菜肴吧，看好多客栈都打着这个牌子。"罗含："应该是。"大家刚在一个上规模且干净的客栈前放缓脚步，便有小二上前道："客官，尝尝鼎鼎有名的'太湖三白'吧！保您吃了永世不忘。"黎辉："有雅阁吗？"小二："有！有！二楼的'凤来仪厅'就是专门为诸位安排的。"大家簇拥着褚蒜子来到二楼雅阁，黎辉："除了'太湖三白'，再把你们的拿手菜上十个。"小二："好嘞！客官请稍等。"

"凤来仪厅"典雅干净，静美温馨，大家边喝茶边闲话。片刻，鱼香入鼻，小二把美美的"太湖银鱼"送了上来。褚蒜子举筷夹一块一尝，道："嗯！不错！肉质细嫩鲜美，无刺无腥味。"司马聃夹了一块，品了品道："这里的鱼和家里的鱼不一样，家里的鱼是香鲜、肥腻，这里的鱼是鲜美、清爽，非常好吃！"蔡谟笑说："公子把我肚子里的馋虫勾出来。"说着也夹了块。很快，太湖白鱼、太湖白虾、太湖蟹等各样菜肴上齐了。车马劳顿的大家也是饿了，很快就吃光了。司马聃拍了拍自己的肚子道："这是本公子有生以来吃得最美最香最甜最爽的一顿饭。"

大家饭后游太湖，穿过路边摊位时，一个小姑娘摊主伶俐地招揽道："客官！买些吧，太湖的珍珠好得很。一可做装饰品，您看这珠，圆润吉祥，戴在头上脖子上手上，人都变得仙仙的了。二可美容，长期佩戴可增进身体机能、强化体质、美容养颜、延缓衰老。三可入药。太湖是天然淡水湖，湖里生产的珍珠可清热解毒、镇心安神、止咳化痰、明目止痛、收敛生肌，还能治胃病、咳嗽。买些吧！来一趟不容易，买些回家送人也非常好。"看着这个聪明可爱的小姑娘，褚蒜子顿时爱心泛滥，示意黎辉买了好多。

游船上，大家一边欣赏美景一边听渔家小妹唱小曲，这感觉，好极了，每个人脸上

第九回　苏州视察蒜子饱览美景　兰亭雅聚逸飞即兴写序

都写着惬意,一曲《太湖美》终,黎辉问:"太湖!太湖!为什么叫太湖呢?"司马聊抢答说:"这个我知道!传说在很久很久以前,王母娘娘做寿,玉皇大帝叫四大金刚抬去了一份厚礼。王母娘娘一看,喜欢得合不拢嘴。原来是玉皇大帝送的一个银盆,里面有七十二颗特大的翡翠,而且还有千姿百态的各种五色玉石雕琢的飞禽走兽,简直是个聚宝盆。远远望去,活像个大盆景,好看极了,各路神仙都赞不绝口,忽然猴神一个不小心,把银盆弄翻了,银盆便从天上落了下来,跌到地上砸了个大洞,银子化作白花花的水,形成了三万六千顷的湖,七十二颗翡翠就成了七十二座山峰,分布在太湖中间。玉石雕刻的鱼,就是现在太湖里肌白如银、肉嫩味鲜的银鱼。玉石雕刻的飞禽,变成了各种鸟雀。那些走兽因为不会游泳,没有活成。嗯,因为这湖是从天上掉下来的,'天'字上面的一横落下来变成了一点,成了'太'字,因此便叫'太湖'。"众人听完,都说妙,蔡谟捋了捋胡子道:"太湖还有一个历史传说。说是春秋末年,吴王夫差打败了越王勾践,越王把吴王困于会稽,俘至姑苏,事奉夫差。后来范蠡献计,把民间美女西施献给了吴王夫差,使他朝歌夜舞,沉湎酒色,丧失斗志,终于使越王报仇雪恨,一举打败了吴国。因为范蠡有平吴霸越之功,被封为上将军。但是范蠡知道,鸟尽弓藏、兔死狗烹是社会的一条规律。勾践这个人可与之共患难,不可与之共安乐,现在他声名至尊、功高盖主,如不急流勇退,恐怕难以善终。于是,从中原回来后,范蠡就对勾践说:'君王好好努力吧!请允许我从此辞去,以后再不进入越国了。'勾践诧异道:'你现在要离我而去,为什么?'勾践说:'我听说,做人臣的,君忧臣劳,君辱臣死。从前君王受辱于会稽,而我之所以不死,就是为了辅佐君王成就霸业。现在君王的事业已成,我就该接受在会稽使君受辱的惩罚了。'于是,范蠡悄然离开越国,带着西施,驾着一叶扁舟,出三江,泛太湖而去,杳然不知所终。后来,他经营产业,家资巨万,世称陶朱公,后来终老于床牖。老夫也有此愿。"蔡谟的话说完,大家都不知道怎么接话,他可能是真的老了,说故事就故事,说不好也就罢了,末了来了"老臣也有此愿",叫大家如何接话?一时都沉默在那。终究是褚蒜子大度,她道:"先生的历史知识真丰富,我等当多向先生学习。"突然的沉默让蔡谟蓦然醒悟,一时也不知道该如何说话,听罢褚蒜子的话,他赶紧道:"罪过!罪过!恳请夫人海涵。"说着,赶紧把右手放在座前置物板上,伸出食指和中指并着屈叩三次以手向褚蒜子请罪,褚蒜子道:"不必多虑。"又道:"渔家小妹再来一曲《无锡景》吧!"那小妹又调弦启唇,绵音软语缭绕在太湖上。

褚蒜子等别了太湖来到西湖，西湖美景让她眼睛一亮，绿水盈盈，湖光粼粼，如宝镜般，映着蓝天，映着白云，映着柳，映着桥，映着人……风吹生水香，柳动见画舫，轻歌曼舞就在眼前、闲庭信步就在身边，真是一个美不胜收、让人流连忘返的地方。黎辉看着湖边撩水的司马聃随心问道："这么美的景儿，更有故事吧？"正临风起意的罗含道："这西湖可是大有名堂！据说远古时期，天河东边的石窟里住着一条玉龙，天河西边的梧桐树林里住着一只金凤，他们有一次在银河的仙岛上找到了一块璞玉，于是他们一起琢磨璞玉，几万年过去了，这块璞玉终于被他们打造成了一颗璀璨的明珠，这颗明玉十分神奇，光芒照到哪里，哪里的花草树木就十分茂盛。消息传到王母娘娘那里，王母娘娘起了贪心，为了得到这颗明珠，她私自调动天兵天将，把这颗明珠偷走了。玉龙和金凤赶紧飞到天上向王母娘娘索要这颗明珠，王母娘娘说什么也不给，结果双方就打了起来，你争我夺的过程中，这颗明珠从天上掉到了人间的杭州，这颗明珠原是日月精华所成，一沾泥土就会水化，他们在天上看着这颗慢慢溶化的宝贝明珠，都傻眼了，虽然合力抢救，也不行，只好眼睁睁地看着这颗明珠一点一点地变成人间西湖。"罗含语言生动，引得司马聃一直守着他。很快，一行人泛舟到了三潭映月处，司马聃看着罗含道问："这应该还有一个好玩的故事吧？"罗含说："有！这是一个鲁小妹智斗鲶鱼精的故事！"罗含一句话把大家的兴趣都提了起来，不约而同地侧耳听，只见他讲："话说战国初期，鲁班带着他的妹子鲁小妹来到杭州，他们在热闹繁华地带租了两间门面，挂出'鲁班木作'的招牌。招牌刚一挂出，慕名而来上门拜师的人就络绎不绝。兄妹俩筛筛选选，最终选出了八十一个年轻后生作门徒。鲁班的手艺天下第一，他做的木马会奔跑、木牛会耕地、木狗会看家、木猫会逮老鼠，他的八十一个门徒也是个个心灵手巧，都成了木作界高手。一天，大家正在一起切磋技艺，忽然一阵黑风起，原来是一只黑鱼成精了。它一头钻进西湖中，钻出一个三百六十五丈深的深潭。它在潭里吹口气，整个西湖都是腥风；它在潭里打个喷嚏，西湖就会波涛汹涌；它在潭里吐口水，整个杭州城都会下暴雨。有一回，这东西不知道出了什么问题，在潭里不停地吐口水，以至杭州城都要淹了。为了拯救杭州百姓，鲁班带着八十一个门徒一起爬上了宝石山，他们朝下一看，看到杭州城到处都是水，百姓正在奋力挖沟排水；又看到西湖中央有一个好大好大的漩涡，漩涡当中一张好大的鱼嘴正在那里吐水，慢慢地露出整个鱼头，忽然它往上一跳，飞到天空，慢慢落到杭州城，变成一个又黑又丑的后生。这黑鱼变的后生来到'鲁

第九回 苏州视察蒜子饱览美景 兰亭雅聚逸飞即兴写序

班木作'门前，鼓着鱼泡眼问鲁小妹：'小姐姐，你是做什么的？'鲁小妹瞪了他一眼，不理他，他继续道：'小姐姐长得这么好看，肯定是心灵手巧会做衣裳。跟我走吧，绫罗绸缎你随便剪裁。'鲁小妹不理他，他依旧眯着鱼泡眼看着鲁小妹道：'你什么不会也不怕，只要你嫁给我，山珍海味吃不完，金子银子花不完，跟我走吧。'说着就去拉鲁小妹的手，鲁小妹一个榔头隔开，黑鱼精坏笑着威胁道：'别这样，小姐姐！你要嫁给我，我马上让风停雨止，你要是不嫁给我，我就淹了这杭州城。'鲁小妹一听，犯难了，绝不能让它淹了杭州城，她眉头一皱，计上心头，说：'嫁你不难，但我要你明媒正娶，我还要哥哥为我办个好嫁妆。'黑鱼精一听立马道：'你要你哥哥为你办什么嫁妆？'鲁小妹道：'我要我哥哥用宝石山上的宝石岩为我做个大香炉！'黑鱼精一听赶紧道：'好！好！我本是天上的黑鱼大王，被贬到西湖受灾荒。有了陪嫁的香炉，正好拿它来烧香，好抵消我的灾荒。'鲁小妹手一摊道：'这哪都是水，怎么做香炉？你先把水退下去。'黑鱼精张开大嘴一吸，满城的水一下子都进了他的肚子里。鲁小妹指着宝石山上一块悬崖说：'你把这块宝石岩劈下来吧，我让哥哥用它给我做嫁妆。'黑鱼精喜得皮痒痒，赶紧道：'好！好！好！"说着就施法，只听'轰隆'一声，黑鱼精劈下来好大一块宝石岩，宝石岩翻下山来，宝石山上留下一道峭壁。鲁班带领八十一个门徒对宝石岩敲敲打打凿凿挖挖九九八十一天，香炉终于做好了。圆鼓鼓的香炉底下，有三只葫芦形的脚，尖头处，有三面透光的圆洞。黑鱼精来娶亲了，鲁班说：'娶小妹不能太简朴，你应该先把嫁妆弄回家，然后再抬了花轿来抬她。'黑鱼精一听，高兴得两眼放光，转身就往山下跑，他卷起旋风，把大大的香炉吸得骨碌碌跟着他跑。他跑到西湖中央，一眨眼就变成了黑鱼，钻进深潭，香炉滚呀滚到湖中央，在深潭边一滑，'啪'一下口朝下掉潭里了，把那潭盖了个严严实实，没有一丝缝隙。黑鱼精被盖在香炉下面，闷得透不过气来，往上顶，顶不动，想刮风，转不开身子，它没有办法，只好拼命往下钻，它越往下钻，香炉就越往下陷，香炉越往下陷他就越往下钻，如此循环，黑鱼精终于闷死了，那香炉也陷在了湖底的烂泥里，只在湖面上露出三只葫芦形的脚。这三只脚因为有洞且透光，月光下，三只香炉脚的水域格外清亮，好像在湖面上的三潭潭水，照映得月亮更加柔美，慢慢地三潭共明月的美景演绎成了'三潭映月'。"

这不带一点功利的故事，大家都听呆了，褚蒜子也完全融进了这西湖美景里。她正临风遐思，却听司马聃说："罗先生，这世上真的有妖怪精灵吗？"罗含笑道："这个我不知道，但是我可以给公子讲讲我小时候的事，公子自己来判断。"司马聃："你快说！"罗含："我小时在书房看书，看着看着睡着了，梦到一只小鸟在窗外叫，声音非常好听。我起来开门一看，是一只金光闪闪的小鸟在树枝上叫。我没见过这么漂亮的小鸟，就小心翼翼地往树上爬，我当时眼看着鸟、口张着，生怕它飞走了。那小鸟好像知道我心思，也看着我，忽然'扑棱'一下飞入我口中。我一惊，从树上掉下来，然后就醒了。我把梦说给叔母听，叔母说梦见异鸟必定有异相，说我日后必定会有出息。听了叔母的话，我更加努力学习，越学越好，越好越爱学习，结果学业进步很快，腹内诗书越来越多，腹内诗书越多眼界越高，如此这般良性循环，微臣慢慢就从乡下小孩来到皇帝身边了。"说完才意识到失口了，赶紧又道："慢慢我就从乡下来到夫人公子身边了。"届时大家都沉浸在西湖美景里想故事，谁也没注意他的失误。司马聃也是小孩子性情，听罢追问："小鸟飞进你的嘴里，你咽下去了？"罗含笑道："是梦里小鸟飞进嘴里了，然后就醒了。我叔母说异鸟入口是好梦，作此梦者将来定会有出息。我是受了叔母的激励，从此更加勤奋。相反，如果叔母说了相反的话，我可能就颓废了。是叔母的话激励着我一路向上，我幼小的心念也执着于异人异相，结果就有点小出息了。"褚蒜子道："嗯！心念的力量是世界上最大的力量，心有所想，努力追求，就会成功。所以，当你能飞的时候就去飞，当你能梦的时候就去梦，总有一天会实现的。"司马聃问："我做梦梦到咱们人可以像小鸟一样在天上飞，还飞到月亮上面了呢，这样的梦能实现吗？"褚蒜子非常肯定地对司马聃说："当然能！即便现在不能，将来一定能。你想，普普通通的木料不也被鲁班做成了跟真的一样的牛马猫狗了吗？只要心能想到的，都会实现，只是早晚罢了。"司马聃兴奋起来，想象着调皮道："将来，将来……将来我要一匹不吃草的快马，还要一个一按就可以消灭敌人的武器，还要一个可以冬暖夏凉的房子……"蔡谟笑道："公子真能想，公子想得估计天上的神仙也想不到。"又道："老夫早生这么些年了，要能变小多好，这样，我就可以跟着我们公子享受那神仙般的大福了。"褚蒜子道："让我们记着我们今天的约定，若干年后，彭子想的都实现了，我们再聚首。"

　　游完西湖，已经快天黑了，大家来到驿站休息，决定明天去灵隐寺。

　　灵隐寺建于公元326年，开山祖师为印度僧人慧理和尚。当年他云游至杭州，见有一峰，叹曰："此乃天竺国灵鹫山一小岭，不知何时飞过来？"遂于山峰前建寺。那会，褚蒜子还是一个年幼的孩子，慧理和尚也还正年轻，他四处云游，一天，他云游到豫州

第九回　苏州视察蒜子饱览美景　兰亭雅聚逸飞即兴写序

阳翟，看到几个孩子在一起玩，他喜欢孩子，便走向孩子们"化布施"。几个孩子有的拿树叶、有的拿沙子、有的拿草根给他放在碗里，只有一个小女孩（褚蒜子）从口袋里掏出了一块饼放到他碗里，一边放一边说："那是玩的，不能吃！这个！给你。"慧理和尚感念这孩子的仁慈、良善，想赐福给她，心有所想念有所至，他此念刚在脑中一闪，便感觉有一片佛光从小女孩的身上照向了自己，慧理心头一紧，赶紧念了句佛号，走了。

有道是人与人的相遇都是久别重逢，褚蒜子一行来到灵隐寺的消息传报时，慧理正在打坐，睁眼看到灯花四溅，掐指一算知道是当年的那个小女孩今日的当朝太后要来，于是，第二天一大早，他便让门徒们准备，亲自到山门恭迎。

褚蒜子等人刚到山门，便看见慧理带着门徒在等候。慧理大师身高六尺有余，鹤发童颜，十分伟岸。他大耳长眉、目光柔和、满脸慈悲。他朝着司马聃、褚蒜子行礼作揖道："皇上请！太后请！"除了褚蒜子，大家都显得很诧异，疑是谁走漏了消息。李宁更是紧张得瞬间进入状态，大家正自疑虑，只听慧理大师道："各位施主不必多虑！贫僧今天早课时，看到寺里饲养了三年从未开屏的孔雀突然开屏，枝头的喜鹊也喳喳叫，贫僧就知道今日有贵人要来。贫僧查看机峰禅源，知道是皇帝、太后及各位大人亲临。各位不必多虑。各位施主请。"慧理大师把他们引入茶堂，他一边给大家泡茶一边说："这是我亲手种植、采摘的灵鹫岭新茶，这茶生在天地间，集天地之灵气、吸日月之精华。故而茶中有江山、有画卷。一茶在手，如抚日托月、如捧千山携万水。这茶与青山绿水相伴，受佛音禅韵的熏陶，已有灵气，其神奇之处是喝下半杯后，有缘的可从剩下的茶汤里看到以后的自己。"褚蒜子喝了一半，看到茶汤里自己还政穆帝的画面，接着又看到了侄子司马丕、司马奕、司马昱，还有一个十一岁的孩子，他们后面皆有自己，又看到一对不知道什么年代的异装男子和女子，男人牵着女人手，相依相偎，恩恩爱爱。看到这儿，她的眼神离开茶汤，她想起了康帝。

褚蒜子净罢手，跪拜在佛前祈祷："祈求我佛保佑我大晋风调雨顺、四海升平、百姓安康、国家无事，保佑我子孙万世基业长存、晋祚久安无恙！"然后把带着造福黎民之心、平定中原之念、稳定朝局之愿的一炷香稳稳地插进香炉里，这香冉冉徐徐、缭缭绕绕，忽然，爆开成一朵莲花，慧理大师颔首微笑，众人皆称奇。慧理大师请褚蒜子到偏殿。两人就座后，慧理大师祥和地看着褚蒜子问："太后届时可舍得？"褚蒜子一听便知道是慧理大师在问还政的事，笑道："哀家听从天命，当舍时自然舍得。"又道："哀家从来没有想过一直把持朝政。"慧理："阿弥陀佛！善哉！善哉！有道是放下便是拿起。"褚蒜子笑了笑没有说话，她自思："哀家现在是替自己的儿子临时执政，等儿子大了，定会要还政给他的。现在自己之所以这么努力，只想届时能够给儿子一个国富民强的江山。"正自思忖，只听慧理道："本是须弥山光明天的佛菩萨，这一世是为乱世而来。司马氏得天下时杀戮太多，故而国运多波折。但司马氏统一天下亦是天命所归，故国祚也久长。只是其男性多命格不长，故而百事起伏，这需要一位女子来助其走过辉煌。"褚蒜子："哀家知道，哀家就是那女子，哀家的使命是辅佐，不是其他。"慧理大师开始还担心褚蒜子会被人世间的贪嗔痴怨搅扰，想要劝箴一番，没想她竟然如此超然，双手合一道："太后真乃是一位有治世之能而无恋权之心的佛菩萨也。"褚蒜子双手合十，念了一句："阿弥陀佛！"慧理大师拿出一串星月菩提手串道："这串星月菩提手串是在佛前开过光的，贫僧把它送给太后，敬请太后日日带在身在，可驱除邪祟保平安。"褚蒜子双手接过，道："谢大师惠赠。"然后把手串绕在了左手腕上，瞬间，褚蒜子感到有一股暖流顺着手腕遍润全身。司马聃等也上完了香，他们一起来到偏殿时，褚蒜子正和慧理说书法，只听慧理大师道："请太后为本寺题写字吧。"褚蒜子："好！"慧理大师让小和尚拿来笔墨纸砚，将宣纸铺在几案上，褚蒜子走过去，挥毫泼墨，"灵隐寺"三字凤飞至纸。褚蒜子虽不敢称书法大家，但是称其为书法高手一点也不过分，她的字自成一体，灵秀中透着大气象，线条里藏着大格局。她自己看着这散发着墨香的三个字，心中有感，又写了副对联："人生哪能多如意，万事只求半称心。"

罗含、李宁、黎辉等也上完了香，他们陆续来到偏殿，一起听慧理大师和褚蒜子讨论小乘佛教、大乘佛教，又听他们从佛教谈及政治经济、天文地理、文化艺术。谈到佛道时，司马聃插话道："大师，对'二郗谄于道，二何佞于佛'怎么看？"众人一听都来了兴致！慧理大师一听也乐了，他知道司马聃说的是郗愔郗昙、何充何准二兄弟，他们是信仰界的"名士"，常常为信仰问题大眼瞪小眼，还有一回为信仰问题把官司打到褚蒜子那里。他们的故事，妇孺皆知，有的调侃，有的笑话。慧理听司马聃这一问，如果是常人，他肯定会引人入胜地大谈佛理，直到他皈依佛门，可是，对器识、悟性皆不次于他的褚蒜子，他知道那太小儿科，他一笑道："太后亦知道答案，贫僧与太后共书纸上如何？"褚蒜子笑曰："好！"褚蒜子和慧理大师背对着挥毫，写好后拿出一看，皆是："将无同！"众人惊异，正各自思索，只听褚蒜子道："大师！参看一下贵寺的佛画吧。"慧理大师："这正有画师在画《维摩诘经变图》，请太后前去指导。"褚蒜子："画师是谁？"慧理大理："顾恺之！"罗含："顾恺之？画《洛神赋图》和《女史箴图》的顾恺之？"慧理："正是。"罗含："太后，我认识他！我跟他曾在桓温那里共过事，他的画画得非常好，只是人有点痴痴呆呆的。"褚蒜子："是大智若愚吧。"蔡谟："是个大智若愚的天才。"司马聃："他文采怎样？"罗含："好得很！有一会桓温让大家用文字形容一下会稽的山川地貌，别人说得较冗长，只他说'众多山峰竞秀，众多河水奔流。草木茂盛，如同云兴霞蔚，灿烂绚丽。'"司马聃："这可不是一般的好！朕非常想见见他。"

慧理大师带着褚蒜子一行来到寺院后院，一面素白的墙前，一个穿着白衣的青年才俊正在作画。他眉宇中的俊朗、眼神中执着……让褚蒜子恍惚了，这个人她似曾见过的感觉，但是一时又想不起在哪见过？这种情愫挥之不去，她一边平静地应酬一边快速地检索着自己的记忆，忽然他想起来了。茶汤！对！就是！顾恺之的形神容貌与那后世牵自己手的男子一样！不由得多看了他一眼，他也正好看她，目光交汇处，过电一般。褚蒜子赶紧把目光移到顾恺之的画《维摩诘经变图》。只见他画的维摩诘"有清赢病之容，隐几妄言之状"，很有"清谈""思辨"的感觉。画中的维摩诘卧于榻上，身披紫裘，白练裙襦，一膝支起，左手抚膝，右手执麈尾，上身略前倾，蹙眉张口，呈辩说状。安详自信、侃侃而谈、从容不迫的感觉跃然纸上。五官中只有眉、目、鼻孔三处用浓墨，双手局部用重墨，在淡墨的基础上加入提色，给人一种和谐美好的感觉。维摩诘与文殊菩萨遥遥相对，周围围满了各路菩萨、天王和人间的国王和大臣们。褚蒜子："顾先生才高，把'问疾'表现得非常完美！只是顾先生为何没有画眼睛？"顾恺之："眼睛我要当众画！"见褚蒜子及众人不解，又道："我要为寺里上供养。"慧理："顾先生说'四体妍蚩，本无关于妙处，传神写照，正在阿堵中'，看他画眼睛，出钱才可以！"顾恺之："请大师吩咐下去，三天后，我将当众点睛。不过，第一天来看点睛的人，每人要捐十万两银子，第二天来看得捐五万两银子，再以后，随便多少都可以。"慧理："先生放心！贫僧这就吩咐下去。"

消息传出后，杭州城的富豪巨贾纷纷慕名前来，都想看看这千年不遇的奇事。原说是二十个名额，谁知来了三十多个，都监、衣钵和尚对来人说名额满了。富豪甲："什么满了！我捐供养银十五万两！"富豪乙："我二十万！"衣钵和尚："施主！不是钱的事，是名额满了。"巨贾甲："我们大老远来就是为了一睹顾先生点睛，师傅通融通融吧！"衣钵和尚："各位施主请稍等，我去回报一下！"巨贾乙："师傅快点啊，不是说已时开始吗？你看这都过辰时末了！"衣钵和尚："好！好！请稍等！贫僧去去就来。"衣钵和尚跑到慧理那儿，慧理正和褚蒜子、顾恺之他们说话，见他一头汗，忙问什么事。衣钵和尚："来看顾先生点睛的人太多了！还有几十个人在寺门口等，怎么办？"慧理看了一下顾恺之，顾恺之："二十人以后捐二十万两供养的都让进来吧。"慧理："去吧，这事听顾先生的。"衣钵和尚又放十几个人进来，大家都兴奋地坐等顾恺之点睛。巳时，一袭白衣的顾恺之走了出来，拿起画笔，在维摩诘的眼睛处轻轻一点，世间瞬间安静。维摩诘"活了"，信众不由双膝一弯，跪下聆听似乎就在耳边的梵音！

　　三天很快到了，是晚，大家正在茶堂闲话，衣钵和尚进来了，他说："顾先生三天共捐得供养五百多万两，比原定多四百多万两！"慧理："阿弥陀佛！善哉！善哉！"罗含："顾先生真是厉害呀。"顾恺之："佛祖厉害。"衣钵和尚："这些日子前来拜佛的人太多了，募捐箱又快满了。"蔡谟："我以前不知道佛法的厉害，今儿算是长见识了。"慧理："阿弥陀佛！是贫僧没有及时将佛法惠及施主，贫僧的罪过。"蔡谟："大师！我现在礼佛晚吗？"慧理："什么时候都不晚。"又补充道："各人的业不同，不分早晚。"蔡谟双手合十，虔诚地念了句佛号。

　　褚蒜子深知艺术和佛教对社会的推动作用，故而她除了大力提倡中兴复兴外，还考虑是不是把佛教定为国教。她决定先测下民意，三月三快到了，她决定借此来个民意大调查。她把司马昱、王羲之宣至书房，褚蒜子道："哀家这次出巡，感慨颇多，其中最让哀家动心的就是艺术和信仰的力量。"司马昱以为是找他们清谈，接道："艺术让人的生命诗意，信仰让人的生命丰盈。"褚蒜子不想费事，遂直接道："哀家想我们除了继续推行中兴复兴外，哀家想把佛教定为国教。"司马昱："统一信仰，便于管理，这是好事，但是，臣以为还是多元信仰好。"王羲之："臣以为，不论信什么，顶极定是'将无同'。"褚蒜子："先测下民意，看看情况如何。"又道："这样！三月三马上到了，借此来个民意大调查。一、谁领兵北伐？二、也顺便调查一下看能不能把佛教定为国教。"王羲之："交给微臣吧。"褚蒜子点了点头看向司马昱，司马昱道："逸飞最合适不过了，之于信仰，他信道，之于军事，他是右将军。"王羲之点头道："就在臣会稽的私家园林兰亭如何？微臣以被禊的名义招请大家。"褚蒜子："哀家就是这个意思，你且放手去做，一切费用朝廷划拨。"

王羲之第一次承办这么重大的事，心里有点没谱，他来找司马昱商量，他说："道万兄！太后的三个意思，第一继续推行中兴复兴，这个好说。第二调查佛教是否可以作为国教，也能搁桌面上。第三个，易也难，不好办！在下想跟道万兄商议商议。"司马昱："我先听听逸少兄的易和难？"王羲之："易！我身为右将军，一声令下，各级将领前来不是问题。难的是，如果这样，动静太大了，弄不好还会出现想不到的乱子，咋办？"司马昱："这也是我所担心的。"王羲之伸头过去问："怎样？"司马昱："名士加王、桓、谢、庾四大家族中在军政界有文艺范的上中下级军官，如何？"王羲之一听，道："高！这些军官还都要直通他们上头。"司马昱："就是这个意思，但是也不能太明显，别姓军官也要有。"王羲之："王家，我和我的几个儿子；谢家，谢安是名士，谢万是二愣子且文艺范十足；桓家，桓伟诗写得不错；庾家，庾友、庾蕴文笔不错。郗昙也请吧，他虽然中庸，但是文笔也还说得过去，可以掩盖声响。"司马昱："同意！还有孙绰，也算上。"王羲之："其他的如羊模、华茂、魏滂也请，他们也都是佼佼者。"两人商量了好久，才最终确实谁去，名单如下：王羲之、谢安、谢万、孙绰、孙统、王彬之、王凝之、王肃之、王徽之、徐丰之、袁峤之、王丰之、王元之、王蕴之、王涣之、郗昙、华茂、庾友、虞说、魏滂、谢绎、庾蕴、孙嗣、曹茂之、曹华、桓伟、王献之、谢瑰、卞迪、卓旄、羊模、孔炽、刘密、虞谷、劳夷、后绵、华耆、谢藤、任凝、吕系、吕本、曹礼。共四十二人，其中二十二人是文艺名流，二十人是军人。

三月三到了，这四十二人会聚在会稽山阴（今浙江绍兴）兰亭，在王羲之的带领下，焚香、仪礼、祭拜神明。王羲之说："永和九年，暮春之初，会于会稽山阴之兰亭，修禊事也。请才子佳人到兰堂焚香、祭神明。然后到祈福门接受除灾和祝福，把往日的病痛除去，来日的安康降临。佳人们请随（郗璇）王夫人到兰汤池沐浴更衣。"大家次第焚香、祭拜神明后，王羲之领着大家来到祈福门左侧，他先在侍女端着的盆里净手，接过侍女递来的巾帕揩手，然后缓步至祝福门。

仪式结束，大家来到兰亭把酒联欢。妇女也次第来到，才子佳人，风流娴雅，吟诵诗歌，欢乐之极。其间，王羲之道："万石兄善舞，为大家舞一曲吧！"谢万说："《鸲鹆舞》吧！"说着手指一勾道："音乐起！"乐人赶紧调音找调弹奏，谢万起身开跳，会舞的才子佳人也跟着节拍不由自主地加入了伴舞行列。谢安（浓重的洛阳口音）："好！好！

不亚于大哥仁祖。"谢万听到,给了谢安一个调皮得意的眼神。曲终舞罢,王羲之道:"才子佳人们,午饭,才子们惠风苑,佳人们凤仪苑!然后休息,再然后,继续联欢!弹唱、吹拉、吟诵、游戏!总之,希望大家尽兴。"

第二天上午辰时,四十二名名流在兰亭清溪两旁席地而坐,每个位置配笔墨纸砚、速记员一名。曲水流觞正式开始!侍者将盛了酒的觞放在溪水中,从上游顺水徐徐而下,经过弯弯曲曲的溪流,觞在谁的面前打转或停下,谁就得即兴赋诗并饮酒。水酒知人意,先至谢安处。谢安:"与欣共佳节,率尔同寒裳。薄云罗物景,微风翼轻航。醇醪陶元府,兀若游羲唐。万殊混一象,安复觉彭殇。"

至孙绰。孙绰:"春咏登台,亦有临流。怀彼伐木,肃此良俦。修竹荫沼,旋濑荣丘。穿池激湍,连滥觞舟。"

至王凝之。王凝之:"两个大文豪在前,我得好好想想,嗯!有了!庄浪濠津,巢步颍湄。冥心真寄,千载同归。细缊柔风扇,熙怡和气淳。驾言兴时游,逍遥映通津。"

至王献之。王献之:"我给你垫底儿,我诗词不行,喝三杯。"

又至孙绰:"我不会,我认罚!"

谢万:"不可!你这是坏规矩,你大文豪,你要不作谁还能作,你要不作,罚你三天不喝酒。"

孙绰:"我这想喝个酒你也说破,赔我我才作。"

谢安:"哈哈哈!你想坏规矩还想叫人给你酒,我看不中。"

孙绰:"你俩一家人,欺负我。"

谢万:"我就知道你惦记我的好酒了,给你喝没问题,但不是因为这个啊。"

孙绰:"因为啥都行!给我喝就中!等着,我开始作诗了!"

孙绰:"流风拂枉渚,停云荫九皋。莺语吟修竹,游鳞戏澜涛。携笔落云藻,微言剖纤毫。时珍岂不甘,忘味在闻韶。"

至桓伟。

桓伟:"主人虽无怀,应物寄有为。宣尼遨沂津,萧然心神王。数子各言志,曾生发奇唱。今我欢斯游,愠情亦暂畅。"

……

正是兰亭曲水擅风流,群贤高坐唱清雅。清溪畔,大家或坐或卧,或举杯畅饮,或

第九回　苏州视察蒜子饱览美景　兰亭雅聚逸飞即兴写序

援笔急书，或低头沉吟，在惠风和畅、茂林修竹之间，或袒胸露臂，或醉意朦胧，或洒笑山林，或旷达萧散，正是：碧池萍嫩柳垂波，绮席丝镛舞翠娥。为报会稽亭上客，永和九年胜元和。

王羲之、谢安、桓伟、谢万几个人在兰亭外丘山闲聊，其间王羲之道："前朝王衍清谈误国，看来清谈不是好事呀。"谢安："误国非清谈，是在其位而未谋其政也！"王羲之："我发现安石总是能够一句话卡住七寸。"谢万："这一点我也非常服他。"桓伟："我父亲也常说安石是难得的人才，说他一来，蓬荜生辉、柴门有庆。"谢安："桓将军过奖了，桓将军才是雄才大略，他是我心中的英雄。"王羲之："是！你父亲是我们心中的大英雄。"桓伟："父亲有你们这样的好朋友，无憾了。"王羲之："殷浩的小动作有些不好，但是也无伤大雅。我等都私下劝过他，我也劝过你父亲，你也劝劝你父亲不要和他计较。"谢安："殷浩格局没有你父亲大，境界没有你父亲高，我想你父亲是不会和他计较的。"桓伟："我父亲从来没有计较过，他还担心殷浩呢，告诉我们要随时做好驰援准备，万一殷将军需要，要我们第一时间驰援。"王羲之："这次光复中原，我和安石都极力推荐你父亲去，可是，朝廷有朝廷的安排。"桓伟："理解！听从安排，也是报效国家。"谢安赞道："真是虎父无犬子，你和你父亲的胸怀一样宽广。"谢万："多谢你的夸奖，咱们快去看看宴会吧！"

宴会结束后，王羲之、郗璿、王献之、王凝之、王涣之、王徽之、王肃之在兰亭小坐，王羲之道："情况怎么样？"郗璿："很好！大家玩得非常开心！"王羲之："我说的不是这个。"郗璿："那啊！估计不行！信仰还是自由的好！'二何二郗'为此差点吵起来呢！"王羲之转头看王献之等，他们也都如是说。王羲之："信仰这个东西还是多元好！那个怎样？"郗璿："哪个？"王羲之："军事！"王献之："我当时正在弹琴，没怎么上心，但是间或也听了些，我觉得朝廷的安排还是很好的。现在咱们王家和庾家是旧权贵，谢家、桓家刚崛起，但是桓家有点厉害，谢家力量薄弱，朝廷再扶持一两个，局势会更加稳定！"王羲之："为国家计，殷浩未必能够把中原收复，如果错失，就不知道机会在何时了。"郗璿："我也觉得朝廷的安排很妥当，献之说得有道理。中原悬国几十年了，也不在这一年两年，对于朝廷来说，内外都要稳当才好。再说了，这土地、城池，从古至今，今个你家明个他家，原本也是寻常事，总之不管谁家，太平就好。"王羲之："你们说得非常有道理，可我只想着怎么尽快把中原收复了。"郗璿："这是你操心的？正经把这两天的诗作整理一下才是。"王羲之:"嗯!我写个序,还是献之整理誊写吧。"

经整理,得诗作三十七首,王羲之将大家的诗集起来,用蚕茧纸、鼠须笔挥毫作序,乘兴而乘,写下了举世闻名的《兰亭集序》:

"永和九年,岁在癸丑,暮春之初,会于会稽山阴之兰亭,修禊事也。群贤毕至,少长咸集。此地有崇山峻岭,茂林修竹,又有清流激湍,映带左右。引以为流觞曲水,列坐其次,虽无丝竹管弦之盛,一觞一咏,亦足以畅叙幽情。是日也,天朗气清,惠风和畅。仰观宇宙之大,俯察品类之盛,所以游目骋怀,足以极视听之娱,信可乐也。夫人之相与,俯仰一世。或取诸怀抱,悟言一室之内;或因寄所托,放浪形骸之外。虽趣舍万殊,静躁不同,当其欣于所遇,暂得于己,快然自足,不知老之将至。及其所之既倦,情随事迁,感慨系之矣。向之所欣,俯仰之间,已为陈迹,犹不能不以之兴怀。况修短随化,终期于尽。古人云:'死生亦大矣。'岂不痛哉!每览昔人兴感之由,若合一契,未尝不临文嗟悼,不能喻之于怀。固知一死生为虚诞,齐彭殇为妄作。后之视今,亦犹今之视昔,悲夫!故列叙时人,录其所述。虽世殊事异,所以兴怀,其致一也。后之览者,亦将有感于斯文。"

献之誊写众人作品如下:

1. 右将军会稽内史王羲之

代谢鳞次,忽焉以周。欣此暮春,和气载柔。咏彼舞雩,异世同流。迤携齐契,散怀一丘。悠悠大象运,轮转无停际。陶化非吾因,去来非吾制。宗统竟安在,即顺理自泰。有心未能悟,适足缠利害。未若任所遇,逍遥良辰会。三春启群品,寄畅在所因。仰望碧天际,俯瞰绿水滨。寥朗无涯观,寓目理自陈。大矣造化功,万殊莫不均。群籁虽参差,适我无非新。猗与二三子,莫匪齐所托。造真探玄根,涉世若过客。前识非所期,虚室是我宅。远想千载外,何必谢曩昔。相与无相与,形骸自脱落。鉴明去尘垢,止则鄙吝生。体之固未易,三觞解天刑。方寸无停主,矜伐将自平。虽无丝与竹,玄泉有清声。虽无啸与歌,咏言有余馨。取乐在一朝,寄之齐千龄。合散固其常,修短定无始。造新不暂停,一往不再起。于今为神奇,信宿同尘滓。谁能无此慨,散之在推理。言立同不朽,河清非所俟。

2. 司徒谢安

伊昔先子，有怀春游。契兹言执，寄傲林丘。

森森连岭，茫茫原畴。回霄垂雾，凝泉散流。

相与欣佳节，率尔同褰裳。薄云罗阳景，微风翼轻航。

醇醪陶丹府，兀若游羲唐。万殊混一理，安复觉彭殇。

3. 司徒左西属谢万

肆眺崇阿，寓目高林。青萝翳岫，修竹冠岑。

谷流清响，条鼓鸣音。玄崿吐润，霏雾成阴。

司冥卷阴旗，句芒舒阳旌。灵液被九区，光风扇鲜荣。

碧林辉英翠，红葩擢新茎。翔禽抚翰游，腾鳞跃清泠。

4. 左司马孙绰

春咏登台，亦有临流。怀彼伐木，肃此良俦。

修竹荫沼，旋濑萦丘。穿池激湍，连滥觞舟。

流风拂枉渚，停云荫九皋。莺语吟修竹，游鳞戏澜涛。

携笔落云藻，微言剖纤毫。时珍岂不甘，忘味在闻韶。

5. 行参军徐丰之

俯挥素波，仰掇芳兰。尚想嘉客，希风永叹。

清乡拟丝竹，班荆对绮疏。零觞飞曲津，欢然朱颜舒。

6. 前余姚令孙统

茫茫大造，万化齐轨。罔悟玄同，竞异摽旨。

平勃运谋，黄绮隐几。凡我仰希，期山期水。

地主观山水，仰寻幽人踪。回沼激中逵，疏竹间修桐。

回流转轻觞，冷风飘落松。时禽吟长涧，万籁吹连峰。

7. 王凝之

庄浪濠津，巢步颍湄。冥心真寄，千载同归。

细缊柔风扇，熙怡和气淳。驾言兴时游，逍遥映通津。

8. 王肃之

在昔暇日，味存林岭。今我斯游，神怡心静。

嘉会欣时游，豁尔畅心神。吟咏曲水濑，绿波转素鳞。

9. 王彬之

丹崖竦立，葩藻映林。绿水扬波，载浮载沉。

鲜葩映林薄，游鳞戏清渠。临川欣投钓，得意岂在鱼。

10. 王徽之

散怀山水，萧然忘羁。秀薄粲颖，疏松笼崖。

游羽扇霄，鳞跃清池。归目寄欢，心冥二奇。

先师有冥藏，安用羁世罗。未若保冲真，齐契箕山阿。

11. 陈郡袁峤之

人亦有言，意得则欢。嘉宾既臻，相与游盘。

微音迭咏，馥焉若兰。苟齐一致，遐想揭竿。

四眺华林茂，俯仰晴川涣。激水流芳醪，豁尔累心散。

遐想逸民轨，遗音良可玩。古人咏舞雩，今也同斯欢。

12. 散骑常侍郗昙

温风起东谷，和气振柔条。端坐兴远想，薄言游近郊。

13. 前参军王丰之

肆眄岩岫，临泉濯趾。感兴鱼鸟，安兹幽峙。

14. 前上虞令华茂

林荣其郁，浪激其隈。泛泛轻觞，载兴载怀。

15. 颍川庾友

驰心域表，寥寥远迈。理感则一，冥然元会。

16. 镇军司马虞说

神散宇宙内，形浪濠梁津。寄畅须臾欢，尚想味古人。

17. 郡功曹魏滂

三春陶和气，万物齐一欢。明后欣时康，驾言映清澜。

亹亹德音畅，萧萧遗世难。望岩愧脱屣，临川谢揭竿。

18. 郡五官佐谢绎

踪畅何所适，回波萦游鳞。千载同一朝，沐浴陶清尘。

19. 颍川庾蕴

仰怀虚舟说，俯叹世上宾。朝荣虽云乐，夕毙理自回。

20. 前中军参军孙嗣

望岩怀逸许，临流想奇庄。谁云玄风绝，千载抱遗芳。

21. 行参军曹茂之

时来谁不怀，寄散山林间。尚想方外宾，迢迢有余闲。

22. 徐州西平曹华

愿与达人游，解结遨濠梁。狂吟任所适，浪游无何乡。

23. 荥阳桓伟

主人虽无怀，应物寄有为。宣尼遨沂津，萧然心神王。

数子各言志，曾生发奇唱。今我欢斯游，愠情亦暂畅。

24. 王元之

松竹挺岩崖，幽涧激清流。萧散肆情志，酣畅豁滞忧。

25. 王蕴之

散豁情志畅，尘缨忽以捐。仰咏抱遗芳，怡神味重元。

26. 王涣之

去来悠悠子，披褐良足钦。超迹修独往，真契齐古今。

侍郎谢瑰，镇国大将军掾卞迪、王献之，行将军羊模，行参军事卯丘髦，参军孔炽、刘密，山阴令虞谷，府功曹劳夷，府主簿后绵，前长岑令华耆，前余令谢滕，府主簿任儗，任城吕系，任城吕本，彭城曹礼。

以上一十六人，诗不成，各罚酒三杯。

谢安、谢万相约来到豫州谢尚那里。谢尚："玩得开心不？"谢万："开心！开心！大家一起曲水流觞、对酒吟诗，惬意极了。我还跳了你的《鸲鹆舞》，美醉了！"谢尚："诗呢？吟来听听！"谢万："肆眺崇阿，寓目高林。青萝翳岫，修竹冠岑。谷流清响，条鼓鸣音。玄崿吐润，霏雾成荫。司冥卷阴旗，句芒舒阳旌。灵液被九区，光风扇鲜荣。碧林辉英翠，红葩擢新茎。翔禽抚翰游，腾鳞跃清泠。"谢尚："好！'谷流清响、霏雾成荫'，妙！'碧林辉英翠，红葩擢新茎'，美！"谢万："安石的更好。"谢安："哪里，没有你的好。"谢尚笑道："快吟来！"谢安："伊昔先子，有怀春游。契此言执，寄傲林丘。森森连岭，茫茫原畴。回霄垂雾，凝泉散流。相与欣佳节，率尔同褰裳。薄云罗物景，微风翼轻航。醇醪陶元府，兀若游羲唐。万殊混一理，安复觉彭殇。"谢尚："好个'森森连岭，茫茫原畴''万殊混一理，安复觉彭殇'，漂亮！"谢万："哪个好？"谢尚："都好！万石的风景美，安石的气象美。"谢万："各有千秋！不相上下！"谢尚："你呀！聊北伐的事？"谢安："大家都说目前朝廷这个安排是最好的。"谢尚："桓温那儿谁去了？"谢安："桓伟！桓家现在比我们家稍强点，但也就强那么一点点。"谢尚："安石你该出仕了，不能老在东山隐居。"谢安："咱们家现在还用不着我吧，我暂且在家里管教子侄多好！"

王羲之和司马昱一起到书房向褚蒜子回报工作，礼毕，王羲之说："太后！此次活动非常圆满。一、推动了文学艺术的向前发展。二、对宗教进行了深入的探讨。三、对收复中原提出了建设性的意见。"褚蒜子："'对宗教进行了深入的探讨'？信仰不能强制，哀家知道，继续说！"司马昱："太后！不算失败，最起码，'人要有信仰'这一理念是广而告之了。"褚蒜子："嗯！军事这块明天说，哀家看看大家的诗作。"王羲之呈上。褚蒜子边看边赞："王大人的《兰亭序》尽善尽美，真乃'天下第一行书'，用'翩若惊鸿，婉若游龙，荣曜秋菊，华茂春松'形容一点也不为过。"又道："这字与《洛神赋图》相得益彰，太美了！"王羲之："太后！这篇《兰亭序》臣送您吧。"褚蒜子："太好了！谢姬，你们两个过来把它展开。"司马昱念道："代谢鳞次，忽焉以周。欣此暮春，和气载柔。咏彼舞雩，异世同流。迤携齐契，散怀一丘。悠悠大象运，轮转无停际。陶化非吾因，去来非吾制。宗统竟安在，即顺理自泰。有心未能悟，适足缠利害。未若任所遇，逍遥良辰会。三春启群品，寄畅在所因。仰望碧天际……"

第十回

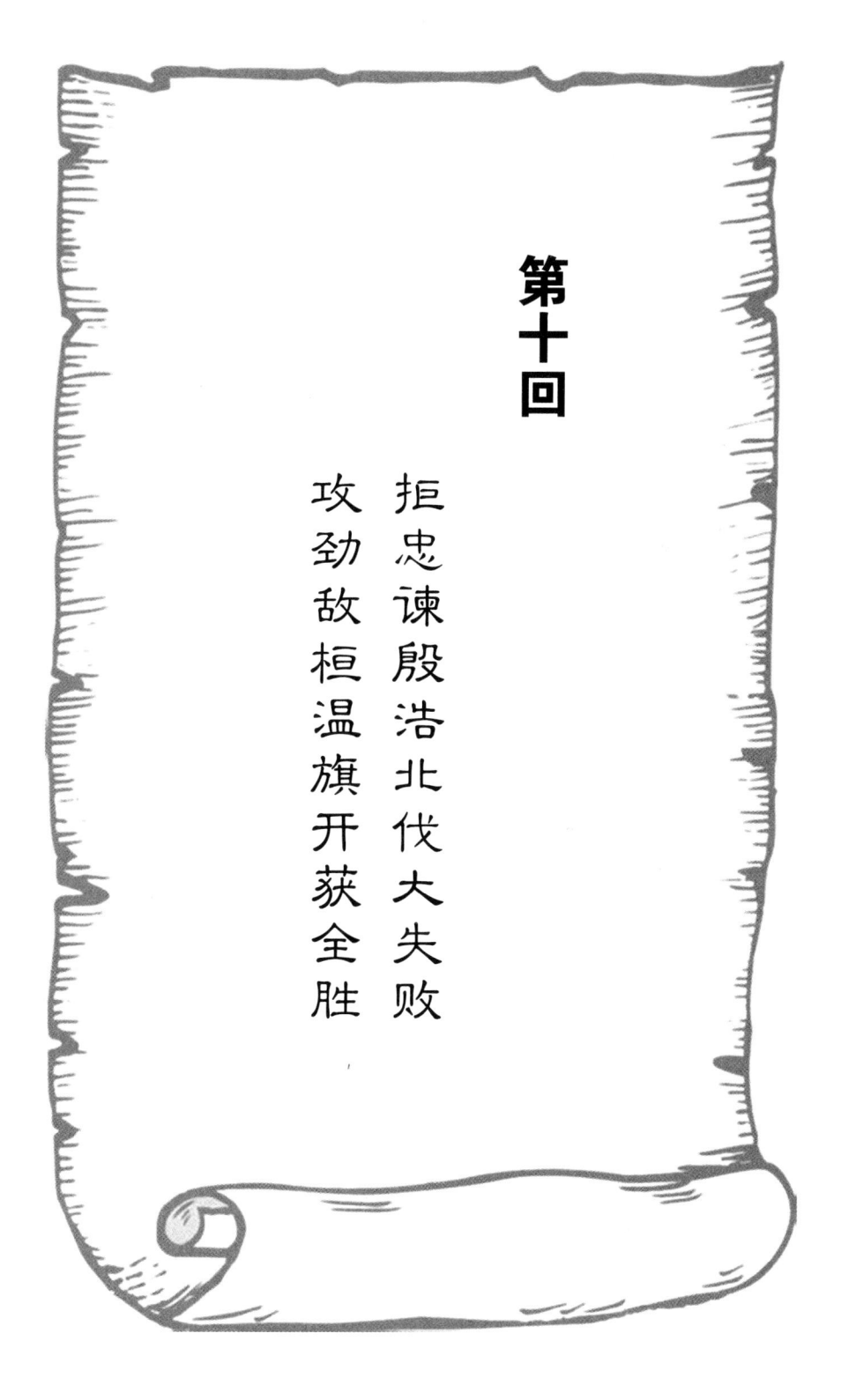

拒忠谏殷浩北伐大失败
攻劲敌桓温旗开获全胜

战备时期，褚蒜子很忙，她一大早便来到了书房，王羲之的军事调查报告还摆在案上，她拿起来又认真地看了起来。王羲之推荐让桓温挂帅，他在信里说"……光复中原，是我朝几代人的期盼，而今，中原大乱，正是光复的好时机，机不可失，时不再来。派有能之士前去收复是国家和臣民的心愿，也是失地百姓的心愿。……臣举荐桓温将军出任总都督，桓将军有沙场实战经验，又有收复成汉的成功经验，由他带兵出征，微臣相信，不日中原定会光复……"褚蒜子暗道："王爱卿忠心可嘉！只是，现在王、谢、庾、桓四大家族中，桓家势力过猛了些，如果其势力增长过快，'王与马共天下'怕会重演！哀家坚决不许这样的事情再出现，任何朝代，国家要稳定，都不能让谁'一枝独秀'。现在，军事上桓温最厉害，其他人加起来也抵不上他一个，哀家现在需要一股新的力量。殷浩的军事才能与桓温比自然是差远了，但是放眼一看，也只有殷浩。……哀家要做的是维稳，把不平稳变平稳。"正自思考，黎辉过来请她吃早饭。在回显阳殿的路上，刚好碰上司马聃，褚蒜子问："彭子，吃饭了吗？"司马聃："吃过了！刚碰见黎姑姑，她说有红枣花生桂圆米粥，儿臣想过来喝一碗。"褚蒜子笑道："看吃撑了。"司马聃："不怕！儿臣刚吃的酱驴肉，忘喝粥了，喝点汤解解腻。"黎辉："小孩子消化得快，跑一圈就饿了。"司马聃："可是，半晌吃点心的时候我特就想吃饭。"褚蒜子："走吧，看看黎姑姑还做了什么？"黎辉："还有皇上爱吃的香茗莲子奶酪和樱桃肉。"她低头看着司马聃道："奴婢今儿掐指一算，知道皇上会过来。"司马聃："姑姑神仙呀？"褚蒜子笑道："以后你叫她神仙姑姑好了。"

褚蒜子吃过早饭来到书房，司马昱、王彪之已恭候在那里。礼毕，司马昱："太后！桓温和殷浩都上书请求北伐。"褚蒜子："殷浩上次北伐有成绩吗？"司马昱："有！收复了许昌。"王彪之："那是谢尚和王浃的功劳，殷浩的功劳是'领导有方'！"司马昱："帅将不都这样吗？桓温很多时候也是这样啊！"王彪之："不是我对殷浩有偏见，他实在不是打仗的料。"司马昱："打仗，胜败乃兵家常事！王大人这是自己给自己过不去呀！"褚蒜子不想听他们辩论，问道："你们的意思呢？谁去？"司马昱："臣推荐殷浩！虽然他上次北伐成绩并不是那么好，但是那是因冷不防有蒲健的两万生猛军队，他第一次实战，成绩算是不错了。"褚蒜子："王大人呢？"王彪之："臣拿不定主意，如果是桓温，取胜的可能性大些，如果是殷浩，取胜的可能性小些。但是，如果是桓温胜了，大的麻烦也会接踵而至。如果是殷浩败了，估计再想光复中原就难了。"司马昱："自古土

第十回　拒忠谏殷浩北伐大失败　攻劲敌桓温旗开获全胜

地城池，一时这一时那，即使殷浩没有光复，也不算失败，至少让他们知道我们敢打。胜了，皆大欢喜，不但没有麻烦，还会有更长期的稳定。"褚蒜子："说实话，哀家也怕'王与马共天下'再现，如果再现，内乱不可避免、百姓又要流离失所、饿殍满地，这是哀家不愿看到的。可是，如果是殷浩胜了，皆大欢喜，败了，我们如何面对中原的百姓？"王彪之："太后！这是个两难的选择，我们从长计议吧。"褚蒜子："走吧，朝堂上让众爱卿议论议论再说。"

众朝臣正议论北伐派谁去，桓温和殷浩的八百里加急奏章先后到了，都是力请北伐的。朝臣们就此讨论了一个上午，也没有个结果。总之，支持桓温者多，支持殷浩者少。褚蒜子说："大家都回去用心想想，七日之内必须拿出个结果。"

桓温和殷浩都没有闲着，为了争到北伐领导权，他们基本上每天都上奏章，且都是八百里加急。此时，慕容氏、蒲健也在酣战，战火时不时烧到晋之边境，守边将士赶紧派人上报朝廷，也是八百里加急。一些向晋廷送上降书的小武装，也是八百里加急。一时间，驿站兵马盈翻，弄得人们以为出了什么大事，议论纷纷、人心惶惶，百姓甲："朝廷不会是出什么事了吧？这么多八百里加急的。"百姓乙："是收复中原的事吧！上回殷浩收复了许昌，估计这会要全部收回。"百姓丙："可得全部收回吧，多少年了都没有回故乡了。"百姓丁："就是！我父母葬在那儿，多少年都没有去给他们上过坟了。"百姓甲："不知道这回朝廷会派谁去？"百姓乙："我估计还是殷浩吧，他上回收复了许昌，虽然成绩不算大，但是有经验了。"百姓丙："我想可能是桓温吧！桓温去一战必胜，殷浩去胜的把握不大。"百姓丁："咱不说他们了。这一开战，物价肯定飞涨，咱们提前备吃的喝的吧。"百姓丙："就是！咱别搁这操闲心了，赶紧回家存点东西。"

北伐迫在眉睫，派谁，必须尽快定下来。于是，褚蒜子决定让老、中、青三个层面的大臣一起来议定此事，蔡谟是几朝元老，是康帝老师又拥立司马聃继位有大功，老臣中自然不能少了他，且不管他支持谁，他往那一坐，一句话不说，决策也有分量。于是，在议论此事前，她派侍中纪据、黄门侍郎丁纂前去请称病在家的蔡谟来朝商议。可是，蔡谟根本不想去，他是个保守派，他见褚蒜子暗中支持北伐，他便来个不合作，并派自己的主簿谢攸陈述自己的意见。褚蒜子深知道他的病根在哪，也不介意，一次不来再请，再请不来继续请，从早到晚，派侍中纪据、黄门侍郎丁纂召蔡谟达十多次，然而蔡谟就是称病不朝。司马聃年幼，临朝一天，非常疲倦。他问周围的人："所招请的人为什么到现在还不来？朝议什么时候才能结束？"褚蒜子考虑到司马聃和臣工们都很疲劳，就下诏说："一定不来的话，就结束朝议吧。"这事恰被亲自来上书请求北伐的殷浩看在眼里，他以为蔡谟眼里太没有朝廷，立马上书请朝廷责罚蔡谟。司马昱收到他的奏章，正中下怀，他对曹尚书下令说："蔡谟傲慢地违抗皇上的命令，这是没有臣子之礼的行为。如果陛下在上卑躬屈膝，臣子在下又不履行君臣大义，那么也就不知道靠什么来处理朝政了。"司马昱此命令一下，坐等蔡谟一天的朝臣们也恼怒道："蔡谟狂妄傲慢，目无君上，请求将他送交廷尉依法论处。"

消息传到蔡谟那，他害怕了，赶紧率领子弟到朝廷叩头谢罪，他道："皇上！太后！臣实在病体缠身，不是不上朝，实在是心有余而力不足啊！"群臣看到七八十岁的他如此行事，想都算了。独殷浩不同意，他说："朝廷一天诏你十几次你都不来，这会咋来了？怕了？你身为几朝元老，如此目无朝廷、目无王法，叫下面的人如何办？他们如果效仿你，是谁的错？是法不严还是你的责任？如果蔡大人心里还有朝廷，蔡大人就该自去领死，以正王法，以儆后人！"蔡谟："殷大人！非老臣不来，你看看老臣这身体，还能议事吗？"殷浩斥道："装的吧！我殷浩眼里容不下沙子，你不去领死，我自上奏请求朝廷按照律法治你目无君上、目无朝廷之罪！你所犯之罪皆死罪，明白吗？"殷浩正要上书要求朝廷处蔡谟以死刑，恰巧徐州刺史荀羡来朝，殷浩就此询问荀羡，荀羡说："如果蔡公今天被处死，明天就一定会出现齐桓公、晋文公那样举兵问罪的行动（指桓温）。"司马昱猛然开窍道："无论如何，蔡公罪不至死。"众朝臣："是啊！蔡公年龄大了，身体又不好。"殷浩："那就任他枉法，任他目无朝廷？不！我眼里容不下沙子，我明日即上书请求朝廷免其官并贬为平民！"众朝臣见殷浩如此执拗，皆不再说话。殷浩见状，也不再骂骂咧咧，他生怕事情闹大了桓温收拾他，遂偃旗息鼓，不再言语。

桓温听说此事后，笑着说："为了制造声响太不择手段了，蔡谟几朝元老，怎么能说动就动？"王珣说："殷浩北伐没有政绩，大概想以此引起人们的关注吧。如果朝廷治了蔡谟的罪，那他就是不畏强权、忠耿直言的大名人了。"谢奕："大忽悠！"车胤道："殷浩才学不错，如果老老实实地在朝堂，能成为一名不错的好官。可是，这家伙不知道哪根弦拧巴了，非要带兵打仗，干自己不擅长的事情。"桓温："现在如果不收复中原，假以时日，中原有能人出来，再收复就困难了。"谢奕："我这心急如焚！赶紧再上书！"王珣："是啊！咱也再上书吧，那殷浩都亲自去了。"桓温："上书自然要上书，但是咱

第十回 拒忠谏殷浩北伐大失败 攻劲敌桓温旗开获全胜

们要两种准备！时刻记着，咱是听朝廷的，不是朝廷听咱的！"

褚蒜子收到桓温再次请兵北伐的密函，几次都想同意由他出任北伐总都督，可是，她知道，现在还不能，她现在需要一支可与桓温相抗衡的力量。现在，她宁可让中原有闪失，也不能让现在的稳定出问题。她诏见司马昱、王彪之等大臣，司马昱依旧是举荐殷浩，殷浩见蔡谟都忌惮自己，更是自负，他坚信上回的小胜是上天的专门安排，坚信上天会再次眷顾自己。故而，他几乎不离朝堂，殷切地自请北伐，生怕北伐大权被桓温抢去。为此，他不但游说司马昱等人支持自己，还让参军写了详细计划上报给朝廷。他太渴望得到此次北伐的机会了，他相信此次北伐一定能够大获全胜，这样，他就有资本与桓温并肩了。只是，殷浩第一次北伐失败还没有结痂，对他再次北伐的请求，很多人持有不同政见，尚书左丞孔严向殷浩进言说："近来众情摇惑，很叫人寒心，不知道明公当如何善后？愚意以为才分文武，职区内外，韩彭应专征伐，萧曹宜守管钥，各有所司，方免误事。且廉、蔺屈身，始能全赵；平、勃交欢，方得安刘。明公才识过人，在朝堂上定是首脑，可为国立下大功。"王羲之也写信给殷浩："近闻安西败丧，公私愧怛，不能须臾去怀。以区区江左，所营如此，天下寒心，固已久矣，而加之败丧，益令气沮。往事岂复可追？愿思弘济将来，令天下寄命有所，自隆中兴之业。正以道胜，宽和为本，力争武功，非所宜也。自寇乱以来，处内外之任者，未有深谋远虑，括囊至计，而疲竭根本，竟无一功可论，一事可记。忠言嘉谟，弃而莫用，遂令天下将有土崩之势。任其事者，岂得辞四海之责哉？今军破于外，资竭于内，保淮之志，非复所及，莫若还保长江，令督将各复旧镇。自长江以外，羁縻而已。秉国钧者，引咎责躬，深自贬降，以谢百姓，更与朝贤，思不平心，除其烦劳，省其贱役，与百姓更始，庶可允塞望，救倒悬之急。使君起于布衣，任天下之重，尚德之事，未能事事允称，当重统之任，而丧败至此，恐阖朝群贤，未自与人分其谤者。今亟修德补缺，广延群贤，与之分任，尚未知获济所期。若犹以胶事为未工，复求之于分外，宇宙虽广，自容何所？明知言不必用，或反取怨执政，然当情概所在，正自不能不心怀极言，惟使君谅之！"

王羲之给殷浩去信的同时，又给司马昱一笺："古人耻其君不为尧舜，北面之道，岂不愿尊其所事，比隆往代？况遇千载一时之运，何可自沮？顾智力有所不及，岂得不权轻重而处之也？今虽有可欣之会，内求诸己，而所忧乃重于所欣。《传》曰：'自非圣人，外宁必有内忧。'今外不宁，内忧已深。古之弘大业者，或不谋于众，倾国以济一时功者，亦往往而有之。诚独运之明，足以迈众，暂劳之弊，终获永逸者可也。求之于今，可得拟议乎？夫庙算决胜，必且审量彼我，万全而后动。功就之日，便当因其众而即其实。今功未可期，而遗黎歼尽，劳役无已，征求日重，以区区吴越，经纬天下十分之九，不亡何待？而不度德，不量力，不敝不已，此封内所痛心叹悼，而莫敢吐诚者也。往者不可谏，来者犹可追，愿殿下更垂三思，解而更张，令殷浩荀羡，还据合肥。广陵许昌谯郡梁彭城诸军，皆还保淮南，为不可胜之基，俟根立势举，谋之未晚，此实当今策之上者。若不行此，社稷之忧，可计日待也。殿下德冠宇内，以公室辅朝，最可直道行之，至隆当年，而未允众望，受殊遇者所以寤寐长叹，实为殿下惜之。国家之虑深矣，常恐伍员之忧，不独在昔，麋鹿之游，将不止林薮而已。愿殿下暂废虚远之怀，以救倒悬之急，可谓以亡为存，转祸为福，则宗庙之庆，四海有赖矣。"

王羲之和孔严的直言谠论，殷浩却根本不理会；司马昱对殷浩抱有期望，也不理会，他相信殷浩既然有名望就会有作为，相信他不会成为褚裒第二。为鼓励殷浩，司马昱专门去了殷浩家里，他说："今儿太后又诏请我商议北伐谁去，我依然力荐你！只是我感觉太后有点偏向桓温。桓温的口号依然是'驱除鞑虏，光复中原'，深源兄要有更加细致可靠的方案才有说服力。"殷浩："我知道，我这次的目标是洛阳和长安，详细计划书我都写好了，你看。"说着把计划书递给司马昱，司马昱粗看了一下道："现在反对你去的人比第一次多些。"殷浩："逆风的方向更适合飞翔，不怕万人阻挡，只怕自己投降。"司马昱："这话说得太好了！明天上朝，你可在朝堂上说。"殷浩："没问题！"又道："明日朝堂上还要请道万兄多美言。"司马昱："这个深源兄把心放肚里！哦，那个逸少给你写信了吗？"殷浩："写了！劝我不要请战北伐，让桓温去。"司马昱："他不是坏心，只是不懂政治。他也给我写了一封，也是这个意思。"殷浩："你怎么回他的？"司马昱："天天一大堆事，哪有机会回信？"殷浩："我也没有回他，他啥也不懂。"司马昱："不用理他，你只管请求北伐，把北伐计划整得再详细些，给太后、朝臣们看看。"殷浩："好！哎，我说……"司马昱："怎么？"殷浩："没什么！要是王羲之上前线不知道会怎样？"司马昱："你觉得太后会让他上前线吗？他现在不但是右将军，更是书法名圣，你想想，人活着称'圣'的历史上有几个？"殷浩："也是，让他说吧！回来让王述治他。"司马昱："算了，他不是坏心。"殷浩："知道！我也就是说说。"司马昱："不早了，我走了。"殷浩："我送你。"司马昱走后，殷浩躺在床上翻来覆去难入眠。他暗自祈祷："老天爷！

第十回　拒忠谏殷浩北伐大失败　攻劲敌桓温旗开获全胜

您既生我，就要佑我，不要戏弄我，千万不要再来一出'既生瑜又生亮'的悲剧。那桓元子自小压我一头，事事比我领先一步，凭什么？我在墓地蛰伏十余年，修身养性，博得浮名，为的就是有一天能够出人头地，出人头地是社会进步的阶梯，社会进步正是我等有出人头地者的集体功劳，对吗？上天有好生之德，更有好成就之德，上天既然给予我如此高的名望，也一定会助我收复中原之大德。"祈祷着，殷浩睡着了，梦里，他看到自己光复中原成功，他成了全国人民敬仰的大英雄！无论他走到哪里，哪里都对他投来敬仰的目光……

太极殿上，大臣们正议论当派谁领兵北伐。褚蒜子："众爱卿，光复中原派谁去？今日务必要定下来。"司马昱："太后！臣依旧推荐殷浩。殷浩清徽雅量，众议攸归，高秩厚礼，不行而至，可谓是教义由其兴替、社稷俟以安危。殷浩出兵北伐，臣相信定会取得全面胜利。"尚书左丞孔严："太后！愚以为才分文武，职区内外，韩彭应专征伐，萧曹宜守管钥，各有所司，方免误事。且廉、蔺屈身，始能全赵；平、勃交欢，方得安刘。殷浩才识过人，在朝堂上定是首脑，可为国立下大功。但是如果让其征战，则是舍其长任其短也，臣以为不可。"王羲之："太后！臣附孔大人之议。"曹秀："太后！天地生人，赋以文武，以文兴不是以武生，皆在机遇。有机会在朝堂历练，是可为朝堂栋梁，有机会到沙场征战，则可为国家砥柱。臣以为，殷大人如果有机会到沙场历练，一样能够成为像桓温那样的人才。"郗愔："太后！臣觉得曹大人说得有道理，臣附议。"褚蒜子："王大人？"王彪之："太后！臣愚昧，臣觉得大家都有道理。无论是谁，臣都相信他定会拼尽全力为国效力。"司马昱："太后！殷大人为这次北伐做好了充足的准备，制订了详细的计划，他准备先攻取洛阳再拿下长安。洛阳是我朝故都，拿下洛阳，具有非凡意义；拿下长安，驱除胡虏蒲健，一可保关中安稳，二可保朝中稳定。殷大人的攻打计划臣看过，非常翔实可靠。臣以为，此次北伐，非殷将军莫属。"王羲之："太后！人之天赋乃上天所授，非人力所为。臣以为殷大人的才能在朝堂，在朝堂可为首脑，让他带兵打仗，实乃弃其长扬其短。上次……"司马昱打断王羲之的话道："胜败乃兵家常事，不能因为上次就否了这次。"曹秀、刘遐等皆附司马昱之议，褚蒜子："北伐，说了几十年等了几十年，才有今日之良机，一旦错失，很难再来！所以，派谁去，至关重要。"司马昱："太后！殷大人屯驻泗口，兵力已布置到长垣，有姚襄、谢尚，又有庾家军及其他各军的驰援，得胜没有问题。"褚蒜子几经思量，诏命殷浩为北伐总都督，即日起行。

消息传到荆州时，桓温正在帐中与主簿、参军、司马等议事。王珣说："诏告发布了，北伐让殷浩去，太后朝堂上下得旨。"谢奕即刻暴躁道："我去显阳殿问问太后！她为什么就那么相信殷浩呢？"郗超摇了摇头，道："太后终究是女人。"桓温赶紧道："这不是太后一人所为，是群臣商议的结果，不要把帽子扣到太后头上。"郗超："女人总是免不了妇人之仁，她把战场血腥等同纸上谈兵了。"桓温不愿看他人非议褚蒜子，暗度陈仓道："我等作壁上观，忍他、让他，等他兵败时，我们且看他。"谢奕急道："等他败北，光复中原的机会早没有了。"桓温："你这才是皇上不急太监急！干你何事？"谢奕："干我何事？干我报国热情！"桓温苦笑着摇了摇头，没有理他。

桓温让诸人退下，单让郗超留下。二人坐定，郗超道："在下知道将军心里愤懑！将军忠贞不贰却遭到猜忌，是谁都会难受。"桓温："不是让你说这些的。"郗超："在不知道说什么，只为将军鸣不平，又替将军难过。将军才学力识明慧断绝过人，不应遭受这样的对待。"桓温只得道："你先退下，我想静静！"郗超离开了，桓温一个人静静独思，他冥问褚蒜子："太后！为什么？您受制于辅政大臣了吗？不应该呀！让殷浩去，中原一定光复不了。光复中原是几代人的梦，今日就可以实现，难道太后要拱手相让给胡虏？不！您不会！您要保一方太平，您要保一方太平而不顾中原手足？不，也不是！您到底是怎么想的，我除了服从还有别的办法吗？"

殷浩的外甥韩康伯来到泗口看他时，他正暗自思忖："这回可不比上回了，驻兵屯田弄粮草肯定行不通了，得想个退路，就是败了也不是我个人原因。怎么办呢？"当韩康伯问他粮草是否充足时，他说："我国之国情，门阀互斗，都巴不得别人栽跟头，他们从别的地方做不了手脚，就从后勤上使绊子，还有那些贪赃者，更是让人百般不顺。"韩康伯："既然如此，舅舅何不屯田造粮，等粮草充足了再做打算？"殷浩："傻孩子！这仗岂是等的。"韩康伯："那怎么办？总不能让军士饿着肚子打仗吧！"殷浩脑子一热，计上心来，道："你先出去，我要给朝廷上书。"

殷浩上书说粮草、军饷不足，并建议暂缓办太学，遣散学生，把经费节省下来以充军需。司马聃："这岂不是因噎废食，太学可是为国家培养人才的地方。"褚蒜子："如果殷浩自觉才力不逮，就换人吧。"司马昱："太后！千万不可。'将为兵之胆'，此时换主帅，会动摇军心！"王彪之："太后！大军未动就换主帅，不妥！"褚蒜子："主帅者，

第十回　拒忠谏殷浩北伐大失败　攻劲敌桓温旗开获全胜

能运筹帷幄、排兵布阵、统率三军、保家卫国。看他奏书上写的什么！"司马昱："太后！殷浩他不会因为军饷而自毁前程的，现在殷浩已经兵驻泗口，又派了荥阳太守刘遯镇守长垣，谢尚将军留屯芍陂，冠军将军王浃攻克武昌，豫州刺史杨群退守弘农。太后放心。"褚蒜子："但愿如此！他如果是借军饷推脱，立马换人。"又道："朝廷要征召谢尚为给事中，让他镇守建康。芍陂让殷浩另派他人吧。"司马昱正要说什么，王彪之："国家大事，死生之地，存亡之道，不可不察也。太后在为大局考虑，我等誓死遵命！"

殷浩上书朝廷建议停办太学的事传到荆州，所有的人都觉得他太不可思议了。王珣笑侃道："竟然上书朝廷停办太学以节省银子为他供军饷，小子脑子进水了！"谢奕："朝廷同意了？"郗超讥道："朝廷要同意就是朝廷脑子进水了！"桓温笑道："太怂菜了！"郗超："他哪里是军饷不够，分明是怂了！他怕败了脸没地方搁，才说军饷不够，其实他不过是为败归找借口罢了。听说还拉了谢尚，他拉谢尚不外为自己垫背，'败了也不是我殷浩无能，看！攻克许昌的谢尚都败了，我能如何！非我不能，敌人太强大了！'"谢奕："太后才不会让我大哥当炮灰呢！"郗超："可怜我们那些好儿郎了！主帅无能，累死三军！这回，不知道又有多少立志效忠国家的好儿郎会死在殷浩这头猪的无能指挥之下。"

面对朝廷的回复，殷浩没有别的办法，又不能故技重施，为此，他绞尽脑汁想万一败了责任推给谁。放眼一看，姚襄成了他的顶缸对象。此时驻守历阳的姚襄正广兴屯田、训练将士，没有及时向他请求北伐，他便以此为由，数次滋事生非。

他先散布说姚襄有二心，后又派刺客刺杀姚襄。那刺客白天扮作兵士的模样暗中观察姚襄，却看到姚襄对兵士非常好，姚襄来看伤兵，他说："没毛病！姚某无能，让弟兄们受苦了！姚某今日特请来了大医师为弟兄们疗伤，弟兄们只管放心养伤，把伤养了，再去沙场打豺狼。"伤兵甲："将军！我这伤，只怕……我担心我的妻儿……"姚襄："你放心！你的妻儿本将军定会当自己的亲人对待，你不要太过悲观，会好起来的。"姚襄转头对主簿道："记下这位兄弟的诉求，即刻办理。"又道："弟兄们，谁有什么困难，对主簿说，本将军会一一兑现的，请弟兄们放心。"伤兵乙："将军待我等如此好，不知道如何感谢，只愿赶紧好了上战场杀敌。"姚襄："真是个好儿郎！我等杀敌，不为己不为私，只为我们的父兄姐妹和孩子有个安稳的生活环境。"……是晚，姚襄对跟了自己一天的刺客说："兄弟！你跟我一天了，出来吧！我保证不杀你。"刺客现身道："姚将军！请受在下一拜。"姚襄："说吧！谁指使你的？"刺客："殷浩！"姚襄："前几回行刺也是他指使的吗？"刺客："是的，前几回在下也有参与。"姚襄："你明明有机会，为什么不动手？"刺客："在下为将军的人格吸引，如此厚待兵士、关怀百姓的人，怎么会对朝廷有二心呢？我不相信。"姚襄："关怀百姓你看到了？"刺客："在路上听说的。来的路上遇到前来投奔将军的百姓，他们说死也死在将军的地盘里，说您是他们的神。"姚襄："嗯！善待百姓是头等大事。"刺客："这一路上在下看到的、听到的，皆是将军有情有义的话，在下被将军折服，不愿行不义之事！"姚襄："你回去怎么交代？"刺客："不回了！"姚襄："不回了？"刺客："嗯！在下想好了自保的办法。"又道："将军要格外小心，殷浩他不会善罢甘休的！他还会派别人来刺杀将军，殷浩人前君子背后小人，惯使阴招。"姚襄："他为什么这样对我？"刺客："他对在下说是将军是个有二心的乱臣贼子！刺杀将军是为民除害。"姚襄笑道："你看我像吗？"刺客："将军！是那殷浩无能又小心眼！他怕将来仗打胜了将军分他的功，又想如果败了将军替他背锅！如此小人，在下不跟他。将军！就此别过，请将军多戒备，小心为上。"姚襄："等等！我送些金银给你。"刺客："将军！在下虽为刺客，但是心里也认个'义'字。将军心意在下领了，但是金银请允许我不受。走了！就此别过。"说罢竟直离去。自此。姚襄更加戒备，躲过殷浩的一次又一次的暗杀。殷浩见暗杀不行，便让自己的心腹魏憬率兵五千，偷袭姚襄，不想被姚襄探知，姚襄出城激战，杀死魏憬及兵士。

　　闻知魏憬失败，殷浩气得大发脾气。殷浩："真是一个饭桶！一个人，多少次多少回都搞不定。"主簿："将军！魏憬他不是姚襄的对手啊！魏憬偷袭的事被姚襄探知了，他有备而战，他又那么英勇善战，魏憬怎能赢。魏憬是拼死命想成功的，不然也不会丢了性命！"殷浩："厚恤魏憬家人。"主簿："那些兵士呢？"殷浩："一样！"殷浩想了好几天，对主簿道："下书让姚襄迁至蠡台,授他梁国刺史。"主簿："他会接受吗？"殷浩："他不接受不正有打他的借口了吗？"主簿："将军！在下有一言不知道当讲不当讲？"殷浩："讲！"主簿："尚未出战，便内斗，不好吧！"殷浩："你懂什么！他有二心，攘外必先安内。"

　　姚襄害怕殷浩要手段害自己，没有迁兵到蠡台，他让自己的参军权翼去殷浩那里陈述不去的理由并借此探个究竟。殷浩见到权翼，气不打一处来，他道："我与姚平北共为王臣，休戚相关，为何平北举动自由，不听调遣？"权翼道："姚平北英姿绝世，拥

第十回　拒忠谏殷浩北伐大失败　攻劲敌桓温旗开获全胜

兵数万，他不怕路远，来归晋室，无非因为晋朝有道，宰辅明哲，他想做一个盛世良臣。今将军您轻信谗言，与平北有嫌隙，在下以为过在将军，不在平北。"殷浩愤然道："平北擅自杀人，又纵小人夺我的战马，这是好的王工良臣吗？"权翼双手抱拳向建康方向一恭道："姚平北归命圣朝，怎敢妄杀无辜？但是内奸除外，这些有违王法，理宜为国行刑，怎得不杀？"殷浩又道："姚平北为什么夺我的战马？"权翼正色道："将军猜疑加害平北，且屡欲加讨，平北为自卫计，才使人取马。假如将军坦怀相待，平北也有天良，何至如此？"殷浩不禁笑道："我哪里有想要加害平北！回去告诉姚平北，自此，我与他同心合力共御外敌。"他自以为权翼一汇报，姚襄就会心无芥蒂地与自己一心了，他自得地对部下说："权翼这一去，姚平北那里就该无忧了。"其主簿道："将军！姚襄派权翼来不是怀疑吗？即使权翼站在这边，他的话姚平北信吗？"殷浩："太阳底下的话会是假的吗？本将军请他放心的话是当着大家的面说的。"主簿无语，殷浩无语。

　　殷浩为上次攻许昌失败一事，恨死了蒲健，他苦思冥想，终于想出了个他认为可行的办法，他对部下说："对蒲健，我们要用计谋以少胜多，最好是能够兵不血刃。"主簿说："以少胜多有望，兵不血刃估计不现实吧。"殷浩："蒲健乃胡人，四肢发达，头脑简单，如果强打，我们弱，如果用计，我们强。我想策反他身边的人做内应，以达到兵不血刃！"主簿："从哪里入手？"殷浩："张遇！他曾投降蒲健，他的后母被蒲健霸占了，他恨得牙痒痒。"主簿："可是张遇他太外围了呀！"参军："还有个雷弱儿，据说有点骑墙，我们不妨通过他。"殷浩："我想的就是雷弱儿。"主簿："会不会有传闻不实？如果雷弱儿骑墙，蒲健怎么会把他放在身边，还那么信任他？"参军："就是！这一点得先弄清，这非常重要。"殷浩自负道："许他足够多的钱财，再答应他做关中侯，世袭爵位，不怕他不心动！"主簿："心动不难行动难。"参军："只要心动了，行动就有了。"殷浩："向朝廷上书吧，我这一计策完美无瑕！一个张遇，一个雷弱儿，到时派姚襄前去打前锋，让他们对战，我们坐收渔利。"主簿："将军，我怎么觉得有点不踏实呢！"殷浩："你只管写！我说，你写。"主簿只好从命。

　　殷浩把自己的反间计说得天花乱坠，花言巧语地不信不行，朝廷为助他计谋成功，给他拨了很多钱。殷浩十分期望一举得胜，他拿出很多钱财招诱张遇和雷弱儿。张遇还好，却不知那雷弱儿根本不上殷浩的当，他对殷浩的承诺是将计就计，他的心完全在蒲健那儿。他告诉蒲健说："一切都在计划中，只那张遇不行，他是真心帮殷浩。"

蒲健："我待那小子不薄啊！"雷弱儿："那小子因为他后母的事，欲与殷浩联手刺杀陛下。"蒲健："豺狼！派人杀了他。"雷弱儿："陛下！我们不妨来个计中计！把张遇诱到宫中杀之，声响要大，让殷浩以为我被策反成功，诱他北上，把他们装入口袋里打。"这一切殷浩一点儿不知。

褚蒜子对雷弱儿总觉得不放心，他宣王彪之、司马昱来书房说事。王彪之直言他也觉得雷弱儿有诈！司马昱道："这个不用担心！殷浩不但诱降了雷弱儿，把梁安也诱降了，还有张遇，他们三个人一根绳上的，谁也不许谁骑墙。雷弱儿要我军接应，是为了尽快掌控时局，这个殷浩说了。"王彪之："兵不厌诈，小心没大错，还是派人再打探打探吧。"司马昱："据派出的谍者报，雷弱儿、梁安原本就是骑墙小人，虽然是蒲健身边的红人，但是整天被蒲健呵斥，他们心里很不得意。"褚蒜子："我还担心姚襄！对他，殷浩有些不地道。"司马昱："姚襄原是降将，殷浩那样，我们理解吧。"褚蒜子："姚襄用好了是个良将，用不好会出事端。"司马昱："不会吧！殷浩说已把他收服帖了。"褚蒜子不再多言，下诏让殷浩行动。

时有谍者向殷浩报告雷弱儿的真实情况，殷浩不但不相信，还呵斥谍者情报有误。他一心认为雷弱儿已被策反成功。他调姚襄为先锋，自率大军出兵。那姚襄本也是一代俊杰，降晋后本想有一番作为，可是看到殷浩不容自己以及他的无脑之举、晋军的羸弱后，起了自立门户的心，面对殷浩的一次次刁难，他决定找机会好好收拾一下殷浩。这次殷浩让他打先锋，是绝好的机会，所以，他一收到殷浩让他当先锋的消息，便和权翼商议大事。权翼道："那殷浩想让将军和蒲健打，他坐收渔利，好阴！"姚襄："他既无义，就别怪我无情。"

姚襄出发不久，便火速派人对殷浩说他遇到敌方劲旅，他迫切需要大军的救援。殷浩收到消息，命令全军火速前进，到了山桑附近，突然伏兵四起。殷浩感到莫名其妙，慌不择路，晕头转向，大败而归。半天他才反应过来，原来是姚襄骗他北上、偷袭他，他气得咬牙切齿道："太可恶了！打！给我狠狠地打。"可是殷浩实在不是帅才，姚襄很快就把他的器械军粮全部抢走了，其所率士兵更是死伤无数、叛者无数。殷浩无奈，传令收兵，退守谯城。

殷浩火速给朝廷奏报说姚襄反了，司马聃十分不解，事情怎么会如此蹊跷呢？面对责问，司马昱自认罪责，褚蒜子："现在不是追责的时候，说事！"司马昱："损失不

第十回 拒忠谏殷浩北伐大失败 攻劲敌桓温旗开获全胜

小,军需被姚襄抢走十之八九!"褚蒜子:"说重点!"王彪之:"姚襄现在有众七万多人!如果造反,会很麻烦。臣以为不至于,如不然他也不会上书弹劾殷浩了,他这是想和朝廷修好,至少目前是这样。"褚蒜子看着姚襄和殷浩互参的奏章,苦笑着摇了摇头。殷浩此次大张旗鼓地北伐,动用了国家的半壁家产,没有想到连洛阳的边都没有摸着,就惨败至此,更别提长安了。事已至此,只能是愿赌服输!褚蒜子下令免去殷浩中军将军一职,命谢尚都督江西淮南诸军事,镇守历阳。

殷浩这一败,光复中原的良机算是彻底错失了!这次大败北,也给他的政治生命画上了句号。各种落井下石的奏章雪片一样飞到了褚蒜子的案头,有奏殷浩刚愎自用、不自量力、耽误战机者,有奏他浪费国家物力财力人力、让国家遭受巨大损失者,有奏他用人疑人识人不明者……这些无关痛痒的奏章,褚蒜子皆没有细看,唯桓温的奏章,她看了几遍。桓温书云:"案中军将军殷浩,过蒙朝恩,叨窃非据,宠灵超卓,再司京辇。不能恭慎所任,恪居职次,而侵官离局,高下在心。前司徒蔡谟,执义履素,位居台辅,师傅先帝,朝之元老,年登七十,以礼请退,虽临轩固辞,不顺恩旨,适足以明逊让之风,弘优贤之礼。而浩虚生狡说,疑误朝听,狱之有司,几致大辟。自羯胡夭亡,群凶殄灭,而百姓涂炭,企迟拯接。浩受专征之重,无雪耻之志,坐自封植,妄生风尘,遂致寇仇稽诛,奸逆并起,华夏鼎沸,黎元殄悴。浩惧罪将及,不容于朝,外声进讨,内求苟免。出次寿阳(即寿春),顿甲弥年,倾天府之资,竭五州之力,收合无赖,以自强卫,爵命无章,猜害罔顾。羌人姚襄,率命归化,浩不能抚而用之,阴图杀害,再遣刺客,为襄所觉,襄将遂惶惧,用致逆命。生长乱阶,自浩始也。复不能以时扫灭,纵放小竖,鼓行毒害,身狼狈于山桑,军破碎于梁国,舟车焚烧,辎重覆没。三军积实,反以资寇,精兵利器,更为贼用。神怒人怨,众之所弃,倾危之忧,将及社稷。臣所以忘寝屏营,启处无地。夫率正显义,所以致训,明罚敕法,所以齐众。伏愿陛下上追唐尧之刑,下鉴《春秋》之典,即不忍诛殛,且宜废弃,摈之荒裔,虽未足以塞山海之责,亦可以宣诚于将来矣。谨此表闻。"桓温信末,注上了郗超的言论:"也怪他用人疑人,也怪朝廷识人不明!"郗超的这句话,不知道是王珣、郗超有意为之还是桓温有意授之,总之褚蒜子看后心中一震,自己不也有"识人不明"之责任吗?

殷浩的完全失败,昭示桓温的完全崛起,褚蒜子想这大概就是冥冥中的注定吧!她坐在案前,一边闲翻书一边不自觉轻叹了一声:"难呐!"一旁伺候的黎辉道:"太后!

199

奴婢给您做个全身按摩放松一下吧。"褚蒜子："嗯！你先去准备吧！哀家在这儿歪会儿。"床榻上歪着的褚蒜子想："光复中原大好良机就这样错失了，几代人的热望就这样付之东流了。哀家努力了、司马昱努力了、大家都努力了，桓温也努力了，不同的是他是努力退让，虽然如此，他的崛起却是不可逆了，难道这就是宿命。定鼎建康时'王与马共天下'，后来是'王与庾共天下'，好容易皇权相对集中了，可是现在却要'王与桓共天下'"……

桓温于是在永和十年二月又上书请求北伐，口号依旧是"驱除鞑虏，光复中华"，目标是继后赵亡后新兴起的前秦之都城长安。理由是：第一，长安曾是西晋末年的都城，如今被氐人占据，是可忍孰不可忍。第二，前秦的氐族人苻氏刚成立四年，国力薄弱，战争先易后难是上策。第三，蜀国已攻下，大后方安全，万一有不测，也可以全身而退。褚蒜子看过奏章后，问群臣意见。司马昱、周崧、王彪之等以连年征战国库空虚为由拒战，并建策当养精蓄锐，等国力上来了再战。褚蒜子："我们养精蓄锐的时候，别人会怎么样？"曹秀："太后！可能会安逸享受，也可能大力发展。"褚蒜子："蒲健他们是前者还是后者？"王彪之："当然是后者！那蒲健也是个人杰。"褚蒜子："既然如此，为何不趁现在收拾他们？我朝连年征战，他们不也是吗？相比，我国国力还远在他之上，现在收拾他们，哀家以为正当时，假以时日，他们强大了，就不好办了！"……一番计议，褚蒜子决定北伐，为保北伐顺利，她亲命司马昱督办粮草。

桓温率四万步骑从江陵出发，穿过今天的湖北、河南、陕西等地，直指关中平原。桓温派梁州刺史司马勋率步骑出战子午道，与苻健短兵交战。亲自率大军上洛阳，擒获秦州吏郭敬，又乘胜进攻青泥，连破秦兵。又命水师并进，自襄阳入均口，直达南乡。几路大军相配合，迅速破了前秦的中场防线。桓温率军一路挺进，很快逼近了前秦的最后要塞——蓝田。秦王苻健，命太子苻苌、丞相苻雄、淮南王苻生、北平王苻硕等率军五万迎击晋军，双方在此大战，杀声震天。前秦苻生异常骁猛，单人出入晋军十余次，苻生恃勇突入，晋将一与他交手，他大喝一声，挥刀把晋将劈下马，刘泓又挺枪接战，才数回合，又被苻生杀死。晋军先锋大乱，苻生执刀旋舞，出入自如，再加上苻苌等随苻生杀入，几乎把晋军的前锋枭斩略尽。

那苻生是苻健的儿子，天生一只眼瞎，他的爷爷苻洪不喜欢他，曾当着苻生的面说："我听说眼睛瞎了不会流泪，不知道真假？"左右唯唯诺诺。苻生听了心中不味儿，

第十回　拒忠谏殷浩北伐大失败　攻劲敌桓温旗开获全胜

拔出佩刀，把他的那只瞎眼刺出血，对苻洪道："这不是眼泪吗？"苻洪见他如此生狠，用鞭子抽打他，苻生不觉得痛，反而大喜道："我性耐刀槊，不宜鞭捶。"苻洪大声斥责："你天生的贱骨头，只配当奴隶。"苻生道："难道我会成为石勒不成？"届时苻洪正在石勒的麾下，害怕苻生的话招来祸灾，赶紧捂住他的嘴，并把其父苻健叫来说："这孩子狂妄自大，将来必会给家族带来不可估量的灾难，应该早除灭他才好。"苻健虽然口上答应，终究是父子情深，不忍下手，故而与其弟弟苻雄商议，苻雄说："等孩子长大了，自然会变好的，何必非要杀了他呢！"说着又向苻洪讨情，苻生才得以活命。苻生长大后，力气非常大，能举千斤，喜好杀戮，他能够徒手搏杀猛兽，跑得跟马一样快，击、杀、骑、射，他样样突出，成为名扬海内外的猛将。桓温见他如此骁猛无敌，亲自督战，然而，惊险惨烈不减，死伤有增无减。

眼见短兵相接死伤惨重，桓温："弓箭手放箭！目标苻苌！穿银色铠甲的那个！"双方僵持不下时，忽听得晋军阵后，发出一声鼓号，声尚未绝，那箭杆似飞蝗一般，攒射过来。苻生用刀拨箭，毫不慌忙，偏背后有人狂叫，音中带悲，急忙回头一看，是太子苻苌身中两箭，坠落下马，气息微弱，苻生只好掖着护着他策马回营。晋军见状纷纷杀来，势如暴风疾雨，不可遮拦，秦兵顿时披靡。苻生虽然勇猛，但是此时他要保护太子苻苌要紧，不能再逞威风，眼见着全军溃散，一败涂地。

桓温令其弟桓冲进军白鹿原，与秦丞相苻雄交锋，又得胜仗。桓温率军直前，进至灞上。秦太子苻苌退至城南，秦主苻健领老弱兵士，保守长安，尽发精兵三万，雷弱儿为大司马，统率出城，会同苻苌之军，并力抵御桓温。晋军在桓温的率领下，势如破竹，逼得秦军无路可退，秦军悲壮地齐集长安城，准备和晋军进行最后的决战。雷弱儿："晋贼欺人太甚！霸我土地，凌我江山，欺我兄弟，辱我妻女，实在可恶至极！是可忍孰不可忍！死不可怕，为我们祖国而战、为我们的兄弟妻女而死，死得光荣，死得伟大。儿郎们，你们可愿意以死抗之！"秦兵："愿意！死得光荣！死得伟大！"听着秦兵的呐喊，桓温不予理会，对官兵说："在城下安营扎寨，埋锅造饭。"晋军一片欢呼，胜利就在眼前。晋军甲："你看，城墙角那个秦兵多像你。"晋军乙："哟！还真有点像。"晋军甲："打时小心点，说不定他是你失散多年的兄弟。"晋军乙笑道："是我兄弟倒好了。"晋军甲："你说我俩怎么那么像呢？看！他也看你！"晋军乙抬头一看，那秦兵果然在看他，他向他挥了挥手，那秦兵也向他挥了挥手。

周围郡县的百姓听到消息，对故国怀念之情涌上心头，纷纷来到桓温的大营，要求归顺。桓温没有想到人们的民族情结如此饱满，他也是热泪盈眶地安慰大家。并发出公告让大家不要慌，正常生活，晋军很快就会收复故土，还大家一个安定祥和的家园。长安从公元三百一十六年被匈奴攻陷后，弹指一挥，已三十八年了，无数的汉人如同一直被关在牢狱中囚犯一般，他们时时盼望晋军能够到来，而今终于盼到了前来营救的亲人，回家的大门就要打开。见到久违的亲人，他们抑制不住内心的激动，送酒送米送肉迎接犒赏晋军，更有白发苍苍的老人流着泪说："没有想到我还能活着见到官兵。"面对胜利在望的晋军，三辅郡县，亦多遣使请降。然而，就在此时，桓温却停住了脚步。士兵们热血高涨，焦急地等待着进攻的号角，然而，他们就是等不到进攻的战鼓声，只有令人窒息的沉默。

参军薛珍等不下去了，他找到桓温问："胜利就在眼前，为什么不一举而破之？明公犹豫什么？"桓温不说话，挥挥手让他下去。薛珍又等了好多天，依然得不到进攻的命令，一气之下自率本部人马强渡灞上，斩获大批敌人，奋战之余看不到桓温派来的援军，难以继续，只好撤回。

忽一日，有个叫王猛的人来到桓温大营，大庭广众之下，他旁若无人，一边滔滔不绝地纵论天下事，一边旁若无人地捉虱子。桓温认定他是当世奇才，与他就天下形势谈了半天，越谈越觉得他是个深不可测的人。末了问他："我奉天子之命，率领十万大军来讨伐逆贼，为什么关中豪杰不起兵响应我呢？"王猛答："长安近在咫尺，明公却按兵不动，大家摸不透你真实的意图，所以不来。"又道："将军兵力不够？"桓温沉默不语，过了很久才说："江东没有一个人能比得上你。桓某欲请您留在军中，拜为军谋祭酒。一起为朝廷效力，如何？"王猛沉默了半天道："非常感谢将军厚爱！在下不才，力有不逮，恕不能接受。"桓温："阁下他日发达，请阁下对晋室手下留情。"王猛："将军放心！"桓温："这些钱帛请阁下笑纳。"王猛："谢将军！太多了，够用即可。"说着顺手抓了一把银子揣在怀里飘然而去。

眼看着胜利唾手可得，桓温为什么不下令总攻呢？非不为，不能也。桓温是个将军，将军的责任和义务让他要对他的将士们的生命负责，他不愿将士多做无谓的牺牲，他不愿将士埋骨他乡。他对外说率领十万将士伐秦，而实际上他只带了四万兵力，而秦军大致也是四万兵力，但是他们是以逸待劳、背水一战。如此兵力相搏，胜算的可能性

第十回　拒忠谏殷浩北伐大失败　攻劲敌桓温旗开获全胜

非常小，就算侥幸胜了，敌伤一千自损八百，所剩晋军也很难保住秦的广大区域，守不住事还小，恐怕班师回南也会是个问题。再一个燃眉之急就是，军需缺口太大，粮草供应不上。援军、粮草是当务之急。他明白，自己伐秦，只褚蒜子、王羲之少数几个人鼎力支持，朝臣们很多不愿意，因为他们怕他功劳太大而横空崛起，故而为防止他取得大的成功，他们联合起来暗中使羁绊。褚蒜子虽然知道但是也鞭长莫及，就这个问题，褚蒜子不知道令司马昱催了多少次，可是，粮草总是在路上，是那么难以到达。桓温也是心知肚明，担心粮草出问题，故而他特意让他的兄弟桓豁负责粮草，可是，桓豁押送粮草的车辆竟然遭遇了强盗，且被抢了个一干二净。

抢劫军用物资是死罪，褚蒜子非常生气，她对司马昱、王彪之道："粮草被劫！两位大人可闻知？"司马昱："臣已派人彻查此事了。"褚蒜子："查是自然要查！当务之急赶紧派人把粮草送到前线。"王彪之："军需谁敢劫，谁有能力劫？会不会是桓温贼喊捉贼？押送粮草的可是他的亲兄弟桓豁啊！"褚蒜子："敢抢劫军需者自然不是一般强盗！王大人所想不错，可能是桓温贼喊捉贼，也可能是来自朝堂、来自门阀。这个大案要案，破之需要时日，现在紧急的是赶紧把粮草补给上。现在！哀家诏命二位大人亲自押送粮草军需。二位大人！长安若失，被笑话的可不是桓温他一个人。"虽然褚蒜子一再催促大军粮草要到位，可是，朝中那些不愿意看到桓温伐秦成功的朝臣们，依旧是集体心照不宣地营私设弊，粮草无论如何就是不到位！桓温没有办法，选择自救，他把目光锁在了即将成熟的麦子上，可那苻健也非无能之辈，见他兵临城下而不攻，料想是军粮吃紧，便提前坚壁清野，偷割光了所有麦子，关中千里一片荒芜。此时桓温非常悲观，秦军也壮着胆子主动出击。双方在白鹿原大战，晋军大败，被斩杀一万多人。桓温担心全军覆没，下令撤退。苻健狂喜，命令秦军全力追击，他们最初的恐惧感烟消云散，都恢复了斗志，个个如猛虎下山，双方交战多次，晋军节节败退，又损兵折将一万多人。跟他一同南归的三千多户关中居民，也因此流离失所。桓温不敢恋战，节节败退，退到潼关后，愤怒的薛珍当众指责桓温前怕狼后怕虎，过于慎重以致错失攻下长安的良机，桓温无言以对，他无法把朝中之丑陋公之于众。好事不出门、坏事传千里，如果把朝臣们拆台的丑陋公之于众，那等于把朝廷的软肋公示于敌人，那样，无论是他个人还是朝廷，都会面临无可挽回的惨局，这样于国于家于己都无利的事，他不愿也不能做，他除了选择独自吞下苦果还能怎样。不，还有褚蒜子，她坐镇中枢，比自己更难。所以，而今面对薛珍这个脑回路不够长又不听话的莽将，他决定一杀了之，虽然杀之可惜。于是他含泪道："来呀！把薛珍这个对上不恭、私自动兵的罪将就地正法。"之后，桓温率领部队继续撤退，退至襄阳时，损兵折将过半，没有获得尺寸之地。

褚蒜子深知桓温此次失败的根本原因，对他心有愧疚，但是这种愧疚却不能公之于众。她看着书房墙上的版图，不由轻叹："损兵折将过半，没有获得尺寸之地，可恨！"她似乎也听到了桓温愤懑的声音："非臣无能！皆那些为了自己的私利而不顾国家利益、怕臣崛起而处处故意使绊子的佞臣。"又似乎听桓温道："改掉门阀士族世袭制、改掉九品中正制吧，只有这样，才能真正地、快速地达到国富民强。"正自遐思，司马聃来了，母子俩就桓温北伐的事说了起来。说到司马昱，司马聃："儿臣知道责任不全在他！可他为什么要那样？"褚蒜子："他也是身不由己，他没有跳出来看。"司马聃："儿臣忽然对孤家寡人、高处不胜寒有了更深切的理解！"褚蒜子："这个世上的人啊，只有极少之人是引领社会前进的。"司马聃："剩下的都充数的？"褚蒜子没有直接回答，而是问道："你知道此次桓温北伐为什么会失败吗？"司马聃："儿臣以为有他个人原因，再有就是粮草的。"褚蒜子："这不是根本原因！根本原因是充数者太多。"司马聃："太难了！他也太难了！犒劳犒劳他吧。"褚蒜子："犒劳他！他已为国家背了黑锅了。"

朝廷收到桓温上表的请罪书时，褚蒜子让众朝臣议论，她希望听到大格局、有思考的声音，可是，没有。司马昱一样要求朝廷借此弹压桓温，面对朝臣要惩戒桓温甚至要将他贬为庶人、交廷尉的治罪建策，褚蒜子心里一阵悲凉，不由得内心轻叹："可悲！可怜！"褚蒜子没有回应朝臣的建策，而是一针见血地说出了自己的肺腑之言："桓将军此次北伐失利，实乃粮草问题！常说'兵马未动，粮草先行'，哀家怕就怕粮草问题，可是结果呢？军需被抢劫！是谁这么大胆子敢动军需？"群臣皆默然不语，褚蒜子又道："团结力量大、众志成城平日不离口，可事实上呢？蝇营狗苟！"依然寂然！褚蒜子："让哀家痛心的还有王猛不来！凤凰不来，梧桐之过。王猛不来，谁之过？"没有回答，依然死寂，褚蒜子："哀家思虑再三，桓温之功、之过不可同日而语。他虽然没有打下长安，但是却很好遏制了长安的发展，虽败犹胜。故而，哀家决定对桓温不奖不罚，但是要慰问，谁有异议，直接到书房找哀家。"褚蒜子话音一落，朝臣皆曰："太后英明。"

桓温非常感念褚蒜子的知遇之恩，暗对自己说无论如何都要和褚蒜子站在一起，帮

第十回　拒忠谏殷浩北伐大失败　攻劲敌桓温旗开获全胜

着她把国家治理好、帮着她摆平那些整日只以谈玄论道为己任的家伙们。这天，他在官署和属僚说话，说到褚蒜子对桓温北伐的处理结果，谢奕说："我就知道我那外甥女行。"王珣："不罚已是顶着压力，又派侍中、黄门侍郎来慰问，不是一般的魄力。"车胤："可是顶着山一样的压力！听说相王司马昱也上奏要求处罚。"谢奕："可恶曹秀，竟然提议要把明公交给廷尉，可惜太后根本都不理他。"桓温回头对郗超道："你可看到了？"郗超："太后确实不同凡响，在下敬服。"桓温："说实话！都是门阀士族官僚等祸国殃民！"谢奕："我忽然想到殷浩，他也怪可怜的。"王珣："说起他我心里也不是滋味，他也是受害者，我们也是！"桓温："是啊！我们都是受害者，上自太后皇上，下至黎民百姓，哪个不为之所累。"又道："人就像坐在船上，都身不由己。"郗超道："好在我们知己。"桓温："我们知己，太后也是。……"郗超脑子一抽道："我还没有从殷浩的阴魂里走出来，觉得他也怪可怜的，好歹一肚子学问，就这样被抛弃了。"谢奕道："你想说什么？"郗超皱了一下眉道："我想人来世上走一遭也都不容易，不如起用他吧。"桓温："我也正有此意！叫他担任尚书令吧，也算是人尽其能，才尽其用。"

　　殷浩自从被贬后，便门可罗雀，失意、郁闷之极的他无处排解心中的苦闷，便经常赤手空拳在空中书写"咄咄怪事"以宣泄。其外甥韩康伯知道他心里难受，经常来看他，只是，殷浩不再像以前那样话多言稠，韩康伯理解他，也不多语，只默默地陪伴着他。这日，殷浩又站在院中书写着"咄咄怪事"，写了半天也不收手，韩康伯："舅舅！回屋歇歇吧。"殷浩也不理会，继续在空中写画，韩康伯还要再劝，忽然听到有人问："请问这是殷浩殷深源家吗？"韩康伯："怎么说话的！"邮驿："韩大人！您在这儿？"韩康伯："我来看我舅舅。"邮驿："该死！小人有眼无珠，请大人原谅。"韩康伯："没事！拿来吧！"邮驿："桓温桓将军的信。"韩康伯接过，道声辛苦，顺手给了他一块碎银子。邮驿走后，殷浩对韩康伯道："撕了！烧了！这厮准是羞辱我的。"韩康伯不理会，他边拆边道："我替舅舅看看。"韩康伯看着看着露出喜色，他上前对殷浩道："桓温欲上表请舅舅做尚书令。"殷浩伸手抓过信，声音有点颤抖道："什么！我看看。"殷浩看罢，满眼含泪道："元子地道啊！我跟他是发小。"韩康伯："我就知道舅舅定会东山再起的。"殷浩有点语无伦次道："快给我准备笔墨纸砚，我马上回元子，这地方我一刻也不想呆了。"韩康伯把笔墨纸砚给殷浩弄好说："舅舅快写吧，我一会儿走时替舅舅送到邮驿！"殷浩："不！我亲自送！"殷浩写了撕、撕了写，不知几时能写好，韩康伯："舅舅慢写，我先走吧。"殷浩："别急！等我写好送你，你先出去。"殷浩太重视这封信了，直到他认为完美了才收笔。为了避免装错，他是拆了装、装了拆，如此反复好多回。

两个人来到邮驿，殷浩亲自把信交付邮差，反复叮咛，然后送韩康伯走了很远，韩康伯："舅舅！别送了，回吧。"殷浩才恋恋不舍道："舅舅门前鞍马太稀，也只你是凤凰。"韩康伯："过些日子我还来看舅舅，舅舅回吧。"殷浩含泪挥手道："富贵他人合，贫贱亲戚离！走吧！走吧！"韩康伯："开心点，这不是马上就好了。"殷浩泪中带笑道："嗯！走吧！"

桓温自给殷浩写了信后，一直殷殷期盼着回信。这日，他与属僚在一起闲话，说到殷浩，桓温道："殷浩的信该到了吧？"王珣："我正要给将军呢！"说着把信递给桓温。桓温打开一看，大失所望道："空的！什么也没有。"谢奕眼一瞪道："不识抬举的家伙。"郗超："岂止是不识抬举，更是愚蠢到了极点。"桓温："由他吧！人各有志。"说完，把信扔进废物筐里。

殷浩自从收到桓温的信，精神振奋，恍惚又看到自己在朝堂挥斥方遒的样子，一改往日郁闷，处处闲逛、四处溜达。这一日，他游逛累了，回到书房，坐到几案前，再次幻想自己在朝堂上的英姿。忽然，他怔在那里，原来他给桓温的回信竟然还在自己家里。他顿时如霜打的茄子，他知道桓温绝不会再给他第二次机会了，就是给他第二次机会，他也没有脸接受了，他失魂落魄地喃喃道："完了！完了！"

桓温近时老做噩梦，他经常梦到征战沙场的将士回来后疲惫不堪，回到营地却是没有食物，他几次从梦中惊醒，皆是因为看到了兵士被敌军痛杀的惨景。他不止一次地对属僚说："我老梦见埋骨他乡的将士！他们每一个都是父母手里的宝，跟着我是想建功立业的，不曾想……"郗超："明公不要太自责！逝者已矣，生者如斯。"桓温梦呓般道："自救才是硬道理。"又道："我们屯田造粮。"对桓温此举，褚蒜子给予了深切的鼓励与支持，可是，对于朝中一些人来说，可是抓住了桓温的把柄，上奏说桓温野心爆棚、意欲脱离朝廷，希望朝廷严惩他。对这些搬弄是非的龌龊之行为，火暴脾气的谢奕直接开骂，郗超："生啥气？人上一百，形形色色，理他们干啥！"王珣："就是！你好生气！有太后支持不就什么都有了。这不，太后亲自来信表扬咱们屯田造粮呢！一再说要咱们厉兵秣马、养精蓄锐、再思进取。"桓温："你呀！理那些人干啥，咱活出自己的精彩就可以了。"

第十一回

太后密会桓温彭子参政
朝廷起复王述逸飞辞请

太阳火辣辣地照着大地，树上的新蝉一直叫着"热热热"，政务堂的一帮老爷们，一个个袒胸露背，连司马昱也捋起了袖子，曹秀说："桓温兵败如此，可该老实一会儿了。"周崧："一个庶子能翻起啥大浪。"王彪之"咳"了一声道："其实，元子北伐是可以胜的。"王述："你想他胜？"司马昱"咳"了一下没有说话，高崧："这个不说了，心照不宣。"司马昱："国家要太平，局势需要稳定。殷浩算是彻底废了，接下来，我们当该怎么办？"王彪之："庾氏都在边疆，可是能力远不如桓氏。翻翻拣拣，还真找不到能够与他抗衡的人。"高崧："请谢安出仕吧，我很看好他。"王彪之："我也很看好他，可是他出来吗？"司马昱："他一定出来。"王彪之："你那么肯定？"司马昱："安石喜欢与人同乐，能与人同乐者，定能与人共患难。"

斜阳默默，晚风习习，褚蒜子晚饭后，一边在御花园散步，一边与黎辉、李宁闲话。她说："这些朝臣安逸惯了，总想自己有生之年岁月静好，却不承想以后将来怎么办。他们只知道凭着长江天险保平安，却不知道长江那边的枭雄正虎视眈眈地看着自己，他们以为把自己的头埋进沙子里就安然无事了。"黎辉："这些人得有太后领导才行，他们自己哪里有头啊。"李宁："说真的，咱们大晋，奴婢只觉得桓温是个真男人！还有王羲之也算是！"黎辉："怎么也算是？"李宁："他太喜欢化妆了，感觉有点不够气宇轩昂！"又道："男人嘛！还是黑点好看！"黎辉笑道："我倒是喜欢白点的，干净！"褚蒜子笑起来，只管走，不理她们，李宁又道："不管是黑还是白，能跃千里就好。"又紧跑几步追上褚蒜子，道："太后！桓温这会儿劲头高得很，整日地厉兵秣马、整日地屯田造粮、整日地养精蓄锐，整日……"黎辉："行行行！你喜欢黑就喜欢黑呗！'整日地'啥呢？"褚蒜子一边听她们俩斗嘴，一边想在哪儿密宣桓温觐见。

新亭"三所"内，褚蒜子、司马聃、桓温三人坐在茶几旁，黎辉一旁伺候，李宁带人守在门口，无诏不得入内。桓温如此与褚蒜子近距离接触还是头一次，他有些拘谨，褚蒜子道："姐夫，这里没外人，咱随意说话。"又转头对司马聃道："彭子！给你姑父上茶。"桓温赶紧起身施礼道："皇上！太后！不敢这样，臣惶恐。"司马聃捧一杯茶给桓温，道："姑父快坐下吧，这里没有外人。"桓温道谢罢斜签着坐下。他真不敢坐，他不忌惮司马聃，是褚蒜子身上强大的气场让他不敢坐、是她犹如在万人之中的光芒让他不敢坐，褚蒜子见他拘谨如此，一边笑着请他喝茶，一边有一搭没一搭地与他闲话，直到看他放松些，才说国事。她说："后赵亡国后，冉魏政权昙花一现，现在苻健建立的

第十一回　太后密会桓温彭子参政　朝廷起复王述逸飞辞请

秦国对我们威胁非常大，姐夫与他们交过手，哀家想听听姐夫的看法。"桓温道："现在苻健建立的秦国尚不足为害，其刚建国，国力薄弱，去年如果不是粮草问题，臣一举拿下没有一点问题。"说到这儿，他长叹了口气，褚蒜子没有说话，司马聃："这些朝臣！朕真想杀几个以儆效尤。"褚蒜子："皇上不可轻动杀戮之心，要以大局为重！"桓温点了点头，又道："据谍者报，苻健之丞相苻雄已病死，他的太子苻苌上回中了箭，也因箭伤而亡，立了苻生为太子。现在苻健也病故了，苻生为其主，这苻生残暴荒淫堪比后赵石虎，如果这样，他们祸起萧墙会更甚，到那时，灭他们易如反掌。"褚蒜子道："残暴荒淫者天必灭之！细说来听。"桓温："苻生继位后，不理国事，唯荒淫游乐。整天酒池肉林、醉生梦死，天天作福作威、日日惹是生非。一天他出去闲逛，忽然看见一个身着白衣的妇人，跪在路旁为自己的儿子请求封赏，苻生问她的儿子可有功绩，敢来御前讨封。那妇人说她是强环的妻子，强环是将士，战死了，还没有得到抚恤，她和儿子生存艰难。听说皇上新登大位，赦罪铭功，故而特意来求恩，以期蒙恩得到皇恩泽被。苻生听了斥责那妇人说'封赏的事我来定，哪是你说要就要的'？那妇人不知进退，还是俯伏在地上，哭诉他亡夫的忠烈，喃喃不休。苻生当下动怒，取来弓箭，二话不说，'飕'的一声，射穿了那妇人的脖颈，那妇人片刻便死了。"司马聃："如此残暴无德！何以为君！"桓温："苻生残暴无德的事还在后头。其中书监胡文、中书令王鱼劝他说：'近日有客星孛大角，荧惑人东井，大角为帝座，东井乃秦地分野，恐不出三年，国有大丧，大臣戮死，愿陛下修德禳灾。'苻生听了也不说话，等退了朝，他自语道：'星象有变，难道定会是我吗？如果皇后死了，也是大丧！当戮死的大臣应该是毛太傅？梁车骑？梁仆射？'人听了只当是了醉言醉语，也都没当回事。谁知过了数日，他竟持剑来到中宫，梁后见御驾到来，赶紧起身相迎，还没有来得及说话，苻生一剑刺在她的脖子上，梁后当即身亡。然后苻生又传谕太傅毛贵、尚书令梁楞、左仆射梁安觐见，他们到了之后，苻生什么话也不说，直接叫人绑了他们推出一同斩首。毛贵是梁后的母亲，梁安是梁后的生父，梁楞与梁后同族，他们都是梁后的亲戚，并没有什么谋逆之事，也无罪过，不过是因为胡文、王鱼数言，苻生就平白地断送了他们的性命。其丞相雷弱儿刚直敢言，见苻生行事太过，经常当面指责他，苻生心烦，便诬说他有谋逆之嫌，把他杀了，雷弱儿的九子二十二孙也一并诛杀。那苻生又以居丧为名，不事朝政，整日游饮。他又刀剑不离身，看到不顺眼的，就一杀了事。他即位没几天，上自后妃公卿、下至宫女太监，已被他杀了五百多人。有一天,他在朝堂上喝酒,让尚书令辛牢为酒监,对群臣说要一醉方休,辛牢怕他酒后失仪,没有强让群臣喝酒,他非常生气地说:'你为什么不让酒?要你何用?'说着,手已取来弓箭,搭箭就射,辛牢还没有反应过来,就已箭穿脖子倒地身亡,吓得群臣魂飞魄散,都只低头狂喝,尽量把自己喝醉,一时醉卧朝堂者、失冠散发者、吐食污衣者满朝堂,苻生不为耻反高兴得拍手欢呼,又连喝了几大杯,自觉喝得差不多了,才反身就寝。众朝臣如蒙恩赦,踉跄散归。"褚蒜子道:"果真如此!很快就国将不国了。"又道:"我听说苻健的两个儿子苻法、苻坚都很厉害,尤其是苻坚,此人如何?"桓温:"臣担心的也是这两个人,另外还有那个王猛,如果他们在一起,秦很快就会成为我朝劲敌。"司马聃:"怎么说?"桓温:"据传苻坚贵相,出生时背上有赤文'草付臣又土咸阳','草付'是'苻','臣又土'是'坚',也就是说他将来有一日要在咸阳立国称王。苻坚自幼聪明过人,六七岁的时候,其言谈举止就如大人一样。传说曾有个相面的人,在路上看到苻坚的长相,上前拉住他的手说:'这里是皇帝巡行的地方,你们在此玩耍,不怕被司隶校尉抓起来吗?'苻坚说:'司隶校尉只抓有罪的人,不抓玩耍的小孩儿。'相面的人对随行人说:'这孩子有霸王相!'后来,两人又相遇,那人悄悄对苻坚说:'你的面相不寻常,日后必定大贵。'苻坚一本正经地说:'如果真有那一天,我终身不会忘记您的恩德。'当然,这是传说,不足为信,让人害怕的是,他自幼学习经史典籍,随着学识的增长,他立下经世济民、统一天下的大志,也慢慢结交了许多当世豪杰,他现在是秦之朝野享有盛名的佼佼者。如果秦发生政变,他上了台,真会成为我朝之劲敌。"

褚蒜子沉默了片刻道:"说说王猛。"桓温:"王猛与臣有过交往,此人心中经纬了得,天下局势了然于心,臣曾一再地邀请他来我朝,但是,他不来,原因想必太后知道。但是他是汉人,就是将来臣服于别国,我相信他不会把刀剑指向我朝。"司马聃:"什么原因他不来,高官厚禄他不动心吗?"褚蒜子道:"我朝腐枝太厚,他嫌羁绊太多,个人价值难以实现,故而不来。"又道:"你姑父北伐长安,兵临长安城下,却没有攻下,你分析一下是为什么?"司马聃:"我军长途远征,是强弩之末,敌是以逸待劳,且个个欲拼死一搏,敌我力量又相差不多,如果强攻,怕不能得胜,更怕会全军覆没。"桓温道:"皇上说得很对!但这只是其一,我军将士个个身健力强,休整一下就没有问题。"司马聃:"其二呢?"褚蒜子道:"这个问题皇帝自己思考是为什么?过两年皇帝就要亲

第十一回　太后密会桓温彭子参政　朝廷起复王述逸飞辞请

政了，很多问题，必须看得远一些，就好比下棋，你若想胜过对方，必须要比对方多看三四步棋。"又对桓温道："来年皇帝亲政，还需要桓将军鼎力辅佐。"褚蒜子一句"桓将军"，把桓温叫了个激灵，他知道褚蒜子对他有点不放心，她怕他架空司马聃，他有些委屈地看着褚蒜子，心说："我的心明月一样向着朝廷，太后您怎么能怀疑。"为了表忠心，他站起来道："太后放心！臣定会全力辅佐皇帝，如有二心，当如此剑。"他想把佩剑取下折断以表忠心，摸时却发现腰间空空如也，原来佩剑在来的时候按照规矩交付太监保管了，他尴尬地笑了笑，褚蒜子道："哀家相信！哀家相信姐夫定会是一个流芳百世的忠臣良将。"桓温："太后放心！臣即使不能流芳百世，臣也决不要遗臭万年。"褚蒜子："说得太好了！非常对！人生一世，即使不能流芳百世，也决不要遗臭万年。"司马聃道："好个'即使不能流芳百世，也决不要遗臭万年'，母后！姑父这话应该在朝堂上让群臣学习，这才是为人、为臣之道！人者，仁也！臣者，忠也！"桓温赶紧表示"臣惶恐"！褚蒜子："皇上说得极是，当立榜让群臣学习。"桓温一时不知道如何说话，又来一句"臣惶恐！"褚蒜子笑了笑，又说了些别的，乃令摆饭，三人一起饭毕，各自回去。

褚蒜子看着和自己比肩的司马聃，由衷地说："真快！眨眼间我的彭子就长大了。"司马聃一笑，扶其坐下，倒一杯茶敬上，也坐下。褚蒜子又道："彭子！母亲之前还担心你亲政，今儿听了你对桓温说的话，放心了。治国就是治人，懂了人性，扬其长避其短，无坚而不摧，无往而不胜。"司马聃："我那样接姑父的话，也是受母亲的影响。母亲肯定比他境界高，儿臣再给他加一把火，说他是仁人志士，他就是有想法也会因此自我湮灭的。"褚蒜子点头道："人就是这样！你把他抬到一定的高度，他自己都不好意思犯罪了。"司马聃："嗯！这叫引燃人性中正道的光！"褚蒜子："彭子！你是皇帝，当直呼桓温其名那个场合，以家族礼称呼他，是抬他之需也。古怪诡谲的人世间，需要多张面具才能好好活下去。"司马聃："儿臣懂！就像我和母亲，现在我叫母亲，朝堂人前儿臣得叫母后一样。"又道："母亲，其实我最喜欢这会儿了。"褚蒜子："也只有这会儿不用面具。"司马聃："等我亲政了，母亲想怎么样就怎么样，再也不用戴面具生活了。"褚蒜子笑了笑，道："彭子，立政者以何为本？"司马聃："以官才为本呀，母亲前几天才教过我的。"褚蒜子："官才有三难，可记住了？"司马聃："早记住了！人物难知、爱憎难防、情伪难明。"褚蒜子："对这三难，你可有应对方法？"司马聃："大名不可使其久荷，大功不可使其久任，大权不可使其久执，大威不可使其久居。母亲都给我说好多遍了。"褚蒜子笑了笑又道："何为皇帝？"司马聃："道合乾坤，方可称皇，德协神人，方可称帝。回来的路上母亲刚给我说过。"

司马聃看着挂在墙上的国家版图对褚蒜子道："这版图年年都在变。"褚蒜子："版图年年变是常态。"司马聃拿起鞭指着中原地带说："这里，以前后赵，后来冉魏，现在是燕、秦。以前，后赵是我劲敌，现在是燕、秦。"又指着秦晋边界："母亲看，这么长，防御就是个大事。别的不怕，与我朝交界甚少，远的也不怕，他们估计还得向我大晋称藩呢！母亲你看这凉国，地盘小，又在大北边，天寒地冻的，如果秦去攻打他，他十有八九会向我大晋求救。"褚蒜子："对！……"母子两人正说着话，姬秋传报司马昱、王彪之求见！母子二人相视一笑，来到议事厅。礼毕，司马昱急道："太后！后赵降将姚襄叛变，凉国张玄靓派使者向我朝称藩。"褚蒜子和司马聃都没有听清，让他再说一遍。司马昱尚未张口，王彪之笑道："相王嘴里像吃了楝籽儿一样，说得太快了，在下也没有听清。"司马昱笑着把刚才的话重说了一遍，道："还有，我朝流放之人郭伕等一千多人聚众造反，他们抓了我朝鹿邑内史刘仕向姚襄投降，姚襄自称大将军、大单于进兵攻打我外黄。我和王大人等商议着让吏部尚书周闵为中军将军，沿江设防，以防姚襄。"褚蒜子："防？直接让守边将领打！姚襄降晋又叛晋，实在可恶。"司马昱道："要跟桓温桓将军打个招呼吗？"褚蒜子没有接话，面对司马昱的小心翼翼，褚蒜子很无奈，她懂他的心里，他对桓温是又惧怕又倚重，作为首辅大臣的他，生怕一不小心把好不容易平衡的朝局打破自己落不是，故而，针尖大的事，只要事关军事，他都先把桓温考虑进去，且会不厌其烦地请示来请示去，如果自己不拍板，那他就一直请示。于是，褚蒜子一锤定音道："不必！即刻下诏令守边将士攻打姚襄。"司马昱回头看王彪之，王彪之道："前凉张玄靓派使者向我朝称藩，司马大人商议了一下，不知道如何回复。现在凉国正乱，其乱如亡国时的后赵，据谍者报，其中张祚实力最强，有望成为秦之苻生。张祚好杀好淫，灭绝人伦，公然烝母、遍污亲族。如此国度，向我称藩，臣等怕成为累赘，但是如果接受其为藩，也是对秦的牵制，臣等一时举棋不定，特来禀报太后。"褚蒜子笑说他们来之前司马聃正和她说这事，她看着司马聃道："听听皇上的意见吧！"司马聃："接受！封张玄靓为大将军。"见司马聃毫不犹豫地说出自己的意思，司马昱、王彪之还以为他是信口胡说，都迟疑地看着褚蒜子，褚蒜子说："这事皇帝是经过深思熟虑的，他怎么说就怎么做吧。"司马昱、王彪之遂领旨而去。

第十一回 太后密会桓温彭子参政　朝廷起复王述逸飞辞请

这一年，有疫病发生，按照旧制，如果朝臣家中有人染病，即使本人无病，也可以告百日病假在家。因此，许多朝臣都以家中有人染病为由告假，以致很多政务被耽误。对这种怠政行为，褚蒜子也很无奈，朝堂上，她对百官道："哀家向染病的朝臣和因家人染病没来上朝的朝臣们问好，希望他们尽快好起来，把这堆积如山的政务尽快处理了。"司马晞："臣以为这些人应当严惩，如果大家都以疫病为由不上朝，那国家事务由谁来处置？"王彪之："疾疫的时候，没有谁家不染疾的，如果因为这个为臣者不能恪尽职守，那各官署可不就成了虚设吗？如果朝廷也因此告假，那不就国将不国了吗？臣建议取消旧制，立下新规，凡无病的官员，必须按时上朝，按时到自己所在的官署处理政务，如不然，当以渎职罪论处。"在朝的官员都认同王彪之的说法，褚蒜子："即日起，取消旧制，立定新规。此事就交由司马昱大人和王彪之大人负责。"又问大家可还有事奏，话音刚落，司马昱呈上一道匿名奏章。褚蒜子看后笑道："有人匿名举报，说武陵王司马晞在家里大修兵器，恐怕是要密谋造反。希望朝廷严查。"司马晞一听就大为光火道："纯属污蔑！请太后明察。"王彪之："臣愿用性命担保！武陵王没有在家中大修兵器，他'大修兵器'时臣正好在场，他大修的不过是打猎的工具罢了。"褚蒜子深知司马晞是个尚武好猎的人，对朝廷忠心耿耿，没有一点二心，就在前天还把猎来的一只小鹿进献给司马聃，让他演习骑射用。对这些个听风就是雨却如炸雷般的奏章，她必须有所表示，以警惩那些无事生非之人，她说："这个匿名举报者奇怪，如此大事，为何不署名？显然是听风道雨莫须有罢了。"又道："此事到此为止。"

王述守孝期满，朝廷征召他重新入仕，怎么安排他，司马昱和王彪之拿不定主意，二人相约来向褚蒜子讨主意。听罢他二人的汇报，司马聃："就是那个宛陵令？收受贿赂一千三百多件的王述？"司马昱："是他！他年轻的时候是犯过这样的错误，后转任临海太守、会稽内史，都很清廉。"王彪之："对！是这样！"司马聃："他秉性如何，听说谢奕曾克过他。"司马昱："两个人不知因为啥事意见不合，谢奕恼了，痛骂他，他只面向墙壁站着，直到谢奕离去，他才回到座位。众人都因此说他有涵养呢！"褚蒜子笑道："貌似有胸怀。"司马昱："他性格沉稳，不爱清谈。其清高尊贵，简朴刚正，不比其祖父差。"褚蒜子："那就让他做扬州刺史吧。"司马昱："臣也是这个意思，由他做扬州刺史最合适了！"司马聃："为什么？"褚蒜子："他对朝廷非常忠心。"

时任会稽内史的王羲之闻听王述出任扬州刺史的消息，很是恼火。他来到官署，见属僚们正议论此事。只听属僚甲:"听说大人正为这事苦恼。"二人的话王羲之刚好听到,他接口道:"王述这厮心胸狭窄,他要是成了我的顶头上司,会给我很多小鞋穿。"属僚甲:"不至于吧?"王羲之:"至于!这厮阴着呢!"属僚甲:"大人根基深厚,又深得太后器重,他会?"王羲之:"会!他会!"属僚甲:"如果他真这样,在下倒有个不成熟的想法,不知道当讲不当讲?"王羲之:"讲!快讲!"属僚甲:"请求朝廷派大人到别的地方,如何?"属僚乙:"在下也觉得这个方法可以试试。"王羲之:"这个我想过,可是我舍不得会稽山水啊!离开会稽山水,我的性灵搁哪里安放?"属僚甲想了一会儿,又道:"要不上报朝廷把会稽从扬州划出,自成一郡,如何?"属僚乙:"这个不可吧!"王羲之:"行!会稽自古是越地,就叫越州,我这就写奏章。"

王述新官上任三把火,积极地到扬州各地视察工作。到了会稽,王羲之赶紧带领下属前来迎接,王述与地方官员一一问好,独冷着王羲之。王羲之向他施礼,他拂手不应,不仅当众给王羲之难堪,还当众说:"会稽山清水秀,是个好地方,但是再好的地方也有鞭长莫及之处,为了保障会稽人民谷丰雨润安居乐业,请督察组严查看这个地方是不是有不法行为,如果有,严惩不贷。"看着随从的官员对王述唯诺应声,气得王羲之暗骂:"小人!公报私仇的小人!"王述余光瞥见王羲之的憋屈样儿,心里得意,暗道:"叫你能!看我如何摆治好你!"

王羲之的奏章上报到朝廷,司马昱、王彪之到书房请示褚蒜子。褚蒜子问原委,王彪之说:"因为他俩那解不开的结,王述上任后特意查他了。"褚蒜子:"王述所查可有污蔑?"王彪之:"没有。"褚蒜子笑道:"多少年的老事了,还放不下?"司马昱:"可不是,劝过,谁都不听,还个个都很有理。"褚蒜子:"都是性情中人!"司马昱:"以前也有过一郡分两郡的事,王羲之的请求臣和王大人拿不定主意,毕竟王羲之是当今大名人。"褚蒜子:"一郡分两郡是什么情况下分的?好好地如何把会稽分出去?"司马昱:"如果不分出去,会不会有点厚王述薄王羲之了?"王彪之:"如果分,会不会有点厚王羲之薄王述?"褚蒜子:"分,是政治问题,不分,是个人问题。孰轻孰重?"司马昱:"可是,不分臣怕王羲之闹情绪。"王彪之:"臣以为这种官司,朝廷还是不要参与得好。"司马昱:"可是奏章已报到朝廷了,总不能不理吧?他们一个是新任扬州刺史,一个是当朝大名人。"褚蒜子:"两位大人可还记得让当年'二何二郗'的公案?"司马昱、王彪之:"咋不记得!记得!"褚蒜子:"那就有劳两位大人辛苦一下,公事私办,

第十一回　太后密会桓温彭子参政　朝廷起复王述逸飞辞请

各打五十大板。"

王羲之在书房里摔东西，吓得仆从不知道该怎么办，赶紧去把郗璿请来。王羲之看到郗璿，委屈得像孩子一样道："朝廷不同意把会稽划出去！"郗璿看着气鼓鼓的丈夫，轻声道："好好的朝廷怎么会忽然会把会稽划出去单独列郡呢？"王羲之："划出去我就不被王述那厮欺负了，不划出去我就成了时人的笑话。"郗璿："你和他，政治主张没有分歧，信仰也没有分歧，为什么呢？"王羲之："他那么一个人穷智短的愚货，怎么能当我上司？"郗璿："说你什么好呢！他好歹是个蓝田侯，再穷能穷到哪里？如果他智短，怎么能够当上刺史呢？"王羲之："他不过是继承了他爹的爵位！靠他自己，啥也不是！让如此卑劣的人当我的上司，是朝廷的过错，是我逸少的耻辱！"郗璿："你呀！妄议朝廷？"王羲之："你考虑一下我的感受好吗！我受不了了。"郗璿："有什么受不了。"王羲之："屈居其下，受不了！老给我穿小鞋。"郗璿："不就是多看了你一眼嘛！什么大事？对你携私了？"王羲之："携私倒没有，对,是对我公报私仇了。"郗璿："他例行公事罢了,你呀！过了吧！"王羲之："过啥过？他父亲过世时我去了！"郗璿："你按规矩来了吗？"王羲之恼怒道："我就不按规矩,他不配！"郗璿："任性尚气,行了！"又道："实在不行就申请换个地方。"王羲之："我哪也不去，我喜欢这儿。"郗璿："你这不是跟自己过不去吗？"王羲之："我不缺吃不缺喝，受这个窝囊气干啥！我不干了，我寄情山水,想干啥就干啥。"郗璿："你开心就好。"王羲之拿起个大花瓶摔地上道："开心？我要像王述一样有个王坦之一样的好儿子，我还用受这份气了？"郗璿脸一沉道："哎！我说你！你扯到孩子身上可就不对了。关孩子什么事呀？"王羲之："王述前面有好爹，后面有好儿子，我有什么？"郗璿："你有自负和不理性。"王羲之："我……你……"

王羲之思前想后，决定借汇报工作之际向朝廷告老还乡，褚蒜子不准，故作生气道："现在朝廷正是用人之际，爱卿此时提出辞呈，可不是故意难为哀家吗？"王羲之："臣告老还乡后依旧会效忠朝廷！臣将会建书楼，在书楼四周种上果树，然后再收子弟，教他们读书明理、写诗作画，长大后报效国家。臣在闲暇之余再养鹅钓鱼、游山玩水。"听了王羲之这话，褚蒜子差一点要准了，但是对这个才华横溢德才兼备的臣工，她实在不舍，她道："爱卿言辞恳切，哀家深为感动，但是，王大人是朝廷肱股之臣，犹如哀家之左右臂膀，哀家实在不愿王大人离开朝堂，敬请王大人三思。"王羲之欲再呈辞，褚蒜子不等他开口，说："哀家敬请王大人多想想国家、朝廷、黎民、百姓！然后再做决定。好了，就这样，此事不准！"时有斥候快报说荀羡讨伐东阿大捷，斩慕容兰。褚蒜子高兴道："荀羡不辱使命！奖！"

荀羡打胜仗的消息传到桓温那儿，桓温心里波澜不止，他是个军人，他渴求沙场厮杀、渴求举国扬名，他不甘心默默无闻没有关注。他招来王珣、郗超、谢奕、袁宏等议事，他说："荀羡先擒杀了慕容氏将领王腾，现又东阿大捷，并斩慕容兰，诸位有何感想？"谢奕直言道："我也手痒，想上战场过过瘾。"王珣也热血上涌，道："我们也应该有所动静。"袁宏更是想到沙场上活动一下筋骨，他说："我们是得有所行动，不能坐以待毙。"郗超正是热血儿郎，自然更是非常渴望谋事立功，他道："明公上书迁都洛阳吧！洛阳曾是我朝故都，只有迁都洛阳才算是真正地继承祖业。"谢奕一听反对道："那地儿现在乱糟糟的，不能去！"郗超看了他一眼道："说说，又不真去。"桓温："洛阳属于几不管地带，草头王林立，现在周成占着，周成没有啥背景，也没有啥靠山，打他也容易。"王珣："听说姚襄在跟周成争洛阳。"桓温："姚襄没有根据地，草头王都算不上，顶多算是大点的盲流。"几个人一合计，桓温道："就这样！写奏章吧！请求朝廷迁都洛阳。"

桓温的奏章一到，司马昱蒙了，好端端的为什么提出迁都洛阳？他第一时间找到褚蒜子汇报。对桓温这天马行空的一招，褚蒜子一时也有点摸不着头脑，她想了一会儿道："朝会时让朝臣们议论一下再说吧。"

褚蒜子刚回到显阳殿，便看到李宁正在等候向她汇报情况，她道："太后！桓温他们商议说要迁都洛阳。"褚蒜子："哀家昨天就知道了。"李宁忙跪下说自己没有自作主张，褚蒜子："先起来！说说他们是为什么？"李宁不敢起来，跪着道："他们看到荀羡将军屡屡建功，才想着这一招，郗超出的主意。"李宁又跪着汇报了洛阳的情况，依旧不敢起来，褚蒜子："下不为例！罚俸三月，如再犯，革职。"李宁赶紧叩头谢恩，时有黎辉给褚蒜子端来了夜宵，她边吃边想："真是耐不住寂寞！这就点出息，还想……"回首见李宁还在那跪着，遂道："起来吧。"又对黎辉道："给她也盛一碗。"

太极殿下嘤嘤嗡嗡，朝臣们看到司马聃、褚蒜子的身影，瞬间安静。司马聃坐在龙椅上，龙椅已不显得那么宽大。褚蒜子依旧坐在帘幕后。褚蒜子："桓温上奏请求朝廷把都城从建康迁往洛阳，他说洛阳曾经是前朝的都城，只有迁都洛阳，才是真正地继承祖业。众爱卿意下如何？"司马昱："洛阳现在一片废墟不说，还处于秦、燕之间，犹

第十一回　太后密会桓温彭子参政　朝廷起复王述逸飞辞请

如火坑，太不安全，此时迁都，不可。"王彪之："臣以为这是桓元子在虚张声势，不用理他。他北伐长安大败，脸上无光，沉寂这么长时间了，不过是想制造点声响引起关注罢了。"司马晞附议。曹秀："桓温和荀羡同为皇家驸马，他看到荀羡将军又立新功，他心里不甘罢了，微臣亦以为他上奏迁都洛阳，不过制造声响罢了，不答复他便是。"刘强等皆附议。褚蒜子："不答复不是个好办法，哀家的意思是让他先拿下姚襄和周成这两个叛贼，然后再让他收复洛阳，等他把洛阳打下来了，再议迁都的事，如何？"司马昱："桓将军会同意吗？"司马聃："会同意！桓将军原本就是只想打下洛阳。"司马聃的话一出口，太极殿一片寂然，多少人汗颜自己怎么还没有一个十几岁的孩子想得深远？不由齐声道："皇上英明。"褚蒜子遂拜桓温为征讨大都督，督司、冀二州诸军事，命其拿下姚襄、周成二叛贼并光复洛阳。

桓温心里太渴望名正言顺地攻打洛阳，所以，自从请求朝廷迁都的奏章送出后，他总是早早便来到官署，坐等朝廷消息。这日，他同郗超刚来到官署，主簿王珣就说："将军！朝廷诏书下来了，叫咱们光复洛阳。"桓温接过诏书一看，心中大喜，他道："嗯！准备吧！姚襄、周成是咱们的投名状。"谢奕道："我恨不得一锅烩了这俩宵小，只怕姚襄会费点柴火。"郗超道："你多虑了！姚襄虽然善战，但与明公比起来，他太小巫了。"谢奕："小心没大错，他现在投靠慕容贼了吧！"王珣："据说慕容只给了他一堆空官衔，军饷、地盘毛也没给。"桓温："派人仔细打探，我们需要确切信息。"郗超："已派人去了，估计这两天就有回信。"桓温："兵戈武器、马匹兵士都不能马虎。"谢奕："你放心就是了，我亲自去督办。"桓温："不许喝酒。"谢奕："放心，有正事我滴酒不沾。"

谢奕来到马厩，看到战马精神有点蔫，便问："马怎么回事？前天还生龙活虎的？"马夫忙答道："不知道为什么，马厩里的猴子忽然死了，也许是没有猴闹，马儿们无聊无趣了吧！"谢奕："猴子怎么忽然死了？"兽医听问，忙道："猴子是食物中毒。"谢奕："中毒？什么毒？"兽医："粘草菇！"谢奕："粘草菇？"兽医："对！粘草菇是一种剧毒蘑菇。"谢奕："猴子有军饷，吃得和人一样！谁给他吃菌菇？"兽医见谢奕发火，忙道："大人，这得问养猴子的人呐！"谢奕眼睛一瞪道："去把负责喂猴子的人给我叫来。"旁边的兵士："他、他已经死了，正要往上报呢。"谢奕："这么巧？"桓温："不是巧，是蹊跷！"谢奕一惊，转身看着桓温问："你怎么过来了？"桓温："检查完兵戈，过来看车马。"谢奕恼道："一定要彻查。"桓温："不用查！猴子可以再买，也不要理会，防备好就是。"

217

谢奕："防备？你知道是谁？"桓温："知道是谁，但是不知道具体是谁。所以，不查。"谢奕："这帮人太坏了。"桓温："长安粮草问题你忘了？"谢奕："咋会忘？真想把这些人扒出来。"桓温："别急！别气！自古以来如此！想干事，不但要披荆斩棘，还要学会千忍万恕。"

桓温回到营帐，郗超正在那里等他，他一见桓温进来便道："明公，探子回来了。"桓温："情况怎样？"郗超："与传说一样，姚襄只是空挂了慕容的名儿，军饷、地盘一概没有，他现在占据许昌，与占据洛阳的周成打了好几回了。"桓温："洛阳在秦、燕、我三方的围剿中，他竟然想占据洛阳？"郗超："这是老天在成就明公啊！上天想成就一件事，定会给足机会。"桓温道："也会给足磨难。"郗超："是！但每一个磨难都是皇冠上的宝石。"桓温心里暖暖的，抚着郗超的肩膀道："嘉宾真是我的最大的宝石。"桓温的手温给了他信心，他对自己说："明公终于打心里认可我了。"开心道："明公才学力识、明慧绝决天下第一，在下真心希望与明公一起干一项顶天立地的大事业。"桓温："这话暂且少说吧，刚发现马厩里的猴子被人下黑手了。"郗超："这也从反面说明，他们这些人怕明公，但是，上天若让明公成事，岂是他们怕怕就了得？"桓温："太后临朝十余年，国力增强了不少，百姓安居乐业、士子怡然自得。还求啥？"郗超："皇上该亲政了吧！一个十四五岁的孩子，能带领一个国家？"桓温："这不能以年纪论，当初太后临朝，才刚十九岁，多少人等着看笑话，可是你看，国家现在却是前所未有的太平盛世。皇上跟了太后这些年了，目睹耳闻的，差不到哪里去。再说，太后还政后，皇帝顾问她，她会不管？"郗超："在下只追随明公，明公说什么就是什么。"

司马聃每天早省晚省一概不少。他这几天被风刮了，有点发烧，褚蒜子叫他不要来了，可是他刚好一点，就又来了。黎辉远远看到，赶忙回屋对已经躺下的褚蒜子禀报，褚蒜子示意黎辉扶她起来，刚停当，司马聃就到了。褚蒜子嗔道："都说了不要来了，不听话！好些了吗？"司马聃："好多了！母后看。"说着司马聃张开双臂转了一圈。黎辉："还真就是好了呢！"又转头对司马聃道："奴婢说小孩子家好得快，太后不信，刚才还说要奴婢去看看皇上呢。"司马聃笑道："小病！没事了！"褚蒜子："晚上凉，注意保暖，披风呢？"司马聃："小戴拿着呢，进来才脱的。"褚蒜子："你黎姑姑刚做了山药红枣粥，你喝点吧，养养胃。"司马聃："谢母后！儿臣一点也不饿。"褚蒜子："那你回吧，好好休息！"司马聃站起来又转一圈道："已经好了，没事了！"然后又坐下道："母后！儿臣觉得让桓温伐洛阳是不是有点不妥？"褚蒜子笑道："长安失败，桓温汗颜，他想借光复洛阳立威。"司马聃："这个儿臣知道！桓温拿下洛阳后，我们真的要迁都吗？"褚蒜子："拿下洛阳是他的需要，迁都洛阳是他的借口。"司马聃："可是不迁如何面对朝臣？"褚蒜子："和平常一样。"司马聃："那岂不是食言了？"褚蒜子笑道："不食言，不过是大家相互成就相互体面。"她忽然看见司马聃腰上佩戴的鸳鸯荷包，拿过看了看道："法倪做的？"司马聃脸一红，没有说话。褚蒜子笑道："回吧！给法倪捎个话，说哀家想她了。"司马聃正年少，一听人提这方面，就感觉无处站立，一听褚蒜子叫他回，得了赦令一样赶紧站起来道："母后好好休息，儿臣告退。"看着司马聃走后，褚蒜子："皇上大了！"黎辉举起双手两个大拇指碰了碰了道："该这样儿了。"褚蒜子笑道："你呀！"又道："睡吧！"

司马昱报说王羲之又上书请辞！褚蒜子想都没想道："不准！"王彪之说王羲之当是铁了心要辞。褚蒜子："哀家知道，等等再说。"司马昱："王羲之也是性子倔，臣说给他换个地方他都不同意，他说他喜欢那里。"褚蒜子没有说话，心想："太性情了。"王彪之："他和别人都处得挺好的，为什么与王述会这样呢？"褚蒜子："这个事先放放。哀家今日请二位大人来，是想说说皇帝的婚事。"司马昱："皇帝婚事按制由礼部负责，一般从当朝名望之家择优选取，依例皇后、嫔妃应出庾、王、谢、桓显贵之家。"王彪之："这是个大事，应当慎重再慎重，先按制让礼部发下通告，一步步来。"褚蒜子清了下嗓子道："何准之女何法倪，自幼与皇上相识，青梅竹马，两小无猜。"司马昱："法倪，臣知道，非常好！只是……"褚蒜子打断道："皇叔的担心哀家知道，但哀家以为现在可以。"王彪之："这……臣无他议。"褚蒜子："那就这么定了。"司马昱："皇家无私事，如果这么定了，会不会显得有点草率？"褚蒜子："所有的程序一个也不少地按制走就是了，草率什么？"

桓温、谢奕一起来会稽看王羲之，王羲之先问他北伐洛阳准备得怎么样了？桓温说："差不多了。"又道："操心你，过来看看。"谢奕道："王述怕我，我陪你去骂他一顿吧。"王羲之苦笑道："骂能解气吗？要解气我早骂了！我就是受不了这个人穷智短的在我上头。我上书把会稽从扬州划出去，朝廷不同意。"桓温劝慰道："逸少兄，恕我直言！把会稽郡从扬州划出去另立新郡是政治问题，你两个的事与之相比，太小了，朝廷自然不会同意，换是你，也不会同意。"王羲之："是啊！事后我也想了，是我做事太冲动，闹笑话了。"桓温："你不想调出会稽，但是可以让王述调出扬州啊。"王羲之："朝廷更不会同意，他儿子现在是散骑常侍。"桓温："等我伐洛阳回来再说，现在只请逸少兄耐心等待，不要意气用事。"王羲之："说真的我真的想退了，我吃不愁穿不愁的，受这个闲气干啥。"郗超："人生很短，如果逸少兄辞归，会给自己带来很多不便的。"王羲之："能有多不方便？我有自己的庄园，难道他还要到我的私人田园里耍横。"桓温："这个倒不会，嘉宾说的是失落。"王羲之："虚浮的热闹不要也罢！真朋友，不会因为我的辞归而有所改变的。"桓温："你且不要急着辞归，等些日子，看看再说！"王羲之："好！你且只管操心伐洛阳，需要我协助，一个话，我这两肋插刀在所不辞。"桓温："好！你！千万不可意气用事！"王羲之："放心好了！"又道："等你凯旋！"

桓温等人走后，王羲之独步兰亭，他边走边想："永和九年那场醉，仿佛就是昨天。曲水流觞、吟诗作对，把酒话桑麻，谈笑间樯橹灰飞烟灭……那当是我的人生巅峰吧！而今……而今我就像个傻瓜。"又想："如果现在朝里有叔父王导一样的人在，我提出把会稽划出去单独列郡，松松就成了！而今不但不行，反而成了天下人的笑话，朝廷怎么会看上王述呢？他任宛陵令时把贪污当家常，朝廷竟然还用他，真是愚蠢至极！如果元子伐洛阳胜利，上书把王述调走，朝廷会吗？不会！如果会那元子就成了……"想到他一个激灵一身冷汗，不由自主道："如果那样，我逃得了干系吗？不！危、乱则不入局，道同则见，道不同则隐，我现在不愁吃不愁穿，也这个年纪了，还争什么？退！必须退！"

王羲之的辞呈到了案头，褚蒜子问："这是第几次了？"司马昱："这是第五次了。"褚蒜子无奈地笑着摇了摇头，道："会稽灾荒怎样？"司马昱："王述拨了赈灾粮食过去，只是没有好脸色给逸少。"又道："前些日桓温去看他了，传说……"褚蒜子接道："传说桓温得胜回来让朝廷调换王述？"司马昱："有这个说法，他和王羲之好，估计是想替他出头吧。"褚蒜子："头也不抬。"又道："扬州刺史必须是王述。"司马昱："为什么？如果换了逸飞就不会辞了，多好呀。"褚蒜子："朝廷用人，忠为第一，王述甚是。"又道："桓温伐洛阳进展如何？"司马昱："江陵军队已集结完毕。"褚蒜子："派谁去慰问一下。"见司马昱拿着王羲之的辞呈欲问不问地为难，她又道："继续不准。"

姚襄多次想拿下洛阳作为根据地，可那周成也不是吃素的，他力抗姚襄，姚襄久攻不下，遂与属僚商议，他说："洛阳我们已攻一个月了，仍攻不下，诸位可有好办法？"属僚甲："现在夏天了，我们围着洛阳，到秋天来个坚壁清野，到时他们会不战自败。"

第十一回 太后密会桓温彭子参政 朝廷起复王述逸飞辞请

属僚乙:"在下也觉得这样可行。"王亮:"这样损耗太大了,如果有敌人来袭击,我们就太危险了,不如暂且绕开洛阳,先攻下黄河以北,再做打算。"姚襄听从王亮的建议,调兵北上。姚襄暂且绕开洛阳的消息传到桓温那儿,桓温大喜曰:"真乃天助我也。"于是,他即刻自江陵出发,让辅国将军戴施屯驻河上,进逼许昌、洛阳,同时上疏朝廷,请求徐、豫二州出兵淮、泗,进入黄河,以配合作战。褚蒜子当然也得到了这些消息,她也满怀希望桓温一举拿下姚襄、周成,光复洛阳。对桓温的请求,她力排众议,当庭准允。

桓温带领军队经过淮泗时,与僚属登船上楼遥望中原,感叹道:"神州沦陷,中原化为废墟,王衍等人罪责难逃。"袁宏:"国家命运本来就有兴有废,又怎能说是王衍等人的过错呢?"桓温闻言色变,道:"我听说从前刘表有一只千斤重的大牛,吃的草料豆饼十倍于常牛,但载重走远路,还不如一只羸弱的母牛。魏武帝进入荆州,就把它杀了犒劳军士。"桓温他这是将袁宏比作大而无用的刘表之牛,众人骇然,袁宏吓得浑身冒汗,再也不敢多言。桓温又道:"整日夸夸其谈,什么都不干,国家能复兴吗?光复洛阳嘴上说说就中了吗?必须真刀真枪地打下来。"郗超:"自古清谈误国,实干兴邦。"又道:"万事只有行动,才能成功。"桓温:"只说不练假把式,任何事情都要讲究实效。"袁宏一头汗,再不敢言语,郗超见桓温说得激动,怕他因此坏了心情,便请他到别处看风景说闲话。

桓温率领大军一路畅通无阻地到了洛阳近郊,消息传到姚襄那里,他大惊。虽然心里埋怨情报不及时,但是也知道不是追责的时候,他让属僚们议一下当如何应对。属僚甲:"洛阳是用武之地,只有拿下洛阳,才能成就霸业。"王亮:"从长远计,不如放弃洛阳,洛阳现在在晋、秦、燕三贼的虎视眈眈下,即使拿下,日子也不好过。"属僚甲:"洛阳有山川做天然屏障,易守难攻,如得到洛阳,霸业就成就一半了。"属僚乙:"是啊将军!洛阳有天子气,小无赖周成在那日子不是很美吗。"王亮:"他那是偶得两天好日子,桓温一到他准投降。"姚襄:"拿下洛阳是我一直的梦想,如果被桓温拿去,再拿就难了。现在趁着桓温还没有拿下,我等要想办法先得到它。"王亮急道:"将军!大业为重啊!成就大业,洛阳早晚都会成我们的囊中之物,为什么要在意这一时呢?"姚襄:"我心意已定,我们商议一下如何拦截桓温吧。"属僚甲:"将军,我建议把自己的精锐部队藏匿在树林里,然后派使者告诉桓温说我们愿意降晋,然后让桓温军队稍稍向后退一点,我们前去投降，等他的军队一退，我们就冲杀出来，杀他个措手不及！"属僚乙："桓温会信吗？"属僚甲："会信！只要我们做得真。"姚襄听从属僚甲的建策，并把精锐部队调转回来藏匿树林中，他太想一举得胜了。

姚襄派的使者对桓温巧言道："将军！承蒙您率领官兵前来，我主姚襄如今欲归天命，愿您敕命三军稍稍后退，我们当夹道欢迎，以示诚意。"桓温一眼看穿姚襄的伎俩，对使者说："我是来专门拜谒皇陵的，和你们无关，姚襄想来归命，可随时过来，近在咫尺，无须劳烦使者。"姚襄见桓温不上当，便要硬拼，王亮拦阻道："将军三思！留得青山在，不怕没柴烧。"姚襄："箭在弦上，不得不发！"于是，在伊水之北（洛阳城南），姚襄率军与晋军交战。桓温知道姚襄有点本事，为此，他亲自披甲督战，一举大破姚襄。洛阳城的周成闻报后，不战而降。桓温顺利进入洛阳，他令大军暂驻原太极殿前，然后入驻金墉城。就绪后，桓温拜谒先帝皇陵，并派人修复皇陵。

洛阳顺利收复，桓温心中傲气油然而生，他上表朝廷请谢尚镇守洛阳。褚蒜子看罢奏章一笑，直接复道："谢尚朝廷有他用！诏派毛穆之、许午、戴施三人共同负责。"桓温又上书说洛阳城畿的百姓自愿请降者有三千多家，问是否随他入荆州，褚蒜子复曰："将军回南时，把这些人一并迁至长江、汉水一带安置。"桓温诺诺遵命。郗超看桓温这般害怕褚蒜子，急道："将军！复请朝廷迁都洛阳吧。"桓温："这不是自找没意思吗？又不真迁。"郗超："至少将朝廷一军。"桓温："将啥？除了激化矛盾还有啥？"郗超："那不是咱认怂了？"桓温："你呀！现在怂的是朝里那些真怕迁都的人。"沉默一会儿又道："让明白者继续明白，担忧者继续担忧吧。"

第十二回

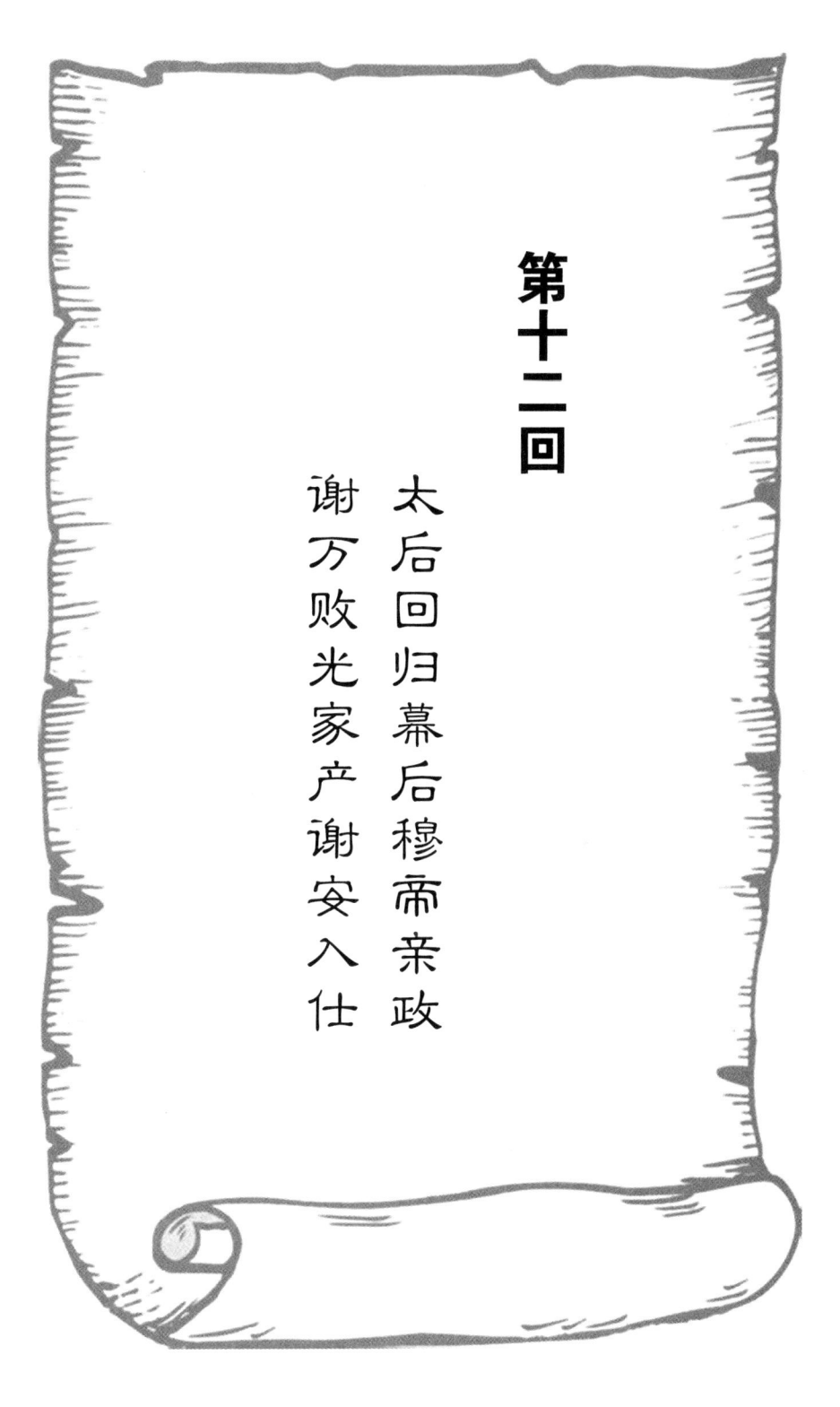

太后回归幕后穆帝亲政

谢万败光家产谢安入仕

司马晞要去打猎，司马聃非要一起去，司马晞不敢擅自主张，和他一起请褚蒜子的旨意，褚蒜子只说这会儿倒是个打猎的好时候，但是并不说让司马聃回去。在司马聃一再请求、司马晞一再保证、她才道："再派御前侍卫二百四十人分四队分别从前后左右保护，切记！一定安全第一。"

方圆四十里的京畿狩猎场上，司马聃这个十四五岁的少年，开心得就像花儿开在春风里，策马扬鞭，尽兴驰骋。忽然他看见一只小鹿在前面跑，他一笑，举箭便射，遗憾的是没射中。他又拔出一支箭，拉弓开箭，"嗖"一下，又没射中。如此四五箭，那鹿没有了踪影，司马聃不免有点小沮丧。司马晞看到了，悄悄吩咐人马，暗地里不露痕迹地把猎物从四边驱逐到司马聃所在的射程范围。司马聃也是孩子天性，猛见这么多猎物，欣喜异常，又是搭箭便射，这些猎物被驱赶蒙了，直愣愣地向着司马聃奔来，根本不知道躲避司马聃射来的利箭。很快，一只又一只野兔、野鸡成了司马聃的战利品，忽然一只鹿又出现在了司马聃的眼前，他举弓便射，那鹿轻盈一跳，躲开了。司马聃求胜心切，又接连射了两箭，其中一箭射中，卫士们一阵欢呼，齐发箭射那小鹿，那小鹿瞬间便成了刺猬。忽然有卫士惊呼，大家顺着他手指的方向一看，一只老虎正飞一样地跑来，直奔向司马聃。司马聃吓蒙了，忘了射箭、忘了打马跑开，忽听"嗖""嗖"两声，那老虎应声倒在司马聃的马前。吓蒙的司马聃此时才反应过来，回首一看，见司马晞、褚歆正在收弓箭，才知道是他俩眼疾手快，飞箭射倒了那"山大王"。这只"山大王"的求生欲太强了，片刻，它又长嗥着跃跃欲奔，司马聃取箭射中它的前肢，它轰然倒下，虽不能动，但是咆哮声音不减，卫士们"嗖嗖嗖"地射了它十几箭，直到它慢慢一动不动，才试探着上前。司马聃看它真的死了，遂令人上前把它拖走。

司马聃一挥手把贴身太监小戴叫到跟前，说："拣最好的虎肉和鹿肉宰割下来给母后送去。"小戴："皇上，这会儿吗？"司马聃："对！就这会儿。让母后也感受感受狩猎的快乐。"司马晞见状，对几个卫士道："你们几个，过来！跟戴公公一起，把择割好的虎肉和鹿肉给太后送去。"

黎辉正在外面忙活，忽听到小戴大声喊她，扭头一看道："你不是陪皇上打猎去了吗？"小戴举着手里用荷叶包的一大包肉道："皇上打猎打开心了，这是皇上打下的虎肉和鹿肉，皇上叫宰割好的孝敬太后。"黎辉："皇上真孝顺！来，我领你见太后。"小戴跟着黎辉进殿，见太后正在喝茶，他忙上前施礼问安，褚蒜子："皇上玩得开心吗？"

第十二回　太后回归幕后穆帝亲政　谢万败光家产谢安入仕

小戴:"回太后！皇上玩得可开心了。皇上打了好多猎物，有小兔、野鸡、小鹿，还有大老虎。太后请看，这是虎肉和鹿肉，皇上叫宰割好的送给您。皇上说让太后感受感受打猎的快乐。"褚蒜子听罢开心地连说几个"好"，又道:"有危险吗？"小戴:"有！"褚蒜子身子一下紧绷，小戴又道:"没有！"褚蒜子急道:"有还是没有？"小戴赶紧把只那老虎的事给褚蒜子讲了，褚蒜子悬在心头的石头这才放下，她又道:"回去告诉司马晞和褚歆，安全第一。"又道:"对皇上说，回来了让他来这儿吃饭。"

司马聃狩猎回来，在自己的寝宫匆忙洗了洗便来到显阳殿。晚膳后母子二人坐着闲话，褚蒜子:"你大概三四岁时，也是这个季节，司马晞打了鹿肉送来，母后叫人烤着吃。烤肉香，你贪吃，不让吃就偷吃，结果，吃多了，不消化，肚子胀，发烧，太医开了药给你服用，你嫌苦，说什么也不喝，又不能强灌。没办法，我就想着在药里放点糖，对你说是糖水，刚开始你倒是喝了一点，可喝一半品出味来，就再不肯喝了。看着你黄蔫蔫的小脸，我就令太医赶紧想办法，可是太医不敢再出办法，跪了老半天也不说话。我是又着急又发愁，想到如果用糖包住药，做成糖丸的样子，让你不知道里面是什么的情况下吃了不就好了。于是我就把我的想法给太医一说，太医照做，很快就弄好一个龙眼大小、包有糖皮的丸药，我说太大了，叫他们弄成黄豆大小的丸药。太医们又连夜作业，弄好拿来，果然你很乖地都吃下了。药到病除，两天就完全好了。"司马聃"嘿嘿"一笑道:"也吃过苦药，为此母亲还让孔雀开屏呢。"又道:"那么多人围着盼着看它开屏，可它就是不开，凭一边人怎么敲锣打鼓也不开。母后让锣鼓全部撤了，然后令穿着孔雀装的宫女在它面前来回走，一会儿，它就开了！"褚蒜子一笑，道:"这是因势利导。凡事，不能强求，要顺着它的秉性。"司马聃笑道:"绕到国事上的感觉。"褚蒜子呷了口茶:"国事家事有时候真分不清，尤其是咱们，更尤其是皇上！"司马聃道:"母亲这话让彭子压力山大。"褚蒜子:"行正坐端、心善言周就好了。"又道:"人是群居动物，群居本能是跟风、追随。一人引领，万人跟从。"司马聃:"嗯嗯！儿臣懂了，引领者是风向标。以王羲之为例，多少人以习他的字、拥有他的字为荣呢！"笑笑又道:"因此，还有了不少典故呢。"褚蒜子:"说来听听。"司马聃拿起案上的茶杯喝了一口，道:"儿臣是打猎时听一个卫士说的。他说有一回王羲之路过山阴城（今绍兴）的一座桥，看到有个老婆婆拎了一篮子六角形的竹扇在集上叫卖。那种竹扇很简陋，也没有什么装饰，引不起人的兴趣，卖不出去，老婆婆十分着急。王羲之看到后，同情那老婆婆，就上前跟她说'你这竹扇上没画没字,当然卖不出去,我给你题上字吧!'老婆婆不认识王羲之,见他这样热心,也就把竹扇交给他写了。王羲之提起笔来,在每把扇面上龙飞凤舞地写了五个字,就还给老婆婆。老婆婆不识字,觉得他写得很潦草,很不高兴。王羲之安慰她说:'别急。你告诉买扇的人,说上面是王右军写的字。'王羲之走后,老婆婆就照他的话做了。有识货者一看真是王羲之的字,都抢着买。时人跟风,你买他也买,一箩竹扇很快就卖完了。"褚蒜子:"人就是这样!所以,我们……"司马聃抢话摇着头道:"所以我们这些生来就站在宝塔尖的人,一定要身体力行,做一个阳光、向上、正能量的引领者。"褚蒜子笑道:"彭子长大了,亲政没有问题了。"司马聃:"没有问题也离不开母亲,母亲顾问着才好。"褚蒜子笑笑算是默认,司马聃站起来走到褚蒜子身后给她揉肩道:"母亲!前些日子太师给儿臣出了一道题,说答案儿臣知道,可儿臣一直没有寻找到自己最认可的答案。"褚蒜子道:"嗯?"司马聃:"说一个人骑着马,带着自己的部曲正飞驰在大道上,忽然看到前面有五六个小孩坐在路中间玩耍,一个小孩坐路边自己玩。问这个人是带着人驰过这五六个小孩还是勒转马头从路边驰过。儿臣一直在想,无论怎么过去,总会有小孩受伤甚至是死亡。儿臣想寻找一个怎样才能避免所有伤害的答案,可是怎么都找不到。"褚蒜子道:"太师说得对!这个问题的答案你知道,但不是现在知道,等问题到了跟前你就会知道了。"司马聃撒娇道:"这个问题我只有在母亲这里才敢说,还得是没有别人的时候。"褚蒜子笑了笑,道:"这道题,有多个答案,都正确,也都不正确,这个时空正确,那个时空就不正确。"司马聃:"好难!母后细给儿臣讲讲。"褚蒜子:"这道题,可以从多个方面去看。如果这队人马有救国之重任在身,误了时辰会引来比这几个孩子更大的生灵涂炭,则他们应该熟视无睹地飞驰而过,受了伤害的孩子,是其家教使然,伤亡与否都是他们的命。如果这一队人马是荒淫无道无德之人,他们定会毫不迟疑地踏马驰过,在他们眼里,别人的生命如草芥,这类人是来度轮回了,他们的生命也不会长久,当然,那些路中间不守道或伤或亡的孩子们也是度轮回了,这也是人间存在的一种状态。如果这一队人马是出来闲玩且有德之人,不用考虑,他们会下马,稳稳走过,不会让一个孩子受伤,说不定还会跟孩子玩闹两句。不同的时空还有不同的答案,时移世易。"司马聃道:"儿臣如醍醐灌顶,可是,母后,儿臣到时候蒙了怎么办啊?儿臣不想亲政,儿臣还要母亲继续垂帘听政!"说着他就腻歪在褚蒜子身上。褚蒜子拉他坐到自己对面,温和又严肃地道:"傻话!你马上十五岁

第十二回 太后回归幕后穆帝亲政 谢万败光家产谢安入仕

了,该亲政了。"司马聃无奈地"嗯"了声,褚蒜子又道:"冥冥上天,灿然星辰,日月光华,弘于一人。这个人就是皇帝,皇帝是一国之君,是国人榜样,作为皇帝,且不可荒淫残暴、无德无道。天地苍穹,神人共鉴。如果伦常乖舛,德不配位,必会招致消亡灾殃。后赵石虎子孙几乎被杀殆尽,即是如此。再有,秦之苻生、凉之张祚都会步其后尘。再有,治国者,必有大海一样的胸怀,不但要海纳百川,更要处事不惊……"司马聃正听得专注,黎辉报晚膳好了!褚蒜子与司马聃起身去吃饭。其间,司马聃说:"母后再给儿臣讲讲时局吧。"褚蒜子:"先吃饭,吃完饭再说。"

母子饭毕来到书房内,两个人站在版图前,褚蒜子拿着鞭尺指着对司马聃说:"秦和燕是我国近邻,也是我朝劲敌。凉在大北边,对我朝威胁不大,是我朝可以团结的对象。南边这些小国家,不足虑。秦和燕,皆胡虏,驱除鞑虏一直是我大晋数代人的心愿。而今,秦和燕都处在政权不稳时期,攻打起来较为容易,是个不错的时机,光复中原,兴许就在皇帝你的手里。桓温军事才能很好,在军事上,多听他的,但是皇帝心里要防他一把,谨防'尾大不掉、功高盖主'。"又道:"秦国的苻生是个荒淫无道之人,他不会长久,他不用担心,但是,苻生的堂兄苻法、苻坚能战善战且有德守,苻坚是嫡出,苻法是庶出,如果有一日他们中的一个,很可能是苻坚得了权柄,那么秦定然会慢慢成为我朝之大患,我朝必须尽己所能把他们消灭在摇篮里。燕现在的国主是慕容俊,他的德行、才学还可以,但是其器识一般,不用太担心,他们中的慕容恪、慕容垂厉害,这两个人都是可以算得上战神,有他们在,我们最好以防守为主,没有百分之一百二的把握,不要轻易主动出击。"她接过司马聃递上来的杯子喝了口茶道:"得民心者得天下,得贤人者治天下。经邦纬国需要贤人,你要笼络收治一批贤达之人为国效力,为民请命。"又道:"隐居华山的王猛,是一个有经天纬地之大才的人,如果能为我所用,那我大晋将会如虎添翼。"顿了一下遗憾道:"可惜,他不会来!"司马聃道:"儿臣很想得到王猛,儿臣三顾茅庐,他还不会来吗?"褚蒜子:"王猛才华非凡,他如果愿意效忠我大晋,早来了。我朝是门阀士族社会,为官做宰以九品中正制为主,高下任意,荣辱在手,操人主之威福,压天朝之权势,爱憎决于心,情伪由于己,公无考校之负,私无告讦之忌,用心百态,求者万端,廉让之风灭,苟且之俗成。这该死的制度,实乃朝廷之耻也。这些年来,母后一直下令兴办学校,鼓励寒门入仕,可是,十几年了,收效甚微!那王猛也是个巨眼英雄,他深知在我朝施展其抱负非常难,他不会让自己陷于此的。"司马聃："母后怎么如此肯定？"褚蒜子："他是一个想名留史册的人，自会择一处腐枝不厚的地方生长。"司马聃："他若肯来儿臣定当助其梦想成真。"褚蒜子："如果助他梦想成真，那么就要与当朝的门阀士族为敌！你确定能吗？"司马聃沉默半天道："如果他被别国所用，那别国会成为我朝劲敌，何不暗灭了他。"对司马聃的提议，褚蒜子没有否定也没有同意，只道："王猛是晋人，不会给自己弄个叛祖忘典的骂名."司马聃："儿臣还是想暗杀他了事！"褚蒜子依旧是没有正面回答，继续道："你亲政后，以李宁为主的、直接服务于母后的情报队伍，归你。你可以根据你的需要添加剪裁人员。且记！这是我们两个人的秘密！绝密中的绝密！"司马聃："谢母后！儿子明白！"褚蒜子："站在皇权的角度，朝堂是以司马昱等为主，军事以桓温等为主，内外和谐，看起来非常完美，但是，你要知道，每一袭华美的衣服里面，都爬满了虱子。王氏、谢氏、庾氏、顾氏、周氏等门阀权贵，都为自己的利益争斗而从来没有沉寂过。权力争夺无休无止，无论前面倒下多少人，只要有人在，江湖就不会静然。故而，为了达到平衡安宁、长治久安，处在中心的皇权要随时随地调整，才能确保国之大船的平衡。再有，很多有关国家丑陋的一面，无论如何都不能说，'胳膊肘断了往袖子里折'，这一点，我朝的臣子们都做得很好,才没有给外敌以任何可乘的机会。"司马聃："桓温这一点做得最不容易，上回他兵临长安而不攻的事，他太受委屈了。"又道："舆论也是保障国家正常运转的必要的有力武器，儿臣明白。"褚蒜子："治国！不过是攘外与安内！只是，很多时候，攘外的同时，自己内部也很乱，乱到瓢都糟了，不须外力摧，自己就完了，外力一到，便是摧枯拉朽。比如蜀汉！"司马聃"咳"了一下，道："太师跟儿臣讲过我朝得国于曹魏政权，虽然他有意替我的祖辈遮掩，可我还是能悟出我大晋得国之不光彩。如此，我之国祚会长久安定吗？"褚蒜子道："胸怀慈悲是好事，但是，身为帝王，有些事情不能按常理去思考。魏亡是必然，晋兴亦是必然。你的使命是：尽自己最大的力量引导自己所处的时代走向相对光明、安逸、温暖的所在。得国之事，不是你的事，你不必有过多的考虑！"司马聃："只是儿臣心里有点儿……说不出来的感觉。"又道："儿臣不想亲政！届时如果儿臣以皇帝的身份下诏不许母后还政可以吗？"褚蒜子："不可以！如果届时母亲不还政，会大乱！"见司马聃有点茫然，又道："皇帝守四夷，四夷而为之守！这是自古以来的定律！皇帝是人主，人主之体，如山岳，高峻而不动；如日月，贞明而普照。兆庶之所瞻仰，天下之所归往。天地既然将日月光华集于你一人，你自当肩挑江

第十二回　太后回归幕后穆帝亲政　谢万败光家产谢安入仕

山力保社稷。"

司马聃对亲政有热望也有恐惧，他想体会一言九鼎的痛快，又怕处理政务时才力不逮。他不知道自己的治国才能与母后比如何，也不知道朝臣们会不会糊弄他。如果他事事请教母后，朝臣会不会因此小瞧他。褚蒜子看着窗外遐思，这十几年她治理国家，已经顺手，猛然间还政，还真有点不适应，但是她知道，她必须还政，但是她在幕后可以帮着司马聃把控大局，她这不是恋权，是扶他上马送他一程，等他熟稔国事了，她就一心礼佛诵经、写字画画，再不问朝政。母子二人静默片刻后，褚蒜子："彭子，你且记！作为皇帝，一定要秉天承道，心里要时刻把臣民放在心上。臣民是水，皇帝是舟，水可以载舟，亦可以覆舟。我们所居殿阁城郭皆是百姓所造，我们所用赋税钱粮尽属万家血汗。为帝王者，既要有悲天悯人之德，也要有为天下黎民百姓谋划生计的心。"又道："作为皇帝，也不能无原则地仁慈，对敌人仁慈就是对自己残忍。做人，慈悲怜悯是底线，仁至义尽是原则，冷漠无情是手段。不管怎样，最终目的是让生灵少受涂炭。"司马聃文艺道："给岁月以文明，让时光以诗意。"褚蒜子："没错！但是要知道，现实与理想是两码事！理想是世外桃源，现实是舍道弄权。"又道："皇帝治国，各类臣子都要用，但决不能视某人为倚仗。皇帝用人治国要如能工巧匠之制作，直者为车辕、曲者为车轮、长者为栋梁、短者为模栱。皇帝君临天下，举用臣子要智者取其谋、愚者取其力、勇者取其威、怯者取其慎。皇帝主刑赏，掌晋谪。把握好使臣子功高不可震主、高位不可怀有二心，让他们感念君恩，畏惧君威，效死而无怨。如此，才能天下太平，长治久安。"司马聃道："我感觉我有点力不从心，我……"褚蒜子打断他的话道："记着！彭子！你是皇帝，要相信自己，自信是美德！不论面临何种挫折和困难都要坚强勇敢、永不退缩！在其位，谋其政，尽己所能！"司马聃默然应承。

升平元年（357年）正月，太极殿上，司马聃端坐龙椅，群臣肃穆。褚蒜子道："昔日遭受不幸，皇帝尚在幼年，皇权微弱，虚居其位。百官卿士都遵前朝之例，劝我摄政。为了社稷之重，遵守先代成规，勉力听从众议，不敢固守己见。仰凭祖宗保佑，俯仗群臣护养，皇帝已成年加冠，礼制已成，德望已备，应当南面亲政，治理万国。今归还政事，一切遵照旧典。"同时又颁发诏书，宣布改元、大赦天下、避名讳等事宜。

身着元服的司马聃一个人站在太极殿上，觉得大殿一下子空旷了好多，心里惶惶的，眼前明明还是以前那些人，可心里却觉得比以前多了，他担心自己不能把朝政治理得如母后那般好,也担心朝臣们会小看他……在他的内心深处,又确实有超越褚蒜子的愿望,他对自己说:"朕是集日月光华于一人的皇帝,朕肩负着引领天下人走向幸福的使命,他们,都是听命于朕的臣子。"

司马聃亲政,各种声音此起彼伏。为此,褚蒜子亲写诏书给群臣:"昔日因皇帝年幼,又频遭艰难,含忧多年,内心沉痛。司徒为有尊位重德的亲近大臣,能训诫拯救弊端,王室得以不坏,实凭借诸公之力。皇帝已行加冠之礼,而四海未能统一,五胡叛逆,豺狼当道,耗费日增,徭役不止,百姓困苦。愿诸位君子思量筹谋,努力一心,辅佐幼主,匡救往日不足。我将永归别宫,以终晚年。仰思家事国事,故以此抒怀并相托。"

各国来贺者络绎不绝,扶林(今柬埔寨)国国主派使者送来了驯象祝贺,司马聃说:"感谢贵国国主,心意朕领了!只是我朝尚没有专门的驯象师,让驯象还留在扶林吧。"然后,按照惯例赏了使者好多财帛。使者回国后,不知道是没有传达好司马聃的意思,还是扶林国国主因为自卑觉得司马聃小瞧了自己,他对司马聃没有接受驯象一事非常不满,扬言不再朝贡。这让司马聃有点小郁闷,褚蒜子说:"他这也是在试探,扶林小国兵弱,威慑一下就没事了。"司马聃:"只威慑,不真打?"褚蒜子:"见机行事!但是,无论威慑还是攻打,都必须做攻打的准备。"司马聃:"如果他们败了,会不会又进献驯象?"褚蒜子笑了笑,没有回答。司马聃兀自一笑道:"不会了。"母子两人喝着茶说着话,不知不觉一个时辰过去了。

扶林终究是小国力弱,晋兵尚在途中,扶林国国主就赶紧遣使者请降,并进献了大量珠宝以求和平。司马聃遂命撤兵,与之重修旧好。

司马聃大婚的日子也提上了日程,礼部为此加班加点。是晚,司马聃来到显阳殿向褚蒜子晚省。褚蒜子问玺书写好了吗,司马聃回说写好了,只是派谁去尚未考虑好。褚蒜子说:"派太常王彪之、宗亲司马综吧,一个德高望重,一个宗室至亲。"司马聃应诺,褚蒜子:"钦天监看的日子是八月十九!大婚、封后一起!"司马聃:"一切听凭母后安排。"

何府人早已在府门外列队等候,远远看见皇家车辆,赶紧跪下。过了好一会儿,才听王彪之道:"圣旨!皇帝向前太尉参军何琦(何法倪堂叔父)咨询:'天地形成之初,就开始制定人与人的关系,于是有了夫妇,以此来供奉天地宗庙。与公卿商议,都认为应该遵循旧有典章。现在派持节太常王彪之、宗亲司马综,用礼物纳彩。'"何琦:"前

第十二回　太后回归幕后穆帝亲政　谢万败光家产谢安入仕

太尉参军、都乡侯何琦行稽首礼叩首再拜。皇帝下达美好的命令，在我家族中寻访婚姻，准备了数人供选择。我的堂弟已故散骑侍郎何准的遗女，从未间断过训导，衣着如常人。恭敬严肃地奉承旧有的典章制度。"司马综："送聘礼！"

八月十九日到了，一早，褚蒜子就请太保、武陵王司马晞，兼太尉、中领军司马浩带上立何法倪为皇后的册书前去迎亲。皇宫上下一片喜庆，司马聃更是高兴得合不拢嘴。他与何法倪自小熟识，何法倪柔顺有仪，敦厚娴雅，甚得司马聃欢心，而今要与意中人永结同心，他喜欢得毛孔里都透着喜悦。

何法倪温和孝顺，经常陪着褚蒜子一起礼佛诵经，祈祷江山社稷稳固、晋祚长长久久、子孙康康健健。何法倪也是一个优秀的皇后，她与司马聃亲亲和睦、事事恭让，这让褚蒜子非常欣慰，他恍惚看到她和康帝的影子。何法倪怀孕了，司马聃非常开心，一有时间便陪着她，褚蒜子更是把何法倪当宝贝一样看待。前朝无事，后宫祥和。一切，看起来都那么的美好。

且说桓温打败姚襄、受降周成、收复洛阳后，声望如日中天。他自己也是志得意满，没事就到官署和属僚们聊天。一日，他刚到官署，就听主簿王珣道："朝廷快报，谢尚又把来犯的燕寇打败了。"谢奕道："那是！我大哥嘛！"桓温与谢尚交好，听到谢尚又立新功，心里喜欢，也道："仁祖文韬武略过人，是我等学习的榜样。"王珣："明公不让仁祖，打败姚襄、受降周成、收复洛阳，这也是杠杠的！"郗超："我忽然想起来了，咱们收复洛阳时曾上书请朝廷迁都洛阳。"桓温本想不提这档子事，没想到郗超又提起，他打着哼哈不予理会。王珣也装迷糊，只那郗超一心希望桓温能够成就大业，他看着王珣道："你起草的奏章，你忘了？"谢奕也糊弄他道："喝多了你？迁都洛阳？"郗超："你喝多了！你又喝多了！"桓温明白郗超的心意，似是而非道："有这回事吗？"郗超："有！我记得非常清楚！现在洛阳光复了，朝廷也该迁都了。"又道："洛阳打下后，朝廷没让谢尚去，派了王胡之，王胡之到任不久就死了，现在没有人镇守。"郗超的话搅起了桓温心中的波澜，他希望朝廷派人好好镇守，可是，朝廷却不作为，自王胡之死后，便没有再派人去，以致他费心打下的洛阳无人看守，心中一时气恼，张口道："写奏章！请朝廷迁都洛阳。"

桓温再次请求迁都洛阳的奏章在太极殿上一奏，一片哗然。司马聃心里想："这不过又是桓温制造声响的伎俩，都慌什么？"但他还是郑重其事地让群臣议论，司马昱道："洛阳虽然名义在晋，但是现在连个正式镇守的将军都没有，危机四伏是其一；其二殿舍破旧，一切都在待兴中，现在迁都，实不是时候，请皇上三思。"群臣附议。过了好一会儿，只听王述道："桓温只是虚张声势罢了，朝廷不要理他。"听了王述的话，司马聃心想"可算有个明白人了"。他扫了一眼朝堂，道："洛阳乃是我故都，桓温请求迁都也对，只是现在洛阳百废待举，朕诏命桓温把洛阳整修好，再论迁都，可好？"群臣尚未应对，他又道："桓温北伐洛阳大获成功，其奖赏犒劳的方案出来了吗？"司马昱赶紧奏报正在研究中。司马聃："多少事，从来急，只争朝夕。尽快吧！"又道："既然迁都的事宜大家无异议，那就拟诏吧。"

  褚歆是司马聃的亲舅舅，这事他们早在褚蒜子那里不知道说过多少次了，他当然知道自己的外甥肚子里想的是什么。拟诏，不过是拖延罢了，所以，他拟着拟着就没音儿了。桓温见朝廷不回复，也不就了了之。他要的军功战绩都摆在那，朝廷也奖赏了，对自己不利的朝臣的嘴巴也堵上了，他也就不想再费心思与群臣游戏了。

  只有郗超不甘心，一直怂恿着桓温上书让朝廷派人镇守洛阳，司马昱收到他的奏章后，一直批复说朝廷正在物色人选，可怜的洛阳等来盼去，终还是个"没娘的孩儿"。司马昱调侃说："洛阳不是'没娘的孩儿'，他的娘就是桓温。"司马昱与桓温打太极，可怜了那里的守军了，拼命苦撑着，燕寇、秦寇又经常骚扰，他们一直处于防御状态，时不时还被打一回，以致让那里驻守的兵士叫苦连天，几乎天天上报桓温请求派人来。桓温对此也没有什么好的办法，他一次次上书请求朝廷派人，可是司马昱一次次压着拖着，桓温说司马昱办事效率太低了，一着急，再次直接上书司马聃，司马聃看了也是头大，他在晚省的时候顾问褚蒜子。他说："母后！现在洛阳没有人镇守，桓温又上书让谢尚去，可是，他现在病着。"褚蒜子："你可以下诏让桓温往洛阳增派兵力。"司马聃："儿臣也曾下诏让桓温往洛阳增加兵力，可是桓温他口上答应，行动上装呆卖傻，就是不派兵过去。"褚蒜子："他在跟朝廷打太极。"司马聃："朝廷也在跟他打太极，他的好多奏章司马昱能压就压了。"褚蒜子叹了口气道："兵源也少，兵少国亏。"又道："只要洛阳不沦陷，对于我大晋来说就是好事，至于官兵们受的苦，两害相较，取其轻吧。"司马聃："没有别的办法吗？比如与民生息。"褚蒜子："自然好，但是需要时间。"又道："十八岁尚未婚者，朝廷征收其单身税，督促他们尽早结婚生子。"司马聃："可以吗？"褚蒜子："当然可以。"

第十二回　太后回归幕后穆帝亲政　谢万败光家产谢安入仕

司马聃刚到书房，司马昱就来了，他报说："向我称藩的段龛又被慕容氏攻打，慕容儁派太原王慕容恪为征讨大都督，把段龛打得找不着北。"司马聃："段龛那么笨吗？"司马昱："可不光很笨！还自负自大得很！其亲弟弟段罴与他政见不和，他拔剑就把段罴杀了。慕容恪得知这一消息，麾兵急渡，将兵士一分为二，包抄段龛，段龛左右遇敌，招架不住，其弟段钦被擒，长史袁范等战死，段龛现在逃至广固城内，闭门固守。慕容恪屯驻城下，另外分兵招降段龛所有城池，这些城池为求自保，依次归降。所降段龛城池，慕容恪或让其故吏居守，或派新官上任，就是不下令攻击段龛。耗着，耗得段龛耗不住了。"司马聃："慕容恪这么厉害？"司马昱："嗯！他堪称燕寇的战神，桓温心里也怵他，他的用兵之道是……"司马聃："用兵不宜固执，或缓行，或急取。如果敌我势均力敌且敌有强援或屯兵，我要避免腹背受敌，速战速决是首选；若我强彼弱，敌又无外援，我就羁住守兵，兵不血刃，静待对方待毙。穷寇不追，怕的是困兽犹斗，如若恶战，敌损一千我损八百。我们国家连年征战，不知道牺牲了多少将士。故，面对劲敌穷寇，不能图一时之快，要准备好打持久战。"司马昱："皇上真乃神人，慕容恪就是这样！"司马聃道："当年桓温围长安，他当时的想法应该与此时的慕容恪一样，可是，竟然败得如此惨不忍睹。"他忽然想到褚蒜子说过的话："是非对错分时空，一样的人事，在不同的时空里，会有不同的结果。"他恍惚迷茫中自问："人所行的事是不是都是上天拟定好的？如果是，人生的意义是什么？如果不是，为什么同样的人和事，不同时空会有不同的结果？……"正自遐思，听司马昱又道："慕容恪围了段龛半年，城内的存粮已吃尽，甚至到了人吃人的地步，段龛不得已，率众出战，慕容恪早有防守，一交锋，便被大败，段龛只好退回城内，派人向我朝请求救援。"司马聃："立即派兵驰援！"司马昱道："可是！对我朝会不会损失太大？"司马聃："他向我称藩，而今有难，没有不救的道理！"司马昱道："那么派谁去合适？要给桓温说吗？"司马聃："北中郎将荀羡，他近。"又半劝半嗔道："不要一有战事就想到桓温。"

荀羡得了诏书，不敢、不想轻易前去，他与慕容军交过手，知道他们厉害。段龛为人反复，荀羡很反感。本心不想去救，怎奈圣命难违。荀羡兵刚到阳郡，便遇着段龛守将姬先的部下，姬先为讨好慕容军背叛段龛偷袭晋军，空城而出。他刚走，晋军就来阳郡城下，阳郡城空，又加连续下雨，冲坍城墙，荀羡轻而易举地就攻入城内。姬先被捉拿，他怕死，赶紧跪地求饶，荀羡厌恶道："把这个背主求荣的东西拉出去砍了！"

捷报传到朝廷时，正有燕将吕护等因不满慕容儁的作为，派了使者求归晋廷。还有张平，原是秦将降了慕容氏，也因为不满慕容儁的作为，也派了使者向晋求归顺。对这些可团结的对象，司马聃均接纳并赐官职，这让慕容儁十分恼火，遂大力征兵，准备南下攻晋。对此，朝廷又给荀羡下命令，让他全力御敌，并让各地守军做好随时驰援的准备。

荀羡派兵北上，很顺利就攻入了山茌，擒住慕容氏泰山太守贾坚。贾坚祖父本是晋臣，故而荀羡劝其投降，对他说："君世代事晋，你怎么就投降了燕贼？"贾坚说："非我叛晋，是晋自弃中原，非我甘心忘本，是情非得已也。"荀羡："你已被擒，归降吧！"贾坚："背晋已是失节，今既事慕容氏，怎得再思改节？"荀羡："你想怎样？"贾坚："不打不降，我自绝食而去。"贾坚这条汉子，两难之时，他选择了为难自己，可叹！可惜！可敬！消息传到褚蒜子那里，她念了句"阿弥陀佛"，没再说什么。

战场瞬息万变，忽然慕容尘来救泰山，荀羡与之交战失败，只好退走，刚刚得手的山茌也被慕容军夺去。荀羡愤愤成疾，一病不起，他自感大限将至，赶紧上书朝廷派人来接替自己。司马昱接到奏章来到书房向司马聃汇报，司马聃看罢奏章问："山茌又被慕容军夺去？"司马昱："应该是！荀将军一直心高气傲，山茌被夺，他积愤成疾，再加上身体原本不那么强健。"司马聃听后摇了摇头，没有说话，挥了挥手让司马昱先下去。他的思绪有点乱，城池失一时得一时原本也是常事，荀羡怎就因此病了。

早朝时，司马聃对群臣道："荀羡病重，上书请求朝廷派人接替他，众爱卿议论下，谁合适？"王彪之："臣举荐桓温，燕贼慕容氏强悍诡诈，慕容恪又有战神之称，不可小觑，桓温文韬武略与之不相上下，桓将军去，燕贼不敢轻举妄动。"王述："朝中将军，都有为国效力的心。桓大人镇守荆州，责任重大，臣建议另派遣他人。这样，朝臣们才能够更好地相互协作、共同兴国。"司马昱："臣以为王述大人说得有道理，我朝人才济济，其中谢万和郗昙更是佼佼者，臣举荐他二人。"王述："司马大人不说臣倒忘记了，谢万年轻有为，才学过人，臣也举荐谢万，他是臣的女婿，臣了解他！他去，定会摧枯拉朽般挫败燕贼。"曹秀、司马晞："臣也举荐谢万和郗昙。"司马聃："那就这样！诏命吴兴太守谢万为中郎将，监督司、豫、冀、并四州军事，领豫州刺史。散骑常侍郗昙为北中郎将，都督徐、兖、青、冀、幽五州军事，领徐、兖二州刺史。诏令他们齐心协力共同抵御慕容军。拟诏！"

第十二回　太后回归幕后穆帝亲政　谢万败光家产谢安入仕

晚省时司马聃问褚蒜子他的决策是否正确，褚蒜子看着他笑了笑，没有回答。司马聃说："儿臣也是想培养一股力量抗衡桓温。"褚蒜子："今儿不说朝政。咱也说说人家的轶事。"黎辉："奴婢知道谢万将军的轶事！"司马聃："姑姑说说！"黎辉笑道："这个谢万将军呀，特别文艺，传说喜欢头戴白色头巾，身穿鸟羽做成的宽大外套，脚蹬高高木屐，装扮非常引人注目，乍一看还以为他是天上的仙人下凡了呢！"褚蒜子："司马昱第一次接见他的时候，他就是这个打扮！他也擅长清谈，与司马昱相见恨晚，两个谈了很长时间，都以为遇到了知音。司马昱说他是千古难得的奇才，他说司马昱是天下无二之周公。"司马聃："可是儿臣听说他是个'二愣子'？"褚蒜子笑道："人家还说王述傻呢，他傻吗？"司马聃笑曰："不傻！但是直接得有点傻。"褚蒜子："谢万也不是二愣子，但是有点自负。"司马聃侧耳细听，褚蒜子："他的岳父王述三十岁以前默默无闻，但是三十岁以后名声大震。在别人眼里，王述是一个非常威严的顶梁大臣，可是在谢万眼里，他就是个糟老头子。有一天，他坐着轿子晃悠着来到扬州府衙，等王述闻报出来，他张口道：'人家都说你傻，你到底傻不傻？'王述看着这个冒傻气的女婿，说：'外面是有这样的说法，只是因我大器晚成罢了。'他听罢也不说别的话，袖子一甩，飘然而去。"司马聃："这秀作的！他和王恬是怎么回事？"褚蒜子："那是他和谢安一起拜访王恬，谢安说：'王家是老贵族，他不一定会理我们，不去了吧。'谢万非要去，谢安不同意，谢万不服，说：'你不去我一个人去！'于是，他就大大咧咧地进去了。王恬看着他，坐了一会儿，进里屋洗头去了。过了很久，方披着一头湿发走出来，也没有理谢万，直接坐到院子中间晒弄头发。谢万觉得没意思，就快快不乐地回家了，他跟谢安说王恬不理自己，谢安说：'阿螭（王恬小名）这不是做作，没有装出客气来接待你。他是老贵族，打心里看不起我们这些新贵族，是你没有自知之明。'"司马聃："还真是！"褚蒜子："他故事多了。有一次谢安请大家聚餐，谢万突然站起来，走到谢安面前说：'你家的夜壶在哪里？我现在想要小解。'阮裕看不下去，说：'新兴的高门大户，人是真诚的，就是太没有礼貌。'谢万听了跟没听到一样，他自以为他这是率性之大美。"司马聃："率性之大美是有很多附加码的，如果他的事迹发生在王恬身上，是率性之大美，因为王恬是老贵族，放他身上，就是没有自知之明了。"褚蒜子："对！说了这么长时间谢万，饿了吧！"黎辉："奴婢想着呢！这是奴婢刚刚煲好的百合莲藕梨清心安神汤。"司马聃："谢谢姑姑！"黎辉："皇上老是客气！这是奴婢分内的事！"褚蒜子喝了一口道："不错！"

司马聃："好喝！"褚蒜子："喜欢就多喝点！"司马聃年轻人吃得快，褚蒜子话音刚落，他已把一碗喝完了，黎辉赶忙接过又给他盛了一碗。褚蒜子笑道："慢点吃！没有人跟你抢。"

司马昱远远看见司马聃过来，紧跑着去迎，不想脚下一滑摔倒了。等他爬起来，司马聃已到了跟前，他上前扶他道："这么早？"司马昱："边关紧急！慕容大军已到边境了。"司马聃："催谢万和郗昙发兵啊！"司马昱："王羲之上奏希望朝廷换桓温前去。"司马聃："朕当什么事，压下！催谢万和郗昙出兵。"王羲之见朝廷不回复自己，一心为公的他急了。他在家里团团转，郗璇："别转啦！皇上亲下的旨，会轻易更改吗？"王羲之："不行！我得给桓温写信。"郗璇："你给他说什么？"王羲之："谢万这个人跟殷浩很像，清谈可以，留在朝堂上可以，让他统兵打仗真的不行，我劝桓公赶紧上奏请求北伐，别耽误了国家大事。"郗璇说了声"你呀！"转身离去，她知道王羲之耿直，劝说没有用，就听凭他。王羲之写完，自语道："我还得给谢万写封信。"他信中写道："……万石兄你善于雅事，不屑于俗务，现在让你去处理这些事，太难为你了。但愿你能和底层的士兵同甘共苦，以身作则，就很好了……"

桓温看罢王羲之的信苦笑了一下自语道："我可爱的逸少兄啊！"桓温非常清楚，他知道这是朝廷欲树谢万来抗衡自己，也非常清楚谢万不是统兵打仗的帅才，但是他又能怎样？谢万看到信后，哈哈一笑，随手一扔，不置可否。谢安拾起，细细看了，道："你上心吧！逸少说得有道理，你不要太自以为是，吊儿郎当。这可是真刀实枪，不是闹着玩的。"

谢安和王羲之一样，他也知道谢万不行，故而他专门来到谢万军营中，他从高级将领到中级将领认认真真挨个打招呼，希望大家担待一点，然后他郑重地对谢万说："你现在是元帅，和将领们说话的时候，不要再自命风流。凡事你要亲力亲为，让大家看到你是一个体贴将士的好长官，自古以来，傲慢、怪诞是成不了大事的，你现在肩负朝廷的安危、家族的命运，决不能再和从前一样了！"谢万听了谢安的话，立即召集军中将领一起开会，准备好好地彰显他亲切随和的一面。可是，谢万是个过惯了雅致生活的"细人"，面对这些打仗的"粗人"，张口结舌，不知道说什么，憋了半天，憋出一句："诸将皆劲卒。"此话一出，众将愤怒！有几个"豁"一下站起来道："谁劲卒！"谢安忙站起来道："诸位请多担待！多担待！"谢万："我的意思是……"将领甲："你的意思就

第十二回　太后回归幕后穆帝亲政　谢万败光家产谢安入仕

是没意思。"将领乙："你是细人，我们是粗人！我们不配与你为伍？弟兄们，走！"众将领哗然离去。

"诸将皆劲卒。"如同狗皮膏药一样，牢牢地贴在谢万的身上，成为一时的笑料。兵、卒都是指小兵，等级观念比天大的社会里，以兵、卒称呼做了将领的人，就是侮辱、看不起，比骂他们、打他们厉害多了。众将领嘴里不说什么，心里都对他厌恶透了。

话说军令如山，西中郎将谢万受命领兵出驻下蔡、北中郎将郗昙领兵出驻高平。郗昙倒是认真小心翼翼地到了高平，只那谢万，人虽然在军中，却不知道鼓舞将士，仍然是吟诗诵风，每升帐议事，他都是一言不发，只是手执如意，指麾四座。将士统统不服他，他也不以为意，只听诏领兵来到颍间，准备驰援洛阳。前方郗昙的军队与燕军交手，稍有失利，加上郗昙病了，便让军队暂退彭城。谢万一听退兵，以为郗昙打败了，吓得赶紧下令军队全线撤退，他自己更是拍马逃归，逃时还问："我平时用的玉饰马镫呢？"谢安气道："到了这个时候，还要这么讲究吗？"

由于谢万命令下得仓促，又没有统一的指挥，大军以为后面有追兵，大溃散逃，互相践踏，死伤无数。慕容军兵不血刃，就把许昌、颍川、谯城、沛县等豫州各郡都拿到了手，洛阳成了一座孤城。在谢万的领导下，晋军就这样荒谬大败！部将们厌恶透傲慢无能的他了，都恨不得杀了他，只是看着谢安的面子，才没对他动手。

司马聃气得近乎咆哮道："都一个个地担保谢万可以！结果呢？"司马昱小心翼翼道："皇上息怒！胜败乃兵家常事。"司马聃："有这样的常事吗？未杀敌兵一人，自己却死伤无数，说吧！谁的责任。"王彪之："是谢万无故溃退造成的。"司马聃："郗昙是怎么回事？"王彪之："郗昙与燕贼交手，小有失利，恰巧他病了，欲暂休整，派人叫谢万暂停行军。"司马聃："暂停行军怎么成了全线撤退？"司马昱："是……是谢万臆听成大败退。"司马聃把手里的杯子往地上一摔，骂道："猪！"司马昱、王彪之见司马聃怒发冲冠，赶紧跪下道："皇上息怒。"司马聃咬牙道："谢万！贬为庶人！郗昙！降为建武将军！"司马昱："皇上……"司马聃："退下！"司马昱、王彪之不敢再惹圣怒，赶紧退下。

褚蒜子来到书房时，司马聃仍一个人在生闷气，气得眼眶湿湿的。他看到褚蒜子过来，眼泪"涮"一下掉了下来。褚蒜子："别生气了，没什么好生气的，龙体要紧。"司马聃："儿臣如此看重他们，他们却……"褚蒜子："塞翁失马，焉知非福。"司马聃："儿臣把谢万贬为庶人了。"褚蒜子："上回咱娘俩论说谢万的故事你可记得？"司马聃："记得！当时觉得他不靠谱，但是一过便不当回事了。"褚蒜子："事儿过了就翻篇，往前看。"司马聃："现在司、豫二州没有人，除了桓温，儿臣想不到别人。"褚蒜子："事缓则圆，这事不急，急的是你用膳了没有？"司马聃："没有！刚才气饱了。"褚蒜子："现在呢？"司马聃有："有点小饿了。"褚蒜子："那就先吃了饭再说吧。"

褚蒜子回到显阳殿，见司马昱和王彪之还候在那里，他二人一见褚蒜子，便跪下问："皇上可好了？"褚蒜子"嗯"着点了下头，司马昱："臣看皇上的意思是要倚重桓家，'王与马共天下'不可不防啊！"褚蒜子："两位大人要是有合适的人选，报给皇上，哀家相信皇上会做出正确的选择。"司马昱无语，王彪之也无语，褚蒜子："哀家相信皇上会做出正确的选择，也相信两位大人会辅佐皇上做出正确的选择。"看他二人仍戳在那儿没有回去的意思，褚蒜子道："想必两位大人也累了，回去休息吧。"

司马聃左思右想："若想国泰民安，必须马壮军强，马壮军强则必须要有文韬武略、骁勇善战的将帅。放眼朝堂，除了桓温，真再找不出第二个人了。可是，现在桓温镇守国家的西大门，如果再让他主政豫州、督司豫州军事，不是怕他精力顾不过来，而是怕他尾大不掉，还有谁呢？他忽然想到了桓温大弟桓云，他当过何充的参军、尚书郎，其对朝廷非常忠心。对，就他！"司马聃向褚蒜子晚省时，说起此事。褚蒜子："大权不可久归一人，也不可归于一姓，如果这样，国家除了徐、兖二州，就都在桓姓手里了，这不是好事。"司马聃："儿臣明白，可是儿臣实在找不出合适的人选啊！"褚蒜子："要善于起用新人。"司马聃："可是儿臣实在想不到别人了。"褚蒜子："谢安！"司马聃："谢安？"褚蒜子："谢安是忠才、贤才、大才！其清谈不让殷浩，其务实不让桓温。请他出仕，能够分皇上很多忧。再有王坦之、谢玄、谢琰以及庾氏家族中新一代力量，也可起用一批。"司马聃："都传谢安不愿意出仕啊！"褚蒜子："他不愿意出仕他去谢万军中做什么？"司马聃："谢安无脑，他想帮他一把。"褚蒜子："也是，也不是。"司马聃："儿臣愿闻其详。"褚蒜子："之前谢安不出仕，是因为有谢尚，如果这回谢万可以顶谢氏之梁，谢安可能还会寄情山水。可是，谢万被黜，谢氏家族已是朝中无人，门第一落千丈，他再不出仕，谢氏家族就完了。谢安是一个有家族使命担当的男儿，他不会坐视不管的。"司马聃："儿臣明白，就给他下诏！"褚蒜子："你不用出面，让司马昱出面最好。"

司马聃把请谢安出山的意思告诉了司马昱，司马昱一百个愿意。在他的意识里，门

第十二回 太后回归幕后穆帝亲政 谢万败光家产谢安入仕

阀平衡朝局才会稳定，眼看着桓温声势越来越大，他正愁找何人与桓温抗衡，一听请谢安出仕，他感觉一下找到北了。谢安声望不亚于殷浩，以前他也以朝廷的名义多次征召过谢安，但是谢安以寄情山水为由辞谢不受，当时因为有殷浩，他也没坚持。这次司马聃提起，他一下子看到光明，不等司马聃说，他就主动说自己亲自去请他，并提议把他直接召入朝堂。

请谢安出仕，司马聃终究是心里没底。他又来顾问褚蒜子，说到社会风气，司马聃："谢安不会像殷浩那样矫情做作吧。"褚蒜子："社会风气如此，不矫情做作一下才是矫情做作呢！"司马聃："朕真想下令改了这讨厌的社会风气。"褚蒜子笑道："社会的旋涡从来不依某个人的意志为转移，不管什么时代。"又道："特定时代都有特定时代的好与坏、对与错、是与非。君王用人，要尽己所能地审时度势、因人制宜，以达到皇权、门阀、军阀、名士等之间的平衡。"司马聃："这些儿臣都明白！儿臣现在只想知道谢安究竟会不会来？"褚蒜子："又急了，现在朝堂有司马昱、王彪之等，军政上有桓温、桓云、桓伊等，稳着呢，你急什么？"司马聃："军事上差不多都是桓家，儿臣怕尾大不掉，故儿臣特别想谢安尽快出来。"褚蒜子："要多快？"司马聃："三五年。"褚蒜子："太短了，放眼至少二十年。"司马聃："这么长时间？"褚蒜子："嗯！任何事儿都有生长的过程。谢安，只管让司马昱先征召，结果不用管。"司马聃："他要不来呢？"褚蒜子："他肯定不来呀！他又不是殷浩，一步登天不是他的性格。"司马聃："有人说桓温也在请他，如果他跟了桓温呢？"褚蒜子："他跟了桓温你就可以把心放肚子里了。"司马聃："儿臣不明白。"褚蒜子："慢慢你就明白了，你只要知道谢安是忠心朝廷忠心皇室的就行了。"

桓温确实也想征召谢安，他想请谢安为自己的征西司马。自谢奕走后，他非常怀念他与谢家的情谊，希望谢安能来继续。朝廷收到他的奏章后，司马昱很是作难，他不知道该怎么办。不准，怕桓温不高兴；准，怕桓温如虎添翼。他来到书房向司马聃汇报，司马聃说："叫他去桓温那儿吧。"司马昱心头一惊，正想说什么，却又听司马聃道："谢安赤子情怀，高情远致，不同流俗、不欺暗室，其人是云中白鹤，有蹈节死义之心、田父献曝之怀。"司马昱恍然大悟道："对！对！皇上高明，臣愚昧！臣为此愁得头发都白了几根。"司马昱见司马聃平静如常，猜想此事一定是与褚蒜子交流过了，他心里也是一阵轻松，他心说："有太后当顾问，我愁个啥。"一转念又羞愧，想："这是司马家江山啊，我一个大男人，怎么能够全指靠太后呢。嗯，我的错，我不该这样，列祖列宗啊，请原谅我刚才那愚蠢的想法，我会尽我所能帮助皇上把江山打理好的。"

褚蒜子礼过佛，回到显阳殿写字，写到"国泰民安"的"安"时，似有所思，对黎辉说："你去把皇上请来。"很快，司马聃到了，褚蒜子问："谢安入仕的诏书公布了吗？"司马聃："公布了，司马昱负责。"褚蒜子："彭子，切记！谢安入仕，要高调行事，让朝野尽知。"司马聃："已是这么着了。"褚蒜子："你不要出面。"司马聃："知道！明白！到时儿臣来这里陪母后下棋。"

司马昱在新亭大张旗鼓地为谢安饯行，场面非常宏大，能来的朝臣都来了，有攀龙附凤者、有忧国忧民者……这些人各怀鬼胎、心照不宣，其乐融融地说着、笑着、吃着、贺着、闹着、祝福着……中丞高崧喝多了，来到谢安跟前大声说："以前朝廷数次征你入仕，你皆高卧东山纵情山水不出来，我们都说'安石不出来，天下苍生怎么办呢'？而今你出来了，叫天下苍生怎么对你呢？"说完，哈哈大笑！谢安听闻，哂笑一下，继续与宾朋举杯对酒。宴席一终，他便即刻启程去荆州赴任了。

第十三回

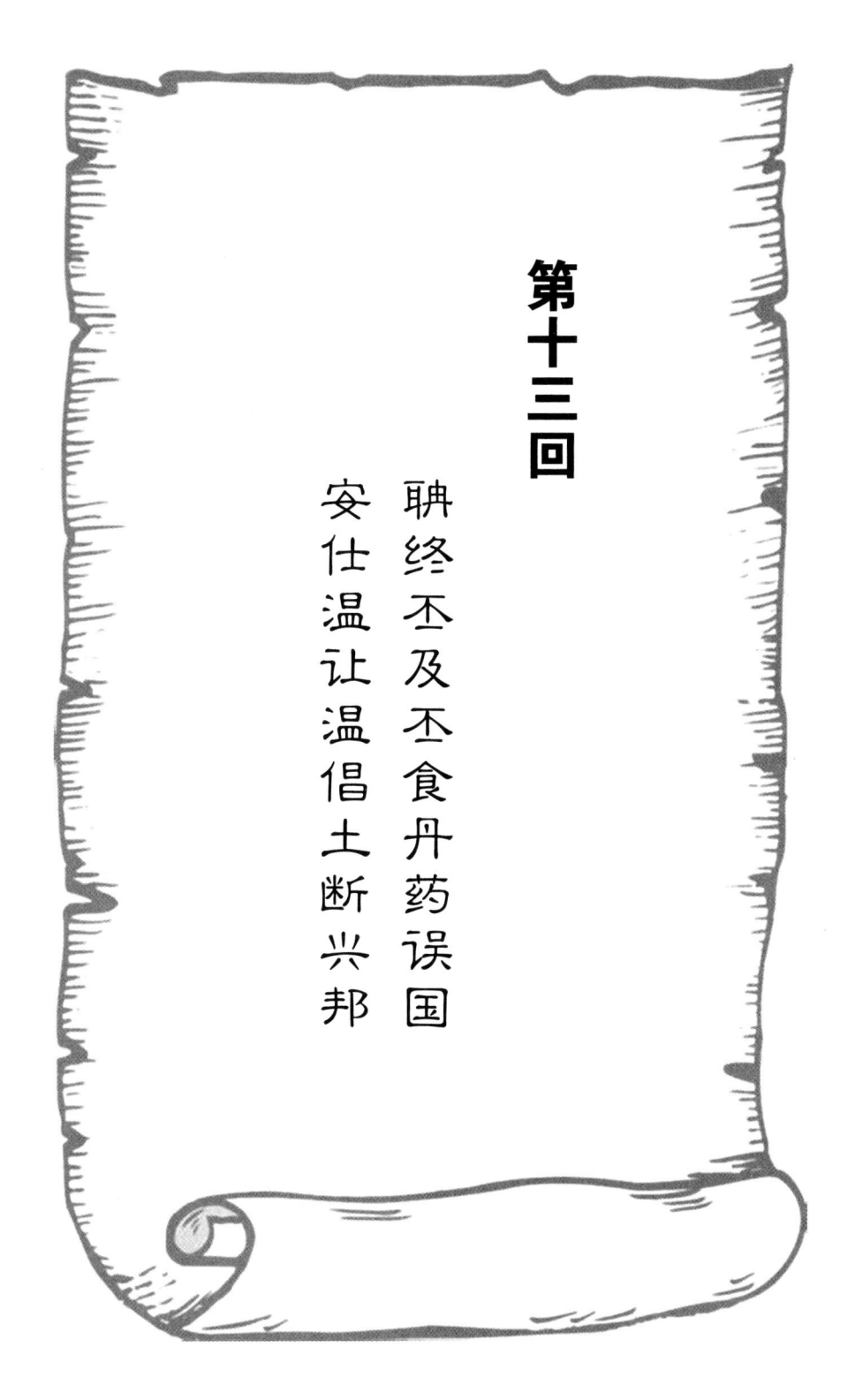

聘终丕及丕食丹药误国
安仕温让温倡土断兴邦

集英殿（太极殿偏殿）内坐满了等待朝会的大臣们，他们还在为谢安出仕桓温征西司马一事议论。曹秀说："现在桓温势如中天，谢家一落到底，谢安出仕桓温，能够理解，但他仕从桓温就让人费解了，他风骨哪去了？"高崧说："桓温现在权势熏天，谢安跟从他是谢安识时务，他不会傻到要步殷浩后尘。"王彪之说："我始终认为谢安和殷浩不是一样的人，殷浩和他虽然都是文采斐然，但是，殷浩骨子里小气，为人处世刚愎自用、不自量力，谢安则是安稳大气，办事从来都小心谨慎，没有把握的事几乎不干。他而今仕从桓温，我觉得他应该有更长远的考虑吧。"司马昱听王彪之如此说殷浩，感觉脸上有点挂不住，毕竟，当年殷浩是他极力推荐的，他"咳"了一下说："王大人说的是！谢安的确和殷浩不同，但是此一时彼一时。殷浩虽那啥，但是他也是有作为的。"王彪之也感觉到自己的话伤到司马昱了，赶紧道："自古打天下者武将，治天下者文臣。殷浩学富五车，他掌管诏令，由他起草的诏令，皆是完美无瑕的，其功绩大家有目共睹！"说着向司马昱竖起了大拇指，又道："东阳太守范汪亦是当世文豪，如果他能够在朝堂效力，估计也不错。"司马昱道："在下也听说过他，应该不错。"曹秀："这不是要紧的，要紧的是桓元子，这厮而今已是尾大不掉，如果谢安再为他所用，他可是如虎添翼，长此以往可怎么好？王敦、苏俊之事才几年啊？"说罢一提袖子道："走吧！时辰到了。"众朝臣鱼贯而出走向太极殿。

在司马聃心里，桓温是一个可倚重的股肱大臣，谢安则是一个可以交心的知己。司马聃对桓温的信任大于防备，说桓温尾大不掉他信，说桓温有二心，他不太相信。谢安肩负家、国使命，为家、为国他更不会有二心。故而，对群臣有关桓温和谢安的言论，他只装作没听见，所以，他直接说事，他道："朕看到有豫章蝗灾和益州水患的奏章，怎样让这两项天灾给我朝带来的损失少些？"刘强："微臣以为应治这两个郡太守的罪，以儆效尤！"王羲之："蝗灾和水患皆是天灾，微臣以为不应治两郡太守之罪。微臣以为当务之急是想办法治理、控制，以尽可能减少损失。"王坦之："自古蝗虫过处无积粮，水患来时多饥荒。江州、益州百姓遭此天灾，难以自顾，臣以为赈灾要及时。"司马昱："当务之急是解决问题，臣建议督促两郡太守亲力亲为，带领民众一起渡过难关。臣愿意亲去两地督察。另，赈灾臣推荐由王坦之王大人负责。"司马聃当庭下诏。司马昱又奏报黔中发生鼠疫，传染性极强，建议朝廷要加强防控。王彪之道："老臣经历过一次鼠疫，此疫传染性极强，整个村庄一夜间全部染病死亡的大有人在，臣以为要即刻对疫情发生地黔中全面隔离！周边也要做到早发现、早隔离，以防疫情扩大。"司马聃问谁愿意前往疫区负责此事，王彪之毛遂自荐说："老臣愿意带领太医院的臣工一同前往疫区。"司马聃想他年龄有点大，正在思忖，又听他道："皇上！老臣经历过一次鼠疫，好歹有些经验，老臣领队前往最合适不过！"一道道崇敬的目光看向王彪之，司马聃说："王大人国之魂也！此事就全权交由王大人负责！"司马聃问还有事要奏吗，群臣默然，司马聃说："退朝。"

　　王述和王彪之来到新亭，王述说："疫情当前，大家都想退而保安全，大人却逆行，在下敬服。"王彪之："我经历过，不怕！早发现、早隔离、早治疗，做好防护就没有问题了。"王述："说着容易做着难，在下除了敬服还是敬服。"王彪之："为国分忧吧！如果任凭疫情扩散，国民遭受的损失无法估量。"王述向他竖起大拇指道："燃烧自己，照亮国民，为国为民，公而忘私。"王彪之："有国才有家，国家强大了，我们这些做臣子的也就有功德了。"王述："是啊！可是，现在的皇上有点……找不到合适的词来形容，就是、就是有点不成熟吧！他现在有点偏倚桓温，为国家计，说真的在下真怕再出现'王与马共天下的局面'。"王彪之："王敦、苏俊的事也非常让人害怕，那日子过得跟刀尖上一样。"王述："我们还好，就是苦了老百姓。"王彪之："我们哪好？随时有被杀的危险。"王述："为国、为家计，得想个好办法。"王彪之："说得对！我们得想个好办法，堂堂七尺男儿，总不能只为吃饭而苟活吧。"王述："说真的，我有点怀念太后执政的日子。"王彪之："那还让太后垂帘呗！"王述："莫要开玩笑。"王彪之："如果皇上病了、身体不行了，我们就请太后出来。"王述："皇上身体好得很，哪病了？"王彪之："听说驴肉和黄花菜同食会心疼。"王述大吃一惊："你？不行！万一那啥了怎么办？"王彪之："不会万一！如果真有，还有成帝那两个儿子。"王述："打住！咱俩啥也没有说。"王彪之："咱俩啥都说了，琅琊王司马丕的王妃王穆之是咱们王家的人。"王述："这可是大逆不道、诛灭九族之大罪。"王彪之："瞧你那点胆量！又不要他的命，只是让他身体不好，真的万一了，是天命。"王述沉默了半天道："倒也是！如果当年司马丕继位，咱们王家也会更上一层楼的。"王彪之："我负责内廷，你负责外围，怎样？"王述犹豫了一下道："好！但是，千万不要伤了他的命！生病就行了。"王彪之："我知道轻重，放心吧。"树上的叶子哗啦啦地犹如二人的心，窝里打盹的喜鹊似乎做了噩梦，梦呓着飞向天空。

王述行动很快，一首《阿子汝不闻》儿歌很快在小范围内开始传唱，"阿子复阿子，念汝好颜容。风流世稀有，窈窕世无双。花开春暖际，阿子汝不闻！可怜双飞凫，飞集野田头。饥食野田草，渴饮清河流。玉食金馔满，阿子汝不闻！野田草欲尽，东流水又暴。念我双飞凫，饥渴常不饱。珍馐玉露在，阿子汝不闻。"……凄婉伤感的音调，让人听之欲泪。为了让儿歌快速流传，王述专门让人秘密向街巷的孩童传唱，孩童无论谁会唱都有奖赏，一块糕点、三文小钱、一个笔洗、一支毛笔……只要会唱，尤其是会唱最后一句"阿子汝不闻"，只要会，神秘人都会及时给予小奖赏。一时，《阿子汝不闻》这首儿歌风靡了整个京城。

褚蒜子从建福寺回来，忽然见几个孩童追逐着跑向车轿前，侍卫来不及拦住，一名孩童撞到了车辕上倒在地上。侍卫揪起那孩子要打，褚蒜子拦住，把他叫到跟前，问："你为什么跑啊？"孩子魔怔般看着她问："你是天上的仙女吗？"褚蒜子笑了笑，又听那孩子兀自道："一定是！你这么好看。"褚蒜子笑问："你为什么跑啊？"孩子："报告仙女，是他们不对！说好的谁唱得好梨糕就给谁吃的，我唱得好，他们不给我，我问他们要，他们撵我，还想打我。"说着委屈地哭了起来。褚蒜子问："什么歌呀！你唱来听听，果然好听，我给你梨糕。"孩子："真的？"褚蒜子："真的。"孩子："不许骗人，拉钩！"褚蒜子和孩子拉钩，然后说："唱吧。"孩子："阿子复阿子，念汝好颜容。风流世稀有，窈窕世无双。花开春暖际，阿子汝不闻！可怜双飞凫，飞集野田头。饥食野田草，渴饮清河流。玉食金馔满，阿子汝不闻！野田草欲尽，东流水又暴。念我双飞凫，饥渴常不饱。珍馐玉露在，阿子汝不闻！……"这首歌褚蒜子听了莫名心烦，她示意黎辉，黎辉拿出一块精美的糕点，对孩子说："赏你的，去吧。"

有人向朝廷进献鱼魫兰，司马聃知道褚蒜子喜欢，第一时间送往显阳殿。黎辉远远看见，大声道："皇上来了。"她意欲屋内的褚蒜子听到，希望她知道司马聃来了开心点。司马聃不明就里，兴冲冲道："姑姑好，看！新上贡的鱼魫兰。"黎辉："皇上真孝顺。"又小声道："皇后也在呢。"司马聃："嗯！朕知道，小戴！快！"何法倪已出来迎司马聃，司马聃一个箭步，上前挽住低声嗔道："看你！怀着皇嗣呢！还出来？"褚蒜子看在眼里，很是欣慰。司马聃走上前道："母后！这是新上贡的鱼魫兰。"褚蒜子站起来看那盘兰草，司马聃："母后看！它的株型挺拔潇洒，劲健高大，叶态工整，叶片泛光，叶端也不扭转。"何法倪："看它的花也好美，花色洁白如雪，花瓣晶莹澄澈。"黎辉嗅了一下道："香

第十三回 聃终丕及丕食丹药误国 安仕温让温倡土断兴邦

味好浓郁啊！奴婢老远就闻见了。"说着把泡好的茶递给司马聃。司马聃接过一口干了，放杯子的时候才看到褚蒜子脸上写着不开心，赶快问怎么了？褚蒜子："没事。"司马聃一脸认真道："母后有事？"何法倪："今天母后和我们去建福寺回来的时候碰见有小孩唱儿歌，儿歌不好，母后有点心情不好。"司马聃："啥儿歌如此魔咒啊？"何法倪："阿子汝不闻。"司马聃："什么内容让母后这么糟心？"何法倪："阿子复阿子，念汝好颜容。风流世稀有，窈窕世无双。花开春暖际，阿子汝不闻！可怜……"司马聃打断道："乱七八糟！不听也罢。"何法倪："因为已经听了，所以心烦。"司马聃："流行的东西不会长久，很快就会随风化了。朕听了也烦，但是片刻就化掉了！母后大可不必为此忧烦。这话把褚蒜子逗笑了，她呷了口茶，正要说话，却听何法倪："还是皇上会说话，皇上看，母后笑了。儿臣笨，儿臣给母后揉背捏肩吧。"说着来到褚蒜子的身后，褚蒜子赶紧道："你快坐好，你是有身孕的人，别累着，哀家没事了。"何法倪："哎哟！"褚蒜子紧张道："怎么啦？"何法倪调皮道："太后的皇孙调皮了，他蹬了我一下。"褚蒜子："叫御医吧？"何法倪："不用！您的皇孙看您高兴了，也跟着高兴了。"褚蒜子明白这是何法倪在逗自己开心，欣慰道："有你们，哀家还何奢求？过了！真的过了！都不许再说了。"又道："法倪怀着皇嗣，要多加保重。"司马聃："母后就放心吧！自她怀孕后，儿臣天天叫御医前去看脉，好着呢。"褚蒜子："想吃什么就说，不要克制！你想吃的就是腹中的胎儿问你要的，明白吗？"何法倪："儿臣明白！谢母后，母后放心。"褚蒜子："回吧！法倪在这儿快两个时辰了。"司马聃扶着何法倪告退。

司马昱向司马聃汇报说："广汉李弘自称是李势的儿子，打着宗教的旗帜，与益州的李金银一起聚众造反，聚集了一万多人，甚是猖狂，已攻破了涪城。"司马聃头也不抬道："让桓温派人去把他们收拾了。"王彪之："皇上！这种小事，也劳烦桓将军？"司马昱："这等小动乱，平之易如反掌，一般人就可以。"司马聃："益州是桓温打下来的，桓温去是情理之中的事嘛，益州刺史周楚是桓温的部将，周楚的孙子梓潼太守周虓也很能打，离得又近，让桓温负责，国力财力能省多少？"司马昱："桓温去确实是省下不少的国力财力，但是，以后也许会因此浪费更多的国力财力。"司马聃有点烦，没有理他，他踱了一下步道："军功不可给予一人！臣怕……"司马聃："怕？你推荐个人出来！"王彪之："皇上！王蕴可以！"司马聃："王蕴？"王彪之："琅琊王妃王穆之的哥哥，其性平和，不抑寒素，为人有德，更重要的是他对朝廷非常忠心。"司马聃问司马昱："可

245

以吗？"司马昱："臣以为可以。"司马聃看着桌上摇曳的兰草，想着他们说的话，觉得这样安排也挺好，便道："那好吧，就让王蕴去。"

这天刚下早朝，小戴就挥手挥脚比画道："左青龙，右白虎。"司马聃："闹什么你！"小戴："没闹！太后那好的东西，奴才想沾着皇上的光去看看！"司马聃："什么好东西？朕怎么不知道。"小戴调皮道："奴才有耳报神。"司马聃："你有耳报神？"小戴一下子意识到自己说错话了，赶紧跪下道："皇上！奴才的耳报神是、是黎辉姑姑，是她老人家告诉奴才的，奴才想看，她不让，她说奴才可以沾着皇上的光看。"说完可怜巴巴地看着司马聃，司马聃道："她什么时候给你说的？"小戴："就今儿早上皇上让奴才给太后送荔枝的时候说的。"司马聃一把拎起他的耳朵道："走吧，朕带你去看看。"

两人来到显阳殿，刚好看到黎辉从屋里出来。司马聃："姑姑，朕来看看青龙白虎阵？"黎辉："青龙白虎阵？"司马聃"嗯"着点了下头，黎辉："哦！不是青龙白虎阵，是那个……奴婢也说不好，皇上过去看看就知道了。"说着引领司马聃来到正殿，司马聃一看，只见一个方的小四四方方的小木桌上摆着青龙、白虎、朱雀、玄武四个摆件。司马聃边看边问："母后呢？"黎辉："去看老太妃了，估计很快就回来了。"司马聃："姑姑怎么没有陪母后？"黎辉："太后叫奴婢看着这些，等皇上来。"司马聃："姑姑怎么知道朕会来？"然后做恍然大悟状："哦……耳报神！"黎辉："什么耳报神？"司马聃坏笑道："小戴说姑姑是他的耳报神！"那戴规一听司马聃"出卖"自己，吓得赶紧往他身边萎缩，黎辉则是哭笑不得地佯怒着小戴，说要去拧他耳朵打他板子，小戴赶紧求饶，说是"为了看青龙白虎阵才口不择言的。"……正说话，褚蒜子回来了。司马聃等赶紧行礼，褚蒜子看着小戴问："看明白了吗？"小戴忙答说没有，一脸疑惑地看着，褚蒜子笑着问司马聃，司马聃："左青龙、右白虎、前朱雀、后玄武是我国神话中的四大神兽。上古时代，人们将天地分为东、南、西、北四个方位。而驻守在东方的就是青龙，西方的是白虎，南方的是朱雀，北方的是玄武，这四大神兽被人们看作是祥瑞之兽，驻守在四方。而到了汉朝的时候，这四个神兽便被融入了道教文化之中，成为四灵神君。后来，随着时代的发展，这四大神兽又渗透到了节气、风水、建筑等行业之中，出现在我们生活的各个角落。随着这四大神兽在文化中越来越普及，人们还赋予了它们姓名，以及各自的传奇。青龙取名为孟章，也就是道教的孟章神君。在古籍《淮南子》中曾有记载，能令天神下跪者，莫贵于青龙，也正是在此时，青龙的地位最为尊贵，成了四大

第十三回　聘终丕及丕食丹药误国　安仕温让温倡土断兴邦

神兽之首。并且，因为青龙的属性是木，所以也被称作代表春天生机的仁德之神。白虎取名为监兵，也就是道教的监兵神君，而他的属性是金，因此它的颜色是白色，代表的是秋天的萧索。因为秋天是一个万物开始枯萎的时刻，带有肃杀之气，所以说，白虎也被人们称作是战争之神以及杀戮之神。朱雀取名为陵光，也就是道教的陵光神君，因为他的属性是火，所以颜色是红色，代表着夏天的酷热。很多人都会将朱雀和凤凰联系在一起，甚至认为它们是同一种生物。其实不然，它们二者是完全不同的两个个体，就连血缘关系都没有。而且，凤凰会浴火重生，而朱雀却不会，因为朱雀代表的是不死不灭的存在。玄武取名为执明，也就是道教的执明神君，由于它的属性是水，代表着冬天。而我们所见的玄武形象，其实是由蛇和龟两部分组成的，是四大神兽中比较特殊的一个，并且它的防御力还非常惊人，同时还代表着长寿。四大神兽占据了天下的四个方位：金、木、水、火，而被它们守护在中间的，自然就是土了。而'土'，在神话故事中，所代表的是黄龙，不过它并不是四大神兽守护的对象，而是牵制四大神兽的第五神兽。在轩辕黄帝时期，这四大神兽还不是祥瑞之兽，反而是为祸四方的恶兽，黄帝为了防止这四大神兽作乱，便化身为龙，降服这四大神兽，并最后将它们封印在天地的四个方位，让它们无法互相斗争。皇帝都以'龙'自称，还身穿龙袍，龙袍是皇权的象征，龙是皇帝的特有标志。这四大神兽也被看作是守卫皇权的象征，被历朝历代的皇帝称为祥瑞之兽，体现在各个方面。因此，四大神兽中间的神兽便是黄龙。"褚蒜子："皇上解析得透彻极了。"又转头问小戴："明白了吗？"小戴摇着头说"明白了！"众人哈哈大笑，司马聃："母后放心吧！儿臣明白四平八稳的重要性！儿臣会弄个四脚停当的，就是万一斜了歪了，黄龙还有磐石呢。"

　　天蓝蓝水盈盈，气瑞云祥，人美花香，一切都是那么的美好。然，人无千日好，花无百日红。这一天，褚蒜子刚起来，就见何法倪的尚衣奴婢小增艳急匆慌忙地跑了进来，气喘吁吁道："太后！皇后，皇后她流产了！"褚蒜子一下站起来道："什么？"说着就走向门外，也没有穿披风，黎辉赶紧抓起披风追上给她披上，褚蒜子自忖："前几天还好好的，怎么会忽然流产？摔着了还是吃错东西了？还是……"她一边问小增艳"传太医了吗"，一边快步赶往永安宫。

　　褚蒜子等来到永安宫，王太医等赶紧出来行礼，褚蒜子道声"免礼！"，箭步来到何法倪的床前，何法倪侧身叫了声"母后"，就要起来行礼，褚蒜子一把按住她道："不要多礼，要紧不要紧？"何法倪眼泪汪汪："不要紧！母后！儿臣……"褚蒜子："好孩子，别哭，身子要紧。"司马聃来了，他一把拉住太医的衣领问什么情况？王太医："滑、滑胎了！"褚蒜子："滑胎？"王太医低眉垂眼称是，司马聃："你天天为皇后把脉，皇后的一应保胎药都是出自你手，怎么会滑胎？"王太医赶紧跪下道："臣以性命担保臣的药没有任何问题！可是，可是……"小增艳忽也跪下来道："可是里面有红花对吗？"王太医："是！红花是孕妇禁用的一味药。"小增艳："回皇上、太后！红花是奴婢加进去的，但是红花是王太医给奴婢的！怎么用、用多少也是王太医教的。"王太医："皇上！太后！臣没有！小增艳是在栽赃陷害！"小增艳："皇上！太后！奴婢没有！是他想诬陷给奴婢一人。"司马聃大怒，道："先把这两个人给我关起来！"刚把王太医和小增艳带下，黎辉走了过来，她向褚蒜子耳语几句，褚蒜子道："你这就去把她带到显阳殿看好。"俯身对何法倪说："你好好休息，赶紧把身子养好。"又把小宁叫过来道："从即刻开始，皇后的所有药、膳你亲自负责，中间不许经过其他任何一人。"何法倪："谢母后。"褚蒜子放开她的手对司马聃道："彭子在这里多陪法倪一会。"司马聃起身应诺。褚蒜子刚走到正殿大门，小戴急头跑来，差点撞到褚蒜子，褚蒜子："什么事？"小戴："太后！刚刚，王太医和小增艳他们自杀了。他们早备好的毒药藏在领口上，奴才没有防住他们。"褚蒜子："抬出去！先不要告诉皇上、皇后！"

褚蒜子回到显阳殿，对黎辉道："把小伟带过来。"小伟低着头来到褚蒜子跟前，跪下，褚蒜子："说吧！这东西是怎么得来的？"小伟："回太后！奴婢打扫院子，看到一堆干草有些异样，便捣鼓了两下，结果就发现了这个。"褚蒜子用手制止小伟暂停，她转头对黎辉道："你悄悄地把皇后身边的小宁叫来，记着不要惊扰皇后。"然后示意接着审，李宁："谁去过那堆干草旁你可有印象？"小伟："有！是小增艳。今天早上奴婢上茅房时见小增艳在那儿待了好一会儿，奴婢当时没有在意，联想到刚才的事情，奴婢觉得蹊跷，所以才赶紧上报的。"……黎辉带着小宁来了，褚蒜子指着那包东西问："这东西你可认识？"小宁仔细看了看道："认识！这胭脂是王贵妃献给皇后的，这美容霜是王淑妃献给皇后的。只是，皇后早让奴婢处理了。"褚蒜子："怎么处理的？"小宁："用个包袱包好埋在了西南那边的墙角旮旯里。"李宁："可是这个包袱。"小宁："不是！是个棕色的，不是红色。"李宁："你确定？"小宁："确定！当时奴婢怕红得太艳被人发现，故意用了棕色的。"李宁："皇后为什么不用？"小宁："皇后怀着皇嗣，怕她们送的东

第十三回 聃终丕及丕食丹药误国 安仕温让温倡士断兴邦

西会影响胎儿,所以……"褚蒜子:"你们一起去把她埋的起出来,然后你亲自去太医院把董太医请来,不要声张。"

司马聃怕褚蒜子太伤心,专门过来看她,她道:"母后这儿没事,你多陪陪皇后。"司马聃:"她刚睡下了。"又道:"王太医和小增艳自杀了。"褚蒜子:"是,畏罪自杀。"又道:"皇后滑胎是人为。"司马聃:"什么?"褚蒜子:"后宫争斗从来都是这样。"司马聃:"是谁?"褚蒜子:"现在还不确定,等会就知道了。"正说着李宁和董太医到了,李宁把和小宁一起挖到的东西拿出给褚蒜子看,褚蒜子示意给董太医,对他道:"董太医看看这胭脂和美容霜。"董太医一番看、闻、尝后,道:"回太后!回皇上!这胭脂中有大量马钱草,美容霜中有大量芦荟。"褚蒜子:"芦荟对怀孕的人不好,马钱草也是。"董太医:"这两样东西,孕妇都不能见不能闻,否则极易滑胎。"褚蒜子:"真是防不胜防。"司马聃正要说话,褚蒜子示意他先不要说,她对董太医道:"你下去吧!切记!今日之事不能对任何人提起。"看着董太医走远,褚蒜子说:"皇后滑胎,王贵妃和王淑妃脱不了干系。"司马聃对她二人本来就没有什么感情,怒道:"把王贵妃和王淑妃给朕抓起来送廷尉。"褚蒜子:"且慢!不要打草惊蛇。"又道:"后宫芦荟易得,一般化妆品里也都有,马钱草从哪里来的,它是怎么加入胭脂里的,先留着她们,找出幕后真凶。"

司马聃和平常一样来到书房,刚坐定司马昱、王彪之求见。礼毕,司马昱小心道:"皇上!皇嗣的事,皇上不要太难过。"司马聃:"朕没事。"王彪之:"太医怎么说?皇后好好的怎么会……"司马聃:"是朕不好!不该对她说重话,又推她……"王彪之:"听说是滑胎?"司马聃:"是!皇后一屁股坐下,就……哎……"司马昱:"皇上要保重龙体,不要过于自责,来日方长。"司马聃:"可是,朕、朕……你们下去吧,朕想静静。"

褚蒜子等来到永安宫,司马聃、小宁等赶紧礼迎,何法倪叫了声"母后",欲下床,褚蒜子赶紧走过去道:"不要多礼,养好身子要紧。"司马聃:"董太医说不碍事,好好调养不会落下什么病根。"褚蒜子"嗯"了声,道:"黎辉、李宁、小戴,你们几个去外面,没有宣旨,任何人不得入内。"他们走后,褚蒜子道:"王贵妃和王淑妃送的胭脂和美容霜,皇后已让小宁处理掉,里面含有大量的马钱草和芦荟。这个好理解,她二人羡慕嫉妒而想皇后龙嗣不保。"司马聃恨道:"朕真想立马杀了这两个人。"褚蒜子:"不要动怒,听母后说完,小伟发现的胭脂与王贵妃和王淑妃送给皇后的一样,都是加入了大量极易

249

滑胎的马钱草和芦荟。据小伟交代，这东西应该是小增艳的，这东西她从哪里得到的？"司马聃："应该是被王贵妃和王淑妃买通了。"褚蒜子："没有那么简单，也可能是王太医给她的，王太医和小增艳互咬，又一起自杀想隐瞒什么？王太医想嫁祸给小增艳，小增艳不干，直接怼出！后来二人那么快自杀，是因为他们知道如果他们不死，他们的家人会受连累，谁有这么大能力？"司马聃："朝廷臣子有人参与？"褚蒜子："十有八九！但是，现在，绝不能声张，重要证人已死。如果明查，会引起动荡。"司马聃："母后的意思？"褚蒜子："皇后滑胎这事皇上继续担着，咱们暗中查访。"司马聃恨道："朕还是想把王贵妃和王淑妃这两个人杀了。"褚蒜子："没有证据。小增艳如果是被她们收买的，她们这会儿已是惊弓之鸟，如果不是，岂不是打草惊蛇？"何法倪："儿臣想小增艳即使大量使用她们给的化妆品也不会太妨碍，儿臣以为是红花的原因，小增艳负责煎药，红花背后的人才是真正的凶手。"褚蒜子："法倪分析得对！我们现在要以不变应万变。"

褚蒜子坐在书案前思考："王贵妃是王彪之的堂侄女，王淑妃是王述的本家孙女。难道是她二人？这两个人都是朝廷忠臣，不会吧。"又想："会是谁？为什么？有多少人参与？他们的终极目标是什么……"太多的为什么让褚蒜子不得安宁。

皇上的午饭一般都是由御厨房来做，尚食局吴用专门负责皇上饮食。这一天一大早，他便来到御厨，大声喧道："皇上今日菜单有清蒸武昌鱼、五香酱驴肉……"负责做五香酱驴肉的张明桐手里的勺子哐当一声掉地上了，吴用笑道："张明桐，皇上吃你做个酱驴肉，你不至于激动成这样子吧。"张明桐小心道："没有！小人不小心刚好掉了饭勺。"吴用笑道："好好做！皇上吃好了有奖赏。"张明桐唯唯称是，此时张明桐的心啊，快要跳出嘴里的感觉，他想："老天爷呀！小人从来不敢有害人之心，何况是皇上？小的是受逼迫，不得已啊！如果小人不办，小人一家老小都别想活命了！小人不敢有害人之心，但是又不能不做，小人在量上减少了些，能让人生病，但是不能要人命。老天爷，希望你全看在眼里，救救小人。"

御膳送到司马聃跟前，小戴用银针一一测试，银针都没变色！司马聃："把那个酱驴肉端前面来。"小戴吸了一下鼻子："嗯嗯……好香啊！"说着把那盘酱驴肉端到了司马聃跟前，司马聃笑道："过来一起吃。"小戴："奴才不敢，皇上这要折煞奴才呀。"司马聃笑道："一会儿赏你。"小戴："奴才先谢过皇上。"司马聃很快吃饱了，那盘酱驴肉，他吃了大半。小戴伺候司马聃后，端起司马聃吃剩下的酱驴肉开吃起来，他边吃边道："真

第十三回 聃终丕及丕食丹药误国 安仕温让温倡士断兴邦

香。"小戴吃过饭，靠在门口也小睡起来。忽然，他听到屋里有动静，赶紧过去，看到司马聃一头汗，他以为司马聃做噩梦了，赶紧叫："皇上！皇上！"司马聃想应，张不开口，想动，无力抬胳膊，不过片刻，他竟然昏过去了。小戴大叫："宣太医！宣太医！"又道："快！快去报告太后！"

褚蒜子此时也在午休，她做梦了，清楚地听到有人唱《阿子汝不闻》，心里头十分伤感，她想动却怎么也动不了，一着急一头汗。一旁伺候的黎辉边摇边喊她，褚蒜子梦呓了句"彭子"，睁开了眼，她即刻起身对黎辉道："去看看皇上！"话音还没有落地就听小太监报说司马聃昏过去了，褚蒜子来不及穿好鞋子，跑着赶往司马聃那里。

褚蒜子来到书房，董太医等人赶紧礼迎。褚蒜子摆摆手道："皇上醒了吗？"董太医："臣给皇上用过速效救心丹了，应该很快就会醒过来。"褚蒜子："怎么回事？"董太医犹豫了一下道："这个，要等皇上醒来再看看。"褚蒜子："什么情况？快说！"董太医赶紧跪下道："太后！恕臣无能！臣也不知所以然，只有一种情况……"褚蒜子："快说！"董太医："可能是食物中毒，有些相克的食物一起吃会引起心绞疼。"褚蒜子："皇上都吃了什么？"董太医："太后！臣已经看过了，剩下的饭菜都没有问题，只那驴肉可能有问题。"小戴："驴肉奴才也吃了啊！皇上吃剩下赏奴才了，奴才把剩下的全吃完了。"董太医："驴肉和黄花菜一起食容易引起心绞疼。"小戴："奴才保证，没有黄花菜。"褚蒜子斥道："多嘴！黎辉你去御厨房把酱驴肉样本取些过来，把小戴看起来。"正说着，司马聃醒了，褚蒜子赶紧俯下身子问："感觉怎么样？"司马聃："做噩梦一样！母后别担心了！没事，可能是吃多了。"说着就要起来，可是凭他怎么使劲，就是动不了，他不由急道："怎么一点儿劲也使不上啊？胳膊腿儿都不听使唤。"董太医赶紧跪下道："皇上！您这是麻痹了，恢复需要一段时间。"

黎辉带人来到御厨房："中午的酱驴肉可还有？取些过来！"张明桐边切取边暗道："这些都是没有用黄花菜卤过的，防着这一手呢。"黎辉："麻烦张御厨随我走一趟。"

黎辉把酱驴肉呈上来，褚蒜子道："董太医看看。"董太医闻嗅尝试后道："太后！没有问题。"说着转向小戴，褚蒜子："你尝尝是不是和中午的一样？"小戴尝了尝道："太后，奴才吃不出来，都挺香的。"一旁的张明桐暗道："肯定让你吃不出来，要能够吃出来我一家老小不就完了？"褚蒜子看向董太医，董太医赶紧跪下，褚蒜子："把皇上抬到显阳殿，宣太医去那会诊。"

251

司马聃在显阳殿治了一个多月，虽然太医用尽全力，还不见有大的起色，时好时坏。这天，黎辉把药煎好送来，何法倪接了过去，司马聃说："有点热，等会再吃。"又转头道："母后！儿臣可能不能孝敬您了。"褚蒜子："胡说！赶紧把药吃了。"司马聃推了一下何法倪递上来的药道："法倪！要是一切都好好的，我们的皇儿这会儿该出世了。"何法倪："好好养病！不想那些事了，咱们来日方长。"说着又把药喂给司马聃，司马聃吃完药道："来日方长！能够来日方长多好，朕恐怕、恐怕……"何法倪鼻子一酸眼泪差点掉下来，她收了一下情绪道："不许说这话，我们会好着呢。"司马聃闭了下眼道："我想睡会了。"何法倪服侍他睡好，吩咐小戴好好伺候，与褚蒜子一起离开。

褚蒜子与何法倪正在说话，有太监报说司马昱求见。褚蒜子："传哀家口谕，一切政务暂时由司马昱大人做主。"一片树叶飘向了院中的景观湖里，顺水悠悠，一会便没见了踪影。树中的乌雀"嘎"地叫了一声，似乎在惋惜树叶的凋零。褚蒜子与何法倪心有戚戚然，相对无言。一抬头，见小戴扶着司马聃出来了，二人忙站起来接他，司马聃："今日觉得好多了，出来走走。"说着抬头看了看天，道："好久没见这么蓝的天了。"褚蒜子："去拿个披风，咱们到那边看看。"何法倪："花瓶里的花就是从那切的。"司马聃："多好！太美了！"司马聃看起来脸上红红的，康复了一般，褚蒜子有点怕，此时她脑子高速运转，一边说着让司马聃开心的话，一边祈祷佛祖护佑司马聃平安。

也就半个时辰左右，司马聃说累了，何法倪扶他回房休息，然后便侧歪在旁边的榻上小憩。忽然被司马聃"咳……咳……啊……啊……"声惊醒，她忙起身，只见司马聃脸色煞白，她急道："宣太医！快宣太医！"褚蒜子听到声响已赶过来，她一看司马聃，不由恸道："彭子啊！你可不要吓母后！"董太医等急匆匆地赶来，褚蒜子让他们赶紧诊脉查看，董太医诊疗一番，跪下不语。褚蒜子肝肠寸断、泪如雨下，何法倪晕了过去，倒在小宁身上。褚蒜子悲恸至极，几欲昏厥，但是她知道自己不能倒，她强压着悲愤告诉自己："不能倒下！不能让暗中的对手得逞。"褚蒜子出现了幻听，《阿子汝不闻》歌响起……她努力压住悲恸，对自己道："不能倒下！哀家一定要查出幕后真凶。"

褚蒜子收起悲恸，立刻下诏，诏命司马丕继位。她知道，非常时刻，她必须抢先一步，不能给他们生乱的时间。褚蒜子一身正装来到太极殿，威严下诏："帝奄不救疾，胤嗣未建。琅琊王丕，中兴正统，明德懋亲。昔在咸康，属当储贰。以年在幼冲，未堪国难，故显宗高让。今义望情地，莫与为比，其以王奉大统。"

第十三回　聃终丕及丕食丹药误国　安仕温让温倡土断兴邦

百官听命，备好皇帝驾辇，在司马昱、王彪之的带领下，到琅琊王府迎立司马丕为帝。

司马丕登基后，褚蒜子与他商定立其弟司马奕为琅琊王，这正合他的心意，就在太极殿上宣旨："朕获承明命，入纂大统。顾惟先王宗庙，蒸尝无主。太妃丧庭，廓然靡寄，悲痛感摧，五内抽割。宗国之尊，情礼兼隆，胤嗣之重，义无与二。东海王奕，戚属亲近，宜奉本统，其以奕为琅琊王。"司马丕时年二十三岁，司马昱、王彪之等不好意思继续辅政，便上奏请辞曰："皇上年轻力胜、文武全才，雄才大略第一、机智神勇无二，臣等愚眉肉眼、才力不及，恳请辞辅政。"司马丕坚决不准，他道："显宗成皇帝顾命，以时事多艰，弘高世之风，树德博重，以隆社稷。而国故不已，康穆早逝，胤祚不融。朕以寡德，复承先绪，感惟永慕，悲育兼摧。夫昭穆之义，固宜本之天属。继体承基，古今常道。宜上嗣显宗，以修本统。"司马昱等坚决辞呈，司马丕再三留之而后准之，他亲自去显阳殿向褚蒜子回禀此事。褚蒜子没有说什么，只交待司马丕好好为政，又交代说："虽然皇上准了他们的辞呈，但是他们在朝堂上的意见也还要重点参考，尤其是司马昱、王彪之、王述等人的。"

褚蒜子隐隐感觉到何法倪滑胎、司马聃驾崩、司马丕继位三者有着关联。果然，李宁很快查到了事情的真相，褚蒜子问可是与他二人有关？李宁详细报说："王彪之、王述、王贵妃、王淑妃相互联合，他们确保她们在宫中的地位，她们确保他们家族的荣华富贵。他们帮她们除掉皇后腹中的胎儿、帮她们受宠以怀上龙嗣，可是遗憾的是，无论他们在先帝耳边说了多少好话、做了多少工夫，先帝只钟情皇后一人。于是他们为了自己家族的命运，又想出了别的办法，就是加害先帝，辅立司马丕为帝，因为司马丕的王妃王穆之是王濛的女儿，虽然王濛已不在，但是王穆之是王家的女儿，如果扶持她为皇后，王穆之一定会为王家效力。再有就是，他们扶立司马丕为帝，他们就是新帝功臣，司马丕会顾及他们的功勋，褒奖王氏家族。只是，他二人在对皇上、皇后犯罪后，并没有及时对司马丕、王穆之说，他们想在朝臣议论立谁为帝时力挺司马丕以期在众目睽睽下立功，以保日后不受人追责。可是，令他们没有想到的是太后雷厉风行，直接立了司马丕为帝，这让他们无法向司马丕邀功。"褚蒜子："这一切，皇上知道吗？"李宁："据奴婢了解，皇上不知道。"褚蒜子长叹一声，没有说话。李宁："太后！现在证据确凿，要抓捕王彪之和王述吗？"褚蒜子摇了摇头没有说话，黎辉、李宁义愤填膺，齐声道："太后！为什么？"褚蒜子闭着眼睛道："不是时候，先留着他们，你们退下吧。"一个人的

253

时空，褚蒜子独自流下了悲恸的眼泪，自语道："哀家真想手刃这两个人。可是，又能怎样？杀了他们，彭子也不能复活。这二人都是几朝元老，如果动他们，势必会引起朝局动荡。"又想："子继父位，司马丕二十年前就该登基，可是时局让他做了二十年的琅琊王，而今却在两股相反力量的作用下重继大统，这也许就是命吧。"

司马丕是一个不错的皇帝，他即位后下令减免赋税，一亩地只收二升，冬天到了，他考虑到民众生活艰难，又下令给贫穷户赏发大米五斛。为了发展农业，他亲自下田，体验种田的艰辛。他也很勤政，经常在书房看奏章，与大臣们一起商讨国事。这一日，司马昱就并州发生日食向他汇报，他没等司马昱说完就道："天灾地祸，是上天对人间的不满，朕即刻写罪己诏诏告天下，上天所降罪责自不敢擅自赦免，只祈祷上天把罪责都让朕一个人来承担，不要牵连天下万方。"司马丕写得一手好字，他的罪己诏一面世，便成了民间练习书法的帖本。司马丕之作为，褚蒜子看在心里，甚至是欣慰，默默祈祷，默默祝福。

安葬好司马聃，褚蒜子回到显阳殿，她太痛了，她需要时间来一点点地消解内心的伤痛。可是，她却没有这样的时间。是晚，司马丕来向她问安，在他心里，她不仅是扶他上位的人，更是他心中治国有成的榜样，所以，朝政尚不熟悉的他，一有事便想到向她顾问。褚蒜子本想调整下身心，好好休息休息。可是她没有这样的时间，只听司马丕道："儿臣今日送先帝刚回来就收到了慕容恪攻陷野王城、其将吕护攻下荥阳的奏章，儿臣决定暂且隐忍，养精蓄锐，然后再战。司马昱、王彪之等朝臣也是这个意思，但是儿臣还是觉得不实落，儿臣想征求太后的意见。"褚蒜子实在太疲惫，对这些小事，她也实在不想管太多，应道："一应朝政，皇帝自己决定就是。"司马丕："太后掌舵，儿臣心里才有底。"褚蒜子："哀家已退居后宫。"司马丕："儿臣知道！儿臣初继大统，有很多事不知道如何做，太后帮儿臣把控一下，儿臣心里才有底。"褚蒜子："司马昱是周公，诸事多和他商量，王彪之、王述、谢安、王坦之等都不错。只桓温现在军政上独大，皇上多长个心眼就是了。"司马丕："说到桓温，儿臣正有事向太后请教。梁州有地方发生骚乱，桓温派范汪前去镇压，范汪因为忙着传扬儒学文化，把这事忘记了，以致梁州动乱扩大化，桓温上书要求惩戒他，请求贬他为庶人，可否？"褚蒜子见司马丕如此，恍惚看见了司马聃，她强打精神道："皇帝以为如何？"司马丕："儿臣觉得应该准桓温所奏，贬范汪为庶人。可是，司马昱、王彪之等却说不要贬，说要用他来制衡桓温。"褚蒜子："皇帝听了大臣们的议论后怎么想？"司马丕："儿臣还是觉得要贬他，军令大如山，他竟然视军令为儿戏，不是因为桓温，是因为法令。"褚蒜子："那贬就是。"司马丕："儿臣想听听太后的意见。"褚蒜子："哀家相信皇帝的决策是经过深思熟虑的，哀家支持。"

王彪之、王述见风平浪静、朝野稳定，也都心安了许多。可是，心里的魔终要自己打破，这一日，他二人又来到新亭。王彪之："没想太后如此果敢！不经群臣议论就立了司马丕为帝，我们白忙活了一场。"又道："是那个张明桐坏事。"见王述疑问，王彪之道："黄花菜他用量少了些，可致病不可致命。"王述："可能根本就不管用，那戴规也吃了，他没一点事，怎么说？"王彪之："你不知道！那菜是针对他的，别人没多大用。"王述："不说这事了，儿歌也不了了之。以太后之精明睿智，她不会想不到是你我二人，她不动我们，是为大局考虑。"王彪之："我煎熬得难受，以后怎么办？"王述向上天作了个揖，道："好好为朝廷分忧！对得起天、对得起地、对得起她。"王彪之："说实话，如果张明桐不做手脚，一切都会顺着我们设计的方向走，可惜了，功亏一篑。"王述："我觉得是庆幸。"又道："那个张明桐如何？"王彪之："已秘密处理了。"王述深思了半天道："我们俩之前那些糊涂事从此一笔勾销。"又道："说是九月册立王穆之为后，定了吗？"王彪之："定了。"王述："定了就好，定了就好。"王彪之："殊途同归，殊途同归呀！"王述："是啊！殊途同归！"又道："从今以后，我蓝田唯朝廷是问，那上面坐的谁，我不管。"王彪之重重地点了点头。

司马昱、王彪之奉诏来到书房，未及行礼，司马丕便道："朕有个想法给两位大人商量一下。"司马昱、王彪之侧耳听，只听司马丕道："朕想把司马聃过继到父皇名下。"司马昱、王彪之二人"腾"一下站了起来，司马丕见状走上前道："这江山原本如此！只是到了康帝、穆帝，历史稍稍走偏了一下，朕想纠正过来。"司马昱："皇上！臣以为大可不必！这江山原本就是司马家的，费那劲做什么？"王彪之："皇上！臣也以为不必！如此，置太后于何地？"司马丕："朕早考虑过了，尊太后为皇太后，尊朕的生母为皇太妃。"司马昱："皇上以为太后是那种贪恋权势的人吗？"司马丕："朕知道太后非贪恋权势之人，可是不如此，朕心里过不去。"王彪之："那就不说过继的事了呗。"司马丕："不说！朕心里过不去！"司马昱："恕臣直言！臣觉得皇上这个事有点过。"王彪之表示认同司马昱的说法，司马丕见他们这样，不由恼道："此事朕已经向太后说过了，太后同意。"二人对望了一下道："太后同意？"司马丕："是！太后同意！太后说朕的这个要求过分！但是，太后为了树立朕的威望，她答应了！还说，如果谁有异议，她为朕摆平。"司马昱、王彪之互相看了一眼，没有说话，司马丕又道："朕还没有向太后说尊她为皇太后的话，这个，朕想请两位爱卿去说说，朕说有交易的感觉。"司马昱："皇上多虑了，既然太后如此说，皇上做你想做的事就是了。皇太后不皇太后的，我想太后不会计较。"王彪之："是！臣也以为她不会计较！她只想皇帝做个好皇帝。"司马丕："是！太后正是这样说的。"又道："朕的意思，就劳请二位大人了。"

　　据报，北方降将吕护背晋归燕，准备攻打洛阳，其大军已在路上。司马丕让朝臣们议论此事。司马昱："燕贼慕容恪十分会用兵，我们当慎重对待。"曹秀："是啊！连桓温都怕他三分，我们要对此事慎重考虑。"王彪之："臣以为这事得请桓温出马……"一番议论，司马丕仍不得主意，他说此事稍后再议。下朝后，司马丕不由自主地走向显阳殿，与褚蒜子交流一番，最终决定诏令吴国内史庾希为北中郎将，领徐、兖二州刺史，镇守下邳，前锋袁真为西中郎将，监督司、豫、并、冀四州军事，领豫州刺史，镇守汝南……桓温收到朝廷的诏令，正准备调兵遣将时，有驿卒来报说洛阳危急！河南太守戴施闻风而逃，只有冠军将军陈祐在坚守。桓温："上书朝廷，请朝廷派庾希、邓遐同袭吕护，快马告知北中郎将庾希及竟陵太守邓遐一同率水师援救洛阳。"庾希得令，立派部将何谦为先驱，直奔洛阳，与吕护在檀邱交战，大获全胜。时西中郎将袁真又从汝南运来五万斛大米，接济洛阳，洛阳城既得外援，粮食又够吃，当然气势十足，后邓遐也率领部队赶到，何谦的部队与城内的守军三方汇合，内外夹击，大败吕护，洛阳遂得安全。

　　如果这样下去，司马丕也会许在褚蒜子的辅助下会成为一代明君，然而遗憾的是，司马丕受当时社会风气的影响，喜欢吃"丹药"。当了皇帝后，更加迷恋丹药的他每天按照道士传授的长寿方法，吃很多。这天，大家正在书房议论洛阳大捷的事，司马丕药瘾犯了，打着哈欠叫贴身太监戴陶陶给他拿丹药，侍中高崧劝谏说："皇上！丹药乃钟乳石、紫石英、白石英、硫黄、赤石脂五种金石所炼，吃多了伤身子啊！"司马昱、王彪之也劝他少食，司马丕不悦道："时人都在吃，怎么不伤身子？"王彪之："皇上不觉得吃了之后全身发热吗？……"司马丕不等他把话说完就道："那是在排毒！"噎得王彪之把话咽了回去。司马昱见状赶紧劝说，可他刚一张口，司马丕就恼道："不要再

第十三回 聃终丕及丕食丹药误国 安仕温让温倡士断兴邦

说丹药了！说事！"说着，一口吞下两颗"丹药"。

司马昱、高崧等见司马丕不听劝阻，就想着请褚蒜子劝劝他。褚蒜子原本也反对吃药，只想着他不会过度，未成想他嗑药成疾，便在他向自己请安的时候旁敲侧击劝道："人乃血肉之躯，需五谷养之，丹药再好，也是金石之物，不能多吃。"司马丕："'丹药'好得很！每当儿臣犯困时，吃上一粒，很快就不困了。"褚蒜子："哀家怕皇上吃多了伤身子。"司马丕道："太后多虑了！儿臣吃丹药并没有什么不适，儿臣看奏章，全凭此丹药提神呢！"褚蒜子："皇帝为国事操劳自是辛苦，但是也不可以借着丹药透支身体。"司马丕："太后只管放心，儿臣心里有数。"褚蒜子："听说皇上也拉着皇后一起吃？"司马丕："是啊！之前皇后一直不孕，自吃上几个月丹药后，竟怀孕了，这可不是丹药的功劳。"褚蒜子："既然皇后怀孕了，就不要吃丹药了，哀家怕她腹中的胎儿受不了。"司马丕："如果不吃就怀不上，吃了才怀上，多吃才能生出健康的皇嗣来。"褚蒜子见他如此，只好左顾而言他。

司马丕吃"丹药"成瘾，谁劝也不听，不但不听，还嫌吃太少，竟发展到每天狂吃到当饭吃。还下诏请会炼制丹药的高人专门来宫中为他炼丹。一个叫卜思仁的道士，见司马丕如此好丹药，便想借此为自己谋得荣华富贵。他接诏见到司马丕，给他说了很多有关丹药的奇人异事，还把葛洪拉出来为己做虎皮。

说实话葛洪也真是个奇才，他是丹阳句容人，出身于江南士族，十三岁时父亲死了，留下的遗产只有一些藏书，他白天上山砍柴维持生计，晚上就在家里读书。因为柴草多，他自己又是个书呆子，不经意失了几次大火，把他栖居的破草屋全烧了，藏书一本也不剩。他为读书，白天打柴卖柴，换来纸和笔，晚上到别人家抄书，然后拿回家读。他性格内向，不愿意和人打交道，人们看到他手里经常拿着书，便称为"抱朴之士"。"抱朴"两个字出自老子的"见素抱朴，少私寡欲"。葛洪也正是这样的人，于是，他自己取号"抱朴子"。十六岁那年，他操起了爷爷葛玄的老本行，拜郑隐为师，一心开始炼丹，并在三十五岁那年著成了《抱朴子》一书，该书分《内篇》《外篇》。《外篇》主要谈思想，他说儒家和道家并不是那么地泾渭分明，而是"你中有我，我中有你"。他提出平时要以"忠孝"和"仁义"为本，生活简单朴素，遵守清规戒律，脚踏实地，刻苦修炼，才能成为神仙。如果夸夸其谈、为所欲为，想成仙，门儿都没有。《内篇》包罗万象，丹药、鬼怪、求仙、养生、房中术等都包含其中。他听说交趾（越南北部）出产丹砂，就向朝廷申请出任勾漏县县令，褚蒜子顾念他奇人好学，就同意了。他就任时，经过广州，遇到了刺史邓岳，邓岳说："这里有个罗浮山，被称为'神仙洞府'，传说有人在此羽化成仙。如果你在此炼丹，我愿意为你提供炼丹的材料。"葛洪心动了，就没有去上任，从此隐居罗浮山。他在这里专心炼丹，发明了许多炼丹的方法，成为最有名的炼丹家。他还懂医学，他的《肘后备急方》里，有许多病症的描述及治疗方法。他还记载了治疗某些常见病的特效药，比如松节油治疗关节炎，雄黄、艾叶可治疗皮肤病等。他还图文并茂地记下了一些针灸的使用方法，浅显易懂，外行也可以进行一些简单的操作。他还会打金箔，有一回他云游到建康栖霞友潭寺时，看到供奉的神像是泥塑的，没有光泽，一问，才知道是当地的老百姓没有足够的钱为神像塑造金身，非常遗憾，他听了便决定给神像贴上金皮。只一夜工夫，葛洪打造出了金皮，往神像上一贴，登时金碧辉煌。朝廷听说此事，专门表扬嘉奖了他。褚蒜子也曾专门表彰过他，是因为他进献的豆腐。据说葛洪有一次正在炼丹，一不小心把豆浆洒到丹炉旁的石膏上，不一会儿，那石膏就变成了一摊白白嫩嫩的东西，一尝，味道非常鲜美，于是他就做成食品，命名为"豆腐"，豆腐从此沿袭至今。葛洪很会养生，他的养生方法是："冬天不要太保暖，夏天不要太贪凉；对美色，不要过度，也不要任性肆意；对生活，不要贪得无厌，也不可太清心寡欲；不论看到什么、听到什么，都要心平气和。归纳一下就是凡事要节制，万事不能走极端。"公元三百六十五年葛洪去世，享年八十一岁。他死在罗浮山，传说当天他手拿一把剑，口里诵读真经，盘腿坐在地上，到了中午的时候，羽化成仙而去。他的脸色跟活着时一样，身体也非常柔软。当地的老百姓听到消息后，纷纷赶来悼念。葛洪留下的一件道袍，突然化为碎片，变成许多彩色的蝴蝶，在空中盘旋，最后聚焦到一个天然的石洞中，就是后来的罗浮山"蝴蝶洞"。

这卜思仁把葛洪吹得天花乱坠，引得司马丕对"丹药"走火入魔，他一心想像葛洪一样成仙。为此，他基本不再吃饭，每天以丹药当饭。为了生出健康的子嗣，他让王穆之把丹药当补药吃。遗憾的是，丹药是慢性毒药，王穆之怀孕时因服用过度，直接导致孩子畸形，孩子出世没几个月，就死掉了。这不但没让司马丕醒悟，反而认为是服食丹药不够所致，更加疯狂地服食丹药。这天，他刚睡醒，就喊道："陶陶！快去传卜思仁，让他给朕加速炼制丹药。"陶陶见他已瘦得没有人形，劝道："皇上！您吃点饭吧，吃点饭再吃丹药。"司马丕："你个狗奴才！不吃丹药朕的嫔妃怎么怀上孩子，快去！"陶

第十三回　聘终丕及丕食丹药误国　安仕温让温倡士断兴邦

陶："皇上！太医说皇上的儿子是因为皇后怀孕时服用丹药过多、营养不良才……"司马丕打断他道："胡说！他们都是庸医！朕没吃丹药之前，皇后连怀上都怀不上，快去！拿丹药来。"陶陶把装丹药的罐子给他，他夺命一样赶紧抓吃了一把！然后，他魔怔般道："不孝有三，无后为大！父皇的江山不能在朕手里失传。"

司马丕虚弱至极，已经不能下床，更别说上朝了，以致朝堂堆积了许多奏折。眼看着国家机器怠速，司马昱、王彪之等坐不住了，他们一商量，决定请褚蒜子再次垂帘听政。褚蒜子说："皇上并非年幼，不要坏了祖宗规矩！"司马昱："祖宗规矩是重要，祖宗传下来的江山更加重要。而今，皇上不能理事，朝臣没有头领，政务堆积如山，国家步履维艰。只有太后垂帘听政，江山才可稳固。其功、其德皆大矣！"褚蒜子："这事还是请众朝臣议论一下再说吧。"司马昱连忙呈上一本道："这是群臣恳请太后垂帘听政的联名签名书。"褚蒜子看罢道："好吧！哀家暂且勉为其难，等日后皇上病好了，再还政于他。"

褚蒜子再次临朝称制，在两个人心中起了非常大的波澜，一个是桓温，一个是谢安。桓温作为离皇权很近的驸马，起了取而代之的心，他这个念头有两个理由，一是皇帝真的无能，他身为男人，替"男人"感到汗颜。二是真心不想让褚蒜子再操心国事了，她是他心中的女神，他想让她从此什么心也不操，过着岁月静好的生活。谢安作为褚蒜子的表舅、外戚，他的理由也有两个，一是想在褚蒜子的带领下一起引领国家走向繁荣富强。二是通过自己的努力庇护谢氏家族并再创辉煌。两人都是大写的男人，开始不动声色地较量起来。

谢安社会声望高，桓温能请他来自己麾下任职，自觉脸上非常有面子。他也是真心想拉他和自己一条战线，故而虽然心里没有十分的把握，但是还是愿意努力一把，万一成功了呢？所以桓温对谢安特别的礼遇。一天，几个人闲话，王珣说："昨天与安石一起出去办事，我们中午在外面吃饭，偶遇一美食，物美价廉。"郝隆问："什么美食？"王珣道："鲤鱼焙面。"谢安说："现在这时节的鲤鱼不肥，秋天的鲤鱼焙面比这会儿的更好吃。"桓温接口夸赞谢安道："安石真是多才多艺！我只知道你书法好、音乐好、有文采，没想到你还是个美食家。"谢安："哪里哪里！这个鲤鱼焙面是豫州特产，故而知道得多一些。"一旁的郗超忽然笑道："我咋想到媟隅了呢？"桓温听罢哈哈大笑，郝隆假装一脸难受道："又说！我这颗玲珑心呐，快被你们笑破了。"见谢安不明就里，郗超说：“那年明公举行宴会，大家饮酒作诗，不能者罚酒三杯。他开始不能做，被罚了三杯，喝完酒他拿起笔就写了一句'婐隅濯清池'。明公问他'婐隅是什么东西'？他说'蛮人把鱼叫婐隅'。明公问'作诗为什么要用蛮语'？他说'我从几千里外跑来投奔你，才得了个南蛮参军，怎么能不说蛮语呢？'"他又故作伤心道："现在我不是南蛮参军！"众人又是大笑。几人正说话，给桓温送草药的人到了，桓温让他把草药拿上来，那人上来指给桓温说："这是人参，这是何首乌，这是远志，这是……"桓温拿起"远志"玩味道："这种药又被称为小草，为什么会有两种称呼呢？"那郝隆也正是有屈没地儿放，歪放枪道："这有什么难。在山中叫远志，出山就叫小草。"谢安顿时尴尬不已，他曾是高卧东山的名士，素以远志闻名，而今却在桓温手下做个小小的司马，不由脸露惭愧之色。桓温见状，赶紧道："虽如此，但是其性没变。"

桓温如此善待谢安，谢安当然知道，但是他也是真有"远志"之人，他只是暂把他的"远志"隐藏了起来，只安安分分、老老实实地跟着桓温干。桓温虽然隐隐有感觉，怎奈谢安藏得很深，终究没有露出一点让桓温怀疑的蛛丝马迹。

谢万病故的消息传来，谢安知道他离开桓温的机会到了，他立刻上书告假桓温，说自己要为谢万奔丧。这个理由桓温不能不放，准假让他回去。

桓温、郗超盖着被子坐拥在床上说话，说到谢安，郗超说："明公不该放安石走啊。"桓温怅然道："万石病故，安石请奔丧，没有理由不准啊！"郗超："在下怕他一走再不回来。"桓温："不回就不回！我不差司马。"郗超往桓温身边挪了一下道："明公真的以为谢安是做司马的人吗？"桓温没有接话，郗超接着道："为绝后患，在下愿意找人把他做了。"桓温赶紧道："不可！我与谢家有感情……总之，千万不可！绝对不可！"郗超恨然道："他是外戚，在下怕他与太后联手。"桓温："不会！太后更不会。"过了一会儿，郗超说："明公，而今牝鸡司晨，令尔等男儿汗颜，明公英明绝世，为何不取而代之？"桓温："又出此言。"郗超："我为明公鸣不平也，明公才学力识、明慧断决皆是当朝一流中的一流，为什么要屈居人下，且是女人之下呢？"桓温巧言令色道："嘉宾不可这样议论。"郗超："历来女人当政，家国必会遭殃，难道明公忍心看着我朝生乱、置黎民百姓于不顾吗？"桓温："太后只是垂帘，并没有……"郗超不等桓温说完，抢话道："有差别吗？"见桓温不语，郗超又道："自古吉人异相，明公脸上七颗星，乃北斗也，面有北斗者有天子之贵。"桓温叹了口气道："这个我早知道，但只是天子之贵，

第十三回 聃终丕及丕食丹药误国 安仕温让温倡士断兴邦

天子之贵非天子之命也。"郗超向他身边挪近一点道:"当今天子贵吗?嗑药成瘾,贻害苍生,明公既有天子之贵,为何不取而代之?"桓温:"只怕没有天命。"郗超:"命定运转,人的命运掌握在自己手里,只要明公愿意。"又道:"自古都说君权神授,明公说这是真的吗?将相无种,难道天子就有吗?一切!非天定!在人为!"桓温:"嘉宾的心思我知道,但是,门阀士族不好惹啊!"郗超道:"别人以'阿子汝不闻'要了他的命,我们何不比葫芦画瓢?"桓温听罢不语,郗超:"我先把舆论做出去,然后咱策划个方案,看看上下内外的反应,如何?"桓温半晌不语,很长时间才说了句:"睡觉吧!"

建康很快就流行起"升平不满斗,隆和哪得久。桓公入石头,陛下徒跣走"的儿歌,这首歌传到褚蒜子耳朵里,她非常厌恶,改年号"隆和"为"兴宁"。可是不久,"虽复改兴宁,亦复无聊生"的儿歌又流行。褚蒜子明白,这是跟她杠上了,她问李宁桓温那儿有什么异样,李宁说:"平静得很!唯一的异样就是他和郗超非常好,两个人经常宿歇一处!以致外界传说他们有断臂之交。"褚蒜子没有接这茬儿,继续道:"加派人手!多加关注!"

褚蒜子宣司马昱、王彪之觐见,开门见山道:"当下流行的儿歌,你们可听说过?"司马昱:"听说过!都是说桓温捣鬼。"褚蒜子:"如何处置?"司马昱:"直接惩处不行吧!毕竟没有摆上台面的证据,不如以其人之道还治其人之身,他既然无事生非,我就给他来个引火上身,也编制儿歌谶言。"褚蒜子:"不必!"又道:"不理会!哀家更改年号并大赦天下,不过是借此希望为皇帝积福,祈愿皇帝早日安康,与个人没有关系。那儿歌谶言,不过是无稽之谈,所谓谶言,不过是当时可有此词。"王彪之:"这儿歌纵然不是桓温所为,臣以为他必定知道。他疑心已起,朝廷需要谨慎。"褚蒜子:"如不谨慎怎么会叫二位爱卿前来。记着!事缓则圆。"正说着,有内侍来报,说谢安求见,褚蒜子立马宣他进来。礼毕,褚蒜子让他说说对儿歌的看法,谢安道:"以臣愚见,这儿歌定是郗超炮制,桓温也定是知道,只是桓温不支持也不反对。他三五年内不会怎样,但是,他已心生异志,朝廷不可小觑。"三个人相视一笑,司马昱、王彪之道:"安石果然高人一等。"几人说到如何安排谢安,褚蒜子:"先去吴兴做太守吧!过渡一下。"

一切都在有条不紊地进行着,儿歌似乎除了让朝廷更改年号外,再没有激起一点浪花,桓温无形中吃了一闷棍,他刚萌生的异志也随之消失了。褚蒜子那荣耀万人的德威让他不敢生出二心，他只是"有天子之贵"没有"天子之命"，他在褚蒜子面前表过心，"即使不能流芳百世，也决不要遗臭万年"。他对自己说："一定要当个好臣子，决不再生二心。"然而"树欲静而风不止"，一心想谋大事的郗超一直不停地怂恿着他，两人夜谈，郗超说："儿歌也还是有效果的，至少年号改了。"桓温："朝廷除了更改年号，再没有一点浪花。算啦！有'天子之贵'无'天子之命'。"郗超不由得急道："明公在沙场上光芒万丈，怎么在这事上没有韧劲呢？儿歌是初试，虽然声响不大，到底也有声响。我们不妨再试一次。"桓温："如何再试？"郗超："指鹿为马。"桓温："指鹿为马？"郗超："嗯！再次上书朝廷迁都洛阳。"桓温："不可！两次了。"郗超："好！老壶新酒！事不过三，再三的时候，很多人会当真的！到时候看有多少人赞同，多少人沉默，多少人反对，我们心里就有数了，到时再看情况行事。"

在郗超的极力怂恿下，桓温写了奏章上报朝廷，请朝廷迁都洛阳。他在奏章里说："自永嘉以来，东迁诸族，须一切北徙，重返故土。再由皇上朝服御驾济江，仪表两河，宅中驭外。臣虽庸劣，愿宣力先锋，廓清中原。"这奏章一到，自然又是引起朝臣哗然。这投石问路的折子，褚蒜子本欲不理，怎奈司马昱他们一天一个请示，让她不能不置若罔闻，她决定找个人逗弄一下，散骑常侍兼著作郎孙绰便是好的人选。

孙绰是当下人人皆知的大文豪，若论名望，他若甘居第二，无人敢当第一。当时的名流庾亮、殷浩等已去世，都不急着办后事，而是先让人去找孙绰，求他写碑文，刻石立碑，然后才风风光光地下葬。当年王羲之在兰亭聚会的四十二人，他是其中之一，《兰亭集诗·跋》也是他写的。他年轻时纵情山水，写了成名作《遂初赋》，"遂初"的意思是遂其初愿，他的初愿是不愿意做官，要隐居山林，遵从内心的最初想法。他还有一篇代表作《游天台山赋》，工丽细致，他自认为是自己一生中最好的作品，曾对名士范荣期说："你试着把我的文章扔到地上，会听到钟磬一样的乐器声。"范荣期对他这种自吹自擂的做法不以为然，说："你这个乐器声符合宫商角徵羽吗？"孙绰："你读读便知！"范荣期拿文便读，读到好句子，忍不住大声赞美说："哎呀！这正是我想说的呀！真是掷地有声也！"

孙绰为人路子有点野，行为处事有时有点叫人"抓狂无奈乱南北、造暴不名迷西东"。话说王坦之有个弟弟叫王处之，人丑脾气坏，不好找老婆，转眼成了大龄青年。孙绰有一个女儿，也是性格不好又长得丑嫁不出去。他为了嫁女儿，便找王坦之闲聊，

第十三回 聃终丕及丕食丹药误国 安仕温让温倡土断兴邦

聊着聊着聊到王处之，刚好王处之过来找王坦之有事，他见后说："这孩子很好啊，一点不像别人传说的那样。"又说："我有一个女儿，长得还可以，只是我家贫寒，不知道他俩中不中？"王坦之很高兴，能娶到大才子的女儿，那真是祖坟冒青烟儿了。他立即转告他的父亲王述，王述想都没想就同意了。两家很快为两个大龄青年订婚嫁娶，结了婚了王家才发现，孙绰的女儿超级刁蛮无理、凶悍霸道，整天把家里搞得鸡飞狗跳，他们这才知道上了孙绰的当。孙绰就是这么不拘流俗、痞性十足，又有声望，又是中立派，他还麦秸火性子，让他出头，最合适不过了。

司马昱受命约孙绰在新亭小叙，两人天南地北地闲话，说到桓温，司马昱问："桓温上奏迁都洛阳一事，孙大人怎么看？"孙绰不屑道："迁什么迁？那个庶子就是不甘寂寞，想制造声响引人注意罢了。"司马昱："孙大人说得极是！可是，现在也不能不理会吧。他这是第三次上书迁都了，事不过三嘛！如果再不理会，朝廷怕他似的，再说，他说的道理也都像那么回事，孙大人能驳之一二吗？"孙绰头一梗道："驳之一二？老夫能驳得他体无完肤！把他那躁动的心都驳到棺材里。"

太极殿上，褚蒜子让朝臣们就桓温请求迁都洛阳一事议论，司马昱"抛砖"引孙绰。孙绰出列上前，把他泼墨挥毫、洋洋洒洒的奏章，在太极殿上宣读于众朝臣面前："昔中宗龙飞，非惟信顺协于天人，实赖万里长江，画而守之耳。今自丧乱以来，六十余年，洛河邱城，函夏萧条，士民播流江表，已经数世。存者老子长孙，亡者邱陇成行，虽北风之思，感其素心，而目前之哀，实为交切。温今此举，试欲大临览终始，为国远图，而百姓震骇，同怀危惧，岂不以反旧之乐赊，而趋死之忧促哉！何者？植根江外数十年矣。一朝顿欲拔之，驱踧于穷荒之地，提挈万里，逾险浮深，离坟墓，弃生业，田宅不可复售，舟师无从得依，舍安乐之国，适习乱之乡，将顿仆道涂，漂溺江川，仅有达者，此仁者所宜哀矜，国家所宜深虑也。臣之愚见，以为且宜遣将帅有威名资实者，先镇洛阳，扫梁、平、许，清一河南。运漕之路既通，开垦之积已丰，豺狼远蹿，中夏小康，然后可徐图迁徙耳。奈何舍百姓之长理，举天下而一掷哉？谨此疏闻，伏希睿鉴！"听罢孙绰不负众望的奏章，褚蒜子当庭拟诏："在昔丧乱，忽涉五纪，戎狄肆暴，继袭凶迹，眷言西顾，慨叹盈怀。如欲躬率三军，荡涤氛秽，廓清中畿，光复旧京，非忘身殉国，孰能如此？诸所处分，委之高算，但河洛邱墟，所营者广，经始之勤，致劳怀也。"

桓温收到诏书，心虚、窝火齐上头，正欲发泄一下，刚好郗超来了，他是来问上书朝廷迁都洛阳的事，桓温把诏书甩给郗超道："你自己看！"郗超接过小心翼翼道："传说孙绰在朝堂当着众朝臣力主反对？"桓温愤道："不是传说！就是！他在朝堂高亢激愤、引章据典、有理有节地驳我，辞藻华丽无比、衔接缜密无缝。他出面反对，朝臣们全体鼓舞欢欣，当庭全体通过，太后当庭下诏。"郗超咬牙道："这该死的孙绰！"桓温气愤道："派人给他捎句话，问他不好好研究《遂初赋》，跑出来干预国家大事做什么？"郗超："只一句话？"桓温："怎么？你还想干掉他？"见郗超不语，桓温又道："你千万不要做傻事，他是公众人物，一句话足够了，不要给自己难堪。"郗超见桓温还在生气，赶紧道："明公误会我了，我意思是说把他拉过来。"桓温心中的邪火正无处发泄，听罢愤然道："你去拉他！"又道："他现在眼里只有朝廷！他如今风头占尽，拉他？"郗超一时语塞，不知道如何回答。桓温见状，便迁怒郗超给他出的馊主意，又道："太后让我去朝中主政，去吗？"郗超："明公！在下低估太后了。"桓温："早就跟你说过！太后的器识非你我能比的。"又放软了语气道："你对我，我知道，只是命里无有莫强求，以后不要想了。"郗超："我们这不算没有结果，结果就是现在我们要积蓄力量、提高威望。"桓温："积蓄力量，提高威望，天下名流心向朝廷啊，孙绰心里只有朝廷，谢安去吴兴当太守了，其心也应该指向朝廷吧。"郗超："天下名流也不止他们两个，范汪是当下大儒，王坦之也是难得的俊杰。"桓温："先不说王坦之吧，他父亲王述刚病故，他要守孝三年，三年有多少事？范汪还行。"

同时看上范汪的还有褚蒜子，她深知"门阀士族＋仁义礼智信"的社会，名门名人的双重身份对社会的影响力。范汪不仅是雍州刺史范晷之孙，也是当朝大儒。他的声望非常高，在文学、医学、围棋方面都有很深的造诣，但是其为人有点类似殷浩，喜欢假装清高又有矫揉造作。虽然如此，但尺有长寸有短，几经思量，褚蒜子意欲把他纳入朝廷。

桓温做事迅速，他的奏章很快就到了褚蒜子案前。面对这种情况，司马昱不知道怎么办。褚蒜子吩咐他下两份诏书，一个是桓温的意思，一个朝廷的征召，让他自己选择！司马昱担心他选择桓温，褚蒜子说："不会！他会选择朝廷的。"果然，面对朝廷和桓温抛向的橄榄枝，范汪义无反顾、义不容辞地选择了朝廷。他想的是："现在桓温权倾天下，我如果追随桓温，天下人会认为我是个走桓温后门的小人。如果我选择

第十三回　聃终丕及丕食丹药误国　安仕温让温倡士断兴邦

朝廷，天下人会认为我是一个怀瑾握瑜、不同流俗的君子。"于是，他没有接受桓温上表请他做江州刺史的邀请，而是主动上表朝廷，请求去东阳做太守。这可是个特大新闻，让桓温非常丢脸，气得鼻子冒烟，他决定借刀杀人。在范汪未得到朝廷的任命前，桓温以军事长官的身份命令范汪率军北伐，去和慕容军拼个两败俱伤。范汪不是傻瓜，他当然知道桓温的意图，他说没有朝廷的命令他不去。这一拒绝，刚好给了桓温惩治他的把柄，桓温即刻上书朝廷，说范汪不听军令，不听军令当斩。但因为范汪是当朝大儒，希望朝廷网开一面，把他废为庶人以示惩戒。这种有理有据有节的奏章，朝廷也不好一味袒护，褚蒜子一边下诏把范汪贬为庶人，一边派人告诉他不要气馁，好好养精蓄锐坐等起复时机。

范汪不来桓温阵营，这对桓温影响很大，虽然郗超一直怂恿他取天下，可是他不知道自己有没有取天下的命。他想："虽说是命定动转，但是说的是运可以转，命却是定的。"心中的热望和骨子里的不敢让他决定听听术士怎么说。他特意把一个蜀国非常有名的术士请了过来，超规格招待。吃过晚饭，他和术士一起在院子里散步，桓温问："先生认为国家将来的运势怎样？"术士掐指算了一下，说："国运正长！"桓温听了没有说话，过了一会儿说："如果真像先生所言，那是国人的福气，也是你我的福气。但是我今天希望你能够说实话，哪怕国家有一点点的厄运，你也要告诉我。"术士平静地说："我数次夜观天象，国家五十年内不会有大的忧虑，五十年以后就不好说了。"桓温阴着脸一句话没说，独自回到屋里躺在床上乱想，忽然想到他在姑苏时候的那个尼姑。那尼姑有一天像从天而降一样，请求桓温布施给她衣食。桓温和她谈了几句，觉得她不寻常，就留在了府上。这个尼姑每月夜里，便会借着月光洗澡。有一次桓温忽然好奇，便蹑手蹑脚来到窗前，在窗户纸上戳个窟窿，偷偷往里看。只见这个尼姑光着身子，身白如玉。桓温看了一会觉得无趣，正要离开，忽见尼姑拿出一把刀，刀尖慢慢刺进了肚子，切成两半，内脏拿了出来放在浴盆里，接着又用刀砍断了自己的双脚，看得桓温全身战栗。他定了定心正要走，门"吱呀"一声开了，尼姑走了出来，毫发无伤，面色如常。桓温问："是真的吗？"尼姑道："明公如有二心，结果就是这样！"说完转身进屋闭门。桓温听了尼姑的话，一身冷汗，木木地走回寝室。第二天，尼姑不见了，不知道她是怎么走的，悄无踪迹，没有人知道她去了哪里。这对桓温影响很大，他就是再野心勃勃，每一想到这，便心惊肉跳。今儿术士又如是说，他想："命里有时终须有，命里无有莫强求。有天子之贵是贵而不是命！人生一世，草木一秋。雁过留声，人过留名。现在，国力虽然日盛，但是劲敌燕有慕容恪、秦有王猛，他们现在君臣一心，国力正向上发展，如果晋之国力下滑，假以时日，定会被他们收拾的，届时燕、秦联手，晋很快就会亡国，那样，我岂不成了千古罪人？"

几经思量，桓温上书朝廷实行土断。褚蒜子看到他的奏章，心里一阵欣慰，心说土断早该实行了。故而，一上朝，褚蒜子便对群臣道："桓温上书，请求土断，请众爱卿议论。"褚蒜子话音刚落，只听曹秀道："太后！这恐怕是桓温不甘寂寞为制造声响耍的花招。"褚蒜子心里暗笑了一下，道："声响是有的，但是这是一个利国利民的声响。现在的基本国策是士族不交租、不纳税、不服役，可以合法地占有佃户，还可以有自己的部曲。交租、纳税、服役的只有庶族。而那些从北方迁过来的侨人，他们由朝廷设置的侨州、侨郡、侨县予以登记安置，这些侨州、侨郡、侨县的主人，是南迁的高门士族，那些流民侨人，便顺其自然地成了他们的佃户、部曲，只向他们交租纳税，不向朝廷服役，这不仅影响了朝廷的收入，也给朝廷埋下了隐患。那些侨州、侨郡、侨县，仿佛一个个独立王国，有的甚至在向地方割据势力看齐。这些独立的小王国，如瘤子一样侵蚀着朝廷的肌肤，让朝廷的财政收入、兵力兵源上受损不小。现在桓公重提土断，把侨民变编民，哀家以为非常及时。这不但可以充实国库，还可以增加朝廷的力量，何乐而不为？"司马昱："臣也力主推行土断，以余姚县为例，全县人口不过三四万人，光私自藏匿的户口就有一万多。其他侨州、侨郡、侨县，诸如此类，计算下来，不知道有多少赋税被这些人合法地私有化了。"褚蒜子："嗯！扁鹊有言，病在腠理，汤熨可治；在肌肤，针石可治；在肠胃，药刻可治；在骨髓，无药可治。所幸这病不严重，针石治疗即可！"王彪之："行针石之能者，一须有威望，二须有能力，臣以为此事非桓公莫属。"王彪之的话正合褚蒜子之意，推行土断，是个得罪人的工作，没有真本事，还真拿不下来。除了桓温，她想不出第二个人。可是，该走的程序还是要走的，她问："众爱卿可还有其他人选？"殿下一片寂然。褚蒜子知道这些人就是想有为也力不足，除了观望还是观望，于是她道："那就诏命桓温负责此事，户部全程全力协助。"

很多人惧怕桓温势力，也都知道"胳膊拧不过大腿"，都乖乖地交出私藏的人口。这些人口，被编成正式居民，由侨民变成了和土著居民一样的人，向朝廷交租纳税服兵

第十三回 聃终丕及丕食丹药误国 安仕温让温倡土断兴邦

役，国家的财政收入和兵源兵力，都丰盈了许多，一时"财阜国丰"。为表彰桓温的政绩，褚蒜子再次下诏请他入朝辅政，并加授他为大司马。可是桓温因为心虚，不敢前去就职，便以江防险要且是国家门户、实在离不开为由一推再推。直到后来褚蒜子连派人催了他几回，他才鼓起勇气前去。他去之前密函褚蒜子说自己要带些兵士护身，褚蒜子奔都没有打一下，直接准允。

得知桓温带了军队浩浩荡荡前往建康，群臣大为惊慌。司马昱说："带兵进京是大忌，朝廷应当加以防备，臣建议朝廷当即进入一级战备状态。"王彪之等群臣皆附议，尚书车灌说："秦、燕是我朝劲敌，还须桓将军镇守。不如让他返回驻地吧，江防要紧。"褚蒜子一为安定群臣之心，二为骇压一下桓温，就说："既然如此，就让他暂且原地待命。拟诏！"桓温接到褚蒜子让他原地等命的诏书时，其大军刚到赭圻岭。桓温从船上下来，登上赭圻岭远望，望着依然可见的江流中的孤圻山，他知道孤圻山上驻扎着朝廷的精锐部队，负责扼守去建康的水路。他不由多想："让我暂且驻守这里是什么意思？是将我灭在这里吗？不会！太后不是那样的人。可是，太后一人之力能抵住群臣之力吗？变来变去到底是谁的意思？不会我一入朝堂就软禁我吧。怎么办？先坐观其变吧，至少现在我还有退路。"于是，他命令军队在赭圻岭安营扎寨，坐等诏命。一天夜里，其驻军刚进入梦乡，突然林中鸟声大作，纷纷飞向远方，桓温以为是朝廷军队偷袭过来，吓得弃城逃跑，兵士踩踏致死者很多。他骑马跑了一段距离后，发现并没有朝廷的军队追来，便停下来派人前去调查情况，得知是鸟的事，汗颜得想撞树。

刚刚安顿好，郗超来了，桓温把自己被鸟捉弄的事告诉了郗超，郗超说："明公心里不静。"桓温："带兵入京原本就是犯忌。"郗超："不如借江汉有乱……"桓温打断他的话道："既然江汉有乱，就回去！我是军人，军人的天职是镇守地方保卫中央，入朝堂做什么。"他即刻上书，辞请入朝辅政，直接返回荆州。

第十四回

燕扰秦犯晋之洛阳失守

丕薨奕继国之太后有恙

燕国之北的凉州发生内乱，为了争权，父子相残、兄弟相杀、外戚逼宫等大戏接连上演。尘埃落定后，张天锡胜出，他遣司马纶上表晋廷，请命乞封。对凉州的张天锡，司马昱等大臣已从谍者那里得到情报，嫌其骄恣淫昏、不恤民务，故而朝堂上大都建议不授其降。褚蒜子道："凉州在燕国之北，如果为我所用，可有牵制燕国。即使他们不作为，因为有我大晋封臣的名号，终不至于与我为敌。如果我大晋不接受，他会因为面子受损而投了秦国，如此，岂不是给自己树敌了。"王彪之："这个张天锡骑墙，他上表我朝的同时也上表了秦国，那秦王苻坚也已派人到了凉州，拜张天锡为大将军、凉州牧兼西平公。"褚蒜子："暂且由他骑墙，只要不闹事，随他纵情酒色，坐享欢娱。我朝拜他为大将军、大都督，督承关中诸军事、护羌校尉、凉州刺史、西平公。与那苻坚也相匹敌，且由他去。只记着，暂且有其名无其实，虚的一应齐全，实的一应见机行事。"司马昱："桓温、庾希他们就此上表请求北伐的事？"褚蒜子："都不准！现在紧要任务主要是防燕御秦，其他争功弄声响的行径，统统靠后。"又道："那张天锡已经公然归降，还伐什么？"

司马丕之生母周太妃在琅琊王府病逝，司马丕请司马昱、江彪等来到西堂。礼毕，他说："朕今日召见各位爱卿，是想与各位爱卿商讨一下皇太妃的事。皇太妃是朕之生母，却不能随朕生活在这里，朕心里已是愧对，而今仙逝，朕欲给她个体面的葬礼！朕想为她行齐衰之礼。"司马昱一听为难，又不想驳了他的脸面，赶紧道："朝廷是仁义礼制的表率，皇太妃住琅琊王府本也是守制合礼，臣请皇上不要自我愧疚，以免伤了龙体。"司马丕对此关心不领情地"哼"了一声，然后看着江彪。江彪道："按制度礼数，皇上服缌麻之礼足矣！齐衰之礼太过，事若超制，定遭非议，皇太妃生前穿太后服饰已是超制，由此给她带来的不测之风云也不少，这一点皇上深知。如果葬礼再超，臣担心皇太妃睡不安稳。"王彪之："是啊！臣也担心皇上的龙体，（缌麻之礼三个月，齐衰之礼三年）臣也觉得应该按礼数为皇太妃行缌麻之礼。"司马丕听罢心里非常恼火，可是有关祖宗礼制，他又不能说什么，暗骂道："如果朕身体好好的，你们还敢跟朕啰嗦礼不礼制不制的吗？好！好！朕不吃眼前亏，等朕身体好了再收拾你们。"恼归恼、气归气，台面上的话还是必需的，他遂道："好！就依各位爱卿所言，行缌麻之礼。"

慕容氏从谍者口里得知晋之近况，趁火打劫的野心又起。慕容儁道："晋皇帝无能，太后垂帘，今探得她卧病不起，'大面瓜'司马昱总理朝政，我们借机掠他们两个城池

第十四回　燕扰秦犯晋之洛阳失守　丕薨奕继国之太后有恙

回来怎样？"慕容恪："虽然如此，但是他们有桓温在，我们不能小觑。"慕容㻛："你的意思是不打？"慕容恪："打！但要拣好打的打！"慕容忠站起来道："打荥阳吧！臣请命前去！那个荥阳太守刘完，臣与他交过手，是臣的手下败将。"慕容㻛："好！即日点兵出征。"

荥阳太守刘完一听燕军来了，吓得弃城跑了。消息传到朝廷，褚蒜子非常生气，知道是司马昱为制衡桓温的结果，遂把他叫至书房道："强敌当前，要一致对外！攘外安内没必要那么死板，要因时制宜。而今内部虚弱，外敌强盛，不一致对外，等着被消灭吗？多事之秋，多采纳有能者的意见，不能老想着平衡、平衡，平衡的目的是为了更好地发展。任何阻碍发展的平衡都是不对的。"一同前来的王彪之道："太后教训得是！如果这次事先让桓温参与，荥阳也不会失守了。"褚蒜子听着这避重就轻的言辞，高声道："失守！守了吗？即刻诏命桓温，让他派人把荥阳夺回来。"

桓温接到朝廷诏命，愤然道："这是司马昱总理朝政的结果！如果太后没有生病，我大晋也不至于如此丢人。"郗超："朝廷也真是，每每弄成烂摊子就让明公收拾。"桓温："别说这些，军务要紧！那燕军长途跋涉而来，疲惫不堪，碰巧遇着菜包子刘完侥幸得了荥阳，定会放松警惕，麻痹大意。现在派西中郎将袁真、北中郎将庾希带兵去救荥阳。要速战速决！军品器械这块由谢玄负责。"王珣："谢玄行吗？"郗超："谢玄非常靠得住，交给他的事，他都是超额地完成。"桓温："嗯！好！各司其职，忙去吧。"

袁真、庾希得令，两路大军齐攻荥阳，慕容军大败，荥阳复归大晋。那慕容氏老实了一阵子，又来侵犯许昌、颍川、汝南、寿阳、陈郡等地，其最终目标是洛阳。面对侵犯，各地守将实战能力羸弱不堪，死的死亡的亡，城池沦陷不少，黎民百姓更是流离失所不得安生。为了国安民生，褚蒜子下诏让桓温出任抵御燕贼之大都督，司马昱提醒说大权不可久于一人，又说江陵地震了，怕桓温离不开，褚蒜子道："这不是主要矛盾。"

时有驿候来，说燕贼已到洛水，兵指洛阳，洛阳守将陈祐带兵出逃，现在只剩下沈劲率五百人死战。褚蒜子忙问："洛阳粮饷可充足？"驿候："维持数月没有问题。"褚蒜子："燕贼猖狂，屡屡挑衅，冒我天威！还有秦贼，对我也是虎视眈眈！我将何去何从？"王坦之："犯我大晋者，虽远必诛。"褚蒜子："对！虽远必诛！抵御外敌，卫国保家，谁是堪当大任的英雄。"王彪之："回禀太后！桓温！"众臣听罢黯然，褚蒜子道："司马昱即刻亲赴荆州与桓温商议此事。"司马昱领命而去。

司马昱很快来信了，告知褚蒜子当下实况，说现在安徽多艰难，燕贼又虎视眈眈，桓温欲亲往那里坐镇。桓温离开荆州后，建议暂由桓豁监督荆州、扬州及雍州诸军事，桓冲监督江州诸郡，豫州的汝南、西阳、新蔡、颍川诸郡军事。王彪之担心道："桓豁、桓冲皆是桓温的亲兄弟，如果同意，这天下军权差不多都在桓氏手里了。"王坦之："这分明是桓温借此阴布羽翼、广拓声威，臣也以为不可。"褚蒜子："爱卿还有更好的方案吗？"两个人一阵沉默，褚蒜子道："既然如此！就诏命桓温移镇姑孰，桓豁监督荆州、扬州及雍州诸军事，桓冲监督江州的江诸郡，豫州的汝南、西阳、新蔡、颍川诸郡军事。另，洛阳城内将士坚守有些时日了，诏命将士继续坚守，驰援迅速到位。再，皇帝病重，让司马昱尽早回朝。"

司马昱回到建康，司马丕已经驾崩。因为司马丕无子，褚蒜子下诏让司马奕入承大统。褚蒜子下令道："帝遂不求厥疾，艰祸仍臻，遗绪泯然，哀恸切心。琅琊王奕，明德茂亲，属当储嗣，宜奉祖宗，纂承大统，俾速正大礼以宁人神，特此令知。"司马昱出宫，颁示百官，当即迎司马奕入殿，缵承帝祚，颁诏大赦天下。

一直围困洛阳的慕容恪，得到司马丕薨逝的消息，心中大喜，以为可借此强攻洛阳城。巧的是又得知洛阳城内守军不过五百人的确切信息，更是高兴得不行，对部将道："我今得到确切消息，城内守军不过五百人，虽然不时有桓温派军驰援，但是他们不是长驻之军，是我们太过小心了才让他又存在了一年多的时间。而今，慕容垂的八万精锐部队马上就到，我们此时拿下洛阳可谓是轻而易举！"一个参军问："将军！强攻吗？"慕容恪："是！诸位说我不要轻易强攻，这回我们就来个强攻！这洛阳城虽然高大，但是守卒较少，容易攻下，我们可一举攻下。如果碰上他们的驰援，反而难以攻下。"燕兵士得到慕容恪的命令，个个摩拳擦掌，踊跃直前。他们一到洛阳城下，便四面猛扑，奋勇争登。沈劲见他们强行攻城，对兵士道："儿郎们！燕贼强攻，我定当奋力与洛阳城池共存亡，我在城在！我亡城亡！"这些兵士个个都是热血儿郎，齐声高呼："我在城在！我亡城亡！"沈劲临危受命，明知城孤兵寡，抵挡不了，但是他下定了决心要与洛阳城共存亡。他登城守御，奋力抵挡燕军，带领将士掷射如注，那燕军毕竟也是血肉之躯，怎能拼得了利箭和石头，所以，攻了数日，洛阳城在孤危无援的情况下，依然完好。后来，城内的粮食没有了，士兵精疲力竭，五百壮士死了大半，眼见得势穷力尽，不能再坚持了。沈劲与壮士们拼着最后的力气喊道："我在城在！我亡城亡！捐躯赴国难，视死忽

第十四回　燕扰秦犯晋之洛阳失守　丕暐奕继国之太后有恙

如归！"慕容恪看出异样，对部将兵士道："看他们城头将士的神色不对，估计是没有吃的了！传令各军，死命攻城！"燕军拼死登城，上得城墙，见不过一二百人在抵挡，进入城内的燕军打开城门，燕军如水涌入城内，把沈劲并一二百壮士全部活捉。慕容恪对沈劲说："我敬你是条汉子，降了吧，燕王仁德宽厚，我们一起辅佐他共讨天下。"沈劲："我一心事晋，决不会做一个二心臣子。三军可夺帅，匹夫不可夺志！杀剐随便！多说无益！"慕容恪劝道："良鸟择木而栖，这也是人之常情，将军这是何苦。"沈劲："我意已决，不必多说！"慕容恪还要再劝，慕容度道："将军！沈劲虽是奇士，但是看他的志向，终不肯为我所用。今天如果宽宥他，日后定会成为我之大患。"慕容恪沉默了一会，挥了挥手不忍道："推出去吧，成全将军一片忠心。"刀起头落，沈劲一腔忠魂归了故乡！慕容恪命左中郎将慕容筑为洛阳刺史，镇守金墉。

慕容恪与慕容垂略定淮南，直至涓沔，准备顺便攻下一二座秦城北还。秦王苻坚得知消息，大为震惊，他亲自率领将士，出屯陕城，防备慕容恪。慕容恪见秦防备甚严，便收兵回了邺城。请命慕容垂为征南大将军，领荆州牧，都督荆、扬、洛、徐、兖、豫、雍、益、凉、秦十州军事，配兵一万，驻守鲁阳。时晋廷因为大丧，百事不举，始终未发一兵救援洛阳，眼看着洛阳失陷，褚蒜子甚觉愧对沈劲，奈何人已西去，她也是内疚与哀恸，特别下诏表沈劲为东阳有识之士，并大旌其忠节，以励世人。

褚蒜子在太极殿与朝臣们议事，说到洛阳失守之事，褚蒜子道："慕容虽然北去，但是我们也不可掉以轻心，诏告桓温等，防御不可小觑。"褚蒜子话音刚落，只见曹秀上前一步道："洛阳是我朝故都，悬国几十年，好不容易拿下，今又失守，臣以为除了缉拿陈祐治罪外，相关人员也要受到应有的惩罚。"很多朝臣附议，说洛阳是桓温拿下的，浪费了很多国力财力人力物力，本应该派兵好好防守，可是他不但没有很好防守，在洛阳危难之际，朝廷诏命他驰援洛阳，他却始终未发一兵一卒，眼看着洛阳成为燕寇的囊中之物，确实难脱其咎。听着朝臣们这些"铿锵有力"的言辞，褚蒜子问："桓温为什么没有前去驰援？"群臣一片寂然，忽然仿佛听见桓温道："慕容恪是战神级别，如果我前去援救，定会损兵折将，万一大败，我之颜面何在？朝廷颜面何在？我费了多少劲才拿下洛阳，朝廷不派兵驻守，却意欲分减我的兵力。我定时前去视察，给物给人够意思了，洛阳现在是鸡肋，丢了也不甚可惜，战争年代，城池一时属你一时属我是常有的事。据谍者报，慕容恪此次用兵，志在洛阳兼或捎带掠秦之城池一二，并没有想深入攻打我们，那秦原是晋之劲敌，而今权且叫他们相争去。我今儿虽然暂失去洛阳，明儿再打回来就是。"又似乎听到褚蒜子说："你们这些人啊，也真是脸皮够厚的，燕寇进兵洛阳时，哀家派桓温都督前去，你们中有多少人阻止，怕他打赢了威望更甚。而今失守，只一味追罚喊打，怎么不向内看看自己呢？洛阳失守，意料之中，慕容恪的能力不在桓温之下，桓温避他哀家也能理解。"褚蒜子虽然理解桓温，但是想不到他也是如此惧怕慕容恪，连攻打的举动也没有，大失所望。于是她想："既然如此，哀家也就借此浇压一下你内心不安的小火苗，以平复臣工们忧国忧民的心。"于是，她对群臣道："桓温作为抵御燕贼的大都督，实在罪责难逃，今天去其大司马封号！去殊礼！诏命其继续镇守姑孰，负责防御燕寇。"众朝臣见桓温受罚，一时内心平衡，齐曰："太后英明。"

桓温被朝廷削了大司马封号、去殊礼，郗超非常不忿，他道："打仗出力保家卫国的是我们，为什么要受朝堂上那帮饭桶的摆布？"桓温："嘉宾不可如此！那是国家正常运转不可或缺的！"郗超："什么不可或缺？分明是明公太仁慈！"王珣："说真的，在下也觉得明公受委屈了，说句大不敬的话，咱们的皇帝不叫人心服呀！"郗超："就是！如果皇上英明果敢，我们效忠也有劲，可是看咱们的皇帝，一个不如一个。"桓温："不可如此说话！自古君君臣臣，不能违逆。"郗超："如果明公的想法是对的，那么朝代如何更替？社会如何进步？"桓温一语双关道："暂且养精蓄锐等待时机吧！现在，燕有慕容恪，秦有王猛，他们的主子也都算得上是人杰，我们怎能轻举妄动。"郗超听罢，心中的大业又腾地火焰蹿天。

褚蒜子躺在卧榻上，听李宁回报情况。说到秦国情况时，李宁忍不住笑了一下，褚蒜子："嗯？"李宁："奴婢想起苻生被苻法、苻坚两兄弟逼宫时，他正寝宫醉意朦胧，问：'你们是谁？'人说：'贼！'他说：'既然是贼，为什么不拜我？'"黎辉笑道："好昏聩！"李宁："岂止是昏聩？残酷暴虐无人性不亚于后赵石氏，早弄得臣不臣民不民了。苻法、苻坚两兄弟逼宫，他身边没有一个人反抗，还主动一起跟苻法、苻坚反他。"黎辉："那苻生后来怎样？"李宁："进大牢了，紧接着苻坚继位，他很快稳定了政局，而后下令让苻生在牢中自尽。"褚蒜子："说说苻坚，还有王猛。"李宁："那苻坚也真乃是一个杰出的政治家。他深知人才对国家的重要性，所以他广纳贤士。吕婆楼是他的尚书，深得他信赖，吕婆楼向他力荐王猛，苻坚听罢当即请吕婆楼请王猛出山。苻坚与王猛一见

第十四回　燕扰秦犯晋之洛阳失守　丕冀奕继国之太后有恙

如故，王猛对他大谈兴废之道、当前形势、治国策略，苻坚听了十分认可，一再说他得遇王猛就像当年刘备遇到诸葛亮一样。王猛也非常认可苻坚对他的知遇之恩，他全心辅佐苻坚，一边剿灭苻生的残余势力，一边立法治国。"黎辉："你这样赞他，他哪里比得了咱太后！"褚蒜子示意她不要说话，让李宁接着说，李宁："始平县是长安的西北门户，地位极为重要。但长期以来，那里豪强横行，劫盗充斥，苻坚便派王猛担任始平县令。王猛上任伊始，便明法严刑，禁暴锄奸，雷厉风行。有个树大根深的奸吏，作恶多端，王猛把他当众鞭死。奸吏的狐朋狗党起哄上告，其上司逮捕了王猛，并押送到长安。苻坚闻讯，亲自责问王猛：'为政之体，德化为先。你莅任不久就杀掉那么多人，太残酷了啊！'王猛平静地回答说：'我听说过这样的道理，治安定之国可以用礼，理混乱之邦必须用法。陛下不以臣无能，让臣担任难治之地的长官，臣自然要一心一意为明君铲除凶暴奸猾之徒。才杀掉一个奸贼，还有成千上万的家伙尚未伏法。如果陛下因我不能除尽残暴、肃清枉法者而要惩罚我，臣甘受严惩以谢辜负陛下之罪。但就现在的情况而论，加给我'为政残酷'的罪名而要惩罚，臣实在不敢接受。'苻坚听罢，且叹且赞，向在场的文武大臣说：'王景略可真是管仲、子产一类人物呀！'并当即赦免了王猛擅杀官吏之罪。"褚蒜子："王猛是个人才，又有苻坚支持，秦要起来了。"李宁："王猛因为政绩卓著，很快升为尚书左丞。由于他执法不阿，精明强干，很快接连升了五次官，直做到尚书左仆射、辅国将军、司隶校尉等，一时间权倾内外。那些皇亲国戚和元老旧臣无不怒火中烧，恨得咬牙切齿。氐族豪门出身的姑臧侯樊世依仗自己帮助苻健打天下的汗马功劳，最先跳了出来，当众侮辱王猛说：'我们曾与先帝共兴大业，却不得参与机密。你无汗马之劳，凭什么专管大事？这不是我们种庄稼而你白捡粮食吗？'王猛冷笑道：'哼哼！不光是你种我收，还要使你做好饭端给我吃呢！'樊世听罢气得肺都要炸了，跺着脚咆哮：'好！你等着，我迟早叫你头悬长安城门，否则我不活在人世。'苻坚得知此事，与王猛交谈，王猛果断地说：'欲立君威，必须杀了此人，然后群臣方能整肃。'苻坚同意，不久，苻坚召樊世见面，并在其面前说要让公主嫁给已与樊世女儿订婚的杨璧，樊世于是出言反对。王猛借机指责樊世公然与苻坚竞婚是目无君上，气得樊世要去袭击王猛，但被侍卫拉住，他当庭破口大骂王猛，苻坚于是命人处死樊世。看苻坚重用王猛，这帮人对王猛的攻击由公开转为暗中谗害。朝官仇腾、席宝利用职务之便，屡屡毁谤王猛。苻坚即将二人赶出朝堂。对飞长流短的氐族大小官员，苻坚甚至当堂鞭打脚踢。于是,他们害怕了,再也不敢胡说八道。"褚蒜子:"嗯!苻坚用王猛不疑,王猛助苻坚鼎力。"李宁:"王猛法重治强,对那些仗势与皇室同族或'有功于本朝'、身居要职、恣意妄为的氐族显贵,王猛采取杀一儆百的手段。他任咸阳内史调任侍中、中书令、兼京兆尹。听说贵族大臣强德酗酒行凶,抢男霸女,但谁也不敢'太岁头上动土',因为他是皇太后的弟弟。王猛不怕,立即收捕强德,不等奏报,便将他处死。待到苻坚因太后之故派人持赦书飞马赶到时,强德早已'陈尸于市'了。紧接着,王猛又与御史中丞邓羌通力合作,全面彻查害民乱政的公卿大夫,一鼓作气,将横行不法的权贵二十多人铲除干净。于是,百僚震肃,豪强屏气,路不拾遗,令行禁止。苻坚感叹道:'直到今日我才知道天下是有法的,天子是尊贵的。'王猛又建议苻坚下令挑选得力官员巡察四方及戎夷地区,查处地方官长刑罚失当和虐害百姓等劣行,整顿地方各级统治机构,'有罪必罚',同时,还力求'有才必任'。他在接受司隶校尉等新职务之前,曾力荐在职官僚苻融、任群和处士朱肜等人,使他们各得要职。后来,他又推荐房默、房旷、崔逞、韩胤、田勰等一批关东名士担任朝官或郡县官长。王猛深知'木秀于林,风必摧之''行高于人,众必诽之'的道理。他从自己的亲身经历中,对贤才遭嫉有着深刻的体会,所以他也像苻坚一样保护贤才,用人不疑。苻融为人聪辩明慧,文武出众,善断疑狱,见识远大。他曾因为有小过而局促不安,王猛赦而不问,信任如初。燕之臣梁琛于亡国后仍然不屈其志,因而未得重用。王猛不避嫌疑,推荐他做了自己的重要僚属。反之,对居官不作为不称职者,王猛弃之如鼠。王猛建议吏治和用人问题必须从制度上加以考虑,就此,他和苻坚商议,创立了荐举赏罚制度和官吏考核新标准,很快,举国上下朝气蓬然。革新措施带来了前所未有的崭新气象,一时间国内安定清平,百姓安居乐业。百姓是最知道感恩的,岁月静好的日子里,颂圣咏赞的儿歌遍布大街小巷,'长安大街,杨槐葱茏;下驰华车,上栖鸾凤;英才云集,诲我百姓''兵强国富,垂及升平,(王)猛之力也'"。褚蒜子:"他们君臣如此,怎么能不发展迅速?"李宁:"王猛处事果断,办事讲究效率,从不拖泥带水。朝臣麻思请假回故里葬母,王猛说:'您马上收拾行李上路,今晚我即通知沿途郡县为您放路通行。'麻思刚出潼关,就发现沿途官府均已接到通知,并照章验看其路照(行路护照),安排食宿。"褚蒜子:"这是我朝臣工要学习的地方,我朝臣工办事拖拉得很。"李宁:"苻坚非常信任王猛,让他裁夺一切内外之事,自己则端坐拱手于朝堂之上。他曾怀着十分感激的心情对王猛说:'您日

第十四回　燕扰秦犯晋之洛阳失守　丕甍奕继国之太后有恙

夜操劳，忧勤万机，我好像周文王得到了姜太公似的，可以优哉游哉享清福啦！'王猛说：'没想到陛下对臣评价如此之高，臣哪里配得上比拟古人？'苻坚说：'据我看来，姜太公还比不上您呐！'经常嘱咐太子等皇家子弟说：'你们对待王公，要像对待我一样！'"褚蒜子："秦国迅速强大起来是必然的！他们在用人上综合儒法，选拔廉明。政治上，抵制氐、羌权贵，整肃吏治，强化中央集权。在军事上，并弱小收残余，很快为秦国赚来了大片土地。在经济上，劝课农桑，开放山泽，兴修水利，改进耕作，以致田畴开辟，仓库充实。他执政期间，'关陇清晏，百姓丰乐'之赞不是空穴来风。"李宁："是的太后！那里的百姓确实很接受他们。"褚蒜子不由道："又一个劲敌慢慢长大了。"

秦之崛起，给大晋带来了很大的压力，褚蒜子与朝臣们几次商讨想要攻打长安，都因为他们君臣安好、国力强大而选择了养精蓄锐、等待时机。

阳光明艳的春天，百花盛开，鸟鸣草香惹人怜，燕唱风柔教人迷。褚蒜子来到御花园，看着花灿草长、蜂飞蝶舞的美景，她忍不住道："没有战争，多好！"何法倪："是的！儿臣也特别喜欢这鸟语花香的静好日子。"褚蒜子很喜欢这个静雅贤淑的儿媳妇，两个人走在花丛中，惬意美好。到亭子里，二人停下小憩，褚蒜子道："听说王淑妃身边有一个未净身的太监？"何法倪："是！"褚蒜子："你怎么想？"何法倪："由她去吧！只要不出格。"褚蒜子："不恨了？"何法倪："不恨了！她比儿臣苦，儿臣礼佛、写字、画画，有事可做。她们只是终日饱食等死，可怜得很。"褚蒜子："嗯！王贵妃呢？"何法倪："她自从礼佛后，好了很多……"两个人正说话，黎辉快步走到褚蒜子身边，指着远处轻声说："太后！皇上来了。"二人站起来下了亭子，那边司马奕也看到她们，向这边走来。大家彼此礼毕，褚蒜子令何法倪等散去，等她们走远，褚蒜子问司马奕："有什么事吗？"司马奕："没事！儿臣见天好，就来园子里走走。"褚蒜子："嗯！现在燕有慕容恪，秦有王猛，我有桓温，这三个人在打仗上不相上下，故而谁也不愿意真的挑起战事，是个相对岁月静好的日子。"司马奕："是啊！如果永远这样多好。"褚蒜子："哪里有如果？哪里有永远？都是在养精蓄锐、伺机待发。"司马奕："是！很多政务儿臣不熟，还恳请太后多扶持。"褚蒜子："皇上什么都好好的，哀家岂能一直垂帘？皇上继位哀家垂帘已是违背礼制，再不还政就说不过去了。"司马奕："可是，儿臣心里实在是没有底呀！"褚蒜子听司马奕如是说，不禁道："你是皇帝，什么事心里没有底？"司马奕见状，赶紧道："很多事，儿臣没有太后看得深看得远。"褚蒜子："皇上能说出这番话，就说明皇帝已经看得深看得远了。历练两年，一点问题都没有了。"司马奕："儿臣心里，凡事只要您顾问了，儿臣心里就有底了。"褚蒜子："这不应该是皇帝说的话！皇为上天、光明之意，给予万物生机，帝为生物之主、兴益之宗，给予万物育化。皇为天、帝为地，皇帝乃天地，是万物之主！所思、所想、所言、所行，皆是定律准则！谨言慎行即可，岂好顾问他人？"司马奕唯诺称是。

忽然报说周抚病殁了，消息传到桓温那里，他伤感道："周抚是我的老部下，镇益州三十多年，做得非常好，其政惠及士族百姓，高族寒门都很顺服，怎么说没就没了呢？"郗超劝道："明公不要过于伤感，节哀顺变！"王珣："朝廷应该已下诏让他的儿子周楚接任，益州会如周抚在时一样的。"桓温："但愿如此！"几个人刚说到这里，有驿卒前来报告说梁州刺史司马勋举兵造反，自称成都王，带兵攻入剑阁，围住成都。桓温听罢直骂娘，郗超、王珣劝他不要着急，桓温："洛阳已经失守，如果益州再出事，我这老脸往哪搁？"郗超："明公不要自责！太后不是说洛阳失守是为哀帝致丧，此乃天意。"桓温："是天意！难道没有一点人意？"又道："来人！传我命令，立派江夏朱序带精兵两万前往驰援。"朱序会合周楚，内外夹攻，很快就将司马勋打败，桓温命人把他的头颅送往建康！

褚蒜子深知桓温把司马勋头颅送至建康的深意，洛阳失守对他打击不小，他要借此重拾威望，褚蒜子也有意成全，命将司马勋的头颅在城门上悬挂三天。司马昱："皇上！太后！益州平复、洛阳失守可否功过相抵？"褚蒜子道："功是功，过是过！洛阳失守，朝廷去了他的大司马封号，也去了殊礼，惩罚不算轻。益州平复，哀家希望相王能够亲自前去犒劳以抚军心！再，皇上初继大统，哀家希望借此对梁、益二州特赦以惠百姓。"司马奕说："这样甚好！朕同意！现在燕之慕容恪、秦之王猛、我之桓温在军事上不相上下，我有桓温在，国家会相对稳定。"褚蒜子微微一笑，司马昱还想再说什么，褚蒜子道："皇上说得很对！桓温现在与他们鼎立，燕、秦对我才有避讳！内部，你们两个加上谢安、王坦之等，足够了。"此时谢安尚未在朝堂，王彪之问是不是该召谢安到朝堂了，褚蒜子道："不急，当务之急是犒赏得胜的将士。"

褚蒜子深知当下朝廷在军事上无人，好歹桓温是国家的一面旗帜，他绝不能倒下，如果他被清算了，燕、秦定会借机举兵侵犯，所以，她有意地保护他。桓温自然懂得，

第十四回 燕扰秦犯晋之洛阳失守 丕觊奕继国之太后有恙

尤其是洛阳失陷后，面对群臣的非难，褚蒜子一句"洛阳失守是为哀帝致丧，此乃天意"为他挡了许多流言蜚语，他打心眼里感激她，故而他暗下决心，在褚蒜子临朝期间，决不二心。

书房内，褚蒜子、司马奕、司马昱、王彪之四人边喝茶边说话，褚蒜子说："新帝登基，诸多事都不甚完备，还请相王和王大人多多辅助。"褚蒜子话音刚落，司马奕赶紧站起来对司马昱、王彪之行礼道："诸多事敬请二位大人多加指点。"吓得司马昱、王彪之赶紧站起来大礼，道："皇上！臣不敢当！"褚蒜子对司马奕站起来向他二位行礼的行为错愕不小，但是，再错愕，也得压着，不但要压着，还要为司马奕的行礼加以开脱。她呷了一口茶汤，道："都坐下吧，没有外人，不必拘礼。"又道："皇帝德厚礼周，国之幸事，民之幸事，我等之幸事。"司马昱、王彪之连连称"是"。司马奕虽然性子弱，但不是傻瓜，他见褚蒜子如此说，知道自己刚才的行为有失皇家风范，便也端起了茶汤慢呷，不再说话。时有宫女送点心过来，几个人吃着点心说了会儿闲话，褚蒜子问："吴兴太守谢安近况怎样？"司马昱道："回禀太后！谢安做吴兴太守，至今快四年了，声誉一般，政绩一般，但是……"司马昱没有直接说，他呷了口茶汤笑了笑道："其洛阳鼻音誉满吴兴。"这一句话把大家都逗笑了，王彪之笑道："谢安是引领时尚的弄潮儿，而今吴兴的文人骚客都以会谢安的洛阳鼻音为荣呢。"司马昱道："这是他的本事，他总能够育人于无形中。他对家中子侄从来不管教，他夫人曾问他为什么不教育孩子，他说他以自己的言行教育子侄，'身教胜于言教'，一点不假。你看他虽然不对子侄苦口婆心地说教，但是他的子侄们个个都有出息。"王彪之接口道："嗯！是的！一个大雪天，谢安和子侄们讨论可用何物比喻飞雪，谢安的侄子谢朗说'撒盐空中差可拟'，侄女谢道韫说'未若柳絮因风起'。这两句诗，一听便知高低，但是谢安不说不评，只一边呵呵笑，让他们各自评说。孩子们皆才俊，自然能辨出高低。他这样，高者不骄，弱者不馁，水平确实高妙。"司马昱道："他对谢玄的教育才叫高妙呢！"司马奕没有听说过，转头看向司马昱，司马昱道："谢玄小时候喜欢佩戴紫罗香囊，谢大人对此很是担心，但是他没有直说，他怕伤他的心，可是又不能不说，便在一次游戏中，以谢玄佩戴的紫罗香囊为博戏筹码，他设法把香囊赢到手里，然后把它丢到火里烧掉。谢玄明白谢安的深意，从此不再佩戴这类东西。"司马奕道："谢安教化本事真是了得。"司马昱："性情也甚是了得，前不久他曾上书说浙江上虞县祝家庄祝员外有个女儿叫祝英台，美丽聪颖，自幼随兄学习诗文。这女子羡慕班昭、蔡文姬之才学，因家中缺少良师，一心想往绍兴城求学。祝员外当然不允许，祝英台求学心切，女扮男装，乔装算卦闹腾其父，其父拗不过她，又见她男装无破绽，便勉强同意她女扮男装去会稽求学。途中，邂逅了会稽郡书生梁山伯，二人一见如故，相读甚欢，在草桥亭上撮土为香，义结金兰。二人一起来到会稽城的书院，拜师入学，同窗共读，形影不离。同学三年，情深似海。英台爱山伯，山伯却不知道她是女人，只念兄弟之情。后来祝父思女，催归甚急，英台仓促回乡，二人十八里相送，英台不断示意，怎奈山伯纯朴，不解其故。英台便谎称家中九妹，品貌与自己如出一辙，愿替做媒。可是山伯家贫，未能如约而至，等他去祝家求婚时，祝父已将英台许给了鄞城太守之子马文才。美满姻缘，就要破灭。二人楼台相见，泪眼相看，凄然而别。临别时，立下誓言：生不能同衾，死也要同穴！后来梁山伯被朝廷诏为奉化县县令，可是，他心念英台，忧郁成疾，不久身亡。留下遗言说把自己葬在鄞城九龙墟。英台闻听山伯噩耗，誓以身殉情。英台嫁期来临，她以死相逼，得允许绕道去梁山伯的墓前祭奠后再嫁。山伯墓前，英台哀恸大哭，二人真情感天动地，忽然风雨雷电大作，坟墓爆裂，英台跃入坟中，墓复合拢。风停雨霁，彩虹高悬，梁祝化为蝴蝶，翩跹飞舞在墓边。这事谢安听说了，专门前去祭拜，他上奏请求表其墓为'义妇冢'。奏折还没有批复，当怎么批复？"褚蒜子问司马奕道："皇帝的意思呢？"司马奕："朕觉得应该批复同意吧？这是好事！"褚蒜子："嗯！谢安才学力识、明慧断决过人，对皇室也是忠心不二，哀家真心希望他的洛阳鼻音誉满我大晋。"司马昱道："现在朝中侍中一职空缺，臣建议即刻可诏请谢大人。"褚蒜子看王彪之，王彪之道："臣和司马大人的想法一样，先把谢安召进朝堂，由侍中开始。谢大人虽然是名士，但是微臣觉得还是一步一个脚印地走心里踏实。"司马昱道："臣也这样想！"又道："当年殷浩是臣的错！"褚蒜子道："很多事情此一时彼一时，往前看！"司马奕听罢看着褚蒜子："朕下诏吧，召谢安做侍中。"褚蒜子笑着点了一下头。

几个人又说了一会儿闲话，离开书房，刚走到门口，褚蒜子一阵眩晕，险些栽倒。司马奕赶紧架住她，大声道："宣御医！快宣御医！"司马昱、王彪之也吓得直呼"太后"！褚蒜子稳了稳神说："没事！可能是刚才起得猛了，相王和王大人回吧，哀家没事，送相王和王大人出宫。"司马昱、王彪之遂告退。

司马奕扶褚蒜子在轿辇上坐好，一路跟着来到了显阳殿。褚蒜子下了轿辇，看起来

第十四回　燕扰秦犯晋之洛阳失守　丕薨奕继国之太后有恙

已经和往常差不多了。褚蒜子对司马奕说："皇帝回吧，哀家没事。"司马奕："儿臣不放心，等太医看过儿臣再走。"褚蒜子见他执意，默许。

太医跪下来给褚蒜子把了脉，问："太后近时可感觉有点气喘心悸、口腔黏腻？"褚蒜子："是！有时很口渴，但是喝过汤一会儿就得更衣。"太医："太后这是为国事操劳，辛苦所致，没什么大病，多加休息，很快就好了。臣给太后开些滋肺养阴、清热解毒的药，缓解症状。"褚蒜子遂遵医调理，吃几日药，不过如此，病症不见轻也不见好，但是也不影响正常生活。司马奕遂叫太医们会诊，拿出个有效的方案来。只是，这些太医们拿出的方案，对褚蒜子的病并没有奇效，吃药的时候，有点效果，一停，立马恢复原状。褚蒜子心里烦躁，遂不再吃太医开的药。司马奕孝顺，下诏海内遍请名医，诚望褚蒜子能够早日康复。褚蒜子对司马奕的孝举很感动，故而她也像教导司马聃一样教导司马奕，希望他能够早日独当一面。她不止一次地对司马奕说："千龄啊！你时刻记着，你是皇帝，文武百官皆听命于你，皇帝是金口玉言，凡事要三思而后行。皇帝是礼仪和道德的表率，一言一行都有专人记录并载入史册，故而皇帝要慎行慎言。皇帝的职责和义务就是平衡朝局，确保国家机器的有效运转。治大国如烹小鲜，凡事水到渠成，不可操之过急，要有等待的智慧。"……

一日，褚蒜子正和司马奕等在书房说事，内侍报说有个师从葛洪名叫刘轩的人称可以治太后的病。褚蒜子说先带他去显阳殿，等他和皇帝说完国事再看不迟。褚蒜子从御书房回到显阳殿时，黎辉说刘轩已在外书房等候多时。褚蒜子"哦"了声直接来到外书房，刘轩赶紧跪下请安。褚蒜子道了声"平身"，他方起来。刘轩看起来三十来岁，身材修长高大，五官棱角分明，剑眉星眼，红唇粉面，玉树临风胜潘安，风流倜傥压宋玉。褚蒜子恍惚了一下，不觉心内一乱，但是多年的政治生涯让她养成了喜怒哀乐不外露、悲欣交集不言表的习惯。除了她的贴身侍女黎辉能够体悟出她微妙的变化外，别人一概看不出来。

刘轩师从葛洪，自然有些神通。他把了褚蒜子脉后，说："太后的病，说大也大，说小也小。说复杂也复杂，说简单也简单。"褚蒜子道："直言无妨。"见刘轩对着她眨了眨眼，褚蒜子示意左右退下，只留下黎辉，对刘轩道："她不是外人。"刘轩于是道："天地生万物，人分男女，物分雌雄。男女雌雄，负阴抱阳，万物乃生。太后之病乃是阴阳失调所致，复杂的方法是中药调理，这是个长期的过程。简单的方法：

负阴抱阳！"

  褚蒜子听了半天不语。自康帝走后，她一个人扛着江山社稷，忙得儿女情长都忘了。前日说起梁山伯与祝英台的故事，她内心泛起了阵阵涟漪。以前，日理万机，根本没时间没精力顾及那些事，而今，国无大事，民无大殃，才忽然感到长夜寂寂，是那么的难熬。她看着眼前这个身材伟岸、眉目阔朗、有几分神似康帝的刘轩，有一种莫可名状的冲动，可是，她是一国之主，怎可如此荒唐？正自遐思，只听刘轩道："太后！负阴抱阳乃是自然规则，违其道而病，顺其道而康，这便是药方。"褚蒜子道："你来医我。"

  刘轩一下怔在那里，他未见褚蒜子时，以为她是人老珠黄之人，不过是想借医治太后为自己扬名罢了，可她一见褚蒜子，整个人都迷醉了，她年轻、姣好模样在他的梦里出现过。他本也是个痴情种子，三十多岁未娶，为的就是寻找梦中人。为了寻找梦中人，他几乎走遍天下，没想到她的梦中人就是当今太后。见到褚蒜子，虽然他心潮澎湃，但是他也是人前强装惯了，故而没有表露什么。他为褚蒜子请脉时，感受着褚蒜子的心跳，他的心也是小鹿一样怦怦地跳，他梦想着如果能与褚蒜子成就好事，立刻死了也愿意，没有想到幸福来得这么突然，他有点措手不及！

  一夜柔情，褚蒜子容光焕发。半个月下来，所有的毛病都好了。褚蒜子乃特诏他为自己的专职御医，并赏了他一大笔财帛。

  褚蒜子治病的事并没有成为太大的新闻，多元时代，国人都理解，司马奕更没有当回事，他的思想非常开放。在他的意识里，负阴抱阳是再正常不过的事，在他的意识里，数年不行男女之事的人才是奇葩，只是，这些东西不好往桌面上摆罢了。他也是孝敬褚蒜子的，他暗地里让心腹私下寻觅相貌、身材、体魄好的青年男子，想敬献给褚蒜子。一日，他正在书房品茶，忽见心腹带来一个相貌举止与康帝无二的年轻人，他二话没说，直接带他去见褚蒜子。褚蒜子睹人思人，潸然泪下。此人叫温如春，豫州人氏，原来也是小康之家，怎奈家道中落，而今只剩他一人一口。他不擅农业，会写字画画，其中《陆女帖》（晋康帝作品）他临摹得最好。褚蒜子听后，当即叫人拿来了纸张让他临摹，温如春展纸把砚、挥毫泼墨的仪态，像极了康帝。褚蒜子无限感慨，遂把他留在了身边侍奉。

第十五回

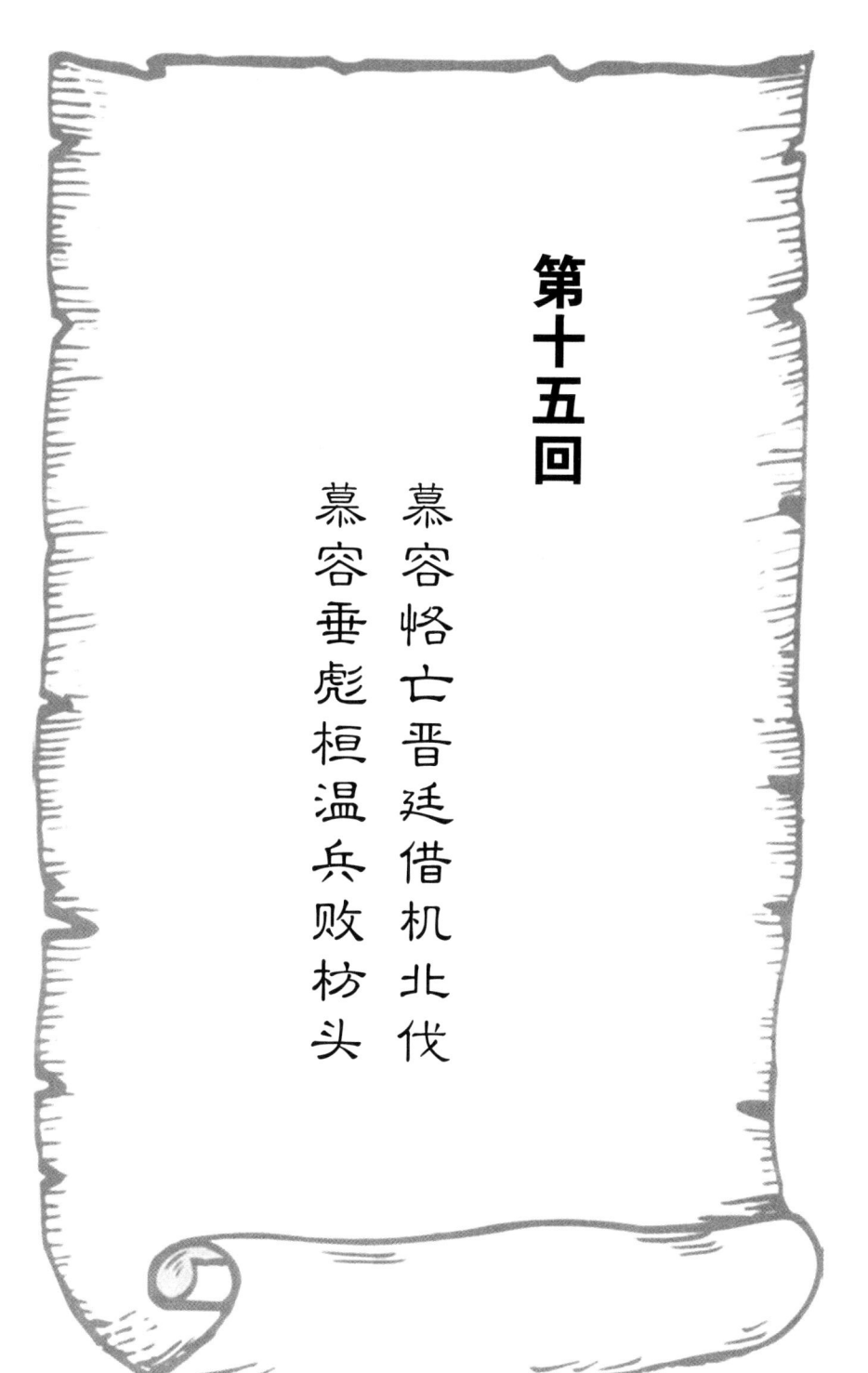

慕容恪亡晋廷借机北伐

慕容垂彪桓温兵败枋头

褚蒜子的气色越来越好，这一日，温如春在书房写字，她看后道："温先生的书法很好，与先帝有神似，某些字可以达到以假乱真的地步，哀家希望你能够在这方面好好发展。"温如春："太后放心，臣谨遵圣谕。"褚蒜子："给你置办的房子满意吧？"温如春："谢太后！非常满意！"褚蒜子："那就好！你去吧！哀家想写字时会叫你的。"温如春走后，褚蒜子宣刘轩再拿出些营养食谱，又吩咐黎辉在书房再添了个书案，方便温如春写字。一切妥当后，黎辉捧着一盘水果颠颠地来了，褚蒜子问她开心什么，黎辉道："看到太后身体越来越好，奴婢高兴。"又道："以前奴婢以为让太后享尽天下美食就可保太后身体无恙，却不知道最好的养生是顺天承道。"褚蒜子笑了一下没有接话，拈了块水果，边吃边吩咐她去准备音乐、收拾棋室。

国事一日万机，褚蒜子刚到书房，见王彪之、司马昱已候在那儿了。不一会儿，司马奕也到了，礼毕，坐好。褚蒜子说："现在政局平稳，立琅琊王、会稽王迫在眉睫。哀家想听听各位大人的意见？"王彪之："臣以为当立司马昱为琅琊王，其子昌明为会稽王。"司马昱赶紧道："千万不可！琅琊王是储君，臣不才，不能也不愿！琅琊王当立皇子最妥。"褚蒜子："琅琊王如果是储君，东宫是什么？相王多虑了。"司马奕赶紧道："太后说得极是。"褚蒜子呷了口茶汤问："桓温怎样？"王彪之："洛阳失守后，他低调了一阵子，益州骚乱平复后，他似乎也没怎么样。"司马昱："桓温给人感觉气场逼人，外在倒没有什么。益州骚乱平复后臣去犒赏，他恭顺有礼、遥祝朝廷，没有什么大的异样！只是说到庾皇后时他提到了庾冰，说当年庾冰借着他妹妹当皇后而权倾朝野，现在庾家依旧是树大根深，担心会不会出现第二个庾冰。"褚蒜子笑道："他倒是挺会担心的。"司马奕："他这个担心真是多余的。"褚蒜子："他有这个担心哀家倒是放心了，由他去吧。哦！现在是蚕收时节，丝绸场怎样？"司马昱："非常好，出口丝绸依然是递增状态，附带的行业前景也是非常可观。"褚蒜子："什么时候都不要忘了发展经济，自身强大才是硬道理。"王彪之："太后！今年小麦喜人，估计是个大丰收年！"褚蒜子："记着未雨绸缪，丰收时想着歉收时的荒景，一定要多多储备粮食。"

多少麻缠事，到褚蒜子手里，三下五除二就好了，她就像地母一样，无怨无悔不计回报地恩惠人世，她的伟大，让很多人敬仰，让很多人汗颜，也让很多人为她鸣不平。她的贴身婢女黎辉曾对她说："太后！咱们这个江山，如果不是您，不知道要歪塌多少回了，太后您明明有君临天下之才，为何总在幕后呢？"褚蒜子没有直接回答，而是反

第十五回　慕容恪亡晋廷借机北伐　慕容垂彪桓温兵败枋头

问她:"我们所处的时代,话语权的主力军是谁?"黎辉:"统治阶层!门阀士族!"褚蒜子问:"统治阶层、门阀士族中出来说话办事的男人多还是女人多?"黎辉:"男人多!但是……"褚蒜子:"不要但是,没有意义。现在的重大国事,拍板定音者是谁?"黎辉:"当然是太后您啊!所以我为太后鸣不平了!太后处理国事政务,史官却将功绩记在皇帝头上。"褚蒜子:"史官为什么要记在皇帝头上而不记在太后头上?"黎辉:"如果记在太后头上感觉有点不正常,可是……如果太后是皇帝了,不就正常了吗?"褚蒜子:"所谓的正常就是顺了天承了势,哀家垂帘是顺天承势,哀家如果称帝则是叛道背天,叛、背都要付出相当大的代价和无辜的牺牲,明白吗?"黎辉半天道:"奴婢只是觉得太后太亏。"褚蒜子看着远方道:"历史前行的车轮是谁也挡不住的,我们都是车上的过客。我能做的就是认清自己和自己所处的时代,尽己所能地保障与自己同时代生灵少被涂炭。沧海桑田、白驹苍狗,女人话语权的时代已经是历史,现在是男人话语权的社会。天生万物,人分男女,各就其位,各司其职,顺天承道便是大爱、宏德。"黎辉执拗道:"奴婢只是觉得太后付出一百,才回报一个,太亏了。"褚蒜子:"那是你们没有看到,哀家的收获可不止一百呢!百姓安居乐业,国民生活丰盈,江山秀美无限,社稷安康无忧,都是回报。"听着褚蒜子的话想着她的日常所为,黎辉一下子更觉得自己在尘埃里了,她真诚道:"太后就像那天上的太阳,照得奴婢睁不开眼。"褚蒜子笑了笑,指着案上的花说:"你看这花,学名石蒜花,又叫彼岸花,有红、白两种颜色。传说红色花引领人走向地狱,白色花引领人走向极乐。哀家出生时,一朵红白双色石蒜花开得正盛。你们说哀家是神佛还是妖魔,抑或是合体?"黎辉、李宁不知道如何回答,只不解地看着褚蒜子,褚蒜子说:"非神佛也非妖魔,神佛与妖魔是人赋予它的。"又道:"它的'引领'之意倒是很合哀家,哀家最不愿意看到生灵涂炭,哀家希望同时空的人都能够岁月静好地过完自己的一生。哀家缺少这个大能力,但是哀家愿意尽自己所能起到引领作用。生而为人,每个人都是带着自己特有的使命来的,不过是有大有小罢了。人的使命完成了,其人生就圆满了。比如,哀家的使命是辅助皇帝治理江山,你的使命是保障哀家身体健康,你的使命就是辅助哀家获取情报。"黎辉、李宁听到"辅助哀家"四个字,赶忙跪下道:"太后!奴婢不敢!"褚蒜子:"起来吧,不用那么小心翼翼。"

四月的天,说变就变,刚刚还晴空万里,忽然就乌云翻滚、一片漆黑、电闪雷鸣、狂风大作,瞬间鸡蛋大的冰雹砸了下来,眼看着一棵大树上的树枝被拦腰折断,树叶遍地。褚蒜子坐在书房想："这场冰雹不知道带来多大的损失，不知道多少黎民为此而遭殃。"想到这儿，她心里念了句"阿弥陀佛"，暗自祈祷上天福佑大晋、福佑天下苍生。

天晴了，褚蒜子来到书房，看到司马奕已在那儿了，她问："西堂的门厅被冰雹砸了？"司马奕："是！顶棚砸漏了，不妨事，已叫人修了。"又道："太后哪里没什么事吧？"褚蒜子："没事。"司马奕清了下嗓子道："太后！刚报说新蔡王司马邈没了。"褚蒜子："哦！按制行事就是了。"又道："此时要注意地方骚乱。"司马奕："目前没有接到这方面消息。"褚蒜子："每每这样的事，或多或少都会有，还是有个准备的好。"司马奕："太后！要不要跟桓温说一下？"褚蒜子："这事他不会知道得比你晚。"司马奕："太后！司马邈无子，当从宗室过继谁承袭新蔡王？"褚蒜子："皇帝决定吧。"司马奕："司马晃不错，可以吗？"褚蒜子："有什么可以不可以的，司马晃愿意就行。"

第二天，褚蒜子来到书房，司马奕、司马昱、王彪之已在那儿了。礼毕，司马昱问谁过继为新蔡王。褚蒜子没有说话，转头看了一下司马奕，司马奕道："司马晃吧！"司马昱、王彪之见他脱口而出，知道已是和褚蒜子商量过了，没再说话，当是默认。王彪之"咳"了一声道："昨天冰雹很是厉害，估计灾情很快就会报上来，我们当做好赈灾的准备。"褚蒜子看着司马奕道："交户部负责吧。"司马奕："好！叫户部负责！"王彪之又问："新蔡王新殁，当让谁去以防骚乱？"褚蒜子："桓豁吧。"司马昱："通知桓温吗？"褚蒜子："都行，皇上说呢？"司马奕："好！都行。"褚蒜子内心无奈地叹了口气，没有说话。

褚蒜子回到显阳殿，李宁已在候着。褚蒜子换上衣裳，半躺在卧榻上问："传闻可是真的？"李宁："是的！他经常在他以前的狐朋狗友面前摆阔，说他是康帝转世。"又半吞半吐不知道当说不当说，褚蒜子："不用说了，做了他！"李宁领旨而去。

褚蒜子没有因为处死温如春受到一点影响，她一如既往来到书房，刚坐好，司马昱等人来了，司马昱道："刚接到桓温奏章，秦寇王猛、姚苌等人率领二万兵众进犯荆州，攻打南乡郡。桓温已派荆州刺史桓豁前去救援了。"褚蒜子"嗯"了一下，王彪之道："秦寇的王猛非常厉害，老臣担心桓豁一支援军不够，臣建议庾希将军也能派出一支军队前去支援。"褚蒜子听罢转头问司马奕，司马奕道："这个问题已给桓温说过了，桓温说桓豁一支援军就够了。"褚蒜子："现在燕寇、秦寇猖獗，桓温镇守荆、益州等地，庾希负

第十五回　慕容恪亡晋廷借机北伐　慕容垂彪桓温兵败枋头

责豫、兖等地，各司其职，各负其责最好。"司马昱、王彪之见状，便接着说下一个话题。司马昱："有确切的情报说慕容恪病了。"褚蒜子："他弟弟慕容垂也非常厉害，谋略不在他之下。"司马昱："那慕容垂原就不为慕容儁所容，现在慕容儁之子慕容暐更是容不下他，和慕容恪一起辅政的慕容评也是处处与他为敌，故而，臣以为慕容垂难成大器，燕寇没了慕容恪，也就不用怕了。"褚蒜子："世事无定局，还是要防备的，万一呢？"司马昱："太后说得极是。"褚蒜子："秦寇之王猛，是个蛟龙之才，他对苻坚忠心不二，针对秦寇实际情况，铁手腕猛劲治理，现在秦才国力强盛。如王猛者，我朝有何人可与之匹敌？"司马奕："桓温、庾希、谢玄等可以吧。"褚蒜子："不可以！一起尚不足论，更何况一人？"司马奕："要是祖逖、郗鉴重生就好了。"褚蒜子："现实面前，幻想是负能，现实面前，重要的是如何面对、怎么处理。"王彪之："皇上！太后！老臣的意见是我大晋要把精力放在耕读治国上来，现在是乱世，统一大江南北需要一个秦始皇、汉武帝那样的人物出现，可是，放眼大晋，尚没有啊！"褚蒜子："但是只怕树欲静而风不止。"王彪之一时不知道如何接话，怔在那里，正要说话，有宫女送点心过来，褚蒜子："半天了，吃点东西吧！"点心共六样，一碟核桃酥、一碟桂花糕、一碟茯苓夹饼、一碟蜜枣泥酥、两碟水果，不常见，王彪之问："这几样常见，这两样是什么？"司马奕："紫红色的是番石榴，黑色的是圣女果，都是林邑进献的。"司马昱吃了口桂花糕道："收复燕地吧！臣想念人参、貂皮、乌拉草了。"王彪之吃了颗圣女果，学司马昱道："收复秦地吧，在下想念核桃、秦椒、猕猴桃了。"褚蒜子听罢笑了笑道："司马秦皇、司马汉武在哪儿？"司马奕道："某在斯！某在斯！"几个人都笑了起来。

太极殿上，司马奕坐在龙椅上，褚蒜子隔着帘幕听政。大臣们你来我往地禀奏事情，忽然有斥候来报，说桓豁大败秦苻坚的侵略，取得全线胜利。秦屡犯大晋边境，让朝廷疲于应付，今日得到胜利的消息，朝臣欢呼雀跃才对，可是，除了忠于朝廷心思简单的郗愔真心道一声"贺喜皇上！贺喜太后！"再有司马昱心情复杂地道贺、王彪之、高崧等狐狸违心地道贺外，几乎再没有附和之声！这场景，在褚蒜子的意料之中，门阀时代，谁都不希望谁坐大，而今坐大的桓温是门阀士族们心中的尖刺，他们只想他保家卫国，却不想他建功立业。她忽然想斥责朝臣们两句，想想罢了。但是，功过是非、赏罚分明必须有原则，她吩咐道："桓豁大败秦寇，壮我军威，当论功行赏，再，诏命司马昱大人亲往前线犒劳三军。"司马昱刚领命，又有飞报，说秦寇掳掠安阳一万多户走了，这个消息让朝堂上的大臣大吃一惊，有朝臣初以为安阳是桓温负责的，有朝臣奏说要朝廷重罚，后来弄清这个地方是庾希负责，诸多朝臣的话锋又转了方向，不为别的，只因为当今年皇后是庾道怜，她乃庾冰之女，庾氏树大根深，不可小觑！朝臣们话锋一转，有的说庾希忠君为国，安阳本来紧临秦寇，而秦寇正盛，此时不宜治庾希的罪，就让他戴罪立功，镇守边疆。有的说多事之秋，大家要放下各自的小利益，一致对外，一切等胜了秦寇再说。褚蒜子斟酌再三，道："其罪，不可不惩处！国事，不能片刻怠慢。现罢了庾希一切官职以示惩处。但是，让他以布衣领兵，戴罪立功，报效朝廷。"

司马奕来到显阳殿，看到褚蒜子已在中堂等他，他说了半句："太后！儿臣……"便哑了口，他心里纠结极了，他不想褚蒜子还政给他，他怕自己没有能力处理好这一切。可是，他二十几岁的人了，总不能一直让褚蒜子垂帘下去吧。故而，他一直拖着，过一天是一天，这一切，褚蒜子了然于胸，故而一边扶他上马送他一程，一边不断地帮他树立信心、教他如何治国驭人。褚蒜子见他又是这样，很是失望，但是却也不能直说，于是，她道："快两年了！哀家相信任何事情皇帝已了然于胸。"司马奕："是！难的是决断。儿臣看太后决断，有的儿臣与太后一样，有的不一样。"褚蒜子："哀家也有错的时候，看到即刻补救就是。"司马奕："儿臣感觉心有余而力不足。"褚蒜子："皇帝有这一想，才智够了。"司马奕嗫嚅不语，褚蒜子又道："为政，厚民为本，治国先富民，民富则好治；君王用人，选贤达人士，贤达则国安……"褚蒜子对他说了很多，末了，司马奕道："儿臣谨遵太后教导。"司马奕走后，褚蒜子吐了一口气道："阿斗的感觉。"一旁的黎辉道："太后！奴婢估计您还是退而不能休。"褚蒜子："必须得休！不然，他何时能长大？"

褚蒜子约上司马昱、王彪之、谢安、王坦之来书房说还政的事，她说："明日起，哀家即退居后宫，还政于皇上！哀家希望各位鼎力与皇上一起，把国家治理好，以期国泰民安。"司马昱："臣现在唯一担心的是桓温。"褚蒜子："朝堂中枢有你们几个在，桓温他翻不起大浪。"司马昱："现在军事这块大都姓桓。"褚蒜子："学会等待！庾希、庾蕴守一方，谢玄、谢琰等也渐渐长大，不着急。"王彪之："对！钦天监日观天象，晋祚长着呢！其中的故事便是我们的事业。"褚蒜子："王大人说得对极了。很多强势再强，终也成不了欺天之大势，此乃天道也。"王坦之："虽如此，但是它的破坏力还

第十五回　慕容恪亡晋廷借机北伐　慕容垂彪桓温兵败枋头

是很大的。"谢安："这个是自然，我们要做的就是尽量避免被破坏，避免的过程就是我们的事业。"褚蒜子看了一眼旁边的司马奕道："有你们几个在，还愁什么？"司马奕赶紧道："诸位爱卿乃国之栋梁、朕之股肱！有你们在，朕心里十分安稳。"褚蒜子："在座的各位爱卿皆是人中俊杰，都深知人若公而忘私、天定因公佑私！和谐发展、合作共赢、国泰民安是我们一致目标，来吧！喝了这杯茶，哀家将永退后宫，我们大家，各就其位，各司其职，各尽其命。"

书房内，司马奕第一次自己一个人召见司马昱、王彪之、谢安、王坦之四人，这四个人是褚蒜子留给他的股肱，他非常看重他们，当然也想探探他们对自己的态度。故而，司马奕开门见山道："太后谢任，朕倍感压力，好在有诸爱卿在。"司马昱看出了他内心的不安，赶紧安慰道："太后虽然谢任，但是臣相信她会依然心系朝廷安危的。"王彪之："这些年太后不容易，让太后歇歇吧，什么事不过是兵来将挡水来土掩。"司马奕："这些道理朕和爱卿都懂，就是往往到事上了，时机和度把握不好。"谢安："慢慢就好了，事缓则圆嘛！"王坦之："现在有点不好对付的是桓温，可是，臣觉得他也不是那么真的不好应付，一旦大敌当前，他还是以大局为重的，主要是他身边的郗超，天天魅惑、挑唆他。"谢安："那是他的心有漏洞！"司马昱："多年前，刘惔就说过他，他是个有野心的人，现在又据关键之地，小心点还是必需的。"王彪之："这么多年了，都说他要怎样，他不也没怎样？他有几斤几两他自己会掂量，曹操不是谁想做谁就能做的！最起码，他朝中无人吧！他不是大问题，大问题是燕寇秦贼。"王坦之："桓温纵有其心，也无其胆。纵有其心其胆，也无其命。他能抵过曹操？即便是曹操又如何，终老也不过那样！更何况他不如曹操呢？再说，我们这些人能眼看着让历史再来一次'曹操之错'？肯定不会！我们只会通力协作，完全杜绝。"司马昱："说得太好了！我们精诚团结，共同抗衡。"谢安："臣觉得桓温让他再长长，毕竟，我们现在劲敌是燕、秦两寇，目前，也只有桓温与其名将慕容恪、王猛势均力敌。千军易得，一将难求，臣觉得国家还是需要桓温的。"司马昱："只怕……"谢安："尾大不掉、功高盖主这两个成语，主观臆想多些，客观未必。防是要防的，但也没必要太过，桓温他骨子里有非常传统的一面，虽然有野心，但是传统道德制约着他、门阀士族制约着，他短时间内不会怎样，我们完全有时间布局。"司马奕："嗯！太后也是这样说的，朕也是这样认为的！治国不是一时的事，而是一世甚至多世之事。"谢安："就是这样。"王彪之："当下之急是安石赶紧进入朝堂。"司马奕：

"谢大人这就不回了,家小慢慢过来。"谢安赶紧叩谢皇上隆恩。

消息传到桓温那里,他正与王珣、郗超两个人闲话,王珣:"太后还政后,司马奕即把谢安召为侍中,还有王坦之,袭其父职蓝田侯,也在朝堂。"桓温道:"他们两个都曾是我的部下。"郗超:"防人之心不可无,明公还是小心为好。"桓温喝了口茶道:"二十好几的人还当了两年儿皇帝,他有多大能耐?不过是借着太后还政洗下牌罢了,没啥!"然后他看着郗超笑道:"倒是京口,其酒可饮、其兵可用啊!"郗超:"明公,我的父亲我了解,太平时期没事,一旦有了战事,京口还得明公!我向明公保证,京口虽在我父亲的镇守之下,但一旦有事,必然在明公麾下。"桓温笑着,王珣道:"把嘉宾的话记账上!"王珣也笑道:"明公放心!在下已记下了。"桓温又道:"庾希他们怎么样?"郗超:"怎样都不能大意,自古外戚即使没能力也很能祸事,更何况他们自庾冰始,就一直非常根深叶茂。"桓温不语,郗超:"得找个机会根除。"王珣:"你声音那么大,不怕隔墙有耳?"桓温笑一指倒茶的仆从道:"有耳也只他。"那仆从见桓温指他,赶紧倒茶,见杯子满着,一脸困惑地看着桓温,桓温挥手示意他下去,郗超笑着道:"聋哑间谍。"那仆从见郗超看他,咿呀着不知说些什么,桓温笑着比画道:"没事,大家说着玩呢!"那仆从才又退一旁候着。

大殿一片寂静,寂静中冒着闹哄,司马奕内心有些翻腾,是非对错他能够判断,但是如何决断他就时常困惑,比如桓温,什么时候倚重,什么时候压制,他常常拿捏不好,他生怕自己一不小心触动了哪个机关,瞬息万变的时局会一下子乱了套。他调整好思绪,示意太监张会源,张会源尖着嗓子道:"有事启奏!无事退朝!"瞬间,安静的众朝臣被激活,各种奏章蜂拥而上。司马昱:"桓温上书请求北伐!"高崧:"燕寇慕容恪已病故,这倒是北伐的好时机。但是,桓温大司马挂帅,微臣以为不妥,桓大司马镇守我朝西门户,西门户是非常重要的战略要地,如果桓大司马领兵北伐,怎么办?"曹秀:"高大人分析得极是!微臣附议!"王坦之:"这个时机我们想到了,秦寇定然也会想到,微臣以为若秦打燕,我们就坐观形势,适时出兵。"高崧、刘强等附议。谢安:"秦之苻坚、王猛皆是能人,我们想到的他们自然也会想到。但是现在,他们国力尚微,他们出兵与否的可能性各占一半。如果他们出兵,我们自然可以坐山观虎斗,然后见机行事、渔翁得利。如果他们不出兵,我大晋则要出兵,如果我大晋不出兵,则丧失战机,战机一旦丧失,再来很难。如果我们出兵,秦则会坐观我和燕

第十五回　慕容恪亡晋廷借机北伐　慕容垂彪桓温兵败枋头

寇相争，然后他们很有可能会见机行事、渔翁得利。所以，臣建议做好攻燕、防秦两手准备。"又道："常言说上阵父子兵、杀敌亲兄弟，臣建议攻打燕寇请桓温领兵北伐，桓冲将军代镇荆州，桓云、桓豁、桓秘负责粮草和驰援。庾希、郗愔等将军负责防秦、援驰。"王彪之、王坦之："谢大人说得非常对，臣等附议！"司马奕："好！依谢大人所言！马上拟旨，给桓温加殊礼，位在诸王侯之上！"司马奕此话一出，朝堂瞬间寂静，片刻，王坦之上前一步道："北伐尚未点兵，就给桓将军加殊礼，假以时日，桓将军北伐得胜归来，以何殊荣给他？"司马奕话已出口，即刻意识到自己说话没有经过大脑，但是话是在太极殿上当着文武百官的面说的，不好收回，便自圆其说道："北伐是我朝几代人的心愿，此次天赐良机，朕希望桓将军全力以赴，忠心报国。未出征便给他殊荣，朕意在鼓励也。"皇家颜面比天大，司马昱、谢安、王彪之、王坦之听罢赶紧道："皇上英明。"司马奕在心里对他们说了几个"谢谢"。时有斥候报宛城遭燕寇侵袭，宛城太守桓澹弃城逃至新野自保，燕寇慕容厉已趁机攻下高平数郡！宛城也在庾希的管辖范围内，前些日子刚被秦掠走了一万多人，今天又失城，司马奕忍不住急道："怎么搞的？前时失人，这会又失城？"司马昱生怕司马奕把握不住局面引起朝臣笑话，毕竟，国家姓司马，他赶紧上前一步道："皇上息怒！兵家胜败乃常事，城池一时彼一时此也是常事。这燕寇自来狡诈，擅长搞突然袭击，庾希万里有一失固然不对，但是非常时期，也能理解。亡羊补牢犹未晚，臣建议朝廷让他戴罪立功，诏命他力击燕寇、将功补过。"司马奕："准！拟诏！马上！立刻！"

是晚，司马奕来到显阳殿向褚蒜子问安。礼毕，他习惯性地对褚蒜子道："太后！燕贼慕容恪死了。"对这个还没有完全接受自己亲政的侄子，褚蒜子一如既往道："桓温上表北伐了吧！"司马奕："是！儿臣准了，儿臣希望桓温能够一举得胜。"司马奕希望桓温旗开得胜以给自己立威的心思她当然明白，她道："嗯！他会的。"司马奕见褚蒜子这样，便半藏半匿道："……太后！儿臣一激动，今天在朝堂给桓温加殊礼了。"褚蒜子心里一惊，平静道："皇帝金口玉言，加就加了，不必计较，且行且调整。"司马奕听褚蒜子如是说，心理压力小了许多，他又道："所幸司马昱、王彪之、谢安、王坦之帮儿臣搂了，不然儿臣估计会出丑。"褚蒜子："他们四个是皇上的可靠臂膀，但皇帝要记着以后说话三思后再出口。"司马奕唯诺称是，褚蒜子问："慕容恪死时推举谁人辅政？"司马奕："据谍者报，慕容恪临死前向其主慕容暐极力推荐慕容垂，但是慕容暐根本不听他的,现在慕容评辅政。慕容评是慕容暐的爷爷辈,才能平平,与慕容恪差太远了,不足畏。儿臣私以为此次桓将军出马,攻下燕寇不是问题。"褚蒜子见司马奕说得如此轻松,提醒道:"慕容垂与慕容恪比怎样?"司马奕以为褚蒜子不知道慕容垂,介绍道:"慕容垂是慕容恪的弟弟,据说是文武兼备、勇猛多谋。十三岁开始随其父亲慕容皝征战,立了许多战功。后赵石虎死时,慕容儁趁其新丧内乱之机,攻打后赵,就是他的主意。后又劝慕容儁优待降卒,收服人心。前年和慕容恪一起攻下我洛阳的,也是他。只是,因为慕容皝过分喜欢他,让身为世子的慕容儁很是嫉恨,处处遏制他,到了其子慕容暐主政,年久日深的嫉恨已到了坚冰程度,根本不用他。虽然慕容恪临死前极力推荐,慕容暐也只是听听,他依旧倚重慕容评,根本不理慕容垂,他对我们应该造不成威胁。"褚蒜子见司马奕如此轻敌,不得不加重语气道:"战争瞬息万变,人心诡谲叵测,切不可掉以轻心,一切皆有可能。虽然他们现在不重用慕容垂,但是不代表什么时候都不用他。"司马奕半迷糊半清醒道:"儿臣明白!儿臣会小心的。"

司马奕走后,褚蒜子忍不住叹了一口气,一旁伺候的刘轩道:"太后!皇帝他……"褚蒜子打断他的话威声道:"你想议论政事?"刘轩吓得赶紧跪下道:"微臣不敢!微臣是心疼太后!"褚蒜子:"起来吧!"又道:"咱们的皇帝啊,是有点材料不足。"刘轩小心翼翼道:"所以,微臣心疼太后还得操劳。"褚蒜子沉默了一会儿,道:"庾氏是一支很好力量,可惜皇后年纪轻轻就死了。"刘轩:"太后……"褚蒜子:"不说了!这些不是你该操心的。好了,别按了!"刘轩刚起来,即有宫女捧了水来到他面前,他净了手,来到茶几前给褚蒜子调配养心汤,褚蒜子看着他的背影道:"上回你弄的那个川贝雪梨膏挺好的,再弄些来。"刘轩:"好!"这时,门口守着的黎辉道:"太后!穆皇后来了。"片刻,何法倪来到褚蒜子跟前,礼毕,道:"母后!这是儿臣培育的双色秋海棠,开了,送给母后。"褚蒜子就着花盆看了看,道:"哀家的法倪就是好,什么事儿都想着哀家。"何法倪承欢道:"母后是儿臣这个世上最亲的人嘛!"褚蒜子:"过来坐这儿。"何法倪:"谢母后。"说着在褚蒜子身边坐好,褚蒜子道:"给你的川贝雪梨膏喝完了吗?"何法倪:"还没有!母后,您赏儿臣的川贝雪梨膏好极了,原先秋里儿臣时不时会咳嗽,这一喝,一点也不咳了。"褚蒜子:"好就好!回头再给你些。"何法倪:"谢母后。"褚蒜子:"她们俩怎样?"何法倪:"都比以前好多了!王淑妃也开始念佛了。"褚蒜子:"一念放下天地宽!哀家最担心你,你最先过来!她们两个,心孽难越。"何法

第十五回　慕容恪亡晋廷借机北伐　慕容垂彪桓温兵败枋头

倪:"是！她们为自己的错用煎熬来买单，这惩罚也够大了，她们终归也是善良的，前几天她们与儿臣说起往事，后悔得泪流满面，王贵妃更是自掌耳光，儿臣好容易才劝住。"褚蒜子:"不说她们了！你的字画练得怎样了？回头给哀家画幅牡丹，挂这儿。"何法倪看着墙上那幅有些发旧的梅兰竹菊笑道:"儿臣已画了幅跟母后一样的牡丹，就是按照这个大小画的。"褚蒜子:"真是哀家的好孩子，啥事都替哀家想着。"两人正说话，黎辉报王贵妃、王淑妃来了。褚蒜子看了看何法倪，道:"让她们进来吧。"王贵妃、王淑妃礼毕，何法倪起身拉她们坐好。褚蒜子:"刚从佛堂过来？"王贵妃唯唯称是，羞愧道:"臣妾每每想起自己犯的错，都觉得生不如死。"王淑妃低头道:"臣妾也是。"褚蒜子:"法倪已原谅你们了。"王贵妃:"如果皇后不原谅，臣妾心里还好受些，正因为皇后原谅臣妾了，臣妾心里才更是过不来。"王淑妃:"是！有时真想请皇后打我一顿骂我一顿或者关我到大牢里才好！"何法倪:"别想那么多了，咱们都是先帝故人，和和睦睦地好好活着才好。"褚蒜子:"法倪说得是！也就你们三个，和和睦睦地好好活着才好。"王贵妃、王淑妃赶紧唯诺。王贵妃起身施礼道:"太后！皇后！臣妾亲手绣了梅兰竹菊屏风四套，想送给太后、皇后、淑妃，但是又怕……今儿斗胆说出，不知……"褚蒜子当然知道她的意思，也见她真心改过，便道:"拿来吧！哀家这正需要。"何法倪冰雪聪明，也道:"谢谢贵妃，本宫前儿还说要向内务府要一个呢！"王淑妃赶紧接道:"谢谢贵妃，妹妹求之不得！嗯……太后！皇后！我也有贵妃姐姐之心，也是怕……"褚蒜子:"有心就好，有行动更好，人生不易，大家和和睦睦、相亲相爱地好好活着才好。"何法倪、王贵妃、王淑妃:"是！儿臣（臣妾）谨遵母后（太后）教诲。"褚蒜子看着眼前三个也算其乐融融的儿媳妇，心里欣慰了不少，一时想到司马聃，心酸，又不忍引她们难受，就说:"不早了，都回去休息吧！"何法倪等刚走，李宁报说慕容恪死了，褚蒜子听罢示意她下去。她需要静静，她知道战争即将开始。

　　桓温兴奋得睡不着觉。这天，他在官署与属僚们说伐燕之事，王珣道:"慕容恪都死了，他们还不老实，又犯我土。"郗超:"他们秘不发丧，以为人就不知道了。"王珣调侃道:"再怎么也就是回光返照。"郗超:"不恰当，阴魂不散。"桓温笑道:"嘉宾这个比喻恰当。"王珣:"恰当也是因为我的缘故，我嘴跟不上脑，我原要说'阴魂不散'的，嘴一秃噜说成'回光返照'了。"郗超:"切！输我一等还不服。"王珣:"你美髯公！"桓温见他俩又掐，忙道:"打住！谁再这样罚穿红戴绿在校场走三圈，说正事。"王珣嘴角一咧对郗超道："你能！你说！"郗超向他翻个白眼道："我说！慕容恪死了，防秦攻燕两手抓。"王珣："又说我台词！朝廷不用太费心，决策不是司马奕的长项，他当个同步发言人不错。"桓温："我能不能？我说不说？今天中午谁请客？"王珣、郗超："锤子、剪子、布请客！"王珣、郗超："锤子、剪子、布！锤子、剪子、布！"王珣输了，郗超揶揄道："就知道你会输，谢家女婿。"这话气得王珣脸一赤一白说不出话来，指着他："你、你……"桓温见状忙道："嘉宾，你过了！向王珣道歉，中午你请。"郗超："哎呀！我这嘴，也是跟不上脑子，我没有说你！我是想说谢安。"王珣："哼！中午好好陪我。"

　　谢安、王坦之骑马来到新亭，王坦之把马交给随从时，也不知道脑子哪里抽筋了，在马屁股上拍了一上，那马"蹭"一下往前一跳，把随从拉了个趔趄，他本没有防，下意中伸手抓住了谢安的衣袖，只听"刺啦"一声，谢安的衣服齐袖脱落。谢安笑道："我是谁？我在哪？我与谁断袖了？"三句话把人逗得大笑起来，王坦之："除了我你还能与谁断？"谢安："那谁别拴我马了，回去拿件衣裳来。"又玩笑道："哦！夫人若问，就说我这件断袖给佳人王坦之了。"王坦之："你正行点呗！你知道我这不中。"谢安哈哈一笑道："走吧！咱们丛林深处话正经。"二人说着不觉走到一亭子外坐下，王坦之："你私邸地方选好了没有？"谢安："没弄，住官署。"王坦之："弄个吧，家属得劲。"谢安："不弄了！只要在一起，哪都是家，家属也愿意。"王坦之："你呀！怎么说你呢！"谢安："那哪不都是住啊！我在，吃穿住行就在！一家人，只要和和睦睦，那哪都一样。"王坦之："也是！我问你，你真的不想找个姜室？"谢安看着他道："怎么忽然说这话？"又道："哦！你有目标了？"王坦之眼睛一眨道："你先回答问题，等会说我。"谢安："我呀！有心没胆，有胆也没用。"又享受般地炫耀道："我那侄子们曾跟夫人提过'窈窕淑女，君子好逑'，夫人说那是周公写的，如果是周姥写就不会这样了。"王坦之竖起大拇指笑道："夫人厉害啊！"又道："难道你从来不想？"谢安："说老实话，想过！但是我知道，爱情这杯酒啊！两个人喝，甘甜！三个人喝，涩酸！多个人喝，毒药！人啊，深爱一人，才能得人生之深情真意。"王坦之小害羞道："前些天我对一个歌伎有点心动，安石兄这一说，我也不想了。我的事，说完了。"谢安道："你呀！该打屁股！"又道："尊重夫人、别让夫人伤心，这是男人最大的成功。"王坦之："是！有安石兄，我这辈子足了。"谢安："人有很多事要做，岂能把人生拘囿于此？"王坦之笑道："咱俩拘囿这上面半天了。"谢安也笑道："这事吸引人呐！走，往那边看看。前些年大家为了钱行的画

第十五回　慕容恪亡晋廷借机北伐　慕容垂彪桓温兵败枋头

面就在眼前，一晃几年了。"王坦之："可不是，物是人非了！"谢安："物非人是！你看这树都长粗多些了，你还是你，我还是我。"王坦之："哈哈哈！物是人非、物非人是，皆是人心！王彪之被桓温弹劾后，他给人一种物非物、人非人、物是物、人是人的感觉。"谢安："原本如此！桓温原也没打算打算一竿子打死他，朝廷原也没打算不重用他。治罪、收押、赦免、罢官、免官、又升官，都是游戏。"王坦之："知道，只是感觉他们有点那个啥。"谢安："咱和桓温都是儿女亲家，啥不啥？凡事，有个是非公断就行了，较真干啥？你说是吧！桓温跟王彪之那一场闹，不过是桓温移姑孰后，各郡都派了长史、司马、主簿等高级属官去向他表示敬贺，只有王彪之认为向皇帝敬贺和上贡才遣派主簿级属官，向桓温敬贺不能过了级别，最后竟然以自己是朝廷重臣为由没有派人向桓温敬贺，桓温面子上过不去，才找缝儿给他下蛆。他也知道，朝廷也知道，大家都知道，所以，游戏一下罢了。"王坦之："你说得透彻！看得也透彻！"谢安笑道："我喝得也透彻！"王坦之笑道："等会儿去我家，出来时我已吩咐做好饭菜了。"谢安："可中！哪里有酒那里去。"王坦之："叫不叫庾柔、庾倩他们？"谢安："你是地主你问我？"王坦之想了想道："不叫了吧，咱俩今个私房。"

司马奕诏命桓温北伐的事让庾柔、庾倩心里很吃味，他们原本想让庾希北伐的，他们也认为慕容军中没有慕容恪，很容易北伐成功，届时，庾氏家族的地位会更加稳固。可是，他们建议庾希北伐的书信还没有写，司马奕已诏命桓温为北伐总都督了。庾柔道："如果桓温北伐成功，那可真的功高盖主、尾大不掉了。"庾倩："成功不成功对咱来说都不好！成功，像你说的功高盖主、尾大不掉，皇帝势必会受制于他；不成功，皇帝缺威望，不好驾驭臣工领导臣民，难哪。"庾柔："咱们怎么办？"庾倩："不好办！也别怕，姑姑是皇后，妹妹也是皇后，光咱一门俩皇后呢！"庾柔："此一时彼一时，人眼儿高着呢！桓温挤兑大哥的事你还不知道。"庾倩："说实话是大哥做事欠考虑啊！人家外戚都藏着掖着、低调得很，可是大哥他确实有点太过张扬了。燕贼犯境，他不去救援，被免了官还不反省，还盗取京口军需物资，朝廷征他为护军将军他还怒辞不受，弄得朝廷欠他什么似的。桓温弹劾他是有私心，但是也是大哥给了他把柄。结果如何？连个地儿都没有，只好寄住在暨阳。"庾柔："是！现在他好多了，比任广州刺史这会儿低调多了！我前些日子给他写信说过这个，但是他是大哥，我能说什么！只能点到为止。"庾倩："咱们家看着根深叶茂，可是实际上禁不住风雨。现在咱家、谢家、王家、桓家为四大家族，谢家、王家、桓家互有联姻，咱欠缺啊。"庾柔："咱也有！你忘记了？庾龢娶的是谢尚的女儿，庾蕴娶的是桓温的侄女。"庾倩："谢尚早不在了，太后也还政了，侄女和女儿不同，如果是女儿还好些。"庾柔："哥你有点忌惮桓温？"庾倩："说真的是有点儿，那家伙一旦有啥行动，能不血洗？"庾柔没有说话，庾倩接着道："等过年祭祖时咱们好好说道说道，我有深深的危机感。"庾柔："我也是！皇帝……皇帝是个好皇帝，以身作则，身体力行，也不犯错误，但是缺少血性，男人该有的血性！"庾倩叹口气道："能屈能伸一条龙，能伸不屈一条虫！今非昔比了，我们何必瞎拽。"庾柔："我也是这个意思，只是大哥脾气有点倔，我把谢安的事给他一说，他说我没有刚性。说谢家不过是新贵，咱们是几世的老贵族，不可同日而语。"庾倩："什么新贵族老贵族，社会只认强势贵族，桓温不是更新的贵族吗？多少人忌惮他。"庾柔："是啊！咱家看着厉害，实际上真到事上，估计真心想帮的不多。"庾倩："还是那句话，能伸能屈一条龙，能伸不屈一条虫！咱虽然是老贵族，但是在现实面前，也不能总是梗脖子硬头，这样终害的是自己。"庾柔："我知道啊哥，咱这思想得想法让大哥接受才好。"

桓温收到朝廷准允他北伐的诏书，非常高兴，他对在座的王珣和郗超说："光复中原伟业的时候来啦！"郗超也高兴道："真的来了！前些年慕容儁病殁，好多人说借着他们国丧光复中原，却不想慕容恪还健在，打起来胜算不大！一帮蠢材！哪里有明公知道其中的深浅。"王珣："那是！千军易得，一将难求！我朝如果不是明公，朝廷早岌岌可危了。"桓温伸手制止他们道："说什么呢！"郗超站起来绾巾一正，双手向天道："试看今朝，谁人可与明公试比高。"王珣也是高兴地附和道："朝廷的安危，多仰仗明公。这次北伐大捷后，明公定会更是威望比天高。"桓温喝了口茶笑道："你俩呀！别给我戴高帽子，想想如何调兵遣将。"王珣嘴一咧蛊惑道："明公！京口士兵战斗力强，可借调。"桓温心一动道："嗯！给平北将军写信，一起北伐，一起光复中原。"郗超一寻思道："家父愚忠，那兵在他手里有点可惜了。"桓温笑道："你怎么这么说话啊？"郗超头一扭看着桓温认真道："没怎么，我想事。"桓温不语，心想："你把你父亲的兵给我弄过来才是正经事。"于是便道："想吧！好好想想！"然后转头对王珣道："你给平北将军写信，邀请他一起北伐，八百里加急。"说着意味深长地看了郗超一眼。

郗愔是个忠臣，一收到桓温的信，高兴坏了，立马复信桓温，殷切道："这是好事啊！光复中原是多少代人的梦想，这会儿慕容恪死了，是打败他们的好时机！我立马

第十五回　慕容恪亡晋廷借机北伐　慕容垂彪桓温兵败枋头

复信给桓大司马，请求率部众出兵河上，与他一起北伐、一起报效国家。"没想他的信先到了郗超手里，郗超看着父亲的信，对王珣说："这封信先别给明公看，我模仿我父亲的笔迹再写一封。"王珣："嗯？"郗超眉毛一挑眉头一皱道："来！笔墨纸砚！"郗超很快把信写好交给王珣。王珣见到桓温，把郗超仿郗愔的信给他，桓温看到信中郗愔说："我不是将帅之才，不能胜任军旅重任，而且年老多病，还是给我一个闲职，让我休养吧！徐州、兖州的军队就由桓公统领。"桓温大喜，赞道："郗将军真乃国之名士也！立刻上报朝廷，说明情况，请升他为会稽内史。"就这样，桓温一直想要的北府兵、京口重镇，不费吹灰之力就到手了。

桓温信心满满，准备大举攻燕，他派弟弟中郎将军桓冲及西中郎将袁真等带兵五万，大举西进。郗超极力劝谏说："明公！自古打仗兵马未动，粮草先行。这会儿是四月，天越来越热，如果天旱雨少，会影响漕运。况且汴河久未治理，有些河床都干了，一旦天旱，粮草不济，会出大问题的。"桓温不屑道："不妨事，我们可从清水河入黄河。"郗超："走黄河是逆流而上，自古漕运难通。在下担心到时候燕寇拒不交战，虚耗时日，我军万一粮草供不上，我大军会陷入无粮的困境。在下建议尽率全军直捣燕寇之都邺城，这样，不论燕寇逃回辽东，或是出兵决战，或是拒不出兵都有利于北伐的进展。"桓温："两军交战，贵在神速，兵败多是因为将帅无能，而今之燕寇没了慕容恪，不过是乌合之众，拿下他们如探囊取物，嘉宾多虑了。"郗超坚持道："我还是担心粮草问题，我们多少战事，都出在粮草问题上，万一粮草不济，我们又做不到像胡虏那样食死伤将士的肉体。在下有个万全之策：我们坚守河道，控制漕运。储蓄粮草，到明年夏天再继续进攻，速战速决，如何？万一战事拖延到秋冬，北方早寒，如果水滞冰结，将会对我军将士非常不利。"桓温道："会等到秋后，我想在立秋之前凯旋呢！我已派冠军将军毛虎生，凿通巨野三百里，引汶水汇入清水，从清水入河，战船已过数百里。攻下燕寇，指日可待。"郗超："明公！小心没大错。"桓温："放心吧！没事！"

桓温大军从姑孰出发，口号依旧是"驱除胡虏！光复中原！"大军经过建康，文武百官都来捧场，黎民百姓不甘寂寞，人山人海中踮足遥望，都想一睹桓温的风采。毕竟这是十多年来的大事。人山人海中百姓甲道："快看！来了！"百姓乙："桓温大司马好威风啊！"百姓丙："司马昱、谢安、王彪之……呦喝！好多大官都来了！"百姓甲："皇帝来了吗？"百姓丁："没有看到。"百姓丙："这么多大人物都来为他饯行，真威风。"

近的看见随从捧上酒,隐隐听闻司马昱道:"敬大司马!希望大司马旗开得胜。"桓温接过一饮而尽,道:"'驱除胡虏、光复中原'是我桓某毕生的心愿,相王放心吧!"谢安等也都向桓温敬酒饯行,桓温一一喝下,桓温闻听围观的百姓欢呼声此起彼伏,他抱手向围观的百姓示意,百姓见状,呼声高涨,"桓大司马"呼声震耳欲聋。面对此情此景,司马昱等内心五味杂陈,既希望他凯旋又希望他一败涂地,大家都言不由衷地说着祝福的话,看着桓温扬帆远去,消失在天际。

大军到了牛渚,桓温站在战船上,望着满目疮痍的中原大地,不禁感慨道:"神州沦为荒丘废墟,与王衍这些清谈客脱不了干系。"袁宏也是死性不改,张口道:"国运自有兴衰,也不一定都是他们的责任。"桓温一听怒道:"这话你第二次说了!你真想当刘青牛吗?"袁宏吓得面如死灰,赶紧跪下向桓温认错,桓温道:"振兴国家,重在作为,王衍等这些拿着国家高额的俸禄,不操心如何增强国力,却每天只吃饱了饭没事闲扯淡,说其罪当诛过分吗?"袁宏赶紧跪下道:"在下知错了!请明公宽恕!"桓温没有理他,一边向船头走一边说:"你过来!"桓温此举吓坏了所有人,他们以为他要杀了袁宏,齐跪下为袁宏求情,袁宏更是吓得几欲晕厥,桓温见状气中带笑道:"都起来,不杀他。他文人秉性,好逞口舌之快,本将军知道!本将军是看到那边山水美,让他作诗抵罪。"大家才舒了一口气,袁宏也重生一般赶紧起来跑向桓温。

袁宏出生于一个世族家庭,是当时非常有名的玄学家、文学家、史学家。其七世祖袁滂曾任东汉灵帝时的司徒,六世祖袁涣任过曹魏的郎中令,其后"袁氏子孙世有名位"。然而在袁宏年少的时候,其父临汝令袁勖去世,家道因此中衰。袁宏因为咏诗受到谢尚的赏识而入仕,谢尚任安西将军、豫州刺史时,特聘其参议军事。袁宏本来默默无闻,整日闲逛,一天晚上他坐船到了牛渚,在小船里朗诵自己写的咏史诗,慷慨激昂。谢尚的船刚好经过,听到其吟诵被吸引住了,下令停船静听,而后派人去打听,把袁宏请上船,两人畅谈了一夜,从此袁宏名声大振。桓温看中袁宏的文笔,在谢尚辞世后,特地把他要到自己身边,负责起草文书。袁宏最大的特点就是反应快,他写过一篇《东征赋》,称赞南渡许多名人,却少了桓温的父亲桓彝,桓温非常恼火,但是因为他是文学大家,桓温也不想让人特意去问他。有一次出游,他让袁宏与自己同坐一辆车,途中,桓温忽然厉声问:"《东征赋》里为什么没有提到家父?"袁宏立即答道:"明公之父是我非常尊敬的人,在下还没有来得及向您请示,不敢擅自写。"桓温怀疑地看着他问:"你打算

第十五回　慕容恪亡晋廷借机北伐　慕容垂彪桓温兵败枋头

用什么言辞来写？"袁宏道："人虽然可以死去，道义却不可陨落。如果用两个字评价，'信义'最为恰当。"桓温一听流下了眼泪，他的父亲桓彝由于与叛军交战时坚决不肯投降，战死沙场。在他心中，父亲桓彝一直是"信义"的代称，听袁宏如此评价父亲，感慨万千，从此不再提此事。在桓温心里，袁宏就是一个胸无城府、喜欢逞唇舌之强的文人。有关王衍，他和自己说过，今日他又是这样说，可见是没有长脑子、是惯性使然。他知道袁宏不是有心跟自己作对，也不想小题大做，但是，就他发表的无脑言论而言，也不能不办他，不然影响不好。于是，让他现场作诗抵罪，作好了就算，作不好就免了他的官。桓温正自思考，有捷报传来，原来是先锋檀玄，进攻湖陆，旗开得胜，只一鼓，檀玄便擒住了湖陆守将慕容忠。桓温大喜，对袁宏道："写露布，上报朝廷！"又道："快！笔墨纸砚、书案伺候！"袁宏："这会儿哪里有书案，叫个人用背衬着就行。"于是，袁宏靠在马旁，奋笔疾书，一会儿工夫就写满了七张纸，慷慨飞扬，精彩绝伦。桓温看着非常高兴，连声说："好！好！你真是倚马千言之奇才。来人！八百里加急飞报建康。"又道："传令下去，大军在此休息，稍后进军金乡。"

捷报传到朝廷，司马奕非常高兴，张口道："太好了！嘉奖！"王彪之："皇上！仗才刚开始打。"谢安忙道："皇上的意思是给檀将军、桓将军记下战功。"司马奕："朕就是这个意思。"王坦之："臣愿意为北伐做专门记载。"司马奕："好！记下桓温他们北伐胜利的实况。"王坦之取笔记录，司马奕梦想成真地看着，他太希望桓温北伐取得全面胜利了，如果桓温此次北伐大获全胜，那他在桓温出征前的封赏就显得有先见之明，他也会因此说话有分量。

是晚，司马奕来显阳殿给褚蒜子请安，他人未到声先入："太后！好事！大好事！桓温北伐，其先锋檀玄，进攻湖陆，旗开得胜，只一鼓，檀玄便擒住了湖陆守将慕容忠。"

褚蒜子听罢自然也很高兴，由衷道："贺喜皇上。"司马奕孩子般地开心道："太后！桓温北伐如果能取得胜利，朕就可以无忧了。"褚蒜子不置可否地"嗯"了一声，司马奕继续道："桓温北伐回来后，朕想给他加九锡之礼，妥否？桓温之于国家太重要了。"看着一直想给桓温加官晋爵的司马奕，褚蒜子道："皇上！大权不可久于一人，大功不可久于一人。"司马奕："朕没有，朕只是在太后这儿说说，想先听听太后的意见。"褚蒜子道："到时候再说吧。"司马奕自顾兴奋了一会儿，又道："太后！前几天记好进献的八宝糕非常好，祛寒祛湿的，朕叫人给太后送来些吧。"褚蒜子："好啊！都是什么做的？"司马奕："里面有党参、白术、茯苓什么的，儿臣没有记太清。"一旁伺候的刘轩道："皇上！是不是'党参三钱、白术六钱、茯苓六钱、山药六钱、白扁豆六钱、薏米六钱、芡实三钱、莲子肉六钱、生山楂三钱、炒麦芽三钱'这个配方？"司马奕："应该是！朕……"说话间黎辉捧着果盒来了，她说："太后！八宝糕。"褚蒜子笑道："皇上正给哀家说八宝糕呢！快拿过来，让皇上尝尝。"司马奕拿一块，品了品，道："嗯！比儿臣吃的口感好。"褚蒜子："那就多吃几块，一会儿带走些。"司马奕："儿臣说要给太后送呢，还没有送，倒从太后这儿拿了。"褚蒜子笑道："见外什么！多拿些，这糕这个时节吃最好。"褚蒜子又和司马奕说了一会话，司马奕告退。褚蒜子看着他的背影，忽然想起了庄子的话"井蛙不可语以海，拘于虚也。夏虫不可语以冰，拘于时也"，她想把司马奕叫来交代些什么，张了张口，又咽下了。

东晋大军气贯长虹，几次与燕军交战都大获全胜。桓温与慕容厉在黄墟对垒，麾兵猛斗，几乎让慕容厉的军队全部覆没。慕容厉骑马逃跑，桓温命大军乘胜攻打高平，高平太守徐翻听说吓破了胆，他说："桓温堪称一代战神，我国只有慕容恪可与之对垒，而今慕容恪已不在，我们也不必枉送性命，我们请降。"遂派使者带着降书、举着小白旗奔向桓温帐营。桓温愉快受降，一边让袁宏写露布上报朝廷，一边命令邓遐、朱序二人率军攻打傅颜，傅颜不是邓遐、朱序二人的对手，节节败退。

接连的败迅让慕容暐内心发慌，他命令慕容臧统率各军堵截晋军，可是慕容臧哪里是桓温的对手，被桓温迎头痛击，慕容臧大败溃逃。桓温遂带兵进驻武阳。刚安排好，有使者报燕之兖州刺史孙元掣请降，桓温准其降，并让使者捎话让孙元掣来营帐说话。孙元掣见到桓温，道："久闻大司马威名，今得一见，在下真乃三生有幸也！"桓温："孙将军归晋，桓某之幸、朝廷之幸也！"孙元掣："在下也是汉人，不得已事胡虏，今有机会归晋室，天不负我也！"桓温："汉人一统六合，乃天命，岂能是胡虏可染指的？"孙元掣："是！在下愿意归大司马共事大晋。"桓温："好！明日兵至枋头，你当先锋。"孙元掣一抱拳道："在下两肋插刀，在所不辞。"

邺城慕容王宫，败报接连不断，慕容暐与慕容评等众朝臣被吓得魂飞魄散、六神无主。慕容暐急道："怎么办？养兵百日，用兵一时，平时的威风呢？"慕容评："向秦求救吧！秦与我唇齿相依，不会见死不救的。"慕容暐："好！派散骑常侍乐嵩前去。"慕容评赶紧道："好！这样甚好！还是陛下英明！"慕容暐依旧慌乱道："万一秦兵不

第十五回　慕容恪亡晋廷借机北伐　慕容垂彪桓温兵败枋头

至怎么办？"慕容评劝道："为保实力，臣建议撤退至龙城。"慕容暐："好！如何撤退，众爱卿想想办法。"正当大家六神无主的时候，慕容垂站了出来，他道："陛下！臣愿统兵击敌，如果不能取胜，再走不迟。"慕容暐一听像抓住了救命稻草一样，立即道："好！命你为征南大都督，征南将军范阳王慕容德等调集步骑五万，抵御晋军。"慕容垂："臣请求司空左长史申胤、黄门侍郎封孚、尚书郎番罗腾皆为参军，与臣一起抵御晋军！"慕容暐："准！另，乐嵩尽快前去向秦求救驰援。"慕容垂、乐嵩领命而去。

慕容垂率领大军于枋头淇水南岸，便驻步不前，他传令全体将士择地驻营按兵不动。参军封孚问："桓温兵强马壮，乘流直进。今我军徒逡巡南岸，兵不接刃，如何能击退强敌呢？"慕容垂道："如果从桓温的声势上看，他似乎可以大有作为，但是我料想他不会成功，现在晋室衰弱，桓温又跋扈专制、刚愎自用，我想晋臣未必肯敬服桓温，如果桓温得成大事，那些人定会心里不甘，故而势必会暗中阻挠，使桓温难成大事。再说桓温恃众生骄，刚愎自用，而今他率众深入，必想速战速决，可是你看他却逍遥中流，坐误事机。他想打持久战，岂不思粮道困难吗？我料他师劳粮匮，定不能支撑太久，必会不战而败。"申胤道："果然这样，我们可以坐待胜利了。"慕容垂笑道："天下哪有这样好事？你们几个过来，听我安排……"

慕容垂说得很对，桓温确实想速战速决，但是因为自己内部各方面羁绊，使他不能够速战速决，如果负责西路的袁真再不打下石门，粮草就断了，如此那就真的会失败，急得他道："火速催问袁真！让他务必、快速打通石门，尽快前来驰援！"属僚："回大司马！已催好多回了，水流不至，袁真说石门实在难以打通！"桓温："废话！三天内再打不通，以军法论处。"郗超："明公！非天意，人为也。"桓温："你亲自前去督促。"郗超："没问题！但是就怕我去了也不行。"桓温："不行也得行！不然，定是败局。"郗超："我自去石门督促！但是，一条大腿难敌十条胳膊，明公这边也要看情况。"桓温："知道！去吧！"郗超打马前去，心中大骂朝中那些不愿让他们得胜、暗中使绊子的势力。

淇水南岸的慕容垂自然不会闲着，他命参军悉罗腾与虎贲将军染干津等，引兵五千，授以秘计，出营与晋军交战。悉罗腾行军至中途，遥见一晋将跃马前来，背后引着晋兵千余人，仔细一看，原来是降晋的燕人段思，他对染干津道："此贼可恨，定是来当向导的，你诱他过来，我设法擒拿他。"染干津听命，率五百人前进，遇着段思，上前与他交锋，才数回合，便虚晃一枪，拍马就逃。段思不知是计，纵马追去，不料悉罗腾纵兵杀出断其退路，染干津也回马夹攻。段思再有本事，也搁不住两路兵马的厮杀，很快就被悉罗腾活捉了去。悉罗腾派人将段思解送大营，自己与染干津继续前行，可巧遇着李述，李述原是后赵部将，归降了晋军。敌军当面，也不言语，即刻厮杀了起来。李述根本不是悉罗腾的对手，几个回合后，悉罗腾借势砍向李述，李述左胳膊被砍掉，坠落马下，染干津下马砍下其脑袋。李述军士见主将已死，皆欲逃跑，悉罗腾哪里肯依，率领将士直面冲杀过去，杀死大半，然后回营报功。

慕容垂坐镇大帐，又命范阳王慕容德与兰台寺御史刘当，分别率骑兵一万五千人，前往石门，截断桓温的河运粮道；又派豫州刺史李邦领兵五千人，截断桓温的陆运粮道。而此时袁真刚攻下谯梁，拟打石门，以便运粮，偏燕军慕容德已占领石门，不能成事。慕容德布下埋伏，命将军慕容寅前往挑战，引诱晋军追来，杀死很多晋军。桓温听说粮道被截断，又探得秦之援军两万人快到了，知道不能再战了。他望着不远处的邺城，仰天悲叹，下令全军撤退。然，由于河水太浅，不能承载船只，桓温命令把战船全部烧毁，多余的辎重、铠甲全部扔掉。撤退时，沿途的水都不敢喝，怕燕军下毒。退到长垣时，燕军将领争着要乘胜追击，慕容垂说："桓温为人谨慎，他在刚刚撤退时定是防守甚严。我若骤然追击，恐难得志。不如延续两日，他见追兵未至，定当昼夜疾退，速离我境，等他离我境已远，定是困顿力竭，那时我军再快马追击，定会大胜。"说完，他亲点精骑八千，徐徐前进。

桓温率军日夜兼程疾驰，退却七百里，自以为离敌远了，可以无忧了，才安营休息。燕军骑探得确切消息，飞马向慕容垂报告。慕容垂令范阳王慕容德率劲骑四千人，从间道抄到襄邑，埋伏在东涧中，截断桓温的退路。他自己率四千劲骑直击桓温大营。届时桓温手下尚有数万人，连日奔波，只道不会再战，忽见燕兵追到，顿时人人失色、个个惊心、全无斗志、见敌即怯。桓温也遏不住，只好且战且退。退到东涧，忽然一声呼哨，旷野中遍竖敌旗，引着许多燕军冲杀过来。晋军吓得魂飞魄散，也无暇辨视来兵多少，只恨身无翅膀，不能腾空飞逃，兵卒谁也顾不了谁，只管觅路四逃，岂不知战场上越逃越死。燕兵前拦后截，见一个杀一个，好似切瓜，昏天黑地一阵逃，已是丢了两三万人的性命。桓温垂头丧气，退至谯郡，又有一彪军马杀了出来，桓温赶忙挈马拼命冲杀，好不容易冲出，又被来兵拦截，一通厮杀，又是死伤万人。他率领的五万大军，回到姑

第十五回　慕容恪亡晋廷借机北伐　慕容垂彪桓温兵败枋头

苏时，只剩下六七千人。

桓温苦心经营的精锐部队，经过此战，几乎丧失殆尽，这让他非常惭愧，自觉颜面扫地。统计归兵时，他潸然泪下，道："我数十年的精锐几乎全部埋骨他乡，我……"郗超安慰他道："留得青山在，不怕没柴烧，明公别难过了。"又道："如果袁真不拥兵观望，如果袁真按时打下石门，也不致粮尽师丧。"桓温愤然道："向朝廷上书，弹劾袁真。"那袁真虽然有观望之举，但是不致把这么大的责任栽到他头上，他自然不服，也上书朝廷弹劾桓温罪状。收到两个人的互相弹劾的奏章，司马奕问如何处置。司马昱说："此次北伐失败，原因不在具体某一个人，臣建议先压下等等再说吧！"王彪之："如果石门打通，北伐不致败得这么惨，但是，石门打不通，也不能全怪袁真。"谢安："这次惨败，最难过的当是桓温，他五万精锐是他多少年的心血啊！只剩六七千人！"王坦之："先安抚埋骨他乡将士的家属吧。"司马奕："朕原指望桓温大获全胜呢！刚开始多好，没想到最后败得这么惨。"谢安："胜败乃兵家常事。面对这个结果，我们除了接受外，还要想想如何安抚回来的官兵。桓温、袁真的奏章，暂时压下可以，但不宜太长，太长臣怕会多生枝节，毕竟，这场失败影响太大了。"司马奕："那怎么办？"谢安："臣暂时也没有良策，大家都多想想，集思广益。"司马奕也无他法。

袁真好些日不见复诏，以为朝廷听信了桓温的话会惩戒自己，对自己的属僚说："横竖是个死！我们反了！"一气之下，他占据寿春，背晋降燕，并派人到邺城求援。燕即让温统持册拜袁真为征南大将军，领扬州刺史，封宣城公。可是没有想到的是温统在去的路上病没了，袁真受封的事也就搁浅了。袁真望眼欲穿不得消息，又派使者到关中，向苻坚乞降。桓温知道后欲对其用兵，怎奈心有余而力不足。正着急上火，又传来一个坏消息，燕之降将兖州刺史孙元契与毛虎生一起镇守淮北，燕主恼恨孙元契，派孟高攻打孙元契，孙元契与之交战，被孟高擒拿，当即毙命。毛虎生在淮北站不住脚，向桓温请求救援，桓温此时哪有兵力给他？便命他南还，驻兵淮南，镇守历阳。

桓温这次北伐的全面失败，殷氏、庾氏落井下石，挑起了严惩的舆论口角。殷涓想到自己的父亲殷浩因桓温而死，心中十分痛恨，故而当司马奕让朝臣议论桓温北伐之事时，他站出来道："慕容恪死原是北伐的大好时机，换个人都会取得胜利，没有想到桓温却惨败如此。可见传闻是真的，他不过是借北伐给自己捞名望，并不是真的想建功立业！臣请重治桓温以告慰那些埋骨他乡的将士。"庾氏等想到他对自己恩将仇报的往事，愤慨之情油然而生，希望朝廷借此废了桓温，以报国仇家恨。庾柔站出来道："桓温兵败枋头与以前兵败灞上何其相似，他就是一个踏着将士白骨往上爬、捞名望的大奸贼，他的官帽是用数以万计的白骨堆成的。臣建议把他交由廷尉治罪，杀了他也不足以告慰那近五万埋骨他乡的忠魂。"与桓温政见不同的王氏等也都希望朝廷借此重重惩治桓温，方能堵住天下悠悠之口。谢氏终究没有受过桓温的太多排挤，保持中立，也是为大局着想，谢安说："功过奖罚自然要有，交廷尉有点过了。"司马奕半附和道："他数十年的精锐部队几乎全部殁了，再加惩罚，臣怕他因此一蹶不振，国家少了一名良将。"殷涓："良将？良将会惨败如此？分明是为捞取名望故意如此的大奸贼。"王彪之："客观地说，如果石门打通，北伐不致败得这么惨，但是，石门不通，也不能全怪袁真。"王坦之："当务之急是先安抚埋骨他乡将士的家属吧！功过奖罚，朝廷可以进一步弄清楚原委慢慢来。"……朝堂上众说纷纭，弄得司马奕头大，他本来指望桓温能够旗开得胜，没有想到输得这么惨！他也想杀了桓温给自己立威，可是又觉得不妥当，便决定还是先顾问一下褚蒜子再做决断。于是他道："众爱卿所言皆有道理，功过奖罚，慢慢来。"说完看了太监戴陶陶一眼，戴陶陶会意，大声道："有事启奏！无事退朝！"

司马奕来到显阳殿，向褚蒜子说起朝堂上的事，他说："太后！桓温北伐之事，朝臣们意见万般，儿臣一时不知道如何是好。"褚蒜子："自古以来，战争是将帅之战争，燕寇因为慕容恪在，安稳了多少年，也扩张了多少年。桓温因为慕容恪在，也不敢轻举妄动，这次因为慕容恪故去，他才上书北伐。不料慕容垂又成了他的致命对手。"司马奕："嗯！完全惨败！"褚蒜子："慕容垂现在怎么样？"司马奕："谍者报说，因为此次大胜，慕容暐嫌他功高盖主，正瞭着他，有功将士也不奖赏。虽然慕容垂数次为有功的将士请求嘉奖，但是慕容暐根本不理他。"褚蒜子："哦！那皇上看我朝，在军事方面我朝有比桓温强的人吗？"司马奕："没有！谢安文韬武略不输桓温，但是他威望不够；谢玄带兵打仗非常不错，但是毕竟年轻也没有太多的实战经验。"褚蒜子："此一时彼一时也，如果时机到了，二人能够完美配合，当不输桓温。"司马奕："现在如何处置桓温？桓温北伐，说老实话着实不容易，前有劲敌，后有掣肘，如果没有掣肘，他应该不会惨败至此。"褚蒜子叹了口气道："皇帝怎么想的？"司马奕："儿臣本指望着他旗开得胜为自己立威呢！结果……开始，儿臣想杀了他泄愤，后来又不这么想了，杀了他，他的位置谁坐？如果杀了他，内乱内斗不止，不但自损国力，还会给秦、燕等贼寇进攻我朝的机会。"

第十五回　慕容恪亡晋廷借机北伐　慕容垂彪桓温兵败枋头

褚蒜子："皇帝说得有道理！自古帝王者，不但要有定天下的能力，还要有一颗悲天悯人的心。然，当定天下与悲天悯人不能兼顾时，尽可能做到让生灵少些被涂炭。"司马奕："太后！儿臣还是想要您给一个明确的答案。"褚蒜子："凡事不要急于求成，缓则圆。咱娘俩暂不谈国事，来，陪哀家下会儿棋吧。"看司马奕那没有头脑的样子，褚蒜子忍着哀怒疼他道："来吧！陪哀家下一局。"司马奕从命，道："儿臣从小听说太后棋艺非常，今天儿臣要领教领教了。"褚蒜子笑道："把棋摆上。"二人看着黎辉领着宫女去摆棋，司马奕："传说穆帝与太后下了一盘棋，智慧大开，儿臣也希望这样的事能降临到自己头上。"褚蒜子笑了笑没有说话。片刻，黎辉过来说摆好，褚蒜子对司马奕说："走吧。"司马奕一看，懵了，问道："三盘一局！这怎么下？"褚蒜子："且看，且下。中间这一盘，是我朝，旁边是燕、秦、吐谷浑、林邑等国，皇帝和哀家对弈，要深知，你既是我朝的皇帝，也是他国的皇帝，哀家也是。"司马奕："太后！您这是暗示朕一个人要有三个人的担当吗？"褚蒜子："人生如棋，治国如戏。努力下好棋，尽心演好戏。"司马奕："儿臣第一次这样下，懵懵的。"褚蒜子："用下三局棋的时间来下一场三盘一局的棋。"司马奕虽然是棋中高手，但是遇着褚蒜子，他蔫了，两个时辰了，还没有分出胜负，而且感觉处处都有坑，不敢轻易落子。他对褚蒜子说："太后！儿臣甘拜下风。"褚蒜子："早着呢！还没有到最后，就急着下结论。"司马奕终究是心里不净，他边下边问："太后！儿臣不知道如何处置桓温？"褚蒜子："皇上可有替代桓温的人选？"司马奕："没有！"褚蒜子："那就让他戴罪立功吧！"司马奕："儿臣想给他奖赏，让他知道朝廷对他的好，让他也借此收了他那颗不安分的心，从此好好为朝廷效命。"又道："儿臣是这样想的，他这些年的精兵利器基本损失完了，如果不给他钱财支持，他怎么能迅速地站起来，又怎么能有效地抗秦御燕。"褚蒜子落下一子，道："皇上裁决就是。"

司马奕有心培植自己的力量，他以为在桓温最低谷时给予他最难得的扶助，桓温定会与他一心，他相信桓温会知恩图报、会成为自己最有力的臂膀。于是，太极殿上，他对众朝臣道："桓温北伐虽然失败，但是其保家卫国光复中原的精神却是值得颂扬的。故而，朕诏司马昱、罗含赍牛酒去慰问犒赏桓温及全体将士，劝慰他们振作精神、养精蓄锐，重新厉兵秣马，再图后举。桓温此次败北，元气大伤，埋骨他乡的精锐是其数年的心血，为鼓舞他从头再来，朕特诏命其子桓熙为征虏将军，领豫州刺史。"司马奕此话一出，朝臣一片哗然，殷涓更是忍不住道："皇上！如此惨败不罚还奖？"司马奕："自古打仗，胜败乃常事！朝廷怎么能因为一次失败而否定他？好比父母之于孩子，孩子在外面犯了错、有了困难，父母不包含他、扶持他、成就他，难道要任他自生自灭吗？"庾倩："皇上！……"司马奕打断他的话道："此事朕主意已定！司马昱、罗含听旨！"遂当庭诏命司马昱、罗含二人赍牛酒前往姑孰犒赏三军。

第十六回

李夫人暗杀褚蒜子未果

王景略计杀慕容垂险成

朝廷如此厚待桓温，桓温确实收了收他那颗不安分的心，他开始真心地励精图治、屯田种地、广征兵士、厉兵秣马、养精蓄锐，以图将来雪耻。可是，他的第一谋士郗超，正是血气方刚的年纪，热望着有朝一日达到一人之下万人之上，故而他非常卖力地撺掇桓温"图谋大事"。他看到桓温忠心报国的劲头，心里很着急，却也没有办法。时有桓温的发妻司马兴男病故，朝廷拨给桓温大量的治丧物资，桓温不收，司马奕不许。怎奈司马奕坚持给予、不许不受。司马奕又给桓温手书道："大司马赤胆忠心命效朝廷，金戈捣胡虏，铁蹄踏敌营，风雷激荡、气贯长虹，朕甚是感动。南康公主乃朕之姑母，朝廷给予治丧物资是按制，大司马务必收下，不要再推辞。"桓温心里感到非常温暖，只是心里愧疚得很，不欲收。郗超道："朝廷给予治丧费用是按制，如果我们坚持不收，会不会给了别有用心之人以'与朝廷对抗'的口舌把柄。"桓温："那就收吧，嗯……公主的葬礼一定要隆重盛大，这些年，她为我付出得太多了。"郗超："如果明公不弃，嘉宾愿意负责为公主治丧。"桓温："我正有此意，记住，一定要隆重！盛大！风光！"

　　郗超主动帮桓温治丧，一则是为桓温分忧，二则是为寻找新的突破口。桓温兵败枋头后，谋大事的心似乎没有了，他忧心得很。他想："大丈夫处事，当扫除天下。明公兵败枋头后，明显变了，难道他真的认命了？不行！我得从外围入手，想办法激起他的雄心，谋成大事，也不妄一世为人。"桓温让郗超负责治丧，一则是郗超是自己心腹，办事非常负责。二则他想静静梳理一下，朝廷如此善待他，他不知道何去何从。他想："我遭遇大败，朝廷不罚还奖，这是谁的意思？太后的还是皇帝的？无论是谁的意思，总归是待我不薄。这是助我东山再起，这份恩情比天高，我无论如何不能再有二心了！这么大年纪，还争个啥！有'之贵'无'之命'，我非要逆天行事干什么？如果失败，贻害的不光是自己，还有子孙后代。算了！太后那么有能力，对权势，说放就放，我的能力远在她之下，我是干啥？"郗超深思桓温心思，他不负桓温所托，司马兴男之葬礼，他办理得十分妥当，他专门为司马兴男兴举行了规格最大的百日礼。出殡那天，王公大臣皆来送葬，孝男孝女如压地银山站满了乌衣巷，花房彩车排满了半条街，纸钱元宝满天飞，金山银树平地起，风光无限、隆重非常。人们看到这个规模宏大的葬礼，皆赞桓温是一个有情有义的男子。

　　司马兴男葬丧毕，桓温到宫中谢恩。司马奕在书房单独接见了他。礼毕，两人说起国情家事，桓温道："皇上对臣隆恩至此，臣汗颜啊！臣原想着伐燕能够一举得胜，光

第十六回　李夫人暗杀褚蒜子未果　王景略计杀慕容垂险成

复中原，没想到……朝廷如此厚待臣，臣万死也不足以报效朝廷。"司马奕："别想太多，养精蓄锐、等待时机。"桓温见司马奕如此宽厚，便推责道："如果我们朝臣能够团结一心，也不至于大败。老臣出征前就下令让袁真打通石门、镇守石门，以保证前线大军的粮草供应，可是，袁真怕老臣凯旋，一直观望、止步不前，以致石门让燕寇占领，截断了我军的粮食供应。臣没有办法，只好下令全军撤退。还有邓遐，见敌寇攻击我大军，也是观望不驰援，以致我大军腹背受敌，死伤惨重。差不多五万人啊，臣多年的精锐啊！"说着，他流下了眼泪。司马奕见状，赶紧递上面巾，道："大司马不要如此！对那些阵亡的将士，朝廷定会厚恤他们的家属。"桓温见司马奕如此说，便试探道："皇上！臣老了，变得迟钝愚昧了，不知道接下来该怎么办，臣想让更有能力的人接替臣的位置。"司马奕一听急了，心想我花那么多的钱、费那么大劲就是为了让你跟我一心、让你效忠国家，你想撂挑子！赶紧道："不准！现在，咱们先屯田种粮、休养生息，发展经济、增加国力，养精蓄锐、励精图治。"见桓温侧耳细听，又道："我们还要兴办学校，引寒门学子入仕。你看秦寇王猛。"一提到王猛，桓温心里一痛，这个王猛，桓温非常希望他能到自己麾下，可是……而今却成了自己的劲敌，一心一意为氐人效力，不禁发邪火道："王猛就是一条走狗！明明是汉人，却去效忠胡虏。"司马奕见状，赶紧把话题岔开，他不想自己和桓温之间的谈话出现不好的氛围，他道："人各有志，大司马不必为他置气！那个什么，太后一直站在大司马这边，前儿还跟朕讲了大司马小时候为父报仇的故事。"桓温精神一振，张口道："子不为父报仇，枉为人子！"司马奕："是！自古就是父仇子报！"桓温也许意识到自己的行为有点轻狂，又道："咳！儿时的事情，让皇帝见笑了。那个，臣想见太后，不知可否？"司马奕："朕这就让戴陶陶去问问太后，大司马先在这儿稍等会。"君臣二人接着说话，气氛很好。半炷香的工夫，太监戴陶陶回来传褚蒜子口谕："先不见吧！姐姐刚故去，哀家怕见了徒增伤感。姐夫也是上了年纪的人，要多保重。"

桓温回到姑孰后，闷闷不乐，他想不通褚蒜子为什么不见他。他经常一个人喝闷酒，间或叫上一两个属僚陪着喝。这天，桓温又叫郗超陪喝酒，郗超到时，他自己已喝了不少，郗超劝他少喝些，桓温说："酒是粮食精，越喝越年轻！"郗超："酒是好东西，但是喝多了伤身啊！"说完有些愣怔，这是多年前桓温和谢奕的对话啊！桓温没有注意到这些，他只以为郗超又来劝他谋大业，他反劝道："嘉宾！你别发愣了！我知道你心里想什么，不要想了！是'之贵'，不是'之命'。"郗超刚想说点什么，桓温打断他的话道:"太后器识非常、聪明睿智,她的能力远在你我之上,她见功不争、见利不抢,心里只装着天下苍生,我们一个大老爷们这么大年纪了,为朝廷、为百姓贡献余热是正事。"郗超:"明公身体健壮如牛,可别说这话!明公是正午的太阳,厉害着呢!"桓温:"正午啥?日薄西山了,太后都开始吃斋念佛了。"郗超意识到褚蒜子是桓温心中的高峰,便有意刺激他道:"啥吃斋念佛了!明公知道刘轩吗?"桓温:"知道!太后的御医,医术高得很,太后的病就是他治好的。"郗超:"刘轩是御医不假,医术高明也不假,但是他高明的医术是'负阴抱阳',针对太后。"郗超的话让桓温不知道如何接,她是他心中的白月光,她是他心中的女神,高洁无比、美玉无瑕,虽然有传闻入耳,但是他一直以为那不过是无聊之人的长舌之举罢了,故而,她在他心中一直是一个完美的存在,今天被郗超这么一说,虽然不辨真假,但是到底有些心塞,他木了半天道:"接李夫人过来。"话音刚落,送药人来了,送药人道:"大司马,您要的药。"桓温:"放下吧!老地方领赏去。"送药人走后,郗超问:"这就熬上了?"桓温:"嗯!接李夫人来。"郗超边应诺边想:"要想激起明公的雄心,得除掉太后!可是,怎么除呢?李夫人!对!以李夫人为切口。"

为司马兴男治丧的百日里,他和李夫人接触不少,这个李夫人,表面上看与世无争,内心却藏着一股热望。郗超找到李夫人,循循善诱道:"夫人!明公对夫人怎么样?"李夫人虽然不明就里道:"很好呀!"郗超问:"明公遇到难题,夫人可愿意出手相助?"李夫人:"当然!他是我的夫君。"郗超:"明公的心思夫人可知?"李夫人:"略知一二。"郗超:"明公才学力识、明慧断决过人,这个位置,窝屈!他有成大事之愿,却有误大事之障。这障,他下不了手,夫人愿意相帮吗?"李夫人:"什么障?怎么帮?"郗超:"太后!杀了太后!"这话震得李夫人血脉贲张,半天,她道:"太后对我们恩重如山,我没有杀她的理由,更没有杀她的办法。"郗超一笑道:"她让夫人失国,这不是理由吗?"又道:"如果夫人愿意,办法总比问题多。夫人如果不愿意,就当在下什么也没有说。"李夫人:"能够复国自然是好事,可这哪里是我一个弱女子的事业,我只想余生岁月静好。"郗超:"女人娘家没有人任人欺,公主没国家只能当妾室,夫人不痛吗?"郗超的话刺痛了李夫人,是啊,如果自己有国家,自然会嫁得如意郎君,而不是像现在一样做个连孩子都不能有的妾室。可是,自己一个弱女子,能有什么办法?只听郗超继续道:"这些年,明公一直想扶夫人为正室,可就是因为夫人没有国家,所以……"这话让李夫人

第十六回 李夫人暗杀褚蒜子未果 王景略计杀慕容垂险成

心动，但是很快就湮灭了，她想："命里有时不用强求，命里没时强求也无用。"她想了一下道："有天子之贵，但那只是有天子之贵罢了。"郗超："夫人终究是不懂明公啊！"李夫人又是沉默，郗超："明公是男人，是个男人怎能没有称霸天下的雄心？明公的才学胆识、明慧断绝世上一流，只做将军，大材小用，成就大业才是他的宿命。夫人如果助明公大业成功，日后夫人岂不是统率后宫之主？"李夫人依旧沉默，郗超等半天见她仍不开口，叹了一口气道："终究是妇人啊！"说罢转身要走，却听李夫人道："我听听你的办法！"郗超遂小声与李夫人说了半天，李夫人道："容我想想。"

郗超的话在李夫人心里游荡起了深深的涟漪，她想："以色事人难长久！刚开始他倒是对自己非常好，几乎天天和我一处歇息，只是随着他对我新鲜感的过去，一切都变了样儿。一年里来我这不过两回。这样日子，与死有什么区别？我又不能有孩子，与其天天等死，不如奋力一搏，即使是失败了，也不过一死。与其等死，还不如弄出声响，让世人知道自己在这个世上存活过。"又想："成汉国在时，我是万人敬仰的公主，自从亡国，一切都不尽如人意。这一天天活的，只为了吃饭似的！"正出神，看到自己的婢女红艳过来，她问："我们来晋朝多少年了？"红艳："回夫人！十几年了吧。"李夫人："想家吗？"红艳："想家！可是，家在哪？我们国都没有了。"李夫人："如果有个复国的机会摆在你面前，你会怎样？"红艳一下惊得手都不知道放哪儿了，李夫人见她这样，笑道："我是说假如？"红艳："夫人！如果有假如，我听夫人的。"李夫人："人这辈子，想想好无趣。"红艳不敢搭话，只管听着，李夫人又道："人是有感情、有追求的，不是吃饱穿暖就什么也不想了的动物。比如爱情，刚开始两个人你侬我侬，三五天、一两年就丢在脑后头，想起来叫你陪两天，过几天又丢脑后。"红艳："夫人！其实桓公对您挺好的，所有待遇一如以前，有的比以前的还好。"李夫人："你不懂！我们这是在安安逸逸地等死，明白吗？"红艳："夫人不要说这话！奴婢害怕，夫人只要每天好好的，奴婢就好好的。"李夫人："你呀！……我想花瓣浴，去弄吧。"红艳走了，李夫人在那儿遐思，她想到郗超说的"女人娘家没有人任人欺，公主没国家只能当妾室,夫人不痛吗"时，内心又是一阵痛，她自语道："痛！痛极了！我的人生不该这样。因为没有国，连个儿女也不能有！凭什么？与其这样苦熬岁月痛苦地等死，还不如轰轰烈烈一场，哪怕是活得短一些，也比行尸走肉有趣。拼一次！万一成功了呢？即使不成功也无遗憾！万一我因此死了，世上从此多了一个爱国女杰。"又想："这不过是郗超在利用我实现他男人的梦想罢了，我何苦呢？"又想："我这不也是利用他实现自己的梦吗？人生如梦，梦如人生，拼一次！"想到这不由叹道："只可惜这个红艳太愚笨，用不上！也好，知道的人越少越安全。"

芒种节百花归位，按照习俗，女人们要为各路花神饯行。褚蒜子退居后宫后，清闲了许多，闲情逸致萌发。这年芒种节，她下懿旨让皇亲国戚的女眷们带着自家的女孩一起到御花园饯送花神。褚蒜子让黎辉负责干旄旌幢、各色礼物，李宁负责御花园的安全，刘轩负责调配茶饮。一切安排就绪，只等芒种到来。

李夫人知道机会来了，她自接到邀请就想着怎么接近褚蒜子。她是妾室，按照礼仪规矩，没有特别准允，除了参拜时，其他时间根本接触不到褚蒜子。然，世事难料，褚蒜子见到李夫人，想到刚刚过世的南康公主，想到她初见自己时的情景，心里一热，道："今天李夫人就与哀家同席吧！"李夫人心中一阵狂喜，要想把藏在指甲里的毒药下到褚蒜子的茶水或者汤饭里，首先要和她接近，接近的办法她还在寻找，没想到褚蒜子竟然主动让她跟自己坐在一起。她暗想："莫非是上天垂怜我，要我成功吗？"

打扮得桃羞李让的女孩们在御花园尽情游玩，褚蒜子领着诰命夫人们在花亭里品茶，宫女们端着茶托盘分发给每个人茶汤，他们穿梭在人群中，随时等着给客人续杯，这是宫规，没有准许，是不允许哪个人插手递茶的。可是，李夫人却装着不知，几次要拿褚蒜子的杯子，都被宫女挡下了。黎辉看在眼里，悄悄地防备着，悄悄告诉褚蒜子，褚蒜子给她耳语了几句。

宴会开始了，褚蒜子让李夫人挨着自己坐下，李宁负责布菜，宴会进行到一半时，李宁借故恰好不在，宫女传菜时，李夫人顺手接了，手指一歪，指甲盖里的毒药进入了菜里。一旁坐着的何法倪恍惚看到了什么，正要说话，褚蒜子暗拉了一下她的衣角，她会意，不再说什么，一如往常。李夫人把菜放以褚蒜子面前，褚蒜子刚拿起筷子，李宁赶到了，她急急地叫一声音："太后！"褚蒜子放下筷子，李宁上前给褚蒜子耳语了几句，褚蒜子笑了笑，任她把菜端下。李夫人以为事情败露，脸上汗如雨下，差点就要吞毒自杀。正自害怕，听褚蒜子问："李夫人热吗？"李夫人吓得不知如何回答，张口失音，汗出得更急，忽然远远传来黎辉的声音："谁做的这道菜？竟然有苍蝇……"她一下子释然了，汗也回了，她暗想："还好没有暴露，不然死定了。"猛才想起褚蒜子在和自己说话，赶紧道："臣妾不能吃辣，一吃辣就会汗流不止。可是这道菜太诱人了，臣妾没

第十六回　李夫人暗杀褚蒜子未果　王景略计杀慕容垂险成

有忍住多吃了几口，结果就、就……"褚蒜子笑道："原来是这样啊！给李夫人上点奶茶。"李夫人刚喝了一口，李宁到了，道："太后！奴婢眼睛花了，是葱花炸焦了，请太后治罪！"说着就要把菜往褚蒜子面前端，此时李夫人有点小崩溃，她想："难道我真的要杀死太后吗？"正自想，却听"叮咣哗啦"，李宁手中的盘子连着菜飞了出去。李夫人心里暗念了一句"阿弥陀佛"。李宁赶紧跪下请罪，褚蒜子道："起来吧！没事，碎碎平安。"此时李夫人心里的大石头完全落地了，她暗想："我必须承认我是个花瓶，与太后比，我差远了，还好今日之事没有被发现，从今往后，我决不再干这害人的勾当。"

送走众人，褚蒜子等人来到显阳殿，褚蒜子把刘轩、黎辉、李宁叫到跟前，刘轩道："太后！菜里的毒药是砒霜。"李宁："太后！要不要立刻抓捕她。"黎辉："抓了她碎尸万段，太后对她那么好，她竟然要害太后。"褚蒜子："此事就当没有发生过，也不许对外有半点消息露出去。"刘轩、李宁、黎辉皆不解，褚蒜子道："会打草惊蛇的，你们退下吧！估计一会儿皇帝就该到了。"

司马奕如往常一样来省望褚蒜子，礼毕，司马奕道："儿臣发现个问题！当一个人强大的时候，周围多是善良的人，当一个人弱小的时候，周围多是图谋不轨的人。人性如此，国亦如此，人与国的关系，是国富则民强、民强则国强的关系，尤其是拔尖人物与国家的关系，更是如此。"褚蒜子："皇帝怎么有这样的感慨？"司马奕："慕容恪活的时候，桓温都不敢轻易动他们，他一死，桓温就请求北伐，说明在桓温心里，慕容恪一死，他们就是一盘散沙，好收拾得很。如果不是慕容垂横空出世，估计燕早就不存了。"他见褚蒜子听得认真，又道："令人郁闷的是，自从桓温兵败枋头后，燕以为我国无人，经常冒犯我边境，好在我们没有杀桓温，这些边境小骚乱，他三下五除二就摆平了。"褚蒜子："嗯！那个慕容垂什么情况？"司马奕："慕容垂啊，生得不是地方，如果他在我朝，朕定会大大重用，他在燕，不如意得很。他大败桓温后，'功高震主'四个字写在了头上，慕容暐怕他怎样，根本不理他，慕容评是慕容暐的爷爷，他最信任他，什么事都听他的，慕容垂出任大都督前，他一直是军事上的最高统帅，一直怂恿着慕容暐放弃邺城逃往东北老家，他没有想到慕容垂如此厉害，竟然胜了，觉得老脸没地方搁，故而，他一而再再而三地挑唆慕容暐冷待慕容垂。"褚蒜子："这对慕容垂来说确实是坏事，但是对我朝来说，则是好事。"司马奕："我朝是正统，受上天保佑；燕是胡虏，不会长久。"褚蒜子："万事且不可大意，尤其是慕容垂和苻坚、

313

王猛。"司马奕:"现在慕容垂到苻坚那里了,儿臣给太后详细说说。"褚蒜子:"说吧!"司马奕:"那是战争刚结束的时候……慕容垂因为功高,受到非常大的排斥。燕主慕容暐怕看到他,慕容评更是视他如敌人,其他人则是看慕容暐脸色行事,也大都排挤他。面对这种情况,慕容垂很无奈,他上奏说:'个人赏不赏无所谓,但是战场为国立功的将士应当奖赏,否则寒了大家的心。'慕容暐:'赏!谁说不赏了!将士为国流血牺牲,肯定是要赏的,只是现在国事千头万绪,你得给我时间。'慕容暐找慕容评商议,他说:'慕容垂的事到底该怎么办?'慕容评:'陛下千万不能答应慕容垂!如果答应他,名声功绩都是他的了,那军队将由谁统率?'慕容暐:'可总拖也不是个办法呀!'慕容评恶狠狠说要除掉他!慕容暐说:'如果杀了他,何以服人心?'慕容评:'大丈夫谋大事不拘小节!只有杀了慕容垂,我们这才稳定。'慕容暐:'这个朕得先考虑考虑。'想杀慕容垂的不止慕容评一人,慕容暐皇后和皇后的妹妹也想杀他。当年为了制约和监督慕容垂,慕容暐把皇后的妹妹嫁给了慕容垂,可是慕容垂对皇后妹妹没有感情,从来不去她那里,新婚之夜也不过是点个卯就走了,故而至今,皇后的妹妹还是处女,这让她恼恨异常,却又没有办法。于是,她就来王宫找她的皇后姐姐诉说委屈,皇后一听十分震怒,当即决定杀了慕容垂。并交代妹妹要暂时隐忍,等杀了慕容垂,再给她找个好人家。这天,慕容暐刚回到皇宫,皇后便迎了上来,她当然不好意思说闺闱私事,她对慕容暐说了慕容垂想要造反,在家里置办了许多兵戈武器,这是她妹妹亲眼看到的。慕容暐虽然知道皇后的话有假,但也假装不知道真假,因为他心里也想除掉慕容垂。慕容垂的舅舅先得到风声,提议慕容垂先杀了慕容评,慕容垂犹豫不定,不愿做骨肉相残的事情。可是,越来越多的人向慕容垂报密,杀气越来越近,慕容垂决定逃走。他与长子慕容令商议后,决定逃往东北的龙城。在击败桓温一个多月后,慕容垂以打猎为由,带着舅舅及家小(除了皇后的妹妹)及一批家兵逃出邺城。可是,走了一半的时候,他的小儿子慕容麟悄悄得知真相后,偷偷跑回邺城向慕容暐告发。慕容暐大惊,赶紧派慕容评带着精锐骑兵去追。慕容令骁勇善战,看到后方尘土飞扬,一个勒马回头,三下五除二就把个追兵击退了。慕容令对慕容垂说消息已经走漏,龙城肯定是去不成了,听说秦主苻坚正在招贤纳士,不如去长安吧。逃亡路上充满了坎坷,一行人精疲力竭,正准备休息,远处突然出现数百名猎人,大声呼啸着狂奔而来,慕容垂以为行踪暴露了,以为必死无疑。绝望之际,领头的猎鹰忽地升空,向反

第十六回　李夫人暗杀褚蒜子未果　王景略计杀慕容垂险成

方向飞去，猎人也随即掉转马头，跑向远方。慕容垂长松一口气，杀马祭天。此时又一个儿子想逃回邺城，慕容垂一剑把他杀了。一行人来到渡口，杀掉渡口官吏，强渡黄河，来到洛阳。休息时，慕容令说：'龙城是不能去了，我们去哪？'慕容垂：'长安！'见众人不解，又道：'苻坚正招贤纳士，去长安我们有希望！'慕容令：'建康不行吗？'慕容垂：'不行！可能会被苻坚追杀，与其如此，不如先降他，然后再做长远打算。'商议定后，一行人一路向西，来到长安，他们在郊外停下脚步，央人递上报表给苻坚。苻坚在慕容恪死后，就一直想拿下燕地，可是因为慕容垂才有所顾忌而不敢轻举妄动，而今苻坚一听慕容垂来降，喜出望外，下令长安城张灯结彩，他亲自到郊外迎接慕容垂。他拉着慕容垂的手说：'而今天下的英雄豪杰都会聚到长安了，朕要和你共举大事、共定天下，等到四海归一时，朕把你送归故里，世世代代为王。'慕容垂流着泪说：'在下是流亡之人，能够活着就心满意足了，实在不敢有那样的奢望。'苻坚拉着他的手说：'走！回家！'是晚，苻坚找王猛商议如何封赏慕容垂，王猛说：'臣不同意给慕容垂封赏，慕容垂是蛟龙猛兽，他韬略过人、智勇双全，终会有风云再起时，到时难以驾驭，不如趁早除掉他。'苻坚：'朕正四处收揽天下英雄豪杰，志在荡清四海，为什么要杀掉他呢？'王猛：'他是老虎！我们不能养虎为患！'苻坚：'景略太小心了！朕意已决，像慕容垂这样的豪杰，要重用。朕欲以他为向导，灭了燕国！封慕容垂为冠军将军，列侯位，赐土地，赏用人。'王猛：'陛下！我们不能养虎为患。'苻坚：'你呀！不要说了，就这么定了。'后来王猛又苦劝多次，苻坚终是不听。但是，王猛要除掉慕容垂的心，一刻也没有放下。桓温伐燕时，苻坚也想分一杯羹，怎奈小国力弱，只好看着。后来桓温败北，他欲趁火打劫，但是因为有慕容垂在，不敢轻举妄动。今慕容垂已降秦，灭燕国的心又起，苻坚对群臣说：'慕容暐无道，慕容评干政，使燕地百姓生活极其困苦，朕不忍心，朕欲伐燕，以还百姓一片蔚蓝的天，让百姓安居乐业，尽享太平，妥否？'王猛：'妥！非常妥！不只是妥，乃是正义之举。桓温伐燕，慕容暐向我国求救，许诺割虎牢以西之地给我国，我国派出两万人前去驰援，可是战后他们不予兑现，还说什么我国将士基本没有出力，这种背信弃义的行径天理不容，必须给予他们血的教训。'苻坚：'景略说得极是！朕命你率领三万精锐部队攻下燕之重镇洛阳。'王猛：'臣领旨！请陛下放心，臣保证三个月内拿下洛阳。'苻坚：'好！军中将士任你挑选。'王猛：'臣想请慕容垂将军的长子慕容令出任臣的参军，让他作臣的向导。'苻坚：'没有问题。'王猛出征前，慕容垂正在家闲坐独自喝酒，他知道王猛要征讨故国，心头有些黯然，酸甜苦辣齐涌上来。正自胡思乱想，突然听报王猛来访，这让慕容垂十分吃惊。他和王猛都是枭雄，可王猛是飞龙在天，他是龙沉九渊，不可同日而语，他今天怎么来访？他想到儿子慕容令在王猛的帐营中，赶紧道：'赶紧置办酒菜、设宴招待，为王将军饯行！'话音刚落，王猛已是人未到话已至，只听他说：'在这儿生活得怎么样，衣食住行可习惯。'慕容垂一边把他往屋里迎一边说：'非常好！本是流离失所之人，能得到陛下如此厚爱，非常感恩感谢。'王猛：'景略有点对不住慕容兄啊，天天也不知道忙的啥，今天才有时间来看慕容兄，关心不到之处，请慕容兄海涵，不要往心里去！如果哪点没有做好，请慕容兄原谅。'慕容垂：'哪里！哪里！非常好了！'王猛：'战场上刀剑无眼，万一我回不来……'慕容垂打断他的话道：'王大人快不要说这话，王大人会旗开得胜的。'王猛：'战场瞬息万变，景略心里也无胜算，您能否给我些建议。'王猛的推心置腹是那么的情真意切、合情合理，慕容垂一扫心中隔阂，不觉中把他当成了知己，他诚恳地向王猛说了自己的想法和策略，内心十分复杂地祝愿王猛能够建立不朽功勋，早日凯旋。王猛听得十分专心，好像是话逢知己，与他也倾心交谈，不知不觉交谈到深夜。眼看夜已深，王猛起身告辞，临别时，他笑道：'我这一去，不知道何时能见面。你能不能送我一个礼物，我看到它就像看到了你。'慕容垂一下愣了，他没有想到冷静、刚猛无情的王猛会提出这样一个充满人情味的要求，他一时手足无措。他环顾四周，没有看到合适的礼物。摸摸身上，摸到腰间的金刀。他取下金刀捧在手里对王猛道：'这金刀我日夜不离身，您看到他，就像看到我。'王猛接过，道：'好！有此金刀在，就像慕容兄在身边，走了！'慕容垂：'好！多保重！早日凯旋！'王猛率三万人攻打洛阳，慕容暐派十万人抵御。可是，没有统帅的士兵不过是一群乌合之众，被王猛打得落花流水，前后一个月左右，洛阳就被王猛占领了。秦军庆祝胜利，到处是欢呼声，慕容令一个人在帐里，更显得茕茕孑立。洛阳，毕竟曾是他的故国。晚间，慕容令正呆坐，一个人悄无声息地进来了，慕容令吓了一跳，一看，却是慕容垂的亲信金熙。他四处张望，神秘兮兮。慕容令问他来做什么，金熙示意他屏退左右，然后上前在慕容令耳边道：'是大王派我来的，他说我们投奔秦国是为了避祸。但是王猛这个人很不地道，一心想暗害我们，整天在秦王面前说我们的坏话。秦王表面上对我们好，但是他的心思谁又能知道，如果我们留在这，难免一死。最近

第十六回　李夫人暗杀褚蒜子未果　王景略计杀慕容垂险成

听说燕国皇帝对我们出走非常后悔，希望我们回去。我们早晚要回去的，晚走不如早走。大王现在已在逃亡的路上了，你也赶紧逃走。因为事情紧急，来不及写信，怕走漏风声，特地派金熙来，以金刀为证。'慕容令一看金刀，正是慕容垂一直随身携带的宝刀，他一下蒙了，如五雷轰顶、头晕目眩。金熙见他这样，道：'金刀给你！我去大王那里复命！'慕容令：'哪里会合？'金熙：'邺城郊外十里铺。'慕容令：'好！赶紧走吧！路上小心。'金熙走后，慕容令在帐里通宵难眠，他没有一个人可以求证，不知道是真是假，是走是留。最后他想：'金刀是不是金熙偷来陷害我们的？不会！父亲金刀日夜不离身，金熙没有能力偷出来。'又想：'王猛如此受宠，如果是真的，自己必死无疑，如果是假的，说明父亲已被他们控制，那么自己最终还是逃不了要死。与其都是死，不如逃跑给自己留条活路！毕竟，燕国是自己的母国。'于是，他决定回邺城。天一亮，慕容令便向王猛告假说要出去打猎，王猛爽快答应了，看着他远去的背影，他冷冷地笑了。原来，金熙说的一切都是谎言，他被王猛重金收买了，是王猛让他传递假信息给慕容令的。慕容令一走，王猛道：'出来吧。'金熙从后面出来，王猛道：'你们火速去长安，报告陛下，就说慕容令趁乱叛逃了。'金熙与士兵得令，王猛又专门交代道：'一定要把慕容令叛逃的消息先传到慕容垂那里！记住了吗？'二人曰：'记住了！'二人领命而去。慕容垂听到慕容令叛逃的消息吓得魂飞魄散，心想这下苻坚不可能饶恕自己了，他决定带人逃跑。慕容垂一走，金熙便到苻坚那儿邀功，苻坚问他为什么没有和慕容垂一起逃跑，他说：'小人忠心陛下！也怕被慕容垂祸害。'苻坚：'你倒是个乖人，来人！把慕容垂给我追回来。'慕容垂他们才跑到蓝田，就被追兵追上，追兵把他押回长安，慕容垂仰天长叹，自以为必死无疑。谁知苻坚看到他却说：'你是因为在燕国受到迫害才来投靠朕的。贤人即使身处异乡，都会怀念故土，这是人之常情，不值得加罪。只是燕国肯定要灭亡，慕容令即使回去，也无济于事，只是白白地进了虎口而已，可惜了。再者，就算他真的要叛逃，父子兄弟，罪不连诛，与你也没有关系，何故害怕到这种地步呢？'当即宣布他无罪，如同初见。慕容垂呆若木鸡，同时也万分震惊。当然，如同慕容垂一样的还有王猛，他设计得超完美的'金刀计'，没有想到结尾却是这么个大逆转。"

听罢司马奕的介绍，褚蒜子道："慕容垂军事能力非凡，宅心仁厚，天不灭他，日后定会有一番作为！王猛谋略过人，堪比诸葛亮再世，只是心思太毒了些，恐天不假年。"司马奕:"是啊!儿臣也这样想。"又道:"如果他二人有一人效忠我朝我就好了。"褚蒜子:"皇帝又想当然!"司马奕:"朝中无人!能如桓温者无,不如桓温者太多。"褚蒜子:"桓温不是标杆,谢安、王坦之等皆不在其下。"又道:"眼下桓温怎样?"司马奕:"应该很好!儿臣一向礼遇他。"褚蒜子:"皇帝!治国用人切记不要应该不应该,再有,礼遇只是辅助治国的手段之一。"见司马奕不语,她打了个呵欠道:"不早了!回去休息吧。"

一大早,司马昱、王彪之、谢安、王坦之就来书房找司马奕议事,大家刚礼毕坐好,一个惊天大雷炸响,司马昱道:"看这天,估计一时半会好不了。"谢安:"三月打雷麦谷堆,好事啊!"王坦之:"嗯!今年定是个丰收年。"司马奕看了一眼窗外道:"朕特别喜欢这岁月静好的日子,虽然现在雷声隆隆,但是朕却看到五谷丰登。"司马昱:"人要是能在安安稳稳中过一生多好。"王彪之:"安安稳稳一辈子怎么可能,一年还有四季轮回呢!"谢安:"对嘛!波折平坦乃正常。"王坦之:"那个王猛厉害啊,不到一个月,就把洛阳拿下了。"谢安:"你呀!不分场合地敬业!我们这正清论人世间呢!"司马奕:"也别光说着玩,说正事吧!"司马昱笑道:"嗯!皇上说得对!说事!说事!桓温的奏章,说要讨伐袁真。"司马奕:"袁真背晋降燕又降秦,可恶至极!准!"谢安:"臣以为先放一放,袁真现在名义上是秦将,如果我们贸然攻打,秦势必会驰援,而现在秦势正盛,如果开战,于我不利。"王坦之:"安石说得对,臣也这么认为,不如等等,有消息传说秦要攻晋阳,不如等他们人乏马困了,我们再出手。"司马奕:"也好!桓温现在怎么样?"司马昱:"屯田种地、养精蓄锐、厉兵秣马、伺机再举,很不错。"司马奕:"这朕就放心了。"王彪之:"臣以为皇上对他还是要两手准备得好。"司马奕听罢不耐烦道:"朕知道,接着说事。"

郗超编写的《金刀计》在军中一上演,便十分叫好,桓温便让人把本子进献给了褚蒜子。褚蒜子一看十分不错,交由黎辉排演,排演好后,黎辉请褚蒜子观赏,褚蒜子说:"明儿演吧!"又对李宁道:"你安排吧!"褚蒜子的若无其事让李宁心里小鹿乱撞,她以为暴露了,李宁:"李夫人那场戏,也是郗超弄的,这个《金刀计》会不会有计中计?"褚蒜子:"这不得问你吗?"李宁:"奴婢一开始就查了,都很正常,只是李夫人让奴婢心里有阴影,故而担心。"褚蒜子:"这不是你的风格。"一阵风刮起了帷幕,全身铠甲的带刀侍卫在李宁眼前一闪,李宁猛然心知事情败露了,她扑通跪下道:"太后!

第十六回　李夫人暗杀褚蒜子未果　王景略计杀慕容垂险成

奴婢，奴婢……"褚蒜子："说吧！"李宁："太后！奴婢配合小戏、配合小戏……"褚蒜子打断她的话道："配合小戏刺杀哀家对吗？"李宁满脸悔意道："太后！郗超是这个意思，但是奴婢不是这个意思。"褚蒜子："一万五千金怎么说？"李宁："郗超求奴婢对太后动手，奴婢佯装答应，奴婢怕不答应他会又找别人，一万五千金是奴婢向他要的，目的是让他相信奴婢。"褚蒜子："为什么现在才报，还遮遮掩掩的？"李宁："因为梅词仁！他是奴婢的亲戚，他的母亲救过奴婢的母亲，他母亲求奴婢帮他在宫中找个差使，奴婢打着太后的旗号给皇帝说了，皇帝让他拟写诏书，这事，郗超不知怎么知道了，要挟奴婢，奴婢怕……"褚蒜子："梅词仁人品怎样？"李宁："除了才学不太好，还可以。"褚蒜子："才学不好，又投机，还可以？"李宁："奴婢该死！"褚蒜子："你跟了哀家这么多年，晚节不要了？"李宁："奴婢不敢！奴婢自去廷尉受罚！"褚蒜子："没那么严重，罚你俸禄三个月，那一万五千金，蠲了！"李宁："谢太后！"褚蒜子："记着！如有再犯，数罪并罚。"李宁赶紧叩着谢恩，褚蒜子："小戏改日再演。"说罢挥手而去。

初夏一日，褚蒜子带着黎辉、刘轩等一行人游园。凉亭休息时，刘轩说："臣发现李宁近日和桓温的李夫人走得很近，臣问她，她说她和李夫人是亲戚，又说太后知道。"褚蒜子不知可否地"嗯"了一声，刘轩又道："太后，她不会有什么别的目的吧！"褚蒜子："不过是针对龙椅！"黎辉道："她和奴婢一样，从小跟着太后，几十年了，她为什么呢？"褚蒜子："为了实现她的价值。"黎辉："安安稳稳的不好吗？她为什么？"褚蒜子："有的人天生作，只会逢迎而上，不会顺势而为，比如王述、王彪之、郗超、桓温等。"黎辉："这李宁是一头撞南墙不回头了，奴婢多次提醒她，她总是一点不听。"褚蒜子："不说她了，好好游园。"

郗超蛊惑桓温谋大事的心就没有停止过，为了助其成功，他看上了李宁，经他一番努力，李宁被他成功地拉下了马。她写信给郗超："良鸟择木而栖，贤臣择主而侍，士为知己者死，女为悦己者容。在下愿意两肋插刀与您一起协助大司马成就大业！……"郗超给桓温看她的信，桓温看后说："她自小跟着太后，跟了几十年，怎么会？"郗超："我给她了两个一万五千金！"桓温："她不缺钱呀！"郗超鬼魅一笑道："她不缺钱，但是她的亲戚缺钱，比如那个梅词仁。"桓温："梅词仁跟他什么关系？"郗超："情人！"桓温听罢没有说话，又听郗超道："更重要的是，太后还政后，司马奕不用他，他没事干了。"桓温恨恨地道："典型的闲生蛆！"郗超："明公的心还在太后那儿！恕嘉宾直言，不是太后的光耀了明公的眼，是明公把那光太过放大了。明公想想，如果太后有那么优秀，李宁会背叛她吗？"桓温："这与太后无关，是这李宁人品问题！"郗超："如果太后人品足够优秀，李宁怎么会背叛她？明公就是戴了彩色眼镜看她！在嘉宾眼里，十个太后不如明公您一个！还有刘轩、温如春真的是空穴来风吗？明公保证李宁包养梅词仁没有太后的影子？"桓温："一个是太医，一个长得像先帝，如此而已。"郗超："那个长得像先帝的怎么死的？"桓温："他信口雌黄，理当要死！"郗超："明公敢保证没有一点影儿？"桓温生气道："好好的男人，八卦这些，换话题。"郗超不甘道："明公乃天下第一人杰，嘉宾希望明公早成大业。"桓温："又是这个！你先回去吧，我想静静。"郗超走后，桓温回思一番，自思："嘉宾说得也不是没有道理，难道这些年是我错了？"

端午节，褚蒜子请各公主、夫人、诰命来梨园看戏，何法倪招呼大家前台就座。黎辉、李宁跟着褚蒜子来到帷幕后。黎辉拿出三样东西：毒酒、白绫、匕首。李宁脸色顿变，褚蒜子："选一样吧！"李宁跪下想要狡辩，褚蒜子："要看证据吗？"李宁深知褚蒜子如果没有足够的证据是不会这样的，她仗着武功好，想争取一线生机，说："不！太后！我想死在舞台上！"褚蒜子："准！"黎辉担心地叫了声："太后！"褚蒜子："这场戏中，所有的人都由侍卫扮演，每个人功夫都不在她之下。"李宁一听绝望了，但是毕竟跟了太后多年，知道即使谢幕也要优雅一些。她向太后叩了三个头道："谢太后成全！"褚蒜子："还有什么要说的吗？"李宁："梅、梅……"褚蒜子："梅词仁已收监！"李宁："太后！奴婢想、想和他死同穴。"褚蒜子："准！"戏开始了，李宁演慕容令，在被王猛追杀时被利箭射死！然后，被人不动声色地抬至后台。戏结束后，送走众人，褚蒜子等把李夫人请至后台。李夫人看到死了的李宁，身子一下软了，吓傻在那里。褚蒜子："你是她的亲戚，替她料理一下后事吧！"李夫人扑通一下跪下，道："太后！臣妾罪该万死！"褚蒜子："起来吧，你该回去了。记着！嘴巴严实点，为人自然些。"

李夫人一如往常坐轿回府，她不敢表现不正常，褚蒜子已给足了她面子，她不能再怎样，她知道，她已是案板上的鱼肉。李夫人想："上回暗杀她的事她一定是早知道了，只是她不声张，放长线钓大鱼！李宁那么老江湖都已伏法，我的所作所为太后一定也是一清二楚，只是她宽厚，给我一个体面的死法。至于郗超和桓温，她还放养，而我已没有什么价值，如果惜命苟活，会死得难看。算了，给自己留个体面的死法。"李夫人正

第十六回　李夫人暗杀褚蒜子未果　王景略计杀慕容垂险成

想着怎么体面地去死,忽然觉得心口一阵绞疼,她不觉一笑,知道上天来收她了。她拿出一粒治心疼病的药,苦笑着看了看,攥在手里,努力面带微笑,坚持不吃,几分钟后,命殒!

桓温把李夫人的贴身奴婢红艳叫来问情况,红艳道:"夫人和奴婢从宫里出来还是好好的,一路上也是平平安安的,到家了才发现夫人在轿子里没了。"郗超:"夫人没有随身带着救心药?"红艳:"带了!救心药在她手心里握着,她没吃。"郗超:"夫人发病前没有什么征兆?"红艳:"没有!当时轿子抖了一下,奴婢问夫人有事吗,夫人说没事,然后我们就一路回家了。"郗超:"李宁怎么样?"红艳:"她好好的呀,宴会时还见她呢!"郗超:"宴会后呢?宴会后见她了没有?"红艳:"她送我们出来的。"郗超:"好!你先出去吧。"桓温:"红艳明知道她有心疼病还不长心,竟然让她在轿子里孤零零地过去,红艳是她从蜀国带来的,叫她随她去吧,也好地下有个伴。"郗超半天道:"明公!我心里隐隐不安,如果李宁有什么好歹,那说明太后发现了。"桓温:"先不说这个,先把这事了了。"

转眼到了冬天,桓温接司马昱的来信,叫他来府中说事。桓温一改之前的小心,孤身打马来到相王府。司马昱问:"你家接连有事,你可缓过来了?"桓温:"缓过来了,没事了!"司马昱:"过来就好!我一直担心你!"桓温一抱拳道:"人生难得有情人,桓某以茶代酒,敬相王。"司马昱:"袁真降敌,大家都很气愤。原说是等恢复恢复再收拾他,可他太不老实,时不时勾结燕贼生事,大家商议,这事还得大司马出头摆平。"桓温:"我也正要上书请求攻打寿春。"司马昱:"再有,你移镇广陵吧!广陵更需要你,姑孰你推荐个人。"桓温:"我推荐相王亲自去,在我心里,再没有比相王更合适的人了。"司马昱笑道:"大司马玩笑开大了。"桓温半认真道:"不开玩笑!难道相王就没有想过一言九鼎吗?"司马昱:"大司马,这样的玩笑不能开啊!"桓温赶紧道:"不开!我也就是这么一说!"

桓温移镇广陵后,一边厉兵秣马准备攻打袁真,一边有意无意地打探着朝廷的消息。此时的桓温,那不安的心又开始骚动了,这一切,郗超当然心领神会,满心希望与桓温图大事的他又开始了对桓温的攻心蛊惑。他说:"李宁死得古怪,想必太后定是知道了。"桓温:"古怪什么?梅词仁篡改圣意,理当杀之,那李宁痴情,选择了殉情。多清楚的案子,你怎么又扯到太后身上了?"郗超:"我怀疑这是太后故意放出来迷惑人的消息,不然怎么会那么巧，李夫人病殁途中，梅词仁被收监，李宁殉情。"桓温："都关联不上！"郗超："如果太后早明了于心，自然关联不上。"桓温没有说话，他太知道褚蒜子心中经纬了，如果她装作不知道，他也是看不出来的。郗超又道："我觉得太后已怀疑明公了。司马奕与她论说王猛和慕容垂时，她曾说'如果他二人有一个效忠我朝就好了'，这话什么意思，明显看不上明公呀！"桓温一下子胸闷不止，叹了口气道："太后说的也是实话，他二人能力不在我之下。"郗超："明公又自揽责任，明公身后有多少羁绊啊！"桓温："大环境使然，别说了。"郗超："什么大环境使然，是垃圾的门阀制度使然。太后是门阀的最大受益者，自然不会废除门阀制度。"桓温："任何制度都有萌芽、生长、死亡的过程，这不是个人能够左右的。"郗超："太后是女人，所以不能左右，如果是明公，没问题！"桓温："没那么容易。"郗超："容易！就凭她说王猛、慕容垂和明公的话，就说明她识人不明！她也不想想，如果明公身后没有门阀士族故意羁绊使坏，早灭燕灭秦了。"桓温："说话容易做事难！我大晋，如果没有太后坐镇，早不知道怎么样了。太后这个人啊，器识不凡、睿智超伦……"郗超抢话道："这话原是形容明公的。"桓温："嘉宾啊，你的心我知道，可是，枋头大败是事实，威望扫地啦！"郗超："枋头之败不怨明公，袁真拥兵观望，丢失石门，以致我粮草接济不上，驰援部队永远在路上！失败了，怎么能怨明公？"桓温："哎……国丑！"郗超："明公明知道是国丑，责任不在你，为什么还要自担责任呢？有此担当者当为帝王！"桓温："我们这个大晋啊，不团结！真心为大晋好的，只有太后和我两个人，朝臣中小肚鸡肠者太多，他们为了自己的小私利，经常干一些损害国家的事。"郗超："对！非常对！比如明公去征战，本该朝廷上下团结，一致对外，可是，有几个人希望明公取得胜利的？"桓温："朝政都被这些人弄坏了。"郗超："这些人，太后未必不清楚，只是太后是女人，耳根子软，他们经常在太后跟前瞎嘀咕，太后被他们蒙蔽了！如果太后清明，我五万精锐也不至于……"桓温打断他的话道："现在皇帝亲政，不要事事都往太后身上推。"郗超："皇帝就是个傀儡，能力太差，枉在其位！如果不是太后，他早玩不转了。"桓温："不说了！睡觉！"遂与郗超抵足而眠。

第十七回

桓温收复寿春难雪前耻

郗超撺掇桓温弄权废帝

枋头大败后，桓温一直图谋再举以重建威望，故而，他在兵马训练上，一点也不耽误，对于新兵，他更是加强训练，以期能够以最快的速度重建其精锐。这日，他刚从校场回来，尚未喝上一口水，就见郗超急匆匆地从外边走进来，他一进来就说："王猛集结人马兵向邺城了！"这消息来得让人有点兴奋，王珣手中笔一扔站起来道："消息可靠不？"郗超喝了口茶水道："非常可靠！戴安道提供的。"桓温："你在剡县斥资百万为他建造房子的戴安道？"郗超："对！就是他！"王珣："他去长安了？"郗超："他是个画家，又是镂刻家，这寺庙那寺庙都请他去。前不久长安的一个寺庙叫他塑佛像，他去前来我这儿了，我叫他操心一下长安的情况。"桓温："嗯！我和戴安道打过交道，他办事还是很靠谱的。"王珣："明公！那我们是不是可以借机拿下燕寇两三个城池？"桓温："先集中兵力拿下寿春，如果有精力，再说不迟。"王珣："有点可惜了。"袁宏："不可惜！明公说得很对，一、现在我们兵力有限。二、寿春现在被袁真占领，而袁真已非我将，寿春当然也非我城，拿下寿春，既是光复城池又打击了燕、秦，何乐而不为？"桓温："袁宏说得对。"袁宏："写奏章时写下这个意思最好，至少说明我们谍报者也没有闲着。"郗超："啊哈！你脑子是啥做的？转那么快？"袁宏："我脑子大风车做的。"众人又是一阵笑。

　　桓温和郗超打马来到郊外看麦田，被小雨洗过的麦苗抬头望天，焕然一新的身子被微风一吹，跳起了优美的舞蹈。田埂上芊芊小草顶着晶莹剔透的露珠，张开笑脸，向他们招手。远处的各色蜀葵迎着小脸儿向他们微笑，它们旁边的报春红花瓣如血，像是穿着婚服的新娘，脉脉地看着他们。两个人置身其中，一个英姿飒爽，一个风流倜傥，两个人并肩走着，乍一看，千年的画卷一样，这美景让人心醉，美得让梦想永远定格。惬意中，只听桓温怅然道："过些日子朝廷任你散骑常侍的诏书就会下来。"郗超："一想到要离开，我就怅然。"桓温："你如果不想去，我上书朝廷留你继续在这儿。"郗超："不！李宁这线已废了！我得去朝中，这样我们才能少走弯路。"桓温："先把这个心收收。"郗超："嘉宾知道！名望和实力都需要时间，明公放心。"桓温"嗯"了一声，两人默默又走了一会，桓温道："其实曹操也是个英雄。"郗超："曹操原本就是英雄，就是因为差了一步，才被人称为枭雄。"桓温看着远方道："成王败寇！后人给予他枭雄已是给他最大名望了。"郗超："如果他多走一步，他就是名副其实的英雄了。"桓温："人心诡谲，人言可畏！"郗超："人苟恋！强者怕，弱者欺，明里火，暗里刀。"桓温："也有好人！"

第十七回　桓温收复寿春难雪前耻　郗超揶掇桓温弄权废帝

郗超："万里无一！明公也说过，真正为大晋江山好的，也只您和太后两人。"桓温："这正是我忧郁的地方！太后主政，国家无论政治经济还是文化艺术，都向上发展，我为什么要……"郗超抢话道："这也正是嘉宾一直推崇明公谋大业的原因。太后是女人，不能连续执政。她执政时，国泰民安，太平盛世，她一还政，一团糟。"桓温："我有过想请太后一直执政的想法。"郗超："明公觉得现实吗？太后会接受吗？"桓温："不现实，太后也不会接受。"郗超："上天既然给予了明公那么好的才学力识、明慧断决之能力，就是要明公有一番作为的，不然，岂不是上天错了？明公难道要辜负上天？"桓温："上天怎么会错？我又怎么敢辜负上天？"郗超："就是啊！明公就是不为自己着想，也要为天下黎民苍生想想！天下苍生需要一个像明公样的好领袖。"桓温："我懂！慢慢来，回吧。"

谢玄找桓温汇报工作，桓温出去了，只有王珣和郗超在，谢玄问："大司马呢？"两个人谁也没有回答。谢玄"切"了声自己找地方坐下，王珣喝口茶水，也"切"了声，郗超明显带找事的口气道："切啥切！我俩都比你大，不该叫声兄长吗？"谢玄听见只当没听见，不说话。王珣："来！喝茶！"谢玄也不说话，走过去拿起杯子自己倒了杯茶。郗超一把夺过道："想喝不会自己泡吗？"谢玄手一松，杯子掉地上碎了，他眼睛一瞪道："你是不是想找事？"郗超："我找你啥事？瓜娃子！"谢玄伸手抓住他的衣领道："你再说一遍！"郗超："瓜娃子！"郗超话音未落，谢玄一拳捶在了他的胸口上，然后手一松，郗超打了几个趔趄，王珣"蹭"站起来道："你想干啥？"谢玄眼一瞪他道："你干啥？欺负我姐没欺负够？还想欺负了我？"王珣："我可没有欺负你姐，是你姐事儿多，还有你那个叔叔谢安，祸事头子！"谢玄："你俩性格不合，见面就吵架，分开不正好吗？还把这事你怪到我叔头上，有意思吗？"郗超："宁拆十座庙，不拆一桩婚！如果谢安不搅和，他俩能离吗？"谢玄："不离天天生气有意思吗？"王珣："你姐事多，不知道好歹。"谢玄："我姐咋事儿多？你天天登鼻子上脸当大爷，谁愿意和你过。"郗超："离！就是你们不对！"谢玄："什么逻辑你？你还想找打是吧！"郗超鄙夷道："莽夫！"谢玄拳头一抡道："你再说一遍！"郗超怕挨打，道："不说了！你叫我说我就说呀！"谢玄放下拳头，道："谅你也不敢。"王珣走到他跟前道："不跟你一般见识就是不敢，你再狂我打你。"谢玄一个冷笑道："你试试！"三个正在口角，桓温过来，见他们这样，斥道："你们几个干啥？"郗超、王珣、谢玄："没事。"

桓温对谢玄道:"交代你的事弄好了?"谢玄:"是!这是账册。"说着递了过去,桓温接过,边看边点头边赞道:"真是我的好司马,不错!不错!"等他看完,谢玄问:"大司马!还有啥事没?"桓温:"暂时没有。"谢玄:"那我走吧!"桓温:"好!走吧!"谢玄走后,桓温说:"你们俩干啥?王珣你有啥过不来,再娶个不就是了?郗超你又是干啥?光嫌事不大?"桓温见他二人不说话,又道:"可别小看他,他办事条理着呢!他到了四十岁,定是一员大将!"郗超:"我只是看不惯。"桓温:"看不惯也得看惯,胸怀哪里去了。"见郗超欲争辩,忙道:"打住!不说了!那个朝廷诏书下来没有?"王珣:"没有。"桓温:"朝廷办事真疲毛。"

　　司马奕收到桓温的奏章好一阵子了,他还没有批复,不征求褚蒜子的意见他心里没有底,问过褚蒜子,他才召见司马昱、王彪之、谢安、王坦之到书房议事。礼毕,司马昱道:"前些日子我与桓温会见,说起攻打寿春的事时,他提到让郗超来朝堂做事,我忘了给皇上汇报了没有?"司马奕:"说了,诏命他做散骑常侍吧!"司马昱:"天啊!皇帝千里耳,他求的就是这个职位。"司马奕笑道:"不论门头还是阅历,封他做散骑常侍最合适。"王彪之:"郗超恐怕是桓温想在朝中安插眼线吧。"司马昱:"不会吧?他现在威望实力都大不如以前,还有那个心?"谢安:"在下也以为郗超是桓温在朝中安插的眼线。"司马昱:"我当时也没有爽快地答应他,我说等回朝研究研究再说。"谢安:"得答应啊!他的要求合情合理,不答应倒显朝廷对他有意见似的。他与文度齐名,现在文度已在中枢了。"王彪之:"是啊!盛德绝伦郗嘉宾,江东独步王文度。"司马奕:"没事!来吧!太后说了,知己知彼。"司马昱:"桓温上书攻打寿春的奏章批不批?"司马奕:"批!叫他一定拿下寿春,这也是太后的意思。"谢安:"皇上放心,他就是拼了老命也一定会拿下寿春的。"司马奕:"他说要攻打燕寇,怎么回他?"谢安:"这个臣以为不准的好!枋头让桓温受到前所未有的重创,他的精锐所剩无几,新兵训练时间也不长,如果准他分兵攻打燕寇,其中的不稳定因素太多,现在苻坚、王猛他们太厉害,其综合国力远在我们之上,我们应该尽量避免与之发生冲突。"王坦之:"对!兵力过于分散,容易被各个击破。"王彪之:"这个桓元子,他不会没有想到这一点吧,他这样上书,是在考验朝廷吧!"司马昱笑道:"我也正想说这个呢!"司马奕:"那就诏命他务必拿下寿春!至于燕寇,拿下寿春后再说。"

　　袁真背晋,人人痛恨,桓温上书攻打的诏书一下来,王珣就急不可耐向桓温等人献策,袁宏:"叛徒从来令人恨,朝廷也是恼极了袁真。"郗超:"是个人都恼恨,现有个小游戏叫'油炸袁真',在孩子们中非常流行。"袁宏:"油炸袁真?解恨!可惜这个认贼作父的家伙已经在二月份就死了,如果不死,逮住他真想油炸了他!"王珣:"父债子还,他的儿子、家人都在。"桓温:"现在袁瑾主事,他的能力远不如袁真,拿下他小菜一碟。"王珣:"到时我请命去灭了这厮。"郗超接道:"说好了,到时你去。"王珣即道:"我跟着大司马一起去!我自己不行,我谋儿嘲。"郗超调笑道:"你还真把自己当棵葱了,你自己不怕被他们逮住油炸了你?"王珣:"嘉宾,我牙疼了,手痒了!你过来。"郗超笑道:"切!过去叫你咬我掐我拧我呀!"袁宏:"有你们两个活宝,日子倒是有趣得很。"桓温惋惜道:"嘉宾一到朝中供职,这样的日子就少喽!"王珣:"赶紧叫他滚!喏,他的任命书。"郗超:"你怎么这会儿才说,拿来我看看。"王珣:"我有机会说吗?"桓温:"嘉宾去朝中,他的职位袁宏接替,王珣你做好准备跟我一起去攻打寿春。"王珣说了声"好",又道:"那个郗嘉宾一走我有点舍不得。"袁宏:"我也是,我们抱着他哭一场吧!"郗超:"别搁这儿假惺惺的,我这几天的饭你俩轮流请就好了。"王珣:"这有啥问题?反正你有钱!反正沾酒你就醉,反正你醉了喜欢掏钱。"众人哈哈大笑。

时有好事者把秘书监孙盛写的《魏晋春秋》传给了桓温,书中对桓温兵败枋头的事做了"如实"记载,桓温一看自己要"遗臭青史",非常恼怒。他派人把在自己军中谋事的孙盛的儿子孙潜叫过来,孙潜不知道桓温为什么叫他,跟着来到桓温帐营,桓温看了他一眼,没理他,而对旁人说:"你们都先退下。"孙潜心慌慌地站那儿,正不知道怎么说话,只见桓温把一本书甩到自己面前,说:"这个《魏晋春秋》是你父亲写的?"孙潜吓得赶紧跪下道:"是!"桓温张目如铃、奋须似戟地看着他道:"你看看你父亲写的是什么?无中生有,胡编滥造!枋头之役虽然失利,但也不至于像他写的那样!我告诉你,如果这本书流传散布,你家门户休想保全。"孙潜听罢吓得魂不附体,赶紧道:"大司马息怒!我父亲老糊涂了,我回去劝劝他。"桓温:"他真的是个老糊涂!作为史官,不实事求是、循名责实地写,反而颠倒黑白、胡说八道,他什么意思?"孙潜:"大司马息怒!大司马息怒!在下以全家门户做担保,保证他实事求是、循名责实地写。"桓温:"滚!"

孙潜知道自己的父亲也是一头犟驴,越老越犟,家人一般什么事也都由着他,可这关乎一家老小性命的事,他不得不跪求他父亲了。为了让父亲答应,他让一家老小跟着自己跪求他。吃过早饭，孙盛在堂屋门前小坐，孙潜来到他身旁说："父亲！儿子给您说个事。"孙盛："说吧！"孙潜："您先答应好吗？"孙盛一听有点烦道："什么事？说！"孙潜："事关我孙家一家老小性命的事。"孙盛看孙潜说得这么严重，厉声道："什么事？快说！"孙潜："您先答应好吗？"孙盛："什么事会牵扯到我孙家一家老小的性命？快说！"孙潜："您写的《魏晋春秋》里有关枋头的描写，大司马说枋头虽然失利，但也不像您书写的那样，他希望您能够实事求是、循名责实地去写，不要颠倒黑白。"孙盛一听大怒："我就是实事求是、循名责实写的，怎么是颠倒黑白了？是那桓元子胡说八道！他丧师辱国，还想我替他掩饰吗？我若曲笔，算什么史学家！"孙潜一听父亲发火，赶紧跪下，孙放及家人见状也赶紧跪下。孙潜泪流满面地抬头看着孙盛道："现在桓氏权力大，朝廷都敬他三分，孩儿请父亲三思啊！"孙盛："我不怕死！"孙潜："父亲！咱们一家老小的性命可都在您的笔下啊！"孙盛："我作为史学家，不能曲笔！我不但不曲笔，还要抄写一份寄给慕容暐。"说完愤然甩袖回屋，又把门拴上，凭孙潜怎么叫他，他只是不理。孙潜回头看着乌泱泱跪着的家人，无奈道："都先起来吧！"说完示意弟弟孙放来他身边说话，孙潜对孙放耳语道："你模仿父亲的笔迹，把父亲写的《魏晋春秋》抄写一份，有关枋头的事儿，删改删改、润色润色、美化美化，切记！一定要瞒着父亲！"孙放："好！放心！"孙潜："你这段时间啥事也不要干，尽快写出来给我，我拿给桓温看看。"孙放："我明白！哥哥放心！"孙潜："还有，看好父亲，别让他写得太快。"孙放："这个好办！我让孩子们缠住他，他对孙子孙女们喜欢得不得了。"孙潜："好！你抄的时候千万不要让父亲知道。"孙放："事关一家老小的性命，我知道。放心吧！"

孙潜把模仿父亲的笔迹重新抄写的《魏晋春秋》拿给桓温看，桓温见原文已删改大半，并为他极力回护，才转怒为喜，赞道："嗯！实事求是、循名责实！这才是真正的史家笔法。"孙潜小心翼翼地问："大司马！您看还有不实的地方吗？"桓温："真实记载了当时的情况，很好！你且去吧！"孙潜诺诺退下。

孙盛被桓温一要挟，犟脾气来了，到处说桓温为了自己的名誉强迫他改写的事，一时间，朝堂内外差不多都知道了。他还不过瘾，又专门跑到书房向司马奕汇报，司马奕好言安慰他几句便让他回去了。是晚，司马奕来显阳殿晚省褚蒜子，他当个笑话说给褚蒜子听，褚蒜子道："孙盛看似没有曲笔，实则曲笔得厉害，他记录的是他和大家看

第十七回 桓温收复寿春难雪前耻 郗超撺掇桓温弄权废帝

到的表象，背后的东西没有写。"又道："就是表象，他也只记录了一二。"司马奕："桓温背锅太大了。"褚蒜子"嗯"了声又道："桓温把名儿看得太重了。"司马奕："他操心后人如何评说，他怕遗臭万年！"褚蒜子："历史是个任人打扮的小姑娘，做到无愧于天、地、人就好了。"司马奕："是！可是太难做了。"又道："太后！儿臣总觉得自己才力不逮，天、地、人总不能很好地统一。"褚蒜子："一颗公心，尽力而为就好。"司马奕："嗯！这回不知道他能不能收复寿春？"褚蒜子："这次他定会胜利的！只是，他得胜回来，可能会有小动作，皇上要多加小心。"司马奕："他能怎样？儿臣到时多多犒赏他就是。"褚蒜子："不是犒赏的问题，是他心理问题。"司马奕："什么问题？"褚蒜子："不安分！"司马奕："他都那么大了，儿臣一直待他不薄，他还有什么不满意的？"褚蒜子："他是一个不甘寂寞的人，他会通过制造声响刷存在感。"

桓温自从看了改写后的《魏晋春秋》后，心里舒展多了，他心无压力地点兵选将、整理枪戟，准备讨伐叛贼袁真。这一日，他又带领部将议论讨伐袁真的事，他说："我们要加紧训练，加强战备。"王珣："各项战备已完成，只等明公一声令下。"桓温："袁真背晋，卖国求荣，人人欲得而诛之！其人虽死而恨不消！其子袁谨，一丘之貉，其与其父一样，虚伪狡诈，逆取顺守，祸害我百姓，残害我手足，是可忍孰不可忍！"竺瑶："是！明公一声令下，我等就去剿灭他们。"桓温："上兵伐谋，中兵伐交，下兵伐兵。所以，我们不仅要从战术上胜过敌人，战略上更要出其不意。"桓石虔等："末将等遵听大司马吩咐。"桓温："自古打仗，兵马未动，粮草先行！粮草之于战争的重要性，各位都知道，必须按时、及时，不然，前功尽弃！粮草有保障，战争就胜了一半，枋头之役，如果不是粮草问题，我们不可能败北！故而，此次粮草，必须是能力强、责任心强的王珣出任。"王珣一拍胸脯道："明公放心，末将保证，末将在粮草在，末将亡粮草也在。"桓温："好！所有战备诸如投石机、攻城车、木幔、豪桥、弩炮等，谢玄负责统一调配。桓石虔带一万兵做先锋前往寿春，断其水源和粮道。竺瑶带两万兵去武邱方向，截阻燕寇给予寿春的驰援。桓伊带兵两万截阻来自秦寇的驰援。我自率两万兵力殿后，我们争取三个月拿下！"桓石虔、谢玄、竺瑶、桓伊："末将得令！"桓温："都回去做准备吧！明日大军有序出发。"

多事之秋，战争此起彼伏，桓温大军指向寿春的时候，秦之王猛正挥师北上攻燕之邺城。这一日，大家又在政务堂说国事，王彪之："王猛率六万大军攻邺城有些日子了

329

吧？"司马昱："燕贼估计快不中了！"王坦之："未必！他们人多，据说派兵三十万与之抗衡。"谢安："没有统帅的兵如一盘散沙，不足虑！"司马昱："他们哪还有好统帅？只剩下一个发战争财的慕容评了！这家伙奉命抵御秦军，却不积极南下，而是慢悠悠地在离家门口不远的潞川驻扎，眼睁睁地看着自己的门户壶关和晋阳被王猛一脚踹开！面对国家门户被秦军攻占，作为统帅的他却没有派人前去援救，而是忙不迭地卖水鬻薪发战争财。"司马昱摇头道："可不是！他们驻营潞川只有一条河，他下令把河水和山岭都封锁起来，无论黎民百姓还是兵士，上山砍柴、汲水都要交税，几个月下来，他囤积的财帛堆成了山。"谢安："如此统帅能不亡国？不要也罢！"又道："别说他三十兵力，再多三十万也不用怕！"司马昱："且看他们争斗，我们只作壁上观。"谢安："暂且不说他的事，看看咱寿春胜了将如何？"司马昱："我发现安石是个神人，想什么来什么。捷报！竺瑶在武邱与前来营救袁瑾的燕军相遇，竺瑶与之交战，大获全胜，并获辎重无数。"谢安："这次寿春之战，桓温稳胜无疑。"王坦之："你怎么那么肯定？"谢安："一、袁瑾根本不是桓温的对手，桓温欲借此洗枋头之耻，下了大功夫。二、秦现在攻燕正盛，不会在驰援寿春上多下功夫。"司马奕："非常对！昨晚朕与太后说起这段故事，观点与安石卿无二。"司马奕的声音让大家一惊，赶紧站起来行礼，司马奕道："都坐下吧！朕路经此处，听你们说得热闹，过来看看。"司马昱："皇上！臣等正要向皇上禀报好消息呢！"司马奕："可是寿春胜利的消息？"司马昱："是！竺瑶……"

桓温得知竺瑶已大败前来驰援寿春的燕寇，即刻派人催促桓石虔快速前往寿春，又派人到竺瑶那里，让他带兵驰援桓石虔，并叫他分出三千兵力支援王珣运送粮草。又对部将说："现在王猛攻燕，其心力不在此，但是那苻坚野心大，我们也要防患于未然。……"苻坚听闻桓温攻寿春，果然不甘心，他说："寿春是我降城，而今有难，怎可不救？"其弟苻融："陛下！我现在的主要任务是配合王猛攻下邺城。寿春骑墙，降秦又投燕，不值得为其劳师动众。"苻坚："话不能那么说，寿春是我降城，必须救！何况那桓温败中难兴，我借机湮灭他，不也是美谈？"苻融："兵力分散不利于我们！"苻坚："我大秦地广人多，就这样，让王鉴、张蚝带两万人马前往救援！"桓温得报，亲自率兵阻击，那王鉴、张蚝根本不是他的对手，桓温三下五除二，就把他们打得落花流水，大败而退。

消息传到朝廷，大家都很高兴，桓温伐寿春，捷报不断。然，捷报中也有危机传来，只听司马昱说："秦之王鉴、张蚝被桓温打败后，改图西略，兵向仇池，我们当如何？"

第十七回 桓温收复寿春雪前耻 郗超挥掇桓温弄权废帝

司马奕一下子懵了，顺口问道："相王的意思呢？"司马昱："仇池是我藩国，救之是理，但是他没有向我求援，不救也说得过去。"一旁的谢安道："仇池自立国后，经常派使者到建康称藩问安，且世世与我大晋交好。他今有难，不救之义理上亏欠。"司马昱："可是现在我们的目标是寿春，如分兵救之，我怕因小失大！再说，仇池已聚众五万人抵御秦军，应该没有问题。"谢安："寿春自然是重中之重，我相信桓温绝对有把握拿下。仇池是我藩国，虽然没有向我求救，但是如果我不派兵驰援，会让其他藩国寒心，如果其他藩国背我，岂不是非常大的损失？"司马奕拿不定主意，下意识中想到晚省褚蒜子时向褚蒜子讨主意，于是他道："此事干系重大，容朕想想再做决断，二位爱卿也再思量思量。"

为了仇池之事，司马奕特意早点来到显旺殿，褚蒜子说："听谢安的吧！"司马奕："派谁呢？"褚蒜子："桓温！"司马奕："桓温？"褚蒜子："仇池与秦紧邻，秦早已虎视眈眈，今桓温夺取寿春，他们派去救援的王鉴、张蚝被桓温大败，苻坚怎么会心甘？他们兵向仇池，志在必得。"司马奕："为什么还要派兵？这不是杯水车薪吗？"褚蒜子："不救，义理上亏欠，会让别的藩国寒心！"司马奕："太后的意思是让桓温意思意思吗？"褚蒜子笑了笑对司马奕道："皇上诏命桓温前去救援就行了，桓温知道怎么做。回去吧！不早了，早点休息。"司马奕走后，刘轩道："太后！皇帝有点……"褚蒜子打断他的话道："你又想妄议国事？"刘轩赶紧跪下道："太后！臣不敢了！"褚蒜子："起来吧！哀家累了。"

桓温收到朝廷命他驰援仇池的诏书，即刻命毛将军带骑兵一千五百人前去救援，并告诉他仇池之战结束后让他直接去梁州，与梁州刺史一起力保梁州安全。时有谋者报袁瑾又派人向燕寇求援，桓温命桓石虔继续围困寿春、竺瑶再次做阻击准备。慕容暐收到袁瑾的求援，即刻派孟高带两万人马前去救援，可是那孟高尚在路上，便被慕容暐急召了回去，原来，慕容评怠战，秦大兵压境，慕容暐要他急返邺城勤王，哪里还顾得上寿春。桓温探得消息，下令猛攻，寿春没有外援，难以抵挡，很快被攻破，桓军生擒了袁瑾、朱辅等人。桓温："身为汉人！却认贼作父、求荣卖国，你们的道德良心哪里去了！"袁瑾："桓温奸贼！别在老子面前装高格，你害我父兄、残我手足，我与你不共戴天，要杀要剐随便！"桓温："带走！"然后，他命竺瑶负责将袁瑾、朱辅等人押送到建康，又命将其家中男丁及其士军全部坑杀，其女眷全部赏与兵士。

331

寿春大捷，司马奕非常高兴，他觉得桓温终于给他脸上添光彩了。他说："这次寿春大捷，桓温功不可没，可喜可贺！朕要大大犒赏他们！"又自语道："派谁去呢？"王坦之毛遂自荐前去，司马昱："朝堂怎么离得了王大人，臣以为还是让郗超去比较好，"王彪之："合适吗？"司马昱："有什么不合适？"谢安："代表朝廷去慰问犒赏是没有问题，但……"司马昱："安石就是太小心，哪有那么多但是？郗超原是他的老部下，他去正合适。"司马奕："那就诏命郗超前去。"

司马昱的表现让谢安感觉有点不安，但是，他又没有一点证据，他遂让自己的夫人去宫中，把自己的怀疑向褚蒜子透露透露，看看以后的路如何走。谢安的夫人是名士刘惔的妹妹，她收拾一番，借着中秋节献礼向褚蒜子传递消息。她说："太后！这是臣妾用桂花、蜂蜜、莲蓉、百合和蛋黄做的月饼，口感特别好，也很有营养，进献给太后尝尝！"褚蒜子："说得哀家口涎欲滴！来！切了大家尝尝。"黎辉应诺端月饼下去。谢安夫人打开手包道："这是臣妾新编的《中秋小令》，进献给太后！"褚蒜子："太好了！舅舅可有新编的中秋歌舞？"谢安夫人："有！臣妾也带来了，一并进献给太后。"说话间黎辉把切好的月饼端了上来，褚蒜子和大家一尝，都说好吃。品尝过月饼，褚蒜子和她说起家常话，不觉一个时辰了，谢安夫人瞅得机会，见跟前没有旁人，轻声道："你舅舅说感觉司马昱有点不正常，和郗超走得近了些。"褚蒜子也低声道："哀家早有感觉！转告舅舅，眼光一定要放长远，要以大局为重。"谢安夫人："接下来怎么办？"褚蒜子："王坦之忠良，王彪之可用！一切，慢慢来，有时候，退步即进步。"歌舞声里，二人与众人一起说起了闲话。

御花园的桂花开得很好，褚蒜子请宫中女眷月下赏桂花。妙曲银笛、小令歌舞，令人心旷神怡。褚蒜子："你们看这天儿多好，月华轻洒满秋枝，淡淡黄雪送天香，多美！"何法倪："母后说得真好，儿臣敬母后！"褚蒜子："好！大家都端起来，慢品随意！"何法倪："母后！我们也月下联诗吧。击鼓传花，花到谁手里谁说一句，说不上罚三杯。"褚蒜子："好！哀家起头，抛砖引玉，剩下你们击鼓传花，都参与。"褚蒜子："深庭信步闲看月。"击鼓一通后，花落到何法倪手里，何法倪道："冷桂轻摇影婆娑。"众人皆说好！花又落到司马奕手里，司马奕道："戴月佳人步晚凉。"轮到黎辉，她对不上，罚酒三杯。接下来依次是刘轩："秋来萧瑟愁断肠。"王贵妃："风摇秋叶落新碧"。王淑妃："露浸金花点点黄。"田美人："嫦娥玉殿凄清泪。"孟美人："化

第十七回　桓温收复寿春雪前耻　郗超揎掇桓温弄权废帝

作残英满地霜。"田美人和孟美人的联诗让褚蒜子感觉不祥，生怕一语成谶，赶紧道："哀家也说两句'楚楚篱边铺桂影，悠悠云外送天香'。"众人："太后的最好！高格、欢喜！"

谢安约王坦之来到新亭，两人边逛边说话，谢安："看这天儿多美！东山的感觉又来了。"王坦之："你呀！总是忘不了你的东山。"谢安："嗯！惬意，随性，自在。"王坦之："是！可是人活着不光顾着自己，还有天下苍生呢！"谢安："对！若不为这个，我在东山就不出来了。"王坦之："我没有你那么闲情逸致，说事吧。"谢安："司马昱和郗超，你感觉有没有反常？"王坦之："司马昱我有感觉，郗超是桓温的人，这个没啥反常不反常的。"谢安："司马昱你有什么感觉？"王坦之："感觉怪怪的，他提议郗超去慰问犒赏桓温。"谢安："司马昱和郗超会不会暗中联手？"王坦之想了一会儿道："不会吧！司马昱乃天下周公，这么长时间了，难道他要晚节不保？"谢安："他想保也许没有能力，'树欲静而风不止'！"王坦之："那怎么办？"谢安："眼光一定要放长远，一定要以大局为重。"王坦之："太后的话？"谢安点了点头道："中秋节前我夫人进宫了。"王坦之："明白！"又道："郗超去慰问犒赏，他们会说什么？"谢安："会抵足而眠！"王坦之："什么时候了还说笑？我担心的是三人成虎！"谢安："怕啥？成也是纸老虎！"王坦之："你的心怎么那么大？"谢安："不大怎么装天下？"

郗超准备前去慰问犒赏桓温官兵前，特意来拜访司马昱。司马昱听闻仆从报告，沉吟了片刻道："请他进来。"郗超在仆从的引领下来到司马昱的书房，郗超一见司马昱，快走一步作揖道："拜见相王！"司马昱赶紧还礼道："郗大人，请屋里说话。上茶！"说罢示意仆从都退下。郗超："相王！感谢您从中调停，让在下能够去大司马那里慰问犒赏，在下今日专程来感谢相王，这是东海出的全株珊瑚和丽珠，请相王笑纳！"司马昱："说真的，让郗大人前去慰问，我已是尽了老力老脸面了！这是我与桓大司马的情分，情分不是用金钱可以衡量的，所以，郗大人的心意我领了，东西还请郗大人务必拿回去。"郗超："哪有送出去的礼再拿回去的道理？相王务必收下，不收下就是看不起嘉宾。"司马昱遂命人收下，郗超道："相王！在下不日将起程前去大司马那里，相王可有话要给大司马说？"司马昱："转告大司马，大司马辛苦了！……"郗超打断道："相王！大司马想听的应该不是这些吧。相王可有什么心里话让在下带给大司马的？"司马昱："大司马想听什么？"郗超："相王与大司马皆是人中龙凤，大司马想听什么，相王知道。"

333

司马昱："本王只想江山无恙、百姓安宁、岁月静好。"郗超："可是，江山无恙了吗？百姓安宁了吗？岁月静好了吗？"司马昱："本王尽力了，本王的想法不多。"郗超："相王可以想法不多，但是却管不了别人想法很多。"司马昱不语，郗超又说："当今圣上已是二十好几的人了，相王还在辅政，多少人说相王是恋权不还呢？"司马昱："胡说！本王只是尽本分而已，哪里是恋权不还了？"郗超："嘴在人家身上长着，人家怎么说相王怎么管得了？"司马昱："这不是颠倒黑白、乱人视听吗？"郗超："无风不起浪，风起浪不止。"司马昱："这纯粹是无事生非、造谣惑众！"郗超："存在即合理，也许众人猜测相王想称王称帝吧！"郗超的话让司马昱打了一个激灵，赶紧道："想想都是罪过。"郗超："这里又没有外人，想想怎么都是罪过了？相王才学力识过人，莫说想想，实现也不为过。"司马昱："天格命理，非人力所为。强而为之，必生灾祸。"郗超："秉天承势，乃天道使然。怠而不为，天岂佑之？"郗超的话让司马昱感觉到脊背发冷，忙道："嘉宾越说越离谱了！"郗超笑道："不说了！相王和大司马都是嘉宾最敬仰的人，如果二人有一个人为王为帝就好了。"司马昱："本王和大司马皆臣命，天命不可违。"郗超："将相无种，帝王有种，再说相王本就是帝王种。"司马昱见郗超越说越没边儿，只得下逐客令："嘉宾喝多了，回去吧！代本王问大司马好。"郗超遂告辞。

郗超带着整车整车的美酒、美食到来桓温驻地，桓温带着王珣、竺瑶、谢玄等出来迎接。祝福声声、感谢连连、笑语多多、美言喋喋，一片欢欣、一片盛荣。为了彰显朝廷爱官兵、官兵爱朝廷，郗超等人在桓温的安排下，特意与全体官员把酒联欢。

热闹过后，桓温独自卧床返思，不由来了句："这样默默无闻地下去，会被文帝、景帝笑话的。"此话刚好被前来找他的郗超听到，郗超来到桓温身边坐下道："明公才学力识、明慧断绝天下无二，如果不问大业，文景恐怕真会笑明公了。"桓温："只怕会遗臭万年啊！"郗超："何谓遗臭万年？此一时彼一时，今日的遗臭万年是明日的流芳百世！"桓温："曹操是流芳还是遗臭？"郗超："重要吗？重要的是曹操过上了自己想要的生活。"桓温："是啊，他过上了他想要的生活。"郗超："人生一世，如果默然而闻，真是太悲哀了，尤其是如明公这般有能力者。"桓温："雁过留声，人过留名。"郗超："人之名不过是流芳和遗臭两种，而流芳与遗臭都是存在的方式，流芳与遗臭分别是两个不同的词，至于哪个是好的，后人自会评说。此时的好是彼此的坏，彼此的坏是此时的好，好与坏，会随着时空不同而不同。今日之流芳，明日之遗臭，明日之遗臭，今日之流芳。

无论是流芳还是遗臭,重要的是让后人记着。王敦胸襟开阔、气概非凡,他如果不勤王,我等知道他是谁?现在有人说他是反贼,但也有人说他是'清君侧',至于他是哪种人,不重要,重要的是我们大家都记住王敦这个人了,明公说呢?"桓温:"王敦!可人!可人啊!"郗超:"明公比他更可人。"桓温看着郗超,没有说话,他忽然又想起前些年那个用刀切腹断足的女尼的话"公若逆反,当将如是"、术士杜炅"明公功勋宇宙,位极人臣"之言,又不自信了,他道:"人命天定,违逆遭遣。"郗超:"虽说是'人的命天注定',但是'命定运转……'"桓温打断他道:"转的是运,不是命啊!"郗超停了一下,一字一句道:"运转命变!"又道:"明公!人定胜天,敢与天地相争者才是真正大写的人。"桓温看着郗超,半天没有说话,他在想:"将相无种,难道皇帝有种吗?司马家的江山不也是从曹魏那里夺来的?曹魏政权也不是天生啊,再往前,都是争夺来的啊。他有点小激动,立功河朔,收集时望,受九锡,然后……"桓温收住乱飘的思绪,问郗超:"寿春大捷,能雪枋头之耻吗?"郗超坚定道:"不能!"桓温:"如何镇服民望?"郗超:"明公不为伊、霍盛举,恐终不能宣威四海,压服兆民。只有行废立大事,才能树立之前的威望。"桓温:"你且细说!"郗超:"不是要册立太子吗……"

司马奕有点小得意,一切都是那么的顺利,尤其是桓温寿春大捷,他感觉非常长脸,自以为他鼎力支持的桓温被自己拿下了,既然如此,那么册立太子的事就该提上日程了。这一日,他把几个股肱大臣叫到书房,说:"今日请诸位爱卿来,是说说立太子的事。"庾柔:"太子是国家的储君,有了太子,皇家才算有了根本,百姓心里才会更加安定,国家也会因此更加稳定。"王彪之:"现在国家太平,人民生活安定,立太子正是时候。"司马昱:"皇后无出,现两位皇子的母亲身份只是个美人,其母家也都非望族,怎么办?"王彪之:"这个好办,让太子过继到庾皇后名下。"谢安、王坦之:"这个办法好,臣同意。"庾柔:"臣也同意。"司马昱:"臣觉得没什么不妥,只是臣以为皇上正年轻力壮,再立皇后不是更好?"司马奕:"朕与皇后的感情是无人能替代的,朕现在不想再立皇后。"庾柔听罢感动,说:"皇上!臣替臣妹……"坐在一旁的谢安悄悄地拉了庾柔一下,庾柔赶紧收住话头。谢安:"三位皇子虽非皇后所出,但是在皇后的教养下,也都才学力识非凡,我们现在要做的是优中选优。"司马奕:"三位皇子中立谁为太子,要尽快商议出结果来。"

皇上欲册立太子的消息传到民间,本该是民心踊跃、民意顺达,可是遗憾的是,非常不和谐且难堪的谣言在民间流传起来。一家酒肆，几个人边喝酒边说着谣言闲话。甲："听说没有，当今皇上不能人事！"乙："开玩笑吧，太子哪来的？"丙："不是开玩笑，早就传遍大街小巷了！"丁："前儿我也有听说，真的呀！"乙："那太子哪来的？"丙："听说是皇上的相好和他的嫔妃田美人和孟美人生的。"丁："天啊！这皇宫真是糊涂麻叶没天伦啊！"甲："皇宫的脏都用布盖着的。"乙："太后不管？"丙："她管啥？有老娘管儿子房事的吗？再说，她只不过是个婶娘！"丁："这要是真的，太子不就是……暗度陈仓？"甲："那谁知道？看他们博弈吧！"乙："也是！改朝换代，离咱们远了，咱们只关心谁对咱好就中了。"丙："你说话都没有想，如果换天，咱老百姓还有好日子过吗？"丁："就是！一旦换天，打呀杀的肯定会殃及咱老百姓。"乙："那咋办？"甲："咋办？吃好现在的安生饭，再骂两句皇上！"说得一旁添茶续水的小二也笑了。谣言之猛，让人防不及防，哪儿都是。黎辉上街卖个东西也听到了，是晚，她向褚蒜子做了如实回报，褚蒜子说她早知道了，是刘轩告诉她的。褚蒜子想了一会儿道："这是一个蓄谋好的谣言，你们俩暂时不要对任何人说。"

褚蒜子请司马奕御花园说话，她问："有关宫中的谣言，皇上可听说了？"司马奕："什么谣言？"褚蒜子："皇上的宫闱谣言！"司马奕一听不在乎道："儿臣听说了！太后，谣言而已，儿臣身正不怕影子歪。"褚蒜子："谨防三人成虎。"司马奕："谣言而已。"褚蒜子："皇上可知当年的'阿子汝不闻'儿歌？"司马奕："记得！太后，难道……"褚蒜子："是！他们的矛头是皇上。"司马奕一下子慌了，忙问怎么办？看着这个不经事的侄子，褚蒜子心里一阵怜惜，对他道："暂且装作不知道，看他们接下来的动作。"六神无主的司马奕赶紧道："好！儿臣听太后的。"褚蒜子心里轻叹了一声交代道："皇上和司马昱说话时注意点。"司马奕一惊道："他可是公认的国之周公啊！不会是他吧！"褚蒜子："不会是他，但可能与他有关。"司马奕："太后的意思他背后还有人？会是谁？"褚蒜子："除了他还有谁？"司马奕吓得一身汗，他实在不敢相信，又听褚蒜子道："切记！要装作不知道，免得打草惊蛇。"

司马奕虽然内心烦闷恐慌，但是表面上却是非常平静，一如既往。他越这样，郗超就越有点坐不住了，他叫人写了匿名奏章，交到司马昱手里，让他探探司马奕。这一日，几个人刚到书房，司马昱便把匿名奏章递给了司马奕，司马奕一看，恐慌加愤怒，把奏章往地上一摔道："胡说八道！彻查是谁干的。"王彪之弯腰拾起来一看，道："皇上息怒！

第十七回　桓温收复寿春难雪前耻　郗超揎掇桓温弄权废帝

这个谣言臣也听说了,臣以为是市面小人街头污语,没当回事,今天看来,这应该是个蓄谋已久的阴谋,应当严查。"谢安:"拿这种事说事者,定是个龌龊腌臜之人。"王坦之:"这样的人能成啥气候?所以,不理之罢了!"谢安:"不可小觑,阴沟里最易翻船。"司马昱:"我们现在要想一个如何应对的法子。"司马奕:"对!如何应付?"王彪之:"以不变应万变,不理他,赶紧立太子!"司马昱:"不理不是好办法,臣觉得应当主动出击。"谢安:"相王可有好办法?"司马昱:"没有,但是总不能坐以待毙吧!"谢安:"既然如此,我还是觉得王彪之大人的话可行。"王坦之:"我也以为可行,君子坦荡荡,小人长戚戚!"司马奕:"那就先这么办,不予理会。"

是晚,郗超来到司马昱府,问结果怎样。司马昱没好气道:"不怎样,忠臣多着呢!我也是忠臣!"郗超:"相王!相王说话恁不思量,相王不忠朝廷的证据可在我手上呢?"司马昱:"我忠心朝廷一心为公,天地可鉴。"郗超:"天地可鉴自然好,如果人不鉴呢?如果在下不鉴呢?如果大司马不鉴呢?如果太后不鉴呢?如果黎民百姓不鉴呢?"司马昱闷了半天道:"集体议论的结果是不予理会。"郗超:"不理会怎么行?给他施加压力,让钦天监、太史令惊吓他一下,然后一步一步逼他!"司马昱:"非得如此吗?"郗超:"这不是最好的方法吗?又不要他性命。"司马昱:"他终究没有什么错!"郗超:"如果他有错,谁愿意拿那事说事?其才学力识根本配不上皇帝这两个字!根本不能够让百姓安康、国家强盛,这不是他的错吗?"司马昱:"我对我自己了解,我更不是……"郗超打断司马昱的话道:"相王太谦虚了,群臣每次早朝,太极殿上都黯淡无光,只有相王气宇轩昂,一到朝堂,朝堂即刻如朝霞高升一样。这谁不知道?"司马昱:"只要能让国家兴盛、百姓安定,我怎么都行!"郗超:"相王乃天下俊杰也!"司马昱没有说话,他实在不知道说什么,他不想当皇帝,也不想和桓温做对,可是桓温他们却绑他上架。郗超见司马昱不说话,又道:"太史令、钦天监的事,不劳相王费心,相王只在必要的时候配合一下行了。"司马昱勉强应诺,郗超:"相王休息吧,在下告辞!"郗超走后,司马昱拿起郗超用过的杯子,狠狠地摔在了地上。

这一日,司马奕正在书房看奏间,太史令来了,他对司马奕道:"皇上!臣夜观天象,心里甚是恐慌。"司马奕:"什么情况?"太史令:"荧惑星逆行入了端门。"这话让司马奕惊出一身汗。他知道,荧惑入太微庭中央,帝族相攻伐,天子忧;若守端门,臣谋弑君;若留止门外,大臣戮死!难道这是命中注定的事?他稳了一下心神,道:"朕知道了！下去吧！"心内无主的他忽然想到著名术士扈谦，他想找他问问。然而，让他想不到的是，扈谦也已被郗超收买。郗超早司马奕一步把扈谦请到府内，给他五千金，要他把"荧惑入太微、皇上有难、皇上未免出宫"之意传给司马奕，扈谦早算出"惑星入太微，天象寓人事！当下晋室虽险，晋祚却至少还有五十年"。他一直纳闷，危险在何处，一见郗超如此，立马知道险在哪儿了，他顺水推舟一口应诺。

扈谦的话让司马奕顶不住了，他来显阳殿，找褚蒜子讨主意。皇宫就那么大，这里发生的事，不出半天，就传到褚蒜子那里了，故而，褚蒜子一见司马奕，就知道他来的目的。她问："田美人、孟美人怎么样？"司马奕："除了哭还是哭！"褚蒜子沉吟了一会儿，道："如果星火已经燎原，一定要留得青山在！明白吗？"司马奕："儿臣没有问题。"褚蒜子："哀家知道，但是三人已成虎。"司马奕："是！儿臣现在怎么办？"褚蒜子："这风邪恶，但终究难以影响大局，只是局部会有伤损。风源如能剿灭，朝廷可得安宁。"司马奕："风源如此大，怎么能够剿灭？再，谁来替他？"褚蒜子："皇上的意思？"司马奕："儿臣情愿……"褚蒜子听罢心里一阵难过，她道："还没有到那一步。"司马奕："钦天监报告荧惑星逆行入太微端门。"褚蒜子："尽信不如不信！"司马奕："儿臣曾召术士扈谦，他说'晋室方如磐石，陛下未免出宫'。为晋祚长久，儿臣情愿避之。"褚蒜子半天不语，末了道："天体运转自有天数，顺逆是规矩，犹如人间事，皆转念间。皇帝只须做好自己的事，做得无悔于心就好了。"司马奕："这正是儿臣的意思。"褚蒜子："你先退下吧！"司马奕走了，褚蒜子想："皇帝为人处世小心谨慎，政务处理得也非常殷勤，对桓温更是一百个对得起，但是，他的七寸是看问题不够尖锐，缺乏平衡时局的手段，才学力识、明慧断决上确实不是皇帝的料，他已经尽心了。时至今日，一切都是天意。自古荧惑星出现，必有大事。'荧惑入太微庭中央，帝族相攻伐，子忧；若守端门，臣谋弑君；若留止门外，大臣戮死。'而今荧惑入端门，臣谋弑君。'臣谋'已起，'弑君'必须避免！而今天太子未立，皇帝退位，琅琊王当立，司马昱必然已是'臣谋'中人了！罢了，宣司马昱谈谈再说。"

说曹操曹操到，宣司马昱觐见的话还没有说出，黎辉报说司马昱来，褚蒜子心里有底了。司马昱虽然是"臣谋"中的一分子，到底还是皇室这边的人。司马昱礼毕，道："太后！钦天监报荧惑星逆入太微。"褚蒜子开门见山道："有关皇帝的谣言，都说是桓温一党所为，郗超是主力，哀家认为应该还有他人。"司马昱沉吟片刻道："是！那个人

第十七回　桓温收复寿春雪前耻　郗超撺掇桓温弄权废帝

是我。"褚蒜子呷了一口茶"嗯"了一声。司马昱接着道："他的意思是想废掉皇帝，由老臣继领大统。再然后，老臣怕他要废掉老臣……"褚蒜子："皇叔是真的周公，哀家知道！但是晋祚未完，如果真有针锋相对的劫难，哀家希望皇叔先预后夺，争取时间。"司马昱："臣不明白。"褚蒜子："保晋祚，少杀戮。看事局的发展，因时因事制宜。"司马昱："请太后明示！"褚蒜子："他现在的意图是废帝立你，你强装答应他，为接下来的布局争取时间。"司马昱："臣成了两头难的风箱老鼠。"褚蒜子："为了保晋祚无恙，为保生灵少涂炭，辛苦皇叔了。"

司马昱走后，褚蒜子把黎辉、刘轩二人叫到跟前，低声与他们说了半天，然后烧香拜佛，过着看似岁月平静的生活。

郗超感到差不多了，开始极力撺掇桓温行动，桓温说："上书太后请求废立，她不同意怎么办？"郗超："太后不会不同意的，她现在吃斋念佛，怎愿国家多杀戮？她又久不问政事，事发突然，她又能怎样？让她签字，不过是给她面子！咱们替她把废帝的诏书写好，不由她不同意。真的实在不同意，再说！"桓温："咱们只是请求废除无能的皇帝，立有为的皇帝，也是忠心为国，与谋反无关，对吧！"郗超："对啊！太后不会不同意，她是一个最会两害相较取其轻的人，行动吧！我们这些年的努力不就是为了今天。"桓温思量又思量，才命郗超拟写草诏。

桓温派人将奏章和草拟的诏书一并呈给褚蒜子时，她正在佛堂烧香，听到内侍大声曰"外有急奏"。褚蒜子刚走出佛堂，已有使者捧着奏章和草拟的诏书呈了过来，她接过来倚门展阅，只看了几行，就知道是怎么回事。她没有想到桓温这么心急，虽然在意料之中，到底有些难过，晋祚之路多坎坷，这个坎，她还要费尽心力带着大家走过，为了少杀戮，她必须选择忍让。想到无辜的司马奕，她心如刀绞，他自继位以来，并无失德之事，如果是太平年代，他可以一路平安到底，可是在乱世，他却要成为无辜的牺牲者。该经的劫难少不了，褚蒜子没有看完，即刻叫人拿了笔批复道："未亡人不幸罹此百忧，感念存殁，心焉如割！"签罢把笔一扔，仍旧回到佛堂。

佛堂外，桓温汗如雨下，他生怕褚蒜子不同意。如果褚蒜子不同意，那他就是谋反，他若谋反，也未必成功，即使成功了，也会遗臭万年！正自权衡，忽见内侍从佛堂出来，他赶忙上去接过来看，看到褚蒜子没有直接驳回，心里的一块大石头算是落了地。他没有想事情如此顺利，一时喜得皮肉发痒。他定了定神，迈着步子来到朝堂，召集百

339

官,取出褚蒜子的诏令,决议废立皇帝之事。百官一听,皆震然失色,面面相觑,不知道怎么办,就连桓温自己,也不知道如何引经据典,为自己开脱。独尚书仆射王彪之走出来对桓温说:"行废立,也非没有先例,可以参酌霍光!"桓温听了喜出望外,他没有想到王彪之会在关键时刻帮他,他赶紧叫人拿来《霍光传》,按照里面的程序援古定制,须臾即成。朝臣们朝服立阶,他神采奕奕站在大堂上,宣读太后令:"王室艰难,穆哀短祚,国嗣不育,储宫靡立。琅琊王奕,则因母弟,故以入纂大位。不图德之不建,乃至于斯!浑浊溃乱,动违礼度。有此三孽,莫知谁予。人伦道丧,丑声遐布。既不可以奉守社稷,敬承宗庙,且昏孽并大,便欲建树储藩,诬罔祖宗,倾移皇基,是而可忍,孰不可怀!今废奕为东海王,以此还第,供卫之仪,皆如汉朝昌邑故事。但未亡人不幸罹此百忧,感念存殁,心焉如割。社稷大计义不获已。丞相录尚书事会稽王昱,体自中宗,明德劭令,英秀玄虚,神契事外,以具瞻允塞,故阿衡三世,道化宣流,众望攸归,为日已久,宜从天人之心,以统皇极。饬有司明依旧典,以时施行。此令。"

司马奕早有心理准备,对此并不十分惊诧,他知道除了接受别无他法。他很痛快地把玺、绶交给前来收缴的侍郎刘亨手里,然后一袭白衣步下西堂,与涕泪肆流的众朝臣告别,在刁彝的押送下,乘着牛车,神情漠然地出了神兽门。

第十八回

简文帝病殁司马曜继位

桓元子谒崇陵白日见鬼

桓温站在太极殿中央道："废帝司马奕已由刁彝护送前往海西公府，现请王彪之大人在此参读《霍光传》，援古定制布置，各位大人随在下一起去相王府迎接新帝。"此时的文武百官犹如被雷劈过一样，懵懵懂懂地跟着桓温出了太极殿。看到桓温的部将竺瑶等已抬着法驾皇辇在殿外候着，他们木然地随着桓温前往相王府迎接司马昱入殿。

此时司马昱心情糟透了，他明知这是在当傀儡，但是为了江山社稷不落入桓温之手，还必须心甘情愿地去当这个傀儡。他戴着平巾帻，穿着家常单衣，向东拜授玺、绶，呜咽流涕。在桓温及百官的恭迎下，坐上法驾皇辇走向宫中。

司马昱入宫换上龙袍，然后再坐着法驾皇辇来到太极殿，下了轿辇，走向铺在地上的红毯。在百官簇拥下，一步步走向太极殿、走向龙椅，升殿受朝，即改太和六年为咸安元年。桓温出次中堂，令竺瑶带兵屯卫，以防有变。司马昱下诏说桓大司马有足疾，特命他乘舆入朝。桓温觐见司马昱，欲向他陈述废立的本意，不想司马昱见了桓温，只不停地流泪、呜咽。群臣见状，齐刷刷跪下，此时此景，桓温也不好说什么，只好默然告退。

人事初定，也跟着忙了一天的黎辉道："太后！总算平安过渡了。"褚蒜子静默了一会儿道："哀家忽然想起彭子小时问的问题，如果骑着马在路上遇到路旁和路中的小孩儿该怎么处理？当时哀家给他说了五六种方案，他哪一种也没有碰到，哀家差不多都碰到了。"黎辉给她递上一碗安神汤道："有太后，一切都能够最好。"褚蒜子没有说话，停了一会儿，看着与她对弈的刘轩道："你得到前面跟哀家当个眼线。"刘轩愕然道："我？"褚蒜子："是！你！"刘轩以为褚蒜子让他直接参与朝政，忙问："上朝吗？"褚蒜子："不！随朝太医！"刘轩："在侧殿，不在朝堂能听到什么？"褚蒜子："你忽然出现在朝堂不怕吗？"刘轩一笑："怕！臣还是在朝臣们上下朝时给他们发放些养生汤什么的吧。"褚蒜子笑而不语，落一子，刘轩又输。

从司马奕被废到司马昱称帝，没有费一刀一枪，没有一个谏阻的人，甚至老天连个阴天都没有，一切都是那么顺利，顺利得让人觉得是在演戏。桓温正在行营中遐想，竺瑶报说郗超来了，桓温起身迎接郗超入内，依旧让竺瑶在外面守着。桓温："没有想到事情如此顺利！"郗超："上天欲成就明公之大事，自然会为明公破除一切阻碍。"桓温："我没有想到太后竟然奔都不打就同意了。"郗超："怎么会没有打奔？看她的批

第十八回　简文帝病殁司马曜继位　桓元子谒崇陵白日见鬼

评，什么百难不幸、心如刀割。"桓温："她也真的不容易，夫死子亡，两个侄子又这样。"郗超："也是！她是想开了，对她来说，谁当皇帝都一样。"桓温："一定要善待她。"郗超："当然要善待她，必须要善待她！有她的支持，很多事会省很多麻烦。"桓温："司马昱这个人，一见我就是哭啊哭的烦人。"郗超："明公且忍耐忍耐，他身边还有许多势力不利于我们，我们需要一步步地铲除。"桓温"嗯"一声，示意郗超说下去，郗超接着说："首先，司马奕虽然无能无识，到底也没有什么错，他为帝六年，有一定的势力。尤其是庾氏一族，位高权重者多，庾倩、庾柔、庾涓等皆是庾冰之后，是多年的老贵族，树大根深，必须深挖根除。再有就是司马晞，他是司马昱的亲哥哥，尚武又有兵权，对我们非常不利，也不能留。还有就是殷涓，也得杀了！"桓温思索了一下道："殷涓是殷浩的儿子吧！"又道："这家伙总以为是我逼死了他的父亲，一点不知道自省，不能留。"郗超："还有太宰曹秀、舍人刘强，这两个人虽然势力不大，但是也不能要。据在下了解，这两个蠢货从来没有说过明公一句好话。"桓温："嗯！很多事，要快刀斩乱麻！"郗超："在下也是这个意思，趁着大家都眼花心茫，赶紧爽快利落地处理一批，杀鸡儆猴。"桓温："王彪之人不错，谢安、王坦之等也都挺好！"郗超："王彪之数朝元老，与司马昱是老搭档，谢安、王坦之和在下一样。都曾是明公的属僚，也都是老贵族，只要所得利益不变，对他们来说，谁当皇帝都一样。"桓温："门阀贵族是阻碍社会进步的大障碍，以后，一定要改改，给寒门以入仕的机会。"郗超："就凭明公这句话、这颗心，上苍也会让那一天早点到来。"桓温："嗯！骑马跑会儿去！"两人策马飞驰在原野上，"嗒嗒"的马蹄声、"呼呼"的风声犹如天籁，让人飘飘欲仙。郗超指着远处绿茵茵的地上吃草的牛和羊、蓝天白云下飞舞的蝴蝶给桓温看，祥和的场面，让桓温恍惚有了一种俯瞰的感觉，不由腿一夹，一声"驾"，飞向远处梦幻的所在。

　　桓温的步伐让褚蒜子感受到了血腥，她想阻止，却拦不住，也是为了内心能够安静，她来到建福寺为那些即将遭害的生命祈福，也顺便见见明感大师和慧湛师父。褚蒜子上罢香，慧湛师父引着她来到偏殿，明感大师已在那里候着了。大家见过，明感道："太后的心事，苍天都知道，太后不要太过忧心，一切都是最好的安排。"褚蒜子："哀家只希望少些人遭害。"明感："因果轮回，都有定数！有时人们看到一个看着非常好的人遭受到了不该有的祸事，人们会感觉苍天无眼，而实际上呢，是这个人干了损天害地的事，只不过人们没有看到罢了，人没有看到，天却给他记着账呢！"褚蒜子："这个哀家都知道，只可怜那些无辜受牵连的人。"明感："阿弥陀佛！一切都是定数，没有无辜与不无辜，只有累世的因果轮回。"褚蒜子："哀家只希望山河无恙，人间皆安。"明感："太后有此心念，定会福报满满！只是，天下非太后一个人的天下，故而，那些因果轮回的故事还会在人间上演。"褚蒜子："哀家知道！只是不忍心看到，尤其是那些无辜的人，故而，特来为他们上消除累世之罪的香，祈祷他们从此恩怨一笔勾销，来世做个好人。"明感："阿弥陀佛！善哉！善哉！"慧湛给明感和褚蒜子续茶汤，褚蒜子喝了口道："慧湛师父那年对他的惊醒，不知道他是否还记得？"慧湛："应该时时记得。"说着向燃灯佛祖殿宇指了下对褚蒜子道："贫僧收集他的信息，装在琉璃瓶里，一直在佛祖前压着。那瓶子一直明灭不止呢。"明感："他成不了气候！他有天子之贵而无天子之命，他非要逆天行事的话，只会加速自己的灭亡。"慧湛："只愿贫僧的惊醒能让他清醒过来，不要一直错下去。"褚蒜子："慧湛大师当初怎么想到前去惊醒他？"慧湛："贫僧与他有三世的缘，今世的缘就是为了惊醒他一下。"明感："世上所有的人，都有三世或累世的缘。今世所有的相见，都是前世的亏欠。"褚蒜子："前世已随风去，来世犹未可知，哀家只想今世不留遗憾，尽己所能保山河无恙、百姓安康。"

冬天的萧瑟让褚蒜子有些伤感，大晴天的日头没有给人间带来许多的暖，她在轿内紧了紧身上的大氅，心中念着"阿弥陀佛"回至宫中。宫中也显得很安详，全然看不出太极殿的主人已经更换。

桓温对这步棋非常满意，他给司马昱配了一个太监，叫姬云，他命令姬云密切关注司马昱的一言一行，如果他和褚蒜子有什么关联，要及时上报与他。姬云很尽心，司马昱一上朝，他便亮嗓子："有事启奏！无事退朝！"桓温："启奏皇上！废帝司马奕浑浊溃乱，无视礼度，人伦道丧，丑声遐布。臣请铲除三孽子以正视听，田氏、孟氏、灵宝、计好、相龙诬罔祖宗，倾移皇基，是可忍孰不可忍，臣请杀之以正民意。"司马昱奔都没打就说："准！"他早知道这些人是必死的，他们不死，何以堵天下悠悠之口。然，庾柔想替他们求情，可是他刚说："启奏皇上！……"话便被郗超打断了，郗超道："启奏皇上！我朝是礼仪之邦，以礼仪治天下，礼仪的根本在于遵从天道，天道就是秉持正义。秉正义守礼治则天道不止，天道循环则国盛民安。故而，臣建议对那些不遵守礼仪的人，要重重惩治！不知礼，无以立。据臣所知，著作郎殷涓，在其父殷浩去世的时候，桓大司马派人吊唁，殷涓不接待不答复，更没到桓大司马那里去谢恩，而是自顾和武陵王出

第十八回　简文帝病殁司马曜继位　桓元子谒崇陵白日见鬼

去玩了，如此不礼又不孝之人，有何脸面立于朝堂？臣以为当诛之以效儆尤。"司马昱没有想到殷涓也会在他们的诛杀范围内，说："此事有待……"他话还没有说完，桓温道："皇上！郗大人说得极是，臣以为殷涓当诛之！并非他与臣有过节，而是礼、孝使然。"司马昱知道多说无益，便道："先交由廷尉吧。"

是晚，刘轩向褚蒜子报告说："三个皇子，哦，前皇子，田氏、孟氏、灵宝、计好、相龙以及殷涓等人会被诛杀！"褚蒜子"嗯"了一声，刘轩不忿道："皇上一口答应了，朝臣没一个阻拦的。"黎辉恨然道："这是要遗臭万年哪！这个桓元子！"褚蒜子："为他们抄写《金刚经》和《地藏经》吧！悄悄地！"

经卷诵和平，世事写诡谲。一些人为了达到自己的目的，会无中生有、栽赃陷害他人。桓温一党为清除异己，授意桓秘谎说已取得殷涓口供，陷害司马晃等人。竺瑶领着侍卫把刚下朝的司马晃押到西堂。西堂原是皇帝住的地方，而今俨然成了审犯人的地方。司马晃刚到，就听桓秘道："殷涓交代新蔡王与太宰庾倩、曹秀、舍人刘强、散骑常侍庾柔阴谋反叛，可有此事？"司马晃一听大为恼火道："一派胡言！"桓秘："老实交代，可免受皮肉之苦，也少些人受到牵连。殷涓说新蔡王的儿子也叛了，真是上阵父子兵，反叛亲兄弟啊！"听着恶意的歪曲，司马晃气得大声道："我呸！"桓秘一挥手道："打！"卫兵一拥而上，鞭子棍子齐上阵，把一个堂堂王爷瞬间打得屁股开了花。

桓温得到司马晃的"口供"，开始在朝堂上弹劾，他道："据新蔡王司马晃自述，他与其子司马综联合殷涓、太宰长史庾倩、掾曹秀、舍人刘强、散骑常侍庾柔等阴谋反叛，这是供词，请皇上过目。"司马昱看着奏章没有说话，他想着司马晃不知道受到了怎样打压才有此供状，内心煎熬难受，忍不住眼圈红了。桓温见状生怕司马昱不受控制，加紧逼问，司马昱情知不能改变什么，但终是于心不忍，遂问："要把他们全部抓起来交由廷尉处置？"桓温一听这话，知道自己逼得有点急了，毕竟，司马晃是皇室宗亲，兔死狐悲人人有之，于是，他道："司马晃招纳轻浮之士，其儿子司马综自负又残忍。袁真叛逆，他也有参与，近时更是无端生事。他是皇室是宗亲，如果不严惩，将来定会成为祸乱的根由，所以，臣请求免除司马晃的官职，让他以王的身份返回藩地。"司马昱见桓温让步，便进一步道："此事干系重大，等弄清楚事情的来龙去脉再说吧。"桓温听罢无语，退下。郗超会意，上前道："广州刺史庾蕴历来狂妄自大，他与庾柔、庾倩一母同胞，庾柔、庾倩阴谋反叛，他很难说不参与其中。为防生祸乱，臣建议先把他收归廷尉调查！"面对这霍霍屠刀，司马昱实在不忍，不由站起来叫了声："大司马！"桓温："臣以为郗大人说得对！应当严查，以正视听。"司马昱知道庾氏一家难保全，锥心道："此事交由大司马负责吧！"

刘轩把听来的情况向褚蒜子一五一十地回报，听得褚蒜子泪水盈眶，她拭泪道："他这是要对皇室宗亲下手了！"刘轩："怎么办？"褚蒜子："要想尽办法保障皇室宗亲不受害。"又道："去皇上那儿一趟，告诉他如果桓温逼得急了，就让他拿出撒手锏。"黎辉："太后！奴婢去吧！"褚蒜子："也好，小心说话。"

黎辉拿着一匹锦缎来到皇后王简姬那儿，大声道："皇后！这匹缎料太后说您穿肯定好看，叫奴婢特意送来。"王简姬："谢太后！"两人不着边际地说了会闲话，王简姬屏退左右，黎辉乃小声把褚蒜子的意思转达给她，她道："好！叫太后放心！"

褚蒜子的担心一点不错，桓温剑指太宰武陵王司马晞，为能够一下扳倒司马晞，他特意对王彪之说："听说太宰武陵王近日在家里大修兵器，这是反叛的征兆。"王彪之一听赶紧道："武陵王是皇室宗亲，一直非常忠心朝廷，没有明显的罪过，不能因为猜忌就随便治他的罪。大司马要拥立贤明的君主，应当尽心辅佐王室，像伊尹、周公一样，以美德感动世人。"桓温见王彪之如此说，非常不舒服，怒道："废黜武陵王我已决定了，你不要再多说了。"王彪之："大司马！此事干系重大，应该再考虑考虑。"桓温："我已决定，多说无益。"边说边甩开王彪之走向太极殿。

桓温一走进太极殿，殿内立刻寂然无声，司马昱从左侧步出刚坐到龙椅上，姬云尖着嗓子道："有事启奏！无事退朝！"桓温上前说有本要奏，他奏曰："近闻武陵王司马晞在家大修兵器，是为谋反之举，请皇上派人严查。"司马昱一激灵，虽有准备但没有想到桓温如此快，本能道："不可能！武陵王之忠心，天地可鉴。"桓温："那他为什么在家里大修兵器？"司马晞不由急斥道："什么大修兵器，那是修打猎的器具，年年如此。"桓温："年年如此？你是有备无患呢！"又道："年年岁岁各不同！闻说武陵王大修了五弩射，打猎需要这个吗？这分明是打仗用的！"司马晞气愤道："你胡说！本王没有修五弩射！"桓温："那为什么会有传言？"司马晞怼道："现在都传言大司马在谋反！"司马晞此话一出，大殿里静得掉下一根针都听到巨响，一时都不知道该怎么说话，都生怕桓温雷霆万钧。然，没有。桓温默默地看了一眼旁边的司马恬，司马恬会意，上

第十八回 简文帝病殁司马曜继位 桓元子谒崇陵白日见鬼

前道："司马晞如此咆哮朝堂，如此目无君上，当诛！"司马昱："武陵王脾气耿直，说话不注意是有的，但也罪不至此。"桓温："皇上！咆哮朝堂、大修兵器，这两条哪一条都是死罪，臣恳请皇上严惩！"司马昱："可轻可重之罪，再商议吧。"桓温："王子犯法，与庶民同罪。臣请皇上不要因为手足之情而枉法。"司马昱退无可退，以退为进道："朕何有偏袒枉法？大司马！如果大晋王朝的神灵悠长，朕请大司马尊奉执行以前的诏令；如果大晋王朝的大势已去，朕就请求避让以方便贤人晋升。"朝堂顿时哗然，接着死寂，桓温知道不能再逼了，遂改口道："臣惶恐！臣谨遵圣旨！"

郗超来到大理寺，廷尉赶紧出来迎接。对新到的朝廷要犯，个个都是背景实力雄厚，他实在不知道如何审判。见惯了风云的他，一时弄不清楚这些犯人是一时淹蹇还是再无出头之日，所以，他就观望等待，等桓温、郗超他们的示下。今见郗超一到，赶紧跑过来讨请示下，郗超说："这些人都是朝廷要犯，要尽快审出头绪，给大家一个交代。"廷尉："郗大人！这些犯人个个都有来头，下官审理起来确实才力不逮。"郗超："廷尉大人！你因为这个要枉法吗？"廷尉："郗大人！下官不敢！下官希望郗大人给个方向！"郗超："廷尉大人！身为执法官，却对本官说这个？王子犯法与庶民同罪，廷尉大人不知道？"廷尉："知道！这些犯人个个都案底清楚明白，判起来很容易。他们犯的罪，罪大极恶，当立斩！"郗超："难不成廷尉大人还要留着过年？"说完在廷尉一连声的"下官明白"中甩手而去。

郗超刚到桓温那里，就看到一个女人在和一卫兵纠缠，那卫兵用枪挡着不让她进，只听她高声道："谁敢拦我？我是桓大司马的亲侄女。"郗超怕影响不好，对卫兵道："让她进来。"那女子走到郗超跟前说："桓温是我叔，我找我叔。"郗超："跟我来。"那女子小跑着跟郗超走，她远远看着桓温高声喊"叔！叔！"桓温："你怎么来了？"那女子道："叔！我是为我公公庾友来的，我公公他人笨、腿脚又不灵便，怎么会谋反呢？侄女用性命担保他会不谋反，叔叔就饶了他吧！"桓温笑道："你可真是个孝顺孩子，回去吧！"那女子："叔啊！您让我领了公公跟我回去吧，叔您看俺这一家人不能残缺啊！叔啊，侄女求您了！"桓温："回去吧，庾友没事。"那女子："真没事？"桓温："叔什么时候骗过你，回去吧！"又道："快回去吧，估计庾友比你还先到家呢。"那女子："真的吗？"桓温脸一黑道："你再不回去庾友就回不去了。"那女人一听赶紧辞归。

廷尉很快结案了，田氏、孟氏、司马奕的三个儿子及三个男宠和殷涓、庾倩、曹秀、刘强、庾柔被判满门抄斩，菜市口午时三刻行刑。几十口人同一天被问斩，滚瓜落瓢似的让人不忍述说！看着唏嘘不止，听者潸然泪下。现场回来的刘轩调整了好一会儿，才强忍着对褚蒜子道："没有庾友，说是他的儿媳妇向桓温求请了。庾希与他的弟弟庾邈和儿子庾攸之跑了，不知所终。也没有庾蕴，说是饮鸩自尽了。"褚蒜子没有说话，泪如雨下。她没有能力挽回，只能眼睁睁地看着这些亲人一个个命丧黄泉。

一番血洗后，大臣们都唯桓温马首是瞻。早朝时，谢安看见桓温，远远便拜了下去，桓温道："安石，你为什么要这样？"谢安："君且拜见，臣难道要揖后吗？"桓温一把挽起道："以后千万不要这样了，咱们同朝为官，安石你这不是折煞我吗？"说着，拉着谢安一起走进太极殿。

姬云一见桓温入殿，赶紧道："有事启奏！无事退朝！"桓温："乱党已正法，余孽尚未除清，臣请皇上按律治武陵王司马晞及其三个儿子、新蔡王司马晃及其儿子司马综之罪！"说完看了一眼司马恬，司马恬会意，上前一步道："武陵王、新蔡王参与谋反，其罪当诛！"郗超："武陵王司马晞、新蔡王司马晃是被人利诱参与的谋反，臣请皇上从轻处理，自古刑不上大夫！"司马恬："王子犯法也庶民同罪！"司马昱心里恶心透了司马恬，他没有想到他会举刀砍向司马氏，他心里鄙视极了他，可是为了表面的和气，他平静道："这事再商议商议吧！"桓温："臣请贬新蔡王司马晃、儿子司马综为庶人，贬武陵王司马晞及三个儿子为庶人，迁于其封地新安郡。"司马昱见桓温让步了，见好就收道："准！"桓温、郗超、司马恬等皆曰："皇上英明。"司马昱绵里藏针道："桓大司马才学力识过人，朕欲加封桓大司马为丞相，在朝中主政国事，妥否？"桓温心里骂了句"老狐狸"，道："臣叩谢皇上厚爱！臣是军人，军人还是要到边疆保家卫国的好！朝有王彪之王大人、谢安谢大人、王坦之王大人、郗超郗大人等股肱忠臣足够了。"司马昱："朕还是想桓大司马留在朝中主政。"桓温："臣再次叩谢皇上厚爱！丞相一职臣实不敢当，臣是军人，军人的职责就是保家卫国，是军人就该留守前方，臣请皇上收回成命。再，广陵局势已稳，臣请还镇姑孰，那里时有动乱，不镇之臣心里不安。"司马昱及大臣们知道桓温不想失去手中的兵权，想圄他于朝堂实现不了，强加于他他也不会接受，正不知道该怎么办，只听谢安道："臣以为大司马说得极是！臣附议！"谢安想的是："只要军、政两权不在桓温手里，就有办法、有时间。"司马昱想："谢安做事一向长远，他又时常与太后联系，听他的吧。"于是，他道："桓

第十八回　简文帝病殁司马曜继位　桓元子谒崇陵白日见鬼

大司马一心为国，忠心可嘉！准！"

司马昱是成年人，不需要褚蒜子垂帘，而司马昱才学力识都在她的把控之内，更为重要的是褚蒜子声明不再插手前朝之事，这等于认同他的行为，桓温以为褚蒜子应该如郗超所言"谁当皇帝与她关系不大"。故而，看着顺顺利利的局势，一度膨胀到了极点，恍惚中自己俨然成了皇帝。还镇姑孰前，他来向司马昱辞行，遇到谢安，谢安一见他，又下拜，桓温口里说"安石且不要这样"，却做了皇上专门用的"免礼"手势。谢安又拜，后方跟着桓温往书房参见司马昱，司马昱一见桓温，下意识中也要拜下去，虽也不曾拜，但那"欲拜"的心态和气场已妥妥地摆在了那里。他这种极为处下的做法，是他和褚蒜子商议后的又一步棋。桓温逼人太甚就主动让贤，让目前权势熏天但是威望不高的他不敢与道德传统、门阀士族抗衡而轻易怎样。再就是让他在膨胀中迷失自我，以便为重新布局争取时间。司马昱正不知道如何开口，听见桓温道："参见皇上！"司马昱赶紧道："大司马快请起，请坐！"桓温坐下道："臣不日将还镇姑孰，不能与皇上常见了。"司马昱："大司马前往姑孰，朝堂上怎么办呢？"桓温："郗超在一样的，郗超才学力识过人，他会不遗余力效忠朝廷的！还有安石！安石？"在门外候着的谢安听到叫自己，赶紧过来道："臣在！臣参见皇上！参见大司马！"桓温："朝廷有安石和郗超，没有问题的。"谢安："嘉宾才学力识过人，臣能与他一起效忠皇室是臣的荣幸。"桓温："安石总是谦虚，你们两个都是我的老部下，我知道你俩的能力。"司马昱："有嘉宾和安石就好。"桓温："我朝自立朝以来，实行九品中正制，门阀承袭，寒门中很多有能者不能上，士族中吃白饭者遍地，能者占其位……"司马昱和谢安连连称是。

大好形势让郗超充满了希望，一大早，他便来到桓温行营，向桓温汇报情况："好消息！庾希、庾邈及其儿子庾攸之逃到了海陵的湖泽中，其表兄青州刺史武沈给他们暗中提供粮饷。"庾氏家族被清算后，庾希他们三个逃跑，让桓温非常恼火，很担心他们会弄出什么祸乱来，下令严查，找到后痛杀之。这才几天，郗超竟然找到了他们的准确落脚处，他看着能干又对自己忠心耿耿的郗超，他道："你全权处理吧！"郗超："好！等抓住他们我再向明公汇报。"又道："明公只管回姑孰，朝中的事有我呢！"桓温："嘉宾呀！现在咱们是不是有点挟天子以令诸侯的味道？"郗超："咱们要的不就是这个结果吗？"桓温："当年曹操为什么不直接当皇帝？"郗超："其魅力不够，才能不够，决断不够！"桓温："不！是时代不允许，道德不允许，自身不允许！"郗超："明公？"桓温："我们要适可而止。"郗超："明公……"桓温："用心治国，勿他想！等水到渠成，等不可逆转！决不可一意孤行，决不可逆天行事！"郗超："嘉宾明白。"桓温："我希望三五年内，国库收入要翻两番，做任何事，经济是命脉。"郗超："明公放心吧！嘉宾知道。"桓温："还有民望！欲成大事，民望非常重要。"郗超："水能载舟亦能覆舟，嘉宾知道。嘉宾已开始以明公的名义在城东北方十里处开建难民收容所，凡无事无业无收入的人，皆可在那里免费吃住三个月。"桓温："再承建些公办私塾，专门供寒门学子求学。"郗超："建康已六七所了，都是以明公的名义。"桓温："我回头上书，在各州也承建这样的学校，到时你负责。治国，人才非常重要。"郗超："明公放心！三五年准能换血成功。"桓温："你又有点急了！我说的是让寒门学子有书可读，你想什么呢？"郗超认真道："我想明公大业有成。"桓温："成王败寇！不成不败诸侯！这么大年纪了，还有必须争成争败吗？"郗超："明公必成！不然，天公可不是眼不明心不亮？天欲成就大人物，年龄不是问题，姜子牙八十三岁才出山呢！"桓温灿烂地笑了起来。送郗超走后，桓温抬头看了一眼老树枯枝，恍惚间似乎看到了绿意盎然，他嘴角一扬，自语道："很快就要立春了。"

沉浸在成功梦里的他有点醉迷，以为自己是游戏里的高手，却不知道他与褚蒜子比，是那么的小气象小格局。这一点，秦之苻坚、苻融看得清，苻坚曾与其弟苻融说："桓温这么大年纪了还这样？"苻融说："他们太后在，他成不了事。"苻坚："他们太后是个怎样的女子？"苻融："她是个神一样的存在！只要她在，晋就会向上发展。"苻坚："如果她为我所用该多好！"苻融："世上哪里有如果？"苻坚沉默了一会儿道："这个桓温也真是！先败灞上，又败枋头，不想想自己的罪责，遍谢百姓，反而废君逞恶。你说他六十岁的老人了，干什么呢？古谚云'怒其室，作色于父'，是他最好的注脚！"苻融："对极了！且看他吧！机会来了咱就灭了他。"

褚蒜子确实是晋之磐石，多少事，都靠她拿捏，多少人，都靠着她才能好梦成真。这不，皇后王简姬和谢安夫人借着问省来向她讨药方了。王简姬："太后！非暴力不合作和让贤很管用，皇室宗亲总算都保住了。只那个太监姬云，还有郗超令皇上如芒在背。"褚蒜子："皇后劝皇上再辛苦辛苦，一切都需要时间。"王简姬："臣妾知道！只是见了太后，忍不住想说说。"褚蒜子："哀家理解！辛苦了！"刘夫人："那桓温长久不了的，六十岁

第十八回　简文帝病殁司马曜继位　桓元子谒崇陵白日见鬼

的人了。"褚蒜子："事，兴尽则衰！桓温，让其尽其力其能，他才会安生！先由着他。"王简姬："皇上又下诏让他来朝当宰相，他不来，说要镇守藩镇。"褚蒜子："那是他的短板，他不会来朝堂的。"又道："姬云和郗超是他的眼目。姬云好办，多给了些钱就行了，郗超要小心应付。他不但是桓温的耳报神，更是他的强心剂。记着凡是郗超提出的事，奔都不要打一下。欲要其灭亡，先让其疯狂。当然，如果超出底线，就非暴力不合作。还有就是行为处事一定要低调，蛰伏时期，一点尖儿都不要冒。"王简姬、刘夫人点头唯诺，王简姬又道："只是皇上郁闷得很，时常叹气。"褚蒜子："皇后多劝劝他，心情不好百病生！告诉他们，大晋不允许他生气。现在大晋到了危险时刻，为了大晋，必须演好这场戏。"又道："前儿钦天监执行说荧惑星逆行入太微，皇上怎样？"王简姬："臣妾感觉他心中危悚异常，总担心自己不能争得足够的时间。"褚蒜子："告知皇上，前儿是荧惑星入太微端门，这是逆行太微，有着质的不同。晋祚长着呢，皇帝不要过于惊异，非常时期，虽然险象环生，但最终会是有惊无险。"王简姬："嗯！臣妾会时时劝皇上的！"褚蒜子："郗超是桓温最信任的人，谢安、王坦之是桓温目前不怀疑的人，三人共处朝堂，谢安哀家放心，王坦之有点儿沉不住气，告诉谢安要提防着他点儿！"

不管王简姬怎么劝，司马昱还是心神不宁。司马奕被废前一个月，也是荧惑星逆行入太微，此番又这样，他心中慌慌，故而，他特意在书房诏见郗超，问他可知荧惑星逆行入端门的事，郗超说知道，司马昱："命数修短，也不违计，但观察天文，会发生前日之事吗？"郗超："桓大司马对内想着怎么稳固江山社稷，对外想着怎么抵御劲敌，哪有精力再行这一非常之事啊，皇上您何必这样？臣以身家性命担保，敬请皇上不要忧心。"司马昱压力一点没减，依旧满脸恓惶。郗超又道："家父近日身体有恙，臣想告假几天。"司马昱："郗大人代朕问好！今天家事国事成这样，朕非常惭愧。朕本想亲自前去看望他，但是时移世异，无法亲往。就请代为转达朕的问候吧，祝他早日康复。"郗超："皇上放心，臣一定把皇上的话带到。"郗超走后，司马昱无奈、悲愤、屈辱、忍辱情绪爆发，他手捶墙壁，霎时血溢指缝，他也不知道疼，泪眼望天吟诵道："志士痛朝危，忠臣哀主辱；志士痛朝危，忠臣哀主辱……"

郗超父亲生病的消息不胫而走，前来郗府探望、说事的人，络绎不绝，郗超命家仆让来人排队等候。侍中谢安、左卫将军王坦之有事请郗超，排了很长的队，等了很长时间，从早上等到中午，郗超也没有时间接见他们，王坦之生气要走，谢安拉住他，悄悄道："你难道就不能为了身家性命、国家安危忍耐忍耐吗？"王坦之强忍着，一直等到日薄西山，才得郗超接见。

"腊八祭灶，年下来到，闺女要花，小子要炮。""二十四，扫房子；二十五，磨豆腐；二十六，去割肉；二十七，蒸枣糕；二十八，贴年画；二十九，去买酒；年三十，吃饺子；年初一，躬脊儿。"忙了一年的人们，冬闲时节，都想着法儿让自己开心，大街小巷，到处是买卖年货的。过年了，到处洋溢着喜庆，大人小孩的脸上都写着喜庆，皇宫也不例外。历来，皇宫过年操办，都由皇后操持，今年便由王简姬着手操办。王简姬自然是尽心尽力，按规矩行事，不懂的地方，就去问褚蒜子，一应事宜，非常顺利，平常人看不出有什么不同，只是，那身负使命的人，面对玉馔金肴，也是食之无味，尤其是新皇帝司马昱，心中格外苦楚，他知道桓温逼立自己当皇帝不过是他篡权的跳板，他现在好比是桓温手中的傀儡。他也清楚，为了晋祚，他也必须选择当褚蒜子、桓温以及自己的傀儡，陪着桓温一起把戏演下去。这种感觉，比走钢丝还难，前后左右都是深渊，他走得小心翼翼、汗流浃背、胆战心惊。这钢丝，他还必须得走，不走，死得更快，他连选择停的权力都没有了，也只有到了褚蒜子那儿，他疲惫的心灵才能够得以暂时的安放。

应酬一结束，司马昱便来显阳殿找褚蒜子说话，褚蒜子懂他的心事和压力，劝他道："皇帝不要多虑，办法总比问题多。"司马昱汗颜道："朕这头上……朕感觉头上的这把剑会随时掉下来。"褚蒜子："你是九五之尊！"司马昱自嘲道："朕这九五之尊。哈哈，可笑啊……"褚蒜子："他不入朝，说明他不敢，天下哪有不坐朝的天子，他顶多是挟天子以令诸侯，可是，他并没有曹操那个能力和威望。再，皇帝端坐中央，主要任务是平衡好各方势力，而不是面对桓温这一股势力。"司马昱不置可否地"嗯"了声，褚蒜子又道："过罢年，皇帝可再诏请桓温入朝为丞相，以辅国政。排场尽可能得大。"司马昱："排场尽可能得大？"褚蒜子："对！"

听了褚蒜子的话，司马昱豁然开朗，心里不再那么乱哄哄，走在路上，看着周遭的风景也不再那么萧条。路经御花园，他看到那丛梅林开得正好，顺脚走了过去，一阵沁人心脾的香气入鼻，他的心情更加好了，不禁哼起了《梅花三弄》。

司马昱让姬云给郗超家送东西为由暂时摆脱他的监控，然后速请王彪之、谢安、王坦之来书房议事。司马昱："朕决定再请桓温入朝为宰相，可否？"王彪之："他会依旧不来的。"司马昱："他来不来在他，请不请他在朝廷。他来也好，不来也好。"谢安："皇上！

第十八回　简文帝病殁司马曜继位　桓元子谒崇陵白日见鬼

他来与不来，声响要大。大到上自文武百官下至黎民百姓都知道。"司马昱："朕就是这个意思。"王坦之："这样一来，道德上他就虚了。"司马昱："对，要的就是这个结果。"又道："你以中书令的身份前去宣诏。多带些人，规模尽可能往大里整。"王坦之会意，领命。

桓温见朝廷让中书令王坦之亲自来宣请自己到朝廷当宰相辅政，心又开始摇摆了，想自己六十了，能得到如此高的荣誉，还求啥？老了老了给自己弄个谋逆标签？还是安安生生地当个诸侯吧，有天子之贵非有天子之命，现在贵如天子，秉承天命吧！桓温依然不愿去朝堂，朝堂对他来说是拘囿、也许会软禁，远不如他在藩镇得意。但是，朝廷五次三番地请自己出仕宰相，总得有个说法吧。他便仍以军人天职就是驻守藩镇为由拒绝入朝，并说司马奕在位六年想必会有结私营党之事为由，请对他进一步处置。

王坦之来到书房，王彪之、谢安正和司马昱议事。一见王坦之，赶忙让进来，王坦之坐下道："果然，他依旧不愿意入朝。"王彪之："他不舍手中的兵权。"谢安："这不正给足了朝廷时间吗？"司马昱："朕也就这件事办得稍稍舒心。"谢安："皇上不要急，事缓则圆。"王坦之："他要求朝廷把海西公再度外迁，并让刺史刁彝继续防卫，请御史顾允监督其起居。"司马昱："这个朕有些不忍。"谢安："满足他，答应他！这样能够更好地保障海西公不受迫害。"司马昱叹了口气道："好吧！就将废帝司马奕迁到吴县西柴里。"桓温收到司马昱的批复，志得意满，一时不由得豪气冲天，恍惚中他看到了自己荣登大殿的样子。

且说庾氏备受桓温打压，逃得性命的庾希、庾邈，联结青州刺史沈遵，聚众海滨，掠夺渔船，趁夜攻入京口。晋陵太守卞耽，猝不及防，逾城奔逃至曲阿。消息传到建康，上下震惊，司马昱下令内外戒严以防万一。庾希发出檄文，声称受海西公司马奕密旨，前来诛杀首恶桓温。这道檄文是假的，但是，檄文的内容却是符合人心的。一时，京畿内外，以讹传讹，说司马奕杀回京畿的谣言四起，各路大大小小的诸侯都是人心惶惶，都在观望中思考自己如何站队。平北参军刘奭、高平太守郗逸之等，领兵前往缉拿庾希，就是卞耽，也派遣县里的兵勇一起前去缉拿庾希等人。庾希所率本是乌合之众，哪里是正规军的对手，一战即败，他随即闭城自守。桓温本是理亏，不等朝廷开话，自己就派东海太守周少孙带精锐数千人与他们合力攻城，很快攻破。庾希兄弟子侄以及沈遵等人，无处逃奔，陆续被捉，桓温下令将他们送入建康，当众诛杀。这番乱事，数日即平，朝廷诸臣,入朝庆贺。这场乱事因为打了海西公司马奕的旗号,桓温想借此杀了他以绝后患。然,人人心里都有一杆秤,众朝臣也都知道这事与司马奕没有一点关系,都信誓旦旦地担保,桓温一人难敌众口,只好不了了之。

司马奕被贬至吴县西柴里后,整日大门不出二门不迈,也不接待任何朋友,他生怕一个不小心给自家和他招来什么灾祸。经此一闹,他更加小心谨慎地度日,他门前几乎没有人走动,当地的农民就在他们家门前种上了麦子。

司马奕如履薄冰,司马昱也是天天如走钢丝,三重傀儡的他日子过得实在太憋屈了。他身边多是桓温的人,他话不敢多说一句,路不敢多走一步,看到桓温像是看见了鬼一样。一次桓温去拜访他,室内没有点灯,桓温一边找一边问:"皇上在哪里?"司马昱在黑暗中道:"某在斯!"在桓温面前,他不敢称"朕",称"我"有违礼制,来了句"某在斯"。"某在斯"出自《论语》(原文:"师冕见,及阶,子曰'阶也',及席,子曰'席也',皆坐,子告之曰'某在斯,某在斯。'"),讲的是盲人乐师来拜见孔子,孔子做向导,在前面告诉他这是台阶,这是坐的地方。等大家都坐下来,孔子一个个介绍弟子:谁谁在这里,谁谁在这里。乐师走后,子张困惑孔子的仔细和琐碎,问:"这是和盲人的谈话方式吗?"孔子说这是帮助盲人的方式。司马昱用一句"某在斯"回答在黑暗中寻找自己的桓温,本身引用很贴切巧妙,但是,贴切巧妙的背后却是饱含了太多的无奈、抑郁和恐惧。

压力山大的司马昱坚持了八个月,病倒了,这对桓温来说是个好消息,在他的意识中,司马昱会毫不含糊地把皇位禅让给自己。然,天命有定,他命里只是一个有着天子之贵的臣工,皇帝的宝座在他眼前只晃了一下就飘得再碰不到了。

司马昱从病到死,太快了,快得让桓温来不及反应。公元三百七十二年七月二十三日,司马昱突然感到身体不舒服,他下诏让桓温入朝辅政,一天连发四道诏令,但是桓温都推辞了。首先,一天四诏书,桓温觉得不正常,害怕其中有诈,司马昱身体好好的,怎么说病就病了呢?其次,就算是真的,自己如果马上入朝,显得自己有点沉不住气,要先谦虚一下。在这紧要关头,功成名就还是身败名裂,就在毫厘之间,步步惊心,必须谨慎前行。再说,在这关键时刻,郗超应该有信来,郗超既然没有信来,就更应该小心小心再小心。

然而,就在桓温小心翼翼地出牌的时候,局势已悄悄发生了变化。显阳殿,褚蒜子

第十八回 简文帝病殁司马曜继位 桓元子谒崇陵白日见鬼

正有条不紊地布局着，她对皇后王简姬和太医刘轩说："你们各派两路人马，截取郗超给桓温的信，只许成功不许失败。"刘轩："太后放心，肯定不会失败！破天荒一次遭遇截阻，郗超不会防范太紧。"褚蒜子："特殊时期特殊对待，小心没大错。记着，只许成功！不许失败！"褚蒜子又对黎辉道："去请王彪之和谢安、王坦之到显阳殿来，一定要悄悄的，不要引起别人的注意。"褚蒜子对他们说："晋祚尚久远，但是正遭劫难，过去就好了。当今圣上秉性有些软，有劳诸位以天下苍生为重、江山社稷着想，莫让皇帝办了糊涂事。"然后，褚蒜子又与他们几个密谋一番。

几个人回到司马昱病床前时，他正欲把禅位于桓温的诏书颁发出去，刚好被王坦之接下。王坦之看了诏书，急步来到司马昱榻前，把诏书撕成数片。司马昱已知他的用意，说："天下系倘来之物，卿有何嫌？"王坦之正色说："天下乃宣帝、元帝的天下，陛下怎么得私自授受呢？"王彪之："陛下当立太子，传位于太子，这才是固国之本！难道陛下想让国家动乱吗？"司马昱艰难道："桓……"谢安用他那浓重的洛阳鼻音道："太后说过，晋祚正久长，陛下当立太子。"听到"太后"二字，司马昱犹如打了强心剂，他点头同意立司马曜为太子，并重拟了传位于太子的诏书。但是他担心桓温失去理智而发动兵变，特在后面加了一句"少子可辅，则辅之；如不可，君自取之"。他之意不过是怕桓温万一兵变，希望桓温高抬贵手，不要对儿子下毒手。谢安道："皇上！臣等建议皇上将'少子可辅，则辅之；如不可，君自取之'，改成'国事都按大司马桓温的意思办，请桓温依诸葛亮、王导的旧例辅政。'"司马昱："朕怕杀戮！怕……"谢安："皇上！太后和臣等以性命担保太子无恙。"说话间，王坦之已把司马昱后面的话改成了"国事都按大司马桓温的意思办，请桓温依诸葛亮、王导的旧例辅政"。司马昱艰难地睁开眼睛，强撑着看了一遍，点头表示同意，随后垂下头，永远地闭上了眼睛。

国不可一日无君，按照旧例，司马曜当即登基。可是，这是一个非常时期，谁人敢出头拥贺新皇登基，众朝臣都在屏息观望。此时，八朝元老王彪之站了出来，正气凛然道："天子崩，太子立，此乃古今通例，大司马会有何异言，如果这事还要问大司马，可不是陷大司马于不义之中吗？"于是，王彪之、王坦之、谢安等同众朝臣议定，当即拥立太子司马曜登基，并举行了登基大典，颁诏大赦天下。谢安、王坦之等以司马曜年仅十一岁不能独理朝政为由，恭请褚蒜子再次垂帘听政。这让王彪之没有料到，他说："前代人主，幼在襁褓，母子一体，故可请太后临朝，但太后亦未能专断，仍须顾问大臣。

今主上年逾十岁，将及冠婚，反令从嫂临时，表示人君幼弱，这难道是光扬圣德吗？"谢安道："王室多故，祸难仍臻，国忧始周，复丧元辅，天下惘然，若无攸济。主上虽圣明天亶，而春秋尚富，兼在谅暗，蒸蒸之思，未遑庶事。太后陛下，德应坤厚，宣慈圣善，遭家多艰，临朝亲览，光大之美，化洽在昔，讴歌流咏，播益无处，虽有莘殷，任姒隆周，未足以喻。是以无谋克从，人鬼同心，仰望来苏，悬心日月。夫随时之义，《周易》所尚，宁固社稷，大人之任，伏愿陛下，抚综万几，厘和政道，以慰祖宗，以安兆庶，不胜喁喁待命之至。"谢安洋洋洒洒的言辞，让百官无话可说。

褚蒜子俯从众议，随即复诏道："王室不幸，仍有艰辛，览省启事，感增悲叹。内外诸君，并以主上春秋充富，加以蒸蒸之慕，示能亲览，号令且有所由。苟可安社稷，利天下，亦未便有所固执。当敬从所启，但暗昧之阙，自知难免，望尽弼谐之道，献可替否，则国家有赖焉。"褚蒜子这次临朝，任命王坦之为尚书令，谢安为尚书仆射。

一切都在按部就班地进行着，诏书传到桓温那里，桓温大失所望，他以为是禅让诏书，至少也是摄政，没想到是让他像诸葛亮、王导一样辅政，大失所望。他写信给弟弟桓冲说："遗诏但使我依武侯、王公故事。"这句话道尽了桓温心中的失望，他做梦也没有想会是这个结果，更想不到是褚蒜子竟然又临朝了，一阵阵的无望感遍袭全身。

一晃两个月过去了，朝廷在褚蒜子的带领下平稳前进，平稳得风雨都听话，五谷丰登笑弯了月亮的眼，硕果累累甜醉了农人的脸。然，这丰收的喜庆却没有让失意的人欢颜，桓温和郗超喝着酒、说着话，气氛中迷茫着郁闷、言谈中明灭着心火。郗超大喝一口酒，道："司马昱病危的信如果能够顺利到达明公手里，局面就不会这样！那个王简姬叫人根本想不到。"桓温："冥冥中的注定！没有王简姬还有张简姬、李简姬……"郗超打断桓温的话不甘地道："皇上今年十一岁，四年后，太后必须还政，到时我们……"不等郗超说完，桓温梦呓般道："当年穆帝也是十五岁亲政……"郗超接过话道："是啊！辅助亲生儿子尚到十五岁，何况是辅助堂兄弟呢？"桓温："今非昔比！今非昔比啊！"郗超："不行，我找人做了她。"桓温："行了！当年李夫人骤死，和你有关联吧！"郗超默然不语，喝了杯闷酒道："如果没有太后，一切都会非常顺利。"桓温："她是天命，有苍天护佑，我们动不了她。"郗超："她再天命，嘉宾以为这也是她最后一次垂帘了，她今年四十八了！"桓温没有说话，郗超又道："女七男八，太后七七四十九岁后身体会有断崖式下滑，咱们有机会。"桓温伸手比道："我六十了，六十了！"郗超："俗说朝

第十八回　简文帝病殁司马曜继位　桓元子谒崇陵白日见鬼

闻道夕可死，再说，还有后代儿孙！"郗超的话非常有诱惑力，桓温沉吟了一会儿道："如果能够辅政，你说得还有意思，而今这局面……"他顿了顿又道："能获九锡礼，我就心满意足了。"郗超听罢无语，他不知道如何接话。过了一会儿，听桓温道："我即刻上书朝廷，要求拜谒皇陵。"郗超干了一杯酒道："明公！如果朝廷允许，这也是个大好机会，杀了谢安和王坦之，还有那个白头翁王彪之！这三人一除，她再有能力也枉然。"桓温赶紧道："千万不可！千万不可！"过了片刻又道："到时候见机行事吧！"郗超看着桓温道："明公担心什么？"桓温："天命不可违！强违天命，一怕黎民百姓遭殃，二怕子孙后代受害。"郗超愤然道："明公如此胸襟，分明是天子才有的，为什么……"桓温打断他的话道："不为什么，各归其命，各行其是。此乃天道！"郗超："嘉宾不信这个，嘉宾唯明公是从！嘉宾不问天命，不问成败，只求问心无愧！"桓温听罢非常感动，说："嘉宾啊！我这一生，有你足矣！废帝司马奕怎样？"郗超："老实得很！门不出，一声不吭，百姓在其门前种他也不管。"桓温："怕他会被人利用。"郗超："明白！他活着，终究是个被人利用的好棋子。"桓温："我有时候会可怜他，他原没有什么过错。"郗超："他是历史前行中的弃子，责不在明公，明公不必纠结。"桓温喝一杯酒道："人哪！都是历史途中的匆匆过客，身不由己地向前、向前……记得太后说过'一心为公，公不亏私'，想想我这些年，一心为公时，声名威望火速上升，心有私念时，断崖式下滑。"郗超："明公不要这样想，一时失意罢了。"桓温端着酒杯，望着远处怅然道："一时，一世！一时多长？一世多久？"同样失意的郗超心有戚戚然，拿起酒壶，一杯一杯地与桓温闷喝着，不知道何时，两个人都醉了。

是年十月，彭城妖人卢悚，自称是大道祭酒，煽惑民众八百余家，派徒弟许龙来见海西公司马奕，他对司马奕说："皇上！我是天师道卢悚的弟子许龙，奉太后密诏来迎您回京复辟。"司马奕想着这般如囚徒的生活实在难熬，不由心动道："太后真是这个意思？"许龙："是！请皇上更衣随臣速回建康。"司马奕正答应，这时一旁的侍女道："如果真是太后下诏请皇上复辟，定会有官员前来迎接，怎么会就你一个人？"许龙："为了安全，太后让悄悄进行。"这侍女又对司马奕道："皇上！今年新皇继位，太后临朝，国家正安，怎么会忽然叫您复辟？"司马奕猛然醒悟，命左右捉拿许龙，许龙见计不成，仓皇逃走。

许龙回到卢悚那儿，对他道："大祭酒，司马奕本来就要跟我走了，被他身边的侍女给搅黄了。是在下办事不力,请大祭酒惩罚。"卢悚:"罚啥罚!有他没他一样,重要是你去过了!去过了我们就可以光明正大地打他的旗号了,我们对外就说司马奕在我军中不就妥了!"许龙:"对信徒也这样说吗?"卢悚:"当然!不这样说他们会给我们卖命吗?哦,那个啥,郗超家的仆人来了,给我说了下宫中的地形,到时我们就说是受司马奕所托,哄得那守门的信任,先由广莫门入宫,再从云龙门入殿廷,夺取武库甲杖,再然后,一路直奔太极殿,拿下太后和儿皇帝及那帮手无缚鸡之力的文官佞臣,控制中枢。"许龙:"在下谨听大祭酒安排,唯大祭酒是从。"

　　一切都在有条不紊地进行着,这一天,褚蒜子处理完政务,来到西堂祭拜司马昱。褚蒜子拜祭司马昱,左右皆哭,哀声震天。唯皇帝司马曜面色凝重没有哭声,一旁伺候的太监王桂说:"皇上!按照惯例您当哭。"司马曜道:"哀痛到位了自然会哭,哪里有什么惯例可言?"褚蒜子对司马曜的话听而不闻,拜祭罢走到司马曜身边,说:"不日先帝将永眠高平陵,皇上且不可太过悲切,定要保重龙体!"其生母李陵容不知道何时从后边冒出来道:"太后放心,有臣妾在呢!"褚蒜子正欲与她说话,有内侍跑来急报说有乱党贼人攻进来了。众人一听都惊得不知所措,褚蒜子沉着道:"什么情况?"内侍:"卢悚!卢悚攻云龙门,游击将军毛安之正与之交战。"褚蒜子:"传左将军殷康、中领军桓秘从止车门率部众前去,与毛安之并力夹击,务必拿下!"又转身对司马曜及众人说:"皇上带领大家在这里为先帝守着,哀家前去处理。"说着急步出西堂。

　　且说那卢悚领着三百多弟子进攻建康皇宫,声称是奉了海西公司马奕密旨,看管武库的人开始搞不清楚,束手就擒,卢悚夺取了武库的武器,刚领着信徒来到云龙门,便见有游击将军毛安之堵在那里。双方刚交手不到一刻钟,又有左将军殷康、中领军桓秘从止车门率部众赶到与毛安之并力夹击。卢悚他们不过三四百人,且都是乌合之众,哪里是三员猛将及虎旅将士的对手,顿时死的死逃的逃。卢悚见不妙欲逃跑,被毛安之截住厮杀,不到十个回合,便倒在地上,将士一拥而上,将他擒拿归案。

　　司马奕听说后,担心受到牵连被杀,非常恐惧不安。当仆从告诉他说"皇上!卢悚被朝廷抓住了,他说是受您指使"时,他恐惧并愤然道:"屁话!我指使了吗?"仆从小心翼翼道:"小人知道皇上没有,有传言说是皇上指使,小人担心。""皇上"二字刺得司马奕生痛,他半愤懑半咆哮道:"皇上!皇上!皇上在皇宫呢!你皇上皇上地叫,想我早点死吗?"一旁前来报喜侍女赶忙改口道:"是!老爷!"司马奕:"叫老爷!都

第十八回　简文帝病殁司马曜继位　桓元子谒崇陵白日见鬼

听到了吗？"仆从、侍女："是！老爷！"那侍女道："皇、老爷！张美人、哦不！张夫人生了，是个儿子！"司马奕："溺死！"众人愕然，瞬间死寂，司马奕虚空道："我能生吗？我能生吗？"看着不知所措的下人，他声嘶力竭道："溺死！溺死！"司马奕深知自己是一枚弃子，复辟无望，更加沉迷酒色，不问政治。因为不能人事是他的显性标签，故而他后来生的小孩，一个也不敢要，生一个溺死一个，生一个溺死一个。

司马奕"生一个溺死一个"的消息如长了翅膀一样，一时间成了街头巷尾的谈资，让世人唏嘘不止。百姓甲："司马奕可怜啊！也曾是皇帝，生生被桓温弄成不能人事，连孩子都不能要一个。"百姓乙："更可怜那些投胎到他家的孩子，天日没见就根儿崩了。"百姓丙："还是当个平头老百姓好啊，虽然没有他们吃得好穿得好，但是到底能够平安到老。"百姓甲："平安到老？桓温一打喷嚏你就不能平安到老了！"百姓丙："什么意思？"百姓甲："桓大司马进京了？"百姓丙："进京了？"百姓乙："嗯！无诏进京！"百姓丙："又废皇帝？"百姓甲："这回不会吧！太后垂帘了，他敢！"百姓乙："不敢怎么无诏进京？"百姓丙："你怎么知道他是无诏进京？"百姓甲："朝廷都没有发告示，当然是无诏进京了。"百姓乙："那个我恍惚听说是来杀谢安和王坦之的，怎么又说是废帝呢？"百姓甲："具体是啥咱也不知道，都是猜的。"百姓丙："上天保佑，可别发生什么事，就这样稳着最好！"百姓乙："就是！好事坏事，对于老百姓来说都是坏事。"百姓甲："谁说不是呢！求老天保佑吧！"

桓温进京的消息传到宫里，众人都十分害怕，当年王敦之乱、苏峻之乱如是昨天，每个人都心内恐慌得不得了。褚蒜子则坦然得很，她一边看着桓温又玩什么小伎俩，一边安定宫里亲人们，同时诏王彪之、谢安、王坦之来书房议事布局，褚蒜子："三位爱卿，对桓温未经诏许带兵入朝怎么看？"王彪之："依老臣之见，桓温很有可能又是虚张声势，他不敢！现在他没有得到王、谢两大家族的支持，他没有胆做。"谢安："臣也以为桓温这次拜谒崇陵，有虚张声势的感觉，但是，郗超的蛊惑也不容小觑。臣以为应该做两手准备。"王坦之："桓温不臣之心昭然若揭，朝廷必须做好防御准备。一旦他那里有什么风吹草动，即可拿下。"褚蒜子："桓温是打着拜谒皇陵的旗号进京的，就是真想反，也不会明目张胆。但是，一切都在两可间，朝廷要做好多手准备。哀家已给他下诏让他在新亭驻守待诏，届时谢安、王坦之两位爱卿前往与他沟通，做最好的准备，迎接最坏的结果。哀家与王彪之坐镇宫中，随时协调一切可能发生的事情。"

桓温来到建康后，驻守新亭，谢安和王坦之到新亭迎接。王坦之面如土色，谢安则谈笑自如，笑着对同僚说："晋祚存亡，在此一行。"谢安、王坦之来到新亭，百官相随。百官中凡有点名望者，皆对桓温遥遥相拜，唯恐一不小心得罪了他。王坦之更是战栗失容，面色苍白，连手里的笏板都拿反了，灵魂几乎出窍。谢安则一如往常，从容应对，一点儿也不拘谨。桓温见他态度异人，心中更加敬他，起身让座。两人坐定，谢安目光如炬，笑着对桓温说："在下听闻有道的诸侯，派兵士守在边疆以效忠朝廷，今天明公为什么在墙壁后面安置兵士呢？"桓温笑道："在下不过是以防万一。"说完，随即命左右撤去后帐，帐后的兵士也都一齐退去。谢安与桓温聊了很长时间，谢安才请桓温前往建康。他说："皇上和太后一直十分想念大司马，特地让我和王大人前来请大司马进京共商国是，大司马几时进京？"桓温："明天吧！"王坦之跟着机械道："是！请大司马进京共商国是！"桓温："给王大人拿个毛巾擦擦汗。"仆从递上毛巾给王坦之，王坦之才发现不知道什么时候自己已是冷汗湿透了衣裳，所幸的是桓温没有责备他，在谢安与桓温的笑谈中，他慢慢地将魂魄收正，然后与谢安、桓温一起返回建康。

太极殿上，桓温觐见褚蒜子和孝武帝司马曜。此时，朝臣正议论卢悚犯阙之事，褚蒜子："陆尚书始防不严，以至贼人入了禁门，按律死罪，即刻交付廷尉治罪。"群臣皆道："太后英明"，唯桓温道："卢悚乱党，师出海西公司马奕，臣建议将海西公司马奕一并收入廷尉。"褚蒜子没有接桓温的话，直接对廷尉道："卢悚被擒获后就交给廷尉，请廷尉报告审查结果。"廷尉："经查！海西公司马奕与卢悚没有一点儿瓜葛，皆是卢悚贼人自己打着海西公司马奕旗号行事。"桓温："今日海西公被卢悚利用，明日就会被李悚、王悚利用，为国家长远稳定考虑，臣建议朝廷治海西公'也许有'之罪，不然，卢悚怎么知道从广莫门入宫、云龙门入殿，这其中定有蹊跷！他打海西公名号也非偶然，臣探知许龙去过海西公家，是海西公告诉他的也未可知，故而臣建议将他交给廷尉，以安臣民之心。"廷尉："大晋律令，罪不治疑，更何况'也许有'。"褚蒜子："海西公之事以后再说，廷尉继续报告卢悚案宗。"廷尉："卢悚交代，告知他从广莫门入宫经云龙门入殿的是郗超郗大人的一个家仆。"郗超一听不由大声道："胡说！"王彪之正色道："郗大人！太极殿上怎能出言不恭。"郗超自知失言，赶紧跪下道："请皇上、太后治罪！"褚蒜子也不回应，又道："说正事！这个家仆可一直在郗大人家做事？如果是，郗大人脱不了干系；如果不是，与郗大人无关。"廷尉："这个节点臣还没有审清楚，也许有。"桓温

第十八回　简文帝病殁司马曜继位　桓元子谒崇陵白日见鬼

一听急了，他上前一步道："也许有？堂堂廷尉怎么能拿'也许有'说事？大晋律令呢？"褚蒜子："大晋律令，'也许有'不予治罪，海西公与郗大人家仆之事，廷尉务必审查清楚！"褚蒜子的话让桓温哑口无言，他知道，如果他非要治罪司马奕，郗超肯定也保不住。桓温闭了口，群臣心知肚明，褚蒜子心照不宣，大殿上寂静了片刻。褚蒜子问："众爱卿可还有事要奏？"桓温："新帝登基，臣未能亲贺，臣一直不安，臣今日得以觐见新皇！臣恭贺吾皇万岁万万岁！"褚蒜子："大司马言重了！大司马镇守边防，情有可原，不必自责。"桓温又道："太后！臣此次前来，是为拜谒崇陵。前日臣的上书没有收到回复，擅自前来，请太后治罪！"褚蒜子："治什么罪！大司马拜谒崇陵之心天地可鉴，岂能不准？准！"桓温："谢太后成全。"褚蒜子又道："大司马来京一次不容易，哀家特命百官与你一起前去拜谒。"

有了朝廷的准允，桓温冠冕堂皇地在建康待着。是晚，郗超来到他的府邸，说起白天朝堂上的事，郗超道："今日若非明公，嘉宾就掉进去了。"桓温："那是太后为保司马奕和廷尉唱的双簧。"郗超："明白！以前真的小看她了，今日方领教了她的老辣和厉害。"桓温："收手吧！有'之贵'无'之命'，算啦！拜拜崇陵就行了。"郗超："我不甘心！至少要杀一批不顺眼的，为明公增加些声望。"……不知不觉，两个人说话到深夜，桓温说："太晚了，睡这儿吧！明儿他们来了你们就在里面听听。"

第二天一早，谢安和王坦之来拜访，桓温把他们让进来，道："我这刚起来，失礼了。"谢安赶紧道："大司马事务繁重，辛苦了！"桓温："哪里！多年不来建康，睹物思人！想起往事，睡不着，一晃就天明了。"王坦之："大司马乃是性情中人、理解！理解！"正说话，一阵风吹来，吹开了帷帐，谢安一眼扫到郗超身在其中，当即微笑着戏谑道："嘉宾真可谓是入幕之宾了。"桓温哈哈大笑，对郗超道："出来吧！"郗超出来与谢安、王坦之相见，他道："你二位来得这么早？"谢安道："大司马对我们有知遇之恩，今日大司马要拜谒崇陵，我和王大人特意早早过来，没想到郗大人更早。"郗超："我和大司马正说这事呢！你们来了，我怕你们有想法，赶紧躲帷帐里了。"谢安："理解！安石也曾因为没有戴好帽子不愿意见人，这个大司马最清楚。"桓温听谢安说过去的事，赶紧道："安石和嘉宾一样，都是注重礼节的人，我那次去找他，他因为没有戴好帽子，我等了好大一会儿。"谢安："感谢大司马理解，不戴好帽了实在不好意思见大司马。"桓温："安石、嘉宾、文度，你们三个是我最得意的人，而今都成朝廷栋梁，我甚是欣慰！欣慰啊！"谢安："感谢大司马！若无当年大司马的栽培，安石岂有今日？"桓温："那个拜谒崇陵的事，刚和嘉宾商量得差不多了，都谁去，听朝廷安排吧！但是你们三个一定要去。"谢安："大司马放心吧！在下肯定陪同！"桓温："你们先回吧，我准备一下。"谢安、王坦之告辞，郗超望着他二人远去的背影，咬牙切齿地道："明公！一定要除了谢安！"桓温："众目睽睽之下，怎么下手？"郗超："咱们从长计议，想个万全的法子，总之，谢安不能留。"桓温略略怅然道："这个要从长计议。"

就在桓温和郗超从长计议的时候，褚蒜子悄无声息地把参与拜祭皇陵的官员的嫡长子们都接到了宫中，全都安排在东堂，好吃好喝地招待，就是不许多出去，诏告他们尽心在宫里玩两天再回家。这些人本也是享乐性情，有好酒好肉好歌好舞自然是乐不思蜀，不觉说起"永和九年那场醉"，他们便玩起了浓缩版的曲水流觞，然后射覆、清谈等，不亦乐乎。他们的父亲哪个会是傻瓜？孰轻孰重心里分明，为了自己的孩子及家族命运，他们选择配合朝廷陪桓温演一场大戏。

谢安和王坦之带着百官在皇宫外等桓温，等桓温到了，一起前往高平陵。桓温他们刚到陵墓，远远看见司马昱（演员）在前面走，他一激灵，赶紧向着前方作揖，并问："先帝显灵了，你们可有看见？"众人皆一脸庄严、默默无言，装作什么也没有看见。桓温硬着头皮往里走，司马昱的身影忽隐忽现，他忍不住又问："先帝显灵了，你们可有看见？"不过百米，他问了好几遍，听着他的问话，随行的百官心照不宣，人人都是一脸的茫然，这让桓温心里更加发怵。忽然，一个声音从空中传来，像是司马昱的声音："大司马！如果小儿可辅则辅，不可辅则废了自取皇位！"桓温大惊，忙说："臣不敢！臣不敢！"跟随的官员见他这样，一副莫名其妙的样子，这让桓温心里更加发怵。忽然，殷涓（演员）、曹秀、庾氏等（演员）从天而降，跟在了司马昱后面。桓温看得明白，但是还强装镇定道："殷涓长得怎么样？"谢安答道："身材矮胖，面色红黑。"桓温一听，大惊失色失声道："不错！他也在先帝身边呢，他在先帝的左侧！"众人看着桓温，皆一脸愕然的样子。桓温强压着心惊，一路祷告着勉强拜祭完。

是晚桓温寒热交替，谵语不休。褚蒜子命太医刘轩前去医治，刘轩自然是奉了褚蒜子懿旨再给桓温添一层惊慌的。他一边给桓温把脉，一边开了安神定魂的药，趁着桓温清醒时告诉一旁守着的马氏："山泉煎服，一日三剂！好了便好了，如果不好，要龙须作药引子。"马氏："大司马为什么会突然这样呢？"刘轩："医书上叫阴盛阳衰，白话

第十八回　简文帝病殁司马曜继位　桓元子谒崇陵白日见鬼

是撞着啥了。"马氏:"大司马回来一直说见着先帝和殷涓他们了!"刘轩:"先服几天安神药吧!神定了就好了!"马氏:"大概需要几天?"刘轩:"这个……不好说!"又道:"我这边只管尽心调治,你们也向着高平陵方向烧烧拜拜,圆意圆意。"桓温一听对了心思,赶紧道:"赶紧圆意!赶紧圆意!告诉先帝我从来没有二心!快!快!"

桓温病这几天,郗超一直陪在他身边。这天,他见桓温差不多好了,就问他拜祭那天到底是怎么回事。桓温一听心惊道:"是、是先帝他们显灵了。"郗超:"明公!我从来不信这些,会不会有人捣鬼?"桓温:"不会!百十号人呐,眼皮底下怎么捣鬼?"郗超:"我是说会不会他们串通好的?"那天的事桓温依然心有余悸,心思一跑,当年尼姑切腹的画面及警告又在他的脑海显现,他又是一惊,忙辩驳道:"不可能!不可能!"郗超:"宫中平静得很,明公不觉得奇怪吗?"桓温:"不奇怪!太后办事就是这个样子。"郗超有点心焦道:"那天我应该跟着明公去。"桓温:"你去了建康谁在?"桓温这一问,郗超知道桓温的大业心还在,问道:"接下来我们怎么办?"桓温没有回答他的话,自语:"等我好了即刻回姑孰,在那我才心神安定。"不等郗超说话,又道:"明公!"桓温:"一切等我回到姑孰再说!"桓温自觉病好了点,赶紧上书辞行回姑孰,褚蒜子嘴角一扬轻声道:"准!"

第十九回

乞九锡未果桓温病归西

守襄阳有功朱母筑斜城

桓温回到姑孰后，病情加重。其弟桓冲前来看他，桓冲看着病榻上瘦骨嶙峋的桓温，一阵心酸，心疼道："放宽心，好好吃饭，病很快就好了。"桓温摇了摇头道："我心里终究有点怕。"桓冲拉着他的手说："你把心放宽点，没事的。"桓温看着桓冲道："你还记得咱娘走时候说看见咱爹的话吗？"桓冲又是心头一酸，安慰他道："娘那会儿迷糊了。"桓温正言道："不是！是阳寿将尽了。"桓冲赶紧道："你胡说啥？"桓温："我清醒得很！我虽然不知道我大限在何时，但是我知道我的大限近了。"桓冲："别胡说！"桓温看着桓冲道："看你！没事！"又道："我戎马一生，一心想光耀门楣，也做到了！只是后来不该生出大业之心并为此做出了一些不该的事、杀了一些无辜的人。"桓冲："别想那么多了，事赶上了，我知道你也不愿意那样！再有就是郗超，你少跟他交往，他就像个'咯愣石'！不否认他有能力，但是他的能力总是那么地让人长刺长毛长草。"桓冲的话把桓温逗乐了，他笑道："你说得不错，形象、贴切！"桓冲劝道："你以后少跟他交往，咱从小没饭吃到现在位列诸侯，中了！"桓温："人啊！总是这山望着那山高，也不能怪嘉宾，是我自己心里咯愣、长刺长毛长草了，他只是起了催化作用。"桓温、桓冲半天不语，末了桓冲道："现在咋办？"桓温："现在啊！不想什么大业了，只想把病赶紧养好。"桓冲："对嘛！先把病养好，人在！一切都在！"桓温看着桓冲道："我想向朝廷乞'九锡'！一来向朝廷表明我效忠朝廷的心，二来万一我那个了，也是保家族后代安全的有力盾牌。"桓冲："这个想法不错！但是，人心诡谲，朝中啥人都有，即使太后、王彪之、谢安、王坦之会替咱说话，一些腌臜人也会从中作梗，更何况咱们也不能保证他们四个会替咱们说话。所以，哥，你一定要尽快把病养好！"桓温："知道！过个把月，就是不好，对外也要说完全好了。另外，你替我物色一个长得像我的人，让他替我做一些事。"桓冲："没问题！刚才我也想说这个呢！"桓温喘了口气道："你替我写乞九锡的奏章吧！"

九锡（通赐）是皇帝赏赐给对国家社稷有大功的诸侯王、大臣等的九种礼器，说白了就是赐给有功之臣的九项特权，九锡在礼仪规制上已经非常接近皇帝所享有的特权。九锡具体为：

（1）车马。指金车大辂和兵车戎辂；两辆车，八匹马，一车配驷马，仅次于天子的六马。这是表扬当事人在守法崇礼方面是天下楷模和典范。

（2）衣服。指衮冕之服，加上配套的赤舄。衮冕是天子的礼帽和礼服，一般在登基

第十九回　乞九锡未果桓温病归西　守襄阳有功朱母筑斜城

大典和祭祀宗庙、天地等重大场合穿。冕是头顶一块玉板、前后珠串的帽子，衮服则为宽袍大袖，上面布满日月星辰等意义深刻的图案。赤舄便是红鞋子，天子在正式场合穿的鞋子一般有三种颜色：红色、黑色、白色，其中尤以红色的鞋子规格最高。

（3）舞乐。轩悬之乐，六佾之舞，轩悬和六佾指乐队、舞队的规模。根据《周礼》的规定，天子用"宫悬"（四面乐队）、诸侯用"轩悬"（三面乐队）、大夫用"判悬"（两面乐队）、士则用"特悬"（一面乐队）；古代的舞蹈一排站八人，每一排为一佾，天子用八佾，每差一个级别，递减两佾，以此类推，诸侯、大夫、士的舞队规模分别为六佾、四佾、二佾。

（4）朱户。这是指在装修方面享有的特权，允许你家将大门漆成红色，让你的府邸显得耀眼夺目、鲜艳无比，这是表扬当事人在守卫边疆、团结蛮夷方面的功绩。

（5）纳陛。古代称呼皇帝为"陛下"，陛就是台阶的意思，一般的朝臣在朝时，只能远远地站在台阶下面，遥望天子，向高高在上的皇帝汇报工作。纳陛的意思则是升阶、登阶，让当事人登上台阶，以此显示他异于他人、与众不同的显赫地位。

（6）虎贲之士。勇猛武士三百人，以此奖励当事人的功勋，将这些勇士赐给你，也是为了增强你的防卫力量，让你为国家做出更大的贡献。

（7）弓矢。彤弓矢百，玄弓矢千。指特制的红、黑色的专用弓箭。表彰当事人治军有方、战功卓著。

（8）斧钺。铡刀和板斧，这是象征刑和法的礼器，表彰当事人在司法刑事方面的政绩。

（9）秬鬯。指供祭礼用的香酒，以稀见的黑黍和郁金草酿成，表彰当事人在孝道方面的德行感天动地。

九锡之礼象征意义远远大于实用意义，是一个臣子所能享受的最高礼遇，谁能受此重礼，则无疑宣告他在朝廷中的显赫地位和炙热权势。历史上享九锡之礼的人诸如王莽、曹操、孙权、司马昭、石勒等基本上取得改朝换代或是自己的儿子做了开国皇帝。桓温虽然知道自己的大限将至，但是他终究不甘心，他的内心深处想的是：即使我做不了皇帝，我也给我的子孙后代挣来做皇帝的底子。

桓温乞九锡殊荣的奏章很快到了朝廷，司马曜一听，道："不给！给了他更加无法无天了。"褚蒜子："给与不给要根据情况而定，两害相较，取其轻。"司马曜："朕就是不想给。"褚蒜子："先不要说给不给，你先看哀家跟诸位大人怎么处理的，身为皇帝，不可钻牛角尖。"说完问谢安:"桓温身体怎么样?"谢安:"比之前更重了,现在军中活动的那个是桓冲给他找的替身。"褚蒜子:"消息可靠?"谢安:"可靠!他的贴身仆从马法可上报的。"褚蒜子:"即刻修书,让他好好养病,告诉他诏书很快就好,让他耐心等待。"司马曜一听急道:"答应?给?"褚蒜子笑了笑,没有说话,一旁的王彪之道:"答应亦是不答应!他已病入膏肓,答应他是为了不让他狗急跳墙。"司马曜恍然大悟,不好意思道:"朕明白了!"褚蒜子:"皇上!哀家给你八个字'事缓则圆,曲径通幽'。"

谢安命吏部侍郎袁宏拟写诏文,他说:"袁大人!您是当朝才子,又是桓温老部下,给予桓温九锡殊荣的诏文您来写吧。"袁宏一听有些吃惊道:"朝廷要加他九锡殊荣?"谢安:"他戎马一生,为国效忠,功劳有苦劳也有。而今病入膏肓,想九锡殊荣,理解!"袁宏想对谢安说桓温有谋反之心,谢安打断他的话说:"袁大人先以朝廷的名义写个让桓温安心养病的文书,书中告诉他九锡之礼的诏文很快就好了,让他耐心等待。"袁宏听谢安如是说,也不好再继续反驳,只好从命。

袁宏本是当朝才子,援笔就写,一会儿便将书信写好了。他拿给谢安过目,谢安看了看说:"好!"又道:"九锡之礼的诏文过几天给我看看。"袁宏回去后立马就写,第三天便拿给谢安看,谢安看了看说不行,让他改改。袁宏改了改,谢安看了看还说不行,如此三番五次,一个月过去了,谢安还要他再改改。袁宏不得要领,偷问仆射王彪之,究竟如何下笔,王彪之道:"你的文笔哪里还需要改啊,是谢尚书故意如此。听说桓公病势日增,想必不能长久,所以再拖延些时日。"袁宏豁然大悟,把笔一扔,吃喝玩乐去了。

朝廷迟迟不赐"九锡",桓温愤恨无法。对来看他的桓冲道:"朝廷与我打太极,'九锡'估计要泡汤了。"桓冲愤然道:"传说是谢安和王坦之在捣鬼!"桓温悲凉道:"还有太后!"桓冲:"现在怎么办?"桓温无奈道:"能怎么办?谢安、王坦之两个我都没有办法,你又能如何?太后更是英明绝伦、器识非常,你哪里是他们的对手。如果我不在了,为家族计,罢手是上策。"桓冲眼窝一热,道:"哥,你不要说这话!"桓温叹了口气道:"不说我怕来不及了。"桓冲半天无语,他也看出来桓温可能也就这个把月时间了,想到子孙后代、家族命运,他不由得又是心头发酸,忽然想到桓温的替身,问桓温怎么办。桓温:"等我不在了就遣其还故里。"顿了一下又道:"不要杀他!"桓冲:"好!"

第十九回　乞九锡未果桓温病归西　守襄阳有功朱母筑斜城

桓温："我的儿子们庸弱，我死后，所有兵将、部曲，都归你统率！"桓冲："我……"桓温打断他的话道："走吧！只怕隔墙有耳，只怕徒生是非，你且记住我的话。走吧！快走吧！"桓冲对桓温一抱拳，道："大哥保重！"抽身而去。

桓温有六个儿子，分别是桓熙、桓济、桓歆、桓祎、桓伟、桓玄。世子桓熙听说桓温让桓冲统率所有部下，心中很是不忿。他偷偷联合桓济及叔叔桓秘要谋杀桓冲，桓冲得知他们的阴谋后，不敢再去看望桓温。桓温死后，桓熙向桓冲报丧，桓冲派人直奔现场，控制了局面，扣住桓熙、桓济、桓秘三人，派人看管起来，然后为桓温丧葬并上报朝廷。

桓温死得太是时候了，一场可能而来的暴风雨因他的死而云消雾散。朝廷赏赐了他很多安葬费，褚蒜子领着孝武帝在朝堂之上连续三天为他举行哀悼仪式，并按照西汉大将军霍光的规格安葬，追赠他为丞相，赐衮服。予以"宣武"，又让桓玄袭封南郡公。

褚蒜子如此厚遇桓氏，司马曜有点不理解，没人时他问："桓温都死了，为什么还要对他那么好？"褚蒜子："人走茶凉都知道，但是，茶依然在，只不过是凉了罢了，凉茶依然是可饮之茶。"司马曜："太后是说现在桓温虽然走了，但是桓家势力尚在。"褚蒜子点了点头，司马曜又道："可是桓温有反心啊，趁机剿灭他们不更好吗？"褚蒜子看着司马曜道："他没有反的实际行动，他一直打着效忠朝廷的旗号，而今他死了，朝廷趁机拨乱反正引导他们真心为朝廷效忠不更好吗？"司马曜："他们心甘情愿吗？"褚蒜子："他们都唯桓温是问，桓温都没有办成的事，他们能办成吗？桓温临终让桓冲统领所有桓氏兵力、部曲，足以说明他们已选择向朝廷投降了。"司马曜："为什么这么说？"褚蒜子："一代人一代人的事！桓冲上则安，其子上则反。对桓氏来说，这是上策。"司马曜："人在情在，情在势在，给予阳光，收获温暖。"褚蒜子点头道："世上情，人间道，莫不过如此！"司马曜拽着词儿道："爱出者爱返，福往者福来。"褚蒜子笑道："对！但是一定要知道，仁慈、善良很贵，要有度。"司马曜："'度'很难把控，我都不知道现在该怎么对他们。"褚蒜子见司马曜又"我"起来，笑着提醒说："皇上！朕！是朕！"司马曜不好意思地笑了，褚蒜子又道："皇上只管用心观政。"司马曜点了点头，又道："那么多大臣，朕感觉只有王彪之、谢安、王坦之是能够交心的人。"褚蒜子："他们三个人确实竭尽心力效忠朝廷，皇上凡事向他们问询甚好，但是，皇上这个想法要不得，与皇上说得上话的只有江山社稷黎民百姓！皇上又叫朕，'朕'也叫'孤'！孤者寡也，寡者曲高和者少，明白吗？"司马曜："可高处不胜寒怎么办？"褚蒜子："皇上必须受得了高处之寒、广处之冷，不然，如何肩挑天下？"

褚蒜子与谢安等商议后，决定诏命桓冲担任中军将军，都督扬、雍、江三州军事，兼扬、豫二州刺史，镇姑孰。加右将军荆州刺史桓豁为征西将军，都督荆、扬、广三州军事。竟陵太守桓石秀（桓豁之子）为宁远将军，江州刺史，镇寻阳。刁彝为兖州刺史，镇广陵。竺瑶为江夏太守。

桓豁、桓石虔来到桓冲府里说话，桓冲："竺瑶等人曾劝我杀了王彪之、谢安、王坦之，专执朝政，你们以为如何。"桓豁："不可！竺瑶做犬马可以，谋事不行！他们仨尤其是谢安，可是替我们说过不少好话的。"桓冲："谢安他们即使不替我们说话，我们也不能与之为敌，更何况他们尽心尽力效忠朝廷，没有一点儿私心呢！"桓豁："而今大哥驾鹤西去，我等没有了大哥的庇护，还是低调些好。"桓冲："朝廷待我桓家不薄，而今荆州、扬州两地依然交给我们，刁彝、竺瑶依然重用，这是多大的信任！所以，我等今后要尽力尽心朝廷，凡事唯朝廷马首是瞻，不可轻举妄动为！尤其是生杀予夺之事，一定要先报奏朝廷然后再施行。"桓豁："开始还担心朝廷会下死手整我们呢，没有想到朝廷对我们如此有情义。"桓石虔："以前生活苦，过年吃个肉都难，现今要啥有啥，这不仅是我们自己挣的，也是朝廷给的！如果朝廷没有给我们平台，我们哪里挣去？"桓豁："孩子啊！你这样想爹就放心了。"桓冲一听到"过年吃个肉都难"的话，不由得想了小时候，他说："你爷爷走时你大伯才十五岁，家里生活十分艰难，你奶奶身体不好，医生开的药方是吃羊肉。那会儿饭都吃不饱，哪里有钱买羊肉？你大伯带我到一个牧羊主家说：'您给我几只羊吧，我要给母亲治病，我没有钱，但我可把弟弟换给你。'那牧羊主特别好，看了看我说：'你把羊牵走吧，小孩我来养，等长大了还给你家。'从此我就在牧羊主的家里度过了最美好的童年。等我长大了，他果不食言，让我还家。"桓石虔："牧羊主是那年你在江州打猎时遇见的那个人吧。"桓冲："是！他就是救治你奶奶、养育我多年的养父啊！一见他我就忍不住激动。"桓豁接道："你叔叔重情义，非要把那个牧羊主接来自己养，牧羊主的儿子不愿意，你叔叔便每年给他送大量的财物。"桓石虔："多美好的画面。"说着举筷夹菜，桓豁抬手想把菜往他那边挪一下，不想"咣当""哗啦"，一个盘子掉了，这盘子正好掉在桓冲身上，汤汤水水的把桓冲的衣服弄得透脏，桓冲："你们先吃，我去换个衣服。"

第十九回　乞九锡未果桓温病归西　守襄阳有功朱母筑斜城

桓冲去沐浴室冲凉，把脱下的旧衣服顺手递给仆从，仆从接过放入洗衣房，然后去桓冲夫人那拿替换衣服。桓冲夫人拿了一套新衣服，仆从道："夫人！将军不喜欢穿新衣服，他会生气的。"桓冲夫人："别怕！有我呢！"仆从只好接过，守候在沐浴室外面。桓冲很快洗好，伸手要衣服，仆从将新衣服递了过去，桓冲生气道："谁让你拿新的？拿以前的旧的！"刚好走来的桓冲夫人："旧的没有了，就这个了！真是！没有新衣服，哪来的旧衣服？"桓冲听到夫人声音，笑道："也是！拿来吧。"仆从递上，桓冲穿好衣服出来，桓冲夫人笑道："人是衣服马是鞍，这新衣裳一穿，精神了十倍不止呢。"桓冲笑呵呵地不吭声儿，桓冲夫人又道："以后少吃丹药，少吃你就不觉得新衣服刺闹皮肉了。"桓冲："好！听夫人的！"桓冲夫人："赶紧去吧，他们还在前面等你说话呢！"

桓冲上书朝廷说当下秦贼苻坚时常骚扰边境，由于朝廷领导有方，其他地方皆大致平安，唯徐州、兖州有些力量薄弱，刁彝又病着，故而向朝廷举荐王坦之出任徐州刺史，代替刁彝镇守广陵，都督徐州、兖州诸军事。又举荐谢安总掌中书。司马曜一听，道："桓冲为什么要这样，把徐州、兖州给王坦之管，不等于自削了权势吗？"褚蒜子："桓冲不是桓温，他性子平稳，其配合、退让是为了顾全大局。"司马曜："那就准他所奏！"褚蒜子："准！一可成就他忠臣的美名，二也可借机平衡朝局，三可进一步兵权集中，一举三得。"司马曜："这么多道道！朕忽然有不想当皇帝的感觉。"褚蒜子："傻话！你是皇帝，是天命所归，你当仁不让才对。"

谢安喜欢音乐，他走哪音乐就到哪。王坦之出外任，谢安约他到新亭为他饯行。乐伎乐器、烧烤器具一个不落地全带上，王坦之低声说："这些东西你走哪带那，不怕下面人学你？"谢安："学就学呗！音乐这么美好的东西，陶冶性情又怡养心灵，流传下去才好呢！来！合奏一曲'梅花三弄'。"谢安话落音乐起，王坦之半责备半开心道："你呀！我前儿还收到桓冲的信，说要我劝劝你呢，不要沉湎其中。"谢安笑呵呵道："他也数次写信给我劝我不要沉迷其中，可是我没有沉迷啊，正事、大事我一点儿不糊涂。"王坦之："说的不是你！是担心下面的人学你学歪了。"谢安哈哈大笑道："这不怪我啊。"王坦之笑着无奈地摇了摇头，谢安笑道："你这一去，得多长时间不见？我用音乐好好熏熏你才对得住你。"王坦之："好吧！……哎哟哟，你看那个大白鹅！"谢安抬头一看，看见一只大白鹅摇摇摆摆地向他们走来，他也是触景生情，道："看到大白鹅你想起谁？"王坦之："自然是逸少啊！"谢安："当年我与他一起登高游玩，仿佛就在昨天，不想一晃十来年了。"王坦之："是啊！时间飞一样！"谢安："犹记当年他说'夏禹勤王，手中胼胝，文王旰食，日不暇给。今四郊多垒，宜思正效。若虚谈废务，浮文妨要，恐非当世所宜为'。我说'秦用商鞅，二世即亡，岂必是清谈贻祸吗'？"王坦之的思绪没有回来，他近乎自语道："大白鹅，王羲之！王羲之，大白鹅！哎！物是人非了。"谢安："过往已是历史不可回,珍惜当下！再来一曲'高山流水'。"随着"高山流水"声，一个仆从端着烤好的鱼上来道："大人！烤鱼好了。"谢安指着王坦之那边道："放那儿！放那儿！"王坦之端起酒杯道："安石啊，我永远也不会忘了这场饯行！永远记着你的话'珍惜当下'，来！喝！"说着，一杯酒干在肚里。

这天下朝早，谢安和王彪之在太极殿前转悠，他说："你看这宫殿破的，该修修了。"王彪之："现在秦贼正盛，不要在建筑上消耗国家财力了吧！"谢安："花不了几个钱。"王彪之："可不得几个钱？工程量大着呢！"谢安："放心吧，绝不会劳民伤财的！也花不了几个钱！明儿让钦天监看看，参照北极方位，择日修葺。"王彪之："你怎么就不听呢？"谢安："我咋不听呢！听！"王彪之："你还坚持要修？"谢安："这跟听不听没有关系，我这叫'工欲善其事，必先利其器'。"王彪之："好吧！"谢安笑笑，也没搭话，继续拉着他围着宫殿转悠。

工部尚书领着工匠按照时间上马动工，谢安专门跑来道："修整宫殿是个形象工程，所以，请大人严格监管！宫殿一脉传至今天，国人都习惯它的样子，所以，此次修葺要整体风格不变，能不拆就不拆，再就是能利用就利用。另外，费用，你再好好算算。"工部尚书："十万！足够了！"谢安半开玩笑道："我再给加二万！十二万，过程中如果不够，你出！"工部尚书："好！放心吧！绝对够！"谢安又道："质量必须有保证。"工部尚书："保证没问题。"宫殿很快修葺完工，没有怨声载道，只有皆大欢喜。

看着焕然一新的宫殿，司马曜道："这一修，好看多了！花多少钱？"谢安："回皇上！十二万两！"司马曜不相信，道："中书大人没有开玩笑吧？这么大工程才花十二万两？"王彪之道："是真的！当初安石提出要修葺的时候，臣因为想到外敌当前，需要大量的粮饷，还劝安石不要修，所以，在花钱上，臣特别操心，结果真的就是花钱特别少。"司马曜赞道："谢爱卿厉害啊！"谢安："哪里！哪里！"褚蒜子："风格如常，大气如故，非常好！"几人不觉来到西堂的一处亭子旁，这里曾是褚蒜子和谢安、王坦之他们一起说事的地方，王彪之忍不住道："看这里！一点没有变，又完全改变！"谢安："仿佛就

第十九回　乞九锡未果桓温病归西　守襄阳有功朱母筑斜城

是昨天！"褚蒜子："王坦之若在，就齐全了。"王彪之："说到他，臣正有喜事向皇上、太后汇报呢！前儿秦贼又侵犯徐州，王坦之三下五除二就把他们打回老家了。"司马曜血气方刚道："厉害！朕也想征战沙场！"又道："秦贼是个怎样的贼？为何老侵犯我们？"王彪之："不可小觑的大贼！贼头儿叫苻坚，也是个能人。"褚蒜子："还有王猛，也是个厉害角色！他与苻坚君臣契合，已由原来的弹丸小国日渐壮大了。"司马曜："多大？比我们还大？"褚蒜子："刚开始小得很，这些年来，他们到处吞并，地盘已差不多可与我匹敌了。"司马曜张口道："我们打过去。"褚蒜子："为君的首要任务是让臣民过上好日子……"司马曜截断褚蒜子的话道："那我们就任秦贼欺负？"王彪之："我伤八百他伤一千，他没欺负着我们。"司马曜："没欺负着也欺负了，我们要为那死去的八百兄弟报仇。"褚蒜子："这个自然，但是现在不是时候。"司马曜："什么时候是时候？"褚蒜子："国库丰盈、兵强马壮时。"司马曜："什么时候才能国库丰盈、兵强马壮？"……司马曜有点小钻牛角尖，问个喋喋不休，王彪之见状道："皇上、太后说起车轱辘话来了哈。"司马曜不好意思道："朕一见太后就忍不住'想多问个为什么'。"褚蒜子呵呵一笑道："走，那边看看！"

没有战争的日子是这样美好，宫里井然有序、安然无恙，宫外是岁月静好、管弦高唱，林间莺花醉卧不觉醒、巷陌百姓耕读室庐好。太平盛世，河清海晏，幸福温暖，祥和安泰。没有什么大事，褚蒜子命谢安、王彪之负责处理政务，自己则带着司马曜分别视察桓冲、桓豁、桓石虔、王坦之等所带领的军队，步兵、水军、箭弩兵等一个不少。司马曜被自己国家的军事阵容和力量震撼了，回宫后，他更加勤奋好学，对褚蒜子说一定要当个好皇帝。

青州地震了，说是房倒屋塌，非常严重，褚蒜子诏命户部前去赈灾，谢安对此事负责。谢安不负重托，很快就处理好了。他向褚蒜子汇报说青州臣民相安、百姓生活如常，褚蒜子甚至欣慰。说起王坦之的病，谢安说又严重了，褚蒜子道："再派个太医前去，一定要不惜一切代价救治。"谢安："臣收到上书就让太医院派人去了，太后放宽心。"褚蒜子："嗯，益州怎样？"谢安："桓豁派江夏相竺瑶去，一举破了秦贼。"褚蒜子："得想个法子治治秦贼。"谢安："太后！现在各藩镇单独看起来军事力量都不错，皆能够应对一方，但是，如果一旦有大的战事，协调作战的问题就凸显了，如果不能很好协调，会出现各种意想不到的问题，为了解决这个问题，臣想朝廷是不是组建一支直接供朝廷领导的军事力量。"褚蒜子："哀家也在想这个事,由谁来负责?搁在哪里?"谢安一时无语,在座的王彪之说："这个得是个年龄大、经验老到的人!桓冲、毛安之、朱序……"褚蒜子："这都不是重要的,重要的是敢于创新、能力过人。这个不急,慢慢物色。"王彪之："也是!"又道："有消息说秦贼王猛病了,只是尚不知道真假。"褚蒜子："叫人接着打探!"谢安："已派人去打探了,很快就会有准确消息。"褚蒜子："嗯!要时常督促各藩镇守将,不要忘记厉兵秣马,不要忘记养精蓄锐,时刻要牢记,经济的发展离不开军队的保驾护航。"

褚蒜子回到显阳殿,天已擦黑,黎辉赶紧迎出来道："太后!百合绿豆沙奴婢刚冰镇好,您喝一碗吧!"褚蒜子："冰镇的哀家吃了感觉不舒服,拿自然凉的。"刘轩："热天不易吃冰的东西,伤脾胃。"褚蒜子："怎么不早说呢?"黎辉："看奴婢这脑子,被热化了,刘太医给奴婢说过,竟然忘记了。"刘轩："太后说了你就不会忘了。"末了又道："臣的脑子也热化了,专门想着要回太后的事,一扭身就忘记了。"褚蒜子笑问："什么事?"刘轩正经道："不能笑的事一个,能笑的事一个。先说哪个?"褚蒜子笑道："一齐说!"刘轩咽了下口水、深吸一口气道："王坦之和王猛都病入膏肓了。"褚蒜子笑说："说得非常好!赏!想要什么,说吧!"刘轩："想要太后长生不老,想要太后青春永驻。"褚蒜子："好!好!加赏白银千两!"

王坦之虽然病着,但是其忧国忧民的心却始终没有放下,他深知朝廷之所以这么稳定是因为内有谢安外有桓冲,但是,因为桓温,谢家和桓家的关系非常微妙,谢安小心翼翼地试探、桓冲小心翼翼地退让,这种心态万一成了显性,会影响国家的稳定,所以,一心为公的他,不止一次地给谢安和桓冲写信,要他们把国家利益放第一,告诉他们一定要将相和。这天,王坦之又拄着拐杖颤颤巍巍地来到官署,主簿一见他赶紧出来搀住道："您怎么又来啦,都病这样了。"王坦之有点气力不接地道："给谢安和桓冲写、写封信!"主簿："写过好多封了,他们知道您的心意了。"王坦之："我知道!再写封,这也许是最、最后的了。"主簿一边把他往藤椅上扶一边说："王大人快别这样说,来!您半躺这儿吧!"王坦之半卧道："写……写……"主簿执笔,王坦之断断续续地说："而今秦贼正盛,对我虎视眈眈,他们之所以不敢对我轻举妄动,不仅是因为内有名相谢安,外有名将桓冲,更是因为二位将相和,他们才不敢小觑。二位皆是朝廷的栋梁,一定要继续以大局为重、国家为重,共同抵御北方强秦,使得贼人不能犯我边界……"主簿忽

第十九回 乞九锡未果桓温病归西 守襄阳有功朱母筑斜城

然发现王坦之没音了，赶紧叫："王大人！王大人！……"王坦之不应，他一摸王坦之的鼻子，已没了气息。消息传出，朝野为之痛惜，褚蒜子下诏追赠其为将军，谥号为献。

王坦之的死对桓冲触动很大，不久，他请求辞去扬州刺史的职务，举荐时望正佳的谢安担任。他上书说举荐谢安兼任原因有二："一、臣之气量和涵养皆不如谢安；二、扬州刺史一般都是由丞相兼任。综合因素，臣以为谢安担任更合适。这样，于国家最有利。而我是军人，更适合为国家镇守边疆。"褚蒜子对司马曜说："桓冲如此，也有王坦之的功劳。"司马曜："准吗？"褚蒜子低头喝茶没有说话，谢安道："皇上！太后！臣以为扬州刺史一职还让桓冲继续担任。"褚蒜子："哀家也是这个意思。"司马曜："为什么？接受不正好吗？扬州刺史历来掌握建康安危，由谢大人掌管不正好吗？"褚蒜子："桓冲不是桓温，桓冲有桓温之能而无桓温之野心，他这是退让中求太平，让他继续担任扬州刺史，建康更安全。"司马曜有点着急道："听说郗超去找他了。"褚蒜子："桓冲不是桓温，郗超找他也不会有用。"王彪之："是！郗超涉急慌忙地去了，桓冲只客套了一下，一句'郗先生为母守孝，不宜太过操心其他事情，在下实不敢多耽误郗先生时间'把他打发了。"褚蒜子："他原本会这样。"又道："现在江州刺史空缺，让桓豁的儿子桓嗣去吧。"司马曜："这不是加大了桓氏的力量吗？"褚蒜子："是，也不是！桓嗣对朝廷也是十分忠心。"司马曜："哦！欲取先舍。"褚蒜子笑道："是！也不是！朝廷用人，忠心第一。"司马曜："有点复杂，不过朕好像明白了。"王彪之："臣以为让桓冲负责东边，安石负责西边，这样可以更加有效地抵制秦贼。"褚蒜子站起来指着沙盘道："让桓冲接替桓豁镇守荆州，兼江、荆、梁、益、宁、交、广七个大军区的负责人，兼扬州刺史、雍州的京兆、司州的河东三个小军区的负责人，镇守江陵。桓冲长子桓嗣为江州刺史。"王彪之："臣以为非常好，这样更固国本！你说呢，安石？"谢安："皇上！太后！臣愿意和桓将军一起负责抵御秦贼。"褚蒜子："那就这么定了。"

就在褚蒜子把错综复杂的关系理顺的同时，秦之苻坚在王猛的辅助下，荡平了周边小国，威声大振，东夷西羌诸国，前来入贡者络绎不绝，朝堂上外使遍立，苻坚不免大喜过望，生出骄傲之情，他说："这么多使者来我朝，进献的东西又是那么的精美，朕怎么感觉我们宫殿有些配不上呢？要不咱也像晋一样把宫殿修葺一下？"降将（原石虎将领）曹熊邀拍马屁道："晋那是面子工程，只不过是面儿上焕然一新罢了，里面还是老样子，他们国力不行。而我国力强盛，要修就来个真的大修，要从内而外的大气辉煌。"苻坚:"怎样才算是从内而外的大气辉煌?"曹熊邈:"至少要盖过石虎宫室。"苻坚问:"石虎宫室怎样?"曹熊邈:"石虎宫室的器玩,多是用金银做的,非常华丽,但是因为没有文化在里面,缺少大气。"苻坚:"这样!朕任你做长史,领尚书丞,你来负责整修宫殿。"又道:"不要怕花钱,一定要大气辉煌超过晋室。"于是,秦宫开始大修土木,劳民伤财不言而喻,其间苻坚视察时,其弟苻融劝道:"陛下!虽然现在盛极,但是也要防着盛极而衰。"苻坚意气风发道:"朕志在统一天下,宫殿不能不成样子。修葺完宫殿,朕还要御驾亲征,荡平西北,拿下弱晋。"苻融劝道:"晋是正统,陛下不要动他!我们真正的是敌人正如王景略所言,是夷、羌、胡、鲜卑等,他们虽然人在,但是其心不在。"苻坚不屑道:"你呀!总是前怕狼后怕虎。朕意已决,不要多说了。"苻融:"陛下,是否问下王景略?"苻坚一皱眉道:"景略现在病着,让他安心养病,不要事事都麻烦他。"苻融:"陛下!……"苻坚有点不耐烦了,他道:"你不要说了,朕心中有数。"

就在苻坚磨刀霍霍欲亲征时,王猛死了,消息传到晋廷,所有人都很高兴,王彪之道:"死得好!前些天那秦贼苻坚还扬言要犯我边境呢,这王猛一死,他主心骨没了,侵犯之事也该泡汤了。"褚蒜子呷了口茶道:"可惜了,他也是一代人杰才俊,为他默哀一会儿吧!"司马曜虽然不太理解褚蒜子的作为,但是他知道她是对的,跟着起立为王猛默哀。褚蒜子先道:"王猛一走,各种暗潮会涌动,主观的、客观的都会,所以,我朝要做一切可能发生的应对准备!"又道:"前段时间讨论要建立一支归朝廷直接领导的精锐部队,哀家想好了,基地就搁在京口。至于由谁负责,大家举荐一个来,不拘年龄资历,只求创新果敢。"王彪之:"太后思谋太有远见了,京口是建康的门户,可进可退的战略要地,一可保卫建康守卫中央,二可快速驰援各处藩镇也方便调动他们。"褚蒜子"嗯"了一下,谢安道:"我举荐谢玄负责此事。"王彪之立即道:"谢玄可是你一手带大的亲侄子呀!"谢安一笑道:"举贤不避亲,我了解他。"褚蒜子:"谢玄自小就是芝兰之人,长大后又在桓温、桓豁等军中历练,皆得好评……"司马曜忍不住打断褚蒜子的话道:"'谢玄自小就是芝兰之人'怎么理解啊?"褚蒜子笑道:"这个呀!两位爱卿谁给皇上说说?"王彪之:"谢安说最合适,他是亲历者。"谢安笑道:"他五六岁的时候,我家子侄们在一起玩,我问:'我们家的子侄并不需要出来参与政事,为什么还要每个人都有才能呢?'孩子们群寂而哑然,唯他道:'就像芝兰玉树一样,要让他

第十九回　乞九锡未果桓温病归西　守襄阳有功朱母筑斜城

生在阶前庭院中。'"司马曜:"哦!原来如此!还有别的吗?"谢安:"我接着问《诗经》中你最喜欢哪句,他回答说'昔我往矣,杨柳依依,今我来思,雨雪霏霏'。"司马曜:"果然文武双全,朕全力支持他!"谈笑间,谢玄成了即建新军之首领。

王猛一死,苻坚心情十分烦闷,他不顾苻融等大臣的阻拦,下令出兵攻梁州以泄心火。褚蒜子得报,诏命桓冲前去抵御,桓冲当即上表请兖州刺史朱序为梁州刺史、驻守襄阳,请求朝廷派人镇守江陵以防秦军,并举荐冠军将军刘波镇守江陵,咨议参军杨亮镇守江夏,褚蒜子皆批复准允。

褚蒜子下诏让谢玄即刻回建康,授他为建武将军、兖州刺史,监江北诸军事。命他即刻招兵买马,组建北府军。朝廷的这一决定引起了许多议论,官员甲说:"朝廷把这么重要的任务交给才三十岁出头的谢玄,行吗?"官员乙调侃道:"说你行你就行,不行也行。你想他叔叔是谁呀?中书谢安哪!"官员甲:"明白了。"官员丙:"哪能这样!感觉朝廷是他们家开的?"郗超:"你们说啥呢!谢安有识人之明,他这是举贤不避亲!谢玄也定能成功,我和他共事过,发现他用人能各尽其才,即使是一些细小事务,也能使人得到适当安排。以此推断,想必他定能建立功勋。桓大司马也说他四十岁后定会是一个出色的大将。"官员甲:"郗大人!您、您……"郗超:"我啥我!我没发烧!君子和而不同!君子!和而不同!懂吗?"

谢玄上任后,广泛招募顽强勇敢之人,练兵募才,连日不懈。其中刘牢之、何谦、诸葛侃、高衡、刘轨、田洛、孙无终等人都因为勇敢威武成为他的得力干将,其中刘牢之更是智勇兼备,时有前秦苻坚南下攻晋,侵占梁岐,虎视淮阴。朝廷派谢玄率军抵御,刘牢之为前锋,所向披靡,无人能敌,大获全胜。

皇后王法慧的父亲王蕴因为是外戚,不想在朝堂就职,一再请求外任。王蕴也是一个千年的老狐狸,他知道现在褚蒜子临朝执政,他的皇帝女婿亲政还需要时日,他不想把精力耗费在朝堂上,他想到地方镇守,以便能手握兵权。他的心事,褚蒜子自然懂得,也深深理解,但是因为司马曜身边没有人,她还是希望他能够在朝堂辅佐,谢安也劝他说:"王大人是皇后的父亲,与国家同命运共呼吸。不应妄自菲薄,让皇上失望。"可是王蕴铁了心要外任,褚蒜子不便强留,便借着抵御秦寇,让他领徐州刺史、都督江南诸军事。于是王蕴领命,监管江南。经过褚蒜子调整摆布,国家形成了东面以谢安为首,西面以桓冲为首,北面以谢玄为首,南面以王蕴为首的稳定局面。

因为王猛死的时候一再交代苻坚说："晋朝虽然僻处江南，但为华夏正统，而且上下安和。臣死后，陛下千万不可图灭晋朝。鲜卑、西羌降伏贵族贼心不死，是我国仇敌，迟早要成为祸害，应逐渐铲除他们，以利于国家。"故而苻坚一直按照惯性忙着向西北扩张，晋一时无有战事，祥和安泰，岁月静好。

春暖花开时，褚蒜子游园，看着生机盎然的春天，她道："春天真好！就像个落地的娃娃，到处都是新的。"刘轩接道："春天就像个小姑娘，花枝招展的，走着、笑着。"黎辉："春天就像是个柳笛，吹绿了树叶，吹开了百花，吹笑了太后的脸颊。"刘轩："呀！厉害！太厉害了！"褚蒜子："嗯！把这春天定格吧。"黎辉："奴婢也早就有这个意思了。"

一听说黎辉要画画定格春天，宫里嫔妃们大都来显阳殿看，看到画案上摆放的各种颜色的尘粉，皇后王法慧问："用这些粉尘作画？"何法倪指着案上的颜料道："是！这个是蓝宝石粉，这个是绿宝石粉、雄黄粉、朱砂粉、赭石，这个是胶，用猪皮熬的。"王法慧一听"猪皮熬的"四个字，忍不住道："怎么有种吃的感觉呢！"褚蒜子笑道："有些真可以吃。"王法慧："蓝宝石粉、绿宝石粉，真的是蓝宝石、绿宝石磨成的粉吗？"何法倪笑道："是！"王法慧："这可太贵了。"黎辉笑道："穆皇后逗皇后玩呢！这些粉是含蓝宝石、绿宝石的矿石头。"王法慧："我说呢！"她看到黎辉速度时急时缓地一碟一碟地往画板上倾倒，一会便出现了淡淡的美丽的画面，也跃跃欲试，道："本宫也想试试。"黎辉把画好第一遍的画放到阴凉处，拿出另一个画板，让王法慧试画。王法慧学着黎辉的样子泼、画，结果不但是一团糟，还弄得身上到处都是，她汗颜道："本宫本以为可好画呢，没想到这么难。"褚蒜子："想学让她教你，她画画近十年了。"

没有战事的日子很美，百姓乐业，经济发展。各种厂家纷纷涌出，其中江西丝绸场、笔场、纸场等，收益非常好，快赶上扬州的三分之一了，因为气候的原因，质量上只比扬州的差一丁点，非专家看不出来。文化上，四书五经更是畅销海外，其中尤其是《大学》《中庸》《论语》《孟子》，供不应求。褚蒜子道："《春秋》字数太少，可以与《左传》《公羊传》《穀梁传》分别合刊。"谢安附和道："这样咱们的国学可以更多地向外传播。"褚蒜子一笑道："不但要'送去'，还要'拿来'。看得见的马扎、凳子、乐器等拿来，看不见的思想、艺术等我们也要'拿来'！"

有事说事、没事嚼人似乎是人的秉性。太平无事的日子，郗超成了人们茶余饭后的

第十九回　乞九锡未果桓温病归西　守襄阳有功朱母筑斜城

谈资,自桓温死后,朝廷改他任司徒左长史,后来因为母丧离职,守孝期满后,朝廷议定安排他为散骑常侍,后又改授为宣威将军、临海太守。但是,他都没有接受,天上人间的差别,他接受不了。他私下到处泄怨道:"我父亲郗愔虽是郗鉴的儿子,却一直担任闲职,谢安凭什么能掌握大权?"谢安听了虽然非常反感,但只是哈哈一笑不做理会,这更让郗超郁闷,闲愁小酒喝个不断,整日醉眼蒙眬、不知西东。

这天,范启来看他,两人到京畿闲逛,说着昔日的风光,想着今日的惨淡,郗超倍感失落,一时失语。范启没话找话道:"你这守孝三年早过了,朝廷还没有给你安排?"郗超淡然道:"安排了,不想去。"范启:"是因为面子吗?我当年因为在桓温面前耍面子,落个终身平民,后悔死了。"郗超:"我不是面子,我是心里没了那个让我认可的人。"范启:"此一时彼一时也,他都不在了,你还认可谁?自己活得舒服最为重要。"郗超:"你不懂!就像王羲之……"范启也想逗他开心,打断他的话道:"说到王羲之,我忽然想到王献之,你看他全身干巴巴的,即使扒下他的皮,也没有一点丰满的光泽。"郗超㨃他道:"全身干巴巴的,比起全身都假的,哪样好?"范启迷怔了一会道:"我好像明白你为什么不入仕了。"郗超恨道:"我父亲郗愔是郗鉴的儿子,却一直担任闲职,谢安凭什么能掌握大权?"范启道:"明白了,但是还是面子。"郗超看着他道:"你懂啥呀?"范启尴尬笑道:"我懂吃饱不饥。"郗超望着远处天边白云,一字一句道:"哀莫大于心死,你懂吗?"范启抚着他的肩膀,没有说话,郗超又道:"你不懂!"又道:"白天不懂夜的黑,夜里不懂白的明。"

郗超悒郁成疾,病入膏肓。病重时,他拿出一箱书信交给他的弟子,说:"我的父亲年龄大了,我死之后,如果他悲伤过度,影响到身体健康,你就把这个箱子交给他,如果他正常,就把这箱子连同里面的东西一起烧了。"郗愔老年丧子,悲痛欲绝,身体渐渐不行了,弟子们怎么劝他也不听,于是就把那个箱子交给了他。他打开一看,全是郗超和桓温商议如何篡位的往来书信,一心忠于朝廷的他勃然大怒道:"这小子死得太晚了!"从此,他不再伤心,身体很快就复原了。郗超虽然在政治上站错了队伍,但是他做人率真,眼光见识也不一般,故而他死后,不论贵贱,有四十多人为他写诔文。郗超对他的妻子非常好,她对郗超亦是情深义重。郗超死后,他的妻子周氏娘家说郗家已经失势,欲接她回去。她坚决不回,说:"活着跟郗郎同室,死后就和他同穴。"消息报到朝廷,王彪之说:"郗超也是拼了,怕他死后郗愔过于悲痛坏了身子,把他和桓温的私密信件让弟子全交给郗愔，郗愔看后大骂郗超死得太晚了。"司马曜："叛贼爪牙，真是死得太晚了。"褚蒜子批评道："叛贼无有，何来爪牙？"谢安叹了口气道："他也是个人才，才四十二岁！"褚蒜子："站在他的立场，他也没有错，用他的话说叫'君子和而不同'。多赏他些丧葬费吧！"

　　腊月的一天，褚蒜子对司马曜说到正月他就该亲政了，司马曜听后打心里有点不情愿，虽然他一腔豪情想亲政，可是事到临头，他却有点退缩了。这天，他来显阳殿向褚蒜子问安时说："太后，再垂帘一年好吗？"褚蒜子："不好！"司马曜："如果朕命令太后再垂帘一年呢？"司马曜的表现让褚蒜子想到当年的司马聃，是啊，十五岁，还真就是个孩子，却要肩挑国家大事，她有点不忍心，停了一会儿才道："不行！但是皇上有什么事可来问哀家。"司马曜："太后！朕还是个孩子，您放心把国家交给朕吗？"褚蒜子："皇上！你是日月光华集于一身之人，治国是你的使命和职责。皇上参政也几年了，情况也都了熟心了，有什么难的？再说，哀家还政后，王彪之、谢安继续辅政，如果可以，皇上可以把皇后的父亲王蕴调回来放在身边，没什么大不了的！"司马曜："可是朕不相信国丈，他是一个管不了夫人的人。也不相信谢安，他帮朕选的皇后，说好了典雅美丽温和大气，可是，美倒是美，就是太喜欢喝酒了，比朕还能喝，喝也就喝了，喝了她还闹事，太后看！朕这脸上是她抓的。"褚蒜子看着司马曜脸上的红印，不由得笑道："皇上这些话应该说给王蕴，哀家是皇后的婆家人。"司马曜："您是太后，她听您的……"忽听黎辉道："太后！皇后来了！"司马曜一听赶紧道："等等！朕从这边走了再叫她进来，朕怕她！"说着赶紧从旁门溜走了。

　　司马曜宣王蕴、谢安来书房见面，两人一到，司马曜就苦着脸道："朕挂彩了。"王蕴、谢安忙问怎么了？司马曜："朕的皇后喝酒喝多了，耍酒疯，非要看朕爬树，不爬就抓。然后，然后朕就这样了。"王蕴赶紧跪下道："皇上！臣教育不当，请皇上治罪。"谢安也赶紧跪下。司马曜："国丈您赶紧起来，叫皇后知道了，又该逼朕爬树了。"司马曜这句话把两个人说得想笑又不敢笑，王蕴憋着笑赶紧道："皇上放心！臣定一好好说教她。"司马曜："国丈是得好好说说她，让她少喝酒，酒喝多了伤身体。"王蕴："是！谢皇上提醒，臣一定照办！"司马曜看着快憋不住笑的谢安，佯怒道："你还笑！你是媒人，有责任，罚你还朕的大鲤鱼。"谢安赶紧道："皇上！臣没有笑，臣刚好牙痛，嘴有点咧咧，看着像笑罢了。"司马曜："你识人不明，害朕爬树！活该！"王蕴赶紧道："皇

第十九回 乞九锡未果桓温病归西 守襄阳有功朱母筑斜城

上！臣的错！"司马曜见差不多了，赶紧道："有错就赶紧回去反省吧！"又对谢安道："你也走，你也反省去！"王蕴、谢安则走，司马曜关上门，开心地"耶"了一声，一个人扭起舞来。

王法慧被王蕴说教后，酗酒的毛病改了不少，这让司马曜甚是开心，好像忽然领悟到身为一国之君的厉害，忽然便不再那么纠结亲政了。

大年正月初一，文武百官集聚太极殿，褚蒜子和司马曜一到，群臣齐跪下道："皇上万岁万万岁！太后千岁千千岁！"褚蒜子道："众爱卿平身。"文武百官："谢皇上！谢太后！"褚蒜子："……依正道，顺天意，应地利，合民心，根据自然天时地间宇宙变化，治国安邦，经世济民，崇德扬善，别阴阳，合五行，观七星，应八卦，设九宫，谋济世安民安邦定国之策之略，强可谓之……今还政于皇上，哀家将永居后宫，不再过问朝政。"褚蒜子的话音刚落，司马曜道："太后先别！朕请太后同朕一起忙过年事，忙过年事，朕再亲力亲为。"司马曜话一出口，底下寂然无声，只有眼球频转余光乱闪，他们弄不清司马曜是开玩笑还是真心怯亲政。褚蒜子也怔了一下，赶紧道："谢皇上！"同时使眼色给一旁的王桂，让他们示意司马曜给群臣发放年礼，那王桂也是人精，轻轻"咳"了一声向司马曜举起了手中的托盘，司马曜会意，忙大声说："发放年贺！"太监王桂、王兰把带龙凤图案、装着赏钱的红绸礼包发给朝臣。

正月初五是司马曜正式亲政的第一天，他忙完政事便匆匆来到显阳殿，他对褚蒜子说："太后！开始朕心里还有点小不适应，等朕诏改元为太元、进封谢安为中书监、征郗愔为镇军大将军、桓冲为车骑将军兼尚书仆射、文武百官各进位一等的诏书后，看着文武百官殿下跪谢，朕一下子感觉朕就是朕了，也忽然明白太后留此诏请朕宣的原因了。"褚蒜子笑道："皇上金口玉言，话出口则自带能力，臣民听而遵之。"司马曜："朕不敢轻易张口了。"褚蒜子："嗯！皇上切记，话出口前一定要三思。"司马曜终究是个孩子，他边应诺边四处看，忽然被旁边的山水盆景吸引住了，褚蒜子见状问："皇上看这山水，能用一个手把它挪动吗？"司马曜认真仔细地看了一会儿道："不能！"褚蒜子站起来，一只手轻轻一推，便挪哪是哪，司马曜："底下有机关？"褚蒜子："对！底下有轮子！借着轮子的力，想挪哪就挪哪。"司马曜："明白了！太后是教朕凡事不可蛮干，要顺势借力，可以四两拨千斤。"褚蒜子笑道："皇上厉害。"

司马曜虽然性子有点急，但是处理朝政越来越老到。这一天，王彪之汇报说："秦贼又犯我边境，官军无伤，但是掠走百姓三万户。"司马曜张口道："夺回来！"说完忽然想起褚蒜子对他说过的话"皇上金口玉言，话出口前一定要三思"，遂暗怨自己说话太急，正想着如何补救，只听谢安说："臣以为暂且忍下，还是发展经济为上策！非不顾百姓，而是秦这次掠百姓，目的是掠夺生产力。秦这些年来一直扩张，地广人稀，我百姓去了对他们来说未必是坏事，虽然表面上看他们在为秦贼效力，但是实际上未必，民族凝聚力会让他们身在曹营心汉。"司马曜故作不甘心道："就这么让百姓去了？"谢安："暂时！"司马曜："如果不夺回来，朕担怕影响国民之心。"谢安："战争自古就是胜胜败败，臣以为做好舆论，关系不大。"王彪之："两害相较取其轻，臣以为谢大人说得是。"司马曜眉毛一扬道："是不是找个新事件压过这个？"谢安："皇上的建议非常好，臣建议秋后度田收租时，王公以下人口税米减三斛，免除劳役。如此，民心可安。"司马曜："好！就这样。"

秋高气爽的秋天，司马曜请褚蒜子到华林园赏桂花，一行人未到桂花林，便有浓浓的香气沁人心脾，褚蒜子："闻到桂花香了。"司马曜："朕上回来这里，感觉太美了！这边，马上到！"说话间司马曜领着众人来到桂花亭，桂花亭早已收拾干净，中间的大理石圆桌上摆着时令瓜果，歌伎舞女也早准备好在旁边候着，谢安道："皇上！太后！臣叫人准备了三个曲子，《梅花三弄》《阳春白雪》《广陵散》……"司马曜打断道："哪个都好！都来吧，从《梅花三弄》开始！"褚蒜子："别在这儿，去那边演奏，隔着水听。"王彪之："还是太后懂得欣赏啊！"褚蒜子："镜湖赏月、秦岭秉灯、隔水听音、借火救船嘛！"司马曜调皮道："除了这无与伦比的美景，朕还想到了赤壁之战。"褚蒜子笑道："哀家也想到了。"谢安、王彪之等也笑道："臣也想到了。"褚蒜子坐下道："那我们就着桂花说赤壁，喝着佳酿论仙家。"这话说得让每个人心里都有了飘飘欲仙的感觉。司马曜请褚蒜子出来游玩，也是为了显示自己，他指挥道："王桂，你们负责烧烤，去那边，别让烟往这边跑。"大家享受着清风、吃着瓜果、听着音乐、说着闲话，惬意极了。褚蒜子："如果如此下去，该多好。"因为褚蒜子一向不说"假如、如果"这样的话，今儿猛不丁一说，大家都心里一动，司马曜直言道："太后说'如果'。"褚蒜子知道自己的话引起了大家萌动的心，道："知道没有如果，所以不说如果，而今希望如果，所以也谈如果。"司马曜："朕现在不敢'如果'了！秦贼发展太厉害了，北面的羯胡、鲜卑等差不多都被他荡平了。"褚蒜子："他摊子那么大，又长年累月征战，不发展经济、不课农经商，内瓤

第十九回　乞九锡未果桓温病归西　守襄阳有功朱母筑斜城

肯定不结实。不管他，我们继续做好防御、课农经商、增强国力！"又道："如果可以，把淮北的百姓移到淮南来。保百姓安康就是保朝廷的生产力，人在，一切都在！"司马曜笑道："我们几个讨论好长时间的问题，太后一会儿就有答案了。"褚蒜子笑道："不马上有答案，这秋游能尽兴吗？"一句话逗得众人笑起来。谢安："袁宏写的《后汉纪》《竹林名记》三卷马上好了，他想请太后指导。"褚蒜子："好啊！袁大才子的书，哀家一定要好好看看。哦！听说他病了，他身体怎样？"谢安："病得不轻呢！但是为了《后汉纪》和《竹林名记》，他不肯休息，昼夜带病编写。"褚蒜子："派个太医好好看看。"司马曜："朕已经派太医去了。"褚蒜子："希望他早点好了。"大家正说着话，太监王桂过来道："皇上！太后！烤鱼和烤鸡好了。"司马曜一指前面的石桌道："上这儿！"宫女赶着把桌上的瓜果撤下，王桂等把烤好的食物端上，褚蒜子他们吃着、笑着、说着！宴罢，司马曜提议作诗，褚蒜子："哀家抛砖引玉。"她思索了片刻，道："枫叶红初透，相约云鹤行。登峰听鸟语，樾涧逮秋萤。酌酒随波泛，濡毫逐韵盈。兰亭谁再写，醉笔我先鸣。"褚蒜子诗毕，司马曜道："太后这不是抛砖引玉，这是抛玉羞砖啊！"褚蒜子笑了笑刚要说什么，只听司马曜道："朕有了！四时俱可喜，最好新秋时。桂月香兰梦，风花瘦新词。"谢安："臣也有了！琴弦指上歌，月色风中和。婉转听无尽，痴情醉吟哦。"一片叫好声后，王彪之道："臣才思枯竭，认罚酒！"褚蒜子："王大人不是才思枯竭，是贪酒也！"王彪之："太后太懂臣了，臣愿意多多被罚！"众人哈哈大笑。

　　晨省时，褚蒜子看到刘轩过来，道："那个御泥快用完了，再做些吧。"刘轩："已经做上了七天了。"褚蒜子："这是哀家用过的最好的御泥，辛苦你了！"刘轩："能让太后开心，是臣最大的幸福。"前来请安的王法慧道："什么御泥？臣妾可以用吗？"褚蒜子："刘太医给皇后说说。"刘轩："可以用！这个御泥非常好！"王法慧："怎么做的？"刘轩："把鸡蛋开小口，倾出蛋黄留蛋清，然后将研成粉的朱砂20钱注入蛋壳，用蜡封好，掺和在母鸡抱窝的蛋中，等二十一天小鸡出壳，这御泥就好了。"王法慧："刘太医你写个单子给本宫，本宫回去就叫人做。"刘轩正把写好的单子给王法慧，忽然黎辉道："太后！皇上来了！"王法慧一把抓过，对褚蒜子道："太后！臣妾先走了！昨天臣妾不小心喝高了，又让他学狗熊爬树了。臣、臣妾从那边先走了！"她的话让众人忍俊不禁。王法慧刚没影，司马曜就来到跟前，他对褚蒜子道："太后！这是林邑进贡的枸杞茶，清肝明目养肾。"褚蒜子："来！泡上尝尝！"黎辉接过去泡茶。司马曜："现在国家基本没什么大事,国防呢,在训练着,经济呢,在增长着,都不错,只是文化这块,有点欠缺,朕想弄个文化方面的事。"褚蒜子:"非常好!百善孝为先,《孝经》可再推而广之,皇上先组织个班子,先在都城宣讲。再有,办学校、举办一个国家级别的学校,要隆重、盛大,诏告百姓,寒门也可以入学入仕。"又道:"寒门学子没有家族的牵连,入仕后尽忠朝廷的心会多些。"司马曜:"是!车胤!寒门!对朝廷特别忠心。"褚蒜子点了点头,司马曜又道:"朕还想恢复明堂效祀,中不?"褚蒜子:"如果时机成熟,自然中!"司马曜:"到时太后能不能到场?"褚蒜子:"如此利国利民的好事,哀家肯定去。"

　　阳春三月天,由朝廷举办的《孝经》大讲台如期举行。开幕式上,褚蒜子道:"孝是我国文化的核心,'百善孝为先'。'身体发肤,受之父母,不敢毁伤,孝之始也;立身行道,扬名于后世,以显父母,孝之终也。'孝,不只是孝顺父母,孝顺父母只是孝道的开始。往深里讲,孝是治国之根本。我国是文明古国、礼仪之邦,要求修身、子孙和谐,宇宙清宁,夫和妻顺,家庭和睦等,其核心就是一个'孝'字,为人只有'孝',才能担当'治国平天下'的社会重任……"欢呼雀跃的掌声后,大家各就各位,开始讲经。只见谢安坐于司马曜旁,尚书陆纳伴讲,侍中卞耽伴读,黄门侍郎谢石手执经书,中书侍郎车胤与丹阳尹王混选取文句。他们娓娓道来,如春风化雨,滋养着万物、滋养着人们。

　　朝廷一开讲《孝经》,下面也都跟风一样学了起来,有"孝"文化滋养了臣民,日子比之前美好了许多。看着孝行天下、想着孝行天下的司马曜开心地对褚蒜子说:"文化的力量可真大,感觉比千军万马都管用,听王混说以前衙门里总是有不少父母状告子女不孝、子女状告父母不养的案子,《孝经》一传播,这样的案子明显少多了,社会风气好了很多。"褚蒜子:"文化在精神层面引领着人们前行,力量非常大!用好了,事半功倍!政治、经济也会跟着省心不少。"司马曜:"嗯!百姓有孝在心,邻里友爱,街坊有暖,父慈子爱,母柔女乖,乱七八糟的事儿少,用在干活上的劲儿多了,效益自然提高了。丝绸部官员报,自上回太后宣讲《孝经》后,各地丝绸的效益提高了很多。"褚蒜子:"人的精力就那么多,用在正事上的多了,是非自然就少了。"司马曜:"太后!等'京都大私塾'弄好了,朕想来个释奠礼,怎样?"褚蒜子:"非常好!场面要宏大,让臣民都知道朝廷重视教育。"司马曜张口道:"到时请太后……"褚蒜子打断他的话道:

第十九回 乞九锡未果桓温病归西 守襄阳有功朱母筑斜城

"皇上自己最好！"司马曜有点为难道："朕……"褚蒜子："这是文化盛事，皇上亲为，效果更好，届时哀家出席便可。"司马曜明白这是褚蒜子要为他扬名立威，但是又担心自己万一不小心出了纰漏没有收拾，便有点强迫又强求道："那到时太后一定要到场。"褚蒜子笑着说没有问题。

时间过得真快，一晃就到了金秋十月，京都大私塾第一批学子入学。司马曜释奠礼。王彪之主持，盛大的释奠礼仪式正式开始！司马曜、褚蒜子等按照步骤认真行事。

司马曜这场释奠礼非常圆满，远在长安的苻坚听说了也下令大力兴办教育、弘扬文化，其他小国更是直接前来称藩。

王彪之说："今年真好，难得的文化盛事，难得的精神腾飞！难得的……"司马曜："朕还想把明堂郊祀之礼拾起来，二位爱卿觉得怎样？"王彪之："太好了！臣同意！'归来见天子，天子坐明堂'。"谢安："臣也以为非常好，但是臣以为不急。今年已有孝经、释奠礼两大盛事，再一个明堂，恐怕……再者，明堂的主要作用是朝会诸侯，而诸侯朝会是什么情况呢？"司马曜笑道："朕有点急功近利了！昨天还说秦贼又犯我边境呢，朕这一高兴差点忘了。"谢安："征西大将军桓豁上表朝廷任命朱序为南中郎将、梁州刺史，镇守襄阳，以抵御秦贼。"王彪之："秦贼猖狂，朱序可以吗？"谢安："可以！秦贼攻打凉地时，桓冲命他和桓石虔声援，他一直与他们在沔水、汉水一带游巡，和秦贼交过多次手，基本上每次都获胜。"司马曜："那就准桓冲所奏，诏命朱序为南中郎将、梁州刺史，镇守襄阳。"谢安忽然发现王彪之异样，坐那一动不动，他叫他："王大人！王大人！"王彪之无动于衷，他站起来走到他身边，一碰他，他倒了下去。谢安、司马曜都吓了一跳，二人赶紧扶起他，谢安伸手探了探他的鼻息，道："皇上！王大人走了！"

王彪之的离世让司马曜有点懵，以前有什么事，有他和谢安两个人商议，这下子只剩下谢安一个人了，所以，有什么一时没有商议好的事，他不自觉会到显阳殿找褚蒜子讨主意。因为他的"明堂计划"意见与谢安相左，他便习惯性地来到显阳殿顾问褚蒜子。他说："太后！明堂郊祀，朕一直纠结。"褚蒜子："纠结是因为皇上知道还不是时候，尚无法驾驭。"褚蒜子的话一下子说到了司马曜的心坎里，他忙说："对！但就是心里十分想。"褚蒜子："有此想法是好事，只要敢想便成功一半，虽然时机不成熟，但是只要皇上努力就一定会实现。"司马曜："嗯！朕就是也想像周天子一样宴请天下诸侯。"褚蒜子看了一眼这个很有抱负的皇上道："很好！现在皇上要做的是……"她的话尚未说完，见太监王桂气喘吁吁地跑来说谢安求见，司马曜遂辞别褚蒜子。

司马曜来到书房，谢安已候在那里。礼毕，司马曜问什么事。谢安道："秦贼苻坚大举侵晋，派了征南大将军长乐公苻丕都督征讨诸军事，率卫将军苟苌、尚书慕容暐，共步骑兵七万人，攻打襄阳。同时又命秦荆州刺史杨安率樊、邓二州兵马为先锋，与征虏将军石越率步骑万人出鲁阳关；冠军将军京兆尹慕容垂、扬武将军姚苌率众五万出南乡，领军将军苟池、右将军毛当、强弩将军王显率四万兵马出武当，统一在襄阳城下会合，说是限期攻克。"司马曜："什么？即刻诏命朱序回防，桓冲做好驰援。"

朱序早已闻知秦兵来犯，但是他不以为然，他以为有汉水为阻，又探得秦军中没有舟楫，想他们不可能过来，所以对来犯的秦寇不当回事。其参军说："怕他们盗船。"朱序听罢不屑道："都不给他们盗的机会！传我命令，汉水两岸的船，无论军事还是民用，统统收回内城，没有命令擅自动船者以军法论处，立马行动！"参军："收回的船只放哪儿？"朱序："搁外城！用时方便！"汉水两岸的船只，很快被晋军全部收回，朱序放心地睡了一觉。然，他没想到的是，秦将石越竟驱骑兵五千人浮渡汉水，直逼襄阳。他们上岸后，竟然发现无多少兵防守，石越想："真乃天助我也！传令，抢船！"这五千精兵与防守将士厮杀起来。敌多我少，不多时，晋防守大败，石越他们夺得战船百只。石越命将士把抢来的船统统抬到汉水，往渡兵将，苻丕等人次第得渡，同来攻城，城中大震。

朱序得到急报，不信大惊道："什么？他们飞过来的？"卫兵："泅马渡过来的！"朱序悔得肠青道："忘了马会游泳！立刻马上火速告知城中军民，严防秦贼。"朱序迅速穿上战衣，亲自调兵守城，布置严防。

看着眼前战况，苻丕觉得襄阳之战很快就会结束。他以胜利者的姿态对将士说："整合队伍，埋锅造饭，吃饱后原地休息，稍休息后猛攻内城，然后一举拿下。"有此心态的不仅苻丕，兵卒也这样想。只听秦兵甲："这仗打得跟玩一样。"秦兵乙："是啊！没有一点儿成就感，像小孩儿过家家的感觉。"秦兵丙："嗯！可是！等会儿吃过饭、睡个觉，起来伸伸手就把他们捋光了。"

秦军吃过饭，仗着人多势众，抬着云梯一浪高过一浪呐喊着向城头冲击，他们都以为胜利就在眼前，然而，理想和现实总是差那么远，城头的晋军士兵远了放箭近了

第十九回　乞九锡未果桓温病归西　守襄阳有功朱母筑斜城

抛石头。一时间，打得前秦军晕头转向，死伤惨重。气得苻丕骂道："给我上霹雳车！砸！给我使劲砸！"一时间，城上城下，石头"咻咻"乱飞，像流星雨一样。对砸了半天，虽然襄阳城内的石头已多得没处下脚，但是依旧在朱序的指挥下，顶住了秦军一次次的进攻，秦军则在一次次的进攻中，一丁点儿好处也没有捞到。眼看天黑了，双方休战。

朱序的母亲韩氏颇通兵略，她挈婢仆等登城，亲自视察。至西北角，她蹙眉道："此处很不坚固，怎么能守住呢？"说罢，她与婢仆同上，在城内增筑斜城，婢仆的力量不够，她就在城中招募妇女，还把库中的布帛、室内的玩物作为奖赏。拼死干了一天一夜，将斜城筑就，是谓"夫人墙"。

她们刚刚完工不久，西北角果然被秦寇攻陷，坍塌数丈，秦兵一齐涌进，亏得有这道斜城挡着秦兵，朱序才得以敛众拒守。秦兵岂肯离去，他们以为很快就能攻下，然，事违人愿，几天下来，城下秦兵尸体堆积如山，城墙却依然完好无损。苻丕道："务必给我七七四十九日内拿下，否则军法处置！"可是，天不遂他意，秦兵在苻丕的催促下一次次进攻，又一次次失败。女人做活细腻，韩氏她们筑的"夫人城"太坚固了，牢不可破，很是难攻。那秦军也是一根筋，非常执着地只攻打西北角，也不更换战术，永远想的是"沿路突破，集中入城"，苻丕自以凭着他的二十万大军，不需要时日，就会拿下这襄阳。

然，理想很丰满，现实很骨感。一晃十个月过去了，襄阳城在朱序领着城中将士、百姓，又有韩氏精神的鼓舞下，奇迹般地屹立着。

远在长安的苻坚简直要疯了，二十万大军竟然连一座孤城都攻不下。其臣李柔奏说："长乐公苻丕率众二十万攻打一孤城，一天消耗一万金，十个月了，还没有打下，有渎职之嫌！臣请陛下把他拿下关大牢交由廷尉治罪！"苻坚："渎职不会！但是时间也太长了，那襄阳是铜墙铁壁不成？"他派人送给苻丕一把宝剑，并带话给苻丕说："如果明年春天再攻不下襄阳，你就用这把剑自刎算了，不用再来见我。"

朱序虽然带兵顽强坚守，但是到底也怕力不从心，他派人向桓冲请援。桓冲探知围攻襄阳的秦寇有二十万兵力，他怕自己的七万兵力敌不过，不敢轻易出兵，故而没有给朱序外援。朱序又向朝廷要兵增援，司马曜诏令桓冲向前去救援，桓冲急命，仍没有去驰援，气得他向太后吐槽："襄阳朱序坚守十个月了，朕下诏让桓冲向前去驰援，他就是不去！怎么办？"褚蒜子："他不敢去！"司马曜急道："东线也在受着秦贼侵犯，去不了，他再不去，可不是有抛弃襄阳的意思。"褚蒜子："非也！现在秦兵至少五万对江陵围而不打，为什么？皇上想想，襄阳南面是荆州，荆州东南是江汉平原，如果桓冲驰援朱序，打赢了万事大吉，万一有闪失，秦贼趁势反击，一路南下与那五万人马联合，很快就会攻入我之腹地。"司马曜："那就任襄阳自生自灭？"褚蒜子："不！首要的是设法运粮食进去，再就是多给予精神鼓励，让他们继续坚守，告诉他们朝廷驰援很快就到。"

将近年底的时候，苻坚派的人也到了，他向苻丕传达了苻坚的意思，苻丕很是惶恐，赶忙把属僚们叫到帐内商议。一个谋士说："我们不如把节奏放慢一点，麻痹对方的神经。然后与收买过来的李伯护来个里应外合，搞他个突然袭击，打他个措手不及！"苻丕也没有想到更好的办法，只好听从，下令大军全线后撤二十里，"一切等过了年再说"。

朱序在城头看到这个情况，立刻把城中能动的部队集结起来，道："趁着敌军撤退，我们去打两下。记着：'敌进我退，敌驻我扰，敌疲我打，敌退我追。'"朱序悄没声儿地打开城市，杀将出来，对着正在撤退的秦军一阵猛杀。苻丕措手不及，一口气儿败出了好远，兵士被追逃数里才收住阵脚。待他要反攻时，朱序早已带着兵士绝尘回到了城里。气得他大骂道："朱序就是个滚刀肉！又这样，奸死了！"谋士："将军莫气，将军莫气！咱们继续退，继续麻痹他。"苻丕一咬牙道："退！"

晋军一看都松了一口气，以为敌人是绝望而去，紧绷的神经顿时松了下来。朱序也是，他对兵士说："儿郎们！敌人被我们打得摸不着北了，已退到二十里开外，且还在退中，我等可以稍松口气……"兵士一听，紧绷已久的弦瞬间放松了，每个人都想"好好睡他一觉"，百姓也是。梦一样的祥和中，襄阳都护李伯护心里暗道："不会真退了吧！不是说好看时机里应外合的吗？"又思道："不行！得叫人去问个究竟，不能在这儿死待着！人生苦短，我还要荣华富贵地活着。"

也是过年了，敌我双方心照不宣，大年下的都不主动挑起战事。就这样，城外秦军、城中晋之军民，一起过了一个互不干扰的别样新年。

短暂的休整后，朱序依旧心弦紧绷，日夜督促兵士固守城池，一旦探得秦兵稍懈，他便出奇猛杀。朱序游击术打得秦兵胆战，以致苻丕一听"朱序"二字就头大。对这个

第十九回　乞九锡未果桓温病归西　守襄阳有功朱母筑斜城

啃了将近一年的硬骨头，他实在想不出更好的办法。正自苦恼，李伯护的儿子趁着夜色来了，他道："将军！现在守城是最松懈状态，我父亲说是里应外合的最好时机，派我来和将军商议好时间，他会见机打开北门与将军配合。"苻丕："非常感谢你们这对伟大又识时务的父子，回去转告你父亲，明天！北门！"李伯护儿子讨好道："将军放心吧！"苻丕写下一张字据，递给他道："这是赏你父子的金帛凭证，你且收着。"李伯护儿子推道："我和父亲是择良木而栖的，不图这个。"苻丕："拿着！应该的！"李伯护儿子假辞推让一番，接过放入怀中，趁着夜色离去。

第二天，苻丕领兵攻城，朱序率众奋力抵御，正在危急时刻，北门忽然大开，秦军蜂拥而至。北门忽然沦陷，让朱序感到吃惊、意外，他率众拼命与敌军搏战，可巧看到督护李伯护前来，朱序大呼他与自己一起以死效忠国家，李伯护佯装应诺，等他靠近朱序，却拔出剑刺穿了朱序的战马脖颈，战马负痛倒地，朱序也随之坠下马来。倒在地上的朱序怒目圆睁，大骂李伯护："无耻叛徒！竖子！"李伯护充耳不闻，麾动左右，绑了朱序送至秦军。其母韩氏见朱序被捉，挈领着健婢，从西门逃走，绕道东归，幸得脱祸。苻丕在李伯护的配合下，发起总攻，很快拿下了襄阳。

朱序被送到长安，苻坚听闻他守节的事迹，很欣赏，欲拜他为尚书，他说："朕非常欣赏将军的为人，希望将军留下来一起共谋大业，一起为苍生造福。"朱序说："陛下如果真心欣赏在下，请陛下尊重在下的选择，在秦地，在下甘愿为民。"苻坚："天不生将军民命，将军要违天命行民事吗？"朱序："在晋为将军命，在此地为民命。"苻坚："留下吧！朕封你为户部尚书。"面对苻坚的真情挽留，朱序自想："忠臣不事二主，我一定设法逃跑……"苻坚见他不语，便道："不吭声朕就当默认了。"朱序敷衍道："容我想想。"

朱序终于跑掉了，他藏匿在朋友家里。苻坚惜才，下令无论如何要找到他，他让卫兵一家一家地挨着搜查，朱序看到这个情况，生怕连累朋友，说："我去自首！"朱序亲戚："不要！你回去苻坚会饶你吗？"朱序："我不能连累你，我去自首不一定会死，不去自首，查出来不但罪大还会连累你。"朱序朋友："不怕，就是死我也不怕。"朱序："不是死不死怕不怕的事，生而为人不容易，我们必须都好好活着！留得青山在，不怕没柴烧，为国尽忠不在这一时。"朱序朋友："明白！"两人又说了些话，他才将朱序带到后门送走。

朱序回到苻坚那时，李伯护正在讨好告状："陛下！小人知道朱序有个朋友在这里……"朱序打断他的话上前道："请陛下治臣逃跑之罪！"苻坚："你为什么回来了？"朱序："不想连累友人。"苻坚一听觉得他为人仁义，赶快站起来拉住他的手道："回来就好！回来就好！于国忠于友义之人，何罪之有？这样的人做朕的户部尚书，朕求之不得呢！"一旁的李伯护见状小心翼翼道："陛下！小人，小人呢！"苻坚嗤之以鼻道："你？为国不忠，为人不义，图谋荣华不择手段，图谋富贵丧尽天良，不过是浪费粮食行尸走肉，留着何用？来人哪！推出斩了！"

苻丕拿下襄阳的捷报传来，苻坚令苻丕乘势猛攻，很快，顺阳也被慕容越攻下来，并把太守丁穆擒获，送到长安。苻坚也是授他官爵，希望他为秦国效力，但是他坚决不受，只求速死，苻坚见他不可为己所用，乃下令成全了他。慕容越乘胜出击，又围攻魏阳，魏阳城也因粮尽沦陷，魏阳太守吉挹拔刀意欲自刎，被左右夺去，吉挹也被执送到长安。吉挹一心求死，对欲授他官爵的苻坚，采取非暴力不合作方式，不言不语不食，不久便把自己生生饿死了。

消息传到朝廷，司马曜难过道："顺阳丢了！魏阳也丢了！"谢安："自古城池就是敌敌我我，皇上不要心焦，过些日子我们再打回来就是。"司马曜："朕都明白，就是心烦！城池丢也就丢了，回头再打回来了，朕心疼的是朕的几员大将，顺阳太守丁穆被捕，魏阳太守吉挹绝食而亡，襄阳太守朱序是死是活还没有消息。"谢安："没有消息的先放着，有消息的要先处理了。丁穆为国捐躯、吉挹为国尽忠绝食而亡，朝廷不能忘了他们，臣建议追封他们并厚恤其家人。"司马曜："对！厚恤其家人！"

前方战事失利的消息，司马曜都一点不剩地全说给了褚蒜子，这个年轻的皇帝，对褚蒜子有精神上的依赖，如此，褚蒜子退而不能休，不得不时时做他的治国顾问。这天，司马曜刚走，谢安夫人刘氏来了，身后跟着一个未曾见过的中年女人，谢安夫人告诉褚蒜子说她是朱序的母亲韩氏。褚蒜子赞道："朱母的故事哀家早听说了，巾帼英雄！"韩氏谦虚道："太后过奖了！作为朝廷子民，应该的。"谢安夫人看了一下左右小声道："太后！朱母有要事与您讲。"褚蒜子屏退左右，道："说吧！这里没有外人。"韩氏："老身才从长安回来。苻坚他们抓了朱序不放，要他做户部尚书，朱序先不同意，跑到了朋友家，那苻坚下死令非要找到他，他怕连累朋友，自首了。没想到苻坚不但不怪他，反而优待如故。"褚蒜子："嗯！那苻坚也是个人杰！"韩氏："是啊！可是，忠臣不事

第十九回　乞九锡未果桓温病归西　守襄阳有功朱母筑斜城

二主！朱序原想一死报国，可苻坚说如果他死了，他的所有家属都得死，没办法，他降了。"褚蒜子："理解！"韩氏："太后！朱序他是假装降了！假以时日朝廷需要他，他即刻回归。"褚蒜子："如此！甚好！"褚蒜子呷了一口茶问："朱序家眷有多少在秦地？"韩氏："女眷大部分随老身逃了出来，儿子、孙子都在！"褚蒜子："为了他们在秦地的安全，你且带着女眷在此地低调地生活！生活费用，哀家定时派人送给你们。"韩氏领命离去。

第二十回

小试牛刀谢玄轻却秦军

好大喜功苻坚偷窥晋室

襄阳沦陷，桓冲自觉有责，上表请罪并请辞。司马曜有点烦，对谢安发牢骚道："襄阳陷没，桓冲自请辞职。"谢安看他心情不畅快，开解道："襄阳原属桓冲管辖，受秦贼围攻一年多，他一直没有出手援助，而今沦陷他请辞也在情理之中。"司马曜一听更烦，他以为谢安要趁火打劫、落井下石，声音不由得抬高一度道："准他辞请。"谢安一如往常道："臣建议不准。"司马曜听罢心情平复了不少，道："嗯！现在正是用人之际，他一提辞职朕心里烦。"谢安："臣理解皇上，请皇上保重龙体。"又道："桓将军不去救襄阳，也是从大局着想，以防万一。而今秦贼势猛，我们更要精诚团结。"司马曜："彭城又败报，再给桓冲下命令！"谢安："桓将军守着西线，兵将难以调动。非他不为，实在难为也。"司马曜又急道："难道让彭城如襄阳一样，看着沦陷？"谢安："臣当然也不愿意看到这样的结果。"司马曜："那怎么办？"谢安："臣举荐让谢玄前去救彭城。"司马曜一听兴奋道："对呀！北府兵，朕的王牌。王牌出马，一个顶仨！"谢安："城要救，人更要救，人在青山在！"司马曜："嗯！朕懂！即刻诏谢玄救彭城。"

谢玄率众万余前往彭城，大军行至泗沙，谢玄道："谁去通知彭城太守戴逯一声？告诉他我们来了。"部将甲："彭城被围已久，我们得想个周全的办法才好。"部将乙："那秦贼围得密不通风，无路可走，怎么过去是个问题。"大家互相推诿时，部将田泓道："我去吧！"谢玄："你怎么去？"田泓："泗水过去。"谢玄看着这个舍生就义的部将，道："趁着夜色去。"沉默一会儿又道："万一有什么，将军家人有如我的家人。"田泓壮士赴死道："谢将军！"

田泓泗渡护城河，到了城下，刚探头出来，就与秦巡逻兵打了个照面，那巡逻兵一声喊，迅速来了十几个人。田泓知道逃不掉，索性上岸，他被押至秦营。彭超说："我军防守这么严，你竟敢冒死送信，是个人物。"田泓头一昂道："要杀要剐请便！少废话！"彭超赞道："是个爷们！"田泓："废话！"彭超看着想了一会儿道："你是条汉子，我不杀你！这样，你向城内的军士喊话说晋军败了，我即给你锦帛百匹、金银万两，你带着这些东西回家与老婆孩子热炕头去，怎样？"田泓一听，决定给他们来个将计就计，于是道："好！你立个字据，然后签字画押。"彭超一听心里道："见利忘义的小人，喊完话即杀你，还字据！"但是为了让田泓给城内的晋军喊话，他眉头也没有皱一下就爽快地答应了，叫人拿来笔墨纸砚，写好字据，签字画押，然后呈给田泓看。田泓看罢道："走吧！"几名秦将押着田泓来到城下，田泓大声喊道："戴太守以下诸将听着，我是兖州部将田泓，单行来报，我大军马上就到，望诸军努力待援，我不幸为贼所得，已不望生还……"刚说到这，秦将喝令将其斩首，刀光起处，碧血千秋。

秦将彭超生怕腹背受敌，他决定加大力度攻城，以期快速拿下城池。然，就在他加大力度攻城的时候，谢玄已命后军将军何谦趁机来劫他的辎重。彭超赶忙分兵抵御，也就是这个当口，彭城太守趁机逃出，兵民不致全覆没。何谦见有秦兵打来，赶紧退让，秦兵也来不及想，以为是被他们打退了，赶紧回头随彭超攻城，很快，空城彭城被彭超占去。彭超让徐褒守城，又自带兵士攻下盱眙。这时秦将俱难已攻下淮阴，再加上秦将毛当、王显，又从襄阳出发来会彭超，两路人马，围攻三阿。

三阿距广陵百里，晋廷闻后大震。一面临江列兵布阵，一面派征虏将军谢石率水军出屯涂中，右卫将军毛安之率步兵出屯堂邑。秦寇毛当、毛盛夜袭毛安之，毛安之措手不及，大溃败。消息传到朝廷，年轻气盛的司马曜大喊："什么？秦贼这么猖獗！朕要御驾亲征。"群臣听罢一片哗然。谢安踱出来道："皇上！不可！臣民需要皇上坐镇朝廷，全面布控。"文武百官赶紧附议。谢安又道："现在西线有桓冲、东线有谢石沿江列兵布阵，不怕！臣以为当务之急是派兵保住三阿。"司马曜："谁去？"谢安："臣举荐谢玄。"司马曜："他彭城都没有救下！"谢安："那是他的欲擒故纵之计，他用围魏救赵之计救下了全部兵民，人在青山就在。"司马曜不再多想，立刻道："好！即刻诏谢玄前去三阿。"

谢玄率军从广陵出发前去救三阿，至白马塘，遇秦将都颜，谢玄乃虎旅之师，一举击斩都颜。谢玄："乘胜追击，直攻三阿。"谢玄率众至三阿城，彭超、俱难并马来战，谢玄挥军杀去，纵横驰骋，锐不可当。彭超与俱难虽然身经百战，但是从来没有遇到过这样的精锐，顿时惊惧，部兵折损甚多，大败而逃。其兵士见状，也都丢盔弃甲，跟着两个人逃向盱眙。谢玄率兵进入三阿城，与刺史田洛，召集邻境士卒，得五万人，进攻盱眙。俱难、彭超二人领兵迎战，又大败，他二人逃到淮阴。谢玄乘胜追击，又派后军将军何谦率领水师，黉夜纵火，焚毁淮桥，截断敌人退路。秦寇邵宝出兵拦截，怎奈火焰冲天，敌势又猛，不可抵挡，只落得个焦头烂额、一命呜呼。俱难、彭超前去救援，却只见淮桥左右，火光似海，不敢前去。谢玄一番坐镇布局，与何谦、戴逯、田洛等并力追击，大败俱难、彭超，重新把彭城、淮阴、盱眙等城池收归。

谢玄凯旋，举国沸腾，司马曜很是开心，他顺脚来到显阳殿，对褚蒜子道："三阿、彭城、盱眙、淮阴，短短两三个月，谢玄就全部收回来了！不愧是我朝的王牌之师！"褚蒜子对他道贺罢又道："皇上可知道为什么北府军如此厉害？"司马曜："当然是谢玄领导有方！"褚蒜子："这是其一，想想还有别的吗？"司马曜："还有就是谢安的'镇之以静和'之思想。哦！还有就是这些人中很多都当过兵，有实战经验。"褚蒜子："还有呢？"司马曜："还有就是他们皆来自游民。"褚蒜子："对！他们皆来自游民！他们的家园早已被毁，只有跟随朝廷，才有前途。"司马曜："对！非常对！朕发现凡是没有根基凭军功上去的将军，都跟朝廷非常一心。武将如此，文官也当如此！朕以后要注意从寒门中选拔人才。"褚蒜子欣慰地点了点头。

　　孝武帝虽然年轻，终究是一个胸中有经纬的皇帝，知道谁是江山社稷重臣、知道如何平衡时局朝政。太极殿上，他大声道："……论功行赏，加封谢安为司徒，领卫将军，开府仪同三司；桓冲亦并授开府仪同三司；加封谢玄为冠军将军，加领徐州刺史；左将军王蕴领尚书仆射，迁丹扬尹……"文武百官皆臣服，褚蒜子闻听，心里悬着的石头落地了，她笑着说："皇上成了！从今后，哀家可以放心地过岁月静好的日子了。"刘轩也释然道："臣以后陪太后把日子过成诗。"黎辉笑道："这岁月静好的日子里奴婢估计皇上还会时不时来让太后操心呢！"刘轩："太后都说皇上都成了，还有什么可操心的？以后就琴棋书画茶酒花地生活。"黎辉："奴婢也可想如此陪着太后，可是老天爷不让太后那么安逸呢！皇上来了！"说话间，司马曜已来到跟前，褚蒜子："忙完了？"司马曜轻松又开心道："嗯！忙完了！过来看看太后。"褚蒜子："怎样？"司马曜："非常好！就王蕴，又非要外任，拗不过他，朕让他复为都督浙江东五郡诸军事、领会稽内史。"褚蒜子："嗯！甚好！"司马曜："现在四方稳定，朕想除了像以前一样发展经济增强实力外，还想立佛教为国教。"褚蒜子："信仰这个问题，可引领不可强制。"司马曜："朕明白！朕没有说清楚，是奉仰，哦不，是推崇佛教，着重宣扬，信不信随意！"褚蒜子："这就对了！无论信什么，只要有信仰就中！无论信佛还是信道，其最终是将无同。"

　　多年前，褚蒜子曾想把佛教立为国教，今天司马曜又提，她心里十分高兴。她深知，有信仰的民族才是不可战胜的民族，故而，她决定用自身的影响力，再帮年轻的司马曜一把。她告诉司马曜，她要去建福寺为国祈福，不避百姓、信徒，只叫卫兵暗中保护就可以了。司马曜一听很是感动，随即说将调一百二十名侍卫便装保护褚蒜子。一切安排妥当，褚蒜子一行来到建福寺，她跪在佛前，祈祷曰："慈悲伟大的佛祖，弟子褚蒜子

第二十回　小试牛刀谢玄轻却秦军　好大喜功苻坚偷窥晋室

在这里向您请求庇护，请护佑我大晋风调雨顺，政治清明，社会安定富强，百姓丰衣足食，身心健康无忧！慈悲伟大的佛祖，请接受弟子褚蒜子为国家的祈愿！祝愿：天下和顺，日月清明；风雨以时，灾厉不起；国泰民安，兵戈无用；崇德兴仁，务修礼让；国无盗贼，无有冤枉；强不凌弱，各得其所。"褚蒜子的祈祷言语不翼而飞，目睹褚蒜子真容的信徒更是把这事传得神乎其神，一时间，大街小巷都因为这个端庄慈悲的太后更加敬佛。

日子就这样如水一样流着，轻松、自在、惬意、美好。一天，褚蒜子如往常一样礼完佛，到御花园散闲。正在惠风亭赏秋，忽报说新安公主来了，一旁伺候的黎辉笑道："准又是那事儿。"褚蒜子也笑道："刁蛮、任性的闹人精。"话音刚落，就见新安公主大摇大摆地走来了，她上来便挽住褚蒜子的胳膊坐在她身边，娇娇地叫了声："太后！"褚蒜子明知故问："说吧！什么事？"新安公主嘴巴一噘道："太后明知故问。"褚蒜子："那王献之和郗道茂好好的，你叫哀家怎么办？"新安公主娇娇地晃着褚蒜子的胳膊道："太后下旨叫他休了她吗。为了他我都跟桓济都离了，他不休她我怎么办啊！太后！求您了！"褚蒜子："你这是叫哀家棒打鸳鸯，不行！"新安公主："什么棒打鸳鸯！我跟他才是鸳鸯！她跟他连个儿子都没有，算什么鸳鸯啊！"褚蒜子："你这叫哀家怎么张口呢！听说郗道茂和他感情挺好的。"新安公主："好什么呀，好会没有孩子？肯定不好。"褚蒜子："这个……婚嫁是你情我愿。"新安公主："我情他愿，只差太后这根线。"褚蒜子："叫哀家怎么说你呢，回头派个人打听打听再说。"新安公主："太后这是答应了？太后就是答应了！对不对？谢太后！"褚蒜子看着新安公主道："哀家拿你没有一点办法。"新安公主一把挽住褚蒜子的胳膊撒娇道："我就知道太后心疼我。"

新安公主闹腾了一下午方回，褚蒜子回到显阳殿，忍不住道："你说这新安公主究竟在想什么，非要嫁给王献之。"黎辉："公主喜欢他的儒雅才华吧，都说他的字可不亚于他的父亲王羲之。"褚蒜子："这倒是！这孩子从小就不一般。他六七岁时跟着父亲写字，父亲趁其不备，从后面猛然抓起他的笔往上一提，结果笔被他抓得很牢，王羲之当时就说'我这个小儿子会成为书法名家的'。这不，果然年纪轻轻地就成为与父亲一样的书法家了。"黎辉："听说他的字好难求的。要他的字，全看他高兴不高兴。说有一次，他到寺院逛，看见新刷的白墙，有了创作灵感，就取来一把大扫帚，蘸着泥在白墙上写了一个大大的'佛'字，寺院主持欢喜得要命，赶紧请人镌刻下来。"褚蒜子："文人性情！"

黎辉道："听说还有一次，王献之到朋友家玩，看见他穿了一件新的白袍子，正在打午睡，王献之看到他的白衣光洁可爱，就蘸墨在他的衣服上写满了诗文，他这个朋友醒来，如获至宝，把衣服珍藏了起来。"褚蒜子："王献之才貌学识为人都是诸弟兄中最好好的一个，也难怪新安公主会对他那么着迷。"又道："可是他和郗道茂恩恩爱爱的，怎么忍心叫他休了她呢？新安又不是做得了妾的人，这个问题真叫人头疼。"黎辉："他们的恩爱也许是传的，要不这么多年了怎么会没有孩子呢？不如先叫人去说说吧！"褚蒜子无奈道："看看再说吧。"

　　褚蒜子托人把意思传给王献之，前两次，王献之婉拒。第三次的时候，郗道茂有点抗不住了，她说："写休书给我吧，这样下去也不是个事。"王献之郁闷道："不！我们好好的为什么要分开？就因为她是公主？我不喜欢她，我也不想加入皇家的是非圈中去。"郗道茂："这由得了你吗？"王献之对一旁伺候的仆从道："去拿艾草来！"艾草拿来，王献之叫人点燃，说："再弄点，越多越好。"眼看着一大堆艾草烧成了灰，王献之伸腿举脚脱鞋，郗道茂感觉到了什么，忙问："干什么你？"王献之一推他道："你别管！"说话间双脚伸进了红通通的艾灰中，郗道茂赶紧拉他，可是他铁了心要烫伤自己，死活不出来，可是那撕心裂肺的疼让王献之忍不住"啊……啊……"了起来，仆从听到赶紧过来，帮着郗道茂拽他出来，怎奈王献之下死心要烫伤自己，就是拗着不出来，众人拉的拉、抬的抬、清艾灰的清艾灰，费了九牛二虎之力，才把他与艾灰余火完全分开，可是，为时已晚，王献之的双脚已是血糊邋遢的了。

　　王献之为拒绝新安公主自我烧伤的消息，郗璿下令家人不许多透露出半个字，只说是不小心碰翻了火盆烧的。新安公主听说后，心疼得不得了，可是又没有办法名正言顺地去看他，无奈之中她来到书房找司马曜。司马曜一见她就想跑，他也被这个执着要嫁王献之的姐姐弄得有些头大，可今儿她把他堵在了书房，没法躲了，只好明知故问："姐姐！你怎么跑这儿来了？"新安公主使性子道："我不来这里找不到你！"司马曜："姐姐！那王献之脚坏了，瘸了！姐姐还想嫁他吗？"新安公主："我不在意他瘸不瘸，我只要嫁他，求皇上成全。"说着跪在了司马曜面前，司马曜赶忙拉起她，只听新安公主又道："小时候姐姐带你玩，给你粘知了等等的事你还记得吗？你不能当了皇上就忘记了姐姐，你说过要对姐姐好的。"司马曜："姐姐对朕的好，朕从来没有忘过，可是，姐姐，这要强把王献之和郗道茂分开，朕下不了手啊！"新安公主："什么下不了手！分明是你不想作为，

第二十回　小试牛刀谢玄轻却秦军　好大喜功苻坚偷窥晋室

他们俩根本就不爱。"司马曜："你怎么知道？"新安公主："如果爱，这么多年怎么连个孩子都没有？分明不爱吗！我不要我爱的人受他不爱的人的折磨！"说完又直直地看着司马曜，司马曜顿了一下道："姐姐说得也有道理。"新安公主："皇上！姐姐长这么大就求你这一件事！"司马曜："说真的！朕也愿意子敬当我家女婿，那王敦、桓温算什么东西，一时得势，就要干预皇家的事。刘真长（刘惔）、王子敬（王献之）这样的最好不过了。"新安公主："就是嘛！既然皇上也中意，就请皇上成全姐姐嘛！"司马曜："姐姐！你给朕些时间。"新安公主："给你时间没有问题，但是要快点，只争朝夕。"司马曜："好！你先回去，等朕下了朝咱们细说。"新安公主："皇上答应了，不许反悔啊！"司马曜："嗯嗯！答应了，不反悔！"新安公主笑道："那姐姐先走了，不耽误你干正事了。"司马曜赶紧道："好！姐姐先走吧！"

新安公主离开的时候，恰好碰见谢安前来找司马曜说事，谢安赶紧给她作揖，她也忙不迭地还礼。谢安来到书房对司马曜道："皇上！有消息报说秦贼苻坚意欲在渭城兴建教武堂，命旁通兵法的太学教授将士。"司马曜一听道："在渭城兴建？其意在我朝啊！"谢安："是！这个苻坚好大喜功，整日想着一统四方，幻想着自己能成为秦皇汉武那样的人！"司马曜不好意思道："朕也是！朕也想成为秦皇汉武那样的人！"谢安："吾朝乃正统！皇上有此理想是当然！"司马曜哈哈哈一笑道："眼下怎么办？江淮戒严？"谢安："臣以为除了江淮戒严，还要加强军备。"司马曜："嗯！朕也是这个意思。还要时不时在江淮地带来个军事演练！"谢安："臣也是这个意思！"君臣二人相视一笑，继续说事。

司马曜忙完前朝的事，习惯性来到显阳殿，适逢刘轩正向褚蒜子汇报情况："太后！臣与朱序联络上了，他现在是户部尚书，他心甘情愿当卧底。"褚蒜子："苻坚什么情况？"刘轩："他在渭城兴建了教武堂，专门让精通武艺的人教授将士，后来有人对他说要偃武修文与民生息，他听从了。"褚蒜子："从谏如流，倒也不是个昏君。"刘轩："不是昏君，但也不是明君！他太好名誉了，如果不是那人说他这样'与实无益，与名有损'，他依然会坚持下去。"褚蒜子："哦！他对文化这块怎样？"刘轩："重视！尤其是咱们的文化。"褚蒜子："说来听听。"刘轩："苻坚这个人也算是个俊杰，他亲自到太学问：'经、史、子、集，《大学》《中庸》有教学吗？'听博士卢壶说：'太学好多年都处在废学状态，书籍典籍零落不全，近时大致整了一下，都还算差不多，老师也都有了，只《周官》，没有合适的教师。听说太常韦母宋氏，世学《周易》，夙承父业，今年八十岁了，但是她耳聪目明，教学应该没有一点问题，如果由她来教授后生，国家就有福了。'苻坚说既然这样就让韦母来教授《周易》。卢壶说她八十多了。苻坚说那就把教堂设在韦母家里，再赐十个婢女专门伺候她，尔后他在太学中精挑二十人，每天到韦母那里求学。"司马曜听罢道："是个人物！他信什么不？"刘轩："信佛吧！这个臣不确定。"褚蒜子："他对中原文化的痴迷，也是信仰。"司马曜："他是氐人，学我可以，超越我很难。"褚蒜子："对！文化千古事，不是一时半会儿就能领会贯通的。"刘轩："是！他不过是学了个皮毛。"又道："他这个人倒是挺珍惜人才的，不拘男女，都惜！"司马曜："哦？说说！"刘轩："有个才女叫苏蕙，精通文史、雅善诗意、智识精明、仪容妙丽，十六岁嫁于窦滔，夫妻两个十分恩爱。后来窦滔官到秦州刺史，又纳一个妾叫赵阳台，妖冶善媚，夺得宠爱。苏蕙是才女，但终究是女人，她由妒生恨，渐渐与窦滔反目，窦滔也因此疏远了苏蕙。后来窦滔因罪被贬到流沙，他只带了赵阳台，独留苏蕙在家里。苏蕙孤单，思夫煎心，便写了回文诗，织在锦上，寄给窦滔，窦滔看到《回文旋锦图》，反复吟诵，潸然泪下。可巧这段锦书被苻坚看到，他马上让窦滔回去与苏蕙团圆。"褚蒜子听罢道："表面文章！且看他吧！"一旁的新安公主满脸憧憬道："好感人的爱情故事！太后……"司马曜打断她的话道："朕已经给子敬说了，等他脚好了。"新安公主："这都几个月了，早该好了。"司马曜道："伤筋动骨一百天。"褚蒜子道："他是你的，别人夺不走，放心吧！"新安公主："我……"司马曜："朕光顾着闲话，把约谢安大人的事给忘记了。太后，朕先告辞了。"

　　司马曜来到书房，谢安已等在那里，司马曜不好意思道："让爱卿久等了。"又道："说吧！秦有什么事？"谢安："秦发生内乱了。"司马曜一听高兴道："越乱越好，氐人也想一统天下？笑话！"谢安："作乱者都被抓了。"司马曜道："不随朕意！怎么一回事？"谢安："苻洛谋反，已被镇压！"司马曜一听道："不好不坏的消息。"谢安笑道："苻洛没有被杀，只是被流放。"司马曜："这是个好消息！有功不赏，有罪不杀，就是尧、舜也不能大治。这苻坚想干啥？"谢安："他想以爱胜威。"司马曜："以威胜爱，必定成功，以爱胜威，必定失败。"谢安竖起大拇指道："皇上英明！"司马曜头一甩道："还有好消息吗？"谢安："有！还是谋反。"司马曜："嗯？说说！"谢安："苻阳、王皮、周虓三个人串通谋叛。如果成功，确实也是一场大难，可是他们的消息泄露，苻坚已将他们收捕。处理类似苻洛。"司马曜:"详细说说。"谢安道:"收捕这三个人后,苻坚亲自面审,问他们为什么纠众作乱。苻阳说:'我父亲苻法,罪不至死,你却不计其恩,枉杀我父,我为父报仇。'苻坚:'哀公之死,与朕无关,你为什么要错怪到朕的头上呢?'苻阳:'我呸!提着裤子装好人!'苻坚又问王皮王皮为什么谋逆。王皮:'我的父亲官至丞相,是国家的佐命大功臣,可是我身为他的儿子,却过得如此贫贱不堪,我为了权势富贵,不得不如此。'苻坚一听叱道:'丞相临终,只叫给你十头牛,叫你耕读治田,不曾给你求官,朕念你父有大功,特意提升你为侍郎,你反倒是忘恩肆逆,这真叫作知子莫若父啊!'又问周虓王皮为什么谋逆。周虓:'我家世受晋恩,生为晋臣,死为晋鬼,不必再问。'苻坚长叹一声,当场宣布:'三人死罪免除,活罪不免。苻阳贬至高昌,王皮、周虓发往塞外!'一旁苻融说:'陛下!《诗》云:毋纵诡随,以谨罔极;式遏寇虐,无俾作慝。如此赦免他们,不好吧。'苻坚:'他们翻不起大浪的,且饶他们性命吧。'苻融:'陛下每次擒获了反叛作乱的人就宽赦,这样会让臣下对叛逆作乱习以为常,干险恶的勾当还心存侥幸,即便是力量不足被擒获,也不用担心被杀,这样,祸乱会不断的。'苻坚一意孤行道:'朕欲一统天下,必以恩惠天下,朕意已决,不要多讲了。'"

司马曜听罢一阵轻松,道:"他要比尧舜还尧舜呢!"谢安笑道:"我们也不可掉以轻心,惯性会让他高速前进几年。"司马曜:"知道!我们继续与民生息、发展经济、养精蓄锐、增强国力。"谢安:"皇上如此英明,臣民的福气呀!"司马曜哈哈一笑道:"先福气一下朕的姐姐新安公主吧!朕请谢大人去子敬家里,给新安公主保媒。"谢安听罢心里叫苦,但也无可奈何,只好领命。

谢安和司马道子来到王府拜见郗璿,郗璿一见他们便猜到是为新安的婚事,等谢安把皇上让他保媒的话说完,她长叹一声,不再言语,谢安和司马道子见状告辞。他们走后,郗璿叫人把王献之和郗道茂叫到跟前,说:"谢安和司马道子来过了。"王献之:"我不同意!"郗璿无限悲哀道:"能怎么办?"王献之:"不同意!怎么办?"郗道茂知道事已无法挽回,忍悲无奈道:"胳膊怎么拧得过大腿?写休书吧!"王献之不语,郗璿道:"如果你父亲活着,不知道会怎么样?"郗璿的话一下子把大家带到了那年王羲之大发脾气的场景,他那句"如果我有一个像王坦之那样的儿子,也不至于被王述那小老儿欺负"。郗道茂明白,自己被弃已是定局,与其等王献之不得已说出来,不如自己说出来,她道:"如果父亲活着,我想他不愿意失去这个机会。"郗璿不忍道:"也许不会。"王献之无奈道:"肯定不会!"郗道茂流泪道:"如果这样下去,大家都不得安生。写休书吧!"郗璿心里一疼,叫了一句"好孩子"!泪如雨下,郗道茂:"写吧!我准备好了!"王献之痛苦地闭目流泪,郗道茂没理他,竟自回屋,自己给自己写好休书,带上印泥,来到郗璿和王献之跟前,说:"我写好了,你签字按手印就好了。"王献之艰难地签字按手印,郗道茂接过,收拾好东西。王献之一拳砸在墙壁,顿时,鲜血直流。

且说司马道子从王献之家里出来后,来到宫中向司马曜汇报,司马曜问他:"今天去子敬家提亲怎样?"司马道子:"挺好的,都客客气气的。"司马曜:"那是他们对皇权客气。我们这个姐姐呀,刁蛮!任性!但愿她嫁过去后子敬能一心一意地待她。"司马道子:"她确实有点刁蛮任性,都是你老惯着她。"又道:"如果不是你叫我去,我才不愿意去呢!替她从郗道茂嘴里抢食儿吃似的。"司马曜哈哈哈大笑道:"你这个形容很到位,来!敬你一杯!"司马道子:"一起!干!"司马曜:"你弄的这个酒不错!说吧,想要什么。"司马道子:"什么都不要,只要我的皇帝老哥喜欢就行。"司马曜干了一杯道:"嗯!不愧是朕的亲兄弟。但朕是你亲哥,你不要,哥也要给你,肥水不流外人田嘛!说吧,想要什么。"司马道子干了一杯道:"我的皇帝老哥呀,我什么都不缺,我真的什么不要。"司马曜夹了花生米,嚼了两下,道:"给你个司徒当当吧!"司马道子猛喝一口道:"我的皇上老哥,你是不是喝高了啊?皇帝可是金口玉言的啊!"司马曜认真道:"谁喝高了?早着呢!朕说的是真的。"司马道子见状问:"这从哪里说起?"司马曜喝了一口酒道:"谢安像个巨大的影子,压得朕难受,你出来帮哥顶顶,让哥透透气。"司马道子一拍胸脯:"这个没有问题,什么时候上任?"司马曜:"你看你那熊样!明儿!明儿下诏书,立马上任!"司马道子:"中!我届时要不要让让?"司马曜:"你说呢?三辞三让得美名,傻了你!"

新安公主听说好事已定,开心地来找司马曜道谢,她知道司马曜笃信佛,便把才华横溢、佛法精深的美女和尚支妙音带来给他认识。此时,司马曜正在东堂写信,她打手势不要内侍宫女们出声,悄悄来到司马曜身后,猛然道:"皇上的字越来越好了。"司马曜半惊不惊道:"吓朕一跳!"新安公主调皮道:"吓你两跳呢!看我给皇上带谁来了?"司马曜:"谁?"新安公主对门外的支妙音道:"过来拜见皇上。"支妙音走进来道:"贫尼参见皇上。"新安公主:"这就是我给皇上说过的支妙音大师,佛法了得,大乘小乘她都懂。"支妙音:"阿弥陀佛!"司马曜打量了一下支妙音,道:"好!大师这边请!"

第二十回　小试牛刀谢玄轻却秦军　好大喜功苻坚偷窥晋室

支妙音扫了一眼司马曜的字，道："贫尼看皇上的字，虽然龙飞凤舞，笔画结构中却藏着龙忧凤恙，敢问可是皇后有疾？"司马曜心里一惊，道："皇后喜欢喝酒，酒病日深！日日酒，顿顿酒，一会儿没酒就这痛那痒的。"支妙音："贫尼从皇上的字里看到凤恙，已入膏肓。"司马曜没想到支妙会说这话，不由大声道："大胆！"支妙音："阿弥陀佛！出家人不打诳语！"话音刚落，隐隐听到有云板声传来，司马曜心里一怔，正要说话，见一宫女跑来说"皇后崩了"！司马曜、新安公主一下子都惊呆在那里，他们弄不清这是梦是幻是真是假，半日，司马曜才反应过来，他对支妙音道："大师不要走了，留下来为皇后做法事吧！"

司马曜崇尚佛教的名声远播异域，狮子国（斯里兰卡）的国王听说后，决定向文明璀璨的大晋皇帝司马曜进献一尊玉佛，并把玉佛雕刻前的画像派使者进献给司马曜。司马曜因为皇后大丧，行为处事有那么一点怠散，好在司马道子热情正盛，他接到画像后，第一时间向司马曜汇报。他来到书房时，谢安正和司马曜议事，他打断道："这是狮子国（斯里兰卡）特派沙门昙摩亲手雕制玉佛的画像，皇上看看！"司马曜："这事你负责吧！"又对谢安道："继续说！"谢安："秦地蝗灾厉害，可以说是颗粒无收。"司马道子："既如此，我们何不趁机打过去？"谢安："不可！一季的灾荒，显不出什么，他们的存粮顶个一年半载的没有问题。打，臣以为不是上策！"司马曜："爱卿的意思？"谢安："不如来个交换，我朝给予他们一定粮食，让他们遣还我朝被俘将领。"司马曜："这个好，人在青山在！这事谢大人去办怎样？"谢安："臣正欲请命负责此事。"

司马曜和太监王桂端着缅甸上贡的榴莲和椰子来到显阳殿时，看到褚蒜子正用狼毫写"佛"字，他心里一暖，赶紧上。褚蒜子笑道："皇上什么事都想着哀家。"司马曜也笑道："太后是国家的定海神针，朕不能不想着啊！"褚蒜子："说吧！什么事？"司马曜："朕越来越信佛了，前儿谢安刚说过与秦贼用粮食换毛璪之等回来，不想毛璪之趁着苻坚叫他同吕光兵出西域时自己回来了，巧的是朕礼佛时向佛说过这事。"褚蒜子："心念的力量是非常大的。"司马曜："还有那个支妙音，也是神得很！"褚蒜子："佛与人通灵！'通、灵'二字很妙，天定有数，事在人为。"司马曜："朕明白！朕用心信奉，也用心做事，不会在信中迷失了方向。"褚蒜子："凡事我们要尽人事，也要听天命。"又说到政事，司马曜："谢大人已经向他们说了，不知道他们会不会同意。"褚蒜子："会！毛璪之回归会促使他同意！"司马曜："他们当务之急是粮食，与心不在他们那的我朝将领比，苻坚定会选择粮食。"褚蒜子："对！但是要知道这是一时之缓，苻坚有野心，这会刺激他兵向我朝的野心。"司马曜："那当如何？"褚蒜子："继续发展经济增强国力，对于秦，我们且走且看。"

苻坚一统六合的愿望如草一样在疯长，尤其是前来攀附的小国一多，他更有点认不清自己。西域的车师国、鄯国原本国小力弱，他们为了得到苻坚的保护，派了使者来到秦国，自愿为向导，引秦兵经略西域。苻坚甚是大喜，当即派吕光为都督，领兵十万，兵发西域。阳平公苻融允道："西域荒远，得民未必可使，得地未必可食。从前汉武帝西征，得不偿失，臣请陛下不要重蹈覆辙。"但是苻坚不听，执意下令让吕光西行，吕光一路西行。不费吹灰之力，沿路诸小国皆来顺服称藩，只龟兹国不肯从，吕光下令攻打，恩威并行，龟兹国遂臣服秦，秦威大震，苻坚再次看到自己一统六合、君临天下的梦境。

苻坚的梦在继续，但是现实却不是他梦的故乡。他招揽的天下贤能，很多与他有二心，他重用的慕容垂、姚苌、朱序等都是身在曹营心在汉的人，其中毛璩之已借着吕光北上之际重归晋室深深刺激了苻坚那颗欲一统六合的心，他召集大臣来到大殿，当众宣谕道："今四方略定，只有东南一隅，未沾王化。现计我国兵士，可得九十余万，朕欲大举亲征，卿等以为可否？"尚书仆射权翼道："昔商纣不道，三仁在朝，武王犹且旋师。今晋虽微弱，未有大恶；谢安、桓冲等皆是江表伟人，更有褚太后定得乾坤。他们君臣和睦，内外同心，依臣愚见，图晋要有个长远的计策，速图不是上策。"苻坚内心也是把晋当正统的，听了权翼的话，他想："自古得人心者得天下，现在，晋虽微弱，但是天下人心在那，这是扭转不了的事实，如果贸然攻之，也许会得不偿失。也罢，暂且等等再说。"可是，内心的狂野又掣肘着他的骄傲的神经，他沉吟了半晌，道："诸位爱卿还有何高见？"太子左卫将军石越道："今岁镇二星，知守南斗，福德在晋，我不可轻易发起战争。且他们有长江天险，易守难攻。他们现在君臣团结，全民皆兵，臣以为我们不宜出兵。"苻坚道："从前武王伐纣，逆岁违卜，天道幽远，未易可知。夫差、孙皓，皆保据江湖，终归覆灭，今凭我百万兵马，投鞭江中，已足断流，怕什么天险呢？"石越道："三国君主，统统是无道的人，所以敌国轻易就能取得。今晋虽国弱，但不寡德，也没有大愆；愿陛下暂且按兵不动，积谷练兵，坐等时机，再战不迟。"此时群臣各谈利害，大都主张暂且不战，这让苻坚分外懊恼，他忽然想到吕光经略西域的成功，怅然道："这便是筑室道旁，无时可成，看来还是我自己拿主意才对。"群臣见苻坚面有愠色，都不敢再多说，相继请退。独平阳王苻融没走，苻坚对他道："人主欲定大事，不过一二臣可与之谋。今众说纷纭，徒乱人意，我当与卿决断此事。"苻融道："今欲伐晋，却有三难。天道不顺是第一难；晋国无衅是第二难；我国屡经征讨，兵力已疲，势转怯斗，是第三难。群臣说今年不宜伐晋，是忠谋。愿陛下依从众议。"苻坚愤然道："你也这么说，我还能指望谁？我有百万雄兵，资械如山，怕什么？我虽然不敢自称是明主，但是我也不是昏君。现在我强他弱，趁其弱而取之，不正是时候吗？非要留着他们强大了，成为我之劲敌才好吗？"苻融见苻坚如此拗犟，急出了眼泪，他道："晋能不能灭，一目了然，今如果劳师大举，实非万全之策。臣所担忧的，远不止这些。陛下宅心仁厚，让鲜卑、羌、羯等居住在京畿之地……但也是潜在的萧墙大患啊！如果陛下南征，太子独与弱卒留守京师，一旦有变，去哪里后悔？臣弟愚笨，言不足信，王景略是一时俊杰，陛下把他比作诸葛武侯，他临殁时的话，难道陛下也忘记了吗？"苻坚听到苻融说起王猛，潸然泪下，他初坐江山时，都城内豪强纵横、盗劫频发，如果不是王猛明法严纪、改革吏治，估计现在都城都还是一片混乱，如果不是王猛大破前凉、消灭前燕，秦地估计还是那么小的弹丸小国，如果不是王猛励精图治，哪来现在的威震四海……王猛临死的话，犹如在昨天响在耳边："晋朝虽僻处江南，但为华夏正统，而且上下安和。臣死之后，陛下千万不可图灭晋朝。鲜卑、西羌降服贵族，贼心不死，是我国的仇敌，迟早要成为祸害，应该渐渐铲除他们，以利于国家。"

　　王猛的话苻坚是听进去了，所以，他几年没有动晋的心，可是，今非昔比，如果今日王猛在，定当不会说这番话了吧？一心想统一六合的苻坚不甘心，他太想吞并晋了。今天见苻融拿王猛压他，心里更是不乐，一甩袖子，退入内庭。刚好太子苻宏前来问安，苻坚对他说："我欲伐晋，以强制弱，可保必胜，朝臣皆不同意，我实在不明白。"苻宏道："今岁星在晋，晋君又无大过；如果南征不捷，外损国威，内殚民力，所失甚多，无怪群臣不支持。"苻坚摇了摇头道："以前我出兵灭燕，也犯岁星，天道原不可尽信。况古时秦灭六国，六国君主，岂必皆暴虐吗？"说罢，诏冠军将军慕容垂前来议事。慕容垂应召即到，苻坚问及他伐晋之事，他赞道："弱肉强食是古今通例，如今陛下神威英武，威加海内，虎旅百万，韩信白起满朝，只那蕞尔江南，独违王命，不伐说不过去。古诗有云'谋夫孔多，是用不集'。愿陛下自己决断，不必多虑！陛下可记得晋武平吴，只有张、杜二三臣与他同意。那桓温伐蜀,没有一个人同意,若事必从众议,如何能一统六合？"慕容垂的话苻坚非常受用,他道："与朕共定天下者,独卿一人耳。其他人碌碌平庸,不足与他们相为谋。"遂赏慕容垂锦帛五百匹,慕容垂拜谢而去。

第二天,苻坚在大殿上当众宣布,拜平阳公苻融为司徒,领征南大将军；调谏议大夫裴元为巴西、梓潼二郡太守,领水师指日南下。阳平公苻融忠心耿耿,辞不受职,再次面谏道："知足不辱,知止不殆。自来穷兵黩武,鲜有不亡者。况我国家本是戎狄,正朔未归,晋虽然微弱,但是中华正统,天意怎会绝它？"苻坚作色道："自古帝王,有何定例？刘禅不是汉室后裔吗？为何被灭？你的才能格局不如我,你的思维被凡俗拘住了。"苻融无言以对,苻坚仍授他为征南大将军,不过取消了司徒职衔。苻融无奈,只好接受。

苻坚信佛,对释道安尤其敬仰,时常与他同车出行,群臣也是为国家计,托他乘机进谏,释道安答应。一日,苻坚又与他同行出游东苑,苻坚笑着对释道安说："朕将与公南游吴越、泛长江、临淮海,公以为可乐否？"释道安道："陛下应天御宇,居中宅外,自足比隆尧舜,何必栉风沐雨,亲往远方呢？况东南卑湿,容易染疫,舜禹俱巡游不返,陛下幸勿亲行！"苻坚驳道："天下必须统一,方可太平,朕经略四海,已得八九,难道使东南一隅独不被恩泽吗？"释道安见不可谏,又道："陛下如必欲南征,也只可驻跸洛阳,但派遣一使赍书江南,休以兵威,彼亦必稽首称臣,无烦圣驾跋涉了。"苻坚道："若平晋室,朕必亲征以鼓士气。"释道安见他顽冥不化,遂不再多言。

苻坚只有一个宠姬张氏,明敏有识,见苻坚决意伐晋,也认为兵凶战危,不合时宜。她上书规谏道："妾闻天下之生万物,圣王之驭天下,皆因其自然而顺之,故功无不成,是以黄帝服牛乘马,因其性也；禹濬九州,障九泽,因其势也；后稷播植百谷,因其进也；汤、武率天下而攻桀纣,因其心也。正是有因则成,无因则败。今朝野之人,皆言晋不可伐,陛下独决意行之,妾不知陛下何因也！《书》曰：'天聪明,自我民聪明。'天犹因民,而况人主乎？妾又闻王者出师,必上观乾像,下采众祥。天道崇远,非妾所知；以人事言之,未见其可。民谚云：'鸡夜鸣者,不利行军,犬群嗥者,宫室将空；兵动马惊,军败不归。'自秋冬以来,众鸡夜鸣,群犬哀号,厩马多惊,武库兵器,自动有声,此皆非出师之祥也,愿陛下详而思之！"苻坚看罢,搁一边道："妇人有何见识,来管什么军旅大事！"苻坚正郁闷懊恼,他的小儿子苻诜前来面谏道："臣闻国

第二十回　小试牛刀谢玄轻却秦军　好大喜功苻坚偷窥晋室

家兴亡，系诸贤才，用贤必兴，不用贤即亡。今阳平公为一国谋主，陛下奈何不用？晋有谢安、桓冲，都是贤才，陛下欲伐晋，臣不胜滋疑，所以今也直陈无隐。"苻坚一腔无名火正无处发，斥他道："天下大事，你小孩子家家得懂什么？"一句话说得苻诜满怀惭愤，低头退了出去。

苻坚并非昏君，他见大家都这么说，也反省，心想："除了慕容垂，没有一个人支持朕兵向东晋。权翼、苻融等还有身边的这个美人，都是忠心耿耿之人，他们皆不同意伐晋，当自有其道理，恰好今年灾荒，岁星又在晋，那就暂且等等，连年征战，歇两年再说吧。"

秦对晋不侵犯，晋对秦不用兵，各自闷头提升自己的实力，怎么看都是天下太平、岁月静好，孕妇高隆的肚子更让人神往未来的美好。一晃十个月，陈归女产期到了，暂管后宫的张贵人忙前忙后，以期陈归女生产顺利。司马曜则是着急地等在外面，这是他的第一个儿子，他非常重视，命令不当差的内侍宫女皆跪下来向佛祖祈祷陈归女母子平安。感谢上天，一切顺利，当接生御医报说"生了，是个皇子"时，司马曜悬着的心才算放下来。御医把孩子递给他，他抱了好一阵都不愿放下！他来到内室看着床上躺着的陈归女，道："辛苦你了！"又道："升陈淑媛为陈淑妃！"

张贵人亲自来到显阳殿给褚蒜子报喜，褚蒜子连说了三个"好！"又道："叫人好生伺候！"张贵人："太后放心，臣妾定当全力而为。"一旁的新安公主道："张贵人自从主持后宫，咱们见面的时间少多了。"张贵人赶紧道："是啊！臣妾愚笨，很多事眼睛盯着办好才放心！所以，拜望姐姐的时间少了，请姐姐见谅。"新安公主："管理后宫很辛苦，我应该来拜望贵人，贵人见谅才是。"张贵人一笑道："臣妾正有事找姐姐呢！今儿巧了，在这说吧。"又道："太后也一直非常关心姐姐呢！"新安公主听罢不由脸红，张贵人接着道："嫁妆礼单臣妾昨儿叫人列了一下，专门过来请太后过目，姐姐也看看还缺什么不？"说着把嫁妆单子递给褚蒜子，褚蒜子边看边点头，看完递给新安公主，新安公主浏览了一下道："张贵人辛苦了。"又把单子递给了她，她接过笑道："太后！姐姐！那臣妾就按这个单子准备了。"

新安公主排排场场风风光光地嫁给了王献之。夫妻恩爱，花好月圆，不需要多说。王献之的职位，因着新安公主，飞速上蹿。他新婚不久，司马曜宣他到书房。礼毕，司马曜问："怎么样？朕的姐姐可有虐待子敬？"王献之："非常好！公主才貌双全，臣后悔没能早些时间与公主结为秦晋之好了。"司马曜笑道:"你辞了谢安的长史,封你为建威将军,去吴兴当太守吧!"王献之:"谢皇上!臣只怕才力不逮啊!"司马曜:"什么逮不逮啊!朕说你逮你就逮。你先去吴兴当两年太守,然后再回来帮朕处理朝政。"王献之正欲起身谢恩,却听司马曜"哎呀"一声,原来,边说话边在扇子面上写字的他不小心把一点墨弄上面了,乌拓拓一片,他说声"可惜了"就要扔掉,王献之赶紧道:"别扔!别扔!给我看看!"司马曜把扇子递给他,他端详了一会儿道:"笔给我!"王献之接过笔在墨迹上轻描慢写,很快,黑马母牛栩栩如生地出现在了扇面上。司马曜边欣赏边道:"真有你的!赏你锦帛百匹,这个,朕珍藏!"

第二十一回

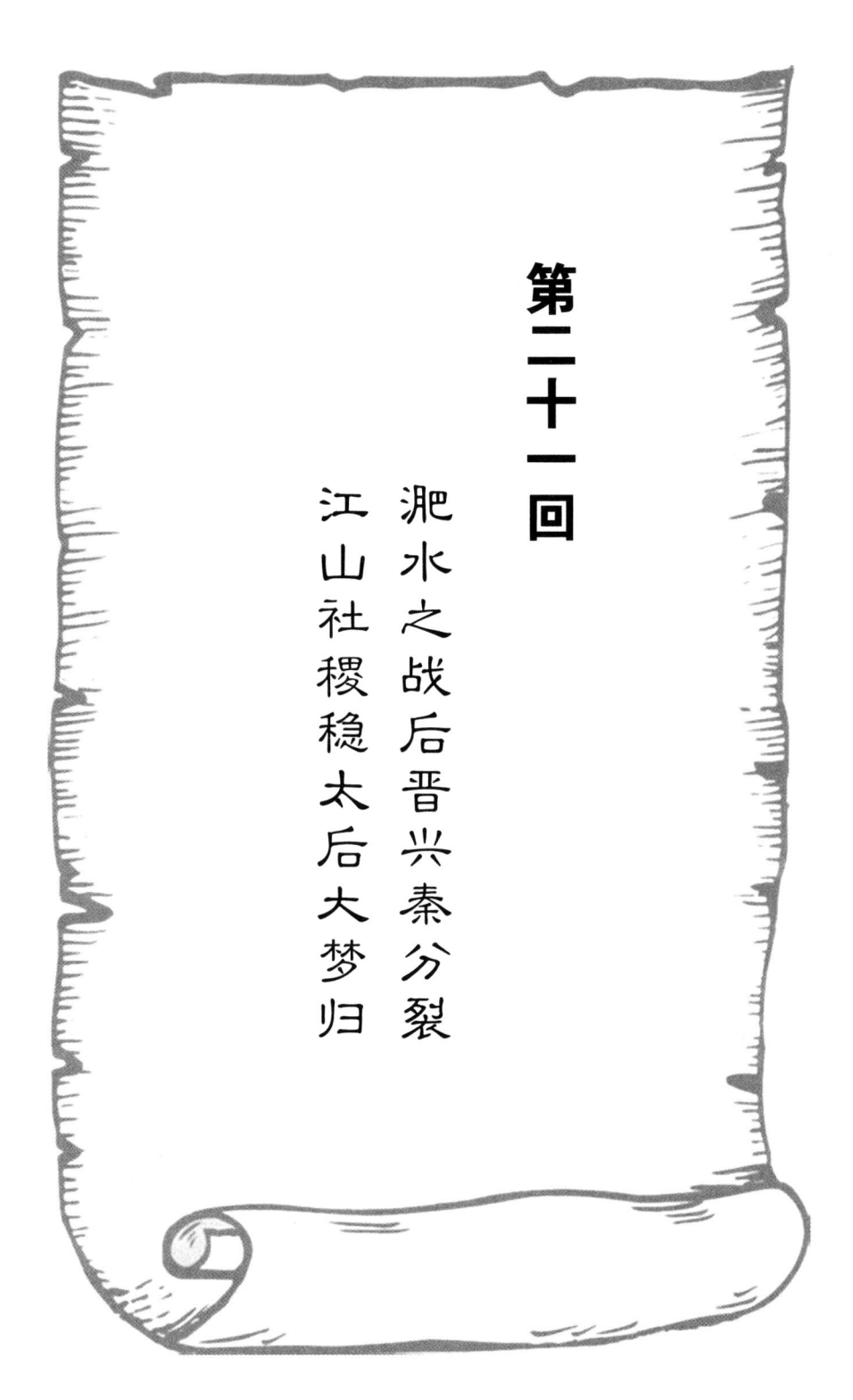

淝水之战后晋兴秦分裂

江山社稷稳太后大梦归

王献之与新安公主结婚后，表面上看也是郎情妾意，可是在他内心深处，还是十分地放不下郗道茂，他把自己对她的思念，完全写在了自己的作品里。一日，他又想起郗道茂，便来到书房，泼墨挥毫道："虽奉对积年，可以为尽日之欢，常苦不尽触额之畅。方欲与姊极当年之足，以之偕老，岂谓乖别至此！诸怀怅塞实深，当复何由日夕见姊耶？俯仰悲咽，实无已无已，唯当绝气耳！"写完又自思自想自看，正自拿捏，新安公主带着丫鬟捧着点心到了，对他道："吃些东西吧，别一直写。"王献之也怕新安公主看到刚写的字，赶紧迎上说："好！也写累了，公主陪我到兰亭走走吧！"说着便牵上她的手往外走，新安公主扭头望着书案道："我看看你写的什么。"王献之用力拉她道："别看了，有啥好看的？陪我走走！"边说边硬牵着新安公主的手离开了书房。

　　王献之当上驸马后，门前车马渐浓。一天，他的一个朋友沐仁来看他，沐仁从怀里掏出一方砚台给王献之看，王献之接来一看惊喜道："洮砚？哪来的？"沐仁："在夫子庙淘的。"王献之边看边道："石色碧绿、雅丽珍奇、质坚而细、晶莹如玉、扣之无声。好砚！"沐仁补充道："呵之可出水珠，发墨快而不损毫，储墨久而不干涸。"王献之拿在手里端详着道："这砚是砚中奇葩！你是向我显摆的还是馈赠亲友的？"一句话问得沐仁大笑起来，他道："有一首洮砚的诗，你用此砚研墨写写，你的字配得上这砚，这砚就归你！"王献之认真道："真的？说话算话！"沐仁正经道："君子一言，驷马难追！"王献之道："好！一言为定！来人！磨墨！"仆从研墨铺纸，王献之挥毫开写，那气势，如行云流水，似龙飞凤舞，一气呵成。他把笔往笔架子上一搁，自信道："来吧！看看！"沐仁上前一看，赞道："连绵流畅，纵放自然，笔画圆腴而纵逸，极富有节奏感，如丹穴凰舞，似清泉龙跃，好！"王献之："可配得上这砚？"沐仁："绝配！这砚归你了！"王献之："好！这字归你了！"两个人，一个自顾自地欣赏字，另一个人自顾自地把玩砚。半天，沐仁道："这么好的字，我挂在哪里合适？"王献之："这么美的砚，要用秦淮之水洗才有意思。"

　　王献之十分喜欢这方砚台，天天用，没事了便揣着砚台到秦淮河畔桃叶渡口洗砚，一天，他正在洗砚，忽然感觉有人在看他，他抬头一看，见一个一袭白衣的女子（桃叶）乘坐着一叶扁舟朝着他划了过来，正目不转睛地看着他手中的砚。忽然一个风浪，小船一下侧歪在王献之跟前，她猝不及防，在船上摇摇欲跌，王献之本能地站起来接扶她，她顺势一跳，上了岸，向王献之行礼道："谢谢先生出手相救。"王献之："姑娘为什么一直看我手中的砚？"女子："这砚好似我家的砚，不觉就多看了几眼。"王献之："姑娘家里是做砚的？"她："不！祖传的砚。因为急用钱，前些天卖了。"王献之把砚递给她道："哦！姑娘看看这砚可是你家的？"她接过拿在手里端详后道："正是！"便把砚还给王献之，说："现在它是先生的。"王献之："夺人所爱，汗颜！"她："没有！先生是它的有缘人！"王献之："有缘！确实有缘，敢问姑娘芳名？"……两人也是心有灵犀，也是一眼万年，不觉话多起来。

不久，王献之向新安公主提出想纳桃叶为小妾，新安公主虽然没有说什么，但是心里很苦。她来到显阳殿，眼泪巴巴地对褚蒜子说："太后要为我做主。"这把褚蒜子吓了一跳，忙问她怎么了。新安公主道："他！他不是好东西！"褚蒜子："别哭！有话慢慢说。"新安公主委屈道："他心里不全是我。"褚蒜子一听笑道："你这个要求有点过了。"新安公主心苦，道："不是！郗道茂我心里愧疚她，不时还送些东西给她，可他，不但心里有她，还有了新人。"褚蒜子："新人？"新安公主："一个叫桃叶的，住在秦淮南岸，他想纳他为妾。"褚蒜子沉默了一下道："他给你说了，就是尊重你！你不同意，便是你不容人！"新安公主："准他纳妾？"褚蒜子："别与传统做对，睁一只眼闭一只眼吧！做人，尤其是做女人，难得糊涂。"新安公主："我一心一意对他好，他为什么这样？"褚蒜子："因为，男人和女人是两个不同的物种，各自的生命场、能量场不同。能量场大的男人，如水壶，可配多个杯子；能量场大的女人，如把锁，可配多把钥匙。"新安公主："乱七八糟！难道这世上就没有完美的爱情吗？"褚蒜子："有！如太极！你中有我，我中有你，你围着我转，我围着你转，转出幸福美满，转出天晴月圆。只是太稀有，太稀有！"新安公主痴了一会儿道："懂了。"褚蒜子道："向外看清他人，向内看清自己，然后温柔地爱自己。"新安公主："我不会再把他当成我生命的全部了，生命中还有很多事，孩子、爱好、善事……"褚蒜子半劝新安公主半自语道："嗯！这就如一场梦，做之，不过得与不得，得之，幸！不得之，命！得与不得都是过程，过了就过了。"新安公主梦呓般地说："两个人在一起是为了生活，没有关爱、没有呵护、没有心疼、没有浪漫、没有惊喜、没有感动、没有交流的日子叫搭伙；懂你、知你、爱你、疼你、保护你、不让你受委屈、给你足够的安全感、让你笑的日子是余生。"又自问自答道："我的日子是什么？我的日子是搭伙的余生。"褚蒜子看她那样，不禁心疼，把她揽在怀里道："不要想太多，学会跟自己和解。"又道："会爱、懂爱的人才会得到爱，会享受最好的，也能承受最坏的,有前进的勇气也有后退的从容。明白吗?"新安公主:"明白了。新安会慢慢地接受简单的幸福。"褚蒜子听罢甚是欣慰,知道她也长大了。

掌灯后,褚蒜子与刘轩对弈,刘轩边下边问:"今天太后跟新安公主讲男人和女人,让人五味杂陈。"褚蒜子头也不抬道:"有什么好五味杂陈的?"刘轩:"三观相同又能长久便是神话。"褚蒜子:"嗯!"刘轩:"那我与太后呢?"褚蒜子看着他道:"放你朝堂你不输任何人,你为什么心甘情愿在这里?"刘轩:"因为喜欢!因为爱!"褚蒜子:"哀家为什么不操控这个朝堂?"刘轩:"因为慈悲!因为爱!"褚蒜子看着他道:"嗯!虽然没有选择人前显贵,但是我们的性命、生命、使命都是人间最璀璨的烟火。"

桃叶离娘家近,经常回娘家,王献之担心秦淮河水风急浪大,便经常到渡口接她送她。等她的时候,便自赋诗唱颂:"桃叶复桃叶,渡江不待橹。风波了无常,相识桃叶渡。桃叶复桃叶,渡江不用楫。但渡无所苦,我自迎接汝。桃叶复桃叶,桃叶连桃根。相怜两乐事,独使我殷勤。桃叶映红花,无风自婀娜。春风映何限,感郎独采我。"桃叶原本是书香女子,和他唱诗曰:"团扇复团扇,持许自障面。憔悴无复理,羞与郎相见。手中白团扇,净如秋团月。清风任动生,娇风任意发。青青林中竹,可作白团扇。动摇郎玉手,因风托方便。七宝画团扇,灿烂明月光。与郎却暄暑,相忆莫相忘。"诗词歌赋天上来,才子佳人秦淮仙。一时间,两人秦淮河上相送相接的俪影,成了流传的神话。这神话是新安公主生命里的半把飞沙,好在有褚蒜子时时开导,她才慢慢地把生活过成童话。

王献之要去吴兴上任,到谢安那里辞行。他对谢安说:"在下不日要去吴兴,有点舍不得大人。"谢安道:"我更舍不得子敬呢!"王献之认真道:"您是我认识的最完美的男人,离开您,我怕再也遇不到这样的人了。"谢安笑道:"子敬太高看我了。"又道:"过几年你回朝堂,我们一起共助王室。"王献之"嗯"了一声道:"我走后,我的位置给大人推荐个人吧。"谢安:"好啊!谁?"王献之:"沐仁!其才华、学识、书法都很好。"谢安:"给你洮砚的沐仁?"王献之:"是!"谢安:"好!子敬超然洒脱,举荐的人定然也是举止风流。"王献之拿出一幅画道:"这是在下的《书裙图》,送给大人作纪念。"谢安:"好!太好了!"欣赏了好一会儿才让人收起来。王献之看画收好,又说:"我与大人合弹一曲《高山流水》吧!"说着招呼随从把自己的琴递来,谢安:"好!取我的琴来!"两人摆琴合奏,如痴如醉。

第二十一回　淝水之战后晋兴秦分裂　江山社稷稳太后大梦归

转瞬间一年过去了，这一年，岁月如往常一样书写着四季轮回，承载着人间的悲喜苦乐。繁华人间，人生百年，是个人都想着怎么浮上去一览众山小，没有浮上去的还在奋力拼搏，已经浮上去的努力再攀新高。已为人杰的苻坚，一心想着什么时候拿下江南一统六合。只是朝臣们的话他不得不顾虑，尤其是王猛的话，让他思虑再三，他也一次次地问自己："我纵有秦皇汉武之心，可有秦皇汉武之命？有！人命天定！氐人非正统，天岂佑之吗？难！"苻坚纠结了一年，终也没有拿定主意。

就在苻坚犹豫不决时，上天给了他借口。桓冲因为襄阳失陷，自觉失了颜面，他养精蓄锐一年，决计光复襄阳。一切准备就绪后，上书朝廷，司马曜诏命他一定要拿下襄阳。桓冲遂率众十万人，直奔襄阳。他派车骑将军刘波率军攻沔北诸城、辅国将军杨亮攻蜀涪城、鹰扬将军郭铨攻武当，桓冲自己攻襄阳并分兵攻筑阳。在桓冲英明指导、精心准备下，这场战役打得非常顺利，一路势如破竹，打得秦毫无还手之力。

襄阳守将赶紧飞报苻坚，苻坚听报倍加震怒，他没有想到弱弱的晋廷竟敢率先发难，太伤自尊了。苻坚脑子一热，当即下令："打！给朕打回来！慕容垂听令，命你带步骑五万人前去援救襄阳！张崇听令，命你带五万人前去援救武当！张蚝听令，命你带步骑五人前去援救沔北！姚苌听令，命你带步骑五人前去援救涪城！"桓冲探得秦兵大至，速退驻沔南，郭铨掠得二千户人口，一并东还。慕容垂为秦军前驱逼临沔水，与桓冲夹岸对垒。慕容垂想出一计，夜里，他命兵士各持十把火炬，光照数十里。桓冲以为秦军十倍于自己，怕寡不敌众，生怕沔南不保，下令退军。命杨亮亦引兵东归，秦军见桓冲退得急，生怕有埋伏，不敢追击，止兵不前。两军就此相垒，相安无事。

桓冲回到江陵后，怕襄阳再次失守，即刻上表举荐其从子桓石民为襄阳太守，自请领江州刺史。司马曜看到奏表后道："朕还没有来得及犒赏他呢，他竟然要求领江州刺史，是个有担当的忠臣良将。"谢安："桓将军不仅赤胆忠心、鞠躬尽瘁，还雄才大略、骁勇善战，他领江州刺史，对苻坚来说，是个不小的震慑。"司马曜："桓石民也是才德兼备，赤胆忠心，又久经沙场，让他镇守襄阳，非常合适！准！"

晚省时，司马曜顺口把桓冲拿下襄阳的事说给褚蒜子听，褚蒜子听罢道："哀家估计苻坚不会善罢甘休，皇上要做好大战的准备。"司马曜不屑道："他们刚兵败襄阳。"褚蒜子："苻坚他早有与我大战一场的心，桓冲出兵襄阳是个导火索。"司马曜："我不打他他打我？没天理！我们正统！"褚蒜子："苻坚心里不完全认可这些。"司马曜："氐人无义，前年我大饥，问他要粮，一点也不给。去年他们大饥，我们给了他们许多。"褚蒜子："两码事！皇上不必为此计较。"司马曜："想他今日之举，不如不给他们救济的好。"褚蒜子："如果不给予他们救济，哪来的五夷向我称藩？"司马曜笑道："也是！"又笑道："在朕心里，总觉得氐人劣等，感觉他们除了拼狠，没有其他优点。"褚蒜子："万物生长，各自高贵，皇上这种思想要不得。"司马曜："朕知道，只是……"褚蒜子："皇上，当务之急是厉兵秣马、精心备战，这才是人间正道。"

苻坚那颗统一六合的雄心被桓冲收复襄阳的作为点燃了，谁劝也不再听了，他下令全国集众侵晋。约计民间十丁，抽一人为兵，良家子弟年在二十以下，如有才勇，皆入选为羽林郎，共得三万多骑兵。苻坚拜秦州主簿赵盛之为少年都统，且下令承诺道："平晋以后，可令司马昌明为尚书左仆射，谢安为吏部尚书，桓冲为侍中。"承诺书发布后，慕容垂说："陛下英明！我兵强马壮、粮草充盈，晋廷去年大饥，粮草必然荒秕，人马必倦怠，这正是收拾他们的好时机。"姚苌："慕容大人说得非常对，臣请愿做平晋先锋！"赵盛："陛下！好男儿志在沙场，臣也请愿冲锋阵前，为国效力！"三个人的话给苻坚无限动力，他又下诏道："诏命苻融和张蚝、慕容垂一起为前锋，率兵二十万攻晋，朕自率大军殿后。诏命兖州刺史姚苌为龙骧将军，监督益、梁州二州军事。"又对姚苌道："朕曾为龙骧将军，行建王业，今特将此职授卿，愿卿勉力。"左将军窦冲道："陛下！王者无戏言，这乃是不祥征验啊！"苻坚自知失言，默然不答，姚苌也无他话，辞谢归去。

苻融见苻坚不听群臣劝谏，又亲自跑到御书房找到他说："陛下！当下鲜卑、羌虏是我仇敌，陛下的计划，无非利他疲我，如果他们乘机叛乱，怎么办？良家少年，差不多皆是纨绔子弟，对军旅并不熟，他们皆是逢迎上意，不过是希望得宠求荣。陛下如果误信他们的话，轻举大事，臣恐功既不成，又留后患，到时后悔就晚了。"苻坚："你呀！真是目光短浅，胸无大志。一统四海是朕多年愿望，大好时机就在眼前，为什么不呢？"苻融急道："陛下可还记得王景略的话？"苻坚生气道："又来！景略自然功不可没，但是你看，景略不在几年了，我们不也是在飞速发展吗？朕想，如果现在景略还在，他也一定会同意朕平晋的！时移世易，懂吗？"苻融再要说什么，苻坚道："朕意已决，你自去准备吧！"苻融只好离去。

面对苻坚的狂妄，他麾下的各路英豪也都开始酝酿自己的大事，鲜卑人慕容楷、慕容绍私下对慕容垂说："苻坚骄狂越来越厉害了，亡象已露端倪。叔父此行，可借机匡

第二十一回　淝水之战后晋兴秦分裂　江山社稷稳太后大梦归

扶故国。"慕容垂道："这需要大家同心合力，方可成功。"又道："大家暂且什么都不要说，等军队南下，再见机行事吧。"众人唯诺称是。

公元383年8月，秋高气爽、微风拂地、玉露横天，苻坚左杖黄钺、右秉白旄，端坐在云母辇上，徐徐启行，留太子苻宏监国。他的宠妃张夫人自请从征，苻坚备了副车，让她随行，她真是个须眉巾帼，八面威风。所有部将，更是整装肃穆、凛然威严。慕容垂、姚苌等异族将领则仍然是一副忠心耿耿的样子，随着苻坚从长安出发。大军步兵六十多万，骑兵二十多万，旗鼓相望，绵延千里。

消息传到建康时，司马曜正在午休，他一听赶紧起来，起身来到显阳殿。此时褚蒜子刚用过午膳，正要喝茶。她见司马曜急急的样子，便知有要事，她担心他急中生乱，故而一如平常道："皇上坐下喝杯茶吧！"黎辉赶紧倒了一杯茶递给司马曜，司马曜接过呷了一口道："好香！"褚蒜子："这是闻林茶。皇上细品，可见峡谷深幽，纵横交错，云雾漫山间……"司马曜是真有点急了，他打断褚蒜子的话道："苻坚率领百万大军兵向我境。"褚蒜子："兵来将挡，水来土掩。难也不过是遇山开路，逢水架桥。哀家当什么事呢！"司马曜："他们是百万大军啊！我军兵力加起来也不足十万！"褚蒜子："他们说百万就百万吗？再说，自古胜者皆是正义之师，兵力不是主要原因。"司马曜："如太后所说，桓冲收归襄阳，惹毛他了。"褚蒜子："襄阳原本就是晋土，桓冲拿回没有错，倒是他侵犯我们是背天逆道之大错，是不义！不义之师，怎么会得胜？"司马曜心虚道："兵力悬殊太厉害了。"褚蒜子："打仗在将不在兵，在精诚团结、在众志成城。我现在有谢安、桓冲、谢石、谢安、谢玄、谢琰等，且他们皆为效忠朝廷的忠臣良将，他们呢？"司马曜："他们的苻融、慕容垂、姚苌都非常厉害，慕容垂曾大败桓温。"褚蒜子："更不用担心了！那慕容垂、姚苌与苻坚是异族，他们臣服在他的麾下，是不得已，苻坚的过度怀柔让他们早怀二心，今又背天违道兵犯我境，其大乱至矣！"司马曜："可朕还是担心万一……"褚蒜子："不用担心万一！谢安、桓冲将相和，众朝臣也忠贞不贰，怕什么？晋祚长着呢！这不过是历程中的一个节点罢了！"

褚蒜子的话让司马曜镇静了不少，第二天，他来到书房，找谢安议事。谢安一见他便道："皇上！钦天监报告说今年岁星在晋。……"这话无形让司马曜信心倍增，他打断谢安道："我朝乃正统，岁星当然在我朝了。"谢安微微一笑，不语，喝茶。他心想："哪里岁月在晋啊，是太后为安你的心让臣故意这么说的。"正自思想，只听司马曜道：

"那个，咱们说说如何御秦吧！"谢安："臣的意见是养兵千日，用兵一时。我们的北府军，该上场了。"司马曜："朕也是这样想的，谁挂帅？"谢安："臣请亲自挂帅！以谢石、谢琰、谢玄、桓伊为主要负责人！另，让桓冲做好驰援准备。"司马曜："好！诏命下达各军，大家各司其职、厉兵秣马，准备战斗。"

眨眼间到了九月，苻坚率大军到了项城，凉州兵到了咸阳，蜀汉兵刚顺流而下，幽、冀州兵已到达彭城，东西万里，水陆并进。苻融等率二十五万为先锋，已至颍口。建康这边，司马曜正以谢安为首，有条不紊地排兵布阵："命尚书仆射谢石为征虏将军，兼征讨大都督，并授徐、兖二州刺史；谢玄为前锋都督，与辅国将军谢琰、西中郎将桓伊等率军八万，出御秦军。又派龙骧将军胡彬水军五千，支援寿阳。"

谢玄奉命御秦，也担心寡不敌众，因此他向谢安求计策，谢安说："朝廷已有安排，你只管好你的事，其他不用担心。"谢玄在谢安那儿待了很长时间，也没有听到谢安给自己什么建议，也不好一而再再而三地询问，可是心里实在没有底儿，便令自己的属僚张玄前去请教，谢安说："明天再说！"到了第二天，他再去请教，谢安却召集亲朋好友上山游玩，又让人把谢玄也叫上，谢玄无奈只好随从。到了山里，谢安只说玩的事，绝口不谈军务。中途大家走累了歇息，谢安叫谢玄跟自己下棋，谢安对谢玄说："如果你输了，你这山里的别墅就归我了。"以前，叔侄二人对弈，谢玄胜的多，但是今日他心里有事，无心下棋，所以应接多疏，反倒见输。谢玄三局两负，谢安对身边看他们下棋的外甥羊昙说："他这套别墅今后就归你啦！"说完，起身带着亲朋好友继续游山玩水。到了天黑，他又组织大家一起篝火晚宴，玩得不亦乐乎。谢玄在一旁急得上火，谢安就是只字不提政务军事。

上游的桓冲听说了，更是心急如焚，说现在都火烧眉毛了，你谢安还玩什么风流。他派使者对谢安说要派三千精兵给他，谢安对来使说："朝廷已经安排妥当，兵甲不缺，不劳桓公分兵过来，况且西藩关系重大，幸勿疏于防范。"桓冲听后对左右说："谢安石有庙堂雅量，可惜不懂军事。而今大敌当前，他还醉心于游山玩水，他所派去抵御劲敌的主将皆是不经事的少年，兵力又少，胜败已可知了，恐我等也会因此受到连累。"

眨眼又过一个月，秦将苻融攻克寿阳，擒去了守将徐元喜。晋龙骧将军胡彬，闻寿阳失陷，退到硖石。苻融乘胜追击，秦卫将军梁成又率兵五万，进驻洛涧，沿淮布阵，切断了胡彬的退路。谢石、谢玄等在洛涧南岸，跟梁成二十五里。梁成胆子大，主动挑畔好几回,军士个个都耀武扬威。晋军只不应,煎熬中等待战机。处在硖石的胡彬因粮食快没有了,写信派人告诉谢石:"敌军太厉害了,我们的粮食快吃光了,我恐不能见到大军了。"不想使者途中被秦军截获,送给苻融,苻融看到大喜,赶紧写信给苻坚道:"贼少易擒,但恐逃去,宜急击勿失。请陛下下令,我们可活捉晋之主帅谢石。"

苻坚见信大喜道:"真乃天助我也!朕要亲眼见证晋小朝廷被灭的时刻。"一统六合的欲望之火烧昏了他的大脑,他忘了他作为军队的灵魂,本应该坐镇中军,可是他太想亲眼见证晋被灭国的时刻,故命大军驻在项城,亲自率八千骑兵,火速来到苻融阵营。他一见苻融便说:"他们军中粮草不给,定会军心涣散,我们不如给他们来个攻心计!如何?"苻融:"臣愿闻其详!"苻坚:"让朱序前去说降,我们可兵不血刃大获全胜。"苻融:"朱序原是晋将,合适吗?"苻坚自信道:"合适!朱序不是反复小人,他已背晋降我,怎么可能再背我降晋?"

朱序一听,心中暗喜道:"踏破铁鞋无觅处,得来全不费工夫。我报效朝廷的时机来了!"他来到晋营,见到谢石、谢玄、谢琰等人说:"现在苻坚就在军中,话说擒贼先擒王,一定不要错失良机。还有,秦兵不下百万,这二十万是秦之前锋,还有八十万大军尚在路上,不如趁现在秦军阵脚未稳,迅速杀将过去,否则等百万大军集齐,双手难敌乱拳,就晚了。如果现在杀败前锋,秦军将会不战而败!"谢石:"他们二十万人也不少啊!他们远途而来,粮草定会不供不济,不如拖!打持久战!"谢玄:"将军!末将以为速战速决是上策。"谢琰:"末将也以为速战速决最好,他们现在人少脚跟不稳,这是上天给予我们的机会,一定不要错失!机不可失,时不再来!"谢石犹豫了一下道:"朱大人回去怎么说?"朱序:"我就说主将谢石基本同意,只是少将谢玄、谢琰不同意,可能会有一场小战。然后咱们趁他们麻痹大意,速速偷袭过去,先胜一战再说。如何?"谢石:"好,就依朱大人所言!"

朱序走后,谢石、谢玄、谢琰等将领最终议定:让广陵相刘牢之率精骑五千,直奔洛涧。那边阻涧列阵的梁成,见晋兵渡水,告诉士兵观望中静等时机厮杀,他以为可以在晋军未上岸前打他们个措手不及,把他们消灭在河涧里。却没想刘牢之是个超级猛男,他率五千兵士,呼啸着泗渡过涧,一上岸便直扑秦军。刘牢之持长槊突入,左挑右拨,疯狂砍杀,一时到了梁成跟前,他一回手,一槊刺中梁成腰肋,梁成痛极坠马,死于非命。秦将王咏前来救梁成,才数回合,刘牢之用槊格住王咏的大刀,右手拔出宝剑,一剑下去，把王咏劈作两段。秦兵见死了梁成又丧了王咏，吓得胆战心惊，无心应战，各自逃生。再加上谢玄、谢琰又过来接应，秦军更无心恋战，晋军大杀一阵，俘斩数千。刘牢之截断秦军退路，秦兵丢盔弃甲，争相奔逃，刘牢之死命擒杀，一时，被杀的、淹死的达一万五千多人。很快，秦扬州刺史王显也被擒拿，晋军大获全胜，所有器械军资，都被晋军载归。谢玄下令军队水陆并进，乘胜追击，秦兵以为晋之大部队来了，更是拼命奔逃。谢石见状，忽然想到"尔坚石打破"的民谣，胆子也大了起来，下令全军策马前行。

苻融得报洛涧大败，赶紧策军往回寿阳，与苻坚登上寿阳城楼向东遥望，只见淝水东岸，晋军踊跃到来，步伐井然，很是严整，再向东北的八公山看，只见晋军铠甲鲜明，步伐严整，井然有序。再有那军队周围一望无际的草木，里面似乎藏有千军万马，布满全山，苻坚不禁愕然对苻融道："此乃劲旅啊！怎么说他是弱国呢？"苻融也觉得寒心，张口道："和吧。"苻坚："和什么和？开弓没有回头箭，走！去淝水布阵！"

此时已入十一月，天已冷了，两军隔着淝水，大眼瞪小眼，僵持在了那儿。谢玄派人对苻融说："君孤军深入，志在求战，现在逼水为阵，使我军不得急渡，究竟是想速战速决呢，还是想打持久战。若移阵稍退，使我军得济，一决胜负，也省得彼此久劳了。"苻融对苻坚说："我们来个将计就计，等他们渡一半时再动手！"苻坚同意，诸将皆劝谏道："我众彼寡，不如遏住岸上，使不得渡，才保万全。"苻坚："朕远道来，利在速战速决，若夹岸相持，何时可决？现在我们麾兵小退，乘他半渡，我即用铁骑围堵，可使他片甲不留，岂不是良策？"苻融："对！兵不厌诈！等他们渡一半时我们动手，把他们全部歼灭在淝水里！"苻坚："传令下去，全军后退十里！"

秦军正如墙列着，一听要后退，绷着的神经一下子松懈了下来，有的直接后退，有的转身后退，眨眼间出现了混乱。此时晋军已飞渡齐集岸上，弓箭手旋即开弓射箭，五弩箭车也很快到了阵前，箭雨"嗖嗖"飞向秦兵。步兵则举着长矛利剑飞奔着厮杀过来。秦军队形尚在混乱中，遂一面撤退一面回首和晋军交战。以这种状态抵御虎狼之师，怎么能胜？秦军眼看着节节败退，苻坚、苻融一看不好，赶紧拍马略阵，禁喝部队后退，怎奈部众听而不闻，只一个劲地后退，生怕被晋军砍了头似的。

谢玄一看形势有利晋军，飞马告诉谢石立即下令八万人马全部渡过淝水。看到黑压压的晋军排山倒海般涌来，秦军更加慌乱，都玩命般的往后退，急得苻融无可奈何，忽然听到朱序大喊："秦兵败了！秦兵败了！"徐元善也跟着大喊："秦兵败了！秦兵败了！""秦兵败了！秦兵败了！"的喊声传遍秦军中，一刹那，秦兵后退更急，自相踩踏致死者不胜其数。苻融欲打马向西，不料马失前蹄，忽然倒地，他自己也随即坠下马来。说时迟那时快，晋军并力杀上，刀枪并举，乱砍乱戳，将苻融剁成了肉泥。苻坚见苻融落马，惊惶失措，当即返奔，连云母车辇都丢弃了。晋军乘胜追击，直达青冈，秦兵大败，路旁山间尽是秦军的尸体，就连河流都被秦军的尸体塞堵了。侥幸逃脱性命的，听到刮风的声音和鹤鸣的声音，都以为是晋军又追来了，吓得魂不附体，昼夜不敢休息，夜行露宿，冻饿交加，可怜百万大军，死了十之七八，仿佛是曹操赤壁再现。

秦军仓皇四散逃跑，朱序等人乘势奔晋。朱序来到晋军营，谢玄接迎朱序，道："朱将军乃我破秦的大功臣！"朱序："哪里！哪里！谢将军足智多谋、骁勇善战，谢将军乃是破秦的大功臣！"谢石："什么情况？"谢玄："朱将军来劝降送他回去时，我与朱将军说好，秦军一旦后退，朱将军就大声喊'秦兵败了！秦兵败了！'"谢石："诛心有术！好！"朱序："徐将军也一起归晋，秦军退时，他也和在下一样大喊，还有前凉国主张天赐，他们都愿意同在下一起归晋。"谢石："太好了！他们在哪里？快请进来！"在外等候的二人听闻立即进帐，一番言辞，众人把酒言欢。忽然快马报说晋军攻克寿阳，并把淮南太守郭褒擒住了。谢石大喜道："写露布！八百里加急送往建康！"

谢安接到告捷书时，正在与客人下围棋，他草草一阅，便搁置案上，继续下棋。客人问什么事？谢安说："孩子们已大败秦军了！"客人道："如何？"谢安道："把他们打到黄河北了。"客人起身道贺，谢安："坐！下完这盘再说！"两人对弈结束，客人告辞，谢安高兴得到内室欢悦，跨过门槛时，一不小心，把木屐的齿都弄折了。

消息传到崇德宫时，褚蒜子正和司马曜的生母李陵容话家常。李陵容是晋简文帝司马昱为会稽王时的丫头。司马昱当时生有五个儿子，但是都先后夭折了，一眨眼十几年过去了，他的姬妾们都没有再有身孕者，四十出头的司马昱心里很着急，他让术士扈谦为自己相面，扈谦说："王爷房中有一女子，能生育两个富贵男孩，其中一个最终能兴盛晋室。"喜得司马昱日夜劳作，后来徐贵人生了一个女儿（新安公主）。徐贵人德行好长得也好，司马昱自此天天去徐贵人房里歇息，可是，年复一年，她却再没有怀孕过。当时有个叫许迈的人，据说已经得道，看人断事很准，司马昱把他请进府里，向他求问，许迈说："我是山水中人，也没有道术，这种事怎么能判断？不过殿下德行深厚，福运固深，故而子孙兴旺，殿下应该听从扈谦的话，殿下的府内就有生富贵儿子的女子。"司马昱便让府内所有爱妾排成队一路走来让许迈相看，但是没有一个是。他又让所有的婢女给他看，当时李陵容正在纺织，也被叫了过来，她因为生得人高马大、脸色漆黑，所以大家都叫她"昆仑奴"，没想到许迈一见他，吃惊道："就是此人！此人贵不可言！"司马昱为了子嗣，当晚便召她侍寝。李陵容做梦梦见两条龙盘在膝上，日月落入怀中，她认为是吉兆，便说与司马昱的其他姬妾，其他人听了都笑说"昆仑奴想当太后呢"！司马昱听了感到惊异，便暗中观察，没想到只一次，李陵容便怀孕了。十月怀胎，瓜熟蒂落，果然生了个儿子，便是司马曜。后来，司马昱再接再厉，又生了司马道子和鄱阳公主。虽然李陵容生子有功，但是她长得太丑，终不得司马昱欢心，始终没有给他尊贵封号。到她的儿子司马曜继位，她才母凭子贵，荣封为皇太妃，地位仅在褚蒜子之下。因为她自知没有文化、缺少器识，为了不给儿子丢脸，她经常来到褚蒜子这儿学习，褚蒜子也乐意与她话家常。

两人听完捷报，褚蒜子如平常"嗯"了一声，李陵容则双手合十，连念"阿弥陀佛"！黎辉笑道："应了大战前的童谣'谁谓尔坚？石打碎'！"褚蒜子："应验的谶言，冥冥中的注定。"李陵容："真是！没想应在谢白面身上了。先还以是为桓家人呢。桓豁把他儿子的名字中都加了个'石'字，桓石虔、桓石民……"褚蒜子笑了笑，没有接话，黎辉："刻意更改的不中，谢石谢将军的石是命里自带的。再有，他绰号'谢白面'，本身就有点神话味道。"李陵容忙问："怎么说？"黎辉："传说他以前脸上长毒疮，怎么都治不好，他因而远避深山中，有一天躺在山石上睡着了，梦里有东西舔其毒疮，醒来毒疮便全好了，脸也从此变白了。"褚蒜子笑道："白得他老擦黑粉！"李陵容羡慕且自卑道："我倒是喜欢脸白，可是偏偏这么黑。"黎辉："太妃黑的滋腻，耐看！"李陵容："一白遮百丑，再滋腻我也想变白。"说得大家都笑了。

淝水大捷，司马曜第一个念头是去显阳殿告知褚蒜子，可是走到一半时推说自己有事要处理，叫太监王桂去了，他返身回到书房，恰好司马道子在那儿等他，他闷闷道："大战大胜，朕为什么高兴不起来呢？"司马道子接口道："谢家太茂盛了，臣弟也觉得压抑。"司马曜思索道："怎么办？也不能凉着他们。"司马道子直接道："皇上慢慢把自己的人弄上去，不就得了。"司马曜一笑，道："他不用制衡也忠心为朝廷，只是……什么感觉吧，朕盖了新房子，他这座旧房子在朕前面，老高，挡了朕的光线。"司马道子深有同感道:"理解!臣弟非常理解,臣弟也有这种感觉,在他面前感觉自己是透明的一样。"司马曜半无奈半不舍道:"他是太后留给朕的,朕得好生对他。"司马道子妄自菲薄道:"太后退居后宫了!皇上怎么还太后太后的?"司马曜看了他一眼道:"你懂什么?"司马道子自负道:"我懂,我的地盘我做主!"司马曜摇了摇头,道:"浅薄!你如果坐在朕的位置你就不这么说了。"

司马曜心里纠结,不自觉又来到显阳殿,他说:"太后!淝水大捷,当如何奖赏,朕感觉非常棘手。"他的心思被褚蒜子一眼看穿,她不想这个年轻的皇帝把路走弯,直言正色道:"那些荆棘在皇上,不在谢安他们。"司马曜心虚道:"朕怕、怕、怕……又是一个桓温。"褚蒜子:"皇上所想,哀家理解!但是,那只是自伤国体的内耗。"司马曜强言道:"朕怕失衡。"褚蒜子:"如果皇上是顾问哀家的,就认真想想哀家的话,如果只是通知,就不必多说了。"司马曜一时无语,不知道如何接话,褚蒜子接着道:"功高震主可能发生在桓温身上、慕容垂身上,但绝不可能发生在谢安身上。"又道:"你是一代明君,谢安是一代明相,不可同日而语。"司马曜:"太后误会朕了,朕只想为国家注入些新生力量,比如司马道子、王珣等,他们也是一流人才。"褚蒜子:"注入新生力量是好事,只是也别伤了国之栋梁。"

论功行赏提上了日程,司马曜几经思量,在太极殿上当众诏告:"……谢安为太保,谢石为尚书令,谢玄为前将军……降将张天锡为散骑常侍兼西平公,朱序为琅琊内史……"司马曜赏罚有度,君臣心安,内外平衡。

褚蒜子宣谢安到西堂说话。西堂,曾是康帝常来的地方,而今,早已不是当年的模样,褚蒜子看着这里的一切,有点伤感。西堂,也是当年康帝第一次接见谢安的地方,一晃,几十年了。谢安来到西堂,内心也是感叹物是人非。但是,这些,他们都压在了心里。礼毕,谢安道:"自古'飞鸟尽,良弓藏',臣想退出江湖,以免'狡兔死,走狗烹'。"褚蒜子:"有点早,既扶他上马了,就再送他一程吧!"谢安:"臣怕皇上和司马道子他们等不及啊!"褚蒜子沉默了一会儿道:"也好!太傅也该过几天逍遥自在的日子了。"谢安:"臣会劝谢石和谢玄他们,告诉他们不与之争便是大功。"听罢这话,褚蒜子一阵难受,不由伤感道:"是!不与之争,便是大功!"谢安见状劝道:"太后不必如此,臣比燕之慕容垂强太多了。"褚蒜子:"太傅能这样想哀家就放心了!世事,莫过如此。"谢安:"是!臣现在音乐都不听了,就是怕一不小心激起了波浪。"褚蒜子:"有哀家在,太傅会在稳中、慢中平安着陆的，放心吧！"谢玄自小崇拜谢安，非常听他的话，坚决辞官不受，司马曜只好收回成命，赏他钱财五百箱、彩锦三千段。

淝水大捷后，伤感的不仅是谢安，桓冲也谢绝所有宴请，把自己关在屋里，不见任何人。战前，他曾公开在人前说谢安他们会战败还会连累大家，不想却是胜得那么辉煌，以八万兵力大败了秦的百万大军，这让他情何以堪？他身体本来就不好，这事已非常让他心中郁闷，又加上朱序的渐行渐远、朝臣的闲言碎语，他抗不住，病了。其儿子桓嗣是个孝子，日日守在他的床前，这天，药煎好后，他又亲手捧在桓冲的病榻前，道："父亲！您把药吃了吧！"桓冲："这药不吃也罢！药，治病不治命！"桓嗣："父亲不要想那么多！想开点，想开了病就好了。"桓冲："淝水大捷！漂亮啊，八万胜百万，定会名留青史！而我，也会因此被钉在不明不慧不才不学不力不识的耻辱柱上。"桓嗣劝道："父亲！您千万不要这样想！战争原本就是瞬息万变，就像赤壁之战一样，在天不在人。"桓冲："朱序，也离我们渐行渐远！非我当年不救他，实在是不敢救也！我如果驰援他，那秦兵瞬间就到我之腹地了，我必须做好防御啊！"桓嗣："这些，朝廷都知道，不也没有怪罪父亲吗？"桓冲："朝廷知道是朝廷知道，百姓知道吗？历史知道吗？后人知道吗？"桓嗣："父亲您想太多了！把药吃了吧！"桓冲："不吃了！我的身体我知道！不吃了！"桓嗣："父亲……"桓冲："我死后，把扬州刺史的位置让给谢安，一、他比我有器识；二、他会善待我们桓家。"桓嗣："父亲！谢安现在头上写着'功高盖主'四个大字，他日子不好过着呢！"桓冲："我知道！但是，他余温炽盛，他不会那么快退出的。"桓嗣："好！儿子听您的，您现在把药吃了吧！"桓冲："不吃了！"桓冲咳了一下，一口血涌出，桓嗣赶紧派人叫医生，遗憾的是，医生尚未到，他就驾鹤西去了。

桓冲一死，谁继任荆州刺史成了焦点。司马道子怕谢安借机扩大自己的势力，故而他专门找司马曜掰扯。对司马道子的疑问，司马曜说："不会！他只一心想着怎么帮朕把江山社稷治理好，就是会也没事。"司马道子："皇上就是心大，上回还说他挡了你的光呢！这会又这么说！"司马曜："你能不能放开心胸、放大格局，以江山社稷黎民百姓为重。"司马道子："江山社稷黎民百姓不还得靠人来治理吗？皇上到底想让谁来继任荆州？"司马曜："按军功和名望，非谢玄莫属。"司马道子："谢玄如果继任，长江都成'谢家军'了，皇上不担心？"司马曜："不担心！"司马道子："说得没有一点底气！"司马曜："明天上朝看看再说。"司马道子："那皇上心中也得有个底才好！"司马曜白

第二十一回　淝水之战后晋兴秦分裂　江山社稷稳太后大梦归

了他一眼道："朕心中有底！"

太极殿上，群臣议论纷纷，最终举荐谢玄继任。谢安担心这样会激化矛盾，怕人说他们谢家乘人之危，忙站出来道："皇上！荆州自来是桓家镇守，人熟、地熟、民熟，由桓家人接任，利于国家安定。现在桓家还有三名重要人士可以继任，希望皇上考虑。"司马曜："哪三位？"谢安："第一位是桓伊，他能打仗、善清谈，大名士刘惔和王濛都很赏识他。他做过桓温的参军，后来由于军功升为豫州刺史，在淝水大战中，他和谢玄并肩作战，军功不小，由他接任荆州刺史，臣以为甚妥。第二个是桓石虔，他是桓温弟弟桓豁的儿子，从小就勇猛矫捷。桓温第一次北伐时，桓石虔也在军中。一次战役中，桓冲被秦军重重包围，生死关头，他一人冲进去，左砍右杀，从乱军中救回桓冲。淝水大战时他和桓冲在荆州作战，牵制了秦军，他担任过南平太守，也适合接任。第三个是桓石民，也很有名望，担任过襄城太守，驻守夏口，位置和桓冲最近，桓冲也曾推荐过他都督荆州。"司马曜："依爱卿所言，三人谁最适合继任呢？"谢安："臣以为桓石民最适合继任荆州刺史，一是他名望高，二是桓冲也举荐过。"司马曜："爱卿的意见非常中肯，其他爱卿有意见没？如果没有意见，就由桓石民继任荆州刺史。"文武百官皆道："皇上英明！"司马曜又问："桓伊、桓石虔如何安排？"谢安："桓伊生性淡泊，不宜放到前线，臣建议把他从豫州改调江州，屏护建康西边。桓石虔骁猛善战，让他镇守豫州前线。"司马曜："爱卿所言极是！拟诏！"

谢安处处为国家考虑、为皇权着想的言辞太完美，完美得让司马曜和群臣找不出一点错，可也就是这完美，让多少人尤其是司马曜、司马道子等人心里不畅快，他们明知道谢安是对的，可就是有想撕毁完美的诡谲冲动。这一点，谢安心知肚明，大家心照不宣。谢安为避风头，一改往日之风流，每天只老老实实地上下朝，其他什么也不做。功高盖主的帽子在他的头上戴着，他不敢不老实，生怕一不小心帽子掉了会砸倒一片人，他能做的就是低调低调再低调。

司马曜在华林园摆宴请客，淝水之战的功臣大都去了。春暖花开的天，明艳舒服的脸，大家把酒饮茶、论诗对歌，很是温暖快乐。酒到中酣，司马曜对桓伊道："桓爱卿吹个曲子吧！助助兴。"桓伊拿出随身带着的柯亭笛吹了起来，笛声高亢低回、婉转悠扬，一曲终了，大家都拍手叫好。司马曜亲酌一杯玉液给他，桓伊谢恩，接过一饮而尽，道："皇上！臣还会弹古筝，虽然不如笛子吹得好，但是还可以听。如果陛下愿意，臣愿自弹自唱一曲。"司马曜："好啊！朕叫个皇室乐伎配合你。"桓伊："皇室的乐伎一定是好的，但是，不一定和我配合得最好，我有一个奴仆，配合我很久了，非常默契，如果陛下同意，我想请他来与我一起弹奏可好？"司马曜点头同意。桓伊的奴仆来了，他负责吹笛子，桓伊则一边弹一唱："为君既不易，为臣良独难，忠信事不显，事有见疑患。周王佐文武，金縢功不刊，推心辅王政，二叔反流言。"这是曹植的《怨歌行》，大意是说忠臣一心为朝廷，但是流言纷纷，君主反而猜忌他。在场的人都明白了，这不是助兴，这是御驾前喊冤。褚蒜子听了，眼睛不由红了。一旁的谢安则泪水迷蒙，他走出席位，来到桓伊身边，抚摸着他的背，哽咽道："刺史大人真是不同凡响啊！"褚蒜子听罢，心头一酸，眼泪落了下来，她想："这人世间，大抵如此！一代一代，一轮一轮，云起云落，新旧更替，不论明火执仗还是暗度陈仓，都是你方唱罢他登场的故事。往复循环，永无止息！"

淝水之战后，秦地乱雄四起，长安已难以安抚，远方各地更是没命顾及，淮北成了最乱的地方，大大小小的势力林立。年轻气盛的司马曜觉得收复中原的机会来了，他与谢安商议后，诏命桓石虔随谢玄到淮北，攻打鲁阳、彭城，刘牢之攻打兖州。很快，捷报传来，谢玄攻下彭城、鲁阳后把青州也拿下了，刘牢之拿下兖州后又乘胜拿下了邺城。其他地方势力一看晋廷这么厉害，也都一一归降，喜得司马曜心花怒放，恍惚中感觉自己一样能够成为秦皇汉武那样的伟人。

谢安戴着"功高盖主"的帽子惶惶不可终日，他实在太累了，就上书请辞。司马曜收到他的奏章，笑说："谢安又上书请辞。"王珣："他辞了才好，我看见他就烦。"司马曜："你不要把个人恩怨带到朝堂，朕现在不能准他，不但不准，还要加封，让他兼顾扬、江、荆、司等十州军事并任大都督，加黄钺，余官如故。"司马道子："他的权力够大了！皇上这样岂不是自己给自己找堵吗？"司马曜："你不要老盯着权力！他忠良有德，威望过人，必须重用。"司马道子："臣弟怕他树太大，给皇上招来无妄之风。"司马曜："我知道怎么办！你只要管好你自己的事就行了，是吧，王雅。"王雅："臣知道皇上自有论断。不说别的，我朝国土可是达到了历朝最大。"这话说到司马曜的心坎上了，他谦虚道："大家的功劳，大家的功劳。"

谢安辞官不掉，只好继续留在朝堂，只是他的行为处事更加低调，时刻准备着退出舞台让位给小辈们。然，他名望太大，总有意想不到的事情找上门来。一天，一个太康老乡来找他，他见了谢安便跪下道："谢大人！小人来建康带了五万把家里的蒲葵扇，

第二十一回　淝水之战后晋兴秦分裂　江山社稷稳太后大梦归

可是，根本没有人买，您能不能帮小人想想办法？"谢安："蒲葵扇哪里都有，最好是本地发财，你跑这么远卖？"太康老乡："谁说不是呢！小人也是来了才知道。想回去，可是回去的路费不够，如果够，早回了。"谢安："你的扇子我看看。"太康老乡："小人只带了几把，其他的在客栈里。"谢安挑了一把中等的拿在手里，对他说："这把留下，你回去等消息吧！"从此，谢安走哪都带着这把蒲葵扇。结果不出几天，许多人纷纷效仿他，争着去买蒲葵扇，甚至有人把它当作礼物送人，五万把扇子很快就售罄了。司马道子为了赶时髦，也叫人弄了一把，也时刻拿在手里。只是，他的时髦里夹杂着太多的私心，一无军功、二无政绩的他，想借谢安来抬自己一下，他找到司马曜污蔑道："臣弟发现谢安有结党营私之嫌。"司马曜头也没抬道："你开玩笑吧！"司马道子："他帮他老家的人卖扇子，一下卖了几万把！"司马曜："我知道！"司马道子："他拿一把他老乡的扇子，整天不离手，引得人们争相效仿……几万把，得多少钱呐！皇上看，臣弟手里这把就是证据。"司马曜："真是无事生非！谢安是不损一点公地帮别人，你是不利一点公地帮自己！喏！朕这也有一把，朕也是入了他的党派？"司马道子："皇上！臣弟……"司马曜："以后把心思用在正事上，别太那么了。"

司马曜来看褚蒜子，说到司马道子污蔑谢安的事，褚蒜子道："谢安帮老乡卖扇子的事，皇上处理得很好。"司马曜："他是一个一心为朝廷的忠臣，朕知道。"褚蒜子赞道："皇上才学力识、明慧断决有秦皇汉武的样儿了。"司马曜听得很高兴，谦虚道："太后过奖了，朕还有很多不足。"褚蒜子道："自从元帝江左开国，皇权就在式微中前行，虽有南面之尊，却无总御之实，从来都是宰辅执政，政出多门，权去公家。直到皇上这朝，皇权才出现前所未有的集中。"司马曜听罢心里一阵自得，张口道："太后！现在，天下无事，时和年丰，百姓乐业，谷帛殷阜。朕想，虽是太平年代，但是我们也不能太过安逸，现在北方正乱，朕想再度北伐，收复中原大业。"褚蒜子："光复中原一直是我们的梦想，皇上和谢安等朝臣商议商议再说吧！"司马曜："谢安老想告老还乡，辞呈好几回了，太后劝劝他吧！"褚蒜子也深知司马曜并非真心留谢安，他一开始让司马道子与谢安抗衡，可是看司马道子实在不行，又扶持王珣、王雅、王恭三人与司马道子抗衡，谢安是他最先要弃的棋子，今儿听司马曜如是说，知道是场面上的话，便敷衍道："等有机会哀家跟他谈谈。"

司马曜亲手扶上来的亲弟弟司马道子，想着皇帝是自己的同胞哥哥，做事很猖狂，把"一人之下，万人之上"的权力发挥到极致，极致到不把司马曜当回事，差不多要把自己当皇帝了。司马道子好奢华，把家里弄得跟皇宫似的，为了弄他的家，他不呈报就劳民伤财、大兴土木。他家里那旖旎无限的假山是让人用土筐一筐一筐地堆起来的，湖泊是用铁锹一锹一锹挖出来的。司马道子无聊便瞎玩，他让婢女在湖边开酒馆卖酒，他划船游玩，船到哪他喝在哪，几乎天天都喝得大醉。他好道，经常和道士尼姑一起炼药，政事交给手下人去办。俗语说上梁不正下梁歪，司马道子如此，他的手下能好到哪里去？这让孝武帝很窝火，很多政事，本来是司马道子的任务，但是因为司马道子不作为，他不得不亲力亲为。更让他窝火的是，司马道子喜欢一个叫裴氏的女人，因为她会炼丹药，传闻她会长生不老之术，是个"女大师"，司马道子便走那把她带到那，朝会也带着她。这个裴氏并非尼姑，她是红尘中人，她的丈夫在司马道子手下干事，对此敢怒不敢言。这让孝武帝非常反感，但是为了不伤兄弟和气，他不直接说他，他让王恭借机点点他，于是，王恭便在一次朝会时借着群臣说"仁义礼"之事影射司马道子，司马道子不服，伸着脖子与他理论，他道："让失节的妇人列席，合适吗？"此话一出，司马道子不再言语，他虽然很生气，但是他自知理亏，又加上司马曜不支持他，他气也无法，只好忍着，从此不再带裴氏上朝。

司马曜经过几番调整，让王珣、王雅参与朝政，抗衡司马道子；让王恭、殷仲堪、郗恢镇守地方重镇，抗衡老一辈的谢氏、桓氏。而此时的谢氏、桓氏已没有当年之勇，他们也许因为年纪大了，不约而同地都选择了退让。

谢安看到朝中被年轻的一辈弄得乌烟瘴气，真心想退出舞台。他对褚蒜子说："臣真的想退了。"褚蒜子："再帮扶他一段时间吧！"谢安："臣曾做过一个梦，梦到自己突然有一天坐到了桓温的轿子上，走了十六里路，看见前面一只白色的公鸡，就停了下来。现在我明白了，十六里应该是十六年，公鸡的意思是鸡年，大概我代桓温行事是鸡年止吧。明年就是鸡年了，是时候了。"褚蒜子半天不语，末了道："站好最后一班岗吧！"

褚蒜子看到司马曜游刃有余地独领朝政，甚至欣慰，一颗心差不多也从朝政上收了回来。按说不操心了身体该好了，可是她却常常感到心悸。她礼佛时问佛是不是自己大限快到了，佛微笑不语，顺手一指，她一看，原来是她的一把高香开成了莲花，莲花开处，司马岳、司马聃笑盈盈地走向她。她伸手拉他们，他们却飘向了天空，她抬头，

第二十一回　淝水之战后晋兴秦分裂　江山社稷稳太后大梦归

"1637·2021"映在眼前。她不得其解,也不欲求甚解,她知道一切都有定数。蓦然惊醒,原来一梦。

褚蒜子礼完佛回到显阳殿,一阵眩晕,刘轩、黎辉一把扶住,扶她到床上歇息。刘轩赶紧给褚蒜子请脉,他竟然摸不到她的脉息,不觉恸彻心肺。他握住褚蒜子的手,泪哗哗不止。褚蒜子何等聪明,她道:"哀家心底光明,于世无悔,哭什么?"又道:"可愿意陪哀家到那边?"刘轩、黎辉:"愿意!"褚蒜子:"皆不许!你们要为哀家念经!"说罢又是一阵眩晕,刘轩赶紧坐到床上把她拥在怀里,双手轻轻按摩她的双鬓,好一会儿,褚蒜子才缓过来,她道:"如果哀家……"黎辉不等说完道:"奴婢的心和身都是太后的,太后到哪奴婢到哪,一刻也不离!"褚蒜子笑了笑,想说话,却感觉很累,睁不开眼,也张不开口。

司马曜一路小跑着赶来,看到褚蒜子睡着了似的,他转头问刘轩怎么样,刘轩无语,泪满眼花。司马曜俯身叫褚蒜子,褚蒜子闻听努力睁开眼,道:"皇上来了。"司马曜知道她有话要给自己说,赶紧握住她的手,褚蒜子道:"要崇德向善,守正创新。如此,才能坐在宝塔尖上俯瞰世间万象……"司马曜:"朕铭记在心!太后放心!"褚蒜子深吸一口气道:"哀家困了!皇上先回吧!"司马曜不欲走,褚蒜子又道:"去吧!明天再说话!哀家真的很困了!"孝武帝也是想让病中的褚蒜子多休息休息,退至中堂,一再交代大家好好看守着太后,有情况随时向他汇报。然,他还没有走出显阳殿,就有太监跑过来告诉他:"太后驾崩了!"

太极殿上,孝武帝问朝臣如何为褚蒜子治丧,太学博士徐藻提议说:"侍父侍君都应该做到敬。《礼记》上说'夫妻丧礼,丈夫按父亲丧制,则妻子按母亲丧制',那么丈夫按君礼,妻子应按后礼。为太后服齐丧,是母亲的丧制。鲁人讥讽违礼的祭祀,是表明对尊者之尊。今皇帝亲自奉祀康帝、穆帝、哀帝及靖后,尊重如同亲生,怎么可以尊敬为君,而丧服按本亲呢?应该行齐衰丧礼,服丧一年。"众朝臣都非常敬重这个从十九岁开始执政、历经六个皇帝、三度临朝的太后,孝武帝更是从心里感激她,于是,君臣一心,为褚蒜子行齐衰丧礼。七月二十八日,孝武帝亲自率领百官,为她举行隆重而盛大的葬礼,把她安葬于崇平陵。

第二十二回

太后领航四十年民颂赞

英魂泽国三十载人瞻怀

褚蒜子驾崩后，按照惯性，国家平稳地向前走着。南阳方城是褚蒜子游幸过的地方，她造福方城的事百姓没齿难忘，他们为感念褚蒜子，特立褚蒜子庙以示纪念，这是后话。

朝廷没有了褚蒜子，好比没有了定鼎磐石，走着走着就乱了：桓玄结党聚乱、谢琰收复会稽吴兴。五斗米道孙恩聚众骚乱、刘牢之拿下孙恩法办，司马曜酒后玩笑被张夫人锦被捂杀，桓玄自立为帝、刘裕称霸崛起……东晋在褚蒜子的英灵泽被下，又苟延残喘了三十六年，公元420年，刘裕废晋恭帝，建立宋朝，大晋正式灭亡。

后 记

在中华民族发展的历史长河中，虽然大一统时期长期占据，但也有政权林立、分裂割据的特殊时期。从三国、晋（东西晋）、南北朝，到隋的再统一前，时空横跨三百多年，中华大地四分五裂，南北对峙。社会阶层的分化与重组，多种民族的冲突与融合，多重文化的搏击与兴亡。惊天地，泣鬼神，扣人心弦，引人入胜。东晋（公元317——420年）共一百零三年，基本上处于大动荡历史中期。而在这一重大历史转折期，涌现出一位彪炳史册的女性——褚蒜子。她身为皇后，早年丧夫，从十九岁开始以"太后"身份听政，历经六位皇帝、先后三次垂帘、辅助四位皇帝。她外御强敌，内平祸乱；尊儒敬佛，循礼守法；以德治国，恩威有度。以一己之力平定中国疆域南半部，引领着中华文明进步的正确航向。

因于对褚蒜子的崇拜与敬畏，"把东晋朝代的文明内涵梳理出来，呈现给读者，延绵给后世子孙"成了我的心愿。于是，披阅典籍，钩沉源流。以褚蒜子为切入点，写实写史，尽力展示那个特殊时代的政治风云之莫测变幻、经济文化之飞速发展。

历经十二个春秋，数易书稿。2021年4月，《崇德时代》正式交付知识产权出版社。这本书的出版得益于诸多友人的鼎力相助，如：2019年初稿脱手时，就受到禹州市文联党组书记丁进兴、禹州市褚蒜子研究会的热切关注，专门召开了全国首次"褚蒜子研讨会"。之后，又得到河南省姓氏文化研究会褚姓委员会会长褚维智先生的青睐。河南省社会科学院研究员穆朝庆先生积极参与运筹策划，并对文稿提出一些具体修改意见与建议。南阳方城县福盛源生物科技有限公司董事长褚新廷先生厚奖本人13万元。佛学博士李志军先生、风穴寺法师释延悟给予了宗教方面的深入指导。同时，知识产权出版社的领导与编辑也为该书的顺利付梓倾注了大量心血。在此，我深表谢意！

  同频的生命磁场让我们做出了相同的选择，欣喜欣慰，在我有生之年，我将长怀感恩之心与友人携手共进，继续探研褚蒜子、活化褚蒜子，为传承与弘扬中华优秀传统文化尽绵薄之力。

颜　华

2021 年 11 月 1 日